教育部人文社会科学重点研究基地北京师范大学史学理论与史学史研究中心重大项目

·白话本·

资治通鉴

（全十册）

第三册

卷第六十至卷第八十九（汉纪五十二至晋纪十一）

（宋）司马光　编著
张大可　语译

商务印书馆
创于1897 The Commercial Press

第三册目录

汉纪五十二

汉献帝初平二年至四年（公元191—公元193）

【起重光协洽（辛未，公元191年），尽昭阳作噩（癸酉，公元193年），凡三年】

【大事提要】

本卷记事起公元191年，讫公元193年，凡三年，当汉献帝初平二年至初平四年，三年间时局大乱。董卓被关东军驱逐出洛阳，西走长安，为王允所诛灭。凉州兵团残余李傕、郭汜兵入长安杀王允，西京又遭浩劫。两汉四百年，帝京长安、洛阳，惨遭凉州兵团荼毒，成了一片废墟。随着天子西迁，朝纲坠地，关东诸侯互相残杀兼并，中原大混战方兴未艾。河南河北，江淮徐扬，四处烽烟。三年混战，袁绍据冀州，陶谦据徐州，曹操据兖州，袁术据淮南，公孙度据辽东，刘焉据益州，公孙瓒火并刘虞得幽州。孙坚死，刘表稳坐荆州。汉末军阀割据，初具格局。

孝献皇帝乙

汉献帝初平二年（辛未，公元191年）

春季，正月初六日辛丑，大赦天下。

关东地区的各位将领商议，认为天子年幼，受到董卓逼迫，远远地被关塞阻断，不知生死，幽州牧刘虞是皇室宗亲里最贤明的，众将领想共同拥立他为天子。曹操说："我们之所以起兵，远近所有的人也起来响应，是依靠道义行动的缘故。现今年幼的天子柔弱，被奸臣控制，并没有犯下昌邑王那样亡国祸家的过错，而一旦改废，天下谁能平心接受呢？诸位向北迎立幽州的刘虞，我自向西侍奉长安的天子。"韩馥、袁绍写信给袁术说："皇帝不是孝灵的儿子，想按照前汉绛侯周勃和灌婴废除少主，迎立代王的先例，拥戴大司马刘虞为皇帝。"袁术私下有做皇帝的野心，认为国家有了年长的皇帝对自己不利，表面上却借君臣大义拒绝了韩馥和袁绍的建议。袁绍再次写信给袁术说："现今西边名义上有个年幼君主，却不是嫡传的血统，公卿大臣们都谄媚董卓，怎能再相信他们呢？只要派兵去守住关塞，他们全部自会困死；在东边拥护一个圣明的君主，天下太平就有了希望，为何还要迟疑！再说我们袁氏全家遭屠杀，你难道不想学伍子胥为父兄报仇吗？怎能再向这样的皇帝北面称臣呢？"袁术回信说："天子聪明，有周成王的本质，奸贼董卓趁国家危乱之际，用暴力压服百官，这不过是汉家一个小小的厄运，你说当今皇上‘不是嫡传的血统’，岂不是在欺骗吗？又说‘至于家室遭屠杀，怎能再向这样的皇帝北面称臣’，这是董卓所为，哪是皇帝的本意！我忠心耿耿，志在消灭董卓，不想了解其他的事！”韩馥、袁绍最终还是派前乐浪太守张岐等带着提议到幽州，向刘虞奉上天子的尊号。刘虞见到张岐等人，厉声呵斥说：“现今天下混乱，天子在外蒙难，我受国家厚恩，不能洗雪国耻；诸位各自据有州郡，应该齐心为王室效劳，为何反而策划叛逆的阴谋来玷污我呢？”他坚决拒绝了。韩馥等又请求刘虞兼管尚书事务，秉承皇帝旨意封爵任官，刘虞还是不听从，他想逃到匈奴那儿把自己隔离开，袁绍等才作罢。

二月十二日丁丑，委任董卓为太师，地位在诸侯王之上。

孙坚移军驻守在梁县东面，被董卓部将徐荣击败，孙坚重新聚集散兵进驻在梁县西边的阳人聚。董卓派东郡太守胡轸率领步骑五千攻打孙坚，用吕布为骑兵都督。胡轸与吕布不和，孙坚出击，大败胡轸，并砍下步兵都督华雄的头示众。

有人对袁术说：“孙坚如果得到洛阳，就不能再控制他了，这就叫除去狼却招来了虎。”袁术起了疑心，便不给孙坚运送军粮。孙坚连夜驰马来见袁术，在地上比画着与他理论，说：“我之所以奋不顾身的原因，上为国家讨征逆贼，下为你将军家门报仇。我和董卓没有个人怨恨，而你却听信谗言，反倒猜忌我，这是为什么？”袁术感到窘迫不安，立刻拨给他军粮。

孙坚回到驻地，董卓派将军李傕劝说孙坚，想和孙坚结为亲家，并要孙坚开列推荐儿子兄弟做刺史、郡守的名单，许愿保举任用他们。孙坚对李傕说：“董卓违背天意肆行无道，今天若不诛灭你们三族，把头悬挂起来昭示天下，我死不瞑目，怎会与他董卓结亲呢！”孙坚又继续进攻大谷，离洛阳九十里。董卓亲自率军出击，与孙坚在诸陵园开战，董卓兵败撤离洛阳，退守渑池，在陕县聚集军队。孙坚进兵到洛阳，攻击吕布，吕布也兵败撤退。于是孙坚打扫皇帝宗庙，用牛、羊、猪三牲祭祀，在城南甄官署的井中找到了传国玉玺；又分兵到新安、渑池之间去截击董卓。

董卓对长史刘艾说：“关东的军队屡遭失利，他们都十分畏惧我，无所作为。只有孙坚稍微有点不知死活，却很会用人，应当通知诸位将领，让他们知道提防。从前我与周慎到金城西征边章、韩遂，我告诉张温，让我率领我的军队为周慎的后援，张温不听。张温又派我征伐先零叛乱的羌人，我知道孤军不能打赢，但又不得不去，于是出发，留下别部司马刘靖率领步骑四千以为声势。叛乱的羌人想拦堵我的回路，我稍微出击便冲开了拦截，这是羌人害怕安定有兵的缘故。羌人认为安定一定有几万人，却不知只有刘靖一支小部队，而孙坚随周慎作战，他向周慎请求率一万人攻击金城，让周慎率两万人作后援。边章、韩遂畏惧周慎的后援大军，不敢轻易和孙坚开战，而孙坚的军队足以断绝他们的运输要道。周慎、张温如果采用了孙坚的计谋，凉州也许能平定。张温既不能听从我，周慎又不能听从孙坚，只能最终战败撤退。孙坚一个佐军司马见解却大致和我相同，确实是个有用之才；只是无故追随袁家那些小子，终究难免一死！”于是派东中郎将董越驻守渑池，中郎将段煨屯驻华阴，中郎将牛辅驻守安邑，其余各将安排在各县，用来抵御山东的军队。牛辅是董卓的女婿。董卓率军回长安。孙坚修整所有的陵园后，率兵回到鲁阳。

（以上为第一段，写孙坚奋勇击贼，逼迫董卓退出洛阳，龟缩关中。关东诸侯讨卓，孙坚建功为诸侯之冠，为孙氏崛起江东伏笔。）

夏季，四月，董卓到达长安，大臣们都来到他的车下迎接参拜。董卓击掌对御史中丞皇甫嵩说：“皇甫义真，你怕不怕？”皇甫嵩说：“明公您用德行辅佐朝廷，巨大的喜庆刚来，有何可怕的！如果滥施刑罚，将使天下人都害怕，又岂只是我皇甫嵩！”董卓的党羽想按照姜太公的地位尊奉董卓，称为尚父，董卓就此询问蔡邕，蔡邕说：“明公您的威仪道德，实在是伟大，然而我认为不可以和太公相提并论，应等到关东平定，天子返回旧京洛阳，再来商讨这事。”董卓于是作罢。

董卓派司隶校尉刘嚣登记官民中有做儿子不孝、做臣子不忠、做官吏不廉、做弟弟不顺从的人，一律处死，财产没收。于是出现相互诬告牵引的情况，含冤而死的人数以千计。百姓恐慌，在路上相遇，只敢用眼睛相互致意。

六月二十三日丙戌，发生地震。

秋季，七月，司空种拂被免职，任命光禄大夫淳于嘉为司空。太尉赵谦被免职，任命太常马日磾为太尉。

起初，何进派云中人张杨回并州招募军队，恰好何进被杀，张杨就留在上党，有部众几千人。袁绍在河内，张杨去归附他，与南单于於扶罗一起驻守漳水。韩馥因豪杰大多归服袁绍，心里妒恨；暗中减少供给袁绍的军粮，想让袁绍的部队离散。正好此时韩馥的部将麹义叛乱，韩馥与麹义交战而失败，袁绍趁机与麹义勾结。

袁绍的门客逢纪对袁绍说：“将军倡义举大事却依靠别人供给，如不占领一州，就无法保全自己。”袁绍说：“冀州兵强，我的士兵又饥又乏，假如不能得到冀州，就没有立足之地了。”逢纪说：“韩馥是个蠢材，可以秘密联络公孙瓒，让他去攻打冀州，韩馥一定惊惧，趁机派一个能言善辩的使者替他分析祸福利害，韩馥迫于这一突发事件，一定会让出冀州。”袁绍十分赞同，立即写信给公孙瓒。于是公孙瓒率兵而来，表面声称征讨董卓，实际却要偷袭韩馥，韩馥与公孙瓒交战失利。正遇董卓进入关中，袁绍便率兵回到延津，派外甥陈留人高干和韩馥的亲信颍川人辛评、荀谌、郭图等劝诫韩馥，说：“公孙瓒率领燕、代两地的军队乘胜南来，而各郡热烈响应，势不可挡。袁绍率兵东来，他的意向不可捉摸，我们深深地替将军忧虑。”韩馥害怕，说：“那我该怎么办呢？”荀谌说：“你自己估量一下，宽厚仁爱能为天下百姓所归附，跟袁绍比谁占优势？”韩馥说：“我不如袁绍。”荀谌又说：“临危果决，智勇过人，跟袁绍比谁又占优势？”韩馥说：“我不如袁绍。”荀谌继续说：“累世广布恩德，使天下的人受惠，跟袁绍比谁又占优势？”韩馥说：“我不如袁绍。”荀谌说：“袁绍是一代豪杰，将军三个方面的资历都不如他，却长期位居其上，他一定不会屈从将军之下。冀州是争夺天下最重要的地区，他如果与公孙瓒联合攻取，将军立刻危亡。袁绍是你的旧交，而且是讨伐董卓的同盟者，现今的办法如果把冀州让给袁绍，他一定会厚报将军，公孙瓒也不能与将军争执了。这样将军有让贤的美名，而自身可以安如泰山了。”韩馥生性胆小懦弱，因而接受了这个建议。韩馥长史耿武、别驾闵纯、治中李历听说后劝阻说：“冀州有甲兵百万，粮食够吃十年。袁绍是支孤单穷困的客军，完全依靠我们的供给，好像是一个掌控在手中的婴儿，只要断绝给他供给，立刻就会饿死，怎么可以把冀州让给他！”韩馥说：“我是袁氏的老部下，何况才干又不如袁绍，估量德行不如让贤，这是古人称道的行为，诸位为何要责难呢！”先前，韩馥从事赵浮、程涣率一万名弓弩手驻扎孟津，听到这个消息，率军快速回到冀州。这时袁绍在朝歌清水，赵浮等从后面赶来，战船几百艘，士兵一万多，部队严整、鼓声震天，夜里走过袁绍的营地，袁绍很憎恶。赵浮等到达冀州，对韩馥说：“袁绍军中无粮，已各自离散，虽然有张杨、於扶罗归附，但不肯为他尽力，不足为敌。让我们这些从事请求率领现有的军队抗拒他，不出十日，袁绍一定土崩瓦解；将军您只管高枕无忧，有什么好担忧害怕的！”韩馥还是不听从，而是辞职让位，搬出官府，住在中常侍赵忠的故宅，派儿子把印绶送给袁绍。袁绍将要到达冀州的时候，韩馥的十个从事争先抛弃韩馥离去，只有耿武、闵纯挥刀阻拦，不能禁止，只好作罢；袁绍将他们都杀了。袁绍终于兼任冀州牧，以皇帝的名义任命韩馥为奋威将军，但既无兵卒，也无官属。袁绍任命广平人沮授为奋武将军，派他管理所有将领，对他十分宠信。魏郡人审配、巨鹿人田丰都因为品性正直而在韩馥手下不得意，袁绍任命田丰为别驾，审配为治中，以及南阳人许攸、逢纪、颍川人荀谌都成为他的主要谋士。

袁绍任命河内人朱汉为都官从事。朱汉先前受到韩馥的轻慢，又想迎合袁绍的心意，就擅自出兵包围韩馥的住宅，拔出战刀登上屋顶，韩馥躲藏到楼上，朱汉抓住韩馥的大儿子，打断了他的双脚，袁绍马上收捕朱汉，杀了他。韩馥还是害怕，于是向袁绍请求离去，投奔张邈。后来袁绍派使者去见张邈，有事商量，与张邈密谈，韩馥当时在座，认为他们是要谋害自己，起身到厕所，用削竹筒的书刀自杀了。

（以上为第二段，写关东军盟主袁绍以诈术夺取冀州，开启了军阀混战的局面。）

鲍信对曹操说：“袁绍作为盟主，利用权势独占利益，将使天下发生祸乱，等于又出现了一个董卓。如果抑制他，我们尚无力去制服，只会招来祸害。我们暂且可以图谋在黄河南面发展，以等待局势变化。”曹操十分赞同。正巧黑山、于毒、白绕、眭固等十多万人侵犯东郡，太守王肱无力抵抗。曹操率兵进入东郡，在濮阳攻击白绕，获得大胜。袁绍于是上表推举曹操为东郡太守，治所设在东武阳。

南单于於扶罗劫持张杨背叛袁绍，在黎阳驻军。董卓委任张杨为建义将军、河内太守。

太史观察天象，说大臣中将有人被杀死；董卓派人诬陷卫尉张温和袁绍勾结，冬季，十月初一日壬戌，在闹市上用棍棒打死张温，以此迎合天意。

青州黄巾军入侵勃海，部众有三十万，想与黑山黄巾军会合。公孙瓒率领步骑两万人在东光县以南迎战，大败黄巾军，杀死三万多人。黄巾军抛掉辎重，争抢渡河；公孙瓒趁他们渡到一半时发动攻击，又大破黄巾军，杀死几万人，流血染红了河水，俘获七万多人，车辆、甲胄、财物不可胜计，公孙瓒威名大震。

刘虞的儿子刘和任侍中，献帝想要东归洛阳，派刘和化装逃离董卓，秘密过武关绕行去幽州见刘虞，命令刘虞率兵来迎接。刘和走到南阳，袁术想利用刘虞做外援，便扣留了刘和，不让刘和北上。袁术向刘和承诺，只要刘虞兵到，一起西征，让刘和写信给刘虞。刘虞收到刘和的信，派遣几千骑兵到刘和那里。公孙瓒知道袁术有野心，制止刘虞发兵，刘虞没有接受。公孙瓒恐怕袁术知道后怨恨他，也派遣他的堂弟公孙越率领一千骑兵到袁术那里，暗中唆使袁术逮捕刘和，兼并他的骑兵。因此，刘虞与公孙瓒结下了仇怨。刘和逃离袁术来到北方，又被袁绍扣留。

这时关东各州郡只顾互相兼并用以壮大自己。袁绍、袁术也相互背离有二心。袁术派孙坚攻击董卓还没有返回，袁绍便派会稽人周昂为豫州刺史，偷袭攻占了阳城。孙坚叹息说："共同高举义兵，为的是拯救国家，现在叛贼即将被消灭而各路诸侯如此相攻，我将和谁一起奋斗啊！"于是领兵攻击周昂，赶走了他。袁术派公孙越帮助孙坚攻击周昂，公孙越被流矢射中而死。公孙瓒愤怒地说："我弟弟的死，是袁绍惹的祸。"于是出兵到磐河，上奏朝廷，列举袁绍罪恶，进兵攻击袁绍。冀州所属各城，大都背叛袁绍追随公孙瓒。袁绍害怕，把自己所佩的勃海太守印绶交给公孙瓒的堂弟公孙范，派他到勃海上任，而公孙范却背叛了袁绍，率领勃海郡的兵帮助公孙瓒。公孙瓒就任命自己的部将严纲为冀州刺史，田楷为青州刺史，单经为兖州刺史，又全部重新任命了各州所属的郡守、县令。

起初，涿郡人刘备，他是西汉中山靖王的后代，年少丧父家贫，与母亲一起靠卖鞋为生，身高七尺五寸，双手下垂过膝，眼睛侧视可以看到自己的耳朵，志向远大，沉默寡言，喜怒不形于色。曾经与公孙瓒同窗，拜卢植为师，因此刘备前往依附公孙瓒。公孙瓒派刘备协同田楷夺取青州有功，于是任命他为平原相。刘备年轻时与河东关羽、涿郡张飞交好，任命关羽、张飞为别部司马，分别统领部众。刘备与关、张二人同床睡觉，情同手足，但在大庭广众中，关、张二人整天站立在刘备身边，跟随刘备征讨，不避艰辛。常山人赵云率领本郡的兵马投奔公孙瓒。公孙瓒对赵云说："听说你们州的人都心向袁绍，为何只有你能迷途知返？"赵云说："天下大乱，不知谁是谁非，人民遭受苦难有如被倒吊起来一样，本州人议论，只是渴望仁政所在，并未轻视袁绍，偏爱将军。"刘备见到赵云，认为他才能出众，便与他深交，于是赵云跟随刘备到平原，为刘备统领骑兵。

（以上为第三段，写军阀逐鹿方兴。曹操据有东郡，公孙瓒破黄巾军于河北，南联袁术，北战袁绍，于是二袁交恶。刘备投公孙瓒，为逐鹿河南伏笔。）

起初，袁术得到南阳，户口有几百万，但袁术骄奢淫逸，为所欲为，征税没完没了，百姓痛苦不堪，逐渐流亡。后来他又和袁绍结怨，各自培植党羽寻找外援来算计对方。袁术和公孙瓒勾结，而袁绍与刘表联合，豪杰大多归附袁绍。袁术愤怒地说："这帮小子不跟随我却去跟随我的家奴！"又写信给公孙瓒说："袁绍不是袁家的后代。"袁绍听到后极为愤怒。

袁术派孙坚攻打刘表，刘表派部将黄祖在樊城和邓县一带迎战。孙坚击败黄祖，于是包围了襄阳。刘表乘夜派黄祖偷偷出城，去调集援军，黄祖率兵在返回时，遭到孙坚阻击，黄祖战败逃跑，进入岘山中。孙坚乘胜连夜追击，黄祖部下的士兵躲在竹林丛中用暗箭射死孙坚。曾被孙坚推举的孝廉长沙人桓阶觐见刘表，请求为孙坚发丧，刘表赞赏桓阶仗义就答应了。孙坚哥哥的儿子孙贲率领孙坚的部众投奔袁术，袁术再次上表推荐孙贲做豫州刺史。袁术从此不能战胜刘表。

当初，董卓进入关中，留下朱俊守卫洛阳，而朱俊暗中与山东各路将领通谋，害怕被董卓袭击，逃到荆州。董卓任命弘农人杨懿为河南尹；朱俊又率兵返回洛阳，攻打杨懿，把他赶走了。朱俊认为河南残破，没有依靠的资源，便向东进驻中牟，发文告给各个州郡，请求出兵征讨董卓。徐州刺史陶谦上书推荐朱俊代理车骑将军，派三千精锐部队帮助他，其余各州郡也都派出人马援助。陶谦是丹阳人，朝廷因黄巾军侵扰徐州，派陶谦任刺史。陶谦到了徐州，攻击黄巾军，大败黄巾军将其赶出徐州，于是徐州境内平静。

刘焉在益州暗地图谋割据。沛国人张鲁从祖父张陵以来世代信奉五斗米道，客居在蜀地。张鲁的母亲因能通鬼神巫术经常来往刘焉家，刘焉就派张鲁做督义司马，派张修做别部司马，要他们联兵进攻汉中郡，杀死太守苏固，切断斜谷阁通道，杀掉汉朝的使臣。刘焉借此上书说："米贼断绝道路，不能再与朝廷交通。"又借口他事杀了益州的豪强王咸、李权等十几人，用以树立刑法威严。犍为太守任岐和校尉贾龙因此起兵攻打刘焉，刘焉迎击并杀死任岐、贾龙。刘焉想称霸一方的野心越来越强，便建造天子御车和其他车具一千多辆。刘表上书说："刘焉在蜀，就像子夏在西河一样模仿圣人。"当时刘焉的儿子刘范任左中郎将、刘诞任治书御史、刘璋任奉车都尉，都跟随献帝在长安，只有小儿子别部司马刘瑁一向跟在刘焉身边；献帝派刘璋去明确告知刘焉的错误行为，刘焉趁机留下刘璋，不让他回朝廷。

公孙度在海外享有威名，中原人士为避战乱，有许多人投奔公孙度。北海人管宁、邴原、王烈也都投奔了公孙度。管宁小时候和华歆是朋友，曾和华歆一起种菜，锄地时发现了一块金子，管宁举锄不看它，视同瓦砾，华歆捡起又扔掉，人们从这件小事看出了他们两人的优劣。邴原曾到远方去游学，八九年后才回家，老师和学友们认为他不会喝酒，便筹集米肉送给他。邴原说："我本来能喝酒，只因怕荒废学业，所以戒掉了。今天我就要远别，可以一醉方休。"于是同众人坐在一起喝酒，喝了一天也没有醉。管宁、邴原都以操行高尚著称，公孙度空着客房来等候他们。管宁拜见公孙度后，便到山谷里搭建茅屋，当时避难的人大多居住郡南，而管宁独居郡北，以示不回去的决心，后来逐渐来了些追随者，不出一个月这儿就成了村落。管宁每次拜见公孙度，只谈儒家经典，不涉时事；回到山里，专门讲授《诗经》、《尚书》，研习礼仪，不是求学的人他不会见。因此公孙度对他的贤明很优待，民间也受到他的感化。邴原生性刚烈耿直，喜欢用褒贬的方式来纠正人们的不善行为，公孙度以下的各级官吏，心里感到不安宁。管宁对邴原说："潜在水下的龙，以不为人所见才修炼成德。说话不合时宜是招惹灾祸的原因。"暗地让邴原逃回中原，公孙度得知后，也不追赶。王烈的气度、学识超过一般的人，年轻时的名望在管宁、邴原之上，善于教诲诱导。乡里有个偷牛的人，被牛的主人抓到，这个偷牛的人表示认罪，说："我愿意接受刑法惩处，请求不要让王烈知道。"王烈听到这件事，派人向偷牛的人致谢，送了他一匹布。有人询问王烈为何送布，王烈说："这个小偷害怕我听到他的过失，这表明他有羞耻之心，既然他知道了羞耻，那么将会萌发善心，所以送布勉励他为善。"后来有一个老头把剑丢失在路上，一个过路人看到了这把剑，就一直守在路边，直到天黑，老头返回找到了剑，很是惊讶，把这件事告诉了王烈。王烈派人去寻找，拾剑的人原来就是那个偷牛的人。许多人争论是非曲直去找王烈裁定，有的走到路上又回去了，有的看到了王烈的住所便往回走，都互相推说对方正确，不敢让王烈知道。公孙度想让王烈做长史，王烈推辞，就去经商来玷污自己，公孙度这才作罢。

（以上为第四段，写刘表挫败袁术，站稳荆州，陶谦据徐州，刘焉据西州，公孙度据辽东。）

汉献帝初平三年（壬申，公元 192 年）

春季，正月丁丑日，大赦天下。

董卓派牛辅率兵屯守陕县，牛辅分路派出校尉北地人李傕、张掖人郭汜、武威人张济率领几万步骑兵在中牟击败朱俊，趁势攻占陈留、颍川两郡所属各县，所过之处烧杀掳掠，无恶不作。

当初，荀淑有个孙子叫荀彧，从小就有才华名望，何颙见到后很惊奇，说："真是个辅佐君王的人才！"等到天下大乱，荀彧对乡亲父老们说："颍川是个四面受敌的地方，应当赶快逃避。"乡里人大多怀念故土不愿离去，荀彧独自率领他的家族去投奔韩馥。正赶上袁绍已夺取了韩馥的地位，袁绍用贵宾的礼节接待了荀彧。荀彧衡量袁绍终究不能成就大业，听说曹操有雄才大略，于是离开袁绍追随曹操。曹操与荀彧交谈，十分高兴，说："你就是我的张良！"任命他为奋武司马。那些不愿离开颍川而留下来的乡亲，大多被李傕、郭汜等人杀害。

袁绍亲自率兵迎战公孙瓒，与公孙瓒在界桥以南二十里的地方交战。公孙瓒的兵力三万，锐不可当。袁绍派麴义率精兵八百为前锋，强弩手一千夹道跟随其后。公孙瓒轻视麴义兵少，派骑兵进攻。麴义的士兵埋伏在盾下不动，等双方不到十几步距离时，同时出击，杀声震天，公孙瓒的军队大败。麴义杀死公孙瓒任命的冀州刺史严纲，获得甲士的首级一千多。追赶到界桥，公孙瓒收兵还击，被麴义再次击败。最后麴义攻击到公孙瓒的军营，拔掉他的营门大旗，公孙瓒的残兵全部逃走。

起初，兖州刺史刘岱和袁绍、公孙瓒联和，袁绍让妻子儿女寄居在刘岱家里，公孙瓒也派从事范方率骑兵帮助刘岱。等到公孙瓒击败袁绍的军队，就通告刘岱要他把袁绍的妻子儿女交出来，另外命令范方说："如果刘岱不交出袁绍家属，你就率领骑兵返回！等我平定了袁绍，再向刘岱用兵。"刘岱和部下商量，一连几天不能决定，听说东郡人程昱有智谋，就招来向他询问，程昱说："如果抛开袁绍的近援，而求公孙瓒的远助，这就好比远到南方去请熟悉水性的越人来解救正沉于水中的儿子一样。公孙瓒不是袁绍的对手，现在虽击败了袁绍的军队，但他终将被袁绍捉拿。"刘岱听从了他的话。范方率领他的骑兵赶回去，还没到达而公孙瓒军队已败。

曹操的军队驻守在顿丘，于毒等黄巾军攻打东武阳。曹操率兵西行入山，前去进攻于毒的大本营。诸位将领都请求救援东武阳。曹操说："如果叛贼听说我西行而回师救援，那么东武阳之围自然解除，如果叛贼不回师救援，我一定能够占领叛贼的大本营，叛贼不能够攻占东武阳是肯定的。"曹操于是率军西进。于毒听说，放弃东武阳返回。曹操便趁势在内黄进攻眭固和南匈奴单于於扶罗，把他们打得大败。

董卓派他的弟弟董旻任左将军，哥哥的儿子董璜任中军校尉，让他们都掌管兵权。董卓的宗族及其亲属都在朝做官，连董卓侍妾襁褓中的儿子也封了侯，把金印和紫绶当作玩物。董卓的车辆和服饰全部模仿皇帝，对尚书台、御史台、府节台三台朝官发号施令，尚书以下的朝官都要亲自到董府去汇报。董卓在郿县修建城堡，高厚都是七丈，积存了可以吃三十年的粮食，自我夸耀说："事成，我可以雄踞天下；不成，守住这里也足以终老。"

董卓为人残暴，将领们言语稍有差错，便当场处死，人人自危。司徒王允和司隶校尉黄琬、仆射士孙瑞、尚书杨瓒密谋诛除董卓。中郎将吕布，擅长骑射，臂力过人，董卓知道自己待人无礼，无论到哪里都常常把吕布作为自己的侍卫，非常宠信他，两人誓为父子。然而董卓生性刚愎狭隘，吕布曾因小过不合董卓心意，董卓便拔出手戟抛向吕布，吕布身手矫健，敏捷地避开了，又立即和颜悦色地向董卓道歉，董卓的怒意才消解。从此吕布背地里怨恨董卓。董卓又让吕布侍卫内室，吕布却和董卓的贴身侍女私通，因此心里感到不安宁。王允一向对吕布很好，吕布见到王允，亲自述说差点被董卓杀死的情况，王允趁此将诛除董卓的密谋告诉吕布，让他做内应。吕布说："可我们如同父子，怎么行呢？"王允说："你自姓吕，与董卓本不是骨肉。现在你生死都顾不了，还谈什么父子？他在抛戟的时候，难道他还有父子之情吗？"吕布终于答应了。

夏季，四月丁巳日［四月二十三日辛巳］，献帝有病初愈，便在未央殿大会文武百官。董卓穿着朝服乘车入宫，道路两旁皆是卫兵，从他的军营一直到皇宫，左面是步兵，右面是骑兵，戒备森严，命吕布等护卫他。王允命士孙瑞亲自写诏书交给吕布，吕布命同郡人骑都尉李肃和勇士秦谊、陈卫等十多人穿着卫士服冒充卫士，守在北掖门内等待董卓。董卓入门，李肃用戟刺杀他；董卓内穿铠甲，戟刺不进，只伤及臂膀，从车上跌下，董卓回头大喊："吕布在哪里？"吕布说："有诏令诛讨你这个贼臣！"董卓大骂："蠢狗，你胆敢如此！"吕布没等他骂完就拿起长矛直刺，并催促士兵杀死董卓。主簿田仪和董卓的仆人上前扑向董卓的尸体，吕布又杀死他们，总共杀了三人。吕布随即从怀中拿出诏书对官兵们宣布说："诏令只诛讨董卓一人，其余的都不过问。"官兵们不动，高呼万岁。老百姓在路上唱歌跳舞，长安城中士女变卖珠宝、玉器、衣服来打酒、买肉互相庆贺，人群挤满了街道。董卓弟弟董旻、董璜及其宗族老少住在郿县，全都被其部下砍杀射死。董卓的尸首被丢在街头示众，这时天开始热起来，董卓一向肥胖，油脂流到了地上，看守尸体的官吏做了一个大灯芯，放入董卓的肚脐里点着，从晚上一直烧到天亮，持续了好些天。袁氏各家的门生收集董氏家人的尸体，焚烧成灰，在路上飘洒。城堡中有黄金二三万斤，白银八九万斤，绫罗绸缎、珍奇玩宝堆积如山。朝廷任命王允为录尚书事，吕布为奋威将军，假节、礼仪等待遇与三公相同，封为温侯，和王允共同主持朝政。

董卓死时，左中郎将高阳侯蔡邕在王允家做客，听到这个消息惊讶不已。王允勃然发怒，斥责他说："董卓差点亡了汉家天下，你身为王臣，应当同仇敌忾，却念念不忘他对你的私恩，为他悲伤，岂不是共同为逆吗？"当即收捕了蔡邕交给廷尉治罪。蔡邕认罪说："我虽然不忠，但古今君臣的大义，耳中常常听见，口里常常念叨，怎么会背叛国家而心向董卓呢？我愿受刑，脸上刺字，砍去双脚，继续完成汉史。"士大夫们多同情蔡邕，设法营救他，但没能成功。太尉马日磾对王允说："蔡邕是旷世奇才，熟悉汉代的史事，应该让他继续写完后汉史，成就一代大典；再说只因犯下小小的过失就杀了他，岂不是要让天下人失望吗？"王允说："从前武帝不杀司马迁，让他写了诽谤的书流传后世。现在国家中衰，兵马在野外作战，不可让奸臣在幼主身边掌握笔墨，这既无益于圣德，又会使我们遭受他的讥讽。”马日磾退出后对人说：“王允要无后了！善人是国家的纲纪，著史是国家的经典，毁灭纲纪废除经典，还能长久吗？”蔡邕终于死在狱中。

起初，黄门侍郎荀攸与尚书郑泰、侍中种辑等密谋说：“董卓骄横残忍毫无亲情，虽然拥有强兵，其实只不过是一个匹夫，只需一个刺客就可以直接刺杀他。”事情就要成功却被发现，荀攸被捕入狱，郑泰逃奔袁术。荀攸言谈饮食如旧，恰逢董卓被杀，得以幸免。

（以上为第五段，写王允诛除董卓，罪及无辜蔡邕，为王允滥杀而败伏笔。）

青州黄巾军寇掠兖州，刘岱要出兵迎击。济北相鲍信劝谏说：“现今贼众有一百万，百姓们震动惊恐，士兵们没有斗志，不可以对抗敌人。然而黄巾军没有后勤辎重，只靠抢掠来补给，现在不如让将士养精蓄锐，首先是固守城池，黄巾军想求战不能得，攻城不能下，黄巾军的势力一定会离散，然后挑选精锐士众，控制要害之地，看准机会打击，一定能打败黄巾军。”刘岱不听从，于是与黄巾军交战，果然被黄巾军杀害。

曹操部将东郡人陈宫对曹操说：“兖州现今没有主人，而王命被隔绝，我陈宫请求去劝说州中的主事官员，府君你随后去就任州牧，凭借兖州来收聚天下的英雄，这是霸王的事业。”陈宫便前往兖州游说别驾、治中等主要官员。陈宫说：“如今天下分裂而兖州没有主人，东郡太守曹操，是治国安邦的大才，如果迎接他来做州牧，一定能使一州百姓安宁。”鲍信等赞同，便与兖州大吏万潜等人到东郡，迎请曹操代理兖州刺史。曹操于是进兵在寿张县攻击黄巾军，初战不利。黄巾军精悍众多，曹操兵少弱小，曹操整军安抚激励，定出鲜明的赏罚条例，找机会巧设奇兵，日夜交战，每战必有擒获，黄巾军终于退走。鲍信战死，曹操悬赏寻找他的尸体，始终没有找到，于是刻了一个木偶，形似鲍信，曹操亲自祭奠，痛哭不已。诏书任命京兆人金尚为兖州刺史，金尚到兖州赴任，曹操迎击，金尚逃奔袁术。

五月，任命征西将军皇甫嵩为车骑将军。

当初，吕布劝说王允杀尽董卓部众，王允说：“这些人无罪，不能杀。”吕布想把董卓的财物赏赐给公卿、将校，王允又不同意。王允一向只把吕布当作剑客来对待，吕布自恃有功，经常夸耀自己，既然有许多事都不顺心，自然就渐渐不平起来。王允性情刚直方正，疾恶如仇，起先害怕董卓，所以不得不对吕布委屈谦让。董卓既以除灭，他认为再也没有必要了，便骄傲起来，因此群僚百官逐渐疏远、不拥戴他了。

王允和士孙瑞商量，下诏特赦董卓部下，随即又怀疑说：“部下只是追随主人而已。现在如果称他们是恶逆之人而赦免，恐怕反而加深他们的疑心，这不是安抚他们的好办法。”于是作罢。又商量解散董卓所有的军队，有人劝王允说：“凉州人一向害怕袁绍而畏惧关东大军，现在如果解散军队，打开函谷关，一定人人自危。可以任命皇甫嵩为将军，统领董卓旧部，让他们留在陕县来安抚百姓。”王允说：“不行，关东举义兵的人和我们是同类人，现今如果据守险要，留兵陕县，虽然安抚了凉州人，却让关东将领起疑心，不能这样办。”

当时百姓假传要杀尽凉州人，董卓先前的将校相互转告恐惧，都拥兵自守，还互相传言说：“蔡邕仅因董公的信任和厚待就遭受牵连，现在既不赦免我们又要解散我们的军队，今天解散了军队，明天我们就要成为鱼肉了。”吕布派李肃到陕县，宣布诏命要杀牛辅，牛辅等迎击李肃，李肃战败，逃至弘农，吕布杀死了李肃。牛辅害怕失守，恰又赶上军营中发生惊乱，牛辅想逃跑，被左右的部下杀死。李傕等回来，牛辅已死，李傕等人失去依靠，便派使者到长安请求赦免。王允说：“一年中不可以赦免两次。”不答应。李傕等人更加恐惧，不知所措，想各自散去，从小路逃回家乡，讨虏校尉武威人贾诩说：“诸位如果丢弃军队只身行走，那么一个亭长就能把你们抓起来；不如率兵向西，进攻长安，替董公报仇，事成，则拥戴天子来匡正天下，如果不成，再逃也不晚。”李傕等人十分赞同，于是结成同盟，率领几千兵马，日夜兼程向西进攻。王允认为胡文才、杨整修都是凉州名人，便召见他们，要他们去东面向李傕等人开释，可是王允在会见他们时不是和颜悦色，却说：“关东那帮鼠辈，究竟想要干什么？你们去叫他们来！”于是二人东去，把大兵招来长安。

李傕沿途收买兵马，等到行进至长安，已拥有十多万人，与董卓旧部樊稠、李蒙等合围长安城，长安城高不能攻下，守到第八天，吕布军中有西南夷兵众叛乱。六月初一日戊午，叛军引导李傕的军队进城，李傕纵兵抢劫掠夺。吕布与李傕在城中巷战不胜，率领几百骑兵，把董卓的头系在马鞍上往城外逃跑，逃到青琐门外停下马，招呼王允一起逃跑。王允说：“如果得到社稷的神灵保护，上使国家安宁，这是我的愿望；如果不能实现，那么我愿献出生命。皇帝幼小，只能依赖我，遇到危急逃跑偷生，我不忍心。希望你务必告诉关东诸位将领，劝诫他们要以国家为重！”太常种拂说：“身为国家大臣，不能禁止暴力抵拒外侮，使叛贼用刀枪逼向皇宫，将逃到哪里去安身呢？”于是奋战而死。

李傕、郭汜驻守南宫掖门，杀死太仆鲁馗、大鸿胪周奂、城门校尉崔烈、越骑校尉王颀，被杀死的官民一万多人，尸首横七竖八铺满街道。王允扶持献帝上宣平门躲避兵乱，李傕等在城门下伏地叩头，献帝对李傕等说：“你们放纵士兵胡作非为，想要干什么？”李傕等说：“董卓忠于陛下，而无端被吕布杀死，臣等是为董卓报仇，哪敢叛变。臣等请求报仇事完后到廷尉接受惩罚。”李傕等包围门楼，一齐上表请求司徒王允出来，问道：“太师董卓有什么罪？”王允被迫无奈，只好下门楼接见他们。六月初二日己未，赦免天下，任命李傕为扬武将军，郭汜为扬烈将军，樊稠等都任中郎将。李傕等逮捕司隶校尉黄琬，将他杀死。

起初，王允任命同郡人宋翼为左冯翊，王宏为右扶风，李傕等杀王允，害怕他们起兵报仇，于是先征召宋翼、王宏。王宏派使者对宋翼说："郭汜、李傕因为有我们两人在外，所以才未危害王公，今日如果我们接受征召，明日将一起被灭族，你有什么办法吗？"宋翼说："虽然难以预测福祸，然而我们不能违抗王命！"王宏说："关东义兵气势汹涌，想杀董卓，现在董卓已死，他的党羽很容易被控制。如果我们举兵共同征讨李傕等，与山东义兵相呼应，这是转祸为福的策略。"宋翼不听从，王宏独自难以成事，于是一起接受征召。六月初七日甲子，李傕逮捕王允和宋翼、王宏，把他们一起杀掉。王允的妻子儿女全被杀害。王宏临刑骂道："宋翼，你这个没有见识的儒生，不值得和你商量大计！"李傕把王允的尸体摆在街市上，没有人敢去收敛，王允以前的属吏平陵令京兆人赵戬，抛弃官职，收葬了王允。起初，王允把征讨董卓的功劳全部归于自己，士孙瑞让功未封侯，所以幸免于难。

臣司马光评论说："《易经》说：'有功而又谦让的君子，最终必有吉祥。'士孙瑞有功却不自夸，保全了身家性命，我们能够不称赞他是一个智者吗？"

李傕等派贾诩做左冯翊，想给他封侯，贾诩说："这只是救命之计，有什么功劳！"坚决推辞不受。又任命他为尚书仆射，贾诩说："尚书仆射是百官的师长，为天下所瞩目，我的名声向来不高，不能使人信服。"于是任命他为尚书。

（以上为第六段，写凉州将李傕、郭汜为董卓报仇，诛杀王允。）

吕布从武关奔逃到南阳，袁术待他十分优厚。吕布自恃对袁氏有功，纵兵抢劫。袁术十分忧虑，吕布察觉后心感不安，离开袁术到河内投奔张扬。李傕等悬赏急于捉拿吕布，吕布又逃跑，归附袁绍。

六月十九日丙子，任命前将军赵谦为司徒。

秋季，七月十三日庚子，任命太尉马日磾为太傅，录尚书事。八月，任命车骑将军皇甫嵩为太尉。

皇帝诏令太尉马日磾、太仆赵岐为特命大使，持府节弹压安抚关东诸侯。

九月，任命李傕为车骑将军，兼司隶校尉，假节；任命郭汜为后将军，樊稠为右将军，张济为骠骑将军，全都封侯。李傕、郭汜、樊稠掌管朝政，张济出守弘农。

司徒赵谦被罢官。

九月二十九日甲申，任命司空淳于嘉为司徒，光禄大夫杨彪为司空，录尚书事。

当初，董卓入关到长安后，游说韩遂、马腾与他一同对付山东诸侯，韩遂、马腾率领部众到长安。正赶上董卓被诛杀，李傕等任命韩遂为镇西将军，令他返回金城，任命马腾为征西将军，驻屯郿县。

冬季，十月，荆州刺史刘表派使者进献贡品。诏令刘表任镇南将军荆州牧，封为成武侯。

十二月，太尉皇甫嵩被免职，任命光禄大夫周忠为太尉，参录尚书事。

曹操追击黄巾军到济北，黄巾军全部归降，获得兵众三十多万，百姓一百多万人，收编其中其精锐的士兵，号称青州兵。

曹操征召陈留人毛玠为治中从事，毛玠向曹操进言说："现在天下分裂，天子流亡，百姓荒废农业，饥饿流浪，官府没有一年的存粮，百姓没有安心守业的意愿，统治难以长久。军队奉行道义才能取胜，守住地位要依靠财富，应当依靠天子来号令不守臣节的臣子，发展农桑来积蓄军需，这样，那霸王之业才可以完成。"曹操采纳他的建议，派使者见河内太守张杨，想借道西上长安，张杨不答应。

定陶人董昭劝张杨说："袁绍、曹操虽然是一家，随着势力的发展，一定不会长期合作。曹操现在虽然弱小，其实他才是天下的英雄，应当寻找机会与他交结。何况现在有缘，最好准许他的使者通过，沟通他上奏书的道路，并上表举荐他。如果事成，可永结深交。"于是张杨让曹操的使者通过，并上表举荐曹操。董昭还以曹操的名义写信给李傕、郭汜等，按照他们地位高低，分别致以问候。

李傕、郭汜接见曹操使者，认为关东诸将想要自己拥立皇帝，现今曹操虽然派了使者来京，但并非真心实意，商量扣留曹操使者。黄门侍郎钟繇劝谏李傕、郭汜说："现今英雄四处涌现，各自假天子之命称霸一方，只有曹操还心向王室，若不接受他的诚意，这不符合将来要效法曹操的那些人的愿望。"于是李傕、郭汜对曹操厚加报答。钟繇是钟皓的曾孙。

徐州刺史陶谦和各郡国的太守、国相联合上奏章，举荐朱俊为太师，趁机传檄各州郡的长官，想共同讨伐李傕等，迎取天子。恰好李傕采用太尉周忠、尚书贾诩的计策，征召朱俊入朝，于是朱俊拒不接受陶谦的计议而接受征召，被重新任命为太仆。

公孙瓒再次派兵攻打袁绍，进兵到龙凑，被袁绍打败。于是公孙瓒返回幽州，不敢再出兵。

扬州刺史汝南人陈温死，袁绍派袁遗兼扬州刺史；袁术打退袁遗，袁遗逃至沛县，被兵卒杀死。袁术任命下邳人陈瑀为扬州刺史。

（以上为第七段，写凉州将李傕、郭汜共掌朝政，曹操奉正朔以蓄积政治资本，大败山东黄巾军，收编其为青州军，势力渐大。）

汉献帝初平四年（癸酉，公元193年）

春季，正月初一日甲寅，发生日食。

正月十四日丁卯，大赦天下。

曹操驻军鄄城。袁术遭刘表逼迫，率兵驻守封丘，黑山军的一部与南匈奴单于於扶罗都归附袁术。曹操打败袁术的军队，于是包围封丘；袁术出逃到襄邑，又逃到宁陵。曹操追击，连续打败袁术。袁术逃到九江，扬州刺史陈瑀拒绝袁术，不准袁术入境。袁术退守阴陵，在淮北集结兵力，又向寿春进军；陈瑀害怕，逃回下邳，袁术于是占领扬州，兼称徐州伯。李傕想结交袁术作为外援，任命袁术为左将军，封阳翟侯，假节。

袁绍与公孙瓒任命的青州刺史田楷连续交战两年，双方将士疲惫不堪，粮食也吃光了，双方交相掠夺百姓，田野荒芜。袁绍派儿子袁谭做青州刺史，田楷与袁谭交战，不能取胜。恰逢赵岐来山东和解各路诸侯，公孙瓒与袁绍结亲，各自引兵撤退。

三月，袁绍驻军在薄落津。这时，他属下的魏郡士兵叛乱，和黑山军于毒等几万人共同占据邺城，杀死太守。袁绍率军返回斥丘。

夏季，曹操回师屯驻定陶。

徐州治中东海人王朗和别驾琅邪人赵昱劝说刺史陶谦："要想得到诸侯的拥护，莫过于尽心王事，现在天子远在西京长安，你应派使者前去进贡。"于是陶谦派赵昱带着奏章到长安。下诏任命陶谦为徐州牧，授予安东将军，封溧阳侯。任命昱为广陵太守，王朗为会稽太守。

这时，徐州百姓富裕，粮食丰足，流民多来归附。可惜陶谦信任奸佞小人，疏远忠直之士，刑法政治施行不适当，因此徐州逐渐混乱起来。许劭避难来到广陵，陶谦待他礼遇甚厚，许劭警告他的门徒说："陶谦表面上追求尊贤重才的名声，实际上心地并不正直，待我虽然优厚，以后必然会改变态度。"于是离开了陶谦。后来陶谦果真捕捉了避居在徐州的士人，人们才敬佩许劭有先见之明。

六月，扶风降落大雨和冰雹。

华山崩塌断裂。

太尉周忠被免职，任命太仆朱俊为太尉，录尚书事。

下邳人阙宣聚集了几千徒众，自称天子，陶谦攻击，杀了阙宣。

京师大雨，昼夜不停连续下了二十多天，冲毁淹没了众多民居。

袁绍进军朝歌县的鹿肠山征讨于毒，围攻五天，打败了于毒，杀死于毒及其部众一万多人。于是袁绍乘胜沿着山麓北行，进攻其他各路贼人左髭丈八等，把他们全部杀了。又打败刘石、青牛角、黄龙左校、郭大贤、李大目、于氐根等，又斩杀了几万人，残留在军营壁垒中的贼匪遭到屠杀。最后与黑山军张燕以及匈奴的四营屠各部落、雁门的乌桓部落在常山交战。张燕拥有精兵数万、骑兵数千。袁绍和吕布共同进攻张燕，连续战斗十几天。张燕兵死伤惨重，袁绍军队也疲乏不堪，于是各自撤退。

吕布的将士大多凶残蛮横，袁绍深深感到忧虑，吕布因而要求返回洛阳。袁绍以承受皇帝的名义命吕布兼任司隶校尉，派壮士护送吕布，而暗地想谋害他。吕布派人在营帐中弹筝，自己悄悄逃出营帐，送行的人夜里偷袭，把营帐床被全部砍坏。天亮，袁绍得知吕布还活着，十分恐惧，关闭城门自守。吕布率军又归附张杨。

前太尉曹嵩在琅邪避难，他的儿子曹操命泰山太守应劭迎接护送，曹嵩辎重车一百多辆，陶谦的一个部将把守在阴平，这支守军将士贪求曹嵩的财宝，在华县与费县之间伏击杀死了曹嵩，以及曹嵩的小儿子曹德。秋季，曹操率兵袭击陶谦，攻占了十几座城，进兵到彭城，双方大战，陶谦失败，退守郯县。

起初，京县、洛阳一带遭受董卓之乱，人民东迁，大多归附徐州，等到曹操到达，男女几十万人被驱赶进泗水淹死，致使河水不能流。

曹操不能攻克郯县，就率兵撤离，又攻取虑县、睢陵、夏丘，三县都遭屠杀，鸡犬不留，废墟城邑中不再有行人。

冬季，十月二十二日辛丑，京师发生地震。

天市垣出现孛星。

司空杨彪被免职。十月二十七日丙午，任命太常赵温为司空，录尚书事。

（以上为第八段，写中原大混战，河南、河北、江淮徐扬，四处烽烟。袁绍与公孙瓒争夺青州。吕布遭袁氏兄弟驱逐，归依河内张杨。曹操得兖州，驱袁术入淮南，又大破徐州牧陶谦。）

刘虞和公孙瓒结怨不和，公孙瓒屡次与袁绍相互攻打，刘虞制止，但没有效果，因此逐渐减少后勤的供给。公孙瓒愤怒，屡屡违反刘虞的命令，又一再侵夺百姓。刘虞无法管束，于是派驿史奉上奏章陈述公孙瓒残忍掠夺的罪状，公孙瓒也上奏刘虞克扣军粮。两人的奏章交替呈上，相互诋毁，朝廷只是应付而已。于是公孙瓒便在蓟城东南建造小城居住，刘虞多次召见他，公孙瓒都称病不应召；刘虞害怕他终将叛乱，于是率其所属兵马共十万人去征讨公孙瓒。这时公孙瓒的部下分散在外地，公孙瓒挖开东城想逃走。刘虞的部队没有编队阵列，不会打仗，刘虞又珍爱百姓的房屋，下令不准随意放火，告诫部下说："不要伤害其他人，只杀公孙瓒一人而已。"所以围攻不克。于是公孙瓒挑选招募来的勇士几百人，趁风纵火，直朝刘虞的部队冲去，刘虞的部队全军溃败。刘虞和他的将领们向北逃到居庸，公孙瓒追击，围攻三日，城池陷落，活捉了刘虞及其妻子儿女返回蓟城，仍让刘虞签署州府的公文。恰逢诏令派使者段训来增加刘虞的封邑，总管六州的事务；任命公孙瓒出任前将军，封易侯。公孙瓒趁机诬陷刘虞先前与袁绍等共谋做天子，威胁逼迫段训在蓟城街头杀掉刘虞及其妻子儿女。前常山国相孙瑾，常山掾张逸、张瓒等一起伴随刘虞赴刑场，破口大骂公孙瓒，然后一起被处死，公孙瓒把刘虞的首级送往京城，刘虞以前的属吏尾敦在路上抢夺了首级，送回安葬。刘虞因恩义宽厚而深得民心，无论是当地的还是流亡来到幽州的百姓，无不痛惜。

当初，刘虞想派使者送奏章到长安，却难找到适合的人，大家都说："右北平人田畴年二十二岁，虽然年轻，然而有奇才。"刘虞于是送上礼物，请他做自己的僚属，准备好车马将要出发，田畴说："现今道路阻塞，盗寇横行，如果公开作为官方的使者，必然成为他们抢夺的目标。我愿独自赶路，只要能到达长安就行。"刘虞接受了他的建议。田畴自己在门客中挑选了二十名骑士，一起去西关，出了关塞，沿着北山而行，直奔朔方，然后走小路到长安，顺利完成了使命。

诏令任田畴为骑都尉。田畴认为天子刚流亡还未安定，不能享有这种荣耀，坚决推辞不接受。田畴得到朝廷回复的章报，立即奔驰而回，等到回来时，刘虞已死，田畴拜祭刘虞墓，并呈上天子回复的诏令，流泪痛哭离开墓地。公孙瓒愤怒，悬赏捉拿到了田畴，质问田畴说："你不送诏书给我，为什么？"田畴回答："汉室衰亡，人人都怀有野心，只有刘公不失忠贞之节。诏书的内容，对将军没有什么美辞，恐怕不是你喜欢听到的，所以没送给你。而且将军既然杀害了无罪的主人，又仇恨守节义之臣僚，我恐怕燕、赵的士人宁愿赴东海淹死，也不愿跟随你。"公孙瓒释放了田畴。

田畴向北回到了无终县，率领宗族及其附从几百人，扫地盟誓说："君主之仇不报，我就不活在世上！"于是进入徐无山中，在幽深险峻的地方，寻找一块平地经营安居，亲自耕作来奉养父母，百姓前来归附，几年里增至五千多户人家。田畴对他的乡亲们说："现在人口众多已成村镇，但不统一，又没有法制来管理，恐怕不是长久之计。我有一个计划，愿意和诸位一起来实行，可以吗？"大家都说："可以！"田畴于是制定法令，凡相互杀伤、偷盗、因争吵而诉讼的人，按情节轻重定罪，最重的处死，总计十多条。又制定了婚姻嫁娶的礼节，以及学校讲授的课程，在群众中颁布实行，大家都觉得有利，致使道不拾遗。北方边境的人民都倾心归服田畴的威信，乌桓、鲜卑各自派使者来馈赠礼物，田畴都一律接受安抚，要他们不要侵扰抢掠。

十二月二十三日辛丑，发生地震。

司空赵温被免职。十二月二十七日乙巳，任命卫尉张喜为司空。

（以上为第九段，写公孙瓒火并刘虞割据幽州。）

【点评】

本卷重点点评以下两大问题。

一、凉州兵团的终结。董卓西迁被王允谋杀，但祸患未已，因为董卓的部曲凉州兵团未受损伤。所谓凉州兵团，是一支汉羌混合的队伍。这支军队是董卓长期对西羌作战中精心培植起来的部曲武装，它的基干是湟中义从羌和关中秦胡，有三万余人，扩充的部队中汉人有十余万。董卓倚重的是凉州将、羌胡兵。董卓死后，扰乱长安的四大将李傕、郭汜、张济、樊稠都是凉州人。董卓挟汉献帝西迁，凉州主力部署在潼关以东防范关东诸侯。董卓死后，凉州将以李傕、郭汜为首，打着为董卓报仇的旗号杀向长安。公元 192 年六月，凉州兵攻破长安，杀王允等公卿百官及长安民众一万余人。公元 194 年，马腾、韩遂攻长安，又适值天旱大饥荒，谷一斗五十万，豆麦一斗二十万，人相食，白骨委积道路。公元 195 年，李傕、郭汜争权，连月相攻，死者数万。关中户有数十万，经过这场浩劫，“二三年间，关中无复人迹”。富庶的关中，遭凉州兵扰乱，一片荒残。从公元 189 年八月董卓入洛，到公元 198 年四月李傕在长安覆灭，凉州兵在东汉末的历史舞台上活跃了整整十年，带来了极大的破坏。关中和中原的经济遭到极大的摧残，人口死亡数百万。“白骨露于野，千里无鸡鸣。”（曹操《蒿里行》）这就是凉州兵在两汉四百年繁华的东、西两京制造的人间惨剧。当时传播文化的书籍是用手写的简策帛书，传播不广，京师所藏，极为珍贵。不读书的凉州兵，把珍贵的简册帛书毁坏，把缣帛文书制成帷盖、巾囊，造成了无法弥补的损失。李傕、郭汜和他的主子董卓一样，愈是凶残，愈是加速自身的灭亡。他们在自相火并中残杀。樊稠为李傕所杀，郭汜为其部将所杀，张济出关攻战死于穰县。公元 198 年，曹操以天子名义命驻屯华阴的凉州将段煨讨灭李傕，并夷其三族。伴随李傕之死，凉州兵也就随之消亡。

二、东汉末军阀混战格局的形成。东汉末年的军阀混战，从公元 190 年至 199 年（汉献帝初平元年至建安四年），是十年大混战时期，争战异常激烈，黄河两岸、淮河之南与整个中原大地化为战场，城邑村落变成废墟。

东汉军阀混战的形成，有其远因、近因和导火索。先说远因，军阀混战是豪强地主集团割据性的一种表现。东汉豪强集团的兴起是军阀混战的远因。两汉四百年的统一，地主经济得到了高度发展。东汉开国者刘秀就出身贵族官僚地主家庭。他是汉高祖刘邦的九世孙。东汉开国的功臣，云台二十八将，三十二功臣、三百六十五功臣，大多出身“世吏二千石”，或为“乡闾著姓”，是一个以南阳豪强为基干的豪强集团。因此，东汉政权一建立，就显示出严重的兼并性和割据性。它维护豪强地主的利益，造成土地高度集中。如贵族地主济南王刘康，有田八百顷，奴婢一千四百多人。官僚地主郑泰，有田四百顷。东汉政论家仲长统对东汉豪强地主经济势力的膨胀有生动描绘。他说：“汉朝中兴以来，豪强富人，居住着几百间富丽堂皇的深宅大院，占据了大片肥沃的土地，役使着成千的奴婢和上万的长工，妖童美妾充满了内庭，女乐倡优排列于深堂。有的兼营商业，车船周游各地，囤积居奇，货物充满都邑。他们的奇物宝货堆满了巨室，马牛猪羊布满了山谷。”（《后汉书·仲长统传》）豪强地主不仅占有巨大的财富，而且在地方上有很大的势力，大都拥有自己的武装，有的多达二三万。有一官半职的豪强，依势作威作福，没有官职的乡绅也武断于乡曲。豪强们的荣耀逸乐不亚于王侯，他们的势力显赫与郡守县令相匹敌。如果中央政权稳固，能够有效地控制豪强地主，地方经济愈发达，国家愈强大。反过来，如果中央政权削弱，国家对豪强控制失御，地方经济愈发达，愈要与中央闹独立。东汉末年就是这一情况。

东汉军阀混战的近因是黄巾大起义动摇了东汉根基，加深加速了封建割据性。汉灵帝为了加强对黄巾军的镇压，在公元188年采纳刘焉的建议，改刺史为州牧。汉承秦制，地方行政为郡、县两级，汉武帝加强对地方的控制，划分全国为十三个部，每部即一州，设置十三个州刺史。州不是一级地方行政机构，刺史只起监察作用，由六百石的中级官充任。州刺史改为州牧，成为地方最高一级行政机构，有领兵治民之权，由二千石高官领牧。朝廷派刘焉为益州刺史，刘虞为幽州刺史，黄琬为豫州刺史。起初这三大州牧的设置，目的是加强对益州、豫州农民军的镇压，以及对幽州张纯叛乱的镇压。很快，州牧增设，各州牧便成了事实上各霸一方的土皇帝。各郡国守相也趁机扩张势力。因此，州牧的设置加速了地方割据势力的发展，军阀混战只差一根导火索来点燃了。

何进召军阀董卓入京，董卓擅废立，点燃了军阀混战的导火索。公元190年正月，东郡太守桥瑁发起讨伐董卓的战争，他假传京师三公的手谕，草拟讨董卓檄文，列数罪恶，布告各州郡牧守，同时起兵。后将军南阳太守袁术、冀州牧韩馥、豫州刺史孔伷、兖州刺史刘岱、河内太守王匡、渤海太守袁绍、陈留太守张邈、东郡太守桥瑁、山阳太守袁遗、济北相鲍信，共十路诸侯起兵，各有数万兵马，一致推举袁绍为盟主。十路诸侯都在关东中原，所以史称关东军。此外，长沙太守孙坚率军北上讨董卓。曹操起兵陈留，与诸侯会合，称奋武将军。

关东军盟主袁绍与王匡屯驻河内，张邈、刘岱、鲍信、桥瑁、袁遗、曹操屯驻酸枣，袁术、孙坚屯驻南阳，孔伷屯驻颍州，韩馥屯驻邺城，为袁绍后援。关东军从北、东、南三面对京师洛阳夹击。关东军十倍于董卓，又高举堂皇正大之旗，讨灭董卓易如反掌。但各路诸侯同床异梦，每天饮酒宴会，不图进取。曹操孤军深入攻向荥阳，在汴水遭到董卓将徐荣阻击，曹操寡不敌众，大败而归。曹操到酸枣，指陈形势，献计说：“袁绍引河内之军，攻占孟津，在洛阳背后切断董卓向西的退路，酸枣诸军，攻取成皋、敖仓，控制轘辕、太谷的险要，深沟高垒，不与董卓决战。袁术率南阳之军，西入武关，据长安。这样一来，董卓就会困死洛阳，一战而定天下。”曹操当时尚有重振汉室之心，所以提出如此建议，并亲冒矢石，奋勇先进。当时能左右局势的袁绍、袁术兄弟，却心怀二志，只做攻击姿态，逼使董卓西迁，不但不去挽救朝廷的败落，而且企图借董卓之手扫荡汉天子朝廷势力。袁氏兄弟，假讨董卓之名，行割据之实，各路诸侯也坐观形势，扩充势力。董卓从容撤出洛阳，浩劫两京。汉献帝西迁，中原无主，各路诸侯立即展开了火并。首先，刘岱杀桥瑁，夺了东郡。袁绍用计，引诱幽州公孙瓒南下攻击冀州，逼使韩馥让出冀州，袁绍自领冀州牧。作为盟主的袁绍，抢夺别人的地盘，关东军联盟不复存在。中原大地，军阀混战就这样形成了。

资治通鉴（白话本） 卷第六十一

汉纪五十三

汉献帝兴平元年至二年（公元 194—公元 195）

【起阏逢阉茂（甲戌，公元 194 年），尽旃蒙大渊献（乙亥，公元 195 年），凡二年】

【大事提要】

本卷记事起公元 194 年，讫公元 195 年，凡二年，当汉献帝兴平元年至二年。两年间军阀大混战，烽烟遍及全国主要地区，主战场有六处：河南、徐州、关中、淮南、江东、河北。袁绍与曹操联手，袁绍战河北，曹操战河南，两个背靠背互无后顾之忧。曹操战河南，两线作战：一是屠徐州，打败陶谦，陶谦困危忧死，让州牧给刘备。二是曹操与吕布争兖州，吕布不敌，败投刘备，曹操稳固地保有兖州，在河南立足，成为显赫大军阀。袁绍战河北，与公孙瓒交战，由于逼反臧洪，袁绍掉头灭臧洪，自毁长城，公孙瓒趁机经营幽州。袁术经营淮南，孙策兴起于江东。关中战场主要是凉州兵团李傕与郭汜内讧，长安遭屠，献帝趁机摆脱凉州兵团控制东归，驻扎河东。曹、孙、刘三家兴起，孙、刘两家已初见曙光。

孝献皇帝丙

汉献帝兴平元年（甲戌，公元 194 年）

春季，正月十三日辛酉，大赦天下。

正月十六日甲子，献帝举行加冠礼。

二月初一日戊寅，主管部门奏请册立皇后。献帝下诏说：“母亲皇妣的墓地还没有定下来，怎么忍心谈论选立皇后的事呢？”二月初五日壬午，三公上奏改葬皇母王夫人，追加尊号为灵怀皇后。

陶谦向田楷告急，田楷与平原相刘备去救援陶谦。刘备拥有数千人马，陶谦增加四千丹阳兵给刘备，刘备于是离开田楷归附陶谦，陶谦上表推荐刘备为豫州刺史，驻屯小沛。曹操军粮耗尽，领兵退回。

马腾因私事有求于李傕，没有满足而愤怒，便想发兵进攻李傕，献帝派使者和解，马腾不肯听从。韩遂领兵劝解马腾、李傕，随后反而与马腾联合。谏议大夫种邵、侍中马宇、左中郎将刘范策划马腾偷袭长安，自己为内应，用以诛杀李傕等人。二月壬申日，马腾、韩遂领兵驻屯长平观。种邵等人密谋泄露，出逃到槐里。李傕派樊稠、郭汜及兄子李利攻击马腾、韩遂，马腾、韩遂战败，退回凉州。樊稠等又进攻槐里，种邵等人被杀死。[三月十三日]庚申，诏令赦免马腾等。

夏季，四月，任命马腾为安狄将军，韩遂为安降将军。

曹操派司马荀彧、寿张县令程昱留守鄄城，自己率军再次攻打陶谦。曹操攻占琅邪、东海等郡，一路烧杀抢掠，所过之地残破毁灭。曹操在回军途中，在郯县东打败刘备。陶谦惊恐，想出逃到丹阳。正在这时，陈留太守张邈背叛曹操迎接吕布入兖州，曹操率军退还。

起初，张邈年轻时，喜欢仗义行侠，袁绍、曹操都和张邈友善。等到袁绍为关东军盟主，有了骄傲的神色，张邈义正词严地责备袁绍。袁绍大怒，派曹操去杀张邈。曹操不接受使命，说："张孟卓是我亲密的朋友，即使有些是是非非的过错也应当宽容。如今天下没有安定，怎么可以自相残害呢？"曹操前次进攻陶谦，决心以死奋战，于是嘱咐家人说："我如果不能生还，你们去投靠张孟卓。"事后，曹操回军，见了张邈，两人相对流泪。

陈留郡高柔对乡亲们说："曹操将军虽然据有兖州，但他本来就有图谋四方的大志，不会安然坐守兖州。而张邈太守凭借陈留为资本，将会找机会下手改变现状，想和大家一起避开这场张曹之间的战斗，怎么样？"众人都认为张曹两人十分亲密，高柔又年轻，因此不信高柔的话。高柔堂兄的儿子高干在河北召唤高柔，高柔于是带着高家全族的人去投奔高干。

吕布离开袁绍转投张杨的时候，拜访张邈，分别的时候，两人手把手一同发誓，袁绍知道后，十分恼怒。张邈害怕曹操终究会替袁绍来杀害自己，心里很不安。原九江郡太守陈留郡人边让，曾经在背后讥讽过曹操，曹操听到后杀了边让，还杀了边让的妻子和儿子。边让一向有很高的名望，因此兖州的士大夫都很担心。陈宫性格刚烈正直，内心也有疑惧，于是与从事中郎许汜、王楷，以及张邈的弟弟张超，共同商议背叛曹操。陈宫劝张邈说："如今天下分裂，豪杰并起，你拥有广阔千里的民众，处于四战之地，按剑环视，也足以成为人中豪杰，如今反而受人控制，不是太卑鄙了吗？现在兖州大军东征，根据地空虚，吕布是一个壮士，英勇善战没人可比，如果暂且迎接他，共同管理兖州，观察天下的形势，等待时局的变化，这是纵横天下的一个时机啊！"张邈听从了。

当时曹操派陈宫领兵留守东郡，于是陈宫带领这支人马暗中迎接吕布为兖州牧。吕布到来，张邈便派他的同党刘翊通告荀彧说："吕布将军前来帮助曹操征讨陶谦，应当赶快供给军粮。"众人感到疑惑，荀彧知道张邈叛乱，立即率兵设防，紧急宣召留守濮阳的东郡太守夏侯惇赶来设防。夏侯惇一走，吕布占据了濮阳。当时曹操集中了全部兵力攻打陶谦，留守的兵很少，而军中将领、行政长官很多与张邈、陈宫同谋，夏侯惇赶到鄄城的当天夜里，杀死了几十个叛乱的人，军民才安定下来。

豫州刺史郭贡率领几万军队来到鄄城，有人说郭贡与吕布同谋，众人非常惊慌恐惧。郭贡请求与荀彧见面，荀彧将要前往，夏侯惇等人说："你是一州的顶梁柱，前去一定很危险，不可以去。"荀彧说："郭贡与张邈等人，本来平时并不交好，如今又来得这么快，计谋一定还没有确定，趁他计谋还没有确定之时去劝说他，即使不站在我们这一边，至少使他中立。如果我们先怀疑他，他一定愤怒，反而促成他们确定计划。"郭贡看到荀彧没有害怕的意思，认为鄄城不容易攻下，于是领兵退走。

这时，兖州各郡各县都响应吕布，只有鄄城、范县、东阿县没有动摇。吕布军中归降的人说："陈宫想亲自领兵取东阿，另派氾嶷夺取范县。"官民听到消息都很恐惧。程昱原本是东阿人，荀彧对程昱说："如今全兖州都背叛了，只剩下三个城池，陈宫等人派大军来攻打，如果我们拿不出办法凝聚军民的心，这三座城一定动摇。您程昱是东阿人民敬仰的人，应当去安抚他们。"程昱于是返回东阿，途经范县，劝导县令靳允说："听说吕布抓了你的母亲、弟弟、妻子儿女，作为一个孝子确实没法安心。现今天下大乱，英雄并起，一定会有主宰时代命运的人能够平息天下混乱，这是有智慧的人应当认真选择的啊。得到好的主人就能昌盛，失去好的主人就会灭亡。陈宫叛乱迎接吕布，得到百城的响应，好像很有一番作为，但是据你观察，吕布是一个什么人呢？依我看来，吕布是一个粗暴，缺少亲信的人，刚烈而无礼貌，只是一个猛夫罢了。陈宫等人迫于形势权宜联合，他们之间不能互相确立君臣关系，军队虽然众多，终究不能成事。曹操使君的智慧谋略世间少有，大概是上天授给他的。靳县令你一定坚守范县，我程昱守住东阿，那么可以立当世的田单之功。这与背叛忠贞追随恶人而母子都遭灭亡相比，哪一个好呢？希望你认真考虑。"靳允流着眼泪说："不敢有二心。"这时氾嶷已经到达范县，靳允会见氾嶷，埋伏士兵刺杀他，靳允回到县城，组织军队防守。

> 徐众评论说：靳允与曹操之间并未确立君臣关系，而母亲确是至亲，按道义靳允应该离开曹操到母亲那里去。从前卫国公子开方在齐国做官，多年不回，管仲认为一个不怀念至亲的人，哪能爱他的君主。因此，寻找忠臣，一定要到有孝道的人家，靳允应该先去拯救母亲。徐庶的母亲被曹操抓获，刘备送徐庶回到北方。想要取得天下的人，应当体谅作为人子的孝顺之情。曹操也应该送靳允去救他的母亲。

程昱又派出一支骑兵隔断仓亭津，陈宫到达，无法渡河。程昱到了东阿，东阿县令颍川人枣祗已经率领官民并鼓励他们坚守城池，终于完好地守住了东阿、范县、鄄城等三座城等候曹操。曹操回军，紧握程昱的手说："没有您的努力，我就无家可归了。”曹操上表推举程昱为东平相，屯驻范县。吕布进攻鄄城不能攻克，于是回军西面驻守濮阳。曹操说：“吕布一天就得了一个州，却不知道占领东平，切断亢父、泰山之间的通道，扼守险要来拦截我，我知道他不会有什么作为。”于是进兵攻击吕布。

（以上为第一段，写曹操征徐州，暴虐残民，被吕布抄了后路，丢失兖州。幸亏荀彧、程昱应变有方，才保留了三城的根据地。）

五月，任命扬武将军郭汜为后将军，安集将军樊稠为右将军，都与三公一样开府治事，并与三公一起合称为六府，参与选举。李傕等人要任用自己所举荐的人，如果一有违反，就非常气愤，大发脾气，主管人事的尚书十分头疼这事。于是按次序来使用他们选举的人。先任用李傕的人，郭汜次之，樊稠再次之，三公选举的人，始终不被任用。

河西四郡因离凉州的治所州府太远，又由于黄河寇盗阻挠，所以上书请求另设州府。六月初一日丙子，诏书任用陈留人邯郸商为雍州刺史，掌管河西四郡的事务。

六月初二日丁丑，京师地震。六月初三日戊寅，京师又一次地震。

六月三十日乙酉［乙巳］，发生日食。

秋季，七月初七日壬子，太尉朱俊被免职。

七月十三日戊午，任命太常杨彪为太尉，录尚书事。

七月十九日甲子，任命镇南将军杨定为安西将军，开府治事，比照三公。

从四月起大旱不下雨，一直到七月。谷一斛售价高达五十万钱，长安城中出现人吃人的惨况。皇帝诏令侍御史侯汶拿出太仓的米、豆为贫民熬粥，可是饿死的人数依然像原来一样。皇帝怀疑熬粥的粮食被人贪污，于是取出米、豆各五升在御案前亲自监督下熬粥，熬得粥两盆。真相查明，侯汶被打了五十棍，贫民才都得到了救济。

八月，冯翊的羌人侵扰所属各县，郭汜、樊稠等率军击败了羌人。

吕布有一支部队驻在濮阳西面，曹操趁夜偷袭击败了它，还没来得及退回，就遇上吕布赶到，吕布亲自上阵，从早晨一直打到日头偏西，双方开战几十个回合，相持不下，十分危险。曹操招募敢死队冲锋陷阵，司马陈留人典韦带领应募的人上前抵抗吕布，吕布的军队弓弩乱发，箭如雨下，典韦看都不看，对应募的人说：“敌人离我们十步，再报告我。”应募的人说：“已经十步了。”又说：“五步时再报告。”应募的人很惊惧，赶紧喊：“敌人到了！”典韦拿起战戟大喊一声跃起，冲入敌阵，所到之处，敌人无不倒下，吕布的军队后退。直到黄昏，曹操才能率兵撤离，于是任命典韦为都尉，让他经常率领几百亲兵，在自己的大帐周围巡逻警戒。

濮阳的大姓田氏替曹操实施反间计，曹操才得以进入濮阳城，并烧毁了城的东门，表示绝不后退。等到交战，曹操兵败，吕布的骑兵捉住曹操却不认识，问道："曹操在哪里？"曹操回答说："那个骑黄马逃走的人就是。"吕布的骑兵于是放了曹操去追击那个骑黄马的人。曹操冲出火墙逃走，到了营地，亲自慰问军队，命令军中赶快布置攻城的器械，指挥军队前进，再次攻击濮阳城，与吕布相持了一百多天。这时发生蝗灾，百姓大闹饥荒，吕布的军粮用完，于是各自率兵离去。九月，曹操回到鄄城，吕布进兵到乘氏县，被县中人李进打败，向东退守山阳县。

冬季，十月，曹操来到东阿县。袁绍派人劝说曹操，想让曹操把家迁往邺城，曹操因刚失掉兖州，军粮用光，准备同意袁绍的建议。程昱说："我料想将军因面临当前的艰难局势而害怕，不然为什么考虑得这么不周全！袁绍有兼并天下的野心，但他的智慧不能成就大事，将军自己估量一下，能屈从在他的手下吗？将军您有龙虎之威，难道可以做他的韩信、彭越吗？今日兖州虽然残缺，但还有三城，能够作战的士兵不下万人，凭着将军的神武，以及荀彧和我程昱，一起收集整顿将士而后运用，可以完成霸王的事业，希望将军重新考虑！"曹操这才搁置了先前的主意。

十二月，司徒淳于嘉被免职，任命卫尉赵温为司徒，录尚书事。

马腾攻击李傕的时候，刘焉的两个儿子刘范、刘诞都被杀死。议郎河南人庞羲，一向跟刘焉友善，于是募人送刘焉的几个孙子回到蜀郡。正逢雷击烧了绵竹城，刘焉迁治所到成都，不久因背上生毒疮而死。州中主事的长官赵韪等贪图刘焉儿子刘璋宽厚仁爱，共同上书举荐刘璋为益州刺史，但皇帝诏书却任命颍川人扈瑁为益州刺史。刘璋的部将沈弥、娄发、甘宁等趁势反叛，攻击刘璋，但没有获胜，逃走荆州。诏书于是才任命刘璋为益州牧。刘璋任命赵韪当征东中郎将，率军攻打刘表，驻守朐䏰县。

徐州牧陶谦病危，对别驾东海人糜竺说："除了刘备没有谁能安定这个州。"陶谦死去，糜竺率领徐州官民迎接刘备。刘备不敢接受，说："袁术近在寿春，你可以把徐州交付他。"典农校尉下邳人陈登说："袁术骄横，不是治理乱世的主人，现今我们打算替您集合步兵骑兵十万，这样上可以辅佐君主拯救万民，下可以割据一方自守；如果您不答应我的要求，我也不敢接受您的建议。"北海相孔融对刘备说："袁术哪是一个忧国忘家的人呢？他不过是坟墓中的枯骨，不值得放在心上！今天这事，是百姓推举贤才；上天赐予而不敢取，后悔莫及。"刘备这才领有徐州。

（以上为第二段，写吕布与曹操激战争兖州，刘备渔翁得利，陶谦临终让州牧，刘备第一次得徐州。）

当初，太傅马日磾与赵岐一起奉天子的使命到寿春，赵岐坚持气节，不肯屈从，袁术有点惧怕他。马日磾有私事求助于袁术，遭到袁术的侮辱。袁术向马日磾借符节观赏，乘机夺走不还，并开列出军中十几人的名单，逼迫马日磾立即征召他们。

马日磾向袁术请求离开，袁术把他扣留下来不准回京师，又想逼迫他做军师。马日磾因为自己失去符节而痛心抑郁，最后吐血而死。

起初，孙坚娶钱唐人吴氏，生了四个男孩：孙策、孙权、孙翊、孙匡，以及一个女儿。孙坚在外从军，家属留在寿春。孙策十几岁时，已经结交了许多知名人士。舒县人周瑜和孙策同年，十分英俊有智慧，很早成才，听到孙策的名声，从舒县赶来拜访，两人互相赞誉结交。周瑜劝孙策迁往舒县，孙策接受了。周瑜让出路边的一栋大宅院给孙策，登堂拜见孙策的母亲，两家互通有无。到孙坚死时，孙策年十七岁，他送父丧回到曲阿县安葬，然后才过长江，住在江都，结交豪杰，有为父报仇的志向。

丹阳太守会稽人周昕与袁术相互仇视，袁术上表推荐孙策的舅舅吴景代理丹阳太守，进攻周昕，攻下丹阳郡，任命孙策堂兄孙贲为丹阳都尉。孙策把母亲和弟弟托付广陵人张纮，自己则直往寿春拜见袁术，流着泪说："亡父以前从长沙出发征讨董卓，与英明的使君您在南阳相见，结成友好同盟，不幸遇难，功业未成。我孙策感念您与先人的旧恩，想归附于您，愿您明察我的一片诚心！"袁术非常惊奇孙策的言谈表现，但不肯归还他父亲的旧部，对孙策说："我任用你的舅舅为丹阳太守，又任用你的堂兄孙贲为都尉，那是出产精兵的地方，你可以回去依赖他们重新招募军队。"孙策于是和汝南人吕范以及孙氏同族人孙河将母亲接到曲阿，依靠舅舅，乘机招募兵马，得到了几百人；可是遭到泾县豪强祖郎的攻击，几乎全军覆没，于是再次去拜见袁术。袁术把孙坚余部一千多人还给孙策，并上表推荐孙策为怀义校尉。孙策的骑士有罪，逃入袁术的营地，藏在里面的马圈里，孙策派人当场杀了这个骑士，事后，孙策去袁术那里请罪。袁术说："士兵凡是叛变的，应当是我们痛恨的行为，为什么要请罪呢！"从此军中更加畏惧孙策。袁术起初答应任命孙策为九江太守，不久改用丹阳人陈纪。后来袁术想攻打徐州，向庐江太守陆康要三万斛粮米，陆康不给。袁术大怒，派孙策攻击陆康，对孙策说："以前错用了陈纪，常常悔恨没有兑现承诺，现今如果你打败了陆康，庐江就一定归你所有。"孙策攻打陆康，占领了庐江，袁术又派他的旧吏刘勋任庐江太守，孙策更加失望。

侍御史刘繇是已故兖州刺史刘岱的弟弟，一向享有很好的名声，诏书任命他为扬州刺史；州府原在寿春，由于袁术已占据了寿春，刘繇打算向南渡过长江，吴景、孙贲迎接刘繇，把他安置在曲阿。等到孙策攻打庐江，刘繇听到后，认为吴景、孙贲本是袁术所起用的人，害怕自己被袁术、孙策吞并，于是由猜忌产生了仇怨，便赶走了吴景、孙贲。吴景、孙贲退守历阳，刘繇派部将樊能、于糜屯驻横江，张英屯守当利口来抵抗吴景、孙贲。袁术于是自己任用老部下惠衢为扬州刺史，任命吴景为督军中郎将，与孙贲一同率兵攻打张英等。

（以上为第三段，写袁术经营淮南，孙坚之子孙策年少建功，崭露头角，为孙氏割据江东伏笔。）

汉献帝兴平二年（乙亥，公元195年）

春季，正月十一日癸丑，赦免天下。

曹操在定陶击败吕布。

诏令任命袁绍为右将军。

董卓刚死的时候，三辅地区的人口还有几十万户，由于李傕等人放任士兵抢劫掠夺，加上饥荒，两年之间，百姓相互蚕食几乎死光。李傕、郭汜、樊稠各自居功争权，多次差点火并，贾诩常常以大局为重责备他们，虽然他们内里勾心斗角，表面上还能相互包容。

樊稠攻击马腾、韩遂的时候，李傕的侄子李利作战不太卖力，樊稠呵斥他说："人家要砍你叔父的头，你怎敢这样，难道我不能杀你吗！"等到马腾、韩遂战败逃跑，樊稠追击到了陈仓，韩遂告语樊稠说："本来我们争的不是为了个人私怨，而是国家大事。我和你是同州人，想与你友好叙叙作别。"于是各自命令自己的骑兵撤退，他们两人向前，马挨着马手拉着手，一起交谈了许久才分别。军队返回后，李利向李傕打小报告说："韩遂、樊稠并马交谈，不知讲了些什么，看起来十分密切。"李傕也因樊稠勇猛而得众心，因而猜忌他。樊稠想率兵往东出关，向李傕请求增加军队。二月，李傕请樊稠相会议事，便在座上杀死樊稠。从此将领们相互猜疑怀有二心。

李傕多次设酒宴请郭汜，或者留郭汜住夜。郭汜的妻子怕郭汜爱上李傕的婢妾，想方设法挑拨离间郭汜与李傕。恰巧李傕派人送来吃的，郭汜的妻子把豆豉说成毒药，挑选出来给郭汜看，说："一个鸡窝容不得两只公鸡，我十分不明白你为什么这样信任李傕。"有一天，李傕又宴请郭汜，郭汜喝得大醉，怀疑酒食里有毒，就搅拌着粪汁喝下去了，从此各自部署军队，相互攻击。

献帝派侍中、尚书与郭汜、李傕调解，李傕、郭汜不听从。郭汜谋划迎献帝到他的营地，夜里营中有人逃走，报告李傕。三月二十五日丙寅，李傕派哥哥的儿子李暹率几千士兵包围皇宫，用三辆车子迎献帝。太尉杨彪说："自古以来帝王从没有在别人家居住，诸位做事，怎能这样呢！"李暹说："李傕将军的主意已经确定了。"于是群臣徒步跟着御驾出宫，士兵随即进入殿中，抢掠宫人和御用什物。献帝到了李傕军营，李傕又把宫里的金银绸帛搬到自己的营里，随后放火把宫殿、官府、民居都烧为灰烬。献帝再次派公卿与李傕、郭汜调解，郭汜把杨彪以及司空张喜、尚书王隆、光禄勋刘渊、卫尉士孙瑞、太仆韩融、廷尉宣播、大鸿胪荣邵、大司农朱俊、将作大匠梁邵、屯骑校尉姜宣等扣留在他的军营里作为人质。朱俊发病而死。

夏季，四月甲子日［四月二十三日甲午］，册立贵人琅邪人伏氏为皇后，任命皇后的父亲侍中伏完为执金吾。

郭汜宴请公卿，商议攻打李傕。杨彪说："群臣互相争斗，一个劫持天子，一个把公卿扣押为人质，能行吗？"郭汜大怒，要亲手杀杨彪。杨彪说："你尚且连天子都不尊奉，难道我还想求生吗？"中郎将杨密全力劝谏，郭汜才作罢。李傕召集几千名羌人、胡人，先把皇宫用的物品和绸缎赏赐给他们，还许愿把宫人、妇女赏赐给他们，想鼓励他们去攻打郭汜。郭汜暗地和李傕党羽中郎将张苞等谋划攻击李傕。四月二十五日丙申，郭汜率兵趁夜攻击李傕营门，飞箭射到献帝的帷帘中，又射穿了李傕的左耳。张苞等放火烧屋，但点不着火。杨奉在外面抵抗郭汜，郭汜军撤离，张苞等乘机率领所属兵马归属郭汜。

这一天，李傕又把天子转移到北坞，派校尉监守北坞垒门，断绝内外联系，侍臣们都面有饥色。献帝要求给五斗米、五副牛骨来赐给左右侍臣。李傕说："朝晚送饭，要米干什么？"于是拿臭牛骨送给献帝。献帝大怒，想斥责李傕，侍中杨琦劝导说："李傕自知犯下的是叛逆之罪，正想把陛下转移到池阳县黄白城，我希望陛下忍耐一下。"献帝才作罢。司徒赵温写信给李傕说："你先前屠杀攻陷王城，杀死大臣，如今为了些小怨争斗不已，结果铸成大恨深仇。朝廷想让你们和解，你不遵从诏命实行，却又想把天子转到黄白城，这实在使我这个老头子很不理解。依据《易经》所论，一次已经过分，二次就要落入水中，三次还不悔改，就要遭受灭顶之灾，是有大凶的。不如早日共同和解。"李傕大怒，要杀死赵温，李傕的弟弟李应劝导，过了几天才罢休。

李傕迷信男女巫师能用咒语制服对手、取胜的法术，经常在宫门外用猪、牛、羊三牲祭祀董卓；每次见到献帝或称"明陛下"，或称"明帝"，向献帝控诉郭汜的罪行，献帝也顺从他的意思。李傕高兴，自以为得到天子的欢心。

闰五月初九日己卯，献帝派谒者仆射皇甫郦调解李傕、郭汜。皇甫郦先到郭汜那里，郭汜听从诏命；然后去李傕那里，李傕不听，说："郭汜，一个盗马贼，怎敢与我平起平坐呢？一定要杀掉他！您看看我的谋略和军队，难道对付一个郭汜不够吗？郭汜又劫持公卿为人质，所作所为如此，而您还想要帮助他吗？"皇甫郦说："不久前董卓很强盛，将军是知道的；吕布受他的恩惠，却要谋害他，不过转眼之间，董卓就身首异处，这是因为他有勇无谋。如今将军身为上将，享有国家的宠幸，郭汜劫持公卿而将军胁迫天子，哪个轻哪个重呢？张济和郭汜有智谋，杨奉不过是白波军的大帅，他尚且还知道将军的行为不对，将军虽然相信他，但终究不会被你所用。"李傕呵斥皇甫郦，赶他出去。皇甫郦出来，径直到尚书府衙门，报告献帝："李傕不肯领受诏命，言辞不恭顺。"献帝惧怕李傕听到这些，急令皇甫郦离开。李傕派遣虎贲王昌把皇甫郦喊回，想杀死他，王昌知道皇甫郦忠贞正直，放走了他，回来答复李傕说："没有赶上。"

闰五月十一日辛巳，任命车骑将军李傕为大司马，位在三公之右。

（以上为第四段，写凉州将李傕、郭汜内讧，西京长安士民遭荼毒，天子公卿被双方劫为人质，朝纲坠地。）

吕布的将领薛兰、李封驻守巨野，曹操进攻巨野，吕布赶来救援薛兰等，不能取胜而退走，曹操杀死薛兰等。曹操驻军乘氏县，认为陶谦已死，想先取徐州，然后回来再平定吕布。荀彧说："从前高祖保住关中，光武据守河内，都是稳固根本来征服天下，进可以胜敌，退可以固守，所以虽有危难失败却终于成就大业。将军本来是从兖州起兵，平定山东的祸乱，老百姓无不心悦诚服。再说兖州处于黄河、济水之间，是天下的要冲，如今虽然残弱，还是容易自保，这是将军的'关中'、'河内'，不可以不首先安定。现在已经攻破李封、薛兰，如果乘胜分兵东击陈宫，陈宫一定不敢向西发兵，趁机在这一地区收获成熟的麦子，省吃节食，积累谷物，这样一举可以击败吕布。打败了吕布，然后与南边扬州的刘繇联盟，共同征讨袁术，就可举兵逼进淮水、泗水。如果现在放下吕布而东征，留兵多了则东征兵力不够用，留兵少了则州民都只顾保守城池，不可能去砍柴收割，吕布将趁虚来侵扰，民心就更加不稳，只有鄄城、范县、濮阳可以保全，其他的就不归我们所有，这样就没有兖州了。如果不能平定徐州，将军将回到哪里去呢？况且陶谦虽然死了，徐州并不是那么容易被攻破。他们吸取往年失败的教训，将因害怕而团结起来，内外呼应。如今东边都已经收完麦子，一定会坚壁清野来等待将军。如果攻城不下，抢夺无获，不出十天，则十万大军，不战就先已陷于困境。先前讨伐徐州，施加严厉的惩罚，徐州的子弟记着父兄的耻辱，一定人人自守，没有投降之心，即使攻下了徐州，也还是守不住。事情本来就有舍此取彼的选择，可以用大换小，可以用安宁换危险，采用权宜之计，一定要在不动摇根本的前提下才可以。现在如果东征，取胜、割麦、稳固根本，这三样我们都不具备，希望将军要认真考虑。"于是曹操停止了东征徐州。

吕布又从东缗县和陈宫率领一万多人来交战，曹操的士兵都外出收割麦子，留在军营中的不到千人，营垒也不牢固。军营西边有一道大堤，大堤南边树林茂密，曹操把士兵一半隐伏在堤内，一半暴露在堤外。等吕布更加靠近时，曹操才下令轻装部队挑战，等到双方战斗开始，堤内伏兵突然全部登上大堤，步兵、骑兵一齐出击，大败吕布，一直追击到吕布的军营前才撤回。吕布连夜逃走，曹操又攻占了定陶，分兵平定各县。吕布向东投奔刘备，张邈跟随吕布，让他的弟弟张超带领家属保卫雍丘。

吕布初见刘备，十分尊敬他，对刘备说："我和您同是边疆人！因看到关东起兵，想除掉董卓。所以我就杀死了董卓东出函谷关，可是关东众将领没有一个肯接收我，都想要杀掉我。”吕布邀请刘备到自己的军帐中，坐在妻子的床上，要妻子向刘备下拜行礼，设酒款待，称刘备为弟，刘备见吕布言语有失常态，虽然表面应酬，但内心却不高兴。

（以上为第五段，写吕布不敌曹操，兵败归依刘备。）

李傕、郭汜一连几个月相互攻打，死了几万人。六月，李傕部将杨奉谋划要杀死李傕，事情泄露，杨奉于是率兵背叛了李傕，李傕的势力逐渐衰败。六月庚午日，镇东将军张济从陕县赶来，想促成李傕、郭汜和解，把天子迁到弘农。献帝也怀念旧京洛阳，派使者向他们宣读谕旨，如此经过十次来回，郭汜、李傕才答应和解，两人互相送爱子作为人质。李傕的妻子疼爱儿子，致使和解的事没法确定。而这时羌人、胡人多次来到皇宫门前探视，询问："天子在这里面吗？李将军答应给我们的宫女，她们都在哪里？"献帝十分忧虑，派侍中刘艾对宣义将军贾诩说："你以前尽职尽责，奉公忠直，所以一直得到提升享受宠信；如今满地是羌人、胡人，你要想个办法来解决。"贾诩于是设宴招待羌人、胡人的大首领，许愿给他们封赏，羌人、胡人于是全部离去，李傕从此势单力弱。在这时又有人说起和解一事，李傕才同意了，与郭汜一起都以女儿作为人质。

秋季，七月甲子日，天子的车驾出了宣平门，正要过桥，郭汜的几百名士兵拦断桥头问："这是不是天子？"车子不能前行。李傕的几百名士兵，手握大戟在御车前面，准备开战，侍中刘艾大喊道："这就是天子！"让侍中杨琦高高地掀起车帘，献帝说："诸位怎敢逼近天子？"郭汜的士兵才退走。过了桥，士兵们都高呼万岁，夜晚到达霸陵，跟随的人都饿了，张济依据不同身份等级分发粮饷。李傕出京驻留池阳。

七月丙寅日，任命张济为骠骑将军，设置府署和三公一样。郭汜被任命为车骑将军，杨定为后将军，杨奉为兴义将军，都封为列侯。又任命前牛辅部属董承为安集将军。

郭汜想要献帝到高陵，公卿百官和张济认为献帝应该到弘农，朝官们开大会议论，没有结果。献帝派使者告谕郭汜，说："弘农接近洛阳的郊庙，不要犹豫。"郭汜仍不听从。献帝整天绝食抗议。郭汜听到后说："可以暂时到就近的县。"八月初六日甲辰，献帝车驾到达新丰。八月丙子日，郭汜又谋划逼迫献帝回长安，定都郿县，侍中种辑探得消息，密告杨定、董承、杨奉，要他们到新丰会合。郭汜知道自己的阴谋泄露，于是丢弃军队逃入南山。

曹操围困雍丘，张邈到袁术那里去求救，还没到达，被他的部下杀死。

冬季，十月，任命曹操为兖州牧。

十月初一日戊戌，郭汜的同党夏育、高硕等阴谋逼迫献帝车驾西行，先纵火扰乱人心。侍中刘艾见献帝所住的军营大火不停止，请献帝出来到其他军营避火。杨定、董承领兵迎接天子临幸杨奉军营，夏育等整军想阻止献帝移动军营，杨定、杨奉奋力苦战，打败了夏育的军队，献帝才逃出了军营。十月初五日壬寅，献帝前行到达华阴。

宁辑将军段煨置办好皇上御用衣服车辆等物品，以及公卿以下官吏所需的物资，希望天子巡幸他的军营。段煨和杨定有仇怨，杨定的党羽种辑、左灵说段煨想造反，太尉杨彪、司徒赵温、侍中刘艾、尚书梁绍都说："段煨不会反叛，臣等敢以性命担保。"董承、杨定胁迫弘农郡督邮让他报告说郭汜已经来到段煨营中，献帝疑惑，于是在大路南边的野外露宿。

十月初十日丁未，杨奉、董承、杨定将要攻击段煨，派种辑、左灵请求献帝下达诏令，献帝说："段煨造反的罪行并没有显露，是杨奉等人要去攻击他，却还要强迫朕写诏书吗！"种辑坚决请求，直到半夜，献帝仍然不听。于是杨奉等就攻击段煨的军营，十几天拿不下。段煨照样供应皇帝的御膳和百官的食粮，并没有二心。献帝下诏派侍中、尚书向杨定等宣读圣谕，命令他们与段煨和解，杨定等接受诏令回到军营。

李傕、郭汜后悔让天子东行，听说杨定攻打段煨，双方互相招呼共同救驾，李傕、郭汜想乘机劫持献帝西行。杨定听到李傕、郭汜来了，想回到蓝田，被郭汜阻拦，只身单骑逃奔荆州。张济与杨奉、董承不合，于是又与李傕、郭汜会合。十二月，献帝到达弘农，张济、李傕、郭汜一齐追赶天子，在弘农的东涧发生大战，董承、杨奉的军队战败，百官士兵被杀死的不计其数，御用物品、符信书策、典章图籍，差不多全都丢失。射声校尉沮俊受伤落马，李傕问身边的人说："还想活吗？"沮俊责骂李傕说："你们这帮凶恶的叛逆贼子，逼迫劫持天子，使公卿被杀，宫女流离失所。从前的乱臣贼子，也没有像你们这样的！"李傕于是杀死他。

十二月壬申日，献帝在曹阳露营。董承、杨奉假装与李傕等和好，暗地却派使者到河东，招来前白波军的首领李乐、韩暹、胡才以及南匈奴右贤王去卑，一起率领他们的几千骑兵赶来，与董承、杨奉共同攻击李傕等，大败李傕，杀死几千人。

这时董承等认为刚刚击败李傕一伙，可以再次东行。十月二十四日庚申，天子的车驾出发东行，董承、李乐护卫御车，胡才、杨奉、韩暹、匈奴右贤王殿后。李傕一伙又来交战，杨奉等大败，被杀的人数超过了东涧之役。光禄勋邓渊、廷尉宣璠、少府田芬、大司农张义都死了。司徒赵温、太常王绛、卫尉周忠、司隶校尉管郃被李傕抓获，李傕要杀他们，贾诩说："这些人都是大臣，你怎么可以杀死他们！"李傕才罢手。李乐说："事情危急，陛下应当乘马。"献帝说："不能抛弃百官逃走，他们有何罪？"行进的士兵前后相接四十里，一到达陕县，就立即筑营防守。

大败之后，当时残留的禁卫军虎贲、羽林不到百人，李傕、郭汜的士兵围绕着营地喊叫，官兵们惊慌失色，各自打算逃跑。李乐恐慌，想让献帝乘船经过砥柱石，从孟津上岸，杨彪认为黄河河道艰险，不宜天子乘坐，于是派李乐夜里渡河，暗地准备船只，举火把为信号。献帝和公卿徒步出营，皇后的哥哥伏德一手搀着皇后，一手挟着十匹绢。董承派符节令孙徽在人群中砍死伏德，杀死了旁边的侍从，血溅到皇后的衣服上。河岸高达十几丈，献帝下不去，便用绢绑成乘辇，让人在前面背着献帝，其余的人都爬在地上滑下去。有的人从上面跳下去，官帽都摔坏了。到了河边，士兵们争先恐后地去抓船沿，董承、李乐用戈砍他们的手，在船中被砍断的手指可以一把把地捧起来。献帝坐上船，一起渡河的只有皇后以及杨彪等几十个人，那些宫女以及官民没能渡河的，都遭到乱兵的抢夺，衣服被剥光，头发也被割断，冻死的人不计其数。卫尉士孙瑞被李傕杀死。

李傕看见黄河北岸有火光，派骑兵去侦察，正好看见献帝在南岸上船渡河，大声呼喊:“你们要把天子抢走吗！”董承担心李傕的骑兵放箭，就用被子当围障。到达大阳后，献帝进到李乐的军营。河内太守张杨派几千人背着米来进贡粮饷。十二月乙亥日，献帝乘坐牛车，到达安邑，河东太守王邑奉献丝绵和绸缎，献帝全部赐给公卿以下的官吏，册封王邑为列侯，任命胡才为征东将军，张杨为安国将军，都假节，开设府署。于是军营中的将领们都纷纷争着要官职，刻的印章供不应求，甚至用锥子来刻画。

献帝居住在以荆棘为篱笆的房子中，关不上窗门，天子与群臣聚会，士兵们趴在篱笆上观看，相互拥挤取笑。

献帝又派太仆韩融到弘农与李傕、郭汜等和解，李傕释放公卿百官，还归还了许多被抢去的宫女以及御用的车辆器物。不久粮谷用光，宫女们都以野菜野果为食。

十二月十九日乙卯，张杨从野王赶来朝见天子，谋划皇帝车驾回到洛阳，各位将领不赞同，张杨又回到野王。

这时，长安城空了四十多天，身体强壮的人四处逃散，老弱病残的人互相为食，两三年间，关中不再有人迹。

沮授进言袁绍说:“将军世家几代为国家重臣，世传忠义。如今天子蒙难，四处流亡，宗庙残破焚毁，环视各州郡县，虽然表面上号称义兵，实际却相互图谋，没有拯救国家抚恤人民的意思。现今冀州大体安定，军队强盛，士民归附，如果向西迎接天子，定都邺城，挟持天子用以号令诸侯，蓄养兵马来讨伐叛臣，谁能抵抗！”颍川人郭图、淳于琼说:“汉室衰微，为时已久，如今要振兴它，不是太困难了吗?况且英雄四起，各自占据州郡，聚集兵马，动辄数以万计，这正是所谓秦人丢了天下，先得到的人称王。如今要把天子迎到身边，动辄上表奏报，顺从的话，则权轻力微，违背的话，则反抗圣命，这并不是一个好的计谋。”沮授说:“如今迎天子，既得道义，又合时机，如果不早做决定，一定有捷足先登的人。”袁绍不听从。

（以上为第六段，写献帝东归，历尽磨难，终于渡过黄河，脱离了李傕、郭汜的掌控，驻跸河东。）

当初，丹阳人朱治曾经担任孙坚的校尉，看到袁术不行德政，就劝孙策回归占领江东。这时，孙策的舅父吴景正在进攻樊能、张英等，一年多不能获胜。孙策进言袁术说："我家在江东对当地人有旧恩故情，我愿意帮助舅舅征讨横江，只要攻占横江，乘机回到本土招募兵马，可以得到三万士兵，用来帮您英明的使君平定天下。"袁术知道孙策怀恨，由于有刘繇占领曲阿，王朗守在会稽，认为孙策未必能平定他们，于是答应他的要求，上表举荐孙策为折冲校尉。孙策率兵一千多人，骑兵几十名，沿途召集兵马，等到进兵至历阳时，部众有了五六千人。当时周瑜的伯父周尚任丹阳太守，周瑜率兵迎接孙策，还资助他军费和粮食，孙策大喜，说："我得到你，事业一定能成功。"孙策进攻横江、当利，全都一举拿下，樊能、张英战败逃跑。

孙策渡江后辗转战斗，所向披靡，没有人抵挡得住他的锋芒。百姓听说孙郎来了，都魂飞魄散，长官们抛弃城郭，逃进深山草丛中躲避。等到孙策一来，将士遵命，不敢抢掠，鸡犬蔬菜，无人敢拿。民众非常高兴，争着用牛肉和美酒慰劳军队。孙策容貌英俊，谈笑风生，豁达大度，善于用人，因此从士大夫到老百姓，见过他的人全都尽心尽力，乐意为他效命。

孙策进攻刘繇在牛渚的营地，全部缴获了仓库里的粮食和武器。当时彭城相薛礼、下邳相丹阳人笮融都拥立刘繇为盟主，薛礼据守秣陵城，笮融驻军秣陵县南，孙策把他们打败。又在梅陵打败刘繇的别将，接着转攻湖孰、江乘，全都攻克，然后进兵攻击盘踞在曲阿的刘繇。

刘繇的同郡人太史慈这时从东莱探视刘繇，正碰上孙策率兵来交战，有人劝刘繇可任命太史慈为大将。刘繇说："我若用子义（太史慈），许劭将会嘲笑我用人不当！"只派太史慈去侦察敌情。有一天太史慈只带了一个骑兵在神亭与孙策相遇，孙策身后跟着十三名骑兵，都是孙坚的旧将辽西人韩当、零陵人黄盖等。太史慈迎上前去交战，正和孙策相对，孙策刺中太史慈的马，并摘取插在他脖子边上的手戟，太史慈也抢得孙策的头盔。这时两家的步兵骑兵一起赶来，于是双方各自撤退。

刘繇与孙策交战，兵败，逃到丹徒。孙策进入曲阿，慰问赏赐将士，发布宽大命令，告知各县："凡是刘繇、笮融等同乡部属来归降的，一律既往不咎，愿意继续当兵的，一人从军，便可免去全家赋税劳役；不愿再当兵的，决不勉强。"不出十天，应召者从四面八方赶来，得到士兵两万多人，马一千多匹，顿时孙策威震江东。

十二月二十日丙辰，袁术上表推举孙策代理殄寇将军。孙策部将吕范向孙策进言说："如今将军事业日益扩展，军队日益强大，可是军纪还不完备，我愿暂时兼任都督，辅佐将军整顿管理。”孙策说：“你已经是士大夫，加上手下已有大军，又在外立功，怎么能让你再屈任低级职务小官，去管理军中的小事呢？”吕范说：“不对。如今我离开家乡而把自己托付给将军，不是为了妻子儿女，而是一心想要济世救民。好比同坐一条船渡海一样，一件事情不牢靠，大家立即一同遭受灭顶之灾。这也是为我自己打算，不仅仅是为了将军。”孙策微笑，没有用话来回答。吕范出来，便脱下布衣，穿上戎装，提起马鞭到孙策办公的地方报告，自称都督，于是孙策授予符信，托付都督事务；从此军中严肃和睦，令行禁止。

孙策任命张纮为正议校尉，彭城人张昭为长史，一直让他俩人中一个留下驻守，一个跟随出征。广陵人秦松、陈端等也参与谋划。孙策以师友的礼节对待张昭，把文武之事，一概委托他。张昭每每得到北方士大夫的书信，信中把江东的政绩都归功于张昭，孙策听到后，很高兴地说：“从前管仲任齐国的宰相，齐桓公尊称他为叔父，遇事一口一个管叔父，因而齐桓公终于成为五霸之首。如今张昭贤明，我能任用他，难道他的功名不都属于我吗？”

袁术派堂弟袁胤任丹阳太守。周尚、周瑜都回到寿春。

刘繇从丹徒将要逃奔会稽郡，许劭说：“会稽富裕充实，是孙策想占领的地方，而且它孤悬在海角，不可到那里去。不如到豫章郡，它的北部与豫州接壤，西部和荆州相连；如果收聚团结好那里的官民，派使者去朝廷进贡，和曹兖州联系，虽然现在有袁术在中间隔离，但他为人如同豺狼一样，不会长久。您是受命于朝廷的刺史，曹操、刘表一定会来救助的。”刘繇听从了许劭的建议。

当初，陶谦任命笮融为下邳相，派他管理广陵、下邳、彭城的粮运。笮融就截获这三郡的运输物资归己所有，大肆兴造佛寺，督促民众诵读佛经，招来附近各郡的佛教徒达五千多户。每次浴佛节大会，总要备办许多饮食，在路边摆下宴席，连绵几十里，费用以万亿计。等到曹操击退陶谦，徐州动荡时，笮融才率领男女万人逃至广陵，广陵太守赵昱用宾客的礼节接待他。此前彭城相薛礼被陶谦逼迫，屯驻秣陵，笮融贪图广陵的财富，就乘喝酒正浓时杀了赵昱，放纵士兵大肆抢劫，带着抢掠的财物渡过长江投靠薛礼，不久又杀掉薛礼。

刘繇派豫章太守朱皓攻打袁术委任的太守诸葛玄，诸葛玄退守西城。等到刘繇逆江西上，进驻在彭泽，便派笮融帮助朱皓攻击诸葛玄。许劭对刘繇说：“笮融出兵，不讲名节信义。朱皓待人喜欢推心置腹。要让朱皓严密预防他。”笮融到后，果然用诈骗之计杀了朱皓，代理豫章郡事务。刘繇进兵征讨笮融，笮融战败逃跑，遁入山中，被老百姓杀死。献帝下诏任命前太傅掾华歆为豫章太守。

丹阳郡都尉朱治驱赶吴郡太守许贡占据了吴郡，许贡南逃，投靠山寇严白虎。

（以上为第七段，写孙策年少英雄，借袁术之势经营江东，连战皆捷，威名大振。）

张超困守雍丘，曹操加紧围攻。张超说："只有臧洪会来救助我。"众人说："袁绍、曹操目前正和睦，而臧洪是被袁绍上表推荐任用的人，他一定不会败坏袁、曹的和好来招惹大祸。"张超说："臧子源是天下的义士，始终不会背离初衷；只是恐怕被强力所迫，没法来罢了。"这时臧洪任东郡太守，赤脚步行，放声痛哭地向袁绍请求出兵，要赶去解救张超的危难，袁绍不发兵给他。臧洪又请求率领自己所属的军队去，袁绍也不批准。雍丘失守，张超自杀，曹操灭了张超的三族。

臧洪因此怨恨袁绍，断绝关系不与袁绍往来。袁绍举兵包围臧洪，连年不能攻克。袁绍命臧洪的同县人陈琳写信给臧洪，晓以利害，臧洪复信说："我本是一个小人物，没有大志；只因仕途中承蒙主人袁绍赏识，恩情深厚，于是拥有一州，难道我乐意今天与袁绍兵戎相见吗？当初受任之时，我自认为能成就大业，共同尊奉王室。哪里想到本州被侵占，郡守张超遭遇危难，我请求出兵被拒绝，辞别又遭拘留，致使我的故主被歼灭，我这一点区区的微小节义都无处表达，哪里还能顾全朋友的交情，损害忠孝的名节呢？这就是我为什么要忍住悲伤挥戈上阵，擦干泪水毅然与袁绍绝交的原因。永别了孔璋，你在境外追求财利，臧洪我效命于国君；你依靠盟主袁绍，臧洪我投身长安天子。你说我身死名裂，我还笑你活着却默默无闻！"

袁绍拿到臧洪的书信，知道他没有归降的意思，增派军队加紧围攻。城中的粮食已经耗尽，外面没有强兵营救，臧洪自料不能幸免，召集将士官民，对他们说："袁绍没有道义，图谋不轨，而且不救助我的故主太守张超，我臧洪为了大义，不得不死；想到你们诸位平白无故地卷入这场灾祸，你们可以趁城池未破之前，带着妻子儿女逃走。"大家都流泪哭泣道："您与袁绍本来没有怨仇，如今为了本朝的旧长官，自己招致了目前的困窘；我们作为您的属下吏民，怎能忍心抛下您而逃走！"起初还能挖老鼠煮筋角来充饥，后来再没有什么可吃的了。主簿打开内厨房门取出三升米，请求做一点稠粥，臧洪感慨地说："我怎能独自享用呢？"命做成稀粥，分给士兵和民众，又杀了自己的爱妾给将士们吃。将士们都流下眼泪，不能仰视。男女七八千人，相互枕藉而死，没有一个叛离的。城池被攻陷，活捉了臧洪。袁绍会集各位将领，召见臧洪，对他说："臧洪，为什么这样背离我！今天服从了吗？"臧洪坐在地上瞪大眼睛说："袁氏效力汉朝已历四代，有五人出任三公，可说是受了朝廷的洪恩。如今皇室衰弱，你却没有扶持辅佐的意思，反而想趁此机会，图谋非分的希望，滥杀忠良来建立你的奸邪威望。我亲眼见你称呼张邈为兄，那么张超也应该是弟，本应同心协力，为国除害，怎么能拥兵旁观他遭人杀害？我只恨力量单薄，不能拔刀为天下人报仇，说什么服不服？"袁绍本来喜爱臧洪，意思要让他屈从，再原谅他；见臧洪言辞急切，知道他终究不会被自己所任用，于是将他杀死。

臧洪的同县人陈容从小敬仰臧洪，此时正好在座，起身对袁绍说："将军起兵举大事，想要为天下除害，却先杀忠义之士，岂能合乎天意！臧洪的行为是为了自己的故主，怎能杀他！”袁绍羞愧，命人把他拖出去，对他说：“你不是臧洪的同伙，何必如此！”陈容回头说：“仁义哪有一定形式，遵守它的就是君子，违反它的就是小人。今天宁愿和臧洪同日而死，不愿与将军同日而生！”于是他也被杀害，在座的人无不叹息，私下议论说：“怎么可以在一天内就杀害了二位烈士！”

（以上为第八段，写袁绍迂腐，因信守袁曹同盟，不救张超，逼反臧洪，自毁长城，在纵横捭阖中输了曹操一着。）

公孙瓒杀掉刘虞后，占有幽州全境，更加趾高气扬，凭借自己的才能和武力，不体恤百姓，只记住人家的过失，却忘却人家的好处，连瞪眼这样小小的怨恨也一定要报复。官宦豪绅，名望在他之上的，一定要用严法陷害，有才干优秀的人，一定要迫害，把他们打压在穷困之中。有人问这是什么原因，公孙瓒说：“豪绅都自认命当富贵，不感激别人给他的恩惠。”所以被他宠爱的人，大多是些商贾、贩子、庸人，公孙瓒和这些人结拜为兄弟，或者缔结姻缘，所到之处侵夺暴抢，老百姓都非常怨恨。

刘虞的从事、渔阳人鲜于辅等，联合率领州兵想一起为刘虞报仇，认为燕国人阎柔一向有恩德信义，就推举他为乌桓司马。阎柔召引胡人、汉人几万人马，与公孙瓒委派的渔阳太守邹丹在潞县的北面交战，杀死邹丹等四千多人。乌桓峭王也率同族人和鲜卑人共七千多骑兵，追随鲜于辅南下迎刘虞的儿子刘和，又与袁绍部将麴义会合十万兵马共同进攻公孙瓒，在鲍丘打败公孙瓒，杀死两万多人。这时代郡、广阳郡、上谷郡、右北平郡都各自杀掉公孙瓒任命的官吏，又与鲜于辅、刘和的兵马会合，于是公孙瓒的军队屡遭失败。

在这之前，有童谣说：“燕国南陲，赵国北界，中间不合拢，空隙大如砺石，只有在这空隙中，才可以避世。”公孙瓒自认为易县就是这避世的空隙地，于是迁到易县，在四周挖出十道堑壕，在堑壕里筑起高丘，每座都有五六丈高，在高丘上修造楼台；在中间的堑壕中也筑高丘，高达十丈，公孙瓒居住在这座楼台上，用角铁做成大门，撤去左右身边的人，七岁以上的男子不准进门，只和妻妾住在里面。公孙瓒要批阅的文书、报告都用绳索吊上去。命令妇女练习大声喊话，使声音能传到几百步远，用来传达命令。疏远宾客，没有亲信，谋臣猛将逐渐叛离。从此之后，很少再出征攻战。有人问这是什么缘故。公孙瓒说：“从前我在塞外驱逐叛逆的胡人，在孟津横扫黄巾军，那时，我以为天下可以轻易平定。直到今日，战争似乎方兴未艾，如此看来，平定天下不是我能完成的，不如休养军队，尽力耕作，度过荒年。兵法说百层高楼不可攻打，如今我各军营的楼台几十层，积蓄谷物三百万斛，吃完这些粮食，足以等到天下太平时了。”

南单于於扶罗死，他的弟弟呼厨泉继立为南单于，居留在平阳。

（以上为第九段，写公孙瓒经营幽州。）

【点评】

本卷着重点评曹孙刘三家的兴起。东汉豪强地主集团分为两个阶层。一是世代官僚地主，史称世族地主，又称世家大族。他们世代为高官，经学传世，在中央和地方都有着坚固的势力。如汝南袁氏四世五公，弘农杨氏四世四公，颍川荀氏世为“冠冕”。他们的门生故吏遍天下，在政治上有很大的号召力。二是地方豪强地主，主要是大商贾兼并土地形成的豪强，史称庶族地主。他们有大量的田产，奴婢以千计，但在政治上受士族地主的压抑。曹操家族是沛国谯县的大豪强，属于宦官集团的大官僚，其父曹嵩曾官至太尉，但仍是庶族地主。所以曹操在政治上的号召力不如士族地主的代表人物袁绍、袁术兄弟强，初起时不能与二袁匹敌。二袁利用他们的政治号召力，在东汉末最早萌动了觊觎汉室之心，成为祸首，这是他们在政治上失败的一个重要因素。曹操、孙权、刘备都是庶族地主的代表人物，大乱初起时他们还想扶持汉室，建立功名；后来看到汉室不可复兴，便各自打着效忠汉室的旗号收揽人心，终于鼎立三分。此外，士族地主集团多谋士，庶族地主集团多武将。士族地主军阀排斥庶族地主，他们手下缺乏能征惯战之将，军队战斗力不强，在混乱中极易被消灭。曹孙刘三家都以庶族地主和平民出身的战将为骨干，又广延世族智士，得到两个阶层豪强地主集团的支持，所以在混战中越战越强，刘备更是屡仆屡起。认识东汉末豪强地主集团的割据性，把握两个阶层的军阀具有重要的意义。

一、曹操崛起于乱世。曹操字孟德，一名吉利，小字阿瞒，沛国谯县人。汉谯县，即今安徽北部的亳州市。曹操生于公元155年，死于公元220年，享年六十六岁。他二十岁时被举为孝廉，初仕郎官，登上政治舞台，想立功封侯，此其本志。公元190年，曹操三十五岁，陈留起兵讨董卓，在风云突变的汉末乱世中，纵横驰骋三十年。他“挟天子以令诸侯”，统一了北方，是奠定三国鼎立局面的第一人物。乱世造就了曹操，培养了他的野心。时人评为“治世之能臣，乱世之奸雄”。

曹操出身于宦官集团的大官僚大地主豪强大族。他的祖父曹腾是历事安帝、顺帝、冲帝、质帝、桓帝五朝的大宦官，位至中常侍，桓帝封为费亭侯。曹操父亲曹嵩是曹腾的养子，出自夏侯氏。《曹瞒传》和《世说新语》都说曹嵩是夏侯惇的叔父，即曹操与夏侯惇是叔伯兄弟。所以曹氏、夏侯氏两族非常亲密，两姓子弟为曹操起家的重要人物。

曹腾是大宦官，恩荫曹嵩仕途一帆风顺，历官司隶校尉、大司农等职，灵帝卖官，曹嵩花了一亿钱买得太尉高官，可见家产之豪富。曹氏家族在汉末做京官和地方官的不只曹嵩一人。曹腾弟曹褒官至颍川太守，褒子曹炽官至侍中、长水校尉。曹炽是曹仁之父。曹腾侄儿曹鼎官至尚书令，另一堂侄官至吴郡太守。这些人都家财万贯，有僮仆上百人。曹鼎侄儿曹洪家财甚至超过曹操，所豢养的家兵达千余人。曹氏家族在政治上和经济上都是显赫的大豪强，给曹操的仕途带来便利，但宦官出身仍属寒门，被官僚士大夫看不起。公元200年官渡之战时，袁绍发布的讨操檄文就称曹嵩为“乞丐携养”，诋毁曹操为“赘阉遗丑”。因此曹操不免也有自卑感，这对于曹操所走的道路，以及执政都产生了复杂而微妙的影响。

公元189年，大将军何进与袁绍谋诛宦官，曹操参决机要。曹操出身于宦官集团却走了反宦官的道路，由此表现了他的不凡。曹操要在政治上崭露头角，必须侧身于世族名士行列。所以他矫情饰志，力争赢得士族地主集团的支持。梁国桥玄、南阳何颙都十分器重他。桥玄官至太尉，称曹操为“命世之才”，并以妻子儿女相托。

公元210年末，曹操曾发布“明志令”，称他青年时期希望天下太平，做一个清官，或归隐于故里，秋夏读书，冬春射猎。后做典军校尉，想为国家讨贼立功，西征韩遂，死后立一墓碑，刻上“汉故征西将军曹侯之墓”，这就是他的本志。从曹操步入仕途的所作所为来看，这是符合实情的。曹操想以个人的努力来立功封侯，洗刷“赘阉遗丑”的污名，成为一个汉家忠臣。由于董卓构难，形势导使曹操走上了另一条道路，这就是逐鹿中原，与敌竞争，称孤道寡，建立曹氏基业。

曹氏、夏侯氏的豪强资本，加之曹操个人的筹策善计，曹氏集团很快在北方乱世中崛起。

二、刘备转战北方。刘备字玄德，涿郡涿县（今河北涿州市）人。生于公元161年，死于公元223年，享年六十三岁。

刘备是三国时期杰出的政治家，深为曹操所忌服。如果将刘备与曹操、孙权做比较，刘备经历了更为艰难曲折的道路，可以说是屡仆屡起，九折臂而终成良医。刘备从微贱到发迹，直至建立蜀国，既不像孙权那样有父兄之业相承，也没有像曹操那样有雄厚的政治经济实力而起家。刘备一无所有，只有依靠自己的努力，借乱世而成英雄。

刘备的祖先是西汉景帝之子中山靖王刘胜，所以称“帝室之胄”。但支系疏远，家世没落，至刘备这一代到了织席贩鞋为生的地步。公元184年黄巾起义时，刘备二十四岁。他招兵买马，要趁此机会建功立名。因打仗立功出仕，后来官至高唐县（今山东高唐县东）令。关东诸侯起兵讨伐董卓，刘备也领兵参加。不久被青州黄巾军打败，就投奔幽州军阀、同窗师兄公孙瓒。公孙瓒表请刘备为别部司马，为青州刺史田楷助手，对抗冀州袁绍，不久改任平原相。

刘备由于出身寒微，威名不著，与关羽、张飞结义起兵，转战十年，位不过县令。关张二人却始终不离左右。公孙瓒部将真定人赵云也倾心与刘备相结。由于刘备宽厚待人，能得人死力。公元194年，曹操第二次东征徐州，陶谦向公孙瓒告急，刘备奉命救陶谦，正式脱离了公孙瓒集团。这一年冬，陶谦病死，他的部属共推刘备为徐州牧，刘备再三谦让。下邳人陈登，字元龙，时为广陵太守，颇有才干，他看不起一般的士人武将，但十分敬重刘备。他劝刘备说：“我们可以替你集合步骑十万，你用这支军队，进可以辅助天子，安抚百姓，退可以据州自守，这是一个好机会，应该听从我们的主张。”北海相孔融也劝刘备：“今天的事势，人民拥护有才干的人。错过这个机会，后悔莫及。”刘备多年来一直颠沛流离，他何尝不想做州牧。他的谦让是为了争取人心，尤其是需要陈登这样的人来支持。陈登发话，刘备非常高兴地接了官印，出任徐州牧，有了自己的一席之地。

刘备坐领徐州，得到了袁绍和曹操的认可。袁绍对徐州派去的使者说：“刘玄德弘雅有信义，现在徐州人士拥戴他，真是一个恰当的人选。”曹操为了稳住兖州东部边境的局势，并利用刘备对抗袁术，对刘备也采取了笼络的策略。公元 196 年，曹操迎献帝都许后，以天子名义拜刘备为镇东将军，封宜城亭侯。刘备的名字，在中原日益显赫起来。

三、孙氏兴起江东。三国时吴国的开国之主孙权，十九岁承父兄之业，克平暴乱，历尽艰险，终于创立了吴国。孙权承父兄之业，也就是说孙氏集团的兴起，奠基人是孙权之父孙坚和孙权之兄孙策。孙坚仗义扶持汉室，而使孙氏名声冠江南；孙策创业江东，才使孙权有了承继的基业。孙权父兄三世创业，孙氏集团终于兴起于江东。

孙坚字文台，吴郡富春（今浙江杭州市富阳区）人。《三国志》记载说孙坚是春秋时兵法家孙武之后，陈寿用的是“盖”词，意思是传说、大概是。可能这是孙氏发迹以后的附会，因孙氏世系无考。现在当地人传说，孙坚之父是瓜农出身，民间传说，或许可信。总之孙坚出身最寒微，孙氏基业完全是自身努力创立的，没有任何凭借。孙坚仗义讨董卓可以说是孙氏赢得人心的最初根基。可惜由于孙坚误投袁术，奉袁术为主，公元 191 年，袁术与刘表争荆州，孙坚为先锋，连败刘表大将黄祖，黄祖退入襄阳。在进围襄阳时，孙坚轻骑到前沿阵地侦察敌情，被流矢所中，死于湖北岘山，时年三十七岁。

孙策字伯符，为孙坚长子，一表人才，好笑语，人称孙郎。孙坚死时，孙策只有十七岁。公元 195 年，孙策二十岁，领兵征江东，人称小霸王。霸王是秦末项羽的称号。项羽力能扛鼎，率领江东八千子弟打天下，英勇无敌，所向披靡。项羽性情爽直而粗暴，果于杀戮，人人闻之胆寒。这些特点孙策都具备，小霸王之称，当之无愧。

孙坚得人，程普、黄盖、韩当、朱治等都是他的旧部。孙坚死后，其众由孙策堂兄孙贲率领投靠袁术。孙策携母投舅父丹阳太守吴景。孙策聪明英武，好结交朋友，声名远播。舒县（今安徽舒城县）人周瑜与孙策同年，慕名来访，一见如故，两人结为生死之交。孙策到了舒县，在周瑜资助下，招募部曲六七百人。公元 194 年，孙策率众投附占据寿春的袁术，希望从袁术那里讨还父亲的旧部。

孙策在寿春，很受袁术赏识，表荐为怀义校尉。公元 195 年，孙策的舅父吴景被扬州刺史刘繇赶出，双方在横江津一带相持不下。孙策趁机对袁术说："我父亲在江东有威望，我想到江南招募，可得三万精兵，帮助舅父打退敌人，再来替主公效劳。"袁术也知道孙策怀恨想离去，他认为刘繇在曲阿，王朗在会稽，孙策未必能成功，就把孙坚旧部将士千余人交给孙策指挥，并表荐孙策为折冲校尉。

袁术放虎归山，孙策如鱼得水。孙策出寿春时只有千余人马，他沿途招募军队，由于纪律严明，行至历阳（今安徽和县），已拥众五六千人。这时周瑜领兵来迎，孙策力量更为壮大，开始向东南进军，攻击扬州刺史刘繇。

孙策打仗，总是一马当先。敌方将士一听，大都失魂落魄。小儿啼哭，大人说："孙郎来了。"小儿即不敢啼，威名如此。孙策颁下军令，士兵不得掳夺民间财物，"鸡犬菜茹，一无所犯"，受到百姓欢迎。他还优待刘繇降卒，愿从军的，免除家庭赋税徭役，不愿从军的也不强迫。这样一来，不仅刘繇部众不少投奔孙策，而且四方士众云集，半个月功夫，孙策队伍扩大到两万人，马千余匹，"威震江东，形势转盛"。

当时江东各地豪强林立，地方宗族部伍各不统属，主要有吴郡太守许贡，会稽太守王朗，以及地方豪强如乌程邹他、钱铜，吴郡严白虎，前合浦太守王晟及自称吴郡太守驻屯海西的陈瑀等。孙策采取先打弱敌、后打强敌的策略，首先扫荡地方豪强，即先打小敌邹他、钱铜、王晟等，然后拔掉严白虎、陈瑀。三四年间，东灭吴郡太守许贡，降服会稽太守王朗、豫章太守华歆，聚众三万余人，将领除孙坚旧部程普、黄盖、韩当外，又收聚了周瑜、蒋钦、周泰、董袭、凌操等人。谋士有张昭、张纮、秦松等。俨然大家气象。

东汉末太尉乔玄（桥玄）有两女，皆天姿国色，称大乔、小乔。孙策娶了大乔，周瑜娶了小乔。

曹孙刘三家集团的兴起，各自招纳天下豪杰，导致东汉末人才三分，这是三国鼎立形成的最重要的原因。

汉纪五十四

汉献帝建安元年至三年（公元196—公元198）

【起柔兆困敦（丙子，公元196年），尽著雍摄提格（戊寅，公元198年），凡三年】

【大事提要】

本卷记事起公元196年，讫公元198年，凡三年，当汉献帝建安元年至三年，是中原十年大混战（191—200）的中段。这一时期，袁绍与曹操联手争战，袁绍战河北，曹操战河南，两大集团在扫灭群雄中逐渐胜出。袁绍大致兼并了河北四州：冀、并、青、幽，到公元198年，只有公孙瓒还在幽州挣扎。曹操在河南，迁汉献帝到许，挟天子以令诸侯，在政治上占了制高点，曹操又在许下屯田，保证了军资，因此，优势更为明显。曹操两次南下荆州，挫败张绣，到公元198年，已东灭吕布。西边关中，曹操任钟繇为司隶校尉，督关中诸将，以天子名义招抚马腾、韩遂，西边无事。徐州刘备遭吕布暗算，丢了徐州，投靠了曹操。曹操亦占有河南兖、豫、司、徐四州，足可以与袁绍抗衡。袁绍、曹操两人势力发展，矛盾也在加深。建安二年两人争大将军之位，“一山不能容二虎”的形势已初露端倪。袁术在淮南，妄自称帝，众叛亲离，又遭曹操连续打击，势力大衰，坐以待毙。孙策脱离袁术，征战江东，败刘繇，灭严白虎等豪强，又得周瑜之助，势力大增，在江东已是一枝独秀。

孝献皇帝丁

汉献帝建安元年（丙子，公元196年）

春季，正月初七日癸酉，大赦天下，改年号为建安元年。

董承、张杨想护送天子回到洛阳，杨奉、李乐不愿意，因此导致众将领相互猜疑，怀有二心，二月，韩暹攻击董承，董承逃向野王。韩暹进兵屯驻闻喜，胡才、杨奉到坞乡。胡才打算攻击韩暹，皇上派人传旨制止了这场战斗。

汝南、颍川的黄巾军何义等率众归降袁术，曹操打败了这支黄巾军。

张杨派董承先去修缮洛阳宫。太仆赵岐替董承劝说刘表，让刘表派兵到洛阳，帮助修复宫室；同时还运输军用物资，前后源源不断。夏季，五月初二日丙寅，献帝派使者到杨奉、李乐、韩暹的军营，要求他们护送天子到洛阳，杨奉等接受诏令。

六月初一日乙未，天子的车驾到达闻喜。

袁术攻打刘备，以争夺徐州，刘备派司马张飞留守下邳，自己率兵在盱眙、淮阴一带抵抗袁术，相持一月，各有胜负。下邳相曹豹，是陶谦的旧部将领，与张飞不和，张飞杀了曹豹，导致城中发生叛乱。袁术给吕布写信。劝他偷袭下邳，许诺资助他军粮。吕布惊喜，率领军队，水陆两路东下。刘备任命的中郎将丹阳人许耽打开下邳城门，迎接吕布。张飞战败逃走，吕布俘获了刘备的妻子儿女，以及将领官吏们的家属。刘备闻讯，率军回救，等赶到下邳时，军队溃败。刘备收整残兵东出攻取广陵，与袁术交战，又被打败，退守海西，饥饿困窘，官兵相互残害，以致人吃人。徐州东海人从事糜竺拿出自家财物作为军费。刘备请求归降吕布，吕布也恼恨袁术没有继续运粮，于是召请刘备，委任他做豫州刺史，和他联合攻击袁术，派刘备驻守小沛。吕布自称为徐州牧。

吕布部将河内人郝萌乘夜攻击吕布，吕布蓬头散发、衣衫不整地逃到都督高顺的军营，高顺立即出动兵马，下死令攻入州府讨伐郝萌，郝萌战败逃走；等到天亮时，郝萌的部将曹性攻杀了郝萌。

（以上为第一段，写刘备遭反复无常的小人吕布偷袭，一失徐州。）

六月初六日庚子，杨奉、韩暹护卫车驾向东回洛阳，张杨运送粮食在路上迎接。秋季，七月初一日甲子，天子车驾到达洛阳，暂住在前中常侍赵忠的旧宅。七月十四日丁丑，大赦天下。八月初八日辛丑，献帝住进南宫杨安殿。张杨认为自己护驾有功，所以把南宫改名为杨安殿。张杨对众将领说："天子应当与全天下的人共同治理国家，朝廷的事自有公卿大臣来处理，我张杨应当出朝去抵抗外患。"于是回到野王，杨奉也出京驻守梁县，韩暹、董承两人一起留下，负责京都的警卫。八月初十日癸卯，朝廷委任安国将军张杨为大司马，杨奉出任车骑将军，韩暹出任大将军、兼任司隶校尉，三人都得到假节、持钺的地位。

当时，宫室烧光，百官劈开荆棘，靠着墙壁间居住，州郡各自拥有强兵，不肯进贡；百官饥困，尚书郎以下官吏自己出去采摘野生谷物，有的饿死在墙壁间，有的被士兵杀死。

袁术因为谶言有："代汉者当途高"，便认为自己的名字应合谶语，又认为袁氏出于陈国，是舜的后代，用黄色代替赤色，是五行运转的次序，于是袁术萌发篡位叛逆的阴谋。听说孙坚得到传国玉玺，就拘捕孙坚的妻子抢走了玉玺。等听到天子在曹阳兵败，就召集部下商量称帝事宜，部下没有人敢应对。主簿阎象进言说："从前周朝从后稷到文王，积德累功，三分天下有其二，仍臣服殷朝。明公您虽然累世显赫但不如周朝兴盛；汉室虽然衰败，但不如殷纣王残暴！"袁术沉默不语。

袁术征召隐士张范，张范不来，张范只让他的弟弟张承来表示歉意。袁术对张承说："孤拥有广阔的土地，众多的军队和人民，想求福于齐桓公，模仿高祖，怎么样？"张承说："获得天下要有仁德而不在于强大。推行仁德来顺应天下人的意愿，即使起步时只有一个人的资本，但可以创建霸王的功勋，也不算难事。如果想僭越篡位，违背天时而行动，是众人唾弃的对象，谁能使他兴旺呢？"袁术听了很不高兴。

孙策听到此事，写信给袁术说："商汤王讨伐夏桀时宣称：'夏朝多罪'，周武王征讨商纣时说：'殷有重罪'，商汤王、周武王这两位君主，虽然有圣德，倘若当时夏桀、商纣没有犯下丧失道义的过错，也没有理由逼迫取而代之。如今皇上没有对天下人犯下罪过，只是因为幼小，被强暴的臣子所逼，这是不同于商汤王、周武王的时代。再说董卓贪婪荒淫，骄横凌人，野心勃勃，欲望没有止境，以至于废主另立新君想壮大自己，也没有敢于自己称帝，尚且遭到天下人的同仇敌忾，何况效法他而比他更过分的人呢？又听说年幼的君主聪明，有早成之德；天下虽然没有蒙受他的恩泽，但都倾心归附他。您使君五代相继，为汉朝辅佐，蒙受恩宠的深厚，没有谁能相比，理应效忠朝廷严守臣节，用以报答王室，那么您获得像周公旦、召公奭的功勋美名，是全天下的人所盼望的。现在许多人被图谶纬书的谣言所困惑，妄自解释，牵强附会，只为讨好主人，不顾成败得失，这是古今都慎重的事，岂能不认真考虑！忠直的言语不中听，反对的议论会招致憎恨，但如果有利于您明公的话，我是不敢推辞的。"袁术起初自认为有淮南众多军队和人民，预计孙策一定会拥护自己，等得到孙策的书信后，就忧愁丧气生起病来。孙策看到袁术既然不采用他的意见，于是与袁术断交。

曹操在许县，谋划迎天子。众人认为："山东既未安定，韩暹、杨奉，自恃有功，骄横跋扈，不能很快制服。"荀彧说："从前晋文公接纳周襄王而诸侯如影随形，汉高祖为义帝服丧而使天下人诚心归附。自从天子流亡在外，将军最先倡义兴兵，只因山东战乱，无法远赴迎驾。如今天子车驾掉头回返，东京荒废，忠义之士都有保存国本的向往，黎民大众都有感怀故旧的悲伤。真的要趁此时机，奉迎主上，以顺从人民的愿望，这是最合时宜的行动；把握住这最大的公心使天下人归顺，这是最正确的策略；匡扶大义来招纳俊才，这是最大的德行。四方虽然有叛逆的贼臣，但他们有什么作为？韩暹、杨奉，有什么值得忧虑！如果不抓住时机做决定，将使得豪杰们生出异心，再来考虑，就来不及了。"于是曹操派扬武中郎将曹洪率兵向西迎天子，董承等据险对抗，曹洪不能西进。

议郎董昭认为杨奉兵马最强却少党羽外援，替曹操写信劝杨奉说："我久闻将军名气，敬慕您的信义，真心与您相交。如今将军在艰难中解救天子，返回旧京，辅佐的功劳，盖世无双，是多么了不起啊！如今群凶大乱华夏，四海不得安宁，天子地位至关重要，事事在于大臣的辅佐；必须要有众多的贤明之士，共同来清除君王路上的困难，这确实不是一个人就能单独建立的功业。心腹四肢，实在要相互依靠，有一样不具备，身体就有缺陷。将军应当在内主持朝廷事务，我在外作为援助，如今我有粮食，将军有兵众，互通有无，才可以互助成功，生死忧劳，祸福与共。”杨奉得到信很高兴，对各位将军说：“曹操各军近在许县，有兵有粮，国家应当依靠他。”于是杨奉与众将一起上表推选曹操任镇东将军，承袭他父亲的爵位费亭侯。

韩暹自以为有功，专横霸道，董承担忧，因而秘密招来曹操，于是曹操率兵赶往洛阳。到达后，上奏韩暹、张杨的罪行。韩暹惧怕被杀，只身单骑逃奔杨奉。献帝认为韩暹、张杨有护驾之功，下诏一切不予追究。八月十八日辛亥，任命曹操为司隶校尉、录尚书事。于是曹操处死尚书冯硕等三人，表示讨伐有罪的人；册封卫将军董承等十三人为列侯，表示赏赐有功的人；追赠射声校尉沮俊为弘农太守，表示哀怜守节而死的人。

曹操请董昭与自己一起坐下，问道：“如今我来到这里，应该怎么办！”董昭说：“将军兴起义兵来诛除暴乱，入京朝见天子，辅佐王室，这是春秋五霸的功业。现在这里的各个将领，立场不同，意见各异，未必能听从你，如今留在洛阳辅佐天子，形势不利，只有转移天子到许县才好。可是天子流亡，最近才回旧京，远近都立起脚尖希望迅速安定，现在又要迁走天子，不合朝野大众的心愿。不过，要干不同寻常的事情，才有不同寻常的功业，愿将军考虑怎样做最有利。”曹操说：“这是我本来的心意。杨奉就近在梁县，听说他的军队精良，恐怕会是我的拖累啊！”董昭说：“杨奉缺少党羽援助，所以一心想与我们结交。任命你为镇东将军、册封您为费亭侯的事情都是杨奉决定的。应该不断地派使者送厚礼答谢，来安定他的心。就说：‘京都无粮，想让天子暂到鲁阳，鲁阳靠近许县，粮食运送比较容易，可以免去匮乏的忧虑。’杨奉这个人虽然勇猛却少智谋，一定不会被怀疑，等使者往来交涉期间，完全可以定下大计，杨奉怎么能成为拖累呢？”曹操说“好！”随即派使者去见杨奉。八月二十七日庚申，天子的车驾驶出轘辕关向东，终于完成迁都许县。

［九月初七日己巳］，天子巡幸曹操军营，册命曹操出任大将军，封为武平侯。开始在许都建造宗庙社稷。

（以上为第二段，写曹操迎献帝都许。）

孙策将要攻取会稽。吴郡人严白虎等各有部众一万多人，处处设置栅寨聚众驻守，众将领想首先攻击大头目严白虎等。孙策说：“严白虎等一群蟊贼，胸无大志，他们很容易被抓获。”于是率军渡过浙江。会稽功曹虞翻劝告太守王朗说：“孙策善于用兵，不如回避他。”王朗不听。发兵在固陵抵抗孙策。

孙策几次渡水作战，不能获胜。孙策的叔父孙静对孙策说：“王朗据城防守，难以一下攻克。查渎那个地方从这里往南还有几十里，应从那里攻入敌人的腹心，这就是所谓的攻其不备，出其不意。”孙策听从了孙静的意见，趁着黑夜，燃起许多火把作为疑兵，分出一支军队向查渎道进发，去偷袭高迁屯。王朗惊恐，慌忙派前丹阳太守周昕等率兵迎击，孙策击败周昕等，杀死了周昕。王朗潜逃；虞翻追随保护王朗乘船渡海到东冶，孙策乘胜追击，大败王朗，于是王朗到孙策军营归降。

孙策自己兼任会稽太守，重新任命虞翻为功曹，用朋友的礼节招待他。孙策喜欢游猎，虞翻劝告他说：“您喜欢轻装便服出行，随行的官员来不及准备，士兵们常以为苦。作为统治别人的首领，不庄重就没有尊严，所以白龙变化为鱼，被渔夫豫且射伤，白蛇随便出来，被刘邦杀掉。希望您稍加留心！”孙策嘴上说：“你说得对。”然而行动上没有改变。

九月，司徒淳于嘉、太尉杨彪、司空张喜，都被免职。

天子车驾东迁到许县，杨奉从梁县出兵想拦截，没有追上。冬季，十月，曹操征讨杨奉，杨奉南逃投奔袁术，于是攻打杨奉梁县的军营，占领了梁县。

天子下诏给袁绍，责备他说：“地广兵多，而一心拉山头树立党羽，没听说他出动过勤王之师，只是擅自互相征讨。”袁绍上奏竭力为自己辩护。[十一月初七日戊辰]，朝廷任命袁绍为太尉，封邺侯。袁绍耻于职位在曹操之下，发怒说：“曹操好几次死里逃生，每次都是我救了他，如今却用天子的命令来要挟我。”上表推辞，不接受任命。曹操惧怕，请求把大将军让给袁绍。十一月二十五日丙戌，任命曹操为司空，代理车骑将军事务。

曹操任命荀彧为侍中，管理尚书令的事务。曹操请荀彧推选有智谋的人才，荀彧推荐他的侄儿蜀郡太守荀攸和颍川人郭嘉。曹操征聘荀攸任尚书，跟他交谈非常高兴，说：“荀公达是一个特殊的人才，我能和他商计大事，天下还有什么可担心的！”任命荀攸为军师。

起初，郭嘉投靠袁绍，袁绍很看重他，待为贵宾。郭嘉住了几十天，对袁绍的谋臣辛评、郭图说：“明智的人要审慎地挑选主人，因此才能万事周全建立功名。袁公只是想模仿周公礼贤下士，却不懂得用人的诀窍。事务繁杂却不知道重点，喜欢谋划却不能决断，想和他共同拯救天下大难，建立霸王的功业，太难了。我将重新挑选主人，你们何不一同离开他！”两人回答道：“袁绍对天下有恩德，人民大多归附他，而且现在势力最强，离开了他将到哪里去？”郭嘉知道他们不开窍，不再多说，于是离开了袁绍。曹操召见郭嘉，与他议论天下大事，高兴地说：“能使我成就大业的人，一定是这个人！”郭嘉出来，也高兴地说：“这才是我真正的主人！”曹操上表推荐郭嘉任司空祭酒。

曹操任命山阳人满宠为许县县令，曹操的堂弟曹洪有门客，在许县境内屡次犯罪，满宠收捕要惩治他，曹洪写信给满宠求情，满宠不听。曹洪将此事报告曹操，曹操召见许县的主事官吏，满宠知道曹操将要宽恕门客，于是赶紧杀掉门客，曹操高兴地说：“处置应办理的事情难道不正该这样吗？”

（以上为第三段，写孙策定会稽，与袁术决裂。曹操在许都站稳脚跟，招纳人才，荀攸、郭嘉、满宠受到重用。袁绍与曹操争大将军之位，初现裂痕。）

北海太守孔融自恃才高气盛，立志要平定祸乱，可是志大才疏，一直未能成功。谈论高雅的言教，在官场成为风气，文章清新优雅，值得玩赏传诵，但将其论议付诸实践检验，却很难一一实行。可是孔融却能铺张敷陈，但细目条理漏洞百出；暂时能得人心，时间长了人们便不愿依附。孔融所用的人，喜欢标新立异，多是些浮华耍小聪明的人。尊奉名儒郑玄，用子孙的礼节对待他，把郑玄的乡名改为“郑公乡”。孔融把清雅俊逸的士人左承祖、刘义逊等当作摆设待为座上宾，却不跟他们谈论政事，说：“这些是人民所仰慕的人物，不能失去。”

黄巾军来侵犯，孔融战败，逃往都昌县驻守。当时袁绍、曹操、公孙瓒首尾呼应，孔融兵力薄弱粮食匮乏，孤立一方，却不与他们交往。左承祖劝孔融应依附强国，孔融不听反而杀死了左承祖，刘义逊离开了孔融。青州刺史袁谭攻击孔融，从春到夏，孔融的战士只剩下几百人，乱箭交叉密集，而孔融仍靠着案几读书，谈笑风生。城池夜里陷落，于是逃往东山，妻子儿女被袁谭抓获。曹操和孔融有老交情，便征聘孔融为将作大匠。

袁谭刚到青州时，他拥有的疆土从黄河往西不超过平原县。袁谭向北排挤田楷，向东打败孔融，一时威望和德惠很闻名，后来他信任一帮小人，专横践扈，骄奢淫逸，于是声望衰退。

中平以来，天下分裂，人民荒废农业，各地军队四起，大都匮乏粮食，没有一年的储蓄，饿了就去抢夺，饱了就抛弃剩余，瓦解流散，没有遭遇敌人便自行消亡的，不可胜数。袁绍在河北，军人依靠桑葚充饥，袁术在江淮，军人采食嫩蒲和田螺，很多民众相互残害，人吃人，州里萧条。羽林监枣祗请求建立屯田制度，曹操接受了这个建议，任命枣祗为屯田都尉，派骑都尉任峻任典农中郎将。招募民众在许县一带屯田，当年获得谷子一百万斛，于是推广到各州郡循例设立田官，凡是建立屯田制的地方，都聚积谷物，装满了仓库。所以曹操四处征战，没有运粮的劳苦，终于能吞并群雄。军队和国家的富裕，从枣祗开始，到了任峻手中获得成功。

袁术惧怕吕布祸害自己，于是给自己的儿子向吕布求婚，吕布同意了。袁术派部将纪灵等率领步骑兵三万攻击刘备，刘备向吕布求救。众将领对吕布说：“将军一直想杀刘备，现今正可以借袁术之手来完成。”吕布说：“不行。袁术如果打败刘备，那么，袁术就可在北边联合泰山的各位将领，我就要陷入袁术的包围中，所以不得不救。”于是率领步骑兵一千多火速赶去救援刘备。纪灵等听说吕布来到，都收兵停战。吕布在沛城西南，派侍卫去请纪灵等，纪灵等也来请吕布，吕布去了，他和刘备同桌进餐。吕布对纪灵等说：“玄德是我的弟弟，被诸位围困，所以前来救援他。吕布生性不喜欢打斗，只喜欢解斗。”于是让军法官在军营门口立一根铁戟，吕布拉开弓回头说：“诸位看我射戟头上的小支，射中了各自罢兵，射不中可留下决斗。”吕布随即一箭，正中戟支。纪灵等都大吃一惊，说：“将军真是天赋神威！”第二天他们又欢聚一起饮宴，然后各自罢兵。

刘备集结部队有一万多人，吕布心里很厌恶，亲自出兵攻击刘备；刘备战败逃离，归属曹操，曹操款待刘备很优厚，举荐刘备任豫州牧。有人对曹操说：“刘备有英雄的志向，如今不趁早除去，一定会后患无穷。”曹操就此事询问郭嘉，郭嘉说：“是这个道理。可是明公您兴起义兵是为百姓除暴，推出诚心依靠信义来招纳豪杰，还怕他们不来。现今刘备有英雄的大名，因为走投无路来投靠您，却谋害了他，这将留下杀害贤人的恶名。如果这样，那么智士将有疑虑，回心转意去挑选新的主人，您与谁去平定天下呢？如果除去一个有祸患的人，而丧失了天下人的期望，这将是安危存亡的关键，不可不明察。”曹操笑着说：“你说得对！”于是增强刘备的兵力，供应粮食，使他向东进驻小沛，收集散兵来抵抗吕布。

起初，刘备在豫州，推举陈郡人袁涣为茂才。袁涣被吕布扣留，吕布想让袁涣写信咒骂刘备，袁涣不答应，再三强迫他，仍不回应。吕布大怒，用兵器威胁袁涣说：“写就活命，不写就死！”袁涣面不改色，笑着回应说：“袁涣听说只有德义可使人羞辱，没有听说用辱骂的办法折服人。倘使刘备是君子，将不以将军的辱骂为耻；如果刘备真是一个小人，他就会回信辱骂将军。那么受辱的将是将军而不是刘备。况且我过去事奉过刘将军，就像今天事奉将军一样，倘若我有一天离开了将军，再回头来辱骂将军，可以吗？”吕布惭愧，只好作罢。

（以上为第四段，写曹操在许都挟天子以令诸侯，势力渐盛，孔融失北海，刘备失徐州，两人均投靠曹操。为长远计，曹操在许下屯田，当年获利。）

张济从关中率领军队进入荆州境内，攻占穰城时，被流箭射中而死。荆州的官吏都向刘表庆贺，刘表说：“张济因走投无路而来荆州，我作为主人没有按礼去迎接他，以至于兵戎相见，这不是我的本意，我接受哀悼，不接受庆贺。”刘表于是派人去接纳张济的部队；张济的部队听到后很高兴，全都诚心归服。张济的族子建忠将军张绣接管部队，屯驻宛城。

当初，献帝离开长安后，宣威将军贾诩奉还印绶，去华阴投靠段煨。贾诩素有名气，为段煨军中将士所倾慕，段煨对他礼遇十分周到。贾诩暗中谋划归附张绣。有人说：“段煨对你够优厚了，你还要去哪里呢？”贾诩说：“段煨生性多疑，有猜忌我的意思，礼遇虽优，但不能持久，我将被他谋害。我要是离去，他一定喜欢，他又希望我在外为他联络强大的援助，一定厚待我的妻子儿女；张绣没有出谋划策的人，他也愿意得到我，那么我和我的家属一定都能保平安。”贾诩于是往投张绣，张绣以晚辈自居，段煨也果然很好地照顾贾诩的家属。贾诩劝张绣归附刘表，张绣听从了。贾诩去见刘表，刘表用宾客的礼仪招待贾诩。事后，贾诩说：“刘表在太平盛世是难得的三公之才，但他看不到事情的变化，遇事多疑不能决断，不会有所作为！”

刘表爱护人民善待士人，从容不迫，境内没有战事，关西、兖州、豫州的学者归附他的数以千计。刘表建立学校，讲授儒经，命前雅乐郎河南人杜夔制作雅乐。雅乐齐全了，刘表想在庭中观赏演奏。杜夔说：“如今将军不是天子，在庭中演奏雅乐，恐怕不当吧？”刘表只好作罢。

平原人祢衡从小聪慧，善于辞令，但盛气凌人，刚愎自用，孔融把他推举给曹操。祢衡谩骂曹操，曹操愤怒，对孔融说：“祢衡这小子，我要杀他如同杀一个麻雀老鼠一样！考虑到此人向来有虚名，担心远近的人会说我不能大度容人。”于是曹操把弥衡送给刘表，刘表用优厚的礼仪待弥衡为上宾。祢衡满口赞叹刘表，却喜欢讥刺刘表周围的人。于是刘表左右的人找机会诬害弥衡，说：“祢衡称颂将军的仁义，西伯也不能超过，只是认为将军你处事不能决断，终究不能成功。”这话事实上点到了刘表的短处，却不是祢衡讲的。刘表因此怀恨，想到江夏太守黄祖性情急躁，就把祢衡送给黄祖，黄祖本来也善待祢衡。后来祢衡当众侮辱黄祖，黄祖就把他杀了。

（以上为第五段，写刘表在荆州爱民养士，雍容自保。曹操借刀杀人，假刘表、黄祖之手杀害了祢衡。）

汉献帝建安二年（丁丑，公元 197 年）

春季，正月，曹操征讨张绣，驻军淯水，张绣率军归降。曹操收纳了张济的妻子，张绣本已怀恨；曹操却又拿出金子送给张绣的猛将胡车儿，张绣听到后疑虑不安，便偷袭曹操的军队，杀了曹操的长子曹昂。曹操被流箭射中，战败逃走，校尉典韦与张绣奋战，典韦左右的人死伤殆尽，典韦身负创伤几十处。张绣的士兵向前与他搏斗，典韦用胳膊夹住两个敌人将他们杀死，瞪着眼睛也大骂而死。曹操收集散兵，回军驻屯舞阴。张绣率兵追赶，曹操打败张绣，张绣逃回穰县，重新与刘表联合。

张绣偷袭之时，曹操各军大乱，只有平虏校尉泰山人于禁率领的队伍完整回来，路上碰到青州兵抢掠百姓，于禁述说他们的罪行并攻打他们；青州兵败逃，到曹操那里告状。于禁到后，首先安营筑垒，没有马上去拜见曹操。有人对于禁说：“青州兵抢先控告了你，应该赶快去见曹公辩白。”于禁说：“如今贼寇在后，随时可能追来，不先做好防备，凭什么抵抗敌人！况且曹公耳聪目明，打小报告诬告哪里行得通！”于是从容地挖好壕沟，安好营寨后，才进去拜见曹操，详细陈述了事情的经过。曹操很高兴，对于禁说：“淯水的惨败，我也同样的狼狈，将军在混乱中能保持整齐，又能讨伐暴虐的人，巩固营垒，有不可撼动的气节，即便是古代的名将，又谁能超过你呢？”于是记下于禁前前后后的功劳，封为益寿亭侯。曹操率军回到许县。

袁绍写信给曹操，言语傲慢。曹操对荀彧、郭嘉说：“现今我如果去征讨不义的袁绍，但力量不敌，怎么办？”郭嘉回答说：“刘邦不敌项羽，明公您是知道的。汉高祖唯有智慧胜过项羽，所以项羽虽然强盛，终被刘邦擒获。如今袁绍有十个失败的因素，明公您却有十个胜利的因素，袁绍虽然强大，也无能为力。袁绍礼仪烦琐；明公您听任自然，这是在做人之原则上胜过袁绍。袁绍逆天下而行动；明公您奉顺天子来统领天下，这是在道义上胜过袁绍。自桓帝、灵帝以来，政治失于宽缓，袁绍用宽缓来拯救宽缓，所以不能控制局势；明公您用威猛加以纠正，使上下知道法令制度，这是在法治上胜过袁绍。袁绍外表上宽柔而内心猜忌，用人易起疑心，任用的只是亲戚子弟；明公您外表平易近人而心中精明，用人不疑，只按才能大小用人，不论亲疏远近，这是在器识度量上胜过袁绍。袁绍谋划多却决断少，经常坐失良机；明公您有了计谋就雷厉风行，随机应变没有止境，这是在谋略上胜过袁绍。袁绍喜欢清谈高论，待人谦恭以沽名钓誉，士人中喜欢空谈而徒有虚名的多去归顺他；明公您诚心待人，不追求虚美，士人中忠诚正直而有真才实学的人都愿被你所用，这是在品德上胜过袁绍。袁绍见人饥寒，就抚恤关怀，怜悯之情表现在脸上，他看不见的东西，就考虑不到；明公您对眼前的小事，常有疏忽，至于大事，跟全天下的人交往，明公您给予的恩惠，都超过了本人的希望，即使是眼睛看不见的事情，也考虑得很周全，这是在仁爱上胜过袁绍。袁绍的大臣们争权夺利，相互诬陷，是非颠倒；明公您用道义驾驭部下，谗言诬陷行不通，这是在理智上胜过袁绍。袁绍分不清是非；明公您认定是对的人就按礼仪加以升迁，认定是错的人就按法律加以惩治，这是在文治上胜过袁绍。袁绍喜欢虚张声势，不懂得用兵的要领；明公您以少胜多，用兵如神，您的军队依靠您，敌人惧怕您，这是在武略上胜过袁绍。”曹操笑着说：“照你说的，我哪里担当得起！”郭嘉又说：“袁绍正在北面攻打公孙瓒，可乘他远征，向东攻取吕布；如果袁绍来侵伐我们，吕布做他的支援，这是很大的祸害。”荀彧说：“不先攻破吕布，河北就不容易图谋了。”曹操说：“对，这正是我所疑惑的，但又担心袁绍侵扰关中，西联羌胡，南诱蜀汉，一起来侵犯，这样我仅以兖州、豫州来抗拒天下六分之五的地区，这该怎么办？”荀彧说：“关中的将领数以十计，没有人能统一，只有韩遂、马腾最强盛，他们见山东正在争斗，一定各自拥兵自保，如今要是用恩德安抚，派使者与他们联和，虽然不能保持长期安定，只要等到明公您在安定山东以前，完全可以不动。侍中、尚书仆射钟繇有智慧谋略，如把西边联和的事托付给他，明公您就没有什么忧虑了。”曹操于是上表推荐钟繇为侍中兼理司隶校尉事务，持符节管理关中各军，特别准许他可以不拘常法行事。钟繇到了长安，发公文给韩遂、马腾等，给他们分析祸福得失，于是马腾、韩遂各自派儿子入京为质，侍奉皇上。

（以上为第六段，曹操南征张绣受挫，袁绍投书威逼，曹操意气低沉。郭嘉论曹操优于袁绍有十胜之德，以坚其克敌之志。）

袁术在寿春称帝，自号“仲家”，改称九江太守为淮南尹，设置公卿百官，举行在郊外祭祀天地的典礼。沛相陈珪是陈球弟弟的儿子，少时和袁术是好朋友，袁术写信宣召陈珪，并劫持他的儿子作为人质，以求一定要把陈珪招来。陈珪回信说：“曹将军复兴典刑，将扫除凶恶，我认为你会同心协力，辅佐汉室；而你却图谋不轨，引祸上身，还要我贪图私利依附你，我宁死也不可能这样。”袁术又想任命前兖州刺史金尚做太尉，金尚不答应而逃离，袁术杀死了他。

三月，诏命将作大匠孔融持节委任袁绍为大将军，兼管冀、青、幽、并四州事务。

夏季，五月，发生蝗灾。

袁术派使者韩胤把称帝的事通告吕布，乘机要求迎娶儿媳，吕布令女儿跟随韩胤去淮南。陈珪害怕徐州、扬州联合，祸害无穷，于是去游说吕布，说：“曹公奉迎天子，辅佐国政，将军应和曹公同心协力谋划，一起商量大计。如今你要和袁术联姻，一定会蒙受不义的名声，将有累卵一样的危险。”吕布也怨恨袁术当初没有收容自己，女儿已经走在路上，于是追了回来，断绝和袁术的婚事，押送韩胤交给曹操，在许都街市上枭首示众。

陈珪想让儿子陈登拜见曹操，吕布坚决不同意。适逢诏令任命吕布为左将军，曹操又亲笔写信给吕布，对他大加慰抚。吕布大喜，随即派陈登奉呈奏章谢恩，并回复曹操的书信。陈登见了曹操，乘机陈述吕布有勇无谋，反复无常，应及早除去他。曹操说：“吕布为人狼子野心，确实很难长期任用，除了你没有谁能洞察出他的真伪。”随即将陈珪的秩位增至中二千石，任陈登为广陵太守。临行时，曹操拉着陈登的手说：“东方的事就委托你了。”命他暗中集合部众来作为内应。

当初，吕布要求陈登到了许都举荐自己为徐州牧而没有得到，陈登回来，吕布大怒，拔出铁戟砍向案几说：“你父亲劝我协同曹操辅佐朝政，断绝与袁术结亲；如今我的请求遭拒绝，而你们父子一齐显赫，受到尊敬，我只不过是被你们出卖罢了！”陈登毫不动声色，从容不迫地说：“我见到曹公时说：‘蓄养将军犹如养虎一样，要用肉来喂饱它，不饱就要吃人。’曹公说：‘不是你说的这样。应当像养鹰一样，饿着才能被我们所利用，饱了它就要远走高飞。’曹公就是这样说的。”吕布的怒气才消掉了。

袁术派遣他的大将张勋、桥蕤等跟韩暹、杨奉联合，步兵骑兵有数万之众，直接指向下邳，分七路攻击吕布。吕布这时只有士兵三千，马四百匹，害怕自己打不过，对陈珪说："今天招惹来袁术军队的是你，怎么办呢？"陈珪说："韩暹、杨奉和袁术只是临时聚合的部队罢了，并不是早就谋划好的，不会长期联合，我的儿子陈登策划好了这事，认为他们有如一群公鸡，势必不能呆在一个鸡窝里，很快就会分散。"吕布依照陈珪的计谋，写信给韩暹、杨奉说："二位将军亲自护送天子大驾返回东都，而我亲手杀死董卓，我们都为朝廷建立了功名，如今你们怎么和袁术搞在一起做贼呢？不如我们合力攻击袁术，为国除害。"并答应打了胜仗，就把袁术的全部军用物资供给他们。韩暹、杨奉大喜，立刻回头，改变计划听从吕布的意见。吕布进军，离张勋军营百步时，韩暹、杨奉的士兵一起叫喊，同时冲向张勋的军营，张勋等溃败逃走，吕布的军队追赶，杀死了十名将领，士兵几乎都被杀伤落水淹死。吕布乘势和韩、杨合兵杀向寿春，水陆并进，到达钟离县，一路上抢劫掠夺，然后回军渡到北岸，留下书信谩骂袁术。袁术亲率步兵骑兵五千来到淮河南岸耀武扬威，吕布骑兵都在淮河北岸大声嘲笑，然后回军。

泰山各支土豪军队的首领臧霸在莒县偷袭琅邪相萧建，把萧建打败。臧霸缴获了萧建的军资财物，答应把它送给吕布却没有送，吕布亲自去索取。他的督将高顺劝谏说："将军威名远扬，远近敬畏，要什么没有得不到的，哪能自己去索取？万一得不到，岂不损坏了您的名声！"吕布没有听从。到莒县后，臧霸等不知来意，坚守拒绝吕布，吕布什么也没得到，只好空手而回。

高顺清廉而有威严，沉默寡言，所统领的七百多位士兵，号令整齐，每战必胜，被称为"陷阵营"。后来吕布疏远高顺，因为魏续是自己的亲戚，就夺高顺的兵权给魏续，到了打仗时，又重新命令高顺统领，高顺也始终没有抱怨。吕布生性易变，举止无常，高顺常常劝谏他说："将军的举止行动，不肯仔细思量，每每有了过错，动辄就说自己错了，错误哪能一犯再犯呢？"吕布知道高顺忠诚却不能接受他的意见。

曹操派议郎王诵以诏命委任孙策为骑都尉，继承父爵乌程侯，兼任会稽太守，同时诏命孙策和吕布以及吴郡太守陈瑀共同征讨袁术。孙策想得到将军的名号来提高自己的声望，王诵就以天子名义授予孙策为明汉将军。

孙策整装出发，行军到钱唐。陈瑀暗地谋划偷袭孙策，于是暗中勾结祖郎、严白虎等，让他们做内应。孙策发觉是个阴谋，派部将吕范、徐逸在海西攻打陈瑀；陈瑀战败，只身单骑逃跑去投靠了袁绍。

起初，陈王刘宠勇猛，擅长弓弩。黄巾军起事，刘宠整军自守，国人害怕他，不敢叛离。国相会稽人骆俊一向有威望，这时王侯不再有租赋俸禄，反而常常被抢夺，有的两天吃一餐，辗转流亡，死于荒野沟壑，而只有陈国富强，邻郡人民多来归附，拥有部众十多万。等到州郡起义兵时，刘宠率领军队驻守阳夏，自称辅汉大将军。袁术向陈国求粮，骆俊拒绝，袁术愤恨，派刺客用奸计杀死骆俊和刘宠，陈国从此破落。

秋季，九月，司空曹操向东征讨袁术。袁术听说曹操来了，弃军逃跑，留下他的将领桥蕤等在蕲阳抵抗曹操；曹操打败桥蕤等，把他们全部杀掉。袁术逃跑渡淮河，这时旱灾严重，没有收成，士民饥寒交迫，袁术从此逐渐衰落。

（以上为第七段，写袁术称帝于淮南，招降吕布，由于陈珪离间，折散袁吕合纵，袁术势孤，遭曹操攻击而衰败。）

曹操征辟陈国人何夔做掾属，向他问袁术的情况。何夔回答说："上天帮助能顺应时代的人，人民帮助能值得信赖的人，袁术没有顺应时代，又缺乏信誉，却希望得到天与人的帮助，那怎么可能得到呢？"曹操说："统治国家失去贤人就灭亡，您不被袁术所用，他的灭亡不是应该的吗？"曹操性情严厉，掾属们因公事经常被杖打；何夔常常携带着毒药，誓死不受杖责的侮辱，因此始终没有被杖打。

沛国人许褚勇猛过人，聚集一帮青年以及宗族数千家，修筑坚固的壁垒以抵抗外来的侵扰，淮河、汝水、陈国、梁国一带的人都畏惧他，曹操征伐淮水、汝水一带时，许褚率众归属曹操，曹操说："这是我的樊哙！"当天任命他为都尉，引入宫禁中当值宿警卫，跟随许褚的侠客都成为侍卫武士。

前太尉杨彪和袁术有姻亲关系，曹操因此讨厌杨彪，诬陷杨彪说他想阴谋废除天子，上奏收捕杨彪下狱，以大逆不道的罪行控告他。将作大匠孔融听说后，来不及穿上朝服，前往拜见曹操说："杨公四代清白有德行，天下敬慕。《周书》说，父子兄弟，罪不牵连，何况是把袁氏的罪过归咎于杨公呢？"曹操说："这是天子的意思。"孔融说："假如周成王要杀召公，周公可以推说不知道吗？"曹操命许县令满宠审理杨彪的案件，孔融和尚书令荀彧都嘱咐满宠说："只可记录口供，不得用刑拷问。"满宠没有说什么，按刑法拷打审讯。几天后，满宠求见曹操，对曹操说："杨彪经过拷打审讯，没有说什么。此人天下闻名，如果没有证据就定罪，一定大失民心；我替明公你感到可惜。"曹操当天就释放了杨彪。起初，荀彧、孔融听到满宠拷问杨彪，都很生气；等到杨彪因拷问得以出狱时，才对满宠更加亲近。杨彪见汉室衰微，政柄落在曹操手里，于是称腿脚痉挛，长达十多年不行走，因此得以免祸。

马日磾的灵柩送达京城，朝廷商量治丧要提高礼节规格，孔融说："马日磾居上公的尊位，是持旄节的使臣，却委屈地献媚奸臣，受奸臣控制，难道可以用遭威胁为借口推脱责任吗？圣上怜悯旧臣，不忍心追究，但也不应该提高礼节规格。"朝廷接受了孔融的意见。金尚的灵柩到达京城，诏令百官吊祭，还任命他的儿子金玮任郎中。

冬季，十一月，曹操再次进军攻打张绣，占领了湖阳，活捉了刘表部将邓济；又攻下了舞阴。

韩暹、杨奉在下邳，掠夺徐、扬二州一带，士兵饥饿，杨奉向吕布辞别，想去荆州；吕布不听。杨奉知道刘备和吕布有旧怨，私下和刘备联系，想共同攻打吕布；刘备假装同意。杨奉率军至沛县，刘备请杨奉入城，酒宴不到一半，刘备在座位上捆绑了杨奉，把他杀死。韩暹失去杨奉，非常孤立，带了十几个骑兵返回并州，被杼秋县令张宣杀死。胡才、李乐留在河东，胡才被仇家杀死，李乐病死。郭汜被他的将领伍习杀死。

颍川人杜袭、赵俨、繁钦避乱到荆州，刘表都待以宾客之礼。繁钦多次受到刘表的赏识，杜袭劝告他说："我和你一起来的原因，仅仅是想保全性命、等待时机，哪里认为刘表是拨乱反正的主人而劝你委身侍奉他呢？你如果不断地表现才能，就不是和我一类的人，我跟你断绝关系！"繁钦感叹地说："敬受君命！"等到曹操奉迎天子建都许县时，赵俨对繁钦说："曹操一定能安定全国，我知道归宿了！"于是回到许都拜见曹操，曹操任命赵俨为郎陵县长。

阳安都尉江夏人李通妻子的伯父犯法，赵俨收捕他，判了死刑。当时，州郡牧守决定生杀大权，李通的妻子儿女嚎啕大哭地向李通哀求，李通说："我正和曹公竭力为国，从道义上讲，不能以私废公。"赞叹赵俨执法公正，同他结为朋友。

（以上为第八段，写曹操在许都招纳文武之才，何夔、许褚、杜袭、赵俨、繁钦、李通等均为曹操所举用。）

汉献帝建安三年（戊寅，公元198年）

春季，正月，曹操返回许都。三月，曹操要再次攻打张绣。荀攸说："张绣和刘表相互依靠而势力强大；可是张绣是支游兵完全仰仗刘表的供给，刘表如果不能供给，势必反目分离。不如暂缓出军以等待变化，可采用引诱的办法把张绣招降过来；如果急于出兵，他们势必相互援救。"曹操不听，在穰城包围了张绣。

夏季，四月，朝廷派谒者仆射裴茂奉诏命令关中各将领段煨等讨伐李傕，段煨灭了李傕的三族。于是朝廷任命段煨为安南将军，封阌乡侯。

起初，袁绍每次接到诏书，十分烦恼总有不利于自己的地方，想把天子迁移到靠近自己的地方，就派使者去游说曹操，指出许县低洼潮湿，洛阳又残破，应该迁都鄄城得到更安全的保护，曹操拒绝了这个建议。田丰进言袁绍，说："迁都之计，既然不能被接受，应该及早图谋许县，奉迎天子，那样，每次行动就可以用诏书来号令天下，这是上策。不然，终将被人征服，后悔也来不及了。"袁绍没有听从。

时逢袁绍的逃兵来进见曹操，报告田丰劝袁绍偷袭许县，曹操立即解除对穰城的包围而撤回军队，张绣率军追击。五月，刘表也派军队救援张绣，驻军安众，据守险要，切断了曹操军队的归路。曹操写信给荀彧说："我到安众，一定能打败张绣。"等到曹操回军安众，前后受到夹击，于是曹操趁夜开凿险道，假装要逃跑。刘表、张绣率领全军来追赶，曹操出动骑兵步兵夹击，大败刘表、张绣。后来，荀彧问曹操："你事前预料敌军必败，依据是什么？"曹操说："敌人阻挡我回师，置我于死地，因此我知道我军一定能取胜。"

张绣去追击曹操，贾诩劝阻说："不可追击，追击必败。"张绣没有听从，进军交战，大败而回。贾诩登上城楼对张绣说："赶紧再去追赶曹操，这次交战一定取胜。"张绣推辞说："我没有听从你的话，以致落到这个地步，现今已经打了败仗，为何还要去赶？"贾诩说："战场的形势发生了变化，要赶紧追击！"张绣一向信服贾诩的话，于是收集散兵再去追赶，两军交战，果然得胜而返。于是张绣请教贾诩说："我用精兵追击退兵而你说必败，我败兵追击胜兵而你却说必胜，结果正如你说的，这是什么原因呢？"贾诩说："这容易明白，将军虽然善于用兵，但不是曹操的对手。曹操的军队开始撤退时，曹操他一定亲自断后，所以知道你一定打败仗。因为曹操攻击将军，既然没有失策，也没有用尽全力就突然撤退，一定是国内有变故。曹操已经打败了将军，他一定轻装急速回军，留下其他的将领断后，其他的将领虽然勇猛，但不是将军的对手，所以你虽然用败兵追击也一定取胜。"这让张绣佩服不已。

（以上为第九段，写曹操第二次南征张绣，因传言袁绍南下，曹操匆忙撤军，不胜而归。）

吕布又重新与袁术和好，派他的中郎将高顺、北地太守雁门人张辽攻击刘备；曹操派出将军夏侯惇救援刘备，被高顺等打败。秋季，九月，高顺等攻占了沛县城，俘获了刘备的妻儿，刘备独自逃走。

曹操想要亲自率军攻击吕布，众将领都说："刘表、张绣在背后，而长途行军去袭击吕布，一定会很危险。"荀攸说："刘表、张绣刚被打败，势必不敢轻举妄动。吕布骁勇，又依靠袁术，如果纵横于淮河、泗水一带，豪杰们一定会响应他。现今趁他刚刚叛变，军心不统一，前去进攻一定可以打败他。"曹操说："好！"等到曹操出征时，泰山各支土豪军的首领臧霸、孙观、吴敦、尹礼、吕豨等都归附吕布。曹操和刘备在梁国会合，一起进军驻扎在彭城。陈宫对吕布说："应当出兵迎战，以逸待劳，战无不胜。"吕布说："不如等曹军来进攻，一股劲赶他们到泗水中。"冬季，十月，曹操攻下彭城进行了大屠杀。广陵太守陈登率领郡中军队为曹操先锋，进军下邳。吕布亲自率军多次与曹操交战，都被打得大败，只好退守下邳城，闭门不敢出兵。

曹操派人送信给吕布，向他陈述祸福得失；吕布害怕，想投降。陈宫说："曹操率军远来，一定不能持久。将军如果率领步骑兵出城在外驻守，我率领余部在城内闭门防守，如果曹操攻击将军，我率兵攻打他的背后；如果曹操只是攻城，那么将军在外救援。不出一个月，曹操军粮用完，这时出战，就可以打败曹军。"吕布赞同，准备让陈宫和高顺守城，自己率领骑兵切断曹操运粮通道。吕布的妻子对吕布说："陈宫、高顺一向不和，将军一走，陈宫、高顺一定不会同心协力共守城池，万一有失误，将军到哪里立身呢？况且曹操对待陈宫像待赤子一样，他陈宫却抛开曹操归属我们，现在将军厚待陈宫没有超过曹操，却要托付全城给他，抛弃妻儿，孤军远出，如一旦有变故，我还能再做你的妻子吗？"于是吕布作罢；暗地派他的部下许汜、王楷向袁术求救。袁术说："吕布不把女儿送给我，当然要失败，为什么又来求助我？"许汜、王楷说："明上您现在不救助吕布，确实是吕布自取灭亡；但吕布被打败，您也要被打败。"袁术于是整理兵马，给吕布做声援。吕布忧心袁术因自己未送女儿去，就不派援兵相救；于是用绸缎裹住女儿身子绑在马上，夜里亲自护送女儿出城，与曹操围城的守军相遇，双方格斗，吕布无法通过曹军密集的箭雨，只好又退回到城里。

河内太守张杨一向和吕布交好，想去救援，力量不够，于是出兵到野王县东市，遥作声势。十一月，张杨部将杨丑杀死张杨以响应曹操，张杨的另一个部将眭固又杀掉杨丑，率领部众向北会合袁绍。张杨仁慈温和，不施严刑，部下谋反被察觉，只哭泣流泪想感化部下，往往原谅不加追究，所以最终遭受祸难。

曹操掘壕沟围困下邳，时间一长，士兵疲困，曹操打算撤军。荀攸、郭嘉说："吕布有勇无谋，现在屡战屡败，锐气衰竭，三军以将帅为主，主将气衰那么军队就没有斗志。陈宫有智谋却迟疑不决，现在趁吕布锐气还未恢复，陈宫计谋尚未决定，加紧攻击，吕布完全可以攻取了。"曹军于是引沂水、泗水灌城，一个多月后，吕布更加困窘，就登上城墙对曹操的士兵喊道："你们不要围困我了，我将向明公归降自首。"陈宫说："叛贼曹操，算什么明公，今日向他归降，如同以卵击石，怎么能保全性命？"

吕布部将侯成丢了名马，不久又找到了，众将领合伙送礼向侯成祝贺，侯成分出一份酒肉首先送给吕布，吕布发怒道："我下令禁酒而你们却酿酒，是想乘饮酒一起谋害我吗？"侯成又气又怕。十二月二十四日癸酉，侯成和宋宪、魏续等将领一同抓捕了陈宫、高顺，率领部下投降。吕布和身边的人登上白门楼。曹操的士兵紧急围攻，吕布命令身边的人砍下他的人头去见曹操，左右的人不忍心，于是下楼投降。

吕布见到曹操说："从今以后，天下平定了。"曹操说："你凭什么这样说？"吕布说："你担心的人不就是我吕布吗？今天我已降服了。如果命我统率骑兵，明公你统率步兵，天下不就足以平定了。”吕布又回头对刘备说：“玄德，你是座上客，我是归降的俘虏，绳子把我捆得太紧，难道你就不能替我说一句话吗？”曹操笑着说：“捆老虎不能不紧。”于是命部下给吕布松绑，刘备说：“可以啊，明公你难道没看见吕布是如何侍奉丁建阳、董太师的吗？”曹操点头赞同。吕布瞪着眼睛对刘备说：“大耳儿最不可信！”

曹操对陈宫说：“你平生自以为有智有谋，现今竟然是这样？”陈宫指着吕布说：“是这小子不听我的话，才落到这个地步。如我的意见被采用，也未必被擒获。”曹操说：“你老母亲怎么办？”陈宫说：“我听说用孝道治理天下的人不杀别人的双亲，我老母亲的生死在你明公手里，不在我。”曹操说：“你的妻子儿女怎么办？”陈宫说：“我听说施仁政于天下的人，不断绝人的后代，妻子儿女的生死也在你明公手里，不在我。”曹操没有再说话。陈宫请求受刑，于是出去，头也不回，曹操为他流泪，把他连同吕布、高顺一起绞死，将他们的首级送到许都的街市上示众。曹操招来陈宫的母亲，赡养终身，把陈宫的女儿许配了人家，抚恤照顾陈宫的全家，比当初陈宫跟随曹操时还优越。

前尚书令陈纪、陈纪的儿子陈群在吕布的军中，曹操都以礼相待，任用他们。张辽率领部下归降，被任命为中郎将。臧霸躲藏起来，曹操悬赏捉到了他，就派臧霸去招纳吴敦、尹礼、孙观等，他们都来向曹操归降。曹操把琅邪、东海分为城阳、利城、昌虑三个郡，全部任命臧霸等为郡守和国相。

当初，曹操在兖州时，委任徐翕、毛晖为将。等到兖州动乱时，徐翕、毛晖又都背叛。兖州平定后，徐翕、毛晖逃命投靠臧霸。曹操让刘备转达，命臧霸送来他们两人的首级。臧霸对刘备说：“我之所以能自立的原因就是不干这样的事。我蒙受主公不杀之恩，不敢违反命令；然而霸王之君，可以用道义告谕，希望将军为我说几句话。”刘备把臧霸的话转告曹操，曹操感慨地对臧霸说：“这是古人所崇尚的事情，而你能去实施它，这也是我的愿望。”曹操把徐翕、毛晖都任用为郡守。陈登因功提升为伏波将军。

刘表和袁绍密切深交。治中邓羲劝阻刘表，刘表说：“我内不失朝贡之职，外不背弃盟主，这是天下的公义。治中你有什么好奇怪的？”邓羲于是称病隐退。

长沙太守张羡性格倔强，刘表对他不礼貌。同郡人桓阶劝张羡用长沙、零陵、桂阳三郡来对抗刘表，派使者去向曹操表示归服，张羡听从了桓阶的意见。

（以上为第十段，写曹操讨灭吕布。）

孙策派他的正议校尉张纮给朝廷贡献土产，曹操想安抚拉拢孙策，就上表推举孙策为讨逆将军，册封为吴侯；还把自己弟弟的女儿许配给孙策的弟弟孙匡，又替自己的儿子曹彰娶了孙贲的女儿；以礼征辟孙策的弟弟孙权、孙翊；任命张纮为侍御史。

袁术委派周瑜任居巢县长，临淮人鲁肃任东城县长。周瑜、鲁肃知道袁术终究不能成就大业，都丢弃官职渡过长江去追随孙策。孙策任命周瑜为建威中郎将，鲁肃把家定居在曲阿。

曹操上表征召王朗，孙策送王朗回到京师。曹操任命王朗为谏议大夫，参议司空军事。

袁术派密使携带印绶给丹阳郡地方首领祖郎等，让他们鼓动山越人，一起图谋孙策。刘繇投奔到豫章郡时，太史慈藏在芜湖山中，自称丹阳郡太守。孙策已平定宣城以东地区，只有泾县以西六县没有征服，太史慈乘机驻军泾县，山越人大多归附他。于是孙策亲自率兵到陵阳讨伐祖郎，活捉了他。孙策对祖郎说："从前你袭击我，砍我的马鞍，现今我创立军队兴建大业，抛开旧恨，只求能为我所任用的人才，对天下人都是这样，不仅只是你，你不要害怕。"祖郎叩头认罪，孙策立刻解下他的枷锁，安置他为门下贼曹。孙策又在勇里讨伐太史慈，活捉了他，孙策解开捆他的绳子，握住他的手说："还记得神亭相遇的情景吗？倘若你当时捉住我该怎么办？"太史慈说："无法想象。"孙策大笑说："今天的大业，我要和你一起奋斗，听说你有气节，是天下的智士，只是依靠的主人不合适。我是你的知己，不要忧虑不合心意。"立即任命他为门下督。军队得胜返回，祖郎、太史慈都在前面引导，军人们都引以为荣。

恰巧正赶上刘繇死在豫章，留下部众一万多人，要求豫章太守华歆任首领，华歆认为"趁机擅自取得权力，不是人臣应做的"。部众一连几个月跟随华歆，华歆最终还是推辞遣散他们，于是这些部众无所归属。孙策命太史慈前去安抚他们。对太史慈说："刘繇从前责备我替袁术攻打庐江，那时，我先父留下的几千人马都在袁术手里。我志在建立大业，怎么能不向袁术屈膝索求我先父的人呢？后来袁术不守臣节，自立皇帝，我劝谏袁术，他不听从。大丈夫以道义交往，如果有大节的缘故，不得不分手，我有求于袁术并交往，后来与他断绝关系的经过就是这样，我恨不能在刘繇在世时与他一起说明此事。如今他的儿子在豫章，你去探望他，并向他的部属表达我的意思，他的部属愿意来的跟你一起来，不愿意来的就安抚他们。你还要观察一下华歆处理郡务的策略。你需要多少士兵，随你决定。"太史慈说："我太史慈有不可饶恕的罪行，将军的度量和齐桓公、晋文公一样，我当以死来回报你的恩情。如今正在休战，不宜多带兵马，带几十个人就足够了。"孙策左右的人都说："太史慈一定北去不返。"孙策说："太史慈如果抛弃我，当又跟从谁呢？"孙策在昌门饯行，他拉着太史慈的手腕告别说："何时能回来？"太史慈回答说："不超过六十天。"太史慈走后，议论的人还纷纷说派太史慈去招降是失策。孙策说："诸位别再说了，我的决定是经过周密思考的。太史慈虽然勇猛刚正，但不是朝秦暮楚的人，他信仰道义，说话算数，一旦把心交给知己，至死也不会背叛，诸位不必忧虑。”太史慈果然按期返回，他对孙策说：“华歆有美德，但没有什么谋略，只能自守而已。另外，丹阳人僮芝在庐陵横行霸道，番阳人首领另立宗部，说：‘我已在海昏、上缭另立了郡，不听从豫章郡的号令。’华歆只能眼睁睁地看着而已。”孙策拍掌大笑，于是产生了兼并的念头。

袁绍连年攻打公孙瓒，不能取胜，就写信告谕公孙瓒，想相互抛开前嫌联合起来；公孙瓒不回答，反而加强防守，对长史太原人关靖说：“当今四方如虎相争，还没有能在我的城下与我对峙几年的，袁绍能把我怎么样？”袁绍于是大举发兵攻打公孙瓒。在此之前，公孙瓒的将领中有一个被敌围困，公孙瓒不去救助，说：“救了这一人，就使得后来的将领依靠救援，不肯拼力奋战。”等到袁绍来进攻，公孙瓒南边的各个军营，自知守不住，又知道一定没有救援，于是有的归降、有的溃退。袁绍的军队径直攻到了易京城门，公孙瓒派儿子公孙续向黑山军各位首领求救，并想亲自率领突击骑兵出城，沿着西山，率领黑山军队侵扰冀州，切断袁绍的退路。关靖劝阻说：“如今将军的壮士谁也不想瓦解离散，所以还能一心固守，只是顾念他们家中的老少，而且依靠将军在此做主罢了。坚守城池，拖延时日，或许可让袁绍自动退兵；如果将军抛弃他们出城，后方没有坐镇的领袖，易京的失陷就指日可待了。”公孙瓒才放弃出城偷袭的计划。袁绍的部队逐渐进逼，公孙瓒的部队日益困窘。

（以上为第十一段，写孙策在江东收降太史慈，势力日盛。袁绍在幽州困迫公孙瓒。）

【点评】

本卷值得点评的有三大问题。一、曹操挟天子以令诸侯之利弊；二、曹操屯田许下之功过；三、刘备为何轻易丢失徐州。

一、曹操挟天子以令诸侯之利弊。汉献帝刘协是董卓扶植的傀儡，有皇帝之名而无皇帝之实。但皇帝在古代是国家的象征，谁充当他的保护人，谁也就掌握了国家的最高权力，在政治上有发号施令之权，史称挟天子以令诸侯。当汉家天子大旗还没有完全倒下的时候，逐鹿中原，一是抢地盘，二是争皇帝，所以董卓、李傕、郭汜等紧紧抓住汉献帝不放，故能为祸两京。曹操在角逐中，凭借他的智谋和对时机的把握，赢得了“挟天子以令诸侯”的胜利。

献帝东归，争夺皇帝的只有两个人有能力，一是袁绍，二是曹操。河内张杨是倾向袁绍的。当献帝路过河内，袁绍谋士沮授向袁绍献计说：“我们赶快把献帝接到邺城来，这样就可以挟天子以令诸侯，蓄士马以讨叛逆，谁能抵挡呢？”袁绍的另一谋士郭图反对说：“现在英雄并起，各据州郡，正所谓‘秦失其鹿，先得者王’。

如果把献帝迎到身边，一举一动都要向他请示，听从则权轻，不听为拒命，没有什么好处。”沮授说：“迎接天子，符合道义，现在时机正好，错过了一定有人抢先。”袁绍听不进沮授的建议，让张杨放走了献帝，果然被曹操抢了先，袁绍后悔不及。

迎接献帝，“挟天子以令诸侯”是其利，而人臣事君，听之则权轻，不听则为拒命，脱不了奸臣的帽子，这就是弊。曹操挟天子得到了汉献帝这张招牌的好处，却也落下了权奸的骂名。但两者相较，还是“挟天子以令诸侯”更有实惠。因为夺取胜利是眼前的事，而身后名是未来的事。这个账袁绍也会算，但他还是输给了曹操，至少有三个原因在其中。其一，袁绍的机权干略不如曹操。郭嘉论袁绍与曹操相比，曹操有十胜，袁绍有十败，语或夸张，而事实不容否认。其二，袁绍个性外宽内忌，刚愎自用，不辨忠奸，见事迟疑，少谋寡断，焉能不败？其三，袁绍过早野心膨胀，要取代汉朝，这也是他不迎献帝的原因。曹操随着事业的发展，野心不断膨胀，汉献帝东归时，曹操还有辅汉之心，荀彧等人佐曹操，亦志在兴复汉室。兴复汉室的这一共同点，也是曹操果决行动的一个原因。

二、曹操屯田许下之功过。用兵打仗，粮草先行，因此解决粮食问题是逐鹿中原和巩固政权的经国大计。曹操陈留起兵之后，就经常苦恼粮食问题。汴水失利，曹操在扬州募兵，因粮食问题，新兵哗变。他东征陶谦，因粮食不足中途退兵。他与吕布争兖州，也一度因粮食不足罢兵自守。这时程昱从自己所辖三县筹得三天军粮，里面还有人肉干。曹操到洛阳迎献帝，因粮食吃光，将士们险些饿死，幸亏新郑令杨沛拿出储存的桑葚干来充饥，才渡过危难。许多小军阀只知烧杀抢掠，不知存抚百姓，由于粮食缺乏而瓦解流离，无敌自破。袁绍军在河北，以桑葚为食。袁术在江淮，取食蒲蠃。刘备在广陵，饥饿困败，军吏士卒人相食。要生存就得生产粮食。公元 192 年，毛玠就提出“修耕植，蓄军资”，这是迫切问题。随后东阿令枣祗组织军民生产，支援了曹操与吕布争夺兖州。但是靠一般手段，且耕且战，或鼓励农民发展生产，都不能解决大规模军需的燃眉之急。只有大规模屯田，把大量流民或归降的黄巾民众组织起来，密集劳动，才是解决粮食的有效方法。公元 196 年，曹操定都许昌以后，伴随新都建设，曹操采纳枣祗和韩浩的建议，在许昌试行屯田，任命枣祗为典农都尉，主持其事，当年得谷数百万斛，获得成功。接着，所在州郡例置田官，设置郡级的典农中郎将主持其事，招募流民，组织生产，推广屯田。其后，吴、蜀两国为了解决军粮，也都进行了屯田。屯田成了三国时期招抚流亡的主要形式。

曹操屯田，作为一项国家恢复经济的重大政策加以执行。曹操在《置屯田令》中说：“夫定国之术，在于强兵足食。秦人以急农兼天下，孝武以屯田定西域，此先代之良式也。”秦人，指秦孝公用商鞅变法，奖励耕战。孝武，指汉武帝屯田西域。

良式，好的榜样。曹操以秦孝公、汉武帝为榜样，用屯田方式“修耕植以蓄军资”是一个有远见的战略措施。史称曹操屯田“征伐四方，无运粮之劳，遂兼灭群贼，克平天下”。后来曹操打败袁绍，追思枣祗之功，下令褒奖。由于枣祗已死，曹操封其子枣处中。由此可见，屯田对曹操事业的兴起和发展起了重要作用。公元213年，曹操在淮河两岸地区推广军屯，规模更大，生产效率也比民屯高。

曹操兴屯田，安抚了流亡，恢复了生产，增强了实力，在当时起了进步作用。但屯田的实质，不是为了民生，而是用高强度的国家机器迫使贫民有组织地生产军粮，使农民农奴化，从而加深了人身依附，是一种历史的倒退。由于汉末社会大混乱，生产大破坏，人口锐减而又大量流亡，在这一特殊历史条件下，军事化的屯田才得以施行，带有必然性。随着三国鼎立，国家政治稳定，社会秩序恢复，倒退的农奴式生产不合时宜。咸熙元年（264），司马昭为了争取民心，废除了民屯。

三、刘备为何轻易失徐州。刘备是三国时期杰出的政治家，深为曹操所忌惮。如果将刘备与曹操、孙权做比较，刘备经历了更为艰难曲折的道路，屡仆屡起，九折臂而成良医。刘备从微贱到发迹，直至建立蜀汉，既不像孙权那样有父兄之业相承，也没有像曹操那样靠雄厚的政治经济实力起家。刘备一无所有，只有依靠自己的主观努力，借乱世而成英雄。

刘备字玄德，涿郡涿县（今河北涿州市）人。刘备祖先是西汉景帝之子中山靖王刘胜的后代，所以史称“帝室之胄”。《三国演义》叙家谱，说刘备辈分是汉献帝之叔，故称皇叔，这是小说家的增益。据《三国志·先主传》记载，刘备是中山靖王刘胜之子刘贞的后代。刘贞封涿县陆亭侯，早在汉武帝元鼎五年（前112）坐酎金失侯，家世衰落。刘备祖父刘雄、父刘弘只做过地方小官。刘雄举孝廉，官至东郡范县令。刘备早年丧父，已沦落到与母亲卖鞋织席为业。所以刘备初起之时，名微众寡，只是依附军阀征战。初投公孙瓒，做到平原相。公元194年，曹操东征陶谦，公孙瓒派刘备率兵救援陶谦，这一年冬，陶谦忧死，临终让徐州牧给刘备，刘备不敢接受，由于当地大族陈登支持，刘备才敢接受徐州牧。

东汉豪强地主集团分为两个阶层。一是世代官僚地主，史称世族地主，又称世家大族。如汝南袁氏四世五公，颍州荀氏世为“冠冕”。他们的门生故吏遍天下，在政治上有很大的号召力，所以袁绍、袁术一起事就兵强马壮。二是地方豪强地主，主要是大商贾或地方大姓，史称庶族地主。如曹操家族是沛国谯县的大豪强，属于宦官集团的大官僚。曹操本人官历洛阳北部尉、顿丘令、济南相、议郎、典军校尉，与袁绍为盟兄弟，所以有能力逐鹿中原。刘备家世寒微，与关羽、张飞结义起兵，可以说是行伍出身，所以在中原转战十年，位不过县令。由于关羽、张飞皆万人之敌，刘备信义素著，所以才有机会坐领徐州，得到了袁绍和曹操的承认。公元

196 年，曹操迎献帝都许，为了稳住兖州东部边境的局势，借刘备来挡住吕布、袁术，于是以天子名义拜刘备为镇东将军，封宜城亭侯。刘备的名字，在中原日益显赫起来。

由于历史的原因，士族地主集团多智士，庶族地主集团多武将。士族地主集团排斥庶族，他们手下缺乏能征惯战之将，军队战斗力不强，在军阀混战中极易被消灭。曹操、孙权、刘备三家都以庶族地主和平民出身的战将为骨干，又广延智士，得到两个阶层豪强地主的支持，所以在混战中越战越强。而当时逐鹿中原的刘备，在北方始终没得到士族地主集团的支持，身边无谋臣，所以遭吕布暗算，徐州得之易也失之易。后来刘备归依刘表，在荆州请得诸葛亮出山，又得到庞统辅佐，有了谋臣，又有荆州世族的支持，刘备才得以兴盛。

汉纪五十五

汉献帝建安四年至五年（公元199—公元200）

【起屠维单阏（己卯，公元199年），尽上章执徐（庚辰，公元200年），凡二年】

【大事提要】

本卷记事起公元199年，讫公元200年，凡二年，当汉献帝建安四年、五年。两年间军阀混乱的局面发生了重大变化。伴随袁曹官渡之战的结果曹胜袁败，中原十年大混乱的局面基本结束，北方统一的形势大局已定，曹操独大，已无人可以与之争锋。刘备第二次得徐州，旋即丢失，已不能在北方立足。在南方，淮南袁术已被消灭，孙策平定江东。在袁曹官渡两强相斗正酣之际，南方形势也发生了重大变化，孙策被仇家所杀，年仅二十岁的孙权继承父兄之业。他临危受命，举贤任能，果决平叛，站稳脚跟，一股新兴力量崛起。刘表趁曹操无暇南顾，清除了亲曹派异端，攻杀长沙太守张羡，巩固了对江南的统治。西部关中局势稳定。汉中张鲁脱离益州刘璋的控制，又多了一个割据者，但无关大局。

孝献皇帝戊

汉献帝建安四年（己卯，公元199年）

春季，黑山军头领张燕与公孙续率领十万大军，分三路救援公孙瓒。援兵未到，公孙瓒秘密派人送信给公孙续，让他率领五千铁骑兵潜伏在北边的低洼地带，以点火为信号，公孙瓒打算从城内出战。袁绍的侦察兵截获了这封信，依照信中约定的时间举火。公孙瓒以为救兵到了，于是出击。袁绍设置伏兵攻打公孙瓒，公孙瓒失败，又回城自守。袁绍挖地道，通到城墙楼下，用木头顶住，估算已到城楼的一半，就烧毁木柱，城楼顷刻塌倒，这样逐渐攻击到达公孙瓒居住的中京。公孙瓒自料一定不能保全，就逼迫自己的姊妹、妻子儿女统统自杀吊死，然后燃火自焚，袁绍催促士兵登上楼台，砍了公孙瓒的头，田楷也战死。关靖叹息说：“先前如果不禁止将军率军出城，未必不能挽救。我听说君子使人陷入危难之中，一定和他共同分担危难。我怎么可以独自活命呢？”于是策马冲入袁绍军中战死。公孙续被匈奴屠各部落杀死。

渔阳人田豫劝太守鲜于辅说：“曹操挟天子以号令诸侯，终究能平定天下，应该趁早投靠他。”于是鲜于辅率领部众归附朝廷。诏书任命鲜于辅为建忠将军，都督幽州六郡的军政。

当初，乌桓王丘力居死时，他的儿子楼班年纪还小，侄儿蹋顿有军事才能，代替楼班继承王位，统领上谷大人难楼、辽东大人苏仆延、右北平大人乌延等。袁绍攻击公孙瓒，蹋顿率领乌桓人帮助袁绍。公孙瓒破灭，袁绍以朝廷的名义赐给蹋顿、难楼、苏仆延、乌桓等单于印绶。由于阎柔深得乌桓民心，袁绍加以特别关爱，用他来稳定北方边境。后来难楼、苏仆延等奉楼班为单于。而尊蹋顿为王，但蹋顿仍掌握谋划定计的权力。

（以上为第一段，写乌桓助袁绍灭公孙瓒，为后来曹操北征三郡乌桓伏笔。）

眭固驻军射犬，夏季，四月，曹操进军兵临黄河，派将军史涣、曹仁渡河攻击眭固。曹仁是曹操的堂弟。眭固亲自率兵北上到袁绍那儿求救，在犬城与史涣、曹仁相遇，史涣、曹仁进击眭固，砍了他的头。曹操于是渡过黄河，围攻射犬；射犬归降，曹操回军敖仓。

起初，曹操在兖州时举用魏种为孝廉。兖州反叛，曹操说：“只有魏种将不会背叛我。”等到听说魏种也逃跑了，曹操愤怒地说：“你魏种不南逃到越地，北逃到胡地，我饶不了你！”攻下射犬后，恰又活捉了魏种，曹操说：“我只是爱惜他的才华！”就松了他的绑，又任命他为河内太守，把黄河以北的事委托给他。

任命卫将军董承为车骑将军。

袁术称帝后，荒淫奢侈更加严重，侍妾数百人，个个身穿绫罗绸缎，饱食美味佳肴，部属饥饿穷困，却没有谁去抚恤帮助他们。没多久袁术的财物耗尽，无法立足，于是焚烧宫室，投靠驻在灊山的部属陈简、雷薄，又被陈简等拒绝。这时袁术已走投无路，士兵四散逃走，他忧怨愤懑，不知所措，只好派使者把帝号送给堂兄袁绍，说：“汉室失去天下已经很久了，袁氏应当受天命为君王，符瑞征兆非常明显。如今你拥有四州，人口百万，我谨将大位送给你，你就努力振兴吧！”袁谭从青州来迎接袁术，想从下邳的北边经过。曹操派刘备及将军清河人朱灵来阻击袁术，袁术无法通过，又逃奔到寿春。六月，到江亭，坐在竹席上感叹说：“我袁术竟落到了这个地步！”因忧愤生病，吐血而死。袁术堂弟袁胤害怕曹操，不敢留在寿春，率领部下护送袁术的灵柩以及他的妻子儿女投奔驻军在皖城的庐江太守刘勋。前广陵太守徐璆获得传国玉玺，献给了朝廷。

（以上为第二段，写袁术之死，东汉末第三号大军阀陨落。）

袁绍灭了公孙瓒以后，心里更加骄横，进献朝廷的贡物越来越少。主簿耿包暗地里向袁绍建议，应顺应天命人心称帝。袁绍把耿包的建议交给部下讨论，官吏们都说耿包妖言惑众，妄议朝政，应该斩首，袁绍没有办法，只好杀了耿包来为自己解脱。

袁绍挑选十万精兵、马万匹，准备进攻许县。沮授劝阻说："最近讨伐公孙瓒，连年出兵，百姓疲惫，仓库没有蓄积，不可轻举妄动。应当致力于农业，使人民休养生息，先派使者向天子进贡战利品；如果不能送到天子那里，就上表弹劾曹操阻断我们与天子的联系，然后驻守黎阳，逐渐向黄河南岸发展，多造船只，修缮武器装备，分派精锐骑兵去侵扰曹操所属辖区的边境，让他不得安宁，我却以逸待劳，这样，我们就可以坐着平定天下了。"郭图、审配说："以明公的神武，率领河朔的强兵去证讨曹操，易如反掌，何必这样！"沮授说："拯救乱世、诛除暴逆，叫作义兵；依赖人多，依仗强大，叫作骄兵；义兵无敌，骄兵先亡。曹操挟天子以令天下，如今我们兴兵南下，从道义上讲我们就违反了。况且克敌制胜的谋略，不在兵力强弱。曹操法令雷厉风行、士兵精锐，不是像公孙瓒那样坐着挨打的人。如今我们要抛弃万全之策而发动无名之师，我为主公担心！"郭图、审配说："周武王征伐商纣，不能说不道义；何况是讨伐曹操，怎能说是无名！再说以明公今天这样的强盛，将士斗志高昂，不趁机来完成大业，这叫作：'上天赐予，不去获取，反过来就要遭受祸害。'这正是越国之所以称霸，吴国之所以灭亡的原因。监军的计策在于稳当，却没有看见时机的变化。"袁绍接受了郭图的意见。郭图等趁机说沮授的坏话："沮授统领内外，威震三军，如果他的权力逐渐增大，拿什么来控制他！臣下权威和君王等同就灭亡，这是《黄石》兵书最忌讳的。况且率领军队在外，不应当知道内部事务。"袁绍于是把沮授统帅的军队分为三个都督来统制，让沮授和郭图、淳于琼各领一军。骑都尉清河人崔琰劝阻说："天子在许县，民众期望人人辅助天子，不可去攻打！"袁绍不听。

许县的众将领听说袁绍将要进攻许县，都很害怕，曹操说："我知道袁绍的为人，志向远大却智谋短小，外表坚强却内心怯懦，嫉妒刻薄却缺少威望，士兵众多却组织不严明，将领骄横却政令不统一，土地虽广，粮食虽多，正好可以成为我们的供给。"孔融对荀彧说："袁绍地广兵强，田丰、许攸是智士，为他谋划；审配、逢纪是忠臣，为他理事；颜良、文丑是勇将，为他统兵，恐怕难以战胜吧？"荀彧说："袁绍兵马虽多却纪律不严，田丰刚直却触犯上司，许攸贪婪却不精心政务，审配专权却没有谋略，逢纪果敢却自以为是。这几个人一定不能互相容纳，内部必然会发生矛盾。颜良、文丑，不过是匹夫之勇罢了，可以一战就擒获他们。"

秋季，八月，曹操进军黎阳，派臧霸等率领精兵进入青州来屏卫东方，留下于禁驻守在黄河边。九月，曹操回到许县，分兵驻守官渡。

袁绍派使者去招抚张绣，并给贾诩写信愿结为好友。张绣想答应袁绍的要求，而贾诩却在张绣的座上，公开对袁绍的使臣说："请回去代我告谢袁本初，他们兄弟无法相容，还能容纳天下的豪杰吗？”张绣惊惧地说：“何必这样呢！”私下对贾诩说：“如果按你说的那样，我们将归附谁呢？”贾诩说：“我们不如投奔曹公。”张绣说：“袁绍强曹操弱，我们又先与曹操结怨，怎么可以投奔他呢？”贾诩说：“袁强曹弱这正是我们投奔曹公的原因。曹公挟天子来号令天下，这是投奔的第一条理由；袁绍强大，我们率领不多的军队去投奔他，他必然不把我们看得重要，而曹公兵弱，他得到我们必然欢欣，这是投奔的第二条理由；有霸王志向的人，一定会抛开私怨来向天下表明他的恩德，这是投奔的第三条理由。希望将军不要迟疑不决！”冬季，十一月，张绣率领部众归降曹操，曹操握住张绣的手，跟他一起同桌欢宴，曹操为儿子曹均娶了张绣的女儿，任命张绣为扬武将军，上表推举贾诩为执金吾，册封为都亭侯。

关中各位将领因为袁绍、曹操正在互相争斗，全都中立观望。凉州牧韦端派从事天水人杨阜到许县，杨阜回来，关西的各位将领问他：“袁、曹两方谁胜谁败呢？”杨阜说：“袁绍宽仁却不果断，喜欢谋划却犹豫不决；不果断就没有威望，犹豫就错过时机，现在虽然强大，但终究不能成就大业。曹公有雄才大略，遇事果断毫不迟疑，法令统一而士兵精锐，不拘一格选用人才，所任用的人各尽其能，他是个一定能办成大事的人。”

曹操派治书侍御史河东人卫觊镇抚关中，当时从四面八方涌来了很多难民，关中各位将领多收编为部众。卫觊写信给荀彧说：“关中是富裕的地方，最近遭受饥荒战乱，人民流入荆州的有十多万家，现在听到本土安宁，都想念回返；而回返的人无法谋生，各位将领各自竞相招收为部众，郡县贫苦弱小，不能跟他们竞争，于是拥兵的将领势力更壮大，一旦有变故，一定会有后患。盐是国家的一大财富，战乱以来无人管理，应当按照以前的制度，设置盐官负责专卖，用所赚的钱来购买铁犁和耕牛，如果有回归的百姓，就供应给他们，让他们勤劳耕耘，积蓄粮食，使关中富裕充实起来，远方的流民听说之后，一定会日夜兼程，争相回乡。再派司隶校尉留在关中，管理这一地区的事务，那么各位将领的势力就会日益衰弱，而郡县官府和百姓的力量就会日益强盛，这是增强根本，削弱敌人的好办法。”荀彧将卫觊的建议上报曹操，曹操采纳了这一建议。开始派谒者仆射为主管盐政的官员，司隶校尉在弘农设立官署，关中从此归服朝廷。

袁绍派人向刘表求助，刘表许诺却一直不派出军队给袁绍，也不援救曹操。从事中郎将南阳人韩嵩、别驾零陵人刘先劝谏刘表说：“现今两雄竞争，天下的重心落在将军手里。如果想有所作为，就要趁他们两败俱伤时起兵；如果不想这样，就应当选择一方归顺。怎么能拥兵十万，坐观成败，碰上求援而不愿相助，看到贤人而不肯归属呢？这样，两家的怨仇一定会集中到将军身上，恐怕无法中立了。曹操善于用兵，贤人豪杰大多归属他，他的势力一定能打败袁绍，然后掉过头来向长江、汉水地区进兵，恐怕将军就不能抵抗了。如今最好的计策，莫过于以荆州归附曹操，曹操必然会感谢将军的大德；将军可以长享福禄，传给后代，这是万全之策。”蒯越也这样劝导刘表，刘表迟疑不决，于是派韩嵩到许县，并对他说：“如今不知谁来平定平下，而曹操拥有天子定都许县，你去为我观察一下形势。”韩嵩说：“圣人对节操可以通权达变，次等的只能保守节操。我是一个属于守节的人。一旦君臣名分已定，就只能以死守之；如今我作为将军的臣僚，只听从将军的命令，虽赴汤蹈火，宁死也不推辞。依我看来，曹公一定能平定天下。将军能对上奉迎天子，对下归附曹公，派我去可以；如果将军犹豫，我到达京城，天子授予我一个职务，又不能辞让，我就成了天子的臣子，只不过是将军的故吏罢了。做国君的臣子就要为国君效命，那么我只有遵从天子的命令了，在道义上就无法再为将军效命了。愿将军三思，不要辜负我的一片诚心！”刘表以为韩嵩害怕出使，就强求他去。韩嵩到了许县，诏命任韩嵩为侍中、零陵太守。等到韩嵩回到荆州，极力称颂朝廷和曹公的美德，劝谏刘表派儿子入京侍奉天子。刘表大怒，认为韩嵩怀有二心，召集全体部属，排列兵马，手持符节，将要斩杀韩嵩，刘表责备说：“韩嵩，你竟敢怀有二心！”众人都十分惊惧，想让韩嵩认错。韩嵩面不改色，从容地对刘表说：“是将军辜负了我，我没有辜负将军！”并重述了前面讲过的话。刘表的妻子蔡氏劝谏说：“韩嵩是楚国最有声望的人；他又很正直，杀他又没有罪名。”刘表仍未消怒气，就拷问诛杀韩嵩的随行人员，终于知道韩嵩没有背离的意思，才没有杀他，还是把他关进了监狱。

（以上为第三段，写袁绍骄矜，不合时宜地发动官渡之战。袁曹双方展开外交攻势，曹操赢得关中归附，张绣归降，荆州刘表中立，解除了后顾之忧。袁绍外交，一无所获，此一回合败下阵来。）

扬州的叛贼首领郑宝想把居民强行赶到长江以南，他认为淮南人刘晔是皇族的名人，便想劫持刘晔，逼他领头响应这一谋划，刘晔十分忧虑这件事。适逢曹操派使者到扬州，来调查事件，刘晔邀请使者和自己一起回家。郑宝前来问候使者，刘晔就留郑宝一起参加宴会饮酒，亲自杀死了郑宝，砍下郑宝的头，命令郑宝的部众，说：“曹公有令，敢有妄动的，与郑宝同罪！”郑宝部众的几千人都被镇服了，推选刘晔为主子。刘晔把郑宝的部众交给庐江太守刘勋，刘勋奇怪，问刘晔是什么原因。刘晔说：“郑宝没有法纪制度，他的部众一向以抢夺维持生存；我一向没有什么名气作为资本，而要管理他们，一定引起怨恨，难以长久，所以把他们交给你了！”刘勋因收容袁术的部众太多，没有办法供给，于是派堂弟刘偕去上缭向各个宗党首领求助米粮，没能满足所求的数量，于是刘偕请刘勋派兵攻击他们。

孙策厌恶刘勋兵力强盛，假装谦卑侍奉刘勋，说：“上缭宗党部众屡次欺负本郡，我想袭击他们，只是道路不方便。上缭很富足，希望你出兵征伐，我请求出兵作为外援。”并且用珠宝、葛布贿赂刘勋。刘勋大喜，内外都来庆贺，只有刘晔一人反对进兵上缭，刘勋问他什么原因。刘晔回答说：“上缭地方虽小，但城墙坚固，壕沟很深，易守难攻，不能在十天内攻下。军队在外征战疲惫而国内空虚，孙策乘虚攻击我，那么后方就不能自守。这样一来，将军前进受到敌人阻碍，后退没有落脚的地方，如果军队一定要出动，灾难立即降临。”刘勋不听从，于是出兵征讨上缭；兵到海昏，宗党首领得知，留下空空的营寨，转移到了别处，刘勋一无所获。这时孙策率兵西进袭击黄祖，走到石城，听说刘勋在海昏，孙策于是分派堂兄孙贲、孙辅率领八千人驻军彭泽，自己和兼任江夏太守的周瑜率领两万人偷袭皖城，打破了城池，俘获了袁术、刘勋的妻子儿女以及部众三万多人；孙策上表推荐汝南人李术为庐江太守，拨给他三千人守皖城，把所俘获的人全部东迁到吴郡。刘勋返回彭泽，孙贲、孙辅出兵阻击，打败了刘勋。刘勋退守流沂，向黄祖求援，黄祖派儿子黄射率领水军五千人救援刘勋。孙策再次来攻打刘勋，刘勋溃败。刘勋向北投归曹操，黄射逃走。

孙策收编刘勋士兵两千多人，缴获船只千艘，于是进兵攻击黄祖。十二月初八日辛亥，孙策的军队到达沙羡，刘表派侄子刘虎和南阳人韩晞率领长矛军五千来救黄祖。十二月十一日甲寅，孙策与他们开战，大败荆州军，杀死了韩晞。黄祖逃走，俘获了黄祖的妻子儿女及其船只六千艘，荆州士兵被杀死、淹死的有几万人。

孙策集结了强大的兵力将要攻打豫章，驻军椒丘。孙策对功曹虞翻说：“华歆虽有名气，但不是我的对手。如果他不开门让城，战鼓一响，不可能没有伤害。你现在前往，表达我的意思。”虞翻去见华歆说：“我听说明府您和本郡前任太守王朗在中州齐名，是海内所崇敬的人物，我虞翻虽然生在东部边陲，心中却一直敬仰您。”华歆说：“我比不上会稽太守王朗。”虞翻又说：“不知豫章郡的资源粮草、武器装备、民众的果断和勇猛，跟本郡会稽相比谁强？”华歆说：“远远比不上。”虞翻说：“您说比不上会稽太守王朗，这是谦逊的话；您说精兵不如会稽郡，确实像您说的。讨逆将军孙策智慧谋略超凡世人、用兵如神，先前他赶走刘繇，是您亲眼看到的；向南平定本郡会稽，也是您所知道的。如今您想坚守孤城，自知物资粮草不足，如不早作安排，后悔莫及。现今孙将军的大军已进驻椒丘，我就要回去复命，如果明天中午收不到您的回答檄文，我就与您告别了。”华歆说：“久居江南，一直想北归故里，孙策一来，我就离开。”于是连夜写好檄文，第二天早上，派官吏带着檄文去欢迎孙策。孙策便进军，华歆戴着葛巾迎接孙策。孙策对华歆说：“明府您年高德厚，远近归服，我年幼无知，该行子弟之礼。”就向华歆下拜，礼尊他为上宾。

孙盛评论说：华歆既无伯夷、四皓隐居遗世的淡泊德风，又无朝廷臣子舍己尽忠的高尚节操，屈从于邪儒虞翻的游说之辞，交结孙策那样的狂妄之徒，以致地位被夺，名节被毁，还有什么罪比这更大呢！

孙策分出豫章郡的一部分为庐陵郡，派孙贲任豫章太守，孙辅任庐陵太守。正逢僮芝生病，孙辅于是进军攻取庐陵，留下周瑜驻守巴丘。

孙策攻克皖城，安抚袁术的妻子儿女；等他进入豫章，又收敛运送刘繇的灵柩回故乡，善待刘繇的全家。士大夫皆因此称赞他。

会稽郡功曹魏腾曾经违背过孙策的心意，孙策将要杀他，众人担忧恐惧，不知如何是好。孙策的母亲吴夫人靠近一口大井对孙策说："你刚刚得到江南，你的事业还未成功，正应礼贤下士，不计较以前的过错，录用有功的人才。魏功曹秉公尽职，你今天杀死他，那么明天人人都会背离你。我不忍心看到灾难临头，现在就先跳进这口井里！"孙策大惊，马上释放了魏腾。

当初，吴郡太守会稽人盛宪举荐高岱为孝廉，许贡来接管吴郡，高岱把盛宪藏在营帅许昭家中避难。乌程人邹佗、钱铜，以及嘉兴人王晟等，各自聚合部众一万多或几千人，不归附孙策。孙策率兵征讨，一一打败了他们。又进攻严白虎，严白虎兵败，逃奔余杭，投奔许昭。程普请求进兵攻击许昭，孙策说："许昭对我过去的主人盛宪有义，对我的老朋友严白虎诚挚，这是大丈夫的志气。"于是孙策放过了许昭。

（以上为第四段，写孙策平定庐江、豫章、会稽三郡，在袁曹官渡之战前夕，据有江东六郡之地。）

曹操又返回官渡布防。曹操身边的侍从徐他等要谋杀曹操，已经走进了曹操的营帐，看见校尉许褚，脸色大变，许褚觉察，就把他们杀了。

起初，车骑将军董承自称接受了献帝衣带中的密诏，策划与刘备一起谋杀曹操。曹操从容不迫地对刘备说："如今天下的英雄，只有你和我，袁绍之流是不算数的！"刘备正在吃饭，吓得手中的汤匙和筷子都掉了，正巧天上打响雷，刘备便乘机说："圣人说'迅雷和狂风会使人改变脸色'，这话实在有理！"于是和董承以及长水校尉种辑、将军吴子兰与王服等一起谋划。正巧曹操派刘备和朱灵去截击袁术，程昱、郭嘉、董昭都劝谏曹操，说："不可派刘备出去！"曹操后悔，派人去追刘备，已经来不及了。袁术向南逃走后，朱灵等率军返回许县。刘备就杀死徐州刺史车胄，留下关羽驻守下邳，代理太守事务，自己回到小沛。东海地方强盗头目昌豨以及附近的郡县大多背叛曹操投奔刘备。刘备拥有几万人马，便派使者与袁绍联合，曹操派司空长史沛国人刘岱、中郎将扶风人王忠进兵攻讨刘备，不能取胜。刘备对刘岱等人说："派你这样的人来一百个，也不能把我怎么样。如果曹操亲自来，就不得而知了！"

（以上为第五段，写刘备第二次得徐州。由于刘备低估曹操的应变能力，认为曹操不会从官渡抽身来争徐州，为其失败伏笔。）

汉献帝建安五年（庚辰，公元 200 年）

春季，正月，董承的谋划泄露；壬子日，曹操杀死董承以及王服、种辑，并诛灭他们三族。

曹操想亲自讨伐刘备，各位将领都说："跟您争夺天下的是袁绍。如今袁绍正要来进犯而您却丢在一边去东征刘备，袁绍乘机从我们的背后攻击，怎么办？"曹操说："刘备是人中的豪杰，现在不去攻击他，一定会成为后患。"郭嘉说："袁绍性格迟钝且又多疑，即使要来攻击，一定不会快速。刘备刚兴起，部众还没有完全归附，赶快去攻打，刘备必败。"于是曹操率领军队东征。冀州别驾田丰劝说袁绍，说："曹操跟刘备作战，不可能很快解决战斗。明公进军攻击曹操的后背，可以一到就能平定。"袁绍以儿子生病为由推辞，没有行动。田丰拿起手杖叩击地面说："唉！碰上这千载难遇的机会，却因为婴儿的病而抛弃它，可惜啊，大事完了！"

曹操攻击刘备，打败了他，俘获了他的妻子儿女；又进军攻占了下邳，活捉关羽；又出击昌豨，将他打败。刘备逃到青州，通过袁谭归附袁绍。袁绍听说刘备到来，远离邺城二百里迎接刘备。刘备驻留一个多月，逃散的士兵才逐渐回到身边。

（以上为第六段，写刘备第二次失徐州。由于刘备在袁曹官渡之战袁绍尚未进军之时，为了与袁绍争政治制高点，过早打出衣带诏讨汉贼曹操，曹操全力灭火，袁绍按兵不救，刘备与袁绍两人鹬蚌相争，二人皆失，渔人曹操得利。）

曹操率领军队回到官渡，袁绍才商议进攻许县。田丰说："曹操已经打败了刘备，那么许县就不会再空虚了。况且曹操善于用兵，变化无常，军队虽少，不可轻视，现今不如与他长久地抗衡。将军的领地山河险固，拥有四州的民众，对外交结英雄豪杰，对内从事农耕备战，然后挑选精锐的士兵，分为多支奇兵，寻找敌方空虚之地频繁地出击，用以来骚乱黄河以南的地区，敌方救右边我军就袭击其左边，敌方救左边就击其右边，迫使敌人疲于奔命，百姓无法安居乐业，我方没有辛劳而敌方已经疲惫，不到三年，可轻易地击败敌人。如今放弃克敌制胜的谋略，而凭一战来决定成败，如果不能如愿，后悔就来不及了。"袁绍不听从。田丰坚决劝阻，触犯了袁绍，袁绍认为田丰扰乱军心，给他戴上刑具关进监狱。于是向各州郡发布檄文，历数曹操的罪恶。二月，进军黎阳。

沮授临行，召集他的宗族，把家中的财产散发给他们，说："得势时权威无所不在，失势时性命都难自保，可悲哟！"他的弟弟沮宗说："曹操的兵马敌不过我军，你惧怕什么呢？"沮授说："凭曹操的英明谋略，加上挟天子作为资本，我们虽然击败了公孙瓒，军队确实疲劳了，而且主人骄傲，将领奢侈，军队的败毁，就在这一仗了。扬雄曾经说过：‘六国扰扰攘攘，只是帮助了秦国，削弱了周室。’说的就是今天这样的情形呀！”

振威将军程昱，率领七百士兵驻守鄄城。曹操要增加二千士兵给程昱，程昱不肯接受，说：“袁绍拥有十万军队，自认为所向无敌，如今看到我兵少，一定会轻忽，不来进攻。如果增加我的军队，袁绍经过时就不可能不来进攻，袁军进攻就一定能攻下，这样就白白地丧失了你我两处的势力，请你不要疑虑。”袁绍听说程昱兵少，果然不去进攻。曹操对贾诩说：“程昱的胆识超过了孟贲和夏育！”

袁绍派遣他的大将颜良到白马进攻东郡太守刘延。沮授说：“颜良性情急躁，虽然猛勇，不可独当一面。”袁绍不听从。夏季，四月，曹操北进救援刘延。荀攸说：“如今我们兵少打不过敌人，一定要分散他们的势力才可以。明公您到达延津，如果做出要分兵渡过黄河奔袭袁绍的后方，袁绍一定会率领军队向西迎击，然后明公您率领轻装部队奔袭白马，攻其不备，颜良就会被擒获了。”曹操采用了这个建议。袁绍听说曹操要带兵渡黄河，立即分兵向西拦截。曹操于是率军日夜兼程前往白马，离白马十多里时，颜良才发现，赶忙来迎战。曹操派张辽、关羽为先锋出战，关羽看见了颜良的战车麾盖，驱马直入，在敌军万人中杀了颜良，砍了他的人头得胜而回。袁绍的士兵没有人能抵挡关羽。终于解除白马之围，迁移当地居民，沿着黄河西行。

袁绍要渡过黄河追击，沮授劝阻说：“胜负的变化，不能不审慎地考虑。现在应该驻守延津，分兵到官渡，如果先头部队攻下了官渡，再回来迎接驻守的大军渡河也不迟，如果全军进发遭遇不幸，大军就没有退路了。”袁绍不听。沮授临渡河时感慨说：“主上志得意满，部下急功近利，悠悠黄河呀，我们还能回来渡河吗？”于是称病辞职，袁绍不同意；心里怀恨沮授，又减少了他的军队，还使沮授归属郭图。

袁绍率领军队进到延津的南面，曹操领军队在南阪扎营，派人登上营垒瞭望袁绍的军队，报告说：“大约有五六百骑兵。”过一会儿，又报告说：“骑兵逐渐增加，步兵多得无法计数。”曹操说：“不要再报告了。”命令骑兵解下马鞍，放出马匹。这时，从白马西迁的辎重已经上路。各位将领认为敌人骑兵多，不如退守军营。荀攸说：“这是在引诱敌人，怎么能离开阵地呢？”曹操回头看着荀攸微微一笑。袁绍的骑将文丑和刘备率领五六千骑兵前后赶到。各位将领又说：“可以上马了。”曹操说：“还不到时候。”过了一会儿，敌人骑兵来得更多了，有的分头去抢辎重。曹操说：“可以上马了！”于是全都上马。这时曹操的骑兵不到六百，曹操挥兵进攻袁军，把袁军打得大败，杀了文丑。文丑和颜良都是袁绍的名将，两次战斗先后把他们都杀死。袁绍军队因而士气衰退。

起初，曹操钦佩关羽的为人，但发现他的心里没有久留的想法，便派张辽去问关羽的心意，关羽叹息说：“我非常明白曹公待我很优厚，然而我受过刘备将军的恩德，发誓和他同生死，不可背叛。我终究不会留下，但要立功来报答曹公，然后才离开。”张辽把关羽的话告诉了曹操，曹操十分佩服关羽的义气。等到关羽杀死颜良，曹操知道他一定要离去，就重加赏赐。关羽把曹操的赏赐全部封好，留下一封信向曹操告别，就去投奔袁绍军中的刘备。曹操左右的人要去追赶，曹操说：“他是各为其主，不要追赶。”

曹操率领军队回到官渡，阎柔派使者来拜见曹操，曹操任命阎柔为乌桓校尉。鲜于辅亲自到官渡拜见曹操，曹操任命他为右度辽将军，回去镇守幽州。

（以上为第七段，写袁绍进军官渡，曹操迎击，斩杀袁绍先锋大将颜良、文丑。这是袁曹官渡决战之前的序战，北军失利，士气受损。）

广陵太守陈登在射阳设立郡府，孙策向西进攻黄祖，陈登引诱严白虎的余党，企图让他们危害孙策后方。孙策回军攻打陈登，进军到了丹徒，必须等待粮食运来。起初，孙策杀死吴郡太守许贡，许贡的奴仆和门客潜藏民间，想要替许贡报仇。孙策喜欢出外游猎，经常策马飞奔，他骑的是一匹飞驰的骏马，左右侍从的马很难跟上。有一次，突然遇见许贡的三名门客，他们射中了孙策的面颊，后面的侍从骑士及时赶来，三名门客全被刺死。孙策受伤很重，于是招来张昭等，对他们说：“中原正战乱，凭借吴、越的军民，三江的险固，完全可以观望成败，你们要认真辅佐我的弟弟！”于是又叫来孙权，给他佩戴上印绶，对他说：“率领江东的部众，在敌我两军阵前较量，与天下英雄争胜败，你不如我；选用贤才，使用能人，使他们各尽忠心来保有江东，我不如你。”四月初四日丙午，孙策去世，这时才二十六岁。

孙权悲痛号哭不已，不理军政事务，张昭说：“孙孝廉现在难道是哭的时候吗？”于是为孙权换上服装，扶他上马，让他出外巡察各军。张昭率领诸官，上表奏报天子，下公文通告所属各城，内外将校，命令各自奉公守职。周瑜从巴丘带兵前来奔丧，就停驻在吴郡，被孙权任命为中护军和张昭一起管理军政事务。当时孙策虽有会稽、吴郡、丹阳、豫章、庐江、庐陵六郡，但幽远险峻的地区，仍没有全部归顺，流亡寓居的士大夫都以个人安危来决定去留，还没有跟孙氏政权建立稳定的君臣关系，但张昭、周瑜等认为孙权可以和他们共同成就大业，于是全心全意为孙权效劳。

秋季，七月，册立皇子刘冯为南阳王。七月十二日壬午，南阳王刘冯死去。

汝南黄巾军刘辟等叛离曹操响应袁绍，袁绍派刘备率兵援助刘辟，附近的郡县纷纷响应。袁绍派使者任命阳安都尉李通为征南将军，刘表也暗地征召他，李通都拒绝了。有人劝李通归属袁绍，李通握着剑柄呵斥说：“曹公英明睿知，一定能平定天下；袁绍虽然强大，终究会成为曹公的俘虏。我誓死不二。”随即杀死袁绍的使者，把袁绍给他的印绶送给了曹操。

李通加紧征收户税绵绢，朗陵县长赵俨拜见李通说："如今各郡都叛离了，只有阳安感戴顺从朝廷，又征收户税绵绢，这样小人会趁机作乱，恐怕不行吧？"李通说："曹公和袁绍相互攻战激烈，周围的郡县又都背叛，如果不征收户税绵绢送给曹公，有人一定会认为我静坐观望，有所等待。"赵俨说："你说的确实有理，但是应当衡量事物的轻重。稍微缓一点征收，我来为你解开这个忧患。"于是写信给荀彧说："如今阳安郡百姓穷困，附近各城都已叛变，阳安郡很容易动荡倾覆，这是关系一方安危存亡的关键时刻。阳安郡的人保持忠节，在困境中不怀二心，我认为国家应该加以安抚；反而紧急征收绵绢，这将拿什么来勉励人们从善呢？"荀彧随即转告曹操，因此把征收的绵绢全部还给老百姓，上下都高兴，于是阳安郡内稳定。李通打击瞿恭一伙，获得全胜，于是平定了淮水、汝水一带地区。

这时曹操制定了新的法令，下到州郡，增加了许多严厉的条款，而且征收户税绵绢也催得紧急。长广太守何夔向曹操进言说："古代的君王分别九服的赋税，用来分辨远近亲疏；制定三典的刑法用来区分治世和乱世。我认为长广郡应按照新归附的边远地区较轻的法律，至于民间小事，可让地方长官临时权宜处置，这样上不违反朝廷正法，下可顺应百姓的心意。等过了三年，人民安定了他们的职业，然后才能推行统一的法典。"曹操采纳了他的建议。

刘备攻打汝水、颍水一带，从许县往南，官民不安宁，曹操为此担忧。曹仁说："南方认为大将军正与袁绍对峙到了危急关头，势必无法去救援，刘备率领强兵压境，他们的背叛完全可以理解。刘备刚统领袁绍的军队，还不能完全控制他们，我们去攻打刘备，可以击败他。"曹操就让曹仁率领骑兵袭击刘备，刘备战败逃走，曹仁又收复全部叛离的各县得胜返回。

刘备回到袁绍军中，暗中打算脱离袁绍，就劝说袁绍与南方的刘表联合。袁绍派刘备率领他原来的部众，重新进军汝南，与贼匪龚都等联合，部众达到几千人。曹操派部将蔡杨进攻刘备，被刘备杀死。

袁绍驻军阳武，沮授劝谏袁绍说："北军虽多但战斗力不如南军，南军粮少而储备不如北军；南军利于速战，北军利于持久战。所以我方应该缓慢持久，拖延时间。"袁绍不听从。八月，袁绍把军营往前稍稍移动，靠近沙丘驻守，东西连绵几十里。曹操也展开部队，与袁绍的军营对垒相持。

（以上为第八段，写袁曹两军对峙官渡。）

九月初一日庚午，发生日食。

曹操出兵与袁绍交战，不能取胜，就退回坚守营垒。袁绍建筑高高的楼台，堆起土山，居高向曹操营中射击，营中的人都顶着盾牌行走。曹操制造霹雳车，发射石块来攻击袁绍的楼台，楼台全部被摧垮；袁绍又挖地道攻击曹操，曹操就在营内挖长长的深沟来抵抗。曹操兵少粮尽，士兵疲困，百姓被赋税困扰，纷纷反叛曹操而归附袁绍。曹操非常担忧，就写信给荀彧，商议想回到许县，用这个办法来引诱袁绍。荀彧回信说："袁绍聚集全部人马到官渡，想与您一决胜败。明公您用最弱之军抵抗了最强之师，如果不能打败敌人，就一定被敌人征服，这是夺取天下的最大关键。况且袁绍只是一个普通的英雄而已，能够吸引人才却不能使用。凭明公您的神武和明智，再加上名正言顺的地位，有什么不能办成的事！如今粮食虽少，还没像楚汉在荥阳、成皋之间对峙的情况。那时刘邦、项羽没有谁肯首先撤退离开，认为先撤退就处于下风。明公您拿只有袁军十分之一的兵力，画出界线坚守阵地，扼紧袁军的咽喉，使它无法前进已经有半年了。形势发展到尽头，一定会起变化，这是出奇制胜的时候，不可失去。"曹操采纳了荀彧的意见，于是坚守壁垒与袁军对峙。

曹操看见运粮的人，安慰他们说："再过十五天，替你们打败袁绍，不再辛苦你们了。"袁绍运粮车几千辆到达官渡。荀攸向曹操说道："袁绍运粮的车队早晚之间就要到了，押运的将领韩猛精锐却轻敌，攻击他就可以取胜！"曹操问："派谁合适呢？"荀攸说："徐晃。"于是派偏将军河东人徐晃和史涣截击韩猛，韩猛被打败逃走，曹军放火烧掉了韩猛的辎重粮车。

冬季，十月，袁绍又派车辆运粮，让他的部将淳于琼率兵一万多人护送，宿营在袁绍大营的北面四十里。沮授劝说袁绍："可派蒋奇另外率领一个支队在运粮车队的外围，以隔绝曹操来夺取。"袁绍不听从。

许攸说："曹操兵少而出动全部军队来对抗我，许县由剩余的少量部队驻守，防备一定空虚。如果分派轻装队伍，夜行偷袭，可以攻占许县。占领许县后，就奉迎天子来征讨曹操，曹操就会成为俘虏。如果一时攻不下，也可让曹操前后奔命，这样一定能够打败他。"袁绍不听从，说："我应当要先攻取曹操。"时逢许攸的家人犯法，审配将其逮捕，许攸愤怒，就投奔曹操。

曹操听说许攸来了，来不及穿鞋光着脚出去迎接，拍掌大笑说："子卿远来，我的事业就要成功了！"入座后，许攸对曹操说："袁军强盛，用什么来对抗它？现在有多少粮食？"曹操说："还可以对付一年。"许攸说："没那么多，你再说！"曹操又说："可支付半年。"许攸说："您不想打败袁绍吗？为什么不讲实话？"曹操说："刚才说的是玩笑话。其实只可将就一个月，该怎么办呢？"许攸说："您孤军独守，外面没有救援而且粮食已尽，这是危险的时刻。袁绍辎重一万多辆，存放在故市、乌巢，驻守的军队防备不严，如果派轻装部队去偷袭，出其不意地到达，烧毁他们储藏的粮草，不出三天，袁绍不战自败。"曹操大喜，于是留下曹洪、荀攸防守军营，亲自率步兵骑兵五千人装扮成袁军，举着袁军的旗帜，人衔着枚，马绑住口，夜里从小道出发，人人抱着一捆柴草，经过的路上有人诘问，告诉他说："袁公怕曹操袭击后面的军队，派兵来加强守备。"听的人信以为真，照常行事。到达乌巢后，包抄营寨，点燃大火，营中惊慌混乱。正好天亮了起来，淳于琼看见曹操兵少，就率军出营布阵，曹操紧急攻击，淳于琼退保军营，于是曹操围攻军营。

袁绍听说曹操攻击淳于琼，就对他儿子袁谭说："即便曹操击退淳于琼，而我除掉他的军营，他就无处可归了！"于是派他的将领高览、张郃等攻击曹操的军营。张郃说："曹操率精锐士兵前往，一定能击败淳于琼等，淳于琼等被打败，那大事就完了，请先去救淳于琼。"郭图坚决请求攻击曹操军营。张郃说："曹公军营坚固，一定不能攻克。如果淳于琼等被擒获，我们都将成为俘虏了。"袁绍只派轻骑救援淳于琼，而用重兵攻打曹操军营。却不能攻占曹操军营。

袁绍的骑兵到了乌巢，曹操左右中有人说："袁军渐渐靠近，请分兵对付。"曹操愤怒地说："贼人到了身后，再报告！"士兵们都殊死奋战，于是大破敌军，斩杀了淳于琼，烧掉袁军的全部粮食，杀死袁军士兵一千多人，全都割下鼻子，又割下牛马的嘴唇和舌头，拿来展示给袁绍的军队看。袁军将士都非常害怕。郭图对自己的计谋失策感到羞愧，反而在袁绍面前说张郃的坏话："张郃对我军失败幸灾乐祸。"张郃又气又怕，于是和高览放火烧掉进攻军营的器械装备，到曹操的军营归降。曹洪怀疑不敢受降，荀攸说："张郃因计谋不被采纳，气愤至极而来投奔，你有什么可怀疑的？"于是接受了投降。

这时袁绍的军队惊惧混乱，全线溃散。袁绍和袁谭等连帽子也来不及戴，只裹着头巾乘马跟随八百名骑兵渡过黄河。曹操追赶不上，就全部缴获袁军的辎重、图书、珍宝。把其余归降的袁军全部活埋，前前后后杀了七万多人。

沮授未赶上袁绍渡河，被曹操的军队俘获，于是大叫着说："我沮授不归降，只是被擒获罢了！"曹操与沮授原有交情，亲自接待他，说："地理上的差异，使我们相互阻隔，想不到今天你被我抓获！"沮授说："袁绍失策，自取失败而逃奔北方，我沮授智慧和力量都无法施展，应该被擒。"曹操说："袁绍没有谋略，不用你的计谋，现今战乱没有平定，正应当和你共同谋划。"沮授说："我的叔父和母亲弟弟，性命都操纵在袁绍的手中，如蒙您不弃，请快点杀掉我，这才是我的福气。"曹操叹气说："我如早点得到你，天下大事就用不着担心了。"于是赦免沮授，给他很好的待遇。不久，沮授谋划归回袁绍，曹操就杀掉了他。

曹操在收缴袁绍的书信中，获得许县和军队中一些人写给袁绍的信，全都烧掉，说："当袁绍强盛时候，我尚且不能自保，何况众人呢？"

冀州郡的城邑纷纷归降曹操。袁绍逃到黎阳北岸，进入他部将蒋义渠的军营，拉着他的手说：“我把我的脑袋托付你了！”蒋义渠空出营帐给袁绍住下，让他发号施令。部众们听说袁绍在，渐渐又来归属。

有人对田丰说：“你一定被重用。”田丰说：“袁绍表面上宽容，内心却十分猜忌，不相信我的忠心，而我多次以直言冒犯他，如果胜利了他高兴，或许能放过我，如今战败，他一定生气，就会猜忌，我不能指望活命了。”袁绍的将士都捶胸哭泣说：“如果田丰在此，一定不致失败。”袁绍对逢纪说：“冀州众人听说我军失败，都在牵挂我，只有田丰从前劝阻过我，我很羞愧。”逢纪说：“田丰听说将军败退，拍掌大笑，庆幸他说中了。”袁绍这时对部属说：“我不用田丰的计策，果然被他嘲笑。”于是杀了田丰。起初，曹操听说田丰没有随军出征，高兴地说：“袁绍必败。”等到袁绍奔逃，又说：“假如先前袁绍使用田丰的计策，还不知道结果是什么。”

审配的两个儿子被曹操抓获，袁绍的部将孟岱向袁绍进言说：“审配位高权重，族大兵强，而且他的两个儿子在南方，一定怀有背叛的打算。”郭图、辛评也认为是这样。于是袁绍任命孟岱为监军，代替审配驻守邺城。护军逢纪一向与审配不和，袁绍就审配的事向逢纪征求意见，逢纪说：“审配天性刚烈正直，常常敬慕古人的气节，一定不会因为两个儿子在南方做出不义的事情，希望明公不要多疑。”袁绍说：“你不是憎恶审配吗？”逢纪说：“先前的争执是私情；现在所讲的是国事。”袁绍说：“好！”于是不废掉审配，审配从此与逢纪的关系日愈亲近。冀州城邑背叛袁绍的，袁绍又逐渐平定了他们。

袁绍为人宽容文雅，有器量，喜怒不形于色，但生性刚愎自用，不接受正确的意见，所以招致失败。

（以上为第九段，写袁绍与曹操官渡决战，袁绍大败。）

冬季，十月十二日辛亥，有彗星出现在大梁星空区域。

庐江太守李术攻打并杀掉扬州刺史严象，庐江人梅乾、雷绪、陈兰等各自聚集部众几万人在江淮一带，曹操上表推举沛国人刘馥为扬州刺史。当时扬州只有九江属曹操控制，刘馥单枪匹马到合肥这座空城，建立州府，安抚梅乾、雷绪等人，他们都不断向朝廷进献。几年之中，大力施行恩德教化，归附的流民数以万计。又进行大规模屯田，兴建池塘渠堰；官府百姓有了储蓄，便招收士子，建造学校；又高筑城墙堡垒，多积木材石头，用来修造作战和守备的设施装备。

曹操听到孙策死讯，想乘孙权新丧征伐他。侍御史张纮劝阻说：“乘人家丧事去攻击，不合乎古代道义，如果不能成功，就结了新仇而丢了旧好，不如趁机厚待他。”曹操就上表推荐孙权讨虏将军，兼任会稽太守。

曹操想让张纮辅助孙权归附自己，于是任命张纮为会稽东部都尉。张纮到达吴郡，孙权的母亲认为孙权年纪小，委托张纮和张昭共同辅佐孙权。张纮思虑周到，能观察补救缺失，知道要办的事就一定去办。孙权的母亲太夫人问扬武都尉会稽人董袭说：“江东可以保得住吗？”董袭说：“江东有山川的险峻，而且讨逆将军孙策在民间广施恩德，讨虏将军孙权继承基业，大小百官听从，张昭操持军政事务，我董袭等作为辅佐之臣，这正是地利人和最好的时候，万事都不用担心。”孙权派张纮到会稽郡上任，有人认为张纮是北方朝廷任命的官员，恐怕他的志向不在于南方，但孙权并不介意。

鲁肃准备北归，周瑜阻止他，趁此把鲁肃推荐给孙权，说：“鲁肃的才干适宜做辅佐，应广泛招收像他这般的人才来成就功业。”孙权立即召见鲁肃，与他交谈，甚为赏识。宾客们走后，孙权单独留下鲁肃，把榻合并在一起，举杯同饮，孙权说：“如今汉室摇摇欲坠，我想建立齐桓公、晋文公的功业，你用什么来辅助我？”鲁肃说：“从前汉高祖想尊奉义帝却未能成功，是由于项羽从中作梗。今天的曹操，正同昔日的项羽一样，将军如何能够去效仿齐桓公、晋文公呢？我私下预计汉室不可能复兴，曹操也不可能一下被除去，替将军着想，只有保住江东，观察天下形势的变化。如果趁北方多事，消灭黄祖，进讨刘表，把整个长江一线据为己有，这是霸王的功业。”孙权说：“如今我竭力管好这一方本土，只是希望以此来辅佐汉室罢了，你说的这些不是我能够达到的。”张昭诋毁鲁肃年纪太轻，办事粗心，孙权却更加看重鲁肃，把国家储备的财物重赏给他，使鲁肃的家像当初一样的富有。

孙权整顿众多低级将领少兵而能力差的，把他们进行合并。别部司马汝南人吕蒙，军容整齐，士兵训练有素。孙权很高兴，增加他的兵力，宠爱重用他。

功曹骆统劝孙权尊贤纳士，要不断询问他们为政的得失，在犒赏宴饮的日子里，分别接见每一个人，问寒问暖，亲切关怀，鼓励大家发表自己的意见，以此观察他们的志向和兴趣，孙权采纳实施。骆统是骆俊的儿子。

庐陵太守孙辅害怕孙权不能保守江东，暗中派人带信叫曹操南下。送信的人把这件事报告给了孙权，孙权杀掉孙辅的全部亲信，遣散他的部众，把孙辅流放到吴郡的东部。

曹操上表征召华歆任议郎、参司空军事。庐江太守李术不肯事奉孙权，而且收容了许多背叛孙权的逃亡者。孙权把这些情况报告曹操说：“刺史严象，从前是您任用的人，而李术却杀了他，又十分放纵自己的无道行为，应该将李术迅速诛灭。现今李术一定会用花言巧语向您求救。明公身负天下重任，海内景仰，愿明公劝告左右，不要再听李术的话。”孙权于是举兵到皖城攻击李术。李术向曹操求救，曹操不救。孙权得以攻破皖城，进行了屠城，把李术枭首示众，迁移收编他的部众两万多人。

刘表攻打张羡，连年没能破城。曹操正与袁绍对峙，没空救援张羡。张羡病死，长沙郡人又拥立他的儿子张怿。刘表攻打张怿以及零陵、桂阳两郡，全部平定。这时刘表的地盘方圆几千里，拥兵十多万，于是不向朝廷进献，在郊外祭祀天地，住宅服饰器皿用具，都模仿天子。

张鲁认为刘璋昏庸懦弱，不再归顺，突然袭击别部司马张修，杀了张修而且吞掉了张修的部众。刘璋愤怒，杀了张鲁的母亲和弟弟，于是张鲁占据汉中，与刘璋为敌。刘璋派中郎将庞羲攻击张鲁，没有获胜。刘璋任命庞羲为巴郡太守，驻守阆中以抵御张鲁。庞羲就招募汉昌县的賨民为兵，有人在刘璋面前诬陷庞羲，刘璋开始怀疑庞羲。赵韪多次劝说刘璋，刘璋不听，于是心中有了怨恨。

起初，南阳、三辅的人流入到益州的有几万家，刘焉收容他们，称为“东州兵”。刘璋生性宽厚柔弱，没有威严谋略，东州人欺诈当地的土著居民，刘璋不能禁止。赵韪一向得人心，利用益州士民对刘璋的仇恨，于是犯上作乱，率领几万兵众攻击刘璋；赵韪还用厚礼贿赂荆州的刘表与他合作；蜀郡、广汉郡、犍为郡等都起来响应。

（以上为第十段，写孙权承父兄之业统领江东，招贤平叛，士民归附。刘表平叛，固有荆州。张鲁据汉中。）

【点评】

本卷记载的最大事件是袁曹官渡之战。官渡之战是袁曹势力消长的转折点。当时袁强曹弱，而交战结果是袁败曹胜。曹操此役以少胜众，在中国战争史上写下了辉煌的一笔。曹操为何能以弱抗强？袁绍本有取胜之道，他为何不救刘备，夹击曹操？胜败是兵家常事，一时雄杰的袁绍，为何一蹶不振？点评这些问题，将带给我们深刻的启迪。

一、袁绍发动官渡之战不合时宜。公元200年二月，袁绍发布讨伐曹操的檄文，列举曹操进兵河内、图谋不轨的罪状。此时袁绍刚刚结束与公孙瓒的数年激战，不顾士众疲劳，不听谋臣劝谏，立即发动讨伐许都之战，简选精兵十万，骑万匹，大举南向。曹操迎战，袁曹相遇于官渡，史称官渡之战。袁曹双方的有识之士，都预言袁绍必败，因为袁绍急于南向，时机不对。袁绍智勇双全的大将沮授认为，袁军连年征战，“百姓疲惫，仓库无积”，且曹操奉迎天子，建宫许都，袁军南向，“于义则违”，即师出无名。沮授建议休整士卒，缮治器械，派出少量游兵骚扰河南，造成“彼不得安，我取其逸”的战略，“如此可以不战而胜”。但袁绍听不进去，田丰进谏，他甚至把田丰投入监狱。是什么原因使得袁绍不取稳操胜券的战略而要立即与曹操决一雌雄呢？原因有四：其一，天无二日，人无二王，袁曹两人都是有雄才者，随着势力的膨胀而外亲内疏，明争暗斗，公开破裂是迟早的事。其二，袁绍所并河北冀、并、青、幽四州，战乱没有河南司、豫、兖、徐惨烈，袁绍的实力大于曹操，特别是打败公孙瓒之后，骄傲自大，他要乘胜扩大战果，忘了将士连年征战的疲劳。其三，袁绍与曹操结盟，处处遭曹操暗算，特别是曹操进兵河内，插足自己的地盘，而且是乘人之危，袁绍与公孙瓒决战正酣，曹操给自己背上来了一刀，袁绍被激怒，急于向曹操兴师问罪而冒进，犯了兵家之大忌。其四，袁绍想打败曹操，自己挟天子以令诸侯，甚至是取汉室而代之。这时袁绍的野心比曹操还要大，他曾经讽喻耿苞陈说天命，可见袁绍想当皇帝的欲望已到发昏的地步。袁绍的野心，路人皆知，所以他在外交上节节失利。游说关西，关西接受朝廷节制。拉拢张绣，张绣反而投曹。联盟刘表，刘表坐观成败。只有一个刘备打出衣带诏，堂堂讨逆，袁绍又气愤刘备抢先倡议而见死不救，丧失了战机。这表现了袁绍不识大体，不顾大局，气度偏狭，焉能不败?

二、曹操人杰，非袁绍能敌。袁曹两人相较，郭嘉有袁绍十败、曹操十胜之说，大体得当。其主要方面，曹操取胜有四大原因。其一，曹操机权干略，高袁一筹。就以官渡之战为例，曹操进兵河内，占了地利和实利，挑起了袁曹的公开对立，而又把发动战争的责任转嫁到袁绍身上，确实是道高一尺，先赢一着。两军对峙官渡，后勤保障极其重要。先是曹操派徐晃烧了袁军官渡前线的几千车军粮，袁绍又重新从河北运粮一万多车屯于官渡大营北面的乌巢（今河南延津县）。曹操亲率步骑五千，乘夜赶到乌巢，攻寨烧粮。在这存亡千钧一发之际，袁绍得知曹操偷袭乌巢，却执意只派少数人去援救，而以重兵去劫曹军大营。结果袁军攻打曹军营垒不力，而乌巢的军粮被曹操烧光。袁军军心动摇，全线溃退。其二，曹操个性奸诈，袁绍重义，不是曹操对手。袁曹结盟，划分势力范围，袁绍战河北，曹操战河南，两个背靠背合力作战，扫灭群雄，获得了极大的成功。公元 194 年，曹操部将陈宫和陈留太守张邈反叛曹操，迎接吕布入兖州。曹操向袁绍告急，袁绍派大将朱灵引兵救援。事后曹操招诱朱灵投归，挖了袁绍的墙角。袁绍手下大将臧洪，文武双全，替袁绍打下青州，袁绍让其子袁谭守青州，徙臧洪为东郡太守。公元 196 年，曹操攻围张超，张超与臧洪是结盟兄弟，臧洪要救张超，袁绍不许，逼反臧洪，袁绍兴兵攻围臧洪一年有余，才破杀了臧洪，不仅使自己痛失一臂，又贻误了剿灭公孙瓒的时机，大为失计。反观曹操，“宁我负人，毋人负我”，有利可图，绝不放过。曹操进兵河内，背后捅刀子，就是生动的例证。袁曹两人相较，袁绍是君子，曹操是小人。君子与小人斗，小人常胜，君子常败。其三，曹操大度，善于用人，因此能得人死力。徐晃、张辽来自敌垒，投曹后都能效死力。袁绍褊狭，用人好猜忌，又忠奸不分，自己把人才推到了曹操一边。谋士许攸，战将张郃、高览，皆因遭猜忌和被诬陷，临阵倒戈，要了袁绍的命。其四，曹操有识，不耻下问而善听忠言。官渡之战每到关键时刻，曹操就向荀彧、郭嘉问计，得策即行，与袁绍的拒谏饰非形成鲜明对比。

三、袁绍也是英雄。《后汉书·袁绍传》注引《献帝春秋》的记载，袁绍病死，冀州的老百姓奔走相告，街头巷尾，到处是哭声，好像死了亲人一样。当时的老百姓把袁绍看作是一个英雄，而且是不应当死的英雄，难道百姓们都错了吗？有人说这是史家的编造。曹操灭了袁谭，袁尚、袁熙兄弟二人逃奔乌桓，河北士民相随十余万，说明袁绍生前能宽仁待众以及对北边民族的和解政策起了一定的作用。但是袁曹相斗，袁绍失败了，曹操胜利了，这有着多方面的原因。袁绍失败的主要原因有三：一是他个人的谋略智计、气质权术不是曹操对手；二是他外宽内忌，刚愎自用，不能容忍人才而取长补短，官渡之战中以个人之智力对曹氏集团之群士，哪有不败之理？三是个人心胸狭窄，袁绍官渡之战败后，不思更张，反而变本加厉忌刻人才，冤杀田丰，气愤忧闷而死。袁绍死后，又无良辅协调二子，被曹操利用，于是袁绍集团不可避免地覆亡了。

袁绍失败了，但他鹰扬河朔的业绩替曹操统一北方开辟了道路，仍不失为汉末的一个英雄人物。

汉纪五十六

汉献帝建安六年至十年（公元201—公元205）

【起重光大荒落（辛巳，公元201年），尽旃蒙作噩（乙酉，公元205年），凡五年】

【大事提要】

本卷记事起公元201年，讫公元205年，凡五年，当汉献帝建安六年至建安十年。这五年是官渡之战后，现存各大军阀调整战略、对内平叛、对外观望、重新洗牌的时期，没有大战役发生，整体形势相对平静。荆州无事，刘表继续保境安民。江东孙权、益州刘璋、汉中张鲁，平定内乱，巩固区域统治。孙权拒绝曹操征质，分庭抗礼。北方仍是激烈的争战地区。官渡之战后，由于袁绍忧死，刘备退出逐鹿中原，南依刘表，中原叱咤风云的英雄只剩了一个曹操。袁绍废长立幼，导致袁氏兄弟相残，曹操趁机各个击破，先破袁尚，后灭袁谭，高干归降，完成了对北方的统一。建安十年，高干复叛，引发河东骚乱，迟滞了曹操北征乌桓，但无损北方大局。

孝献皇帝己

汉献帝建安六年（辛巳，公元201年）

春，［二月初一日丁卯］朔，发生日食。

曹操移军到粮食充足的安民县。曹操认为袁绍刚被打败，想乘机攻击刘表。荀彧说："袁绍既然刚刚战败，部众一定涣散，应趁他危困，彻底平定，而你却想远征长江、汉水，如果袁绍召集他的残余部众，乘虚而出现在我们的后方，那么您的事业就结束了。"于是曹操暂停攻击刘表。夏季，四月，曹操在黄河边显扬兵力，攻击在仓亭驻守的袁军，将其打败。秋季，九月，曹操回到许县。

曹操亲自率领军队在汝南进攻刘备，刘备奔投刘表，龚都等全都逃散。刘表听说刘备到来，亲自到郊外迎接，用上宾的礼节接待刘备，给他增加兵力，让他驻守在新野。刘备在荆州住了几年，有一次他在刘表那里作客，起身上厕所，忽然感叹流泪。刘表感到奇怪，询问刘备，刘备说："以前经常身不离马鞍，屁股上的肉都瘦了。如今不再骑马，屁股上的肉长了出来。日月如流水，我都快老了，而功业还没有创立，所以悲怆！”

曹操派夏侯渊、张辽到东海征讨，包围了昌豨，几个月后，粮食告尽，就商量率军退回。张辽对夏侯渊说：“连日以来，每次巡视外围阵地，昌豨的目光总是注意我，他的箭也射得更少了；这一定是昌豨心中犹豫，所以不全力奋战。我想挑逗和他说话，也许可以引诱他归降。”于是派人去对昌豨说：“曹公有令，让张辽传达给你。”昌豨果然走下城墙与张辽讲话。张辽就对他称颂曹操的神武，正以恩德安慰四方，先归降的人可领受大赏。昌豨便答应归降。张辽单身一人上了三公山，到昌豨家里，以礼会见昌豨的妻子儿女。昌豨很高兴，跟着张辽去拜见曹操；曹操派昌豨返回。

赵韪在成都包围了刘璋。东州人惧怕被诛灭，就互相鼓励拼力奋战，赵韪因而战败逃走，在江州被追上遇害。庞羲恐惧，派官吏程祁向他的父亲汉昌县令程畿宣明旨意，索求賨兵。程畿说：“郡里集合军队，原本不是犯上作乱，即使有谗言诽谤，最要紧的是尽职献忠，如果因此怀有异心，我不敢听命。”庞羲再次派程祁去游说程畿，程畿说：“我接受州牧刘璋的恩惠，应当为他尽忠，你为庞羲的官吏，自应为他效力。不合乎道义的事情，宁死不为。”庞羲大怒，派人对程畿说：“不听太守的命令，大祸就降临到你的全家。”程畿说：“从前乐羊吃他儿子的肉，并非没有父子恩情，是为大义才这样做的。如今即使把程祁煮成肉汤来赐给我，我也得喝下去。”庞羲便向刘璋深表歉意。刘璋提拔程畿为江阳太守。

朝廷听说益州发生叛乱，派五官中郎将牛亶为益州刺史；征召刘璋为列卿，刘璋不接受。

张鲁用鬼神邪道教诲民众，让病人忏悔自己的过失，便为病人祈祷；其实无益于治病。然而一些人昏聩愚昧，竞相信奉他。他对犯法者，原谅三次，然后才行刑；不设立长官，全都以祭酒来治理。民众与夷人感到方便，非常高兴，流落寄居于此的人，不敢不信奉他的鬼道。后来张鲁袭击夺取了巴郡。朝廷无力去讨伐，于是就恩赐任命他为镇民中郎将，兼任汉宁太守，张鲁只是进献朝廷一点贡物罢了。

百姓中有人在地下获得一枚玉印，张鲁的部众想尊奉张鲁为汉宁王。功曹巴西人阎圃劝谏说：“汉水流域的民众，有十多万户，资财丰裕，土地肥沃，四面险固；作为太守上可辅佐天子，成就齐桓公、晋文公那样的功业；次可做窦融那样人，不失富贵。如今要以秉承天子名义称王，那就要自行设立官职，势必切断向齐桓、晋文功业和窦融富贵的道路，岂不是自找称王的麻烦吗！希望暂且不称王号，不要先招惹灾祸。”张鲁听从了阎圃的意见。

（以上为第一段，写官渡之战后各方重新蓄积力量。曹操治乱徐州，刘备南依刘表，益州刘璋、汉中张鲁，保境安民。）

汉献帝建安七年（壬午，公元 202 年）

春季，正月，曹操驻军谯县，又到达浚仪县，修建睢阳渠。曹操派专使用太牢祭祀桥玄。进军官渡。

袁绍自从在官渡战败后，悔恨交加，生病吐血。夏季，五月，逝世。

当初，袁绍有三个儿子，袁谭、袁熙、袁尚。袁绍的后妻刘氏偏爱袁尚，多次在袁绍面前称颂他，袁绍也想把袁尚作为自己的继承人却未明说。于是袁绍把袁谭过继给自己的哥哥，任青州刺史。沮援劝谏说："有一万人在追赶一只兔，只要有一个人抓到兔子，其余想得到兔子的人只好作罢，这是因为名分已定的缘故。袁谭是长子，应当作为继承人，却把他排斥到外地居住，灾祸就要从这里开始。"袁绍说："我想让儿子们各自占据一州，好来考察他们的能力。"于是派二儿子袁熙做幽州刺史，外甥高干为并州刺史。

逢纪、审配一向被袁谭嫉恨，辛评、郭图都依附袁谭，而和审配、逢纪有矛盾。等到袁绍去世后，众人认为袁谭是长子，想拥立他。审配等害怕袁谭继位后受到辛评等人的迫害，就假造袁绍的遗嘱，拥立袁尚为继承人。袁谭来到冀州，不能继位，自称为车骑将军，驻守黎阳。袁尚只给他很少的兵力，而且派逢纪跟随他。袁谭请求增加兵力，审配等商量后又不给。袁谭发怒杀死逢纪。秋季，九月，曹操渡过黄河攻打袁谭。袁谭向袁尚告急，袁尚留守邺城，亲自率兵援助袁谭，与曹操两军对峙。持续交战，袁谭、袁尚屡屡战败，只好退兵坚守城池。

袁尚派自己任命的河东太守郭援和高干、匈奴南单于合力攻击河东郡，派出使者与关中各位将领马腾等联合行动，马腾等暗中回应，郭援攻下一路所经过的城邑。河东郡官吏贾逵守卫绛县，郭援发动了凌厉的攻势，绛县城即将陷落，城中长老与郭援约定，不杀贾逵就归降，郭援答应了。郭援想要贾逵为部将，用武力胁迫他，贾逵不为所动，左右拉着贾逵让他叩头，贾逵斥责他们说："哪里有国家的官吏给贼匪叩头的！"郭援发怒，要杀死贾逵，有人就伏在贾逵身上来救护。绛县的官民听说郭援要杀贾逵，都登上城墙大喊："背信弃义杀掉我们贤明的君子，我们宁愿一起拼死！"于是郭援把贾逵关在壶关土窖中，用车轮盖住。贾逵对看守他的人说："难道这里没有好汉吗，而让义士死在地窖中？"有个叫祝公道的人，恰好听到贾逵的话，就在夜里前往，偷偷地领着贾逵出了土窖，砸开枷锁，放跑贾逵，没有说出自己的姓名。

曹操命令司隶校尉钟繇在平阳围攻南匈奴单于，还没有攻下，敌人的救兵就赶到了。钟繇派新丰县令冯翊人张既游说马腾，为他陈述利害。马腾犹豫不决。傅干对马腾说："古人说过这样一句话：'顺德者昌，逆德者亡。'曹公尊奉天子，诛除暴乱，法纪严谨，政治修明，上下听命，驱使胡人来侵扰中国，这就是逆德。如今将军已经侍奉有道的曹公，却怀有二心，想坐观成败；我担心成败有了结果后，曹公奉天子之命来追究你的罪过，将军就会第一个被诛杀啊！”马腾恐惧。傅干乘机进言说：“有智慧的人能转祸为福。如今曹公与袁氏对峙，而高干、郭援合力攻击河东郡，曹公纵然有万全之计，也不能控制河东郡的局势不出现危险。将军如能率兵征讨郭援，内外夹击他，势必取胜。将军的这一举动，就切断了袁氏的一只手臂，解救了一方的危急，曹公一定会深深地感谢将军的德行，将军的功名将无与伦比。”马腾于是派儿子马超率兵一万多人与钟繇会合。

起初，围攻平阳的各位将领，认为郭援兵力强大，想解围离开平阳。钟繇说：“袁氏力量正强，因此郭援到来，关中众将领暗中与郭援交通，他们没有全部背叛的原因，是考虑我的威名。如果解围离去就表明我们虚弱，这里的民众，谁都会成为我们的敌人，如果我们想再回来，能办得到吗？这就是还没有作战就已自败。况且郭援刚愎自用，一定会轻视我军，如果他要渡过汾水扎营，等他的部众还没有完全渡过汾水时出击，便可以取胜。”郭援来了，果然直接向前要渡过汾河，众人劝阻，他不听从。郭援部众渡河还不到一半，钟繇出击，把郭援打得大败。战斗停止后，众人都说郭援已死但未找到他的首级。郭援是钟繇的外甥。稍后，马超的司隶校尉南安人庞德，从装弓箭的袋中拿出一颗人头，钟繇看见便哭泣起来。庞德向钟繇表示歉意，钟繇说：“郭援虽然是我的外甥，但他是叛贼，你有什么可道歉的！”南匈奴单于于是投降。

（以上为第二段，写袁绍忧死，因其废长立幼，为袁氏兄弟相残伏笔。）

刘表派刘备向北侵扰，到达叶县，曹操派夏侯惇、于禁等抵抗刘备。刘备忽然烧毁军营撤离，夏侯惇等追赶刘备。裨将军巨鹿人李典说：“贼敌无故退却，我疑心一定有埋伏。南边的道路狭窄，草木深密，不能追击。”夏侯惇等不听，让李典留守而自己率兵追赶，果然中了埋伏，军队惨败。李典前往救助。刘备才退去。

曹操给孙权发去公文要求孙权派儿子作为人质。孙权召集部属商量，张昭、秦松等犹豫不决。孙权招呼周瑜到自己母亲吴夫人跟前商议这件事，周瑜说：“从前楚国最初的封地，方圆不到一百里。后继的子孙贤明能干，拓展疆域，终于占据荆州、扬州，传承基业延续爵位，共九百多年。如今将军继承父兄的事业，拥有六郡的民众，兵精粮多，将士听命，开山采铜，煮海水制盐，境内富裕，人心安定，有什么力量能逼迫你而要送去人质？人质一旦送去，那就不得不跟随服从曹操鞍前马后，亦步亦趋，那时曹操再下令征召将军你就不能不去，这样一来，就要受人控制，最多不过得一侯印，仆从十几人，车几辆，马几匹，怎能跟南面称孤相比呢？不如不送人质，慢慢观察时局的变化。如果曹操能遵守道义来治理天下，将军再归顺他也不晚；如果图谋暴乱，他自保都来不及，又怎能害人呢？”吴夫人说：“周公瑾的话是正理，周公瑾和孙策同年，只小一个月，我把他看成自己的儿子，你要把他看作哥哥来尊敬。”于是孙权没有送人质。

（以上为第三段，写孙权拒绝征质，与曹操分庭抗礼。）

汉献帝建安八年（癸未，公元 203 年）

春季，二月，曹操攻打黎阳，与袁谭、袁尚在黎阳城下作战，袁谭、袁尚战败逃跑，回到邺城。夏季，四月，曹操追击到邺城，收割了邺城周围的麦子；众将领要乘胜进攻邺城，郭嘉说：“袁绍爱这两个儿子，不知立谁最合适。如今两人权力相当，各有党羽，局势危急就会团结，情况缓和就会争斗。不如南向荆州攻打刘表，以等待他们自相残杀的变化，然后再攻击，可一举平定。”曹操说：“好！”五月，曹操返回许县，留下部将贾信驻守黎阳。

袁谭对袁尚说：“我军的铠甲不好，所以先前被曹操打败。如今曹操军队撤离，将士思归，等他们没有完全渡过黄河时，出动军队追杀他们，可使敌军全面溃散，这个良策不可失去。”袁尚怀疑袁谭的动机，既不给袁谭增兵，也不改换铠甲。袁谭大怒，郭图、辛评乘机对袁谭说：“让你已故的父亲把你过继给伯父，全是审配的谋划。”袁谭于是率兵攻击袁尚，在邺城门外大战，袁谭战败，率兵回到南皮县。

青州别驾北海人王脩，率领吏民从青州去援助袁谭，袁谭想再回头去攻打袁尚，王脩说：“兄弟好比是左右手。好比一个人将要去打斗却砍断自己的右手说：‘我一定能胜’，可以吗？抛开自家兄弟而不亲近，天下还有谁可亲近？那些说人坏话，离间别人的骨肉亲情来求得一时的益处，希望你堵住耳朵不要听。如果杀掉几个奸臣，兄弟重新相亲和睦，治理四方，就可以横行天下。”袁谭不听从。袁谭部将刘询在漯阴起兵背叛袁谭，各城都响应。袁谭叹息说：“现在整个州的人都反叛，难道是我没有德行吗？”王脩说：“东莱太守管统，虽在海外，这个人不会反叛，一定会来。”十几天后，管统果真抛弃妻子儿女来追随袁谭，管统的妻儿却被叛贼杀掉。袁谭改任管统为乐安太守。

秋季，八月，曹操攻击刘表，在西平驻扎军队。

袁尚亲自率兵攻打袁谭，把袁谭打得大败，袁谭逃到平原，据城固守。袁尚围攻得很凶猛，袁谭派辛评的弟弟辛毗到曹操那里求救。

刘表写信劝导袁谭说：“君子遇难而不到仇国去，绝交而不用恶语伤人，更何况是丢掉先父的大仇，抛开兄弟亲情的友好，而要做出万世引以为戒，使同盟者都感到羞愧的事呢？如果袁尚有不尊重兄长的怠慢，你应当忍辱负重，以成就事业为要务，事成之后，让天下人评定你们的曲直是非，难道不也是高尚的道义吗？”刘表又写信给袁尚说：“金、木、水、火，以刚柔相济，才能使得它们和谐，被人使用。袁谭天性严格急躁，不辨是非曲直。你宽宏大量，容忍他绰绰有余，应当以大包小，以优容劣，先除掉曹操来了却你们先父的遗恨，事成之后，再来评定曲直是非，不是很好吗？如果迷途而不返，那么胡人、夷人就将有讥讽的言语，何况我们这些同盟者，还能努力为你效力吗？这正是良犬韩卢、狡兔东郭相互驱逐，两败俱伤，而让老农轻松捕获的原因。”袁谭、袁尚都听不进去。

辛毗到西平拜见曹操，向他传达袁谭的心意，曹操部属多数人认为刘表强盛，应该先平定他，袁谭、袁尚不值得担心。荀攸说：“天下正争斗激烈，而刘表坐保长江、汉水一带，可见他没有兼并天下的大志。袁氏占领四州之地，拥有几十万人马，袁绍因宽厚获得民心，假如他的两个儿子和睦相处来保护已有的基业，那么天下的祸乱难以平定了。如今他们兄弟结怨相争，势不两立，如果有一人被火并，那么他们的势力就合二为一，合二为一后就难对抗了，趁他们内乱而攻占他们，天下就能平定了，这样的时机不可丢失。”曹操接受了荀攸的建议。

几天后，曹操改变主意要先平定荆州，让袁谭、袁尚自相残杀，辛毗观察曹操的脸色，知道有变，就把这种情况告诉郭嘉。郭嘉报告曹操，曹操对辛毗说：“袁谭一定可以相信，袁尚一定能被打败吗？”辛毗回答说：“明公不要管他是诚信还是欺诈，只需直接来谈论当前的形势。袁氏本是兄弟相互攻击，并没有想到别人能离间他们来利用，只认为自己可以平定天下。”如今袁谭忽然向明公您求救，其走投无路的情况就可知了。袁尚看到袁谭陷入困境却不能攻取，这说明他已势衰力竭了。军队在外吃败仗，谋臣在内被诛杀，兄弟内乱，国分为二，连年攻战征伐，将士们的甲胄里长了虱子，加上旱灾蝗灾、饥荒一并发生；上有天灾相应，下有人祸困扰，百姓中无论是聪明的人还是傻瓜，都知道袁氏统治要土崩瓦解了，这是上天要灭亡袁尚的时候啊。如今明公去攻打邺城，袁尚不回军救助，邺城就不能自守；袁尚回军救援，袁谭尾追其后。凭借明公的威力，对付一个穷困的敌人，打击一个疲惫的贼寇，无异于疾风扫秋叶一样。上天把灭亡袁尚的机会送给了明公您，而明公您却不接受而去讨伐荆州；荆州年丰民乐，国家没有灭亡的兆头。仲虺说过：‘敌人混乱就去攻取，敌人有灭亡的迹象就去欺负。’现今二袁不从长远着想而内部相互谋害，已是混乱了；居住的人没有食物，行路的人没有干粮，已是有灭亡的迹象了。朝不保夕，民不聊生，你不去安抚平定，想等待来年再去夺取，来年或许丰收，加上袁氏兄弟自己醒悟，认识到相斗要被灭亡而改正错误修养道德，这样就会失去用兵的最好机会。现今利用袁谭的请救而去安抚他，没有比这更有利了。何况四方的敌人，没有比占领黄河以北的袁氏更强大的了，平定了黄河以北，那么朝廷的军队就会更强大而使天下震动。”曹操说：“好！”于是答应袁谭媾和请援的要求。

冬季，十月，曹操进兵到达黎阳。袁尚听说曹操渡过黄河，就解除对平原的包围回救邺城。袁尚部将吕旷、高翔叛变归降曹操，袁谭又暗中刻好将军的印章送给吕旷、高翔。曹操知道袁谭的诡计，就让儿子曹整娶袁谭的女儿，用来安抚袁谭，然后率领军队返回。

孙权向西讨伐黄祖，打败他的水军，只有城池没攻下，而这时山越人再次骚动。孙权回军，经过豫章郡，派征虏中郎将吕范平定鄱阳、会稽，派荡寇中郎将程普讨伐乐安，建昌都尉太史慈接管海昏县任代理县令，派出别部司马黄盖、韩当、周泰、吕蒙等兼任有山越人居住的县的县令、县长，讨伐山越，全部平定。建安、汉兴、南平三县的百姓反叛，各聚众一万多人，孙权派南部都尉会稽人贺齐进军征讨，又都一一平定，重建县城，从归降的叛民中挑选出士兵一万人；任命贺齐为平东校尉。

（以上为第四段，写袁氏兄弟相残，曹操渔人得利。孙权镇抚山越。）

汉献帝建安九年（甲申，公元204年）

春季，正月，曹操渡过黄河，筑堤坝导引淇水流入白沟，用来沟通运粮的水道。

二月，袁尚再次进兵平原攻打袁谭，留下部将审配、苏由驻守邺城。曹操进军到洹水，苏由准备作为内应，阴谋泄露，出城投奔曹操。曹操进军到邺城，堆土山、挖地道来攻打邺城。袁尚委任的武安县长尹楷驻守毛城，保护通向上党的运粮道路。夏季，四月，曹操留下曹洪攻击邺城，自己率兵攻打尹楷，获胜回师；又攻打留守邯郸的袁尚部将沮鹄，攻占了邯郸。

易阳县令韩范、涉县长梁岐都率领全县军民向曹操投降。徐晃进言曹操说：“二袁尚未击败，那些没有被攻下城池的官吏们都在倾听投诚者的消息，应当表扬赏赐易阳、涉县这两个县的官吏，以此展示给其他县城的人看。”曹操采纳了这个意见。韩范、梁岐都被赐爵关内侯。黑山军首领张燕派使者请求曹操派兵资助，曹操任命张燕为平北将军。

五月，曹操拆除土山、地道，挖壕沟围邺城，周长达四十里，壕沟开始挖得很浅，看起来好像可以飞身越过。审配远远看到，讥笑不已，不出兵阻拦。曹军乘夜加紧挖掘，在一夜之间将壕沟扩展挖成深宽各两丈的大壕堑，引来漳水灌满，结果城中饿死的人超过了一半。

秋季，七月，袁尚率领士兵一万多人回救邺城，他还没到达，想让审配知道城外的动静，先派主簿巨鹿人李孚进城，李孚就砍下树枝作为鞭打士兵的刑杖，绑在马身边，自己头上戴着武官的头巾，率领三名骑士，黄昏时来到邺城城下；他自称是都督，巡视北边的围城阵地，沿着城墙上的标志向东走，不断呵斥守围的将士，根据所犯过失的轻重予以惩罚。于是路过曹操的军营前，到达南边的围城阵地，巡视到章门，又呵斥守围的将士，把他们捆绑起来。然后乘机打开阵前的围栏，飞奔到城下，向城上守卫的士兵呼唤，城上的士兵用绳子把他们吊上去，李孚等得以进城。审配等见到李孚，悲喜交加，击鼓欢迎，高呼万岁。围困邺城阵地的将士向曹操报告李孚进城的情况，曹操笑着说：“这些人不仅能够进城，而且正要出来。”李孚也知道外面包围得更加严实，不能再冒充曹军，就请审配放出全城的老弱病残，以便节约粮食，夜里，挑出几千人，让他们都手拿白旗，从三个城门一起出来投降。李孚还率领原来的三名骑士，身上穿着和其他投降的人一样的衣服，混在这些人中乘夜出城，突围而去。

袁尚的军队已到达邺城，曹营的各位将领都认为："这是回救的军队，人人都独自奋力作战，不如回避他们。"曹操说："袁尚从大路来，应当避开他；如果是沿着西山而来，这就要成为我们的俘虏了。"袁尚果然沿着西山来，东进到阳平亭，离邺城十七里，临滏水扎营。夜里，袁尚军燃起火堆，告诉城中守军，城中守军也点火回应。审配等从城北出兵，想和袁尚夹击突围。曹操迎击袁军，审配战败退还城中，袁尚也战败逃跑，沿着曲折的漳水扎营，曹操于是包围袁尚。还没有合围，袁尚恐慌，派使者求降；曹操不许，围攻得更紧。袁尚乘夜逃跑，守护祁山，曹操又进军包围袁尚；袁尚部将马延、张凯等临阵投降，袁尚全军溃散，逃奔中山。曹军收缴了袁军的全部辎重，获得袁尚的印绶、符节、斧钺以及衣物，用它向邺城守军展示，城中守军斗志崩溃。审配命令士兵们说："坚守死战！曹军已经疲惫，袁熙就要到了，何必担心没有主人！"曹操巡视围城的阵地，审配埋伏强弩射他，差点命中。

审配哥哥的儿子审荣任东门校尉，八月初二日戊寅，夜里审荣打开城门放曹操的军队进城。审配在城中抵抗，曹军活捉了审配。辛评一家被关在邺城监狱，辛毗奔驰前往，想救出他们，但已被审配全部杀光。曹操的士兵捆着审配押到曹操的大帐下，辛毗迎面用马鞭抽打审配的脑袋，大骂审配说："奴才，你今天死定了！"审配回头对他说："狗东西，正是你们这帮家伙，毁我冀州，恨不得杀死你；再说今天你有权力让我死还是让我活吗？"过了一会儿，曹操引见，对审配说："前些天我巡视围城阵地时，怎么有那么多弓弩？"审配说："我还恨太少了！"曹操说："你忠诚于袁氏，也是身不由己吧。"曹操有意想给审配一条活路。审配意气壮烈，始终没有说一句求饶的话，而辛毗等人则号哭不止，曹操只好杀死审配。冀州人张子谦先归降了曹操，一向与审配不和，笑着对审配说："审正南，你跟我比究竟怎么样？"审配厉声道："你是叛徒，我是忠臣，我愿意赴死，难道还羡慕你苟活偷生？"临刑时，呵斥刽子手让自己面向北边，说："我的君主在北面。"曹操亲临袁绍墓前祭祀，痛哭流涕；慰问袁绍的妻子，退回袁绍家里的财宝，赏给彩色的绸缎丝绵，并供给粮食。

起初，袁绍和曹操共同起兵，袁绍问曹操："如果维护汉室没能成功，那么应当占领哪一个地方呢？"曹操说："您的意思如何？"袁绍说："我南据黄河，北倚燕、代，招集北方戎狄的民众，向南面争夺天下，大概可以成功吧！"曹操说："我使用天下的智谋和力量，用道义来控制他们，无论在什么地方都可以。"

九月，下诏任命曹操兼职冀州牧；曹操辞去兖州牧职务。

（以上为第五段，写曹操大败袁尚，攻克冀州。）

起初，袁尚派从事安平人牵招到上党督办军粮，还没有回来，袁尚逃到中山，牵招劝说高干依靠并州迎接袁尚，合力观察时局的变化，高干不从。牵招就东走去投奔曹操，曹操任命牵招为冀州从事；又征辟崔琰为别驾。曹操对崔琰说："昨天我查阅了户籍，可以获得三十万人，所以冀州是一个大州。"崔琰回答说："如今九州分裂，二袁兄弟同室操戈，冀州百姓，尸骨遍野，没有听到天子的军队询问民间风俗，救民于水火之中，却去计算丁壮数目，唯独把它放在首位，这哪里是我冀州百姓对明公的期望呢？"曹操立即改变脸色向崔琰道歉。

许攸恃功骄傲自大，曾经在很多人在座的场合直呼曹操的小名："阿瞒，你不是靠我，不能得到冀州！"曹操笑道："你说得对。"可是心里不高兴，后来终于杀了他。

冬季，十月，有孛星出现在东井星区。

高干投降曹操，交出并州，曹操仍任命高干为并州刺史。

曹操围攻邺城的时候，袁谭再次叛离曹操，攻略甘陵、安平、勃海、河间。袁谭又到中山攻击袁尚，袁尚战败，逃到故安，跟从袁熙；袁谭全部收编了袁尚的残部，回军驻守龙凑。曹操写信给袁谭，责备他违约，与他断绝婚姻，让女儿回家，然后进军讨伐。十二月，曹操进军驻屯在其门。袁谭攻下平原，退守南皮县，兵临清河驻守。曹操攻下平原，平定周围的几个县。

曹操上表推荐公孙度为武威将军，册封为永宁乡侯。公孙度说："我在辽东称王，哪来什么永宁乡侯！"把印绶藏进武器库里。这一年，公孙度死去，儿子公孙康继位，就把永宁乡侯册封给他的弟弟公孙恭。

曹操因为牵招曾替袁氏管理过乌桓的事务，就派他到柳城，安抚乌桓。正碰上乌桓峭王整装了五千骑兵，准备资助袁谭。另外，公孙康派使者韩忠送给峭王单于印绶。峭王正与所有部落酋长会议，韩忠也在座。峭王问牵招："从前袁绍说受天子之命，封我为单于；如今曹公又说还要上奏天子，封我真单于；辽东又派使者送印绶来。这样，哪一个的任命才是正统呢？"牵招回答说："从前袁公能代表天子的旨意任官封爵；中间袁公违逆了天子的旨意，由曹公取代他，因而曹公说要再次奏报天子，册封你为真单于；辽东只是朝廷属下的一个郡，怎么能有权任官封爵呢？"韩忠说："我辽东在沧海之东，有兵一百多万，又有夫余、濊貊人为我所用，当今的局势是强者为尊，曹操怎么能专擅此事呢？"牵招呵斥韩忠说："曹公诚信、谦恭、开明、睿智，辅佐拥护天子，征伐叛逆的人，安抚顺从的人，安定四海。你们君臣奸诈凶顽，如今倚仗险要僻远，违反王命，想擅权任官封爵，亵渎神器，正当诛除格杀，怎敢诬蔑诋毁曹公大人！”就抓住韩忠的头往地上磕，抽出刀来要杀他。峭王惊惧，打着赤脚跑过来抱住牵招，护救韩忠，周围的人大惊变了脸色。牵招才回到座位上，向峭王等诉说成败得失，祸福的结局；于是满座离开席位，跪拜在地，敬受天子之命，就拒绝了辽东的使者，解除了整装待发的骑兵。

（以上为第六段，写牵招奉使安辑乌桓，不辱朝命。）

丹阳郡的大都督妫览、郡丞戴员杀了太守孙翊。将军孙河驻守京城，闻讯后驰赴宛陵，妫览、戴员又杀了孙河；妫览、戴员派人迎请扬州刺史刘馥，让刘馥居留在历阳，妫览、戴员则留在丹阳与刘馥呼应。

妫览住进太守的军府中，想强逼孙翊的妻子徐氏嫁给他。徐氏骗他说：“请您等到月底让我祭奠丈夫脱去丧服后，然后再做决定。”妫览同意了。徐氏暗中派亲信告知孙翊亲近的旧将孙高、傅婴等和她一起策划除去妫览，孙高、傅婴流着眼泪答应了，两人秘密找来孙翊生前优厚供养的二十多名侍从，一起盟誓合谋。到了月底，设礼祭祀。徐氏痛哭，表达哀思，祭奠结束，就脱去丧服，熏香沐浴，谈笑欢快。府中大小莫不悲痛，都对徐氏的这般举止感到惊讶。妫览也偷偷察看，不再疑虑。徐氏呼唤孙高、傅婴潜伏在房里，派人请妫览进来。徐氏出门拜见妫览，只拜了一拜，徐氏就大声呼喊：“两位可以动手！”孙高、傅婴一齐奔出，合力杀掉妫览，其余的人立刻到外面杀死戴员。徐氏于是重新穿上丧服，捧着妫览、戴员的首级，到孙翊的墓前祭奠，全军为之惊骇。

孙权听到叛乱，从椒丘回军，到了丹阳，把妫览、戴员的余党全部灭族，提拔孙高、傅婴为牙门将，其余的按照不同的等级加以赏赐。

孙河的儿子孙韶，才十七岁，收集孙河的余部驻守京城。孙权率军返回吴郡，夜里到京城的城下扎营，派出军队伪装攻击孙韶，试探孙韶是否惊惧。结果孙韶的士兵都登上城墙，传达军令，严密守备，杀声动地，向城外射击，箭如雨下。孙权派人告喻守军，才停止了攻击。第二天孙权召见孙韶，任命他为承烈校尉，率领孙河的部众。

（以上为第七段，写孙权整顿江东内乱。）

汉献帝建安十年（乙酉，公元 205 年）

春季，正月，曹操进攻南皮，袁谭出城迎击，曹军士兵伤亡很多。曹操想暂缓攻打，议郎曹纯说：“现在孤军深入，难以持久，如果进攻不能得胜，撤退一定会损伤军威。”曹操于是亲自拿起鼓槌击鼓，以此作为进攻将士的榜样，终于攻下南皮。袁谭出城逃跑，被曹军追杀。

李孚自称冀州主簿，求见曹操说："如今城中强弱相残，人心动乱，我建议应派出刚刚归降的，又能让城中人认识和信服的人来传达英明的教令。"曹操当即派李孚进城，告示官民，安居乐业，不得相互侵犯，城中才安定下来。曹操这时杀掉了郭图等人及其妻子儿女。

袁谭派王脩到乐安运送军粮，王脩听到袁谭危急，率领所统帅的部众奔赴救援，到达高密，听到袁谭的死讯，下马痛哭道："没有您，我将投奔哪里？"就去拜见曹操，请求收葬袁谭的尸体，曹操答应了，重新委派王脩回乐安，督运军粮。袁谭所属的各城全都降服，只有乐安太守管统不肯。曹操命令王脩去擒拿管统，王脩认为管统是亡国的忠臣，就松了绑，送管统去见曹操，曹操很高兴，赦免了管统，还举荐王脩为司空掾。

郭嘉劝曹操多征召青、冀、幽、并四州的名士委任为属官，使人心归附，曹操采用了这一建议。官渡之战时，袁绍命陈琳写征讨曹操的檄文，历数曹操的罪恶，上连曹操的家世，极尽丑化诽谤。等到袁绍战败，陈琳归降曹操，曹操说："你先前为袁绍作檄书，只能数落我的罪状，怎么能往上牵连到我的父亲和祖父呢？"陈琳谢罪，曹操赦免了陈琳，还让他和陈留人阮瑀一起管掌记室之职。

早先渔阳人王松占据了涿郡，郡中人刘放劝说王松举郡归降曹操，曹操任命刘放为参司空军事。

袁熙被自己的部将焦触、张南打败，和袁尚一起逃到辽西郡的乌桓部落。焦触自称幽州刺史，威逼各郡太守，各县的县令、县长叛离袁氏归向曹操，陈兵几万人，杀白马盟誓，发出命令说："有敢违抗的人就杀掉他们。"众人没有谁敢仰视的，各人按顺序歃血盟誓。别驾代郡人韩珩说："我蒙受袁公父子的厚恩，如今他们已经失败，我的智慧不能救援，我的勇气不能殉死，节义已经丧失；但是北向臣服曹氏，恐怕我也做不到。"满座的人担心韩珩而惊恐失色。焦触说："大凡做大事情，应当建立大义，事情的成败，不在乎一个人，可以成全韩珩的志向，以勉励侍奉君主的人。"于是放走了韩珩。焦触等人投降曹操，都被册封为列侯。

夏季，四月，黑山贼首领张燕率领部众十几万人投降，被册封为安国亭侯。

故安人赵犊、霍奴等杀死幽州刺史和涿郡太守，三个郡的乌桓部族在犷平攻击鲜于辅。秋季，八月，曹操征讨赵犊等人，斩杀了这些人，乘胜渡过潞水救援犷平，乌桓部众逃往塞外。

（以上为第八段，写曹操灭袁谭，河北悉平。）

冬季，十月，高干得知曹操征讨乌桓，重新据守并州叛乱，逮捕了上党郡太守，率兵把守壶关口。曹操派部将乐进、李典进攻高干。河内人张晟聚众一万多人，侵扰崤山、渑池一带，弘农人张琰起兵与张晟呼应。

河东郡太守王邑受到征召，郡掾卫固和中郎将范先等拜见司隶校尉钟繇，请求王邑留任。钟繇不允许。卫固等表面上请求王邑留任，只是一个借口，而内心却要与高干通谋。曹操对荀彧说："关西的各位将领，外表服从却内怀二心，张晟抢掠崤山、渑池一带，南与刘表勾结，卫固等趁机反叛，会成为大祸害。当今河东是天下的冲要重地，你为我推举一名贤才来镇守。"荀彧说："西平太守京兆人杜畿，他的勇敢足以承担危难，他的智慧完全可以应付事变。"曹操就任命杜畿为河东太守。钟繇催促王邑交出郡守符节，王邑佩戴着印绶，直接从河北县回到许县，向朝廷交割。

卫固等派兵几千人切断黄河上的陕津渡口，杜畿到达，几个月无法渡过黄河。曹操派夏侯惇讨伐卫固等，夏侯惇还没到达，杜畿说："河东有三万户人民，并不想叛乱。只是现今被叛兵逼得太紧，想从善的人没有领头的，一定会恐惧而屈从卫固，这样卫固等人就势大而团结，如果讨伐他不能获胜，酿成的祸乱就不会停止；如果讨伐他取得胜利，这就要残害一郡的人民。况且卫固等还没有公开拒绝王命，表面上是以请求留任原太守为名，必然不会杀害新太守，我单车直入，出其不意，加之卫固为人计谋多但无决断力，一定假意接受我，我能在郡中留住一个月，用计笼络他就行了。"于是杜畿另外走捷径从郖津渡过了黄河。

范先想杀掉杜畿来威镇部众，就暂且观察杜畿的去留，便在郡府门前杀死主簿以下三十多人，杜畿行动和往常一样，于是卫固说："杀了杜畿没有什么用处，只能留下坏名声；况且他还掌握在我们的手里。"就奉杜畿为太守。杜畿对卫固、范先说："卫家、范家是河东的望族，我得依仗你们才能办成事情。然而君臣上下要有确定的名分，因为成败是绑在一起的，郡中大事应当共同商量。"杜畿任命卫固为都督，署理郡丞事务，兼任功曹；将校官兵三千多人，都由范先统领。卫固等人十分高兴，虽然表面上侍奉杜畿，实际没把杜畿放在眼里。卫固想大量征兵，杜畿为此担忧，劝卫固说："如今大肆征兵，必然会骚动民心，不如慢慢地用钱来招募士兵。"卫固认为对就同意了，但招募得到的士兵却很少。杜畿又告喻卫固等人说："人情爱家，各位将领和属官，可以轮流回家休息，有急事再召他们不难。"卫固等人害怕违反众人的心愿，又同意了。于是善良的人大多留下在外值勤，这些人暗中成为杜畿自己的帮手，性恶凶狠的人大多分散，各自回到自己的家中。

恰巧黑山军张白骑攻打东垣，高干进入濩泽。杜畿知道河东所属各县依附自己，于是出城，只带领几十名骑兵，奔赴坚固的壁垒而据守，官民们纷纷举城援助杜畿，过了几十天，得到四千多人。卫固等和高干、张晟一起攻击杜畿，不能攻克；侵扰各县城，也没有什么收获。曹操派议郎张既向西征召关中众将领马腾等，带兵来会合攻击张晟等，联军取得了大胜，斩了卫固、张琰等的脑袋，其余的党羽全都被赦免。

于是杜畿治理河东，努力推行宽厚仁惠的政治。百姓有来打官司的，杜畿为他们陈述道义事理，让他们回去仔细思量，乡亲父老都各自责备自己，不敢去告状。杜畿鼓励农耕蚕桑，教导人民畜牧，百姓家家富裕。然后兴办学校，举荐孝弟，整治军务，讲习武事，河东郡终于平安。杜畿在河东郡任职十六年，政绩总是天下之最。

（以上为第九段，写高干据并州叛，曹操委派杜畿守河东。）

秘书监、侍中荀悦撰写了《申鉴》五篇，奏报天子。荀悦是荀爽哥哥的儿子。当时大权掌握在曹操手中，天子只是向南面端坐罢了，荀悦立志向君主进献宜兴宜革的诤言，但他的智谋无处施展，所以撰写此书。该书的大要说："治理政治的方法，首先是摒弃四患，然后才能推行五政。以虚伪干扰风俗，以营私毁坏法纪，以放纵僭越正轨，以奢靡破坏制度，这是乱政的四大积弊，如果不把它摒弃，那么就无法推行政治，这叫四患。振兴农桑用来养育芸芸众生，明辨好恶用来端正民间风俗，宣扬文教用来昭明社会德化，建立武备用来维护天子威严，赏罚分明用来统一朝廷法令，这叫五政。人不怕死，不可能用惩罚来使他恐惧；人不乐生，不可能用从善来勉励他。所以在上位的统治者，要先使人民的财物丰富，用以安定民心，这就叫养活芸芸众生。是善是恶要以功以罪来衡量，是毁是誉要用实效来查验。言行一致，名副其实，没有虚伪欺诈来迷乱民心。因此世俗没有奸诈怪异，百姓没有糜乱淫风，这就叫端正民间风俗。荣誉与耻辱是赏罚的重心，所以用礼教荣辱来管理君子，感化他的性情；用枷锁和鞭打来管理小人，规范他的行为。如果教化遭到毁弃，就是把中间的人推向陷入小人之中；如果教化实行，就是把中间的人引导走向君子的道路，这就叫昭明社会德化。在上位的统治者一定要有武备，用以预防意外，安宁时用于内政，战乱时用于军事，这就叫维护天子的威严。赏罚是政治的根本。君主不滥赏，并不是爱惜钱财，因为如果滥赏，那么善行就得不到奖励；君主不乱罚，并不是怜悯恶人，因为乱罚，那么恶行就得不到惩罚。赏赐不能产生鼓励作用，就是阻止行善，刑罚不能产生惩罚作用，就是纵容作恶。在上位的统治者能够不阻止下面行善，不纵容下面作恶，那么国法就确立了，这就叫统一朝廷法令。四患得到摒除，五政得到建立，就要诚心实施，坚持固守，简要但不松懈，疏阔但不遗漏，无为而治，天下就太平了。"

（以上为第十段，摘载荀悦所作《申鉴》有关政体和时事的内容，委婉地表达自己的政治主张，用以讥刺曹操的专权。）

【点评】

本卷点评三事：一是袁氏兄弟相残；二是益州赵韪反叛刘璋；三是荀悦作《申鉴》。

一、袁氏兄弟相残。袁绍生年，史无明载，但从他二十弱冠为濮阳长，随后守丧六年，归隐洛阳，举为大将军掾的事迹推断，官渡之战时袁绍四十二三岁，略与曹操相当，依相关材料推定，约生于公元158年，官渡败北，正步入不惑的盛壮之年。可是官渡之战后只两年，袁绍就吐血而死。说明官渡失败，注定了袁绍政治上的彻底覆灭。袁绍虽死，而祸犹未已。袁谭、袁尚兄弟不睦，互相攻杀，给曹操分化瓦解、逐个击破提供了可乘之机。

袁绍有三个儿子，依次为谭、尚、熙，外甥高干。绍留次子在身边，却把其他几个放在外任，各据一州。长子袁谭为青州刺史，三子袁熙为幽州刺史，外甥高干为并州刺史。袁绍如此安排诸子，口头上冠冕堂皇，让诸子各据一州以观其能，其实偏爱之情益显。因为袁尚被留在身边，所据之州即冀州，明显将其定为继承人，废嫡立庶，废长立幼，乱了宗法制度，不可避免地要引起内乱。袁绍煞费苦心，把袁谭过继给早已死去的兄长，这样依次袁尚为嫡子，但这样的掩耳盗铃之计是毫无意义的。结果是造成军中以谭、尚为首分裂为两派。审配、逢纪矫诏遗命，奉袁尚为冀州牧，郭图、辛评拥护袁谭以长争位。兄弟火并，曹操坐收渔人之利。公元205年，曹操破冀州，灭袁谭，北上幽州，袁尚、袁熙率残部入乌桓。公元206年又灭高干。袁绍统治河北，极有声望，因此幽、冀吏民追随袁尚、袁熙者十余万户，有可能成为二袁东山再起的凭借。公元207年北征乌桓，迫使辽东太守公孙康斩二袁。至此袁氏家族便彻底覆灭了。

宗法制度不是万灵药，但宗法制度是维系家天下的理论基础，谁破坏了它，谁就要遭到祸殃。袁绍自食恶果，而殷鉴不远，荆州刘表又继其后。才略不世出的曹操也险些重蹈覆辙。感情与理性的矛盾，剪不断，理还乱，英雄也难免。

二、赵韪反叛刘璋。刘焉入蜀，收容南郡、三辅逃入益州的数万家难民，全部编为部曲，称“东州兵”，用以作为自己的统治基础。东州集团的吏士也被大量启用。赵韪，东汉末官吏，曾为太仓令。赵韪追随刘焉入蜀，为东州集团上层大吏。刘焉死后，赵韪拥戴刘璋，任征东中郎将。由于刘璋宽仁，缺少威严，纵容东州人暴虐益州土著，赵韪拍案而起，倒向益州土著，率领军民反叛刘璋，蜀郡、广汉、犍为等郡纷纷响应，很快队伍壮大达数万人。赵韪外联刘表，领兵进围成都。由于东州人害怕益州人报复遭到屠杀，拼死力战，赵韪战败，向东撤退。东州兵紧追赵韪，赵韪在江州（今重庆市）被追上，送了性命。这件事暴露了益州地区政权基础不牢，益州土著的利益被外来人分享，而且外来人还占了上风，矛盾不可调和。中央政权稳固时尚可维持，一旦削弱，矛盾立现。后来刘备入蜀，又带来一个荆州集团。诸葛亮《前出师表》，向后主所荐人才，一共七人，六人是荆州人士，只有张裔一人是益州土著。贤如诸葛亮，也未能大胆启用益州土著，这是形势使然。公元263年邓艾入蜀，光禄大夫谯周建言投降，邓艾不战而下成都。蜀汉政权，基础不固，所以最先灭亡。由赵韪事件，可以观之矣。

三、荀悦作《申鉴》。荀悦是东汉末著名史学家，他长于《春秋》，精熟编年史体。汉献帝因《汉书》文繁难读，命荀悦删摘《汉书》，荀悦便依《左传》体例，改写为编年体《汉纪》三十卷，号称名著，时人评为“辞约事详”。荀悦是尊奉儒家传统的，维护汉献帝的权威，不满曹操专横跋扈，但他手无寸铁，只能在舆论上做文章，而且荀悦也没有孔融那样的胆量，不敢公然与曹操叫板，讽喻的锐气也没有，所以只能转弯抹角以政论形式来表达自己的主张，只是不合时宜的空论，在当时并没有什么影响。

资治通鉴（白话本） 卷第六十五

汉纪五十七

汉献帝建安十一年至十三年（公元206—公元208）

【起柔兆阉茂（丙戌，公元206年），尽著雍困敦（戊子，公元208年），凡三年】

【大事提要】

本卷记事起公元206年，讫公元208年，凡三年，当汉献帝建安十一年至建安十三年。三年间，神州大地又起大波澜，历史发生重大转折，三分天下的序幕伴随赤壁大战而拉开。北方曹操灭高干，平定三郡乌桓，灭袁尚、袁熙，扫除了袁氏残余势力，巩固了北方的统治，没有了后顾之忧，掉转矛头，大举南下，志欲一鼓作气荡平江南。曹操南下，第一步就是要夺取荆州。江东孙权，此时也已巩固了对江东的统治，抢先于曹操在公元208年春发动了争荆州之战，一举歼灭了替荆州防守东大门江夏的黄祖，同时也报了杀父之仇。南依刘表的刘备，在公元207年三顾茅庐，请得诸葛亮出山辅佐，诸葛亮献隆中对策，规划三分，第一步也是要夺取荆州。公元208年的赤壁之战，就是曹孙刘三家争夺荆州之战。结果，三分荆州，三分天下的序幕由此拉开。

孝献皇帝庚

汉献帝建安十一年（丙戌，公元206年）

春季，正月，有孛星出现在北斗星区。

曹操亲自率领军队攻打高干，留下嫡长子曹丕驻守邺城，委任别驾从事崔琰辅佐曹丕。曹操包围壶关，三月，壶关投降。高干亲自到匈奴请求援救，单于不肯；高干独自和几名骑兵逃跑，想向南投奔荆州，被上洛县都尉王琰捉住，斩了首级，并州全部平定。

曹操委派陈郡人梁习以别部司马的职位兼任并州刺史。当时，兵荒马乱之后，胡人、狄人势大称雄，官民叛逃进入其部落，各个地方豪强拥有部众，各自为害一方。梁习到任后，用诱导、晓谕等手段来招抚，一律用礼节征召那些豪强，逐渐地推荐任用他们，让他们到州府里任职；等这些豪强的势力被铲除后，就征发强壮的青年为兵，称为义从，又因大军出征，就让各位将领分割占有义从为勇士。官兵离去后，逐步迁走他们的家属，前后送往邺城，总计几万人；那些不听从命令的，派兵去讨伐，杀头的人以千数计，投降归附的人以万数计。单于态度恭顺，部落各王也叩拜顺从，服役纳贡，和在册的百姓一样。边境安宁，百姓遍布，梁习勉励农桑，执法令行禁止。老人们称颂，认为在自己的所见所闻中，刺史中还没有一个像梁习的人。于是梁习把在并州境内避难的各地名士，河内人常林、杨俊、王象、荀纬以及太原人王凌等，举荐给朝廷，曹操全部任命为县长，后来他们都扬名于世。

起初，山阳人仲长统游学到并州，拜见高干，高干待他很好，向他征询对世事的意见。仲长统对高干说："你有雄心大志但没有雄才大略，喜欢士人但不能选拔人才，这些是你要深刻引以为戒的。"高干向来自视才高，对仲长统说的话很不高兴，仲长统于是离开了高干。高干死后，荀彧推荐仲长统为尚书郎。仲长统撰有《昌言》一书，讲治乱兴衰的事，大意是说："受天命的豪杰，并不是一开始就拥有天下的名分，当他没拥有天下的名分时，就用战争来争取，所以天下的人就纷纷而起。等到斗智的人都穷尽了智囊，斗力的人都一一失败，到了形势不能再抵抗，力量不可再较量时，这些人才管束自己，俯首听命。再到继承人都登上帝位时，豪杰们雄心早已灰飞烟灭，民心已经安定，显贵之家习以为常，至尊地位只有一人。这个时候，即使是下等的蠢材处在至尊的地位，也能使他的恩德和天地一样，威信与鬼神等同，即便有几千个周公、孔子也无法再实行他们的圣德，有百万个孟贲、夏育也无法再显扬他们的勇力。那些后继的愚蠢的君主，看见天下没有谁敢与他违抗，自以为自己的君位如天地一样永恒，于是放纵嗜好，膨胀邪欲，君臣公开淫乐，上下一同作恶，荒废朝政，遗失人才。被信任亲近的都是些奸佞谄媚的人；被宠贵推重的尽是那嫔妃的家族，终于到达熬尽天下膏脂，榨尽万民骨髓的地步，怨声载道，民不聊生，灾祸战乱，一时俱起，中国纷扰，四夷侵扰，朝廷土崩瓦解，大厦一朝倒塌，从前那些被我养育的子孙，如今都是饮我血的仇敌。到了气数已尽，大势已去，还不能觉悟的人，难道不是由于富贵产生不仁，沉醉导致愚昧的结果吗？朝代兴亡因此更替无穷，天下的治理与战乱从此周而复始，这是天地运行的规律。"

秋季，七月，武威太守张猛杀死雍州刺史邯郸商；雍州的军队杀死张猛。张猛是张奂的儿子。

八月，曹操向东讨伐海盗管承，到达淳于县，派部将乐进、李典打败了管承，管承逃向海岛。

昌豨又叛乱，曹操派于禁讨伐并杀了他。

这一年，册立前琅邪王刘容的儿子刘熙为琅邪王。削除齐、北海、阜陵、下邳、常山、甘陵、济阴、平原八国都为郡县。

乌桓趁天下混乱，掳掠汉民十多万户，袁绍把他们各部落的酋长都立为单于，把平民家的姑娘视作自己的女儿，嫁给单于们做妻子。辽西乌桓酋长蹋顿最强大，受到袁绍的优礼，所以袁尚兄弟去投奔蹋顿，他们经常进入塞内侵掠，想帮助袁尚再收回旧地。曹操率兵进攻，并开凿平虏渠、泉州渠来沟通粮运。

孙权攻击山贼的麻、保两屯，平定他们。

（以上为第一段，写曹操灭高干，凿平虏渠、泉州渠，为北征乌桓、扫荡袁氏残余做准备。摘载仲长统《昌言》。）

汉献帝建安十二年（丁亥，公元207年）

春季，二月，曹操从淳于县返回邺城。二月初五日丁酉，曹操上奏封赏大功臣二十多人，全都封为列侯。还上表称赞万岁亭侯荀彧的功劳，三月，加封荀彧一千户。又授给荀彧三公的职位，荀彧派荀攸去向曹操转达自己推让的深切心愿，以致十次之多，曹操才作罢。

曹操将要攻打乌桓。各位将领都说："袁尚只是一个逃犯罢了，夷狄贪婪而无亲情，岂会被袁尚利用。现在深入征讨，刘备一定劝说刘表率兵袭击许县，万一有变乱，就后悔莫及了。"郭嘉说："明公虽然威震天下，胡人却依靠他们地处偏远，一定没有防备，攻其不备，可以打败歼灭他们。况且袁绍对百姓和夷狄都有恩惠，而袁尚兄弟还活着。如今四州的民众，只是迫于武力威吓而归附，我们的恩德尚未施及他们，如果我们放过他们而南征，袁尚利用乌桓的势力，召集愿为主子效命的臣属，胡人一出动，百姓夷狄一起响应，致使蹋顿萌发野心，妄生非分的计划，这样，恐怕青州、冀州就不属我们所有了。刘表只不过是一个坐谈的清客，自知才能不足可以控制刘备，重用刘备担心不能控制，轻用刘备则刘备不会卖力，即使倾国远征，明公也不必担心。"曹操听从了郭嘉的意见。大军行进到易县，郭嘉说："兵贵神速。如今离千里之远袭击敌人，辎重太多，难以获得有利战机，而且他们听到消息，一定严加预防；不如留下辎重，部队轻装兼程前往，打他一个出其不意。"

起初，袁绍几次派使者到无终征召田畴，还就地授予田畴将军印，让他安抚部众，田畴都拒绝了。等到曹操平定了冀州，河间人邢颙对田畴说："黄巾军闹事以来，二十多年，天下动荡，百姓流离失所。如今所说曹公法令严整。人民憎恨战乱，乱到极点就想回归太平，请允许我先去试一试。"于是邢颙整装回到乡里。田畴说："邢颙是人民中的先知先觉者。"曹操任命邢颙为冀州从事。田畴愤恨乌桓杀死许多本郡的著名官宦士人，想去讨伐却力量不够。曹操派使者征召田畴，田畴告诉他的门客赶快打点行李。门客说："从前袁公敬慕你，五次来礼聘，你都守义不屈；如今曹公的使者一来，你却好像是恐怕赶不上的样子，为什么？"田畴笑着说："这不是你能懂的道理。"田畴于是随使者到曹操军中，曹操任命他为蓨县令，随军驻扎无终县。

此时正是夏天，雨水绵延，而沿海地势低洼，道路泥泞不通，敌人又把守切断了交通要道，军队无法行进。曹操为此担心，就去问田畴。田畴说："这条道路在秋夏两季常常积水，因为积水不能通车马，由于水不深又无法行船，这个困难存在许久了。过去北平郡府治设在平冈，道路通过卢龙塞，到达柳城；从光武帝建武以来，这条道路崩塌中断，已经两百年了，但还有小路可行。敌人现在认为我们大军应当取道无终，无法行进就要撤退，因此放松没有防备。如果偷偷回军，从卢龙口越过白檀险阻，进入没有设防的空虚之地，路近而方便，攻其不备，蹋顿可不战而被擒获。”曹操说：“好！”于是率军回转，并在水边路旁树起大木牌，上写：“现正当夏季，气候炎热，道路受阻，且待秋冬，再来进军。”敌人的侦察骑兵见到木牌，果真以为大军撤去了。

曹操命田畴率领他的部众为向导，登上徐无山，开山平谷，五百多里，经过白檀，通过平冈，穿过鲜卑族部落和王庭，向东直指柳城。离柳城不到二百里时，敌人才得以发现。袁尚、袁熙和蹋顿以及辽西单于楼班、右北平单于能臣抵之等，率领几万骑兵迎战曹军。八月，曹操登上白狼山，突然和敌军相遇，敌人众多。曹操的辎重在大军后面，士兵穿铠甲的很少，左右的人都感到惧怕。曹操登上高处，望见敌人阵容队列不整齐，就出动军队进攻敌军，派张辽为前锋，敌军全线崩溃，曹军斩杀了蹋顿和各部落酋长以下的敌人，胡人、汉人投降的有二十多万。

辽东单于速仆丸和袁尚、袁熙投靠辽东太守公孙康，他们的部众还有几千骑兵。有人劝曹操乘胜追击，曹操说：“我正考虑让公孙康杀掉袁尚和袁熙，并把他们的首级送来，无须出兵。”九月，曹操率军从柳城班师。公孙康想斩杀袁尚、袁熙的首级以立功，于是事先在马棚里埋伏精兵勇士，然后请袁尚、袁熙进来，还未坐定，公孙康喝令伏兵捉拿了他们，于是杀死袁尚、袁熙和速仆丸，把他们的首级一并送给曹操。将领中有人问曹操：“明公您班师回军后，公孙康才杀袁尚、袁熙，为什么呢？”曹操说：“公孙康一向畏惧袁尚、袁熙，我把他们逼急了，那么他们就会联合，我把他们放松了，那么他们就会自相残杀，形势就是这样。”曹操把袁尚的首级悬挂起来示众，命令三军：“敢有为他哭丧的，斩！”牵招独设祭悲哭，曹操认为他有忠义，推荐为茂才。

这时天寒干旱，方圆二百里无水，军队又缺乏食物，于是杀了几千匹马作为食物，挖地三十多丈深才见水。军队到许县，曹操查询先前劝阻出兵人的姓名，众人中没有谁知道其中的缘故，人人都很害怕。曹操对查出的人一一厚赏说：“我先前出兵，带着侥幸去冒风险，虽然获胜，是上天的保佑，冒险不能作为常规，而诸位的劝谏才是万安的计策，因此加以厚赏，以后不要害怕讲话。”

（以上为第二段，写曹操平定三桓乌桓，灭袁尚、袁熙，彻底清除袁氏残余。）

冬季，十月初三日辛卯，有孛星出现在鹑尾星区。

十月十七日乙巳，黄巾军杀死济南王刘赟。

十一月，曹操回军到达易水，乌桓代郡部落单于普富卢、上郡部落单于那楼都来恭贺。

曹操班师回来，论功奖赏，用五百户封田畴为亭侯。田畴说："起初我是为刘虞报仇，带领部众逃走，我的志向没有实现，义节没有完成，反以此谋利，这不是我本来的意愿。"坚决推辞不受。曹操知道他的诚心，没有强迫他改变志向，同意了。

曹操北征乌桓，刘备劝说刘表袭击许县，刘表没有采用。等到得知曹操班师回来，刘表对刘备说："没有采用你的意见，所以失去了这个大好机会。"刘备说："现在天下分裂，天天在打仗，机会来了，哪能就到头了呢？如把握好以后的机会，那么对这次失误也不足遗憾了。"

这一年，孙权向西攻击黄祖，劫掠黄祖的人民得胜而归。

孙权母亲吴氏生了重病，她召见了张昭等人，嘱托后事之后逝世。

起初，琅邪人诸葛亮寄居襄阳隆中，常把自己比为管仲、乐毅；当时没有谁赞同，只有颍川人徐庶和崔州平完全相信。崔州平是崔烈的儿子。

刘备在荆州时，向襄阳人司马徽访求贤士，司马徽说："儒生俗士，哪能识时务，识时务的人是俊杰。本地就有卧龙和凤雏。"刘备问是谁，司马徽说："诸葛孔明和庞统。"徐庶到新野拜见刘备，刘备十分器重他。徐庶对刘备说："诸葛孔明是卧龙，将军愿意拜见他吗？"刘备说："你和他一起来。"徐庶说："这个人只可以去拜访他，而不能召他来，将军应当屈驾去见他。"

刘备于是去拜访诸葛亮，一共去了三次，才见到他。刘备让左右的人回避，然后对诸葛亮说："汉室江山倒塌，奸臣把持朝政，我不估量自己的道德和力量，想伸张大义，但智谋浅薄，因此遭到失败。直到今天，可我的志向还没有消失，先生说说我该怎么办？"诸葛亮说："如今曹操已经拥有百万大军，挟天子以令诸侯，你确实不能与他对抗。孙权占据着江东，已经历三代，地势险峻而民众归附，贤才被他任用，只能与他结为盟友不能图谋他。荆州北面依靠汉水、沔水，南面直达南海，东面接连吴郡、会稽，西面通向巴郡、蜀郡，这是一个用武之国，而它的主人不能守住，这大概是上天留给将军的资本。益州险峻，沃野千里，是天府之地。刘璋昏庸无能，张鲁在北面，百姓殷实、国家富裕，却不知道抚恤，有智慧才能的人盼望得到开明的君主。将军既然是皇室的后裔，信义闻名四海，如果拥有荆州、益州，守卫好险峻，安抚和好戎族、越族，与孙权结为盟友，对内修明政治，对外观察时变，那么霸王之业可以告成，汉朝王室可以中兴了。"刘备说："好极了！"于是与诸葛亮日益亲切。关羽、张飞不高兴，刘备向他们解释说："我得到了孔明，犹如鱼儿获得水一样。希望你们不要再说了。"关羽、张飞才不说话了。

司马徽高洁文雅，有知人之明。同县人庞德公一向有大名，司马徽把他当兄长对待。诸葛亮每次到庞德公家，都独自在床下拜见庞德公，庞德公一点也不禁止。

庞德公的侄子庞统，小时候朴实拙钝，没有人看出庞统有才能，只有庞德公和司马徽器重他。庞德公曾经说诸葛亮是“卧龙”，庞统是“凤雏”，司马徽是“水镜”。因此司马徽与刘备谈话时，称赞诸葛亮和庞统。

（以上为第三段，写刘备三顾茅庐，诸葛亮发表隆中对，替刘备谋划天下三分。）

汉献帝建安十三年（戊子，公元208年）

春季，正月，司徒赵温征辟曹操的儿子曹丕。曹操上表说：“赵温征辟臣的子弟，推举竟然不符实际。”下诏罢免了赵温。

曹操回到邺城，建造玄武湖训练水军。

起初，巴郡人甘宁率领家奴八百人归降刘表，刘表是个文人，不熟习军事，甘宁观察刘表终究难以成就大业，恐怕一旦部众散离，自己也牵连受害，想东入吴郡。黄祖驻在夏口，甘宁的军队无法通过，便留了下来，依靠黄祖三年，黄祖把甘宁当作普通人对待。孙权攻击黄祖，黄祖军败逃跑，孙权的校尉凌操率兵紧紧追击。甘宁善于射箭，领兵断后，射死凌操，黄祖才得以幸免。收军回营，黄祖对待甘宁依旧如原样。黄祖的都督苏飞多次推举甘宁，黄祖不重用。甘宁想离去，但无法脱身；于是苏飞向黄祖报告，任命甘宁为邾县县长。甘宁于是逃走投靠孙权，周瑜、吕蒙共同推荐他，孙权对甘宁特别礼遇，跟旧臣们一样。

甘宁向孙权献策，说：“现今汉朝的统治日益衰落，曹操终将成为篡位的强盗。南方荆州地区，山川险峻，确实是国家西边的屏障。我甘宁观察刘表，既没有深谋远虑，他儿子更是顽劣不堪，不能继承基业。您应当及早做好打算，别落在曹操的后面。图谋的计划是应先歼灭黄祖。黄祖已年迈昏庸到了极点，财物粮食都缺乏，左右的人贪婪纵欲，官兵们心中怨恨，舟船兵器，残破不修，荒废农耕，军无法纪，您现今前去，一定可以打败他。一旦打败黄祖的军队，就大张声势地向西进军，占领楚关，势力就更壮大，便可以逐步谋取巴蜀了。”孙权深深赞同。张昭当时在座，责难甘宁说：“如今吴郡人心惶惶，如果大军真的西行，恐怕会引致祸乱。”甘宁对张昭说：“国家把萧何那样的重任托付给你，你留守而忧虑祸乱，怎能效法古人呢？”孙权举杯向甘宁敬酒说：“兴霸，今年西行征讨就如同这杯酒，我决定把它交付给你了。你只需努力筹划方针策略，果真打败了黄祖，那就是你的功劳，何必计较张长史的话呢？”

孙权于是西击黄祖。黄祖横江布阵两艘蒙冲战舰把守沔口，用棕榈搓成绳子绑系在石墩上，船上有一千人，用弩交替射击，箭如雨下，吴军不能前行。偏将军董袭和别部司马凌统一起为前锋，各自率领敢死队一百人，每人穿两副铠甲，乘坐大船，冲入蒙冲战舰之间，董袭亲自用刀砍断系船的两根绳子，蒙冲战舰失控横流，大军终于前进。黄祖命令都督陈就率领水军迎战。平北都尉吕蒙率领前锋，亲自杀死陈就，枭首示众。于是将士们乘胜追击，水陆并进，逼近黄祖的城池，出动全部精锐吴军攻城，终于破城屠杀。黄祖拼命逃跑，被追兵杀死，俘获男女几万人。

孙权先做好两个盒子，想用它装黄祖和苏飞的首级。孙权为各位将领摆酒筵庆功，甘宁下席叩头，鲜血和泪水一同流下。甘宁向孙权诉说往昔苏飞对他的恩情："我甘宁不遇上苏飞，肯定早已抛尸沟壑，也就不能在您手下效力了。如今苏飞罪该万死，我特向将军请求免他一死。"孙权被甘宁的话感动了，便对甘宁说："如今为你放了他，如果他逃走怎么办？"甘宁说："苏飞免除了身首异处的灾祸，蒙受了您再生的恩惠，赶他尚且不肯走，哪会逃跑呢？如果真像将军说的那样，把我甘宁的头装进盒里。"于是孙权赦免了苏飞。凌统怨恨甘宁杀死他的父亲凌操，时常想杀掉甘宁；孙权命令凌统不得怨恨甘宁，派甘宁领兵在其他地方驻守。

（以上为第四段，写孙权抢先发动争夺荆州之战，一举灭掉镇守荆州东大门江夏的黄祖。）

夏季，六月，罢免三公官署，恢复设立丞相、御史大夫。六月初九日癸巳，任命曹操为丞相。曹操任命冀州人别驾从事崔琰为丞相西曹掾，司空东曹掾陈留人毛玠为丞相东曹掾，元城县令河内人司马朗为主簿，司马朗的弟弟司马懿为文学掾，冀州主簿卢毓为法曹议令史。卢毓是卢植的儿子。

崔琰、毛玠共同掌管选举，他们所选拔任用的都是清廉正直的人，那些当时有很大的名声而行为不符做人的根本，始终得不到任用。他们选拔敦厚朴实的人，排斥浮华虚伪的人，进用谦和恭顺的人，抑制结党营私的人。因此天下之士无不以清廉的节操来勉励自己，即使是显贵尊荣的大臣，车辆服饰也不敢超过制度，以至地方官员回乡，光着脸面，穿一身普通旧衣，独自乘一辆柴车，文武百官进入官府，穿着朝服徒步行走，上面当官的清廉自洁，下边的百姓移风易俗。曹操知道后，感慨地说："使用人才像这样，使得天下人人自理，我还有什么可做的呢？"

司马懿少时聪慧通达，有雄才大略。崔琰对他的哥哥司马朗说："你的弟弟聪明诚实，刚毅果决，不是你能赶得上的！"曹操听说后，征召司马懿，司马懿借口风湿病而拒绝，曹操发怒，要逮捕他，司马懿害怕，接受了职位。

曹操派张辽驻守长社，临出发时，军中有谋反的人，夜里，军营中惊乱起火，全军骚乱。张辽对左右的人说："不要乱动！并不是全营的人都造反，一定有带头闹事的人，想用它来扰乱军心罢了。"就向军中下达命令："不造反坐着别动。"张辽率领亲兵几十人站在军营的中央，一会儿，全军安定，立刻抓到主谋者，杀了他。

张辽守长社，于禁屯颍阴，乐进驻阳翟，三位将领都意气用事，彼此不和。曹操派司空主簿赵俨同时参与三军的事务，每发生一件事，赵俨总是从中解说分明，于是三位将领亲密和睦。

起初，前将军马腾与镇西将军韩遂结拜为异姓兄弟，后来因为部众相互摩擦，成为仇敌。朝廷派司隶校尉钟繇、凉州刺史韦端给他们调解。征调马腾驻屯槐里。曹操将要讨伐荆州，派张既劝说马腾，命令他离开部队返回朝廷，马腾同意了。不久又犹豫，张既怕他改变主意，就下令沿途各县赶紧储藏粮草，二千石的官吏到郊外迎接，马腾不得已，向东出发。曹操上表推荐马腾为卫尉，任命他的儿子马超为偏将军，统领马腾的部众，把马腾的所有家属成员迁到邺城。

秋季，七月，曹操南下攻击刘表。

八月二十四日丁未，任命光禄勋山阳人郗虑为御史大夫。

八月二十九日壬子，太中大夫孔融被处死弃市。孔融依仗他的才华名望，屡次嘲弄侮辱曹操，说话偏激，多次顶撞曹操。曹操因为孔融名重天下，表面上虽然容忍，内心却非常憎恨。孔融又上奏书，说："应按照古代的王畿制度，京城千里以内不可建立封国。"曹操认为孔融议论的影响逐渐扩大，心里更加害怕。孔融和郗虑有矛盾，郗虑秉承曹操旨意，罗列孔融的罪行，命令丞相军谋祭酒路粹上奏说："从前孔融在北海国，看到王室不宁，就召聚部众图谋不轨。孔融又在与孙权的使者谈话时，诽谤嘲讽朝廷。先前和白丁祢衡行为放纵，言语荒唐，互相标榜。祢衡说孔融是'孔子不死'，孔融说祢衡是'颜回复生'。大逆不道，应处以极刑。"曹操于是逮捕孔融，把他的妻子儿女一起都杀了。

起初，京兆人脂习与孔融友好，时常告诫孔融过于刚强正直，一定会遭受灾祸。等到孔融死时，许县没有敢收尸的。脂习摸着孔融的尸体说："文举你舍弃我而去，我还要活着干什么？"曹操逮捕脂习，想杀了他，过了一会儿又赦免了他。

（以上为第五段，写曹操罢三公官，复置丞相，辟举人才，征召关西马腾入京，杀孔融，为大举南下做准备。）

当初，刘表有两个儿子刘琦和刘琮。刘表为刘琮娶了后妻蔡氏的侄女，蔡氏因此喜欢刘琮而讨厌刘琦。刘表妻子的弟弟蔡瑁、外甥张允得到刘表的宠爱，他们每天都更相诽谤刘琦而称誉刘琮。刘琦心中不安，找诸葛亮商议保全自己的办法，诸葛亮不回答。后来和诸葛亮一起登上高楼，令人除掉楼梯，对诸葛亮说："今天上不着天，下不着地，话从你口中出来，进入我的耳朵，可以讲了吗？"诸葛亮说："你难道不知道申生在国内遭危难，重耳到国外保平安吗？"刘琦心中领悟，暗中谋求离开的办法。正逢黄祖被杀，刘琦请求代理黄祖的职位，刘表就任命刘琦为江夏太守。刘表病重，刘琦返回去探望病情。蔡瑁、张允害怕刘琦见到刘表会触动父子之情，担心刘表改变托付后事的心意，就对刘琦说："将军命你镇抚江夏，这个责任十分重大；如今你离开部众擅自前来，一定会遭到责备而生气，损害父子的感情，加重他的病情，这不是孝敬之道。"便把刘琦阻挡在门外，使他无法见到刘表，刘琦流泪离开。刘表去世，蔡瑁、张允等拥立刘琮继位。刘琮把侯印交给刘琦，让他继承爵位。刘琦愤怒，把侯印抛到地上，准备趁着奔丧发难。正碰上曹操大军到来，刘琦就逃到江南。

章陵太守蒯越和东曹掾傅巽等劝刘琮归顺曹操，说："叛逆与顺从是一个人的大节，强大与弱小有一定的形势。以臣子的地位对抗君主，这是大逆不道；拿刚刚接管的荆州抵抗朝廷，一定会有危难；依赖刘备去对抗曹操，是抵抗不住的。这三方面都处于劣势，将凭什么来对付敌人？而且将军自己衡量一下，你能与刘备相比吗？如果刘备都不能抵御曹公，那么即使竭尽荆州的全力也不能保存自己；如果刘备可以抵抗曹公，那么刘备就不会甘居将军之下了。"刘琮听从了。九月，曹操进兵到新野，刘琮就以荆州归降，手持州牧符节迎接曹操。各位将领都怀疑刘琮有诈，娄圭说："天下纷乱，各自贪求王命来抬高自己，现今持符节来迎，这一定是真心诚意。"于是曹操进军。

当时刘备驻守樊城，刘琮不敢告诉刘备。刘备过了许久才发觉，就派亲信问刘琮，刘琮命属官宋忠到刘备那里宣明自己的旨意，此时曹操已经到了宛城，刘备于是大为惊惧，对宋忠说："你们这些人做事怎敢这样，为何不早点告知，现在灾难临头了才告诉我，这不是太过分了吗？"刘备抽出刀来指着宋忠说："现在即便砍下你的头，也不足以消心头之恨，而且大丈夫也耻于在离别时还杀死你们这种人？"打发宋忠离去。刘备就召集部属共同商量，有人劝刘备攻击刘琮，可以得到荆州。刘备说："刘表临死时把遗孤托付给我，为了自救而背信弃义，我所不为，真这样我死了有什么脸面去见刘表呢！"刘备率领他的部众离开了樊城，路过襄阳时，停下马来大声喊刘琮，刘琮吓得不能站立。刘琮左右亲信和荆州的人大多随从刘备。刘备路过刘表的墓，向他告别，哭泣而去。等到行进到当阳时，有部众十几万人，辎重几千辆，每天行军十几里，另派关羽乘坐几百艘船，让他到江陵会合。有人对刘备说："应火速赶去保守江陵，如今虽然拥有大量的部众，但穿铠甲的人少，如果曹公的部队追来，我们拿什么抵抗？"刘备说："凡是完成大业一定要以人为本，现在众人随从我，我怎能忍心抛开他们离去！"

习凿齿评论说：刘玄德虽然颠沛流离、危险艰难却更讲信义，形势逼迫、事情紧急但言谈不失正道。怀念刘景升的旧恩，用真情感动了三军，眷恋追随大义的民众，那么民众就会甘心情愿和他患难与共。他最终成就了大业，不也是应当的吗？

刘琮部将王威劝刘琮说："曹操得知将军已经归降，刘备已经逃跑，必然松懈没有防备，可单独轻装挺进。若给我几千奇兵，在地势险峻的地方拦击，曹操就可以抓获。抓获了曹操，就威震四海，不仅仅是保守今天的样子了！”刘琮不采纳。

曹操因为江陵有军用物资，害怕刘备占领它，就留下辎重，军队轻装赶到襄阳。曹操听说刘备已过了襄阳，就亲自率领五千精锐骑兵急速追击，一日一夜行军三百多里，赶到当阳县的长坂追上了刘备。刘备丢下了妻子儿女，和诸葛亮、张飞、赵云等几十人骑马逃走，曹操缴获了大量的人马辎重。

徐庶的母亲被曹操抓获，徐庶告别刘备，指着自己的心说：“本想和将军共谋霸业，全凭这颗心。现在失去母亲，我心乱了套，留下来也无益于完成你的大业，请允许我在此分别。”于是投奔曹操。

张飞率领二十名骑兵断后，张飞据守岸边，拆除桥梁，瞪大眼睛横着长矛大声喊道：“我就是张翼德，谁来跟我决一生死！”曹操士兵没有敢靠近他的。

有人对刘备说：“赵云已经向北逃跑。”刘备用手戟掷向那人，说：“赵子龙不会弃我而逃。”不一会儿，赵云抱着刘备的儿子刘禅来到。刘备等人与关羽的船队相会，得以渡过沔水，碰见刘琦部队一万多人，会合一起，全都到夏口。

（以上为第六段，写曹操兵不血刃得荆州，刘备南走江陵，被曹操追及，兵败当阳县长坂。）

曹操向江陵进军，任命刘琮为青州刺史，册封为列侯，连同蒯越等，共十五人被封为侯。韩嵩从监狱被释放，曹操待以朋友之礼，让他品评荆州人士的优劣，都一一加以提升任用。曹操又任命韩嵩为大鸿胪，蒯越为光禄勋，刘先为尚书，邓羲为侍中。

荆州大将军南阳人文聘驻军在外，刘琮投降的时候，召呼文聘，想和他一起归降。文聘说：“我文聘不能保全荆州，应当在此等待处罚！”曹操渡过汉水，文聘才来拜见曹操。曹操说：“你来得为什么这么晚？”文聘说：“从前我不能辅佐刘表侍奉国家；刘表虽然去世，我常常希望驻守汉川，保卫疆土。这样活着才不辜负遗孤，死了也无愧于地下的刘表，但是决策不能由自己决定，以至于此，心里确实悲伤羞愧，没有脸面早来拜见！”于是痛哭流泪。曹操也感到悲怆，称呼他的表字，说：“仲业，你是个真正的忠臣。”对他厚礼相待，让他统领原来的部众，任命他为江夏太守。

起初，袁绍在冀州时，派使者迎请汝南郡的士大夫。西平人和洽认为冀州地势平坦，民性强悍，是英雄豪杰争夺的地方，不如荆州地势险要，民风柔弱，容易安身，于是来追随刘表。刘表礼待和洽为上宾。和洽说：“我之所以不跟随袁绍，是为了避开兵家必争之地。乱世中的昏庸君主不可靠近，久留不去，谗言恶念将会出现。”于是和洽南到武陵。刘表征召南阳人刘望之为从事，而他的两个朋友都因受到谗言诽谤被刘表杀了，刘望之又因为正直的劝谏与刘表不合，便辞官回乡。刘望之的弟弟刘廙对刘望之说：“赵简子杀窦鸣犊，孔子中途调转车轮，不去晋国。如今兄长你既不能效法柳下惠与世浮沉，随遇而安；就应该学习范蠡远远地迁到乱世之外，却只坐在家里就自以为断绝了与外界关系，恐怕不能这样吧。”刘望之不听，不久被杀，刘廙投奔到扬州。南阳人韩暨躲避袁术的征召，迁居到山都山。刘表又征召他，于是逃走隐居在孱陵。刘表十分痛恨他，韩暨惧怕，接受征召，被任命为宜城县长。河东人裴潜也得到刘表礼遇敬重，裴潜私下对王畅的儿子王粲和河内人司马芝说：“刘表缺乏霸王的才能，却想以周文王自居，他快要失败了！”于是南走长沙。此时，曹操任命韩暨为丞相士曹属，裴潜参议丞相军事，和洽、刘廙、王粲都当掾属，司马芝为菅县令，来顺应民心。

（以上为第七段，写曹操安抚荆州，优礼归降将士和官吏，大行封赏，举拔士人。）

冬季，十月初一日癸未，发生日食。

起初，鲁肃听说刘表死了，向孙权进言说：“荆州和我们的国土相邻接，江山险固，沃野万里，官民富裕，如果我们占有它，这是成就帝王的资本。如今刘表刚死，两个儿子不和睦，军队里的各位将领，也分裂成两派。刘备是天下的英雄，与曹操有旧怨，寄居在刘表那里，刘表忌恨刘备的才干不能为自己所用。如果刘备与刘氏兄弟同心协力，上下一致，那么就应当去安抚，与他们结为同盟；如果他们离心离德，应当另想办法来成就大业。我请求能奉命去向刘表的两个儿吊丧，并慰问他们军中的主事将领，说服刘备让他安抚刘表的部队，同心协力，共同对抗曹操，刘备一定会高兴同意。如果事情成功，天下就可以安定了。现在不赶快去，恐怕被曹操抢先。”孙权立刻派鲁肃出行。

鲁肃到了夏口，听说曹操已向荆州进兵，便昼夜兼程，刚到达南郡，刘琮已经投降，刘备向南逃跑，鲁肃直接迎向刘备，与刘备在当阳长坂相见。鲁肃说明孙权的意图，论述天下形势，对刘备表示关心。并且问刘备：“豫州现在准备去哪里？”刘备说：“我和苍梧太守吴巨有老交情，打算去投靠他。”鲁肃说：“孙讨虏聪明仁惠，敬重贤才礼遇士人，江东的英雄豪杰都归附他，现今已据有六郡，兵精粮多，足以创立大业。现在为您着想，不如派亲信去与江东的孙讨虏结盟，一起成就大业。而你想投奔的吴巨，他只是一个凡人，地处偏远的边郡，即将被人吞并，哪能去依靠呢？”刘备很高兴。鲁肃又对诸葛亮说：“我是诸葛子瑜的朋友。”随即两人相交成为朋友。子瑜是诸葛亮的哥哥诸葛瑾，避乱到江东，出任孙权的长史。刘备采用鲁肃的计划，驻军鄂县的樊口。

曹操从江陵即将顺长江东下。诸葛亮对刘备说：“情况危急，我请求奉命向孙将军求救。”诸葛亮于是和鲁肃一起到孙权那里。诸葛亮在柴桑拜见孙权，就对孙权说："天下大乱，将军在江东起兵，刘豫州在汉南聚众，与曹操争夺天下。如今曹操在北方铲除强敌，差不多已经平定；于是又击破荆州，威震四海。英雄无用武之地，所以刘豫州逃到这里，希望将军估量自己的能力应付目前局势！如果能用吴、越的部众与中原抗衡，那就不如早点与曹操断绝关系；如果不能抗衡，何不解除武装，北面称臣呢？现在将军表面上服从朝廷心中却犹豫不决，情况紧急却不能决断，大祸就要临头了！"孙权说："如果真像你说的那样，刘豫州为什么不向曹操投降呢？"诸葛亮说："田横，只是齐国的壮士罢了，尚且坚守节义，不屈辱投降，何况刘豫州是王室的后裔，英才盖世，众多人士敬仰，如同流水归向大海。如果事业不能成功，这是天意，怎么能屈服在曹操之下呢？"孙权勃然大怒说："我不能拿全吴的土地，十万大军，接受别人的控制。我决心已定！除了刘豫州没有能抵挡曹操的人，可是刘豫州刚刚失败，怎么能抵抗这场灾祸呢？"诸葛亮说："刘豫州的军队虽然在长坂战败，但如今回归的士兵加上关羽的水军仍有精兵一万人，刘琦集结江夏的士兵也不下一万人。曹操的部众远道而来，已疲乏不堪，听说追击刘豫州，轻装骑兵一日一夜行军三百多里，这正是所谓的'强弩射出的箭，到了末尾连鲁国的薄绸也穿不透'。所以《兵法》以此为忌讳，说：'一定会使上将军受挫。'而且北方人不习水战；荆州的民众依附曹操，是被武力所逼迫罢了，不是真心臣服。如今将军如能命猛将统兵数万，与刘豫州齐心合力，一定能打败曹操的军队。曹操的军队被打败，一定退还北方；如果这样，那么荆、吴的势力就强大起来，三足鼎立的形势便形成了。成败的关键，就在今天！"孙权非常高兴，就召集部属商议。

这时，曹操派人送信给孙权，说："近来奉天子之命讨伐叛逆，旌旗向南一指，刘琮束手投降。如今整治水军八十万，将和将军在吴地的打猎场上相见。"孙权把信拿给部属们看，个个惊慌失色。长史张昭等说："曹公是豺狼虎豹，挟天子征讨四方，动不动就说是朝廷的命令；今天抗他，事情就更加不顺。况且将军可以用来抵抗曹操最大的形势就是长江。现在曹操得到荆州，占领了这块地方，刘表训练的水军，蒙冲战舰就数以千计，曹操调动全部战船顺江东下，加上步兵，水陆并进，这样，所谓长江天险曹操已和我们共有了，而势力的大小又不能相提并论。我们认为最好的办法是归降曹操。"只有鲁肃一言不发。孙权起身上厕所，鲁肃追赶到屋檐下，孙权知道他有话要说，就握着鲁肃的手说："你想说什么？"鲁肃说："我刚才观察了一下众人的言论，全都是误导将军，完全不能与他们共谋大事。现今我鲁肃可以迎接曹操，将军就不能。为什么这么说呢？现今我鲁肃迎接曹操，曹操会让我回到乡里，评定我的名声和地位，至少还可以当一个下曹从事，可以乘坐牛车，有吏卒跟随，交结名流贤士，步步升迁，还能做到州郡的长官。将军迎接曹操，打算到哪里安身呢？希望早点确定大计，切莫采用众人的意见！"孙权感叹说："那些人的议论，让我太失望，现在你阐述的大计，正与我的想法相同。"

（以上第八段，写鲁肃与诸葛亮定计，以结盟说孙权，曹操东下逼使孙权下决心，推动了孙刘结盟。）

这时周瑜奉命来到番阳，鲁肃劝孙权召周瑜回来。周瑜回来后，对孙权说："曹操虽然名义上是汉朝宰相，实际是一个窃国大盗。将军凭着神武雄才，再依仗父兄的基业，割据江东，纵横几千里，军队精锐足以用力，英雄豪杰乐于效命，应当横扫天下，为汉朝铲除妖孽，现在曹操自来送死，怎么可以迎接他呢？请求让我替将军筹划一下吧。现今北方境内还未平定，马超、韩遂尚在关西，这是曹操的后患；而曹操抛开骑兵，依仗水军，想跟吴、越人争高下；眼下正是寒冬，战马没有草料；驱赶中原的士兵远来南方的江湖，水土不服，一定会生疾病。这几点都是用兵的大忌，而曹操都冒险进行，将军擒获曹操，时机就在今天！我请求统领几万精兵，进驻夏口，保证为将军打败曹军！"孙权说："曹操这个老贼想废汉自立已经很久了，只是害怕袁氏兄弟、吕布、刘表和我罢了；如今那几位英雄已被他歼灭，只有我还在。我和老贼势不两立，你说应当迎击，同我的意见完全相合，这是上天把你赐给我的啊。"孙权乘势拔出佩刀砍向面前的案几，大声说："各位将官有胆敢再说应当迎降曹操的，跟这张案几一样！"于是散会。

当天夜晚，周瑜又见孙权说："众人只是看到曹操信中说有水军步兵八十万，却不再核计它的虚实，就瞎说迎降曹操，真没意思。现今据实核计，曹操率领的中原士兵不过十五六万，而且已经很疲困；所得到刘表的部众最多七八万，还都心怀疑虑。用疲惫的军队去统率疑虑的部众，人数虽然众多，也不值得害怕。我周瑜只要有精兵五万，就足够制服敌人，请将军不必忧虑！"孙权拍着周瑜的背说："公瑾，你说的这些，很合我的心意。张昭、秦松众人，各自顾念妻子儿女，怀有私心，让人大失所望。只有你和鲁肃与我同心，这是上天派你们两人来帮助我。五万人难以一时聚结，已经挑选了三万人，船只、粮食、武器装备都备齐了。你和鲁肃、程普在前面出发，我将继续征调人马，多运辎重粮草，作为你的后援。你能对抗曹操就跟他决战，交战不如意，就回到我这里，我将跟曹操决一雌雄。"于是孙权任命周瑜、程普为左、右督，率兵与刘备合力迎击曹操。又委派鲁肃当赞军校尉，帮助制定战略方案。

刘备驻屯樊口，每天派巡逻兵到江边眺望，等候孙权的军队。巡逻兵看到了周瑜的船队，飞驰回营报告刘备，刘备派人慰劳周瑜。周瑜说："我军务在身，无法离开岗位，倘若刘豫州能屈尊光临，这是我希望的。"刘备只好乘一只小船去见周瑜，说："如今抵抗曹公，是很正确的决定。你有多少战士？"周瑜说："三万人。"刘备说："可惜少了点。"周瑜说："已足够了，刘豫州就看我打败曹军吧。"刘备想叫来鲁肃等共同会见，周瑜说："他有军务在身，如果想见他，你可以辞别另去拜访他。"刘备听了这话深感惭愧，但又高兴。

周瑜继续前进，与曹操在赤壁相遇。

（以上为第九段，写孙权大将周瑜主战，分析曹军虚实，坚定了孙权抗击曹操的决心。双方相遇于赤壁。）

当时曹操的军队，已发生了疾疫。刚一开战，曹军失利，退军停驻江北。周瑜驻军江南，周瑜的部将黄盖说："如今敌众我寡，难以持久。曹操军队正在把船舰连在一起，首尾相接，可以放火攻击赶走它。"于是用蒙冲战舰十艘，载着干荻和枯柴，把油灌在里面，外面裹上帷幕，插上旌旗，准备好快船，系在船尾。黄盖事先写信给曹操，谎称想投降。这时刮起了紧急的东南风，黄盖指挥十艘蒙冲舰行驶在最前面，到江心升起船帆，其余的船依次鱼贯前行。曹操军队的官兵都出营站立观看，用手指着来船说是黄盖来投降。黄盖离江北曹军二里多路时，同时点火，火烈风猛，火船箭一般地飞驶过去，烧光了江北的敌船，大火一直延烧到岸上的军营。顷刻间，烈火浓烟，遮天蔽日，人马被烧死淹死的非常多，周瑜等率领轻装精锐部队跟随其后，战鼓如雷，曹军大败。曹操率军从华容道徒步逃走，道路泥泞，难以通过，这时天气又刮起了大风，曹操让老弱残兵背草垫路，骑兵才得以通过。老弱残兵被人马踩踏，陷入泥潭中死的很多。刘备、周瑜水陆并进，追击曹操直到南郡。这时曹军又饿又病，死的人过半。曹操就留下征南将军曹仁、横野将军徐晃守卫江陵，折冲将军乐进守襄阳，自己率领军队回到北方。

周瑜、程普率领几万部众，与曹仁隔江对峙，还没有开战。甘宁请求先直接进军夷陵，他于是率军前往，随即攻下夷陵城，便进城防守。益州的将领袭肃率军来降，周瑜上表把袭肃的部众增加给横野中郎将吕蒙。吕蒙称赞说："袭肃有胆识，况且又仰慕归化远道来降，道义上应增加他的部众，不应吞并他的人马。"孙权认为吕蒙的话有道理，归还袭肃的部众。曹仁派出军队包围甘宁，甘宁被围困，形势危急，向周瑜求救，各位将领认为兵太少不够分派增援，吕蒙对周瑜、程普说："留下凌统在江陵，我与你同去，解围救急，要不了多长时间，我保证凌统能坚守十天。"周瑜听从了吕蒙的建议，在夷陵打败了曹仁的军队，缴获战马三百匹后回师。于是将士士气倍增，周瑜渡过长江，驻军北岸，跟曹仁对峙。十二月，孙权亲自率兵包围合肥，又派出张昭进攻九江的当涂，但没能攻下。

刘备上表推举刘琦为荆州刺史，带兵向南攻战四郡，武陵太守金旋、长沙太守韩玄、桂阳太守赵范、零陵太守刘度都投降。庐江营帅雷绪率领部众几万人归顺刘备。刘备任命诸葛亮为军师中郎将，让他监督零陵、桂阳、长沙三郡，征收三郡的赋税用来充实军备。委派偏将军赵云兼任桂阳太守。

益州牧刘璋听说曹操占领荆州，派别驾张松向曹操致敬。张松身材矮小，行为放浪，但见识高远、精明果断。曹操当时已平定荆州，赶跑了刘备，不再关怀礼待张松。主薄杨修劝曹操征辟张松，曹操没有采纳。张松因此怨恨，回到成都，就劝刘璋跟曹操断绝关系，与刘备结成同盟，刘璋听从了。

习凿齿评论说：从前齐桓公一旦夸耀功劳，而使九国叛离；曹操片刻的骄傲自大，而使天下三分。这都是花费了几十年辛勤经营的大业毁于旦夕之间，怎不可惜！

（以上为第十段，写赤壁之战，曹操战败北还，荆州三分，曹孙刘各占其一，因此三分天下的序幕，由此拉开。）

曹操追念田畴的功劳，后悔以前听从了田畴的推辞，说："这是成就了一人的志向而使王法制度受损。"于是再次用从前的爵位册封田畴。田畴上奏疏表达自己诚心，发誓宁死不受。曹操不同意，想逼迫他接受，以至于往返多次，田畴始终不受。有关部门弹劾田畴说："田畴自视清高，违逆大道，只图个人小节，应免除官职，加以处罚。"曹操把这事交付长子和大臣们广泛讨论。长子曹丕认为："田畴的行为，跟从前楚国的子文推辞俸禄，申包胥逃避赏赐一样，应该不夺取他的志向，还要表扬他的节操。"尚书荀彧、司隶校尉钟繇，也认为可以听从田畴的选择。曹操还想给田畴封侯。田畴一向跟夏侯惇友善，曹操就派夏侯惇去用友情劝说田畴。夏侯惇到田畴的住处劝说田畴，田畴知道他的意思，不再说话。夏侯惇临走时，坚决邀请田畴受命，田畴说："我田畴只是个负义避难的人罢了；承蒙恩惠保全性命，已经是很幸运了，怎么能靠出卖卢龙塞来换得封赏俸禄呢？纵使朝廷信任我田畴，难道我就不羞愧了吗？将军是一向理解我的，还要这样来逼迫我，如果一定这样，我没别的办法，情愿一死，我就把头割在你的面前。"话没说完，已经泪流满面。夏侯惇把情况如实报告曹操，曹操喟然慨叹，知道田畴不会屈从，于是任命他为议郎。

曹操的小儿子曹仓舒死了，曹操非常痛心。司空掾邴原的女儿早逝，曹操想请求把她与仓舒合葬。邴原拒绝说："给夭亡的人配婚，不合礼制。我邴原之所以能为明公接受，明公之所以能厚待我邴原，是因为我能遵守古训圣典而不改变。如果接受明公的命令，那么我就是平庸之辈，明公认为是这样的吗？"曹操只好作罢。

孙权派武威中郎将贺齐征讨丹阳郡黟县、歙县的贼寇。黟县的首领陈仆、祖山等率领两万户驻屯林历山，四周悬崖峭壁，无法进攻，军队屯驻了一个月。贺齐暗地招募身手灵敏的壮士，隐蔽在险要的地方，夜里用铁戈开凿岩缝秘密上山，然后悬下布条把下面的人拉上去。一共上了一百多人，他们散布在四面，擂响战鼓，吹起号角，贼寇大惊，把守路口的人都往回跑，依附大部队，贺齐的大军于是得以上山，大破贼寇。孙权就把黟、歙两县分为六个县，设立新都郡，任命贺齐做太守。

（以上为第十一段，写田畴辞封，邴原守义，孙权镇抚山越。）

【点评】

本卷最值得点评的，有两件事情，一是隆中对策，二是赤壁之战。

一、隆中对策。刘备在未得诸葛亮之前，转战了二十多年，先后依附过公孙瓒、陶谦、曹操、袁绍、刘表，两次得徐州，又两次失掉徐州，没有立足之地，势单力薄，寄人篱下，屯驻新野。公元 207 年，刘备在徐庶与司马徽的推荐下，“三顾茅庐”请出了诸葛亮，事业才有了转机。可以说，没有诸葛亮，就没有蜀汉。如此重要的人物出场，正是小说家的用武之地。《三国演义》重笔描写刘备、关羽、张飞一行，从年底直到来年阳春三月，历时数月，“凡三往”才见到了诸葛亮。第三次，刘备到了茅庐，进了草堂，又值诸葛亮正在睡眠，刘备不忍惊醒，又立等了数个时辰，气得张飞要放火烧房子。诸葛亮其实是故意观察，考验刘备的诚心，就如同战国时魏公子请侯嬴，侯嬴故意如市井中怠慢魏公子一样。诸葛亮摆够了架子，才肯相见，刘备也礼敬之极。当时诸葛亮二十七岁，刘备已四十七岁，两人相差了二十岁，刘备又是一个饱经风霜，身为帝室之胄的大人物。刘备并不因诸葛亮年轻而怠慢，他思贤若渴，推心置腹，诚问当今时势。诸葛亮被感动了，幸遇明主，把满肚子才学和盘托出。这一君臣相知的场面，“三顾茅庐”的故事成为中国历史上明主求贤的经典故事流传下来。小说家的悬拟与遥情想象，人们深信不疑。

诸葛亮的“隆中对策”分析大势说：“曹操已拥兵百万，‘挟天子以令诸侯’，实在不可同他争锋。孙权占据江东，已经历了三代，地险民附，又有贤能之士为他效劳。因此，江东只可联合，而不可去谋取。”那么，刘备的出路在哪里呢？“荆州四通八达，是一个用武的地方。但刘表却没有能力守住它，这大概是上天留给将军的机会吧！还有益州，地势险要，沃野千里，号称天府之国，汉高祖就是凭借这块地方建立了帝业。但益州之主刘璋昏庸无能，加上北面张鲁的威胁，不知道怎样治理。那里的智能之士，都希望得到一个贤明的君主。将军如果你占有了荆益，据险防守，西和诸戎，南抚夷越，外结孙权，内修政理，天下一旦有变，就可两路出击。荆州之师直捣宛洛，益州之众北出关中。到那时，老百姓谁能不带着好饭美酒欢迎你呢？如果真能这样，那么将军的事业可以成功，衰颓的汉朝就可以复兴了。”

一般认为，诸葛亮的“隆中对策”是预见了天下三分，这是不对的。如果是

“预见”，那就是说天下三分是“必然”。纵观中国历代兴亡交替，都是旧王朝衰落，天下大乱，群雄割据混斗，能者得鹿，一统天下诞生新王朝。东汉末群雄纷争，经过三国鼎立而后统一，在中国历史上只有一次，说明它是偶然。因此，三国鼎立是人为的规划。诸葛亮的“隆中对策”是人为规划三分。三国鼎立的形成有多种因素。第一是汉末人才三分，曹操没有笼尽天下英雄，例如诸葛亮、庞统就不北上投曹操。人才三分是第一要素。第二曹操、刘备、孙权，都是人杰，正是棋逢对手，谁也吃不掉谁。第三地理三分，长江天险，划分南北，荆州居长江中游，截分长江上下游，刘表、刘璋的经营给刘备保留了用武之地。诸葛亮正是看到了这样的形势发展，利用古代天时、地利、人和三要素进行形势分析，才得出了天下可以三分的蓝图。此时，江东恰好有个鲁肃，也看到了这张蓝图，向孙权提出，于是有鲁肃与诸葛亮的葛鲁之谋，孙权又是一个识时务的俊杰，他的赞同才有了孙刘联盟。赤壁之战，曹操又犯了错误，不听从程昱、贾诩等谋士的建言，冒进赤壁，推动了孙刘联盟。诸多因素，在赤壁之战中交错，拉开了天下三分的序幕。诸葛亮规划三分的透彻分析，使刘备顿开茅塞，十分高兴。刘备诚恳地请诸葛亮出山辅佐，诸葛亮慨然允诺。二十七岁的诸葛亮走上了政治征途。

诸葛亮一到刘备军中，立即着手扩编军队。他建议刘备用清查游户的办法，迅速把几千人的部队扩大到几万人，成为以后转战各地建立蜀汉的基本力量。

二、赤壁之战。此战孙刘联军以少胜众，以弱胜强，起关键作用的是两个人。一是诸葛亮临危受命，出使江东达成了孙刘联盟，一是周瑜临危受命，统兵出战，打败了曹操。两者缺一不可。曹操奉旨伐罪，以顺讨逆，政治上占了上风。周瑜可以打出“操虽托名汉相，其实汉贼”的旗号，则孙权抗击曹操是清君侧。但打出这个旗号，没有刘备参加是名不正、言不顺的。由于刘备受衣带诏讨贼，有了刘备，曹操就成了汉贼。此外，刘备在荆州驻屯六七年，很有人望，联军有了刘备，曹操所得荆州之兵，就成了狐疑之众，大大丧失战斗力。这正如孙权所说：“非刘豫州莫可以当曹操者。”但孙刘素未有交道，而且孙权志在夺荆州，所以“隆中对策”提出刘备联孙抗曹，只是一厢情愿的事。而历史变化出人意料。曹操兵不血刃下荆州，志得意满，盲目东下发动赤壁之战。曹操给孙权送去了战书。当时曹操声威远播，江东震动。孙权柴桑行营，一片主和声。孙权在和与战之间犹豫不决，眼看江东自身难保。在这危急时刻，诸葛亮受命出使江东，订立同盟，共拒曹操，实际上是引江东之兵击退曹操，为刘备夺荆州，这是多么艰难的使命！如果孙权降曹，诸葛亮将被扣为人质，成为曹操的俘虏。诸葛亮冒难而行，圆满地完成了使命。孙权答应，打败曹操，荆州归刘，这显示了诸葛亮不平凡的外交才干。

诸葛亮在江东是如何说动孙权的呢？他针对孙权观望不决的态度，分析形势，智激孙权。诸葛亮说：“现在曹操已统一了北方，又攻破了荆州，提兵对着江东而来。孙将军考虑一下自己的力量，如果能够对抗曹操，就应马上和他断绝关系；如不能对敌，趁早投降。现在孙将军外托服从之名，内心却犹豫不决，紧急关头做不出决断，大祸就要来临了。”孙权听了很不高兴，一下变了脸色，讥讽说：“照你说来，刘备为何不投降呢？”诸葛亮趁势接着话茬说：“刘将军是大汉王室的后代，英才盖世，天下士人仰慕他就像江河归大海一样。如果事业不成，只是天意，刘将军哪能跪拜在曹操脚下呢？”诸葛亮这一席话既是激使孙权振奋，同时又是警告孙权不能屈抑刘备。要联合必须是平等的联合，共抗曹操，就要承认刘备是荆州的主人。诸葛亮最后分析敌我友三方实力，指出共拒曹操胜利的前景。曹军虽众，远来疲惫，已成强弩之末。刘备尚有精甲两万，又是荆州人望，是一支不可轻视的力量。诸葛亮说：“孙将军如能派猛将统兵数万，和刘将军同心协力，一定能够打败曹操。曹操兵败必然北逃，到那时，刘孙两家势力增强，鼎足的局面就形成了。成败之机，在于今日。”孙权英睿明智，大敌当前，他认识到“除了刘备，再也没有敢与曹操抗衡的了”，不得不做出让步，同意鼎足三分，发兵拒操。赤壁之战后，孙权履行了诺言，借荆州给刘备。曹操听到这消息，他正在写字，大吃一惊，把笔掉落在地上。

赤壁之战，孙刘联军统帅是周瑜。当时周瑜 34 岁，风华正茂，建立赤壁之战大捷的奇功，春风得意可知。宋代大诗人苏东坡《赤壁怀古》盛赞周瑜赤壁建功，说：“遥想公瑾当年，小乔初嫁了，雄姿英发。羽扇纶巾，谈笑间，樯橹灰飞烟灭。”羽扇纶巾，是何等的风流儒雅。戏剧舞台上，常见摇羽扇的诸葛亮，其实这是苏东坡盛赞周瑜的形象，艺术家换在了诸葛亮身上。

曹操东下，给孙权下战书，号称八十万众。孙权帐下，以张昭为首的文臣认为曹操挟天子以令诸侯，不可抗拒，极力主张投降。结论是只有投降这一条路。张昭既是文臣之首，他的主张代表了多数人的心情。周瑜挺身而出，力排众议，驳斥了这种投降的论调。他首先指出，“操虽托名汉相，其实汉贼也”。既然是汉贼，那么为汉王朝讨贼，自然是正义之师。这在政治上与精神上建立了支柱，在理论上名正言顺，有了根据，以此号召天下，可以取得更广泛的支持。从眼前来说，正是鼓舞士气，同仇敌忾，为孙氏政权效死而战的机会，是一个立场的大问题。接着他说：“将军以神武雄才，兼仗父兄之烈，割据江东，地方数千里，兵精足用，英雄乐业，应当横行天下，为汉家除残去秽；况操自送死，而可迎之邪？”周瑜这番话，正是针对孙权及群臣胆怯心理而发的。但这并未完全解除孙权的担忧。接着他又指出操军不利的四个方面：一、北土未安，操有后患；二、北方步卒，不习水战；三、战线太长，供应不济；四、北兵不习水土，必生疾病。周瑜透过曹军强大的表面现象，洞悉了曹军虚弱的本质，故而得出了正确的结论：“此数者用兵之患也，而操皆冒行之，将军禽操，宜在今日。瑜请得精兵数万人，进住夏口，保为将军破之！”孙权听了周瑜精辟的分析，解除了顾虑，信心倍增，精神大振，说：“孤与老贼势不两立。”猛地拔出佩刀向奏案斫去，大声说：“诸将吏敢复有言当迎操者，与此案同！”孙权表明了自己的决心，并决定联合刘备，共破曹操。

为了坚定孙权的抗曹决心，周瑜单独面见孙权，进一步分析双方的力量对比。周瑜说：“曹操下战书，声称八十万，完全是虚张声势，就把张子布等吓住了。实际上，曹操只有十五六万人，已经十分疲乏，所得七八万荆州水军，尚未心服。曹操用疲病之卒，驱赶着狐疑之众来和东吴较量，是来送死。主公给我五万精兵，就足以对付曹操了。”周瑜这一席话使孙权彻底安下心来，他说：“五万兵一时难以聚合，你先领三万兵前去对敌，我领大军继后。”孙权于是任命周瑜为左督，程普为右督，领兵三万，与曹军在赤壁山（今湖北赤壁市西北）隔江对峙。

周瑜认为以少胜众只可智取，不可力敌。他趁曹军初到水上，还不习水战，且又在行进中没有准备应战，突然向曹军发起了进攻，打了一个胜仗。初战胜利，大大鼓舞了江东士气。曹操停止了前进，把大军收缩在江北，又下令把战船用铁链连接起来，在上边加紧训练士卒。周瑜又用黄盖诈降计，火攻曹军。曹军此役损失惨重，只得退回北方。孙刘联军经过了一年的征战，刘备得了江南四郡，周瑜占了江北的南郡、江夏郡，曹操保有襄阳郡，曹孙刘三分荆州，三国鼎立的局面初步形成。

汉纪五十八

汉献帝建安十四年至十八年（公元 209—公元 213）

【起屠维赤奋若（己丑，公元 209 年），尽昭阳大荒落（癸巳，公元 213 年），凡五年】

【大事提要】

本卷记事起公元 209 年，讫公元 213 年，凡五年，当汉献帝建安十四年至建安十八年。赤壁之战后，曹孙刘三家三分荆州。刘备入吴借得南郡，壮大了势力，孙刘进入联盟的蜜月期，南北势均，三方又忙于内务，故五年间没有大的战役。孙权建立巩固了江北防线，臣服了岭南地区。曹操破关西马超、韩遂，平息河北关中民变，巩固了对北方的统治，加紧了代汉步伐。曹操加九锡，封魏公，增邑冀州，荀彧不满，忧愁而死。刘备入蜀，从葭萌回军攻取益州。

孝献皇帝辛

汉献帝建安十四年（己丑，公元 209 年）

春季，三月，曹操还军到达谯县。

孙权攻围合肥，久久不能拿下。孙权想亲自率领轻装骑兵突击敌阵，长史张纮劝谏说：“兵器是不吉利的东西，战争是危险的事情，现今将军您凭着一股盛壮的勇气，轻视强暴的敌人，全军将士没有不胆战心惊的。将军即使斩杀了敌将，夺取了军旗，威震敌军，这只不过是偏将的任务，不是主将应该做的。希望将军能节制自己像孟贲、夏育那样的勇气，而要在心里怀抱霸王的大计。”孙权打消了亲自袭击的念头。

曹操派将军张喜领兵去解合肥之围，过了很久仍未到达。扬州别驾楚国人蒋济秘密地向刺史建议，假称得到张喜的书信，说有步兵骑兵四万人已经到达雩娄县，派出主簿去迎接张喜。另外，又派了三批使者带着这假消息的书信去通知城中守将，只有一批人得以进城，另外两批人被孙权的部下俘虏，孙权相信了这个假情报，就烧毁了围城的营寨，撤退了。

秋季，七月，曹操率领水军从涡水进入淮水，在肥水上岸，驻兵合肥，开垦芍陂，实行屯田。

冬季，十月，荆州发生地震。

十二月，曹操率领军队回到谯县。

庐江人陈兰、梅成占据灊县、六安叛乱，曹操派荡寇将军张辽去讨伐，杀了陈兰等人。于是便让张辽和乐进、李典等率领七千多人驻守合肥。

周瑜攻打曹仁一年多，曹仁的军队伤亡严重，于是弃城逃走。孙权派周瑜兼任南郡太守，留守江陵；程普兼任江夏太守，在沙羡设置郡府；吕范兼任彭泽太守；吕蒙兼任寻阳县令。刘备上表推举孙权代行车骑将军事务，兼任徐州牧。这时恰好刘琦去世，孙权推举刘备兼任荆州牧，周瑜把长江南岸的江陵地方给了刘备。刘备在油口建营，改名为公安。

孙权把妹妹嫁给刘备。孙权的妹妹才思灵敏，性情刚烈，有兄长们的风度，侍女奴婢一百多人都带刀侍立左右，刘备每次入室，心中常常惊慌不安。

曹操秘密派出九江人蒋干前往游说周瑜。蒋干才能卓越，擅长辩论，在江淮一带数一数二。蒋干受命，于是身穿布衣，头戴葛巾，自称是以个人交情去探望周瑜。周瑜出门迎接他，站着对蒋干说："子翼你辛苦了，远涉江湖而来，是替曹操做说客吧！"就邀请蒋干进帐，陪着蒋干一起参观军营，巡视仓库、军需物资、武器装备，走遍吴军阵地，然后回帐设宴招待，向蒋干展览侍女、服饰以及珍奇玩物。周瑜趁机对蒋干说："大丈夫处世，能遇上知己的君主，对公依托的是君臣大义，对私却结下骨肉之情，言听计从，祸福同享，即使苏秦、张仪再生，能转移他的心意吗？"蒋干只是笑，始终没有说话。他返回向曹操报告，赞称周瑜宏阔大度，志向高远，不是能用言语可以离间的人。

丞相掾和洽进言曹操说："全天下的人，才能和品德不同，不可用一个标准来取舍。简朴过度，用来管束自己是可以的，但用此标准去管束一切的人，就会生出许多失误。如今朝廷的舆论是官吏中有穿新衣、乘用好车好马的人就被认为是腐败；外表不修边幅，穿着破旧的人就被认为是廉洁。以致士大夫故意弄坏自己的衣服，藏起车马、衣服；朝廷的高位大官，有的自己带着饮食到办公的官署。说到兴立教化视察民俗，最好使用中庸之道，才可以被仿效继承。现在推崇统一的标准，又实在让人难以施行，用这个标准来评价各种不同的人，勉强地实施，最后一定使人讨厌。古代的最好教化是务求通达人情而已；凡是偏激诡诞的行为，就会包藏虚伪的东西。"曹操非常赞赏和洽的意见。

（以上为第一段，写赤壁战后，孙权扩大战果，北进合肥，未能取胜。孙刘联盟进入蜜月期，刘备招亲孙氏。曹操派蒋干游说周瑜，未能得志。）

汉献帝建安十五年（庚寅，公元 210 年）

春季，曹操下令说："孟公绰做晋国赵、魏两家的元老还绰绰有余，但不能担任滕、薛两个小国的大夫。如果一定要廉洁之士才能使用，那么齐桓公将凭什么称霸于世呢？诸位要帮助我公开推荐那些出身寒微的人才，只要有才能就可推举，让我能够任用他们！”

二月初一日乙巳，发生日食。

冬季，曹操在邺城建造铜雀台。

十二月己亥日［十一月二十九日乙亥］，曹操下令说：“我当初被推举为孝廉，自认本不是隐居岩穴的知名人士，恐怕世人把我当平庸之辈对待，想好好地管理政务、推行教化来建立自己的名誉，所以在济南，消除残暴，罢免污吏，公平地选举人才。因此被豪强怨恨，怕给家中招来灾难，所以托病返回乡里。当时年纪还轻，就在谯县城东五十里修建书斋，想秋夏时读书，冬春时打猎，制定了二十年的规划，等待天下清平时再出来做官。但不能如愿，被征为典军校尉，于是心中逐渐改变想法，要为国家讨伐叛贼建立功勋，使我的墓碑上能写道：‘汉故征西将军曹侯之墓’，这就是我原来的抱负。恰巧碰上董卓的祸难，我就兴举义兵。后来任兖州刺史，打败收降了三十万黄巾军；又讨伐攻击袁术，使他穷困沮丧而死；摧毁打败袁绍，将他的两个儿子枭首示众；又征服了刘表，终于平定天下。我身为宰相，作为人臣的尊贵已达到极点，可以说超过了我的理想。假使国家没有我，不知将有几人称帝，几人称王。有的人看到我强盛，我又生性不信天命，恐怕会胡乱地猜想，说我有不恭顺的野心，我每想到这些就心中不安，所以向诸位述说这些话，都是我的肺腑之言。然而想要我离开所统领的军队，回到我的封地武平侯国，实在是不可以的。为什么？我确实担心离开了军队会被人谋害，既是为子孙作想，又怕我失败了，国家就会灭亡，因此不能慕求虚名，惹来实祸！但册封我的四个县，食邑三万户，我有什么德行能配得上呢？孙、刘还在，不可让位；至于食邑封土，是可以辞让的。现在我交还国家阳夏、柘、苦三个县的两万户，只接受武平的一万户，姑且用来减轻对我的诽谤和指责。”

（以上为第二段，写曹操下举贤令和明志令。）

刘表先前的官吏、士人大多归从刘备，刘备因为周瑜给他的地方太少，容不下自己的部众，于是自己到京口拜见孙权，要求统管荆州。周瑜上奏疏给孙权说：“刘备凭着他枭雄的资本，而且有关羽、张飞等熊虎猛将，一定不会是一个长期屈从被人使用的人。我认为从大局考虑，应当把刘备迁到吴郡，为他修筑豪华住宅，多送他美女、玩物，娱乐他的耳目；把关羽、张飞两人各分一方，派出像我周瑜这样的将领去统率他们，挟持他们一起作战，这样一来，大事就可以办定了。如今把土地多多的让给他们作为资本，让这三人都聚合在国界之内，恐怕蛟龙得到云雨，终究不会是池中之物了。”吕范也劝孙权留下刘备。孙权认为曹操雄居北方，正应当广泛招纳英雄豪杰，没有听从。刘备回到公安，过了很久才听说这些情况，叹息说："英雄所见略同。当时孔明劝我不要去，他也是想到这些。我正在危急关头，不能不去，这确实是险途，差点落入周瑜的手中！"

周瑜到京口拜见孙权，说："现在曹操刚刚失败，担心内部有隐患，所以不能和将军交兵打仗。我请求和奋威一同进军，攻占蜀地，吞并张鲁，就留下奋威坚守在那里，与马超结成同盟，我回来和将军据守襄阳，用以紧逼曹操，这样就可以图谋北方了。"孙权接受这个意见。奋威是孙坚的侄儿孙瑜，任奋威将军、丹阳太守。

周瑜返回江陵准备行装，在路上病重，给孙权上呈一封信说："人寿的长与短是个人的天命，实在不足以可惜。只恨我小小的志向还没有实现，不能再听取您的教诲，尊奉您的命令。当今曹操占领北方，疆界还不平静；刘备寄居国中，如同养虎；天下大事，不知道结局，这正是朝中百官发愤忘食的多事之秋，也是至尊您用尽心思的运筹之时。鲁肃生性忠烈，处理事情一丝不苟，可以代替我周瑜接任。假如我的建议能被采用，我虽死不朽！"周瑜在巴丘去世。孙权听到这一消息，非常悲痛，说："公瑾有辅佐帝王的才干，如今忽然短命，我将依靠谁？"孙权亲自到芜湖迎接周瑜的灵柩。周瑜有一个女儿，两个儿子，孙权为长子孙登娶了他的女儿，任用周瑜长子周循为骑都尉，把女儿嫁给周循；任用周瑜次子周胤为兴业都尉，把同宗的女儿嫁给周胤。

起初，周瑜受到孙策的友爱，太夫人又让孙权把周瑜当作兄长看待。当孙权接替孙策之时，他的职位只是将军，各位将领、宾客对孙权礼节还很简单，而只有周瑜最先对孙权毕恭毕敬，用臣属的礼节相待。程普自以为年长，多次怠慢周瑜，周瑜委屈谦下，始终不和他计较。程普后来打心眼敬佩周瑜，对周瑜很亲近，还告诉他人说："跟周公瑾交往，有如痛饮味美的醇酒一般，不知不觉就醉了。"

孙权任命鲁肃为奋武校尉，接替周瑜统兵，任命程普兼任南郡太守。鲁肃劝孙权把荆州借给刘备，与刘备共同对抗曹操，孙权听从了。于是分豫章郡的部分设立番阳郡；分长沙郡的部分设立汉昌郡；又让程普兼任江夏太守，鲁肃任汉昌太守，驻扎在陆口。

起初，孙权对吕蒙说："你现在当权管事，不能不学习。"吕蒙借口军中事务多而推卸，孙权说："孤难道是要你去研读经典做博士吗？只是要你浏览翻一翻书，知道些往事罢了。你说事情多，比孤还要多吗？孤常常读书，自认为大有补益。"吕蒙这才开始读书。等到鲁肃经过寻阳时，与吕蒙交谈论事，大吃一惊，说："你今天的才智谋略，不再是当年吴郡时的那个吕蒙了！"吕蒙说："士别三日，就当刮目相看，老兄为何发现得这么晚呢？"鲁肃于是拜见吕蒙的母亲，和吕蒙结友告别。

刘备任命庞统去任职耒阳县令，庞统在县中不理政务，被罢免。鲁肃就写信给刘备说："庞士元不是一个治理百里之县的人才，把他放在治中、别驾的位置上，他才可能施展千里马的才华。”诸葛亮也这么说。刘备召见庞统，与他开怀畅谈，十分看重他。刘备于是任用庞统为治中，对他的亲近和待遇仅次于诸葛亮，又让他与诸葛亮一同任军师中郎将。

（以上为第三段，写刘备入吴借荆州南郡和周瑜之死。）

起初，苍梧人士燮任交趾太守。交州刺史朱符被夷人叛贼杀害，州郡混乱，士燮上表推举他的弟弟士壹兼任合浦太守。士䵋兼任九真太守，士武兼任南海太守。士燮性情仁厚，南来的中原士大夫多投靠他。士燮雄霸一州，偏居在边远万里的地方，威望尊严至高无上，出入时礼仪壮观，侍卫林立，当地各蛮族威慑臣服。

朝廷派出南阳人张津做交州刺史。张津迷信鬼神，常包着大红色的头巾，弹琴、烧香，读道家的典籍，说这样做可以助他登仙羽化，被他的将领区景杀死，刘表另外委派零陵人赖恭接替张津做刺史。这时苍梧太守史璜去世，刘表又派吴巨接替他。朝廷赏赐士燮诏书，任士燮为绥南中郎将，管理七郡事务，依旧兼任交趾太守。吴巨和赖恭失和，吴巨率兵驱赶赖恭，赖恭逃回零陵。

孙权任命番阳太守临淮人步骘为交州刺史，士燮率领兄弟接受步骘的统领。吴巨表面上归附，却内怀二心，步骘诱捕并杀死他，声威大震。孙权提升士燮为左将军，士燮送儿子给孙权做人质。从此岭南一带开始归属孙权。

（以上为第四段，写岭南服属孙权。）

汉献帝建安十六年（辛卯，公元 211 年）

春季，正月，任命曹操长子曹丕为五官中郎将，设置官属，为副丞相。

三月，曹操委派司隶校尉钟繇讨伐张鲁，委派征西护军夏侯渊等率领军队从河东出发，与钟繇会合。仓曹属高柔劝谏说：“大军向西出兵，韩遂、马超怀疑是来袭击自己，一定会相互鼓动叛乱。应当先安抚三辅地区，如果平定了三辅地区，汉中只要一纸檄文就可平定了。”曹操没有听从。

关中各位将领果然疑惧，马超、韩遂、侯选、程银、杨秋、李堪、张横、梁兴、成宜、马玩等十部全都叛乱，他们的部众合并有十万，驻守潼关；曹操委派安西将军曹仁统领众将抵抗，命令他们坚守壁垒不出营交战。命令五官中郎将曹丕留守邺城，任命奋武将军程昱参与曹丕的军事，任命门下督广陵人徐宣为左护军，统领留守各军，任命乐安人国渊为居府长史，统摄留守事务。秋季，七月，曹操亲自领兵攻击马超等。参与谋议的人大多认为：“关西兵擅长长矛，如果没有精选的前锋，不能抵抗。”曹操说：“战争的主动权在我这里，不在叛贼那里。叛贼虽然擅长长矛，我将让它无法使用，诸位只管看好戏上演罢了。”

八月，曹操到达潼关，与马超等隔着潼关对峙。曹操摆出要急于攻下潼关的态势，却暗中派徐晃、朱灵率领步兵骑兵四千人从蒲阪津渡过黄河，在河西驻营。闰八月，曹操从潼关北面渡黄河。让部众先渡，曹操只和虎贲武士一百多人留在南岸断后。马超率领步兵骑兵一万多人进攻曹操，箭如雨下，曹操仍静坐在胡床上不动，许褚扶着曹操上船，船工被流箭射中而死，许褚左手举着马鞍来遮挡曹操，右手撑船。校尉丁斐，放出牛马去引诱叛贼，叛贼阵容混乱，争抢牛马，曹操因此得以渡河。就从蒲阪渡过西河，沿河建筑甬道向南进军。马超等退守渭口，于是曹操多设疑兵，暗地里用船运送兵马进入渭水，建立浮桥，夜里，分出一支部队在渭水南岸扎营。马超等乘夜攻营，被埋伏的曹军击退。马超等驻守渭南，派出使者请求割让黄河以西的地区求和，曹操不同意。九月，曹操进军，全部渡过渭水。马超等屡次挑战，曹操不许诸将迎战。马超等坚持要求割让土地，送儿子作为人质，贾诩认为可以假装答应马超等人。曹操又问贾诩下一步的计策，贾诩说："用挑拨的办法离间敌人而已。"曹操说："明白了。"

韩遂请求与曹操相会，曹操跟韩遂有老交情，于是两人马挨着马，长时间交谈，过了一个时辰，不谈军事，只说京都的往事和旧友，拍手欢笑。当时关中的秦人、胡人来围观的，重重叠叠好几层。曹操笑着对他们说："你们想看看曹公吗？他也是个人，并没有四只眼睛两张嘴，只是多有点智谋罢了！"会晤结束会，马超等问韩遂："曹操说了些什么？"韩遂说："他没有说什么。"马超等人起了疑心。过了几天，曹操又给韩遂写了封信，信中圈点窜改了不少地方，以假乱真，像是韩遂改动的，马超等人更加怀疑韩遂。曹操这才跟马超等约定日期会战，先派轻装部队挑战，战了很久，才派出骁勇的骑兵夹击，大败马超等，杀了成宜、李堪等。韩遂、马超逃回凉州，杨秋逃回安定。

众将领问曹操："当初，叛贼守卫潼关，渭河以北防备空虚。您不从河东进击冯翊，却反而围困潼关，延迟时日，然后在潼关北面渡过黄河，是为什么？"曹操说："叛贼守潼关，如果我进入河东，叛贼必然发兵守住各个渡口，那么西河就不能渡过了，我故意派大军压向潼关，叛贼全力在南面防守潼关，西河的防备空虚，所以徐晃、朱灵两位将军得以轻取西河；然后我率军在潼关北面渡黄河，叛贼不能与我争夺西河的原因，就是由于已经有两位将军占据在那里啊。我军联结车辆，树起栅栏，建造甬道向南推进，做出不能取胜的样子，并且显示自己的薄弱。渡过渭水筑起稳固的壁垒，叛贼来后，不出去迎战，用这些办法使敌人骄傲自大，所以叛贼不建营垒而只请求割地。我顺从他们答应下来，满足他们心意，是让他们感到安全而不加防备，我趁机蓄养士兵的精力，一旦向叛贼发动进攻，正好比迅雷不及掩耳一样。战争的变化，本来就不只一种途径。"

开始时，关中众将领每一部到来，曹操总是流露高兴的脸色。部下的将领们询问高兴的缘故，曹操说："关中地区辽阔深远，如果叛贼各自凭借险峻，征讨他们，没有一两年是不能平定的。如今都来聚合，他们人数虽多，彼此互不服从，全军没有统一的主帅，可一举歼灭，这比一一征讨容易多了，我很高兴。”

冬季，十月，曹操从长安向北征讨杨秋，包围了安定。杨秋归降，恢复他的爵位，让他留下安抚所属的民众。

十二月，曹操从安定回师，留下夏侯渊守卫长安。委任议郎张既为京兆尹。张既招抚流亡难民，重新恢复了过去的县城集镇，百姓都归顺他。

韩遂、马超叛乱时，弘农、冯翊所属各县大多响应，只有河东的民众毫无二心。曹操与马超等隔着渭水对峙时，军粮全部依赖河东。等到马超失败时，储备还有二十多万斛，曹操增加河东太守杜畿的官秩为中二千石。

（以上为第五段，写曹操西征马超、韩遂，平定关中。）

扶风人法正为刘璋的军议校尉，刘璋不重用他。法正又受到跟他一起侨居益州的同州老乡的鄙视，郁郁不得志。益州别驾张松与法正友善，自负有才，思量自己追随刘璋不可能有什么作为，常常私下叹息。张松劝刘璋结交刘备，刘璋说：“谁可以任使者？”张松就推荐法正。刘璋派法正前往，法正推辞谢绝，装出一副是迫不得已才出行的样子。法正出使回来，对张松说刘备有雄才大略，密谋奉迎刘备为益州之主。

恰逢曹操派钟繇向汉中进军，刘璋听到消息，内心感到恐慌。张松乘机游说刘璋，说：“曹公军队天下无敌，如果利用张鲁的资源来攻占蜀地，谁能抵抗得住！刘备是您的同宗却是曹公的死对头，他善于用兵，如果让他讨伐张鲁，张鲁一定被打败。张鲁被击败，那么益州就强盛，曹公即使亲自来，也无能为力了！如今州中众将庞羲、李异等都恃功骄傲，企图依附外面的势力。得不到刘备的援救，那么敌人在外面攻击，老百姓在里面叛乱，是一定要失败的！”刘璋认为有道理，就派法正率领四千人迎接刘备。主簿巴西人黄权劝阻说：“刘备有骁勇善战的名声，如今请来，想要把他当作部属对待，那么他心中不会满意，想要把他当作宾客礼遇，然而一国容不下两位君主；如果客人刘备有泰山般的安稳，那么主人就有累卵般的危险。不如关闭疆界，以此来等待天下太平。”刘璋不听，派出黄权做广汉县长。益州从事广汉人王累把自己倒挂在州中的城门上来劝阻，刘璋一概不予理睬。

法正到了荆州，暗地向刘备献计说：“凭借将军您的英明才能，正好利用刘璋的怯懦。张松是益州得力的重要官员，在内响应，以此攻取益州，易如反掌。”刘备迟疑不决。庞统向刘备进言说：“荆州荒废凋敝，人才和物资损失将尽，东面有孙权，北面有曹操，难以得志。如今益州户口百万，土地肥沃，资财丰裕，如果真能得到益州做资本，大业可以建成！”刘备说：“当今与我如同水火的是曹操。曹操严厉，我则宽厚；曹操凶残，我则仁慈；曹操诡诈，我则忠信，总是与曹操相反，大事才可以成就。现今因贪小利而在全天下失去信用，今后怎么办？”庞统说：“混乱分裂的时代，本来就不是一种方法能平定的。况且吞并弱小，攻打愚昧，用不合理的方法攻占，再用合理的方法保守，这是古人也推崇的。如果大业成功之后，给刘璋封赏一个大国，没有什么违反信义的。今天不去夺取，终将会成为别人的利益。”刘备认为有理。他就留下诸葛亮、关羽等守卫荆州，委任赵云为留营司马。刘备率领几万步兵进入益州。

孙权听说刘备西上，派船来接妹妹；夫人想把刘备的儿子刘禅带回吴郡，张飞、赵云率兵在长江上拦截，才使刘禅得以回来。

刘璋命令只要是刘备经过的地方，都要为他供给军需，刘备进入益州境内，就像回家一样，前后赠送的物资数以亿计。刘备到达巴郡，巴郡太守严颜扪心叹息说：“这就叫作‘独自坐在深山里，放出老虎来自卫’吧。”刘备从江州的北面沿着垫江水到达涪县。刘璋率领步骑兵三万多人，车辆上挂着帐幕，光彩映日，前往会见刘备。张松让法正告诉刘备，就在会见时袭击刘璋，刘备说：“这事不可急促！”庞统说：“现在趁会见时擒获刘璋，那么将军您就不需动用武力就得一州了。”刘备说：“刚刚进入别人的属地，恩德信义还未表现出来，这样做不行。”刘璋推荐刘备代理大司马，兼任司隶校尉；刘备也推荐刘璋代理镇西大将军，兼任益州牧。所属的官兵，相互往来，一起畅饮了一百多天。刘璋增援刘备的兵力，赠送大量的物资，让他去攻击张鲁，还让刘备统率白水的驻军。刘备合军三万多人，车辆、甲胄、器械、粮草等各种物资很多。刘璋回到成都，刘备向北进军到葭萌县，没有马上去征讨张鲁，而是广施恩德来收聚人心。

（以上为第六段，写益州牧刘璋请刘备入蜀以拒张鲁。）

汉献帝建安十七年（壬辰，公元 212 年）

春季，正月，曹操返回邺城。诏令曹操上朝赞拜皇帝不用唱名，入朝时不用趋行，上殿时可以佩剑穿鞋，依照萧何先例。

曹操西征时，河间人田银、苏伯叛乱，煽动幽、冀两州的民众。五官中郎将曹丕想亲自征讨，功曹常林说：“北方的官民，爱好太平憎恶战乱，归顺朝廷已经很久，安分守法的多，田银、苏伯如同聚在一起的犬羊一样，不能有多大的危害。当今大军在远方，外面有强大的敌人，将军镇守邺城关系天下的安危，如果轻率出兵远征，即使取胜，也算不上什么武功。”于是派出将军贾信去征讨，随即平息了叛乱。残余的一千多名叛贼请求归降，参与谋议的人都说：“曹公以前有过法令，凡是被围困后才投降的人，不予赦免。”程昱说：“这是在动荡不安的时期，做出的权宜之策。如今天下大致稳定，不可以诛杀；即使要诛杀，也应先向上面报告。”参与谋议的人都说：“军事上的事情可以专断，不必请示。”程昱说：“凡是要专断的事情，总是临时有紧急的事情发生。现今叛贼控制在贾信的手中，因此老臣我不愿将军这样做。”曹丕说：“好。”立刻上报曹操，曹操果然回复不许诛杀。不久听说是程昱的建议，很高兴地说：“程昱不只能够明察军事谋略，还善于处理别人父子之间的关系。”

按照惯例，在上报战胜敌人的公文中，以一报十。国渊上报的杀敌人数，都依据实际数目，曹操询问其中的缘故，国渊说：“讨伐境外的敌寇，多报斩杀俘获数目是想用来夸大武功，耸人听闻。河间在封疆之内，田银等叛逆，虽然平定叛逆有功，但我心中为此感到羞辱。”曹操十分高兴。

夏季，五月，癸未日，曹操诛杀卫尉马腾，灭了三族。

六月二十九日庚寅，发生日食。

秋季，七月，螟灾。

马超余部盘踞蓝田县，夏侯渊进讨，平定了他们。

鄜县叛贼梁兴侵占了冯翊，各县恐慌，都把县府迁到郡府所在地，参与谋议的人认为应迁移到险要的地方。左冯翊郑浑说：“梁兴等已经败散，逃窜山谷，虽然有跟随者，大多是被逼迫去的。现在应当大开归降的途径，宣传告谕，显示威严与诚信，如果据险自守，这是示弱。”于是聚集官民，修治城墙，加强守备，招募民众驱赶叛贼，凡是俘获叛贼的财物和妇女，十分之七用来奖励。民众非常高兴，都愿意捕捉叛贼；叛贼中失去妻子儿女的都回来，请求归降，郑浑责令他们去抢劫其他贼人的妇女送来换回他们自己的妻子儿女。于是叛贼们相互攻击盗取，党羽离散。郑浑又派出官民中有恩德威信的人，分别到山谷里去宣传朝廷的旨意，出来投降的络绎不绝；于是让各县的官员各自迁回县府，以便安抚他们。梁兴等感到害怕，把余下的部众集中到鄜城，曹操派夏侯渊帮助郑浑讨伐，杀死梁兴，余党被平定。郑浑是郑泰的弟弟。

九月二十一日庚戌，册立皇子刘熙为济阳王，刘懿为山阳王，刘邈为济北王，刘敦为东海王。

（以上为第七段，写曹操安定内部，平定河北关中民变。）

起初，张纮认为秣陵山川的地理形势很好，劝孙权把秣陵作为治所。等到刘备向东经过秣陵时，也劝孙权移治这里。孙权于是建筑石头城，把治所迁到秣陵，改秣陵名叫建业。

吕蒙听说曹操想向东进军，就劝说孙权在濡须水口的两岸建立坞壁。各位将领都说：“上岸攻打敌贼，洗了脚就上船，坞壁有什么用处？”吕蒙说：“战事有胜利也有挫败，打仗没有常胜的，如有万一，敌人步兵骑兵逼近，连水边都来不及挨着，难道还能上船吗？”孙权说：“好。”于是修建濡须坞。

冬季，十月，曹操东征攻打孙权。董昭向曹操进言说：“自古以来，人臣挽救世事，没有建立像今天这样的功绩；有了今天这样的功勋，就不会久居在人臣地位的。如今明公您耻于德行上有缺陷，乐意保持自己的名节；然而身居大臣之位却因为这件大事让自己被人怀疑，真的是不可以不认真地考虑。”董昭就与列侯及众将领商议，认为丞相应该进封爵位为国公，赐予九锡的威仪礼物，用以表扬他的特殊功勋。荀彧认为：“曹公本来兴举义兵是为了拯救朝廷，安定国家，胸怀坚贞的诚心，严守退让的真情，君子以德爱人，不应这样。”曹操因此不高兴。等到征讨孙权时，上表请求荀彧到谯县慰问军队，荀彧到后，曹操趁机把荀彧留在谯县，以侍中、光禄大夫的身份，持符节、参议丞相军事。曹操向濡须进军，荀彧托病留守寿春，服毒而死。荀彧行为正义，品德端正，富有谋略，喜欢推荐贤人，选拔良士，因此当时的人都为之痛惜。

臣司马光评论说：孔子谈论仁德时，非常重视，即使是子路、冉求、公西赤这些门徒高足，令尹子文、陈文子这些诸侯的贤能大夫，都不足以具备仁德，却只称赞管仲的仁德，难道不就是因为他辅佐齐桓公，极大地拯救了当时的人吗？齐桓公的品行像猪狗一样，管仲不以为羞耻地辅助齐桓公，大概管仲的心意认为他不去帮助齐桓公，那么人民就无法得到救助。汉末天下大乱，生灵涂炭，如果不是具有超凡出众的才能，是不能拯救生灵的。既然这样，那么荀彧舍弃曹操，将能去侍奉谁呢？

齐桓公的时代，周室虽然衰败，但还不像建安初年。建安初年，四海动乱，一尺疆土，一个百姓，都不为汉朝拥有。荀彧辅佐曹操而使汉朝振兴，推举任用贤能的人才，培训磨砺士兵，参与机要，做出决策，讨伐四方，处处获胜，于是能够变弱为强，化乱为治，十分天下，占有了八分，荀彧的功勋难道还在管仲之下吗？管仲不为子纠而死，但荀彧为汉室而死，荀彧的仁德又在管仲之上了。

可是杜牧居然认为：“荀彧劝曹操攻占兖州，把他比作高祖刘邦、光武帝刘秀，官渡之战不让曹操撤回许县，把当时的情形比为楚汉之争，等到事成功就，才想在汉代留下名声，这就好比教唆小偷穿墙开柜而不与小偷一起拿东西一样，能不算作小偷吗？”臣认为孔子说过：“文采多于朴实，未免虚浮。”大凡作史的，记录人物的言语，必然会加以文饰。既然这样，那么荀彧把曹操比作高祖、光武，楚汉相争，是史家的文饰，怎么都当成是荀彧亲口说的呢？只是用这些来贬低荀彧，那就不是荀彧的过错。假如曹操成了皇帝，那么荀彧就是辅佐大业的元勋，会得到与萧何相同的赏赐；荀彧不贪求这些而为了获取忠于汉室的名声贡献了生命，难道是人之常情吗？

（以上为第八段，写曹操加九锡，荀彧不赞同而被逼杀。司马光认为，荀彧佐曹操取天下，为了济世安民不得已而为之，功比管仲，而德过之。）

十二月，有孛星出现在五诸侯星区。

刘备驻军葭萌，庞统向刘备建议说："现在暗中挑选精兵，昼夜兼程，直接偷袭成都，刘璋既不懂军事，又一向没有防备，大军突降，一举便可平定，这是上策。杨怀、高沛是刘璋的名将，各自依仗强兵，据守白水关头，听说他们几次上书劝说刘璋，要打发将军回荆州。将军派人去通知他们，说荆州有紧急情况，想回师救援，并让部队的装束表面看是回师的样子，这两位既敬佩将军的英名，又高兴将军的离去，估计他们一定只带轻骑来见将军，乘机捉拿他们，吞并他们的军队，就向成都进发，这是中策。返回白帝，和荆州连在一起，慢慢再来策划攻取益州，这是下策。如果迟疑不决，又不离去，将陷入严重的困境，不能再延误了。"刘备赞同庞统的中策。

等到曹操攻打孙权，孙权向刘备呼救。刘备在给刘璋的信中说："孙权与我本是唇齿相连，而关羽兵力薄弱，现今不前去营救，那么曹操一定会攻取荆州，转而侵占益州边界，这个忧虑大于张鲁。张鲁是一个只求自保的贼寇，不值得担忧。"刘备趁机要求增补一万兵马以及粮食和财物，刘璋只答应给四千兵马，其余的军需品都只给一半。刘备借机激怒他的部下，说："我为益州讨伐强敌，士兵辛苦疲困，可是刘璋爱惜财物，赏赐如此小气，怎么能使士大夫为他拼命呢？"张松写信给刘备和法正说："如今大事就要成功了，怎么能抛弃这里离去呢？"张松的哥哥广汉太守张肃，害怕灾祸殃及自己，就揭发了张松的阴谋。于是刘璋逮捕杀了张松，向镇守各关塞的众将领发送公文，命令他们都不要再与刘备交往。刘备大怒，召见刘璋的白水军督杨怀、高沛，责备他们无礼，杀掉他们。率兵直逼白水关头，吞并了他们的军队，进军占领涪城。

（以上为第九段，写刘备从葭萌回师攻刘璋。）

汉献帝建安十八年（癸巳，公元 213 年）

春季，正月，曹操进军到濡须口，号称步骑兵四十万，攻破孙权在长江西岸的营垒，俘获吴军都督公孙阳。孙权领兵七万抵御曹操，对峙一个多月。曹操看到孙权的装备、军队阵容整齐严备，感叹说："生儿子应当如同孙仲谋，像刘景升的儿子，只不过是猪狗罢了。"孙权写信给曹操说："春水就要发了，您应该赶快离去。"

在另一张纸上附言说："足下不死，孤不得安静。"曹操对众将领说："孙权没有欺骗我。"于是撤军而回。

正月初三日庚寅，汉献帝下诏，将全国行政区十四个州裁减合并，重新划分为九个州。

夏季，四月，曹操到邺城。

起初，曹操在谯县时，担忧靠近长江的郡县被孙权掠夺，想把百姓迁往内地，以此询问扬州别驾蒋济，说："先前孤与袁本初在官渡两军对峙，迁移燕县、白马的民众，民众不跑，敌贼也不敢来抢夺。如今打算迁移淮南的民众，怎么样？"蒋济回答说："那时我弱敌强，不迁走民众一定会失去他们。自从战胜袁绍以来，明公您威震天下，人民毫无二心，现在人情怀念故土，实在不愿意迁徙，我担心一定不会安宁。"曹操没有听从。不久民众辗转相告，惊惧不安，庐江、九江、蕲春、广陵，十多万户都向东渡过长江，长江西岸地方于是空无人烟，合肥以南，只剩下皖城。蒋济后来奉旨出使到邺城，曹操接见他，大笑说："原本是想要民众躲避敌贼，却反而把他们全部驱赶到敌贼那边去了。"任命蒋济为丹阳太守。

五月初十日丙申，册封曹操为魏公，把冀州的十郡作为曹操的封邑。曹操依旧担任丞相兼领冀州牧。又加赐九锡：天子的大车、兵车各一辆，各配黑色的雄马四匹；衮衣和冕冠，配以红色礼鞋；诸侯王使用的悬挂乐器，六佾乐舞；住宅使用红门；登堂的台阶修在殿檐下；虎贲卫士三百人；斧、钺各一柄；朱红色的弓一把，朱红色的箭一百支，黑色的弓十把，黑色的箭一千支；祭神用的美酒一罐，配以玉圭和玉勺。

许县下大雨。

（以上为第十段，写建安十八年孙曹江西濡须之战，双方不分胜负。江西之民惧徙反投奔江东。曹操进爵魏公。）

益州从事广汉人郑度听说刘备兴兵就对刘璋说："刘备孤军深入来袭击我们，士兵不到一万，益州部众没有完全归附，军队没有辎重，只能靠抢夺田野的庄稼为食粮。对抗刘备的办法不如把巴西、梓潼的民众全部驱赶到内水、涪水以西，把仓库和田野里的庄稼，全部烧毁，高筑壁垒，深挖壕沟，静静等待刘备来进犯。刘备来了，挑战，不应战，时间长了，他就没有了粮草，不出一百天，必然会自动撤退，待他撤退时就出击，这样一定能擒获刘备。"刘备听到后，十分憎恶郑度，向法正询问对策。法正说："刘璋终究不会使用，您不必担心。"刘璋果然对部下说："我听说抗拒敌人是为了抚慰人民，没有听说过扰动人民去躲避敌人的。"不采用郑度的计谋。

刘璋派部将刘璝、冷苞、张任、邓贤、吴懿等抵抗刘备，都被打败，退保绵竹，吴懿到刘备军前投降。刘璋又派护军南阳人李严、江夏人费观统率绵竹各军，李严、费观也带领他们的部队向刘备投降。刘备的军队更加强盛，分别派遣众将领平定下属各县。刘璝、张任和刘璋的儿子刘循退守雒城，刘备进军包围雒城。张任领兵出城在雁桥与刘备交战，军队失败，张任战死。

秋季，七月，魏公曹操始建立社稷和宗庙。

魏公曹操把三个女儿献入宫中封为贵人。

起初，曹操追击马超到安定，听说田银、苏伯反叛，率军返回。参凉州军事杨阜向曹操进言说："马超有韩信、英布的勇猛，很得羌、胡民众的人心，如果大军撤退，不加防备，陇西各郡县就不是国家所有了。"曹操回去后，马超果然率领羌人、胡人进攻陇西各郡县，各郡县都响应马超，只有凉州府及冀城坚守。

马超兼并了陇西的所有部众，张鲁又派大将军杨昂援救马超，共一万多人，围攻冀城，从正月到八月，没有救兵到来。刺史韦康派别驾阎温出城，向夏侯渊告急，城外包围了好几层，阎温夜里从水中偷偷地跑出去，第二天，马超的士兵发现了阎温的踪迹，派人追赶抓住了他。马超把阎温载到城下，派人告诉城中说："东方没有救兵了。"阎温向城中大声喊道："大军不过三天就到，努力吧！"城中的人都流泪，高呼万岁。马超虽然忿怒，但因为久久不能攻占城池，慢慢地进一步诱惑阎温，希望他能改变主意。阎温说："侍奉君主只有一死，毫无二心，而你竟然想让长者说出不义的话吗？"于是马超杀死了他。

过些时候，外面的救兵没有来，韦康和太守想投降，杨阜号啕大哭，劝阻说："我们率领父兄子弟用大义相互鼓励，誓死没有二心，来为使君守住这座城，现今为什么要放弃这即将胜利的功业，招致不义的名声呢？"刺史、太守不听从，打开城门迎接马超。马超进城，就杀了刺史、太守，自称征西将军，兼任并州牧，总督凉州的军事。

曹操派夏侯渊救助冀城，没有赶到而冀城失守。夏侯渊离冀城两百多里，马超前来迎击，夏侯渊的军队失利。氐王千万反叛，响应马超，驻守在兴国，夏侯渊率军回去。

适逢杨阜的妻子去世，到马超那里请假去安葬妻子。杨阜的表兄天水人姜叙任抚夷将军，领兵驻守在历城。杨阜拜见姜叙和姜叙的母亲，唏嘘落泪，十分悲痛。姜叙说："为什么这样？"杨阜说："守城没能保住城池，主亡又不能殉死，又有什么脸面活在世上！马超叛离父亲、君主，虐待杀害州中将领，难道只应是我杨阜一个人忧伤自责吗，全州的士大夫都蒙受了这一羞辱。你拥兵统治这地方，却没有征伐叛贼的心，这正是赵盾被史书称为弑君的原因。马超强盛但没有道义，漏洞很多，容易对付。”姜叙的母亲感叹说：“韦使君遇难，也有你的责任，哪里只是杨阜一个人的事呢？人谁不死呢，如果为忠义而死，死得其所。你只管马上行动，不要再顾及我；我自会为你担当，不会让我的余年来牵累你。”姜叙于是跟同郡人赵昂、尹奉，武都人李俊等共同谋划讨伐马超，又派人到冀城，联合安定人梁宽、南安人赵衢，让他们作为内应，马超要取赵昂的儿子赵月作为人质，赵昂对妻子士异说：“我们密谋如此，事情一定能成功，该把赵月怎么办呢？”士异严肃地回答说：“为君父洗雪耻辱，掉脑袋都没有什么了不起，何况一个儿子呢？”

九月，杨阜和姜叙进军，进入卤城，赵昂、尹奉占领祁山，共同来讨伐马超。马超听到消息，大怒，赵衢乘机诳骗马超，要他亲自率兵攻击杨阜等。马超出城，赵衢和梁宽关闭了冀城城门，把马超的妻子儿女全部杀掉。马超进退失去依靠，于是袭击历城，抓获姜叙的母亲。姜母大骂马超：“你是一个背叛父亲的逆子，杀死主人的暴贼，天地怎能长久地容得下你，你还不早点死，还敢有脸来见人！”马超杀掉她，又杀了赵昂的儿子赵月。杨阜与马超作战，身受五处创伤。马超军队失败，于是向南投靠张鲁。张鲁任命马超为都讲祭酒，打算把女儿嫁给马超。有人对张鲁说：“像他这样的人，连自己的父母都不爱，怎能爱别人！”张鲁才作罢。曹操封赏讨伐马超有功的人员，被封侯的有十一人，赐给杨阜关内侯的爵位。

（以上为第十一段，写西部战事，刘备攻蜀，马超丢失关中入汉中。）

冬季，十一月，魏国开始设立尚书、侍中、六卿；任命荀攸为尚书令，凉茂为仆射，毛玠、崔琰、常林、徐奕、何夔为尚书，王粲、杜袭、卫觊、和洽为侍中，钟繇为大理，王脩为大司农，袁涣为郎中令，代理御史大夫事务，陈群为御史中丞。

袁涣得到赏赐，都散给他人，家中没有积蓄，就向人求取，并不刻意地去追求清白，可是当时的人都敬佩他的清白。这时有流传刘备已死的谣言，大臣们都为此庆贺，只有袁涣一个例外。

魏公曹操想恢复肉刑，下令说：“从前鸿胪陈纪认为有的死刑可以超过仁慈、恩德，御史中丞陈群能阐述你父亲的说法吗？”陈群回答说：“我父亲陈纪认为汉朝废除肉刑但增加了笞刑，本想倡导仁道却被笞刑打死的人更多，这正是所谓名义上轻而实际上重。名义上轻就容易使人犯罪，实质上重就伤害人民。况且杀人偿命，符合古代法制；至于那些伤害了人，有的使人身体致残，惩罚却只是剪毛发，不合情理。如果用古代刑法，让淫乱的施用宫刑，偷盗的砍去他的脚，那么社会就永远没有淫乱放荡、穿洞越墙的奸人了。古刑三千条，虽然不能完全恢复，像这几条正是现时所忧虑的问题，应该先加以实行。汉朝法律关于斩首的罪行，不能顾及仁道；关于其余叛死刑的可改为肉刑。这样，那些被诛杀的与那些被救活的就可以互相抵消了。如今用笞刑打死的刑法代替不了杀人的刑法，是看重人的肢体而轻视人的生命。”当时参与评议的人，只有钟繇和陈群的意见一致，其余的人都认为不可施行，曹操因为战争没有结束，顾忌到众人的意见而作罢。

（以上为第十二段，写魏置百官为代汉做准备。曹操欲复肉刑，迫于物议而止。）

【点评】

本卷点评曹操《明志令》和荀彧之死。本卷记事对于曹操来说，已是他的政治晚年。赤壁之战后，曹操北还，从公元210年到220年，这最后十年是曹操的政治生涯晚期，尽管他仍在鞍马征劳，但已失去了吞并天下的锐气。建安十七年（212）征陇右班师，已无后顾之忧，决定用兵淮南。次年，曹操领兵四十万，再次大举南征，发动濡须之战，但未能取胜回军。后来，曹操又兵进汉中而不敢入蜀，秦岭、长江锁住了英雄的脚步，使得曹操无所用武。一方面是孙权、刘备已经壮大，地形地利又起了作用，这是客观条件的限制。另一方面，曹操的主要精力用在逼宫和营建曹氏政权的内政上，他无暇顾及统一天下，只好含恨做周文王，这是主观条件的限制。本卷记载曹操在建安十五年十二月所下《明志令》，以及在建安十八年逼死荀彧这两件事就是鲜明的例证。由此可以看到曹操“名为汉相，实为汉贼”的奸诈嘴脸和权谋艺术，留给人们深深的思考。分述如次。

一、曹操《明志令》。曹操《明志令》载《魏武故事》，见《三国志·武帝纪》裴松之注引，《资治通鉴》摘载据此，是令发布于建安十五年十二月二十五日己亥，史称己亥令，近人按该令内容称为《明志令》。曹操发布此令向天下世人表明他对汉室的忠心，字面确实如此。但实质上却是一纸逼宫的宣言。“设使国家无有孤，不知当几人称帝，几人称王”，非人臣所宜言。曹操言此，已无人臣之心。用通俗话来说，这叫火力侦察。曹操自称《明志令》是效周公《金縢》之作。但周公《金縢》只是誓诸鬼神，而曹操却要宣誓于天下，“此地无银三百两”。曹操让还三县，随后封三子为侯，裁并行政区设置扩大自己所领的冀州地区。曹操不但不“委捐所典兵众”，还要扩大外援为万安计。怎样扩大外援呢？除了封三子为侯，扩大冀州领属地，不久就在建安十六年春正月任命世子曹丕为五官中郎将，设置官属，为副丞相。建安十七年冬，讽喻董昭建言尊立自己为“魏公”，加九锡，步步紧逼帝宫。荀彧表示不满，曹操毫不手软害死荀彧。此后由魏公晋爵魏王，设置百官，车舆服饰用天子排场，对待汉献帝态度粗暴，无所不用其极。这一切都暴露了曹操的“不逊之志”，岂是别人“妄相忖度”！抛开正统观念，如果曹操称帝，如同曹丕代汉，司马懿代魏，尔后宋齐梁陈的禅代，岂曰不仁！但曹操没有这样做，他要躲在汉献帝的背后来完成篡汉的大业，“名为汉相，实为汉贼”。

二、荀彧之死。荀彧替曹操出谋献策，共事二十余年，亲密无间。曹操女安阳公主又是荀彧长子荀恽的妻子。但是荀彧与曹操思想意趣有很大差异。荀彧出身世族，他佐曹操征伐，是希望这位曹丞相兴复汉室。曹操则是蓄谋异志。随着曹操逐渐露出逼宫的面目，两人逐渐产生了裂痕，甚至矛盾公开化。建安十七年（212），曹操讽喻董昭等建言进爵为魏公，加九锡。荀彧表示了不同意见，他认为曹操“本兴义兵以匡朝宁国，秉忠贞之诚，守退让之实；君子爱人以德，不宜如此”。曹操很不满意。正好曹操出征，打破荀彧留守京师的惯例，这次特地要荀彧出京劳军。荀彧觉得十分意外，感到了曹操对他的不信任。荀彧怀着不安的心情出京，到了寿春，曹操又不让他到前线濡须去劳军。荀彧恐慌，不知所措，忧愁而死，一说荀彧是被逼迫饮药而死。荀彧死后不久，曹操就晋爵为魏王。荀彧之死，没有改变曹操进逼汉室的野心。但是，荀彧不同于孔融。孔融旗帜鲜明地反对曹操；而荀彧却是曹操的首席谋士，因此荀彧之死给曹操代汉带来很大的影响。所以曹操只好做周文王，而让其子曹丕来登基了。

汉纪五十九

汉献帝建安十九年至二十一年（公元 214—公元 216）

【起阏逢敦牂（甲午，公元 214 年），尽柔兆涒滩（丙申，公元 216 年），凡三年】

【大事提要】

本卷记事起公元 214 年，讫公元 216 年，凡三年，当汉献帝建安十九年至建安二十一年。此三年，曹、孙、刘三方势力继续发展，三国鼎立的局面基本形成。曹操一方，进兵汉中，扫荡了关中割据势力的残余，灭了韩遂，马超退走。曹操的主要精力用在政治上，紧逼皇帝宝座，完成了晋爵魏王，建置魏国百官，禅代的条件业已完成，只是在等待禅代的时机罢了。刘备的势力得到大发展，属地跨有荆益。由于庞统之死，诸葛亮入蜀，削弱了荆州守备力量。孙权进兵合肥受挫，掉头争荆州，孙刘同盟破裂。由于曹操紧逼，过早入汉中，孙刘中分荆州而和解，但嫌隙已构，为孙刘的夷陵之战埋下了祸根。

孝献皇帝壬

汉献帝建安十九年（甲午，公元 214 年）

春季，马超向张鲁借兵北上攻取凉州，张鲁派马超回师包围祁山。姜叙向夏侯渊告急求救，各位将领商议想要等待魏公曹操的命令。夏侯渊说：“魏公在邺城，往返四千里，等到命令到达，姜叙等人一定失败了，这就不是救急了。”于是发兵，派张郃率领步骑兵五千作为前锋。马超战败逃走。

韩遂驻军显亲，夏侯渊打算进攻显亲，韩遂撤走。夏侯渊追到略阳城，离韩遂三十多里，各位将领想进攻韩遂，有人说应当攻打兴国的氐人。夏侯渊认为：“韩遂军队精勇，兴国城池坚固，进攻不可能很快拿下，不如攻击长离的各羌族部落。长离的各部落羌人大多在韩遂的军中，一定会回救他们的家园。韩遂如果离开羌人独自守城那就孤单，如果韩遂救援长离，那么官兵就可与他在野外作战，一定能抓住他。”夏侯渊于是留下督将守护辎重，亲自率领轻装部队到长离。攻打烧毁羌人的村落，韩遂果然去救援长离。各位将领看到韩遂兵多，准备扎营挖壕再与韩遂作战。夏侯渊说：“我转战千里，如今又要安营扎寨，挖掘壕沟，那么士兵们就会疲乏，无法再战，叛贼虽多，容易对抗。”于是击鼓出击，大败韩遂军队，进军包围兴国。氐王千万逃离去投奔马超，余部全部投降。转而攻击高平和匈奴的屠各部落，敌人全都被击破。

三月，汉献帝下诏，尊礼魏公曹操位在诸侯王之上，更换给曹操的印章为金印，红色绶带，戴远游冠。

夏季，四月，大旱。五月，下雨不停。

起初，魏公曹操委派庐江太守朱光驻屯皖城，大规模开垦稻田。吕蒙进言孙权说："皖城地方土地肥沃，如果一旦稻谷丰收，他们的部众一定增加，应当趁早除掉。"闰五月，孙权亲自攻打皖城。各位将领准备堆土山，添加攻城器具，吕蒙说："添加攻城器具，堆造土山，一定要历经许多天才能完成，这样敌方的城防已经修固，外援一定来到，我军不可能图谋皖城。况且我军趁着雨多水大进来，如果停留多日，雨水一定枯竭，回去的航道就会艰难，我吕蒙认为那样做有很大的危险。现今来看这座城，不算十分牢固，凭着我军高涨的士气，四面同时攻击，不要多长时间就能攻下，趁着大水回去，这是全胜的策略。"孙权接受了。吕蒙推荐甘宁为升城督，甘宁手持白绢，亲自攀上城墙，冲在士兵前面。吕蒙率领精锐部队跟随其后，并亲自击鼓，士兵都奋勇跳跃。破晓时进攻，早饭时攻下，俘获朱光及其男女几万人。不久张辽来到夹石，听说皖城已被攻占，就撤退了。孙权派吕蒙任庐江太守，回军驻守寻阳。

（以上为第一段，写夏侯渊在关中败马超、韩遂；孙权在江西攻破皖城。）

诸葛亮留下关羽守荆州，就和张飞、赵云领兵逆江而上攻占巴东。张飞到达江州，打败巴郡太守严颜，活捉了他。张飞大声斥责严颜说："大军已经到达，为什么不投降，还敢反抗！"严颜说："你们不讲道理，侵夺我江州。我的州里只有断头将军，没有投降将军！"张飞大怒，命令左右人拉出去砍头。严颜面不改色，从容地说："砍头就砍头，为什么要发怒！"张飞钦佩他的胆量，就释放了他，请他做自己的宾客。诸葛亮分派赵云从外水平定江阳、犍为，张飞平定巴西、德阳。

刘备包围雒城将近一年，庞统被流箭射中，死去。法正写信给刘璋，为他分析形势强弱，并说："左将军自从举兵以来，对你旧情依恋，实无恶意。我认为你可以改换一下方式，来保住你的家门。"刘璋不做回答。雒城瓦解，刘备进军包围成都。诸葛亮、张飞、赵云领兵前来会合。

马超觉得张鲁不足以共谋大事，又张鲁部将杨昂等多次嫉恨他的才能，马超心中忧郁不乐。刘备派建宁督邮李恢前往游说，马超于是从武都逃入氐人部落中，秘密写信请降刘备。刘备派人来劝阻马超，而暗中却派兵帮助他。马超到达，刘备命他领兵驻扎在成都城北，成都城内惊恐。

刘备围攻成都几十天，派从事中郎涿郡人简雍入城劝导刘璋。当时城中还有精兵三万人，谷粮布帛可支持一年，官民们都想拼命死战。刘璋说：“我父子在益州二十几年，没有什么恩德施及百姓。百姓奋战了三年，弃尸荒野，都是因我的缘故，我怎么能忍心再战！”于是打开城门，与简雍一起乘车出城投降，部下无不流泪哭泣。刘备把刘璋迁移到公安，全部归还他的财物，让他佩戴振威将军的印绶。

刘备进入成都，设置酒宴，大大地酬劳将士。取出城中库存的金银，分别赏赐给将士们，谷粮布帛归还其主。刘备兼任益州牧，任军师中郎将诸葛亮为军师将军，益州太守南郡人董和为掌军中郎将，共同总理左将军军府事务，偏将军马超为平西将军，军议校尉法正为蜀郡太守、扬武将军，裨将军南阳人黄忠为讨虏将军，从事中郎麋竺为安汉将军，简雍为昭德将军，北海人孙乾为秉忠将军，广汉县长黄权为偏将军，汝南人许靖为左将军长史，庞羲为司马，李严为犍为太守，费观为巴郡太守，山阳人伊籍为从事中郎，零陵人刘巴为西曹掾，广汉人彭羕为益州治中从事。

（以上为第二段，写诸葛亮率领荆州之兵入援，刘备夺取了益州。）

当初，董和在郡中任职，清廉公正，受到汉人和夷民的爱戴信任，在蜀郡中被推崇为克己奉公的官吏，所以刘备任用他。刘备从新野逃奔江南时，荆楚士人追随他的多如云彩，而只有刘巴北投魏公曹操。曹操征召刘巴为掾，派他去招抚长沙、零陵和桂阳。适逢刘备占领了这三郡，刘巴的差事无法完成，想从交州转道回京师。此时诸葛亮在临蒸，写信邀请他，刘巴不听从，刘备为此深深遗憾。刘巴就从交趾进入蜀郡依从刘璋。等到刘璋要迎接刘备入蜀，刘巴劝阻说：“刘备是一代英雄，进入益州一定会成为祸患。”刘备入蜀后，刘巴又劝谏刘璋说：“派刘备讨伐张鲁，好比是把老虎放回山林。”刘璋不听，于是刘巴闭门称病。刘备攻打成都，命令军中将士说：“谁伤害刘巴，诛灭他的三族。”等到获得刘巴，刘备十分高兴。这时益州的郡县多是欢迎刘备到来，只有黄权关闭城门，坚守不降，一定要等到刘璋顺服时，才投降。此时，刘璋任用的董和、黄权、李严等，刘璋的姻亲吴懿、费观等，刘璋排斥的彭羕，刘备往日仇恨的刘巴，都受到了刘备的特别重用，充分发挥了他们的才能，有志之士，无不争相鼓励，益州的人民因此非常和睦。起初，刘表派许靖任蜀郡太守。成都即将被攻破时，许靖密谋出城投降刘备，刘备因此看不起许靖，不用他。法正说：“享有天下虚名但无其实的人，许靖就是这种人。然而主公您才开始创立大业，天下的人不可能挨家挨户地去向他们解释，许靖这样的人还是应当加以敬重，用来安抚满足远近的民心。”刘备这才对许靖以礼相待，加以任用。

围攻成都时，刘备与部众相约说：“如果事业成功，城中官府库藏的各种财物，你们随便拿，我不加干预。”等到攻下成都，部众都抛下武器奔赴各个仓库，争抢财物，导致军中开支不足，刘备为此十分忧虑，刘巴说：“这很容易，只要铸造面值一百的大钱，平价收购百物，由政府管理市场。”刘备听从了这个意见。几个月之内，府库就充满了。

当时参加谋议的人想把成都有名的田地和住宅分别赐予众将领。赵云说："霍去病认为匈奴没有歼灭，不要考虑小家，如今国贼不仅仅只是匈奴，不可以贪求安逸。等天下都平定了，各自返回故里，在自己的土地上耕种，才是合适的。益州的人民，刚刚遭受战祸，田地房屋都应当还给他们，让他们安居恢复旧业，然后才可以征兵收税，获得他们的欢心。不应夺去他们的财产来偏爱自己的将士。"刘备听从了。

刘备攻击刘璋时，留下中郎将南郡人霍峻守葭萌城。张鲁派杨昂引诱霍峻，要求一起防守城池。霍峻说："我的头可得，我守城池不可得！"杨昂只好撤退。后来刘璋部将扶禁、向存等统师一万多人从阆水逆流而上。围攻霍峻，将近一年。霍峻城中的士兵才几百人，抓住敌人怠慢的机会，挑选精锐出城攻击，大败敌军，杀了向存。刘备平定蜀郡后，就分出广汉的一部分为梓潼郡，任命霍峻为梓潼太守。

法正在外统辖都畿成都地区，在内作为主要的谋士，一餐饭的恩德，一瞪眼的仇恨，法正无不给予回报，擅自杀了好几名伤害过自己的人。有人对诸葛亮说："法正太专横，将军应当上告主公，抑制他作威作福。"诸葛亮说："主公在公安的时候，北面畏惧曹操强大，东面恐惧孙权逼迫，家中唯恐孙夫人在身边发难。法孝直（法正）成为主公辅佐的羽翼，才使得主公凌空自由地翱翔，不再受他人制约。怎么能禁止法孝直，不让他稍微地随心所欲一下呢？"

诸葛亮辅佐刘备治理蜀地，偏重实施严刑峻法，很多人抱怨。法正对诸葛亮说："从前汉高祖入关时，约法三章，秦地的百姓感恩戴德。如今您借助强权力量，占领一州，刚刚拥有这个国家，还没有施加恩惠，再说按照客主之理，客人对主人应更敬重些，希望能宽松刑律，解除禁令，用来满足当地人的愿望。"诸葛亮说："您只知其一，不知其二。秦朝无道，政令苛刻，人民怨愤，有人大呼一声，秦朝就土崩瓦解了；汉高祖趁此可以宽松，完成大业。刘璋昏暗柔弱，从刘焉以来，有多世的恩惠，政令法律受到束缚，相互因循，德政不施，刑法不严。蜀地的人士，专权放肆，君臣道义，逐渐衰落。用官位来施行宠爱，官位到了极限，就会轻视官位；用恩惠来进行宠爱，恩惠到了尽头，就会怨恨怠慢。因此导致蜀地衰败，我现在用法令来树立威严，法令实行，他们就知道恩德，不轻易滥施爵位，他们得到爵位，就知道荣宠。荣宠恩惠相辅相成，这样上下才有节制。治政的关键，在这里就会显示出来了。"

刘备命零陵人蒋琬任广都县长。刘备曾经因事巡视，突然到达广都，发现蒋琬百事荒废，当时又酒醉不醒。刘备恼怒，要把蒋琬治罪处死。诸葛亮劝说刘备，说："蒋琬是治国的栋梁，不是治理百里之县的小才。治理国家以安民为本，不是把修饰放在首位，希望主公再加考察。"刘备向来敬重诸葛亮，便不加罪蒋琬，但匆忙中只免去了他官职。

（以上为第三段，写刘备入成都，人事安排兼顾新旧人物，团结了各方势力。诸葛亮治蜀，以严法济宽。）

秋季，七月，魏公曹操进攻孙权，留下小儿子临菑侯曹植守卫邺城。曹操为自己的儿子选择才能很高的官吏做他们的官属，派邢颙任曹植的家丞；邢颙常用礼法管束曹植，从不退让，因此与曹植不和。庶子刘桢文辞华美，曹植亲近宠信他。刘桢写信劝谏曹植说："君侯取摘庶子我的华美文辞，却忘记邢颙家丞的礼义束缚，以致为您招来毁谤，罪过不小，我实在感到恐惧。"

魏国的尚书令荀攸去世。荀攸深沉严密，有才智谋略，善于保身，自从追随魏公曹操征伐，常常运筹帷幄，当时的人们及其他的子弟，没有谁知晓他说了些什么。曹操曾经称赞说："荀彧进献好的策略时，不用不罢休；荀攸劝谏错误的行为时，不达目的不罢休。"又称赞道："两个荀姓尚书令品评人物，时间一长，愈使人觉得信服，我终身不忘。"

当初，枹罕人宋建趁凉州混乱，自称河首平汉王三十多年，改年号，设立百官。冬季，十月，魏公曹操派夏侯渊从兴国讨伐宋建，包围枹罕，攻占城池，杀死宋建。夏侯渊另外派张郃等渡过黄河，进入小湟中，河西的羌族各部全部投降，陇右平定。

献帝自从建都许县以来，仅仅保有皇帝之位罢了，左右的侍卫无不是曹操的人。议郎赵彦常常为献帝陈述对付当时形势的策略，魏公曹操感到厌恶就杀了他。曹操后来因事进殿拜见献帝，献帝控制不住自己的恐惧情绪，因而说："你如果想辅佐我，就仁厚些；不想辅佐我，就发发善心把我扔在一边。"曹操大惊失色，频频鞠躬行礼，请求退出。旧的礼仪规定：领兵的三公朝见时，要由虎贲卫士持刀挟持。曹操出来，顾盼左右，汗流浃背，从此不再朝见。

董承的女儿是贵人，曹操杀死董承，要求把贵人也处死。献帝因贵人有身孕，多次向曹操求情，没有得到同意。伏皇后因此心怀恐惧，就写信给父亲伏完，控诉曹操残害威逼皇上的情况，让他密谋杀掉曹操，伏完不敢发难。至此，事情败露，曹操恼怒，十一月，派御史大夫郗虑持符节书策收缴皇后玺绶，任命尚书令华歆为副手，率兵入宫，逮捕皇后。皇后闭门，藏在夹壁中，华歆捣坏大门，拆除墙壁，把皇后拉了出来。当时献帝在外殿，请郗虑就座，皇后披头散发，光着双脚，边走边哭，路过献帝身边时，诀别说："不能再救活我吗？"献帝说："我也不知自己能活到什么时候！"回头对郗虑说："郗公，天底下难道有这样的事吗？"于是把伏皇后关进暴室，幽禁而死。皇后所生的两个皇子都被毒死，她的兄弟及其宗族被诛杀的有一百多人。

十二月，魏公曹操到达孟津。

曹操任命尚书郎高柔为理曹掾。原来的法令规定：从军的士兵逃走，要拷问追究他们的妻子儿女，但逃走的仍然不断。曹操想再加重这种刑法，株连到父母、兄弟。高柔启奏说："士兵逃离军队，确实是件讨厌的事，可是我私下听到逃跑的人中不时有后悔的。我认为应当饶恕他们的妻子儿女，或许可引诱他们回心转意。按照以前的法令，本来就阻断了他们回来的希望，现在还要加重刑罚，我恐怕现今军中的士兵，见到一人逃跑，害怕株连自己，也将跟着逃走，就不可能有人再被杀了。加重刑法不是用来制止逃跑，而只是用来推动逃跑者罢了！"曹操说："好！"立即停止了株连杀人的法律，不再追究杀人。

（以上为第四段，写曹操诛董承，罪及有孕贵人，残忍之极。高柔主刑狱，依法办案，受到曹操称赞。）

汉献帝建安二十年（乙未，公元215年）

春季，正月二十八日甲子，册立贵人曹氏为皇后。皇后曹氏是魏公曹操的女儿。

三月，魏公曹操亲自领兵攻打张鲁，打算从武都进入氐人部落，氐人堵住道路，派张郃、朱灵等打败氐人。夏季，四月，曹操从陈仓出散关到达河池，氐王窦茂有部众一万多人，凭仗险要不顺服，五月，打败氐人，进行了屠杀。西平、金城的各位将领麴演、蒋石等合计杀死韩遂，送来了他的首级。

起初，刘备在荆州，周瑜、甘宁等几次劝说孙权攻取蜀地。孙权派使者对刘备说："刘璋不懂军事，不能自守，如果让曹操得到蜀地，那么荆州就危险了。如今要先攻占刘璋，其次拿下张鲁，统一南方，即使有十个曹操也没有什么忧虑。"刘备回答说："益州人民富裕，地势险峻，刘璋虽然软弱，完全可以自守。现今如果出师蜀、汉，转运万里，要想战胜攻取，兴兵不遭到失利，这就是孙武、吴起也难办到的。谋划的人只看到曹操在赤壁失败，认为他的势力已经受挫，不会再有远大抱负了。事实是如今曹操已占有天下的三分之二，还想到沧海去放饮他的战马，到吴郡、会稽的地方去检阅士兵，哪里只肯守着他的地盘坐等老死呢？而我们同盟无故相互残杀，等于把要害交给了曹操，让敌人有隙可乘，这不是长远的计策。况且我刘备与刘璋同出自皇室宗族，希望凭借祖宗的威灵来辅佐汉朝。如今刘璋得罪您的左右，我自个都感到害怕，我冒昧地请求，希望您能给予宽恕。"孙权不听，派孙瑜率水军驻守夏口，刘备不让水军通过，对孙瑜说："你要攻取蜀地，我将披发进山，不会在天下人面前失去信誉。"刘备派出关羽驻守江陵，张飞驻守秭归，诸葛亮驻守南郡，刘备自己前往孱陵，孙权不得已召孙瑜回师。等到刘备向西攻打刘璋，孙权说："狡猾的强盗，竟敢如此心怀诈术！"刘备留下关羽守江陵，鲁肃与关羽邻界，关羽几次疑心鲁肃，鲁肃常常以友好的态度安抚他。

等到刘备已经占领益州，孙权命中司马诸葛瑾向刘备索讨荆州各郡。刘备不接受，说："我正在谋取凉州，等平定了凉州，便把荆州全部归还。"孙权说："这是借而不还，只是想用空话拖延时日罢了。”孙权于是设置委派长沙、零陵、桂阳三郡的地方长官。关羽把他们全部赶跑。孙权大怒，派吕蒙统兵二万来攻取三郡。

吕蒙发布公文，长沙、桂阳二郡都望风顺服，只有零陵太守郝普守城不降。刘备听到消息，从蜀郡亲自赶到公安，派关羽争夺三郡。孙权进驻陆口，亲自统管各军。派鲁肃领兵一万人驻守益阳来抵抗关羽；火速传令召回吕蒙，让他放弃零陵急速赶回帮助鲁肃。吕蒙得到召还命令，把它秘藏起来，连夜召集众将领布置作战方案。清晨，准备攻击零陵，回头对郝普的旧友南阳人邓玄之说：“郝子太只知道世上有忠义的事，也想这样做，却不识时务。如今刘备在汉中被夏侯渊围困，关羽在南郡，我们的主君亲自到了那里，关羽已是顾头顾不了尾，他自救都顾不过来，哪里还有余力再营救这里呢？如今我计算了自己的力量，只要发动攻击，要不了多久就一定能攻破城池，城破之后，他枉送性命于事无补，却让满头白发的百岁老母遭到诛杀，怎能不痛惜！我猜想郝子太没得到城外的消息，认为可以依靠外援，所以才至于这样死守。你可去见见他，为他说透祸福得失。”邓玄之拜见郝普，把吕蒙的意思详尽地转达了，郝普恐惧，出城投降。吕蒙迎接，握着郝普的手一起下船。谈话完毕，吕蒙拿出召回他的命令给郝普看，因而拍手大笑。郝普看到召书，知道刘备在公安并且关羽在益阳，羞愧得恨不得钻进地下。吕蒙留下孙河，交付给他善后的事宜，当天率军奔赴益阳。

鲁肃想与关羽会晤，各位将领疑虑，担心有变故发生，商议不能去。鲁肃说：“今日之事，应当彼此开诚布公说清楚。刘备对不起我们国家，是非还没有定夺，关羽怎么敢再来冒犯我们！”于是邀请与关羽相见。各自停住兵马百步外，只有各位将领佩刀相会。鲁肃借机责备数落关羽不归还三郡，关羽说：“乌林之役，左将军亲自上阵，全力击败敌人，怎么能白白地辛苦，没有一块土地，而你却来收取土地呢！”鲁肃说：“不能这样讲。起初与刘豫州在长阪相会时，刘豫州的部队还够不上一校人马，智竭计穷，志气衰退，势力单薄，试图远远地逃跑，连想也没想到有今天这个样子。我主上怜悯刘豫州没有安身之地，不吝惜土地和民力，使刘豫州有个安身之处，来帮助他渡过难关，而刘豫州极端虚伪狡诈，丧失道德，破坏盟好。如今得到益州，有了依托，又想吞吃荆州的地盘，这大概是凡夫俗子也不忍心去做的，更何况是领导一邦的领袖人物呢？”关羽无言以对。适逢魏公曹操将要攻打汉中，刘备害怕丢失益州，派使者向孙权求和。孙权让诸葛瑾回答，重新订立盟约，于是分割荆州，以湘水为界：长沙、江夏、桂阳三郡在湘水之东归属孙权，南郡、零陵、武陵三郡在湘水之西归属刘备。诸葛瑾每次奉使命到蜀，与他的弟弟诸葛亮只在公共场合见面，退出后不私下见面。

（以上为第五段，写孙刘争荆州江南三郡，同盟破裂，虽复修好，而嫌隙已构，遗下后患。）

秋季，七月，魏公曹操到达阳平。张鲁想献出汉中投降，他的弟弟张卫不愿意，率领几万部队凭着关隘坚守对抗，在山上横着筑起一道十几里的城墙。起初，曹操得到凉州从事和武都投降过来的人报告说："张鲁容易被攻取，阳平城下的南北山相距遥远，无法防守"，便信以为真。等到他亲临其境，觉得不像所听到的，于是感叹说："别人的推测，很少令人满意。"攻打阳平山上的各个营垒，山势险峻，难以攀登，一时不能攻下，士兵死伤的很多，军粮也快用完，曹操情绪低落，便想收兵依山阻击撤退，派大将军夏侯惇、将军许褚呼唤山上的士兵后撤。适逢前锋部队夜里迷路，误入张卫属下的一个军营，营中的士兵大惊，败退逃散。侍中辛毗、主簿刘晔等跟在士兵后面，告诉夏侯惇、许褚说："官军已占据敌贼的要寨，敌贼已逃散"，夏侯惇、许褚还不相信。夏侯惇亲自上前观察，回来报告曹操，继续进兵攻打张卫，张卫等连夜逃跑。

张鲁听到阳平已经陷落，想投降，阎圃说："如今因被逼投降，身价一定很轻；不如依靠杜濩投奔朴胡，与曹操抗拒，然后再屈服，身价一定重些。"于是逃进南山进入巴中。张鲁身边的人想烧毁全部的宝物和仓库，张鲁说："本想归顺国家，只是意愿没法传达。现今逃离不过是避开锋芒，并无恶意。宝物和仓库，原本就是归国家所有。"于是把府库封存好而离去。曹操进入南郑，对张鲁的行为大加赞赏，又因为张鲁本来有善意，就派人去安慰劝导他。

丞相主簿司马懿向曹操进言说："刘备凭诈术和暴力降伏了刘璋，蜀人没有归附，却又远去争夺江陵，不能失去这个机会。现今攻克汉中，益州震动，进兵攻打，形势一定使敌人瓦解。圣人不能违反天时，也不要错过机会。"曹操说："人的苦恼就在于不知足，已经得到陇地，又在渴望蜀地了！"刘晔说："刘备是人中英杰，虽然有气度但行动迟缓，得到蜀地不久，蜀人尚未依靠他。如今攻破汉中，蜀人震惊恐惧，依这形势一定会自行溃散。凭着主公的神明，趁刘备崩溃的形势压过去，就会攻无不克。如果稍有迟缓，诸葛亮善于治国而为宰相，关羽、张飞勇冠三军而为将军，蜀民安定后，据险守要，那么就不可以去冒犯了。现今不去攻取，一定会成为后患。"曹操不听。停留了七天，从蜀地来投降的人说："蜀中每天发生数十次的惊恐，守卫的将领虽然诛杀镇压也没法安定。"曹操问刘晔道："现今还能攻取吗？"刘晔说："现今蜀地已稍稍安稳，不能攻取了。"曹操于是退军。委任夏侯渊为都护将军，统领张郃、徐晃等留守汉中；委任丞相长史杜袭为驸马都尉，留下掌管汉中事务。杜袭安抚开导，百姓自己乐意迁徙到洛阳、邺城的有八万多人。

（以上为第六段，写曹操平定汉中。）

八月，孙权率领十万大军围攻合肥。当时张辽、李典、乐进领兵七千余人守卫合肥，魏公曹操征讨张鲁的时候，写好教令给合肥护军薛悌，在装教令的信封边上写了一行字，说：“敌贼来后，才打开。”等到孙权进攻合肥时，打开教令，教令说：“如果孙权亲自来战，张、李将军出城作战，乐将军留守，护军不得与孙权交战。”各位将军认为众寡悬殊，疑虑不能相敌。张辽说：“曹公远征在外，等到救兵到达，孙权打败我军那是一定的。因此教令的指示，是要求我们趁敌人没有集结时迎战他们，挫伤他们锐气，用来安定军心，然后才能防守。”乐进等没有谁回答。张辽愤怒地说：“成败的关键在此一战。诸位如果迟疑，我张辽单独出城决战。”李典一向跟张辽不和，感慨说：“这是国家大事，只需看你的计谋怎么样，我怎么可以因为私怨而忘掉公义呢？请跟您一起出城。”于是张辽夜里招募敢死壮士，得到八百人，宰牛犒劳他们。第二天早晨，张辽穿着铠甲，手持铁戟，身先冲进敌阵，杀死几十人。斩了二员大将，大声喊着自己的名字，冲进敌人的壁垒，直闯到孙权的大旗下，孙权大惊，不知所措，退走登上一个大坟堆，用长戟自卫。张辽呵斥孙权下来决战，孙权不敢动弹，看到张辽率领的士兵少，就收拢人马，重重包围了张辽。张辽急忙冲开包围，带出了几十名部下。余下的部众大声呼叫：“将军要丢弃我们吗？”张辽重新杀回，前来突围，救出余部。孙权的人马都望风披靡，没有人敢拦截阻挡。从早晨战到中午，东吴的士兵锐气衰减。于是回城加强防守，军心终于安定下来。

孙权包围合肥十多天，攻不下城池，于是撤退。士兵全部上路，孙权和各位将领还在逍遥津北面，张辽从远处看见，立刻率领步骑兵突然赶到。甘宁和吕蒙等拼力作战，抵御敌人，凌统率领亲兵扶着孙权冲出包围，又返回与张辽交战，身边的人都战死，自己也受伤了，估计孙权已脱离危险，才返回。孙权骑一匹骏马奔上逍遥津桥，桥南的木桥已拆除，一丈多没有木板，亲近监谷利在马后，要孙权抓住马鞍，放松缰绳，谷利在后面用鞭抽打，以帮助骏马奔驰，于是骏马一跃而起飞渡到南岸。贺齐率领三千人在逍遥津南岸等候孙权，孙权才得以幸免。

孙权进入大船设宴饮酒，贺齐走下座位哭泣说：“君上您是人主，经常应当谨慎稳重，今天的事，差点酿下大祸。部下震惊恐怖，似乎失去了天地一样，希望君上以此作为终生的教训！”孙权上前擦去贺齐的眼泪说：“十分惭愧，我已铭记在心，不只是写在衣带上。”

（以上为第七段，写孙权争淮南，攻合肥不克。）

九月，巴、賨夷人的首领朴胡、杜濩、任约，各率部众来归附。于是分割巴郡，任命朴胡为巴东太守，杜濩为巴西太守，任约为巴郡太守；全都封为列侯。

冬季，十月，首次设置名号侯用来赏赐立有军功的人。

十一月，张鲁率领全家及部属出来归降。魏公曹操出迎，任命张鲁为镇南将军，依照客礼接待，封为阆中侯，食邑一万户。封张鲁的五个儿子以及阎圃为列侯。

习凿齿评论说：阎圃劝说张鲁不要称王，但曹公追封他为侯，往后的人，谁还不会来归顺呢！堵塞住源头，下游的水自然停止，说的就是这个道理啊！至于不明白这个道理而只看重焦头烂额的战功，加爵厚赏，只给予那些拼死奋战的勇士，那么民众就认为战乱有利可图，世风变得更差，各自拥有军队，凭仗武力，战争就不会停止了。曹公的这种封赏可以说是懂得了赏罚的根本。

程银、侯选、庞德都跟随张鲁投降。魏公曹操恢复程银、侯选的官爵，任用庞德为立义将军。

张鲁逃走巴中的时候，黄权向刘备进言说："如果丢了汉中，那么三巴就不能振兴，这就是砍断了蜀国的四肢。"刘备于是任命黄权为护军，统带众将领去迎接张鲁；张鲁已经归降曹操，黄权就进击朴胡、杜濩、任约，打败了他们。魏公曹操派张郃统帅各军占领三巴，想要迁走当地百姓到汉中，张郃进军到宕渠。刘备派巴西太守张飞与张郃相持，对抗五十多天，张飞袭击张郃，把张郃打得大败。张郃逃回南郑，刘备也返回成都。

曹操抽调出先前韩遂、马超等人的士兵五千多人，使平难将军殷署等统领，任用扶风太守赵俨为关中护军。曹操令赵俨派出一千二百人加强汉中防卫，由殷署监送至汉中，被征调上路的士兵不高兴。赵俨护送到斜谷口返回，还没有到达营地，殷署的部队就发生叛乱。随从警卫赵俨的步骑兵一百五十人，都是叛乱者的亲党，听到消息，各自惊慌，穿上铠甲，手执兵器，不再安定。赵俨向他们晓以成败利害，安慰鼓励，诚恳亲切，他们都慷慨地说："生死都跟随护军，不敢有二心！"赵俨前往各军营，分别召集审查核实结党叛乱的士兵八百多人，这些人分散在原野上。赵俨下令说："只惩治那些起事的首领，其余的一概不追究；郡县收捕送来的全都释放。"于是叛兵相继回来归降。赵俨秘密上报："应该遣送回大营，请求派自己的旧部镇守关中。"魏公曹操派将军刘柱率领两千人前往，要等两千人到达后才遣送新兵回大营。不久，事情败露，各个军营大为恐慌，不能劝导安定。赵俨于是宣布："将要挑选留下新兵中温顺厚道的一千人，镇守关中，其余的都派往东边大营。"便召见主管军籍的人，送来各营士兵的花名册，立即加以决别。留下的人心情安定，与赵俨同心，那些将被调遣的也不敢轻举妄动。赵俨在一天之内全部把他们遣送上路，乘机让所留下的一千人分布安插在队伍的各处，刘柱率领的东边军队也很快到达，于是又威逼晓谕，同时迁移留下的一千人，命令他们一起东行。总共送到大营的有两万多人。

（以上为第八段，写曹操优抚张鲁；收复关中旧将残余武装，赵俨出色地完成使命。）

汉献帝建安二十一年（丙申，公元216年）

春季，二月，魏公曹操回到邺城。

夏季，五月，魏公曹操进爵为王。

起初，中尉崔琰向曹操推荐巨鹿人杨训，曹操以礼征辟他。等到曹操进爵，杨训上表为曹操歌功颂德。有人嘲笑杨训阿谀世俗，浮夸虚伪，认为崔琰推选人才不当。崔琰向杨训索取奏表底稿来看，给杨训写信说："看了奏表，内容很好。时机啊，时机啊，时机到了应当有改变。"崔琰的本意是讥嘲那些喜欢评头论足却不通达情理的人。当时有跟崔琰结下宿怨的人，上告崔琰："骄傲自大，怨恨诽谤，信中含有悖逆不顺的情绪。"曹操恼怒，逮捕崔琰下狱，剪去头发，惩罚他做苦工的囚徒。先前上告崔琰的人再次上告说："崔琰作为囚徒，对宾客吹胡子瞪眼睛，好像有所愤恨。"曹操于是命令崔琰自杀。

尚书仆射毛玠对崔琰的无辜感到悲痛，心中不高兴，有人又上告毛玠怨恨诽谤，曹操逮捕毛玠下狱，侍中桓阶、和洽都替毛玠陈情说理，曹操不听。桓阶请求核查事实。魏王曹操说："揭发这事的人说，毛玠不只是诽谤我，而且还为崔琰抱不平。这是背弃君臣的恩义，狂妄地为死友抱怨，只怕是不可以忍受的吧。"和洽说："如果真像检举人说的那样，毛玠罪恶深重，天地难容。臣不敢强词夺理为毛玠说情，以此破坏君臣伦理，只是毛玠多年来蒙受您的恩宠，他又刚直忠厚，被众人畏惧，不应有此事。但是人情变化，难以确信，应该进行核查，使两方都得到验证核实。如今大王施恩，不忍心交付狱官审理，更加使得是非不明。"曹操说："不查核的原因只想使毛玠和检举人两全罢了。"和洽回答说："毛玠果真有诽谤主上的言论，应当陈尸街头。如果毛玠没有这些言论，揭发此事的人就是在诬陷大臣，用来混淆主上的视听，不加以查核，我私下深感不安。"曹操终究不加追究，毛玠于是被免去官职，老死在家中。

这时候，西曹掾沛国人丁仪当权，毛玠获罪受罚，丁仪下了很大力气，群臣畏惧他，不敢正视，只有尚书仆射何夔与东曹属东莞人徐奕不依附丁仪，丁仪诽谤徐奕，外放为魏郡太守，靠了桓阶帮助才幸免于难。尚书傅选对何夔说："丁仪已经祸害了毛玠，你应稍稍委屈些。"何夔说："行为不义，恰恰是祸害他自己，怎么能害别人！况且心怀奸佞，处在圣明的朝中，能够长久吗？"

崔琰的堂弟崔林曾经与陈群一起评论冀州的人士，推崇崔琰为第一位，陈群认为崔琰的才智不足保全自己而贬低他。崔林说："大丈夫要遇到恰当的机会罢了，至于你们这些人，真的能算得上高贵的人吗？"

五月初一日己亥，发生日食。

代郡乌桓的三位酋长都称单于，靠着实力骄横放纵，太守无法控制。魏王曹操派丞相仓曹属裴潜任太守，准备拨给他精锐部队。裴潜说："单于自知放纵骄横的时间很长了，如今多带领部队前往，一定因恐惧而拒绝入境，少带部队他们就不会惧怕，应该用计谋制服他们。”于是单车到郡中，单于们十分惊喜。裴潜安抚他们，恩威并施，单于全部归服。

起初，南匈奴长久居留塞内，与塞内编入户籍的平民大略相同，但不纳贡赋。谋议的人恐惧他们人丁繁衍，渐渐难以控制，应该事先加以防范。秋季，七月，南匈奴单于呼厨泉到魏朝见，曹操乘机把他扣留在邺城，委任右贤王去卑监理他的国家。单于每年享有的绵、绢、钱、谷与列侯一样，子孙继承他的封号。把他的部队分为五部，各部设立贵人为首领，选派汉人为司马来监督他们。

八月，魏王曹操任命大理钟繇为魏国的相国。

冬季，十月，魏王曹操集结军队攻击孙权。十一月，到达谯县。

（以上为第九段，写曹操晚年骄矜暴虐，听谗言而诛大臣崔琰，废毛玠。）

【点评】

孙刘争荆州。地理均势是三国鼎立形成的最重要原因之一。所谓地理均势是围绕荆州争夺而形成的。南北分治以长江为天堑，史称划江而治。三国鼎立，长江上下游分为两个政权，长江上游政权割据益州，四塞天险，割据者自恃有地理优势。长江下游政权，必须夺取荆州，才有割据的地理优势，如果下游政权没有荆州，则西边大门洞开，荆州居高临下，政权难以巩固。所以孙吴的立国方针是极长江所有，南北分治以抗衡北方。现在多了一个刘备，已是孙权的眼中钉，即使是联盟，下游政权也绝不会让出荆州。当三国鼎立的局势基本形成，刘备有了益州，孙权就要来讨荆州。无论刘备是否向孙权借了荆州，孙权都是要全力来争的。何况荆州是孙权用全力从曹操手中争来，南郡又确确实实是孙权借给刘备的。

先说荆州的形胜，再说孙刘争荆州的是非。

荆州形胜，兵家必争，曹操占领荆州，逼降孙权以统一天下；孙权占领荆州，要全据长江与曹操抗衡；对于刘备来说，荆州是立身之地，借此而居以待天下之变。荆州成了曹、孙、刘三家逐鹿中原的冲要，它的归属将影响历史步伐的节奏。三方军事斗争从公元 208 年曹操南下起到公元 222 年夷陵之战画上句号为止，前后十五年，发生过五次大战役，即五次争荆州。

第一回合，曹操南下，兵不血刃下荆州。

第二回合，赤壁之战，曹、孙、刘三分荆州，拉开了鼎立的序幕。

第三回合，孙、刘两家争荆州江南三郡，联盟发生裂痕。

第四回合，孙权袭杀关羽，夺取荆州，联盟破裂。

第五回合，夷陵之战，荆州归吴，三分地理均势形成。

荆州争夺的五个回合，有三个回合发生在联盟内部，而且一次比一次升级，最终以吴胜蜀败而结束。设若夷陵之战胜败易主，局势难以预料，若果还是三足鼎立，则荆州争夺仍不会结束，不达均势则不停止。

本卷所载是荆州争夺的第三回合，建安二十年（215）孙权索讨江南三郡。荆州形胜的要冲是南郡，孙权索讨的是江南三郡。孙权不直接讨回江陵所在的南郡，正是他斗争艺术高明的表现。江陵是北伐的一个前进基地，刘备肯定不会放手。当时曹操势力还很大，孙、刘两家都不愿同盟破裂，南郡在刘备手中与曹操相抗，也减轻了江东所受压力。孙权如能讨回南三郡，江陵孤立，减杀了荆州居高俯视江东的形势，孙权也可以放心。可惜的是，刘备集团过分看重荆州，把荆州的得失看得比同盟的破裂还要重要，不惜兵戎相见争夺三郡。结果同盟破裂，曹操趁机争汉中，刘备差点益州不保。还是孙权顾大局，让了江南的一个零陵郡与刘备和好，让刘备抽身回头去保益州。汉中是益州的北大门，汉中丢失，益州孤危，所以刘备要全力去争。后来刘备得了汉中，但是只得其地不得其民。刘备争荆州南三郡，丧失了夺取汉中的最好时机，付出了沉重的代价，荆州南三郡也没有得到，大为失计。

假如刘备不争荆州南三郡，甚至不等孙权索讨，主动让出，表达同盟诚意，孙权将全力去争淮南，刘备早日得汉中，曹操将陷入东西两线作战，难以应付。等到刘备夺得雍凉，有了关中，不再依赖荆州为北伐基地，全都给了孙权也无关大局。如果刘备真得了关中，实力大增，孙权或许就不会来讨荆州。历史不能假设，现实利益人皆欲得，孙、刘争荆州，对双方都无可厚非。关键是实力对比，以及策略是否得当，道义是否为正，外交是否尽力。这几个方面，孙权的智慧都高于刘备、诸葛亮，难怪曹操要慨叹："生子当如孙仲谋。"良有以也。

资治通鉴（白话本） 卷第六十八

汉纪六十

汉献帝建安二十二年至二十四年（公元 217—公元 219）

【起强圉作噩（丁酉，公元 217 年），尽屠维大渊献（己亥，公元 219 年），凡三年】

【大事提要】

本卷记事起公元 217 年，讫公元 219 年，凡三年，当汉献帝建安二十二年至建安二十四年。建安二十二年、二十三年无大事，建安二十四年，刘备北进汉中，称汉中王，关羽北伐威震华夏，刘备的事业达于巅峰。螳螂捕蝉，黄雀在后，刘备集团刚刚举起庆贺的酒杯，祝贺的话音未落，一声惊雷，孙权偷袭荆州，关羽走麦城，刘备集团从顶峰跌落下来。北方曹操完成了魏国的百官建制，曹丕争太子位得胜，立为太子。孙权称臣于曹操，上尊号，曹操发誓做周文王，此亦是曹氏代汉的信号。东汉即将寿终正寝，司马光评说东汉一代的兴亡，为本卷，也为东汉画上了句号。

孝献皇帝癸

汉献帝建安二十二年（丁酉，公元 217 年）

春季，正月，魏王曹操进军居巢，孙权驻守濡须。二月，曹操进攻濡须。

起初，孙权的右护军蒋钦驻军宣城，芜湖令徐盛逮捕了蒋钦的驻屯官员，上表杀死他。等到孙权驻军濡须时，蒋钦和吕蒙掌管各军，蒋钦常常称赞徐盛的长处。孙权问蒋钦为何如此，蒋钦说：“徐盛忠诚、勤恳、刚毅，有胆略、有气度，是个统帅万人的好都督。如今大业未成，臣应当帮助国家寻找人才，怎么敢怀着私怨去掩埋人才呢？”孙权十分赞赏。

三月，曹操率军撤回，留下伏波将军夏侯惇总领曹仁、张辽等二十六支部队驻守居巢。孙权命都尉徐详到曹操那里请求归顺，曹操回复愿结为友好关系，立誓结盟，重缔姻亲。孙权留下平虏将军周泰统帅濡须守军。朱然、徐盛等都在周泰的统领之下，认为周泰出身寒门，不服。孙权召集各位将领，大设酒宴，畅饮欢乐。孙权命令周泰解开衣服，亲自用手指着他身上的伤痕，逐一问起来历，周泰就回忆起往日的战斗场面逐一回答。对答完，让周泰再穿好衣服，孙权拉着他的手臂流着泪说：“幼平，你为孙氏兄弟，拼战有如熊虎一般，不吝惜自己身家性命，受伤几十处，皮肤如刀刻斧凿一般，我又怎么忍心不用骨肉亲情来对待你，不把军队的重任委托你呢？”酒宴结束，孙权暂时留步，让周泰率兵马在前开路，鸣起鼓角，奏起鼓吹，走出军营，这时徐盛等才心服。

（以上为第一段，写江东君臣顾大局，团结一心。孙权用人，动之以情。）

夏季，四月，诏令魏王曹操设置天子的旌旗，出行返回可以发布戒严令。

六月，魏国任命军师华歆为御史大夫。

冬季，十月，册命魏王曹操所戴礼冠有十二旒，乘坐金根车，驾六马，设置五时副车。

魏国册命五官中郎将曹丕为太子。

起初，魏王曹操娶的丁夫人，没有生下儿子；妾刘氏生儿子曹昂；卞氏生了四个儿子：曹丕、曹彰、曹植、曹熊。魏王曹操命丁夫人以母亲的名义抚养曹昂。曹昂死在穰县，丁夫人哭泣没完没了，曹操生气把她休了，让卞氏继为妻室。曹植天性机警，多才多艺，文辞优美，敏捷多智，曹操很疼爱他。曹操想把女儿嫁给丁仪，曹丕认为丁仪瞎了一只眼睛，就劝阻曹操。因此丁仪怨恨曹丕，和弟弟黄门侍郎丁廙以及丞相主簿杨修一起，屡次称赞临菑侯曹植的才华，劝说曹操立曹植为嗣。杨修是杨彪的儿子。曹操写信向外朝秘密询问，尚书崔琰用公开信回答说：“照《春秋》大义，应立长子。而且五官中郎将仁孝聪明，应当继承正位，我崔琰誓死坚持这一原则。”曹植是崔琰哥哥的女婿。尚书仆射毛玠说：“不久前，袁绍因嫡庶不分，宗族覆没，国家消亡。废立太子是大事，我不希望听到此事发生。”东曹掾邢颙说：“用庶子代替宗子是祖宗所深戒的，希望殿下审慎明察。”曹丕派人向太中大夫贾诩询问巩固自己地位的办法。贾诩说：“愿将军弘扬德性，扩大胸襟，亲自去学习寒素之士的学业，朝朝夕夕，孜孜不倦，不违背做儿子的礼仪道德，如此就够了。”曹丕听从了贾诩的忠告，深深地磨砺自己。有一天，曹操让身边的人回避询问贾诩，贾诩沉然不答。曹操说：“跟你谈话，你却不回话，为什么？”贾诩说：“正巧在思考问题，所以没有马上回答。”曹操说：“思考什么？”贾诩说：“我在想袁本初、刘景升他们父子的事。”曹操会心地大笑起来。

曹操有一次出征，曹丕、曹植一起送到路边，曹植称颂功德，出口成章，左右的人惊讶瞩目，曹操也很高兴。曹丕惆怅失意，济阴人吴质向曹丕耳语说：“大王将要上路，流泪就行了。”等到告辞时，曹丕流泪下拜，曹操及其左右的人都感到悲伤不已，这时人们都认为曹植多有华美文辞但亲情不及曹丕。曹植放纵任性，举止不加修饰，而五官中郎将曹丕用尽心机，刻意修饰，宫中的人与曹操身边的人都称颂他，为他说话，所以最终被确立为太子。

左右长御恭贺卞夫人说：“将军被立为太子，天下没有人不高兴，夫人应当拿出所有宝藏的财物来赏赐。”夫人说：“魏王自认为曹丕年长，所以把他立为继嗣。我只是应当庆幸自己避免了没有教育他的过失罢了，又有什么值得去重赏他人呢？”长御回来，把这些都告诉了曹操，曹操高兴地说：“发怒时不变脸色，喜庆时不失节制，这是最难的。”

太子搂着议郎辛毗的脖子说：“您知道我高兴吗？”辛毗把这告诉他女儿宪英，宪英叹息说：“太子是继承君位掌管国家的人。继承君位，不能不忧心；掌管国家，不能不恐惧。应当忧心和恐惧，却反而高兴得意，怎么能够长久！魏国恐怕不会昌盛的！”

过了一段时间，临菑侯曹植乘车行驶在驰道上，打开司马门出去。曹操大怒，公车令因此获罪被处死。从此加重了对诸侯的禁令，而对曹植的宠爱日渐淡薄。曹植的妻子穿戴锦绣的衣服，曹操登楼台时看见了，认为违反了禁令，送回娘家赐令自杀。

（以上为第二段，写曹植与曹丕争太子位，曹丕胜出。）

法正进言刘备说：“曹操一举降服了张鲁，平定了汉中，不趁势来夺取巴、蜀，只留下夏侯渊、张郃驻守，自己赶紧北还，这不是他的智慧谋略不够，也不是他的军事力量不足，一定是他内部有忧虑遭逼迫的缘故。如今估量一下夏侯渊、张郃的才干和武略，不能胜过我们的将帅，举兵前去征讨，一定能够战胜他们。胜利之后，大兴农业，囤积粮食，寻找敌人的弱点，等待可乘的机会。这样上可以扫灭敌寇，尊奉辅佐王室；中可以蚕食雍、凉两州，广拓疆土；下可以坚守险要，长久地维持下去。这大概是天赐给我们的机会，切不可丧失。”刘备赞赏他的计策，于是统率众将领进军汉中，派张飞、马超、吴兰等驻军下辨。魏王曹操派都护将军曹洪来抵抗。

鲁肃去世，孙权任命从事中郎彭城人严畯接替鲁肃，率兵一万人镇守陆口。众人都替严畯高兴，严畯坚决推辞，以“质朴书生，不习军事”作为理由，言辞诚恳感人，以至于流泪哭泣。孙权这才任命左护军虎威将军吕蒙兼任汉昌太守来代替他。众人称许严畯据实谦让。

定威校尉吴郡人陆逊向孙权进言说：“如今战胜敌人，平定祸乱，没有众多的人力是不能成功的。而山越寇贼凭借深山老林，依旧作恶。心腹之地不平定，难以谋取远方，可以扩大我们的部队，选取精锐。”孙权听从了这个建议，任命陆逊为帐下右部督。碰巧丹阳叛贼首领费栈作乱，煽动山越造反。孙权命令陆逊征讨费栈，把他打败。于是在东三郡用军法整编山越，强壮的当兵，老弱的填充编户民籍，获得精兵几万人。陆逊清除了一贯作恶的匪寇，所过之地一一肃清，回军驻屯芜湖。会稽太守淳于式上书说：“陆逊枉法滥征百姓，所到之处百姓受到骚扰忧愁。”陆逊后来到了都城，谈话之间，称赞淳于式是个好官。孙权说：“淳于式上书控告你，你却推荐他，为什么？”陆逊回答说：“淳于式原意是养育人民，所以控告我；如果我又用诋毁淳于式来混淆圣主的视听，不可助长这种风气。”孙权说：“这确实是长者的处世态度，但是一般的人做不到。”

魏王曹操派丞相长史王必领兵管理许县的事务。这时关羽强大，京兆人金祎看到汉朝的江山将要转移，就跟少府耿纪、司直韦晃、太医令吉本、吉本的儿子吉邈、吉邈的弟弟吉穆策划谋杀王必，挟持天子来攻打魏国，联合南边的关羽，作为外援。

（以上为第三段，写刘备的两大克星之一陆逊登场。）

汉献帝建安二十三年（戊戌，公元 218 年）

春季，正月，吉邈等带领他的党羽一千多人，夜里攻打王必，烧毁他的营门，射中他的肩膀，帐下扶着他逃奔南城。适逢天亮，吉邈等部众崩溃，于是王必和颍川典农中郎将严匡又共同征讨吉邈，并杀了他。

三月，孛星出现在东方。

曹洪计划攻击吴兰，张飞驻扎在固山，声称要断绝曹洪军队的退路，众人商量感到疑虑。骑都尉曹休说：“敌贼要真想截断我军的退路，应当埋伏兵马，隐蔽行军，现今却事先宣扬，说明他们不会这样做，十分明显。应该趁敌人还没有结集，抓紧进攻吴兰，吴兰被打败，张飞自然就会撤走。”曹洪听从了这个建议，进军打败了吴兰，杀了他。三月，张飞、马超撤走。曹休，是魏王的族子。

夏季，四月，代郡、上谷郡的乌桓部落无臣氐等反叛。先前，魏王曹操征召代郡太守裴潜为丞相理曹掾，曹操非常赞赏裴潜治理代郡的功业，裴潜说：“我对待百姓虽然宽厚，对待胡人却十分严厉。如今我的后继者一定会认为我治理过严而施以恩泽，他们一向骄横，过于宽松势必引起放纵，放纵后再绳之以法，怨恨反叛就由此产生了。根据这种情势来判断，代郡一定会再次叛乱。”这时曹操很后悔这么快召回了裴潜。几十天过后，果真传来单于反叛的消息。曹操任命他的儿子鄢陵侯曹彰代理骁骑将军，派他去征讨三单于。曹彰自小善于骑射，臂力过人。曹操告诫曹彰说：“在家里是父子，任职后就是君臣了，要按王法办事，你要记住这些！”

刘备驻军阳平关，夏侯渊、张郃、徐晃等与刘备对抗。刘备派他的部将陈式等切断马鸣阁道，徐晃打败陈式。张郃驻军广石，刘备攻打不能取胜，火速传令征发益州的军队。诸葛亮就此事询问从事犍为人杨洪，杨洪说：“汉中，是益州的咽喉，存亡的关键，如果没有汉中，那么就没有蜀地了。这是家门口的灾祸，发兵有什么可迟疑的。”当时法正跟随刘备北征，诸葛亮于是上书推举杨洪兼任蜀郡太守；杨洪把许多事情办理得十分妥帖，就被正式任命为蜀郡太守。

当初犍为太守李严征召杨洪为功曹，李严没有离开犍为郡，而杨洪已被任为蜀郡太守。杨洪推举的门下书佐何祗有才干和韬略，杨洪还在蜀郡时，何祗已被任为广汉太守。所以益州人都佩服诸葛亮能做到人尽其才。

秋季，七月，魏王曹操亲自领兵攻击刘备，九月，到达长安。

曹彰攻打代郡的乌桓部落，亲自上阵作战，铠甲被射中几箭，斗志更加高昂，乘胜向北追赶，到达桑干以北，大败敌军，斩首活捉的敌人，数以千计。当时鲜卑族首领轲比能率领几万骑兵观望双方的强弱情势，看到曹彰奋力作战，所向披靡，于是请求投降，北方完全平定。

南阳的官民深受劳役之苦，冬季，十月，宛城守将侯音反叛。南阳太守东里衮和功曹应余逃出：侯音派骑兵追击，飞箭交织，应余用身体掩护东里衮，七处受伤而死，侯音的骑兵抓住东里衮带回。这时征南将军曹仁驻军樊城，用来控制荆州，魏王曹操命令曹仁回军讨伐侯音。功曹宗子卿劝侯音说："您顺应民心，兴起大事，远近莫不望风响应；然而捉拿郡中将领，违背事理，没有好处，为什么不放了他？"侯音听从了。宗子卿趁着黑夜翻越城墙跟随太守集合余众包围侯音，刚巧曹仁的军队也赶到，一同攻打侯音。

（以上为第四段，写北方社会仍有反对曹操的事变，以及曹刘争汉中。大体说，建安二十三年无大事。）

汉献帝建安二十四年（己亥，公元 219 年）

春季，正月，曹仁打破宛城大肆屠杀，斩了侯音，又回到樊城驻守。

起初，夏侯渊打仗虽然屡屡获胜，魏王曹操常常告诫他说："一个将领应当有胆怯和示弱的时候，不能只是一味勇猛。将领当然以勇猛为根本，但行动时要运用智慧和谋略，只懂得任用勇猛，只可抵敌一个人罢了。"等到夏侯渊与刘备对峙了一年多，刘备从阳平关向南渡过沔水，沿着山麓向前稍稍推进，在定军山扎营。夏侯渊就率兵来抢夺。法正说："可以攻击了。"刘备派讨虏将军黄忠登上高地擂响战鼓，呐喊着出击，夏侯渊的军队大败，黄忠杀了夏侯渊和益州刺史赵颙。张郃领兵退守阳平。这时曹军刚失去统帅，军中一片混乱，不知所措。督军杜袭和夏侯渊的司马太原人郭淮集合散兵，号令各军："张将军是国家名将，连刘备都害怕；如今情况危急，没有张将军就不能转危为安。"于是临时推举张郃为全军统帅。张郃出来主持军务，约束兵马，巡视军阵，各位将领都接受张郃统管，军心才安定下来。第二天，刘备想渡过汉水来攻打；各位将领认为寡不敌众，打算依靠汉水布阵抗击刘备。郭淮说："这是示弱并且不能打败敌人，不是好的计策，不如远离汉水布阵，吸引敌人过来。等他们渡到一半时，然后攻击他们，刘备就会被打败了。"郭淮布阵完毕，刘备怀疑，不渡。郭淮就坚守阵地，表示没有回还的意思。把这里的情况报告魏王曹操，曹操称赞这种办法，派使者送给张郃符节，仍任命郭淮为司马。

二月三十日壬子，发生日食。

三月，魏王曹操从长安穿过斜谷，派兵把守沿途险要，兵临汉中。刘备说："曹公虽然亲自前来，也不能有所作为，我一定占有汉川了。"于是聚合部队把守险要，始终不交战。曹操运米到北山下，黄忠想率兵夺取，过了约定的时期没有回来，翊军将军赵云率领几十名骑兵出营巡察，碰巧曹操大军出动，赵云突然遭遇，于是向前突击曹军队伍，且战且退。曹军被冲散后又会合起来，追赶到军营下，赵云进营后，反而大开军门，偃旗息鼓。曹军疑心赵云有埋伏，率兵离去；赵云命令擂响战鼓，鼓声震天，只用强弩在后面射击曹军。曹军大惊，自相践踏，很多人掉进汉水中被淹死。刘备第二天清晨亲自来到赵云的军营，巡视昨日的战场，说："子龙一身都是胆啊！"

曹操与刘备对峙了几个月，曹军士兵逃亡很多。夏季，五月，曹操带领汉中的全部军队，返回长安，刘备终于占有汉中。

曹操怕刘备向北攻取武都氐人，用来威逼关中，询问雍州刺史张既，张既说："可劝导氐人向北迁徙到有粮的地区，躲避敌贼，前来归附的厚加宠爱奖赏，那么先来的知道有利可图，后面的一定会羡慕跟随。"曹操采纳了这个建议，派张既到武都。迁移了五万多户氐人到扶风、天水接界处定居。

武威人颜俊、张掖人和鸾、酒泉人黄华、西平人麹演等，各自占领本郡，自称将军，相互攻打。颜俊派使者送母亲和儿子到魏王曹操那里作为人质，以此请求援助。曹操询问张既，张既说："颜俊等外借国威，在内骄横悖乱，等到计谋得逞，势力扩大，然后就会立刻反叛。如今正安定蜀地，应该暂时让他们两边并存，相互斗杀，就像卞庄子杀虎那样，坐收两败俱伤之利。"魏王说："好！"一年多后，和鸾终于杀掉颜俊，武威人王秘又杀掉和鸾。

刘备派宜都太守扶风人孟达从秭归向北攻取房陵，杀死房陵太守蒯祺。又派养子副军中郎将刘封从汉中顺沔水而下，统领孟达的军队，与孟达合力攻打上庸，上庸太守申耽举郡投降。刘备提升申耽为征北将军，兼任上庸太守，任命申耽的弟弟申仪为建信将军、西城太守。

秋季，七月，刘备自称汉中王，在沔阳设立坛场，军队列阵，君臣陪从，宣读奏章后，就敬礼接受印玺绶带，戴上王冠。由驿使呈献奏章，归还以前授予的左将军、宜城亭侯印绶。册立儿子刘禅为太子。提升牙门将军义阳人魏延为镇远将军，兼领汉中太守，镇守汉川。刘备回到成都治理政事，任命许靖为太傅，法正为尚书令，关羽为前将军，张飞为右将军，马超为左将军，黄忠为后将军，其余都各自按照不同的等级提拔。

刘备派益州前部司马犍为人费诗去授予关羽印绶，关羽听到黄忠的职位与自己并列，愤怒地说："大丈夫始终不会与老兵平起平坐！"不接受任命。费诗对关羽说："建立王业的人，所任用的不能都一样。从前萧何、曹参跟汉高祖从小亲爱是老朋友，而陈平、韩信不过是逃亡过来的人。论他们的地位排列，韩信最高，没有听说萧、曹因此而怨恨。如今汉中王凭着一时的功劳，提拔黄忠，但是在他心中，黄忠怎么能与您相比呢？况且汉中王和您犹如是一个人，同甘共苦，福祸与共；我认为君侯您不应该计较官职名号的高下，爵禄的多少。我仅是一名使者，传达命令的人，君侯您不肯接受任命，我就这样回去，只是为君侯的这种举动感到痛惜，恐怕君侯会后悔。”关羽很受启发，立即接受任命。

诏命立魏王曹操的夫人卞氏为王后。

（以上为第五段，写刘备北取汉中，称汉中王，用以抗衡曹操称魏王。）

孙权攻打合肥，当时各州的兵马集结淮南。扬州刺史温恢对兖州刺史裴潜说：“这里虽然有匪贼，但不值得忧虑。现今大水就要来了，曹仁孤军深入，没有远征的准备，关羽骁勇刁猾，只担心征南将军那里有麻烦。”不久关羽果然派南郡太守麋芳守江陵，将军士仁守公安，关羽亲自率领军队到樊城攻击曹仁，曹仁派左将军于禁、立义将军庞德等驻守樊城北面。八月，大雨连绵不断，汉水溢出，平地水深数丈，于禁等七支部队全部被水淹。于禁与众将领登上高地避水，关羽乘坐大船逼近攻打，于禁等走投无路，于是投降。庞德在堤上，穿着铠甲挽着弓箭，箭无虚发，从清早起就拼死战斗直到午后，关羽攻打得更激烈。庞德的箭射完了，短兵相接。庞德越战越勇，气势愈战愈高昂，而水势逐渐增大，部下的官兵全都投降了。庞德乘坐小船打算退回曹仁的军营，大水把船打翻，弓箭失落，只身在水中抱着翻了的船，被关羽抓获，站立不下跪。关羽对庞德说：“你的哥哥在汉中，我想任命你为将军，为什么不早早投降呢？”庞德大骂关羽：“臭小子，什么叫投降！魏王手握甲兵百万威震天下，你的那个刘备不过是个庸才罢了，哪能比得上！我宁愿做国家的死鬼，也不做你这个叛贼的将军！”关羽把他杀了。魏王曹操听到消息，说：“我结识于禁三十年了，哪里想到在危机面前，反不如庞德呢？”封庞德的两个儿子为列侯。

关羽猛攻樊城，城墙受水浸泡，常常倒塌，众人都惊慌惧怕。有人对曹仁说：“今天的危险，不是我们的力量能够支撑的，可以趁关羽的包围圈还没有合拢，坐轻便的船夜里撤离。”汝南太守满宠说：“山水迅速，想来不会很久。听说关羽派另外的将领已至郏下，从许县往南，百姓动乱骚动，关羽所以不敢再前进，是害怕我军攻击他的后面。现在如果逃跑，黄河以南便不再为国家所有了。您应该坚守在这里。”曹仁说：“好！”于是把白马沉入水中与军人们宣誓，同心坚守。城中的兵马才几千，没有被淹没的城墙只有几尺高。关羽坐船到城下，设立几层包围圈，内外断绝。关羽又派另外的将领到襄阳包围将军吕常。荆州刺史胡修、南乡太守傅方都向关羽投降。

（以上为第六段，写关羽北伐，擒于禁，杀庞德，威震华夏。）

起初，沛国人魏讽有煽动众人的才能，轰动邺都，魏相国钟繇征辟他为西曹掾。荥阳人任览，跟魏讽很友好。同郡人郑袤，即郑泰的儿子，常常对任览说："魏讽是个奸雄，终究会叛乱。"九月，魏讽暗中纠集党羽，与长乐卫尉陈祎谋划袭击邺都，还没有到约定的日期，陈祎因害怕而告发。太子曹丕杀了魏讽，受株连而被处死的有几千人，钟繇也因此获罪被罢免官职。

起初，丞相主簿杨修与丁仪兄弟图谋拥立曹植为魏国的继承人，五官中郎将曹丕忧虑这事，让朝歌长吴质躲藏在竹筐里，用车子载来，跟他谋划。杨修把此事上告曹操，曹操还没有来得及调查。曹丕害怕，告诉吴质，吴质说："没有关系。"第二天，又用筐子装着丝绢进来，杨修又上告曹操，派人调查，筐子没有装人，曹操从此疑心杨修。后来曹植因骄横放纵被疏远，可是依旧跟杨修交往，杨修也不敢断绝关系。每当两人接触，曹植考虑有不妥的事时，杨修就帮他猜测曹操的意图，预先做好答案十几条，告诉手下人："教令来了，依据所提的问题，做出相应的回答。"于是教令才出来，答案已送进去；曹操奇怪回应这么快，经过查问，事情泄露。曹操还因为杨修是袁术的外甥讨厌他，于是揭露杨修前后泄露教令，交结诸侯的罪状，逮捕并杀了他。

魏王曹操任命杜袭为留府长史，驻军关中。关中营帅许攸拥有部队不愿归附，而且言词轻慢，曹操大怒，想先征讨他。群臣大多劝谏说："应该安抚许攸，共同讨伐强敌。"曹操把刀横放在膝上，怒容满面，不听劝谏。杜袭进来想劝说，曹操反倒先对杜袭说："我的计谋已定，你不要再说了！"杜袭说："如果殿下的计谋是正确的，臣就帮助殿下完成它；如果殿下的计谋不对，即使决定了，也应改正。殿下反倒先令臣不要进言，怎么对待下属这样不开明呢？"曹操说："许攸轻视我，怎么能放过他！"杜袭说："殿下认为许攸是个什么样的人？"曹操说："一个平常的人。"杜袭说："只有贤人才了解贤人，圣人才了解圣人，平常的人怎么能了解不平常的人呢？如今豺狼当道却先去打狐狸，人们会认为殿下避强攻弱，进攻说不上勇敢，退让说不上仁义。我听说千钧重的强弩，不向小老鼠射击；万石重的大钟，不会被草茎撞响。现在一个小小许攸，怎么值得劳您的神明英武？"曹操说："好！"于是优待安抚许攸，许攸立刻归服曹操。

冬季，十月，魏王曹操到达洛阳。

（以上为第七段，写曹丕杀魏讽，曹操诛杨修。）

陆浑人孙狼等叛乱，杀死县主簿，向南依附关羽。关羽授予孙狼官印，拨给部队，让他回去做寇贼，从许县往南，常常跟关羽遥相呼应，关羽的声威震动华夏。魏王曹操商量迁移离开许县都城来避开关羽的锐气，丞相军司马司马懿、西曹属蒋济向曹操进言说："于禁等被洪水淹没，不是作战的失误，对国家不足以构成损害。刘备、孙权，表面上亲密，内心里却疏远，关羽得势，孙权一定不愿意。可派人劝说孙权跟在关羽的后方，许诺割长江以南册封给孙权，那么樊城之围就会自然解除。"曹操采纳了这个建议。

起初，鲁肃曾经劝说孙权，因为曹操还存在，应该安抚亲近关羽，跟他同心合力对付敌人，不能失去这种关系。吕蒙代替鲁肃驻军陆口，认为关羽一向骁勇威武，有兼并的野心，况且位于国家的上游水域和睦的形势难以长久，于是暗中向孙权进说："现今命令征虏将军孙皎驻守南郡，潘璋驻守白帝，蒋钦率领机动部队一万人沿长江上下游弋，奔赴敌人出现的地方，我吕蒙为国家前去把守襄阳，这样，何必担忧曹操，又何必依仗关羽？而且关羽他们君臣依仗诈谋和武力，反复无常，不能真心相待。现在关羽之所以不敢东进，是由于您圣明，我等还存在。现今不在强大的时候对付他，一旦我们死了，想再动用武力，还有可能吗？"孙权说："现今我想先攻打徐州，然后攻打关羽，怎么样？"吕蒙回答说："现今曹操远在黄河以北，慰抚安定幽州、冀州，没有力量顾及东面，徐州的守兵，听说少得微不足道，前往自然可以攻克。然而徐州地势平坦，交通方便，正是勇猛的骑兵驰骋的地方，您今天攻下了徐州，曹操十天后就一定会来抢夺，虽用七八万人防守，仍然让人担忧。不如攻取关羽，占领整个长江，势力壮大，容易防守。"孙权十分称赞这个建议。

孙权曾经为自己的儿子向关羽求婚，关羽辱骂孙权的使者，没有答应。孙权因此气愤。等到关羽进攻樊城，吕蒙上疏说："关羽征讨樊城，却留下许多防守的部队，一定担心我攻击他的后方。我吕蒙经常生病，请求带领一部分部队回到建业，以治病为名，关羽听到这个消息，一定撤掉防守部队，全部赶赴襄阳。我们的大军乘船沿长江昼夜奔向上游，偷袭关羽空虚的地方，这样就可以攻下南郡擒获关羽了。"于是吕蒙假称病重。孙权就用不检封的檄书召令吕蒙回京，暗中与他谋划。吕蒙顺江而下到了芜湖，定威校尉陆逊对吕蒙说："关羽与你相邻，为什么远道退下来，难道往后就不忧虑了？"吕蒙说："真的如你所说，但是我实在病得太重了。"陆逊说："关羽自以为骁勇气盛，欺压他人，刚刚有了大功，志得意满，只知专心北进，对我们没有猜忌，听说您生病，一定更加不设防备，现今出其不意，自然可以擒获制服他。回去见到主公应该好好地谋划大计。"吕蒙说："关羽向来勇猛，已难与他为敌，何况又占领了荆州，广播恩德、信义，加上已取得大胜，胆量和势力更加壮大，不容易对付了。"吕蒙到了都城，孙权问："谁能代替你？"吕蒙回答说："陆逊考虑深远，才能可以担当重任，观察他的谋略，可以委以大任；而且没有名声，不被关羽猜忌，没有人能超过他了。如果任用他，应当要他外表上隐藏自己的打算，内心里洞察形势，寻找便利的时机，然后就可以取得成功。”孙权于是召回陆逊，任命他为偏将军、右部督，用以代替吕蒙。陆逊到了陆口，写信给关羽，称颂他的功劳美德，言词十分谦卑，表示要竭尽忠心，自求托付的意思。关羽心中大为安定，不再有所疑心，逐渐抽调兵马奔赴樊城。陆逊将这些情报完全上奏孙权，陈述可以擒获关羽的核心所在。

关羽收纳于禁等几万人马，粮食缺乏，擅自取用孙权的湘关米粮，孙权听说后，就派出军队偷袭关羽。孙权打算任命征虏将军孙皎和吕蒙为左、右部大督，吕蒙说：“如果主公认为征虏将军能够胜任，就只任用他；认为我吕蒙能够胜任，就只用我。从前周瑜、程普被任命为左、右部督，带兵攻击江陵，虽然事情由周瑜决定，但程普依仗他长期带兵，况且都是部督，因此彼此不和，差点坏了国家大事，这正是目前要引以为戒的。”孙权领悟，向吕蒙道歉说：“任命卿为大督，命令孙皎做后援行了。”

（以上为第八段，写吕蒙献计孙权，谋取荆州。）

魏王曹操出兵汉中，派平寇将军徐晃驻守宛城以援助曹仁。等到于禁被灭，徐晃进军阳陵陂，关羽派军队驻扎偃城，徐晃到后，在小路上挖掘壕沟，显示想要截断关羽的后路，关羽的部队烧了军营撤离。徐晃得到偃城，联结军营，稍稍往前推进。曹操派赵俨以议郎的身份参与曹仁的军事，和徐晃一同前进，其余的救兵还没有赶到；徐晃所统领的部队不能解围，众将领责备徐晃，催促他去援救曹仁，赵俨对众将领说：“现在敌贼包围本已牢固，洪水还很大，我们势单力薄，而又与曹仁隔绝，无法齐心合力，这样去救援会使内外遭受失败。现今不如进军紧逼敌人的包围圈，派间谍通知曹仁让他得知外有援兵，以此来激励将士。估计他们被围困不超过十天，还可以坚守，然后内外一起发动攻击，一定能打败敌人。如果有救援迟缓的罪责，我为诸位承担。”众将领都很高兴。徐晃在距关羽包围圈三丈远的地方扎营，挖地道和用飞箭传书给曹仁多次互通消息。孙权写信给魏王曹操，请求征讨关羽替曹操效力，并要求不要走漏风声，使关羽有所防范。曹操询问群臣意见，群臣都说应该保密。董昭说：“带兵打仗，贵在权术，以期能收到最大的利益。应当向孙权承诺替他保密但暗中把消息泄露出去。关羽得到孙权逆流而上进兵，如果回兵自卫，那么樊城之围迅速解除，我们就得到了好处。可以让他们相互对峙牵制，坐等两败俱伤。如果保密不泄露，使孙权得以成功，这不是上策。又被围困中的将士不知道有救援，估算着军粮短缺，心中便惊恐不安。如果有什么不好的想法，灾难就不小了。还是泄露的好。况且关羽为人，强悍勇猛。自己仗着两城防守牢固，一定不会迅速撤离。”曹操说：“妙。”立刻命令徐晃把孙权的奏书用箭射到被围的城里和关羽的军营中，被围的城里得知，士气高昂，信心百倍；关羽果然犹豫不决，不愿撤离。魏王曹操亲自从洛阳南下救援曹仁。群臣都认为：“大王不快速行动，就要失败了。”只有侍中桓阶说：“大王认为曹仁等能否完全判断局势？”曹操说：“能。”桓阶说：“大王担心曹仁、徐晃两人会放弃努力吗？”曹操说：“不会的。”桓阶说：“既然如此，为什么亲自前往？”曹操说：“我怕敌人兵多，而徐晃等处境不利。”桓阶说：“如今曹仁等处在重围之中，却死守没有二心的原因，实在是因为大王在远处作为声势。处于必死之地，一定有拼死抗争的决心。内有拼死战斗的军队，外有强大的救援，大王停止六军不发，以示余力，何必担心失败而亲自前往呢？”曹操赞同桓阶的话，于是驻军摩陂，但仍然前后派出殷署、朱盖等共十二营军队增援徐晃。

关羽在围头有军营，在四冢也有军营，徐晃就扬言要进攻围头军营却偷袭四冢。关羽看到四冢会被攻克，亲自率领步骑兵五千出营作战。徐晃攻打关羽，关羽退走。关羽包围樊城的战壕安置了十层鹿角，徐晃追杀关羽，与关羽一起进入了围城的包围圈中，打败了关羽，傅方、胡修都死了，关羽于是撤围退走，但是船队仍然据守沔水，与襄阳隔绝不通。

（以上为第九段，写曹将徐晃救襄阳，初战打败关羽，而关羽仍恋战不撤。）

吕蒙到达寻阳，把精兵全部埋伏在舻船中，让穿百姓服装的白衣人摇橹，官兵打扮成商人，昼夜兼程，关羽安置在江边的岗哨，全部被抓获，因此关羽一无所知。糜芳、士仁向来痛恨关羽轻视自己，关羽出兵时，糜芳、士仁没有把全部军用物资运送到，关羽说：“回来，要惩罚他们。”糜芳、士仁都很害怕。于是吕蒙命令前骑都尉虞翻写信游说士仁向他陈述成败得失，士仁得到信就投降了。虞翻对吕蒙说：“这用的是诡计，应当带士仁同行，留下部队守城。”于是带士仁到南郡。糜芳守城，吕蒙推出士仁给糜芳看，糜芳就打开城门投降。吕蒙进入江陵，把于禁从牢里放出，抓获关羽及其将士的家属，都给予安抚，下令约束全军：“不得打扰居民，抢取财物。”吕蒙身边的一个亲兵，跟吕蒙是同郡人，拿了平民家里的一顶斗笠，用它来遮住公家的铠甲，铠甲虽是公物，吕蒙仍认为触犯了军令，不可因乡亲的缘故而违反法令，于是流着眼泪杀了他。从此全军震动，道不拾遗。吕蒙早晚派出亲信去安抚老人，问他们缺什么，为有病的人治疗，给饥寒的人送衣送粮。封存关羽官府中所藏的财宝，等待孙权来处理。

关羽听到南郡被攻下，立即回军向南撤退。曹仁召集众将领商量，都说：“现在趁关羽危急惊恐，可追击擒获他。”赵俨说：“孙权想侥幸地在关羽与我交战的时候，出其不意地控制他的后方，见关羽回去援救，担心我利用他们两败俱伤，所以言词谦恭，表示愿为我效力，无非是乘机利用事变来获取利益罢了。现在关羽已失去基础，孤军逃奔，更应让他保存下去，作为孙权的敌人，如果穷追败敌，孙权就不再防备关羽，而将成为我们的祸患了，魏王一定对此会有深思熟虑的。”曹仁解除了戒严。魏王曹操听说关羽逃走，恐怕众将领追击，果然急令曹仁不追，一如赵俨的计谋。

关羽多次派人与吕蒙联系，吕蒙总是热情款待关羽的使者，让他走遍全城，到关羽部下的家中，一户一户去慰问，有的家属还亲自写信告诉家人。关羽的使者回去，将士私下互相询问，都得知家中平安，发现家中受到的待遇比以前还好，因此关羽的将士没有了斗志。

正好孙权也到达了江陵，荆州的文武官员全部归附，只有治中从事武陵人潘浚装病不见，孙权派人到潘浚家连人带床把他抬来，潘浚伏在床上不起，涕泪纵横，悲伤哽咽不能自已。孙权用潘浚的字称呼他，与他交谈，安抚劝说，言辞恳切，深情感人，孙权让亲信用手巾替潘浚擦脸，潘浚起身，下地拜谢，孙权立刻任命他为治中，荆州的军事，一一向他询问。武陵部从事樊伷诱惑各部族，企图使武陵归附汉中王刘备。有人报告孙权，要求派将领带兵一万人去征讨樊伷，孙权不听。特招来潘浚询问，潘浚回答说：“派五千兵去，完全可以抓获樊伷。”孙权说：“你为什么这样轻视他？”潘浚说：“樊伷是南阳的世族之后，只会讲大话，实际上没有谋略。臣之所以了解他，是樊伷从前曾为州中人设宴，到中午却没有食物，十多人只得起身离开，这就好比观看侏儒演戏，只看一节便明了他的全部计谋。”孙权大笑，便派潘浚率领五千人前往，果然杀了樊伷，平定了反叛。孙权任命吕蒙为南郡太守，册封为孱陵侯，赏赐钱一亿，黄金五百斤；任命陆逊兼任宜都太守。

十一月，汉中王刘备所置的宜都太守樊友弃郡逃跑，各城的长官以及少数民族的首领都向陆逊投降。陆逊请求用金、银、铜印授予新归附的官员，并进攻蜀将詹晏等和秭归拥有军队的豪族大姓，他们都被打败而投降陆逊，先后被斩杀、抓获、投降的，总计几万人。孙权任命陆逊为左护军、镇西将军，晋封为娄侯，驻军夷陵，守卫峡口。

关羽知道孤立无援，就向西退守麦城。孙权派使者招抚，关羽假装投降，在城墙上树立旗帜、假人，借机逃走，士兵全部解散，身边只有十几名骑兵。孙权事先派朱然、潘璋切断关羽出逃的小路。十二月，潘璋的司马马忠在章乡抓获关羽及其儿子关平，杀了他们，平定了荆州。

起初，偏将军吴郡人全琮，上奏章陈述可以夺取关羽的计策，孙权担心事情泄露，搁置不答。等到已经抓获了关羽，孙权在公安设宴，看着全琮说：“你先前提出这项建议，我虽然没回答，但今天的胜利，也有你的功劳。”于是册封全琮为阳华亭侯。孙权又任命刘璋为益州牧，驻在秭归，不久，刘璋去世。

吕蒙没来得及蒙受封赏就旧病复发，孙权把他接来安置在自己住的官邸旁边，用各种方法给他治疗护理。医生经常给他针灸，孙权为他悲痛忧愁。孙权想常常去看望吕蒙，又担心劳累了他，于是在壁上穿个洞来探视。孙权看到吕蒙能稍稍吃点东西，就高兴得回顾左右，不然就唉声叹气，彻夜难眠。吕蒙病好了一些，孙权就为此下赦免令，群臣都来庆贺。不久，吕蒙去世，年仅四十二岁。

孙权非常悲痛，为吕蒙设置三百户守护墓地。孙权后来与陆逊谈论周瑜、鲁肃和吕蒙时说："周公瑾雄健刚强，胆识超人，打败曹操，占领荆州，他实在太高远了，很少人能与他相比。鲁子敬是周公瑾推荐给我的，我与他闲谈，便说及建立帝王之业的雄伟韬略，这是一件痛快的事。后来曹操获得刘琮的势力，宣称要率几十万大军水陆并下，我请来所有的将领，询问应对的对策，没有人先回答。至于张昭、秦松，都说应该派使者，写好投降的檄文，去迎接曹操，鲁子敬立刻反驳说不行，劝我征召周公瑾，委以重任，让他领兵迎击曹操，这是第二件痛快的事。后来虽然规劝我借给刘备地盘，这是他的一个失误，但这也不能否认他的两大贡献。周公对一个人不求全责备，所以我不计较他的失误而尊重他的贡献，我常把他比作邓禹。吕蒙小时候，我认为他不畏惧艰难、果断、有胆量，等他长大了，博学多识，筹划谋略不一般，可以说仅次于周公瑾，只是言谈风度比不上罢了。谋划打击关羽，胜过鲁肃。鲁肃回答我的信说：'帝王的兴起，都会有替他消灭敌人的人，关羽不值得顾虑。'这是鲁肃内心知道办不成的事，只不过在口头上讲大话罢了，我也饶恕了他，不轻易责怪。但他治兵扎营，能令行禁止，在他管辖的范围内没有不尽职责而负罪的人，路不拾遗，他的管理方法也是值得称赞的。"

孙权与于禁骑马并行，虞翻大声责备于禁说："你是个投降的俘虏，怎么敢与我君主并马齐驱？"扬起马鞭要打于禁，孙权喝住了虞翻。

孙权向曹操称臣，魏王曹操召回张辽等各自率领全军救援樊城，还没有到达，樊城之围已解。徐晃胜利班师回到摩陂，曹操到七里之外迎接徐晃，设宴款待群臣；魏王举起酒杯对徐晃说："保全樊城、襄阳，是将军的功劳。"便重赏桓阶，任命为尚书。曹操嫌弃荆州残留的民众及其在汉水两岸屯田的人，打算把他们全部迁走。司马懿说："荆楚一带百姓轻佻，容易发生变乱，关羽刚刚被消灭，那些作恶的，都躲藏逃窜，观望时局，迁走的却是善良的人，既伤了他们的心，又使会躲藏离去的不敢再回来。"曹操说："是的。"这以后那些逃亡的全都回来了。

魏王曹操上书推举孙权为骠骑将军，秉持符节，兼领荆州牧，封为南昌侯。孙权派校尉梁寓进贡，又送回朱光等，上书向曹操称臣，规劝曹操顺应天命称帝。曹操把孙权的奏书给大家看，说："这小子想把我放在炉火上烤！"侍中陈群等都说：

"汉朝江山气数已尽，并不是从今天开始。殿下功德巍峨伟大，众生瞩目仰望，所以孙权远方称臣，这是天意在人间的应验，众口同声，殿下应登上大位，还有什么犹豫的？"曹操说："如果天命在我这里，我就是周文王吧。"

（以上为第十段，写关羽失荆州，走麦城。孙权得胜害怕刘备报仇而向曹操上尊号，称臣，避免两线作战。）

臣司马光评论说：教化是国家首先要做的事情，但平庸的官吏轻蔑它；风俗是天下的大事，但昏庸的君主轻视它。只有明智的君主能够深思远虑，才知道教化与风俗的好处，功效深远。光武帝遇到汉朝中途衰败，群雄纷起，他以平民的身份兴起，弘扬前人的事业，征伐四方，日夜忙碌，仍能崇尚经术，用宾客的礼节，招纳博学的儒士，大办学校，倡议礼乐，用武力完成统一事业，礼乐教化也深入人心。继位的孝明帝、孝章帝，遵循先祖先帝的遗志，亲临太学拜望三老五更，展开经书，请教大道。从公卿、大夫直到郡县的官吏，都是选用熟悉儒经、行为端庄的人，虎贲卫士都熟读《孝经》，匈奴的子弟也要到太学攻读，因此在上位的人提倡教化，处下位的人就仿效成俗。那些忠诚清明有修养的人，岂只是受到公卿大夫们的尊敬，也为庶民百姓所仰慕；愚顽卑鄙污浊的人。不仅不被朝廷容忍，也被乡里人所唾弃。自从三代灭亡以后，良好的风俗教化，没有像东汉这样盛行的。到孝和帝以来，外戚独揽大权，宦官当政用事，赏罚没有章法，贿赂公开进行，贤良愚劣混淆，是非黑白颠倒，可以说乱到了极点。可是还延续不至于灭亡，上位的人有公卿、大夫袁安、杨震、李固、杜乔、陈蕃、李膺这班人，当面冲撞龙颜，在朝廷上抗争，用公正的大义来扶持国家的危难；在下位的人有平民士人苻融、郭泰、范滂、许劭这些人，在民间议论，形成一种社会舆论来救援汉朝的衰败，因此，政治虽然混乱，但风俗不致衰败，甚至有人甘冒斧钺之诛，前面的人倒下了，而忠义之士更加奋发向上，紧随其后，接着被杀，视死如归。这难道只是几个人的贤德吗？这也是光武帝、明帝、章帝传留下来的教化。那时，如果有贤明的君主出来发奋振作，那么汉氏的统治就不可估量了。不幸的是经过衰落败坏之后，加上桓帝、灵帝的昏庸暴虐，蓄养奸邪，超过自己的骨肉；杀害忠良，胜过仇敌；聚集了文武百官的愤恨，堆积了天下百姓的怨怒。在这时，何进招来军队，董卓趁机兴乱，袁绍之流接着造成了兵连祸结，终于造成天子颠沛流离，宗庙荒芜，王室倾覆，生灵涂炭，天命陨落，再也无法挽救。但是州郡拥兵独占一方的，即使相互吞食，仍然打着尊崇汉室的旗帜为号召。就拿魏武帝来说，他无比的暴戾强横，加上他对天下人有大功，又蓄谋废除君主的野心已经很久，但一直到死仍不敢废掉汉帝而自立，难道他的志向不想做皇帝吗？不过是害怕名义不顺而自我克制。由此看来，怎么可以轻视教化，怎么可以忽略风俗呢？

（以上为第十一段，写司马光对东汉王朝政治的得失及其灭亡原因的探索与评论。）

【点评】

关羽大意失荆州。关羽失荆州，从而夭折了隆中路线。那么如何评价关羽的功过呢？

建安二十四年（219），刘备打败曹军，取了汉中，关羽趁此局势统大军北伐，向曹仁镇守的樊城进攻。当时曹操从汉中败归，还在长安，急令大将于禁和庞德赴襄阳前线增援。于禁是曹操的心腹大将，百战百胜的将军，庞德是北方著名勇将，关羽擒于禁，斩庞德，威名大振，达到他在军事上的巅峰。

关羽得志于荆襄，东吴的孙权却沉不住气。因荆州是蜀国的东方屏障和门户；对吴国则是居高临下，直接威胁着吴国的安全。孙权深知荆州的重要，他决心竭尽全力相争。先前由于疆场未靖，曹操在北，江东无力单独对抗曹操，孙权在赤壁之战后把荆州南郡借与刘备阻滞曹操，当刘备取得益州后，孙权立即索要荆州。孙刘两家差点闹翻，以中分荆州告一段落。这次虽然和解，但是裂痕已经显露。孙权时时提防着关羽，但表面上给关羽频送秋波，孙权还派人说项，要与关羽结为儿女亲家。可是骄狂的关羽不识大体，极为藐视孙权，怒斥东吴使者，拒绝了这门亲事，让孙刘关系的破裂雪上加霜。不久，东吴主张孙刘联盟的鲁肃死了，吕蒙统兵。吕蒙是疏刘派的中坚人物，他一接任就规划着袭取荆州，为了麻痹关羽，装病回东吴，推荐胸有韬略但还未崭露头角的陆逊代替自己。关羽果然上当，大发兵北伐，荆州成了一座空城。关羽俘获于禁官兵三万，粮食一时紧张，他不经外交协商就擅取孙权辖地的粮食。这一举动不仅加剧了孙刘矛盾，而且给孙权出兵制造了口实。赳赳武夫的关羽，就这样破坏了孙刘联盟。孙权派遣吕蒙率领大军杀向荆州，在关羽的背后捅了致命的一刀，夺了南郡。关羽率领疲惫之军退还荆州与吕蒙交战。曹操欲使孙刘相斗，严令曹军不得追击，因此关羽才未受到两面夹击。尽管如此，已丧失斗志的荆州兵也非东吴精兵的对手。加上孙权统率大军为吕蒙后继，更增强了东吴士气。这时关羽向上庸的蜀兵呼救，不料那里的守将刘封、孟达两人正闹矛盾，坐视不救。这一来关羽陷入了四面楚歌的境地，一路上将士逃散，溃不成军。关羽眼见大势已去，就退走麦城，向上庸方向撤退，最后在突围中被吴将潘璋所擒。孙权杀了关羽，把首级送给曹操。关羽败走麦城，是从空前胜利的顶峰一下跌落到失败的深渊，格外令人惋惜。荆州丢失，意味着隆中路线半道夭折，“兴复汉室”成为泡影。可以说关羽个人的悲剧带来了蜀汉的悲剧，使刘备的事业受损。关羽一介赳赳武夫，他的责任是奉命打仗，胜败乃兵家常事，关羽打了败仗，要负直接责任，但荆州丢失的根本责任不在关羽，而在刘备和诸葛亮两人身上，刘备更要负主要责任。第一，刘备与孙权争荆州南三郡，破坏同盟，责任在刘备，而非关羽。第二，刘备得汉中，为了扩大战果，兵进上庸，有一个孟达，或一个刘封就足够了，刘备把两人都派上，造成两人闹矛盾，不救关羽，亦刘备之过。第三，孟达驻守夷陵，可为关羽后援，调走孟达，关羽孤掌难鸣，亦刘备之过。第四，关羽北伐，不是擅自兴兵，从调孟达北上来看，关羽北伐，亦应是刘备之命，疏于防吴，是胜利冲昏头脑的利令智昏之过。袁绍灭了公孙瓒，急于南进失败于官渡；曹操兵不血刃下荆州，急于发动赤壁之战而败北，均是利令智昏。欲速则不达，英雄难免。人们同情刘备与关羽，于是含混地说，“关羽大意失荆州”，谁都没有过错。诸葛亮隆中路线太看重荆州，不看形势变化，胶柱鼓瑟，亦是智者千虑必有一失。孙权背叛同盟，最易遭到两线夹攻，不能有任何失误，因此战战兢兢，设计周密，不惜屈身辱志，称臣于曹操，刚柔相济，成了赢家。当然最大的得益者是曹操，孙刘相争，为曹丕代汉创造了时机。

资治通鉴（白话本） 卷第六十九

魏纪一

魏文帝黄初元年至三年（公元220—公元222）

【起上章困敦（庚子，公元220年），尽玄默摄提格（壬寅，公元222年），凡三年】

【大事提要】

本卷记事起公元220年，讫公元222年，凡三年，当魏黄初元年至黄初三年。此时期的重大事件有四：其一，曹丕代汉；其二，刘备称帝；其三，孙权接受曹魏加封吴王；其四，吴蜀交兵，发生夷陵之战。夷陵之战，吴胜蜀败，荆州归吴，三国鼎立的局面正式形成，三分的国家建制也已完成。

世祖文皇帝上

魏文帝黄初元年（庚子，公元220年）

春季，正月，魏武王曹操到达洛阳。正月二十三日庚子，曹操去世。魏王知人善察，难以用假象迷惑。能识别提升有特别才干的人，不论地位低微贫贱，也能根据才能任用，让他们都能发挥自己的作用。与敌人对阵打仗，镇定自若，表现不想作战的样子；等到确定策略，乘胜出击时，气势磅礴。对有功应该赏赐的人，不惜千金；对无功想得恩惠的人，分毫不给。执法严厉，有犯罪的一定要诛杀，有时对犯人惋惜流泪，但终不赦免。一向生活简朴，不喜欢华丽。所以能铲除群雄，几乎平定了海内。

这时太子正在邺都，军中发生骚乱。群臣想秘不发丧。谏议大夫贾逵认为此事不可，才公布了曹操死讯。有人说应当更换各城的守将，全部换用谯县和沛国的人。魏郡太守广陵人徐宣厉声说："如今远近一统，人人怀有效忠的心，为什么要专用谯县、沛县的人，这会伤害各城守卫者的心！"此事才作罢。青州兵擅自击鼓，相互牵引离去，众人认为应该禁止他们，不听从的就讨伐。贾逵说："不行。"于是写了一篇很长的文告，命令青州兵经过的地方，官府要给他们供给食物。鄢陵侯曹彰从长安赶来，向贾逵询问先王的印玺在什么地方。贾逵严肃地说："国家已有王储，先王玺绶，不是您应当询问的事。"噩耗传到邺都，太子曹丕大哭不止。中庶子司马孚劝导说："君王逝世，天下依赖殿下做主；应当上为祖宗，下为全国百姓着想，怎么能去效法一般人的孝行呢？”太子过了许久才停住悲哭，说：“你说得对。”这时群臣刚刚听到魏王的死讯，相聚大哭，一片混乱。司马孚在朝中高声喊道：“如今君王离世，天下震动，应当早拜立新君主来稳定全国，难道我们只知道哭吗？”于是令群臣退朝，设置警卫，治理丧事。司马孚是司马懿的弟弟。群臣认为太子即位，应当等待汉献帝的诏命。尚书陈矫说：“大王在外面去世，全国人心惶惶、忧惧不安。太子应节哀即位，来稳住远近的人心。况且魏王的爱子在旁边，彼此如果发生变动，那么国家就危急了。”随即配备应有的官吏、安排礼仪，一天之内都办好了。第二天早上，宣布王后的命令，策命太子登上王位，大赦天下。汉献帝很快派御史大夫华歆带着诏书，授给太子丞相印绶、魏王玺绶，兼任冀州牧。于是尊王后为王太后。

改年号为延康。

二月初一日丁未，发生日食。

二月十六日壬戌，任命太中大夫贾诩为太尉，御史大夫华歆为相国，大理王朗为御史大夫。

二月二十一日丁卯，魏武王曹操下葬于高陵。

魏王曹丕的弟弟鄢陵侯曹彰等都回到自己的封国。临菑侯监国谒者灌均，迎合曹丕的旨意上奏说：“临菑侯曹植酗酒，悖逆无礼，劫持胁迫使者。”魏王曹丕把曹植贬为安乡侯，诛杀右刺奸掾沛国人丁仪和他的弟弟黄门侍郎丁廙，以及两家的男子。他们都是曹植的党羽。

鱼豢评论说：谚语说：“贫穷的人，不学也自然俭朴；卑贱的人，不学也自然谦恭。”这不是人性有不同，而是环境造成的。假使太祖曹操在从前就预防束缚曹植等人，有这样贤明的用心，怎么会使他们产生非分欲望呢？曹彰的怨恨就不会出现；至于曹植，又怎么能兴风作浪？竟使杨修因依附曹植而遇害；丁仪也因迎合主人而被灭族，可悲啊！

（以上为第一段，写曹操之死，曹丕继位为魏王，立即诛杀曹植党羽。）

首次设置散骑常侍、侍郎各四人，宦官任职不准高过各署的署令；把这一规定制作成金策，收藏在石室里。当时正在选拔侍中、常侍，魏王曹丕准备就近任用身边的亲信，暗示主持选举的人，让他不再调用他人。司马孚说：“如今大王刚登位，应选用天下的英才贤人，怎么能乘此机遇，选举自己的人呢？任职不凭才干，做了官也不值得敬重。”于是另行选用。

尚书陈群，认为汉朝选用官吏不能网罗尽人才，于是设立九品任官制度，州、郡都设置中正官来评定人选，选拔州郡中的贤人，有鉴别人才能力的人担任，区别人物品行，鉴定出他们的高下。

夏季，五月初三日戊寅，汉献帝诏令追尊魏王曹操的祖父汉太尉曹嵩为太王，曹操夫人丁氏为王太后。

魏王曹丕任命安定太守邹岐为凉州刺史。西平人麹演勾结邻郡作乱来抗拒邹岐；张掖人张进逮捕了太守杜通，酒泉人黄华不接受太守辛机，都自称太守来响应麹演；武威三部种姓胡人又反叛。武威太守毌丘兴向金城太守、护羌校尉扶风人苏则告急，苏则要去相救，郡中人都认为叛贼势力正强盛，应该等候大军。当时将军郝昭、魏平，原来就驻守在金城，接到诏令，不准向西渡过黄河。苏则于是召见郡中的重要官员和郝昭等人商议说："现今叛贼虽然昌盛，但都是刚刚纠合起来的，有的是受胁迫而追随的，不一定齐心；利用他们的矛盾进击，善良的人与邪恶的人必然分离，脱离的人会投归我们，这样我们得到增强而敌贼却受到削弱。我们既获得增加军队的实力，又有了加倍的气势，率兵去征讨，打败他们是肯定的。如果等待大军，旷日持久，善良的人没有归宿，必然跟恶人同流，善良的人跟邪恶的人结合，势必难以一下分离。现今虽然有诏命，但违反只是权宜之计，自行决定是可以的。"郝昭等人接受了这个意见，于是出兵救援武威，三部种姓胡人被降服，和毌丘兴合力在张掖攻击张进。麹演听说后，率步骑兵三千人欢迎苏则，声称来助战，实际上是想反叛，苏则将计就计，诱杀了麹演，将其尸首展示给他的部众看，麹演的党羽便都逃跑了。苏则就和各路人马包围张掖，攻破张掖后，杀死张进；黄华恐惧，请求投降，河西平定了。

起初，敦煌太守马艾死在任上，郡中人推举功曹张恭代替长史的职务；张恭派他的儿子张就到朝廷请求派太守。正逢黄华、张进反叛，想与敦煌郡联合，因此抓住张就，把刀刃架在他的脖子上，张就始终不从，暗地送信给他父亲张恭说："大人治理敦煌为万民的表率，忠义昭示天下，怎么能因为我处于危困之中就消沉意气呢？如今大军立即到来，您应当赶紧率兵从后面牵制叛贼，希望您不因父子私情，而使我饮恨黄泉。"张恭马上率兵进攻酒泉，另外派两百名铁骑及其官属，沿着酒泉北塞，向东迎接太守尹奉。黄华想去救张进，但怕西边的张恭的军队来攻击自己的后方，所以无法前往，只好投降。张就终于平安，尹奉得以到郡上任，诏令赐爵张恭关内侯。

六月二十六日庚午，魏王曹丕率领军队南巡。

秋季，七月，孙权派出使者向朝廷进贡。

蜀将军孟达驻军上庸，与副军中郎将刘封不和；刘封欺凌孟达，孟达率领部属四千多家前来投降。孟达仪表堂堂，举止不凡，魏王曹丕很器重宠信他，让他跟自己同乘一辆车子，任命孟达为散骑常侍、建武将军，封他为平阳亭侯。合并房陵、上庸、西城三郡为新城，委任孟达为新城太守，把西南的事务交给他。行军长史刘晔说："孟达有侥幸取利之心，而且他仗着才能，好弄权术，一定不会感恩戴德，心怀忠心，新城与孙权、刘备的地盘接邻，如有变故，将成为国家的祸害。"魏王曹丕不听。派征南将军夏侯尚、右将军徐晃与孟达一起攻击刘封。上庸太守申耽背叛刘封前来投降，刘封失败，逃回成都。

刘封本是罗侯人寇氏的儿子，汉中王刘备刚到荆州时，因没有儿子，收刘封为养子。诸葛亮考虑到刘封刚强勇猛，将来刘备去世后，终究难以控制刘封，劝汉中王刘备趁此除掉他，于是刘备令刘封自杀。

武都氐王杨仆率领氐人归附朝廷。

七月二十日甲午，魏王曹丕驻军于谯县，在县城东大摆宴席，慰劳全军以及谯县的家乡父老，表演舞乐杂技节目，官民们都来向魏王敬酒祝贺，直到太阳落山宴席才散去。

孙盛评论说：为父母守丧三年，从天子到百姓都要遵守。所以即便是三代的后期，七雄的乱世，也没有人在十天半月之内脱去丧服，在必须回到庙堂哭祭已故父母的日子里丢下丧杖的。到了汉文帝时，变更古代的制度，为人之道的纲纪，顷刻废掉，本来道德已经衰微，不如从前；风俗已经颓废，不如古代了。魏王曹丕既然遵循汉家制度，接替汉家的礼仪，处于最沉重的悲哀之时，却设宴欢乐，身为继业的第一代子孙，却损坏王道教化的基础，等到接受汉献帝的禅让时，公然收纳汉献帝的两个女儿为嫔，由此可知魏王朝的年限不久，可料政权的日子很短暂。

（以上为第二段，写曹丕平定河西之乱；刘备诛杀养子刘封；孙盛评论魏朝国运不长，因曹丕居丧淫乐，不守礼制，人心不附。）

魏王曹丕任命丞相祭酒贾逵为豫州刺史。这时天下刚刚安定，刺史大多不能管理所属的各郡。贾逵说："州刺史本是按照六条诏书监察二千石以下的官吏，所以在谈他们的形象时，都说是严厉简练，如同雄鹰扬威，有监督官吏的才能，而不说安详、平静、宽厚、仁慈，有平易近人的美德。如今地方长官无视法纪，盗贼公开行窃，州刺史明知却不予以追究，天下什么时候才能走入正轨？"那些二千石以下的官吏，庇护放纵不按法行事的，都被上奏罢免。对外整理军队，对内治理民事，建筑水塘，开垦田地，疏通运渠，官民称颂。魏王曹丕说："贾逵是真正的刺史。"公告天下，应当以豫州为榜样，赐封贾逵为关内侯。

左中郎将李伏、太史丞许芝上表说："魏应当取代汉，已经在图纬显现，例子很多。"群臣趁势上表劝说魏王曹丕顺应天命人心，魏王曹丕没有批准。

冬季，十月十三日乙卯，汉献帝在高祖庙祭祀，派代理御史大夫的张音持符节奉玺绶诏册，向魏王禅让帝位。魏王三次上书推辞，然后才在繁阳设坛。十月二十九日辛未，曹丕登坛接受玺绶，即皇帝位，燃火祭天地、山川，改年号，大赦天下。

十一月初一日癸酉，尊奉汉献帝为山阳公，奉行汉代历法，使用天子的礼乐；封山阳公四个儿子为列侯。追尊魏太王曹嵩为魏太皇帝，魏武王曹操为魏武皇帝，庙号为太祖；尊王太后为皇太后。改汉朝所封的诸侯王为崇德侯，列侯为关中侯。群臣按不同的等级得到封爵和升迁官位。改相国为司徒，御史大夫为司空。山阳公奉送两个女儿给魏文帝曹丕作嫔妃。

魏文帝想改用新的历法，侍中辛毗说："魏氏遵循舜、禹的正统，应合天命，顺应民心；至于汤、武，依靠武力平定天下，才更改历法。孔子说：'实行夏朝的历法'，《左传》说：'夏朝的历法，最合天地运行的规律。'何必要与它相反呢？"魏文帝认为有理，采取了这一建议。当时群臣都称颂魏王朝的功德，大多贬低前朝；散骑常侍卫臻却独自阐明禅位的意义，称赞汉朝的美德。魏文帝几次递眼色给卫臻说："天下的珍宝，将和山阳公共享。"魏文帝想追封太后的父母，尚书陈群上奏说："陛下以圣德顺应天命，创立大业，改革制度，应当永远为后世的榜样。详察经典文字，没有给妇女分封土地和爵位的制度。在礼仪的典籍里，只有妇女屈从丈夫的爵位。秦朝违背古代的法典，汉朝继承秦制，不是先王的美好法典。"魏文帝说："这个意见是对的，就不要实施它了。"于是沿袭先王规定的制度，并把它写下来保存在尚书管理的台阁中。

十二月，开始营建洛阳宫。十二月十七日戊午，魏文帝到洛阳。

魏文帝对侍中苏则说："先前攻占酒泉、张掖时，西域曾派使节到敦煌，奉献直径一寸大的珍珠，还能再买到吗？"苏则回答说："如果陛下教化中原，恩德远及沙漠，即便不去寻找，珍珠也自然会有人送来。通过追求才得到，就不足珍贵了。"魏文帝沉默不语。

魏文帝征召东中郎将蒋济为散骑常侍。当时曾有诏书赐给征南将军夏侯尚说："你是我信任的心腹将领，赋予你特别权力，可以作威作福，可以让人死，也可以让人活。"夏侯尚把诏书拿给蒋济看。蒋济来到京城，魏文帝问他有什么新闻，蒋济说："没有其他好事，只听到了亡国的话。"魏文帝勃然变了脸色，问他为何这样说，蒋济把看见诏书的事据实说了出来，还借机说："'作威作福'，《尚书》清楚地记载这句话是作为借鉴。天子无戏言，古人对此十分谨慎，希望陛下明察！"魏文帝马上派人追回前诏。

魏文帝想迁徙冀州籍的士兵户籍十万家以充实河南。当时天旱闹蝗灾，百姓饥饿，朝廷各部门认为不可以，但魏文帝态度十分坚定。侍中辛毗和朝中大臣一起来求见，魏文帝知道他们想来谏阻，就板起面孔来接待他们，谁都不敢发言。辛毗说：“陛下想迁徙士兵户籍，这个想法是为了什么？”魏文帝说：“你认为我迁移的做法不对吗？”辛毗说：“确实认为不对。”魏文帝说：“我不跟你商量了。”辛毗说：“陛下不认为臣不称职，才把臣安排在您身边，作为谋议的官员，怎么能不与臣商量呢？臣所讲的不是私事，而是为国家考虑，怎么能对臣生气呢？”魏文帝不做回答，起身进入内室，辛毗跟在后面拉住他的衣襟，魏文帝用力拉回，头也不回地走了进去，过了很久才出来，说：“辛毗，你为什么对我逼得这么急？”辛毗说：“现在迁移他们，既失去民心，又无东西给他们吃，所以我不敢不力争。”魏文帝于是只迁移他们中的一半。魏文帝曾经出外猎取野鸡，回头对群臣说：“打野鸡，真快活！”辛毗回答说：“这对陛下来说十分快活，对群臣来说十分痛苦。”魏文帝沉默无语，后来就很少出猎了。

（以上为第三段，写曹丕代汉为魏开国之君，尚能听谏诤之言。）

魏文帝黄初二年（辛丑，公元221年）

春季，正月，册封议郎孔羡为宗圣侯，奉承孔子的祭祀。

三月，加官辽东太守公孙恭为车骑将军。

首次恢复使用五铢钱。

蜀中传言汉献帝已经遇害，于是汉中王刘备为汉献帝举办丧事，穿戴孝服，尊谥号为孝愍皇帝。群臣竞相进言说有祥瑞出现，劝汉中王刘备称帝。前部司马费诗上奏疏说：“殿下因为曹操父子逼主篡位，所以才跋涉万里，聚合士卒，要去讨伐逆贼。如今大敌没有消灭却先自立皇帝，恐怕人心疑惑。从前高祖与楚霸王商定，先打败秦朝就称王。等到高祖攻下咸阳，俘获了子婴，仍是怀有退让之心，况且殿下如今尚未走出蜀地，就想自立皇帝吗？臣实在认为这是不可取的。”汉中王不高兴，将费诗贬为永昌从事。夏季，四月初六日丙午，汉中王刘备在武担山之南即皇帝位，大赦天下，改年号为章武。任命诸葛亮为丞相，许靖为司徒。

臣司马光评论说：天生众民，但民众的力量不能自己管理自己，必须共同拥立君主来治理民众。如果能禁暴除害来保全民众的生存，赏善罚恶来使他们不致作乱，这才可以称之为君主。所以三代之前，海内的诸侯国何止一万个，只要能统治人民，祭祀土神和谷神的人都被称为君主。聚合万国而加以统治，设立法度，颁布号令，而天下没有敢违抗的人就被称为王。王德衰落以后，强大的国君能统帅诸侯尊奉天子的人就被称为霸。因此自古以来，天下无道时，诸侯争雄，长期无主的时代也是很多的。秦朝焚书坑儒，汉朝兴起，学者们开始推行五德相克相胜的理论，认为秦朝处于闰位，木德与火德之间，只是霸而不是王，从此正位和闰位的争论就兴起了。等到汉室颠覆，三国鼎立。晋朝失去统治，五胡大乱中原。刘宋、北魏以来，南北分立自治，各自写自己的国史，相互排斥、贬低，南朝说北朝是索虏，北朝说南朝是岛夷。朱温取代唐朝，四方分裂，沙陀人李存勖进入汴京，把朱温比作篡夏的有穷氏、代汉的王莽新室，朱梁一朝的历法和纪年都不算数，这都是自私的偏颇之言，不是大公的通达理论。臣愚笨，实在没有能力理清前面朝代，哪些是正位，哪些是闰位。我认为如果不能统一九州的人，都只有天子之名而无天子之实。虽然这样的政权因时代不同，有华与夷、仁与暴、大与小、强与弱等区别，但总而言之，它们都与古人的列国毫无差别，怎么能只尊崇一国称之为正统，而把其余的都视为僭伪之国呢？如果认为从上一个皇帝授予而继承的为正统，那么南朝的陈氏是继承谁的？北魏的拓跋氏是继承谁的？如果认为居于中原的为正统，那么匈奴刘氏、羯人石氏、鲜卑慕容氏、氐人苻氏、羌族姚氏、匈奴赫连氏所统治的地方，则都是五帝、三王的旧都旧土。如果认为有道德的为正统，那么弹丸小国也必有好的君主，三代的时候，难道就没有奸邪的国王吗？所以关于正闰的理论，从古到今，没有人能贯通它的意义，并提出无法反驳的、确定不移的论据。臣现今所说的只是想说明国家的兴衰，关注民众的苦乐，让读书的人自己去识别善恶得失，用来作为勉励和借鉴，不是像《春秋》那样，建立褒贬的标准，拨乱反正。是正还是闰，不敢妄说，只是依据他们建功立业的事实来叙述。周、秦、汉、晋、隋、唐，都曾统一九州，传下帝位给子孙，子孙们虽然衰败，甚至颠沛流离，仍然能继承祖宗的事业，希望恢复以前的盛况，四方与他们抢夺权力的都是他们以前的臣子，所以，本书全部用君臣的关系来对待。对其余土地大小差不多，道德相等，彼此没有统一，名号毫无区别，原本就不是君臣关系的，都用对待列国的笔法来写，不厚此薄彼，不贬抑也不褒扬，这样差不多不会歪曲事实，接近公正。但天下分崩离析的时候，不能没有年、季、月、日来记叙事情的先后。根据汉传位到魏而晋接受过来，晋传位到宋以至于陈而隋取代，唐传位到梁以至于周而大宋继承，因此不得不取魏、宋、齐、梁、陈、后梁、后唐、后晋、后汉、后周的年号，用它们来记叙各国的事情，不是尊崇这个，贬抑那个，有什么正闰的区分。蜀汉昭烈帝刘备对汉朝来说，虽然自称是西汉中山靖王的后代，但族属关系疏远，不能记清他的世系代数、名分和地位，这就同南朝宋高祖刘裕自称是西汉楚元王的后代，南唐烈祖李昪自称是唐朝吴王李恪的后代一样，是非难辨，所以不敢把刘备与东汉光武帝继承西汉政权、东晋元帝继承西晋政权相比，让他继承汉朝的传统。

（以上为第四段，写刘备称帝，自以为正统。司马光论正统，阐明《资治通鉴》

纪年不依世俗之见，而以实际承传与功业大小为系年依据。）

孙权从公安县迁都到鄂县，改名鄂县为武昌。

五月二十一日辛巳，汉主刘备册立吴氏夫人为皇后。吴皇后是偏将军吴懿的妹妹，已故刘璋哥哥刘瑁的妻子。立儿子刘禅为皇太子，娶车骑将军张飞的女儿为皇太子妃。

魏太祖曹操攻克邺都的时候，魏文帝曹丕时任五官中郎将，看到袁熙的妻子中山人甄氏貌美很喜爱，魏太祖为曹丕娶了甄氏，生下儿子曹叡。等到曹丕即皇帝位，安平人郭贵嫔受宠，甄夫人留在邺都不能见面，只有失落、抱怨，郭贵嫔说甄夫人的坏话，魏文帝生气，六月二十八日丁卯，派使者令甄夫人自杀。

魏文帝因为宗庙建在邺城，于是在洛阳建始殿祭祀太祖神主时用家人的礼仪。

六月二十九日戊辰，发生日食。主管官员上奏罢免太尉。魏文帝下诏说："天灾怪异的事情发生，这是上天在责备君主，而把过错归罪于辅佐的大臣，哪能符合夏禹、商汤归罪自己的意义呢？现在命令百官各自尽职。今后有天灾怪异的现象出现，不要再弹劾三公。"

汉主刘备立自己的儿子刘永为鲁王，刘理为梁王。

汉主刘备对关羽被杀感到耻辱，要攻打孙权。翊军将军赵云说："窃国大贼是曹操，而不是孙权。如果先灭了魏，孙权就会自动归服。现今曹操虽死，他的儿子曹丕篡夺了汉室的皇位，应当利用民心，早点谋取关中，占据黄河、渭水的上游来讨伐叛逆，关东的义士必然会带着粮食，赶着战马来迎接我仁义之师。不应丢开魏，而先与吴交战。双方士兵一交战，不能一下子解决，这不是上策。"群臣中劝谏的人很多，汉主都不听从。广汉的隐士秦宓陈述天时，如果伐吴一定不利，因而被治罪下狱，幽禁起来，后来才被赦免释放。

起初，车骑将军张飞，雄壮威武、勇猛善战仅次于关羽；关羽对士兵很好，而对士大夫傲气，张飞对士大夫很有礼貌，而不关心士兵。汉主刘备常常告诫张飞说："你刑法太苛刻，杀戮过多，又经常鞭抽棍打军士，却把他们留在身边，这是自取祸患的做法。"张飞仍然不改变，汉主要讨伐孙权，张飞当率领一万兵马从阆中到江州与大军会合。临到出发，张飞帐下将领张达、范强杀死张飞，拿了他的首级顺流而下投奔孙权。汉主听到张飞的营部都督有表呈上，说："唉，张飞死了！"

陈寿评论说：关羽、张飞都被称为能敌万人，是一代虎将。关羽报恩效命曹操，张飞仗义释放严颜，都表现了国士的风范。然而关羽刚愎自大，张飞残暴无情，都由于自己的弱点而遭受失败，这是合乎常理的。

（以上为第五段，写张飞之死。）

秋季七月，汉主刘备亲自率领各路军队进攻孙权，孙权派使者向蜀汉求和。南郡太守诸葛瑾在送给汉主的信中说：“陛下您与关羽的亲情，与先帝相比哪个亲呢？荆州的大小，与海内相比哪个大呢？曹操、东吴都应是您所仇视的，但谁先谁后？若弄清这些问题，该怎么办易如反掌。”汉主不听从。当时有人对孙权说诸葛瑾另外派亲信与汉主互通消息。孙权说：“我和诸葛瑾有生死不变心的诺言，诸葛瑾不负我，犹如我不负他一样。”但诽谤的话仍在外面流传，陆逊上表说明诸葛瑾一定不会有这种事情，但应有所表白来消解他的疑问。孙权回答说：“诸葛瑾与我共事多年，情同骨肉，彼此之间非常了解。他为人不做不合道义的事，不说不合礼义的话。刘玄德从前派孔明到吴，我曾对子瑜说：‘你和孔明是同胞兄弟，而且弟弟跟随哥哥是符合礼义的，为什么不留下孔明？孔明如果留下跟从你的话，我将写信向刘备解释，料想他会同意的。’诸葛瑾回答我说：‘弟弟诸葛亮已经归附于人，确定了臣子的名分，恪守君臣的礼义，不再有二心。弟弟诸葛亮不留下，正如我诸葛瑾不去投靠刘备一样。’这些话足以通达神明，如今怎么会有这种事情呢？以前收到诽谤他的奏疏，我立刻封起来给子瑜看，并在上面亲笔写下手谕。我和子瑜，不是外面的流言能够挑拨的。我了解卿的意思，就将来表封上，送给他，让他知道你的想法。”

汉主派将军吴班、冯习在巫县打败孙权的部将李异、刘阿等，进军秭归，兵力有四万多人。武陵的蛮夷都派使者来请求派兵支援。孙权任命镇西将军陆逊为大都督、假符节，统领将军朱然、潘璋、宋谦、韩当、徐盛、鲜于丹、孙桓等五万人抵抗刘备。

魏文帝的弟弟鄢陵侯曹彰、宛侯曹据、鲁阳侯曹宇、谯侯曹林、赞侯曹衮、襄邑侯曹峻、弘农侯曹干、寿春侯曹彪、历城侯曹徽、平舆侯曹茂都晋爵为公；改封安乡侯曹植为鄄城侯。

修建陵云台。

当初，魏文帝诏令群臣预测刘备是否为关羽报仇，出兵攻打孙权，群臣都议论说：“蜀国是一个小国，名将只有关羽，关羽死了，军队被歼灭，国内恐惧，没有理由再出兵。”侍中刘晔独自说：“蜀虽狭窄力弱，但刘备试图想以炫耀武力来自强，势必用兵来表明自己的力量有余。况且关羽与刘备之间，既有君臣的名分，又有父子的亲情；关羽被杀，不能为他出兵报仇杀敌，就没法显示君臣、父子之间善始善终的情分。”

八月，孙权派使者称臣，奏章言辞卑下，并将于禁等送回。朝中大臣都来庆祝，只有刘晔说道：“孙权无故请求投降，一定内部有危急。孙权从前偷袭杀死关羽，刘备必定大肆兴兵讨伐他。外面有强寇，部众心中不安，又惧怕我国出兵乘机攻打，所以才跪伏请求投降，这样一可以阻止我国出兵，二可以依靠我国的援助，以此加强他的力量而使敌人迟疑顾忌。天下三分，我国占有十分之八。吴、蜀各保一州，凭据着山水险峻，有危急时相互救援，这才对小国有利；如今还在自相攻击，这是上天要灭亡他们了，应该大举出兵，直接渡过长江攻打孙权，蜀国从外面攻击，我从里面袭击，吴的灭亡不会超过十天。吴国灭亡了，蜀国就势孤，即使把吴地的一半割让给蜀国，蜀国本来就不能持久存在，何况蜀国只得到吴地的边缘地区，而我们得到吴地的腹心部分呢！”魏文帝说：“人家来称臣投降却去征讨他，将使天下想来归顺的人疑惑，不如暂且接受吴的投降而去袭击蜀国的后方。”刘晔回答说：“蜀地远，吴地近，蜀国听说我国去讨伐，就会撤退军队，没有办法阻止它。现今刘备已经发怒，举兵伐吴，听说我们征讨吴国，知道吴国一定灭亡，将高兴进军与我们争着瓜分吴地，一定不会变更计划，压制愤怒去救援吴了。”魏文帝不听从，终于接受吴国的投降。

于禁头发胡须都白了，面容憔悴，见到魏文帝，哭着下跪叩拜。魏文帝用荀林父、孟明视的故事来抚慰他，任用他为安远将军，命令他到北边的邺都拜见曹操的高陵。魏文帝事先派人在陵屋的墙上画着关羽战胜、庞德愤怒、于禁投降伏首的壁画。于禁看见后，惭愧怨悔，生病而死。

臣司马光评论说：于禁率领几万兵马，兵败不能战死沙场，为求生而向敌人投降，不久又归来；魏文帝可以罢免他，也可以处死他，但在陵屋上作画来羞辱他，这就不像个君主了。

（以上为第六段，写汉主刘备统兵伐吴，孙权称臣于曹魏求援，释放于禁回国。）

八月十九日丁巳，魏文帝派太常邢贞带着策命，前去册封孙权为吴王，加赐九锡。刘晔说：“不可以。先帝征伐天下，占领土地十分之八，威震海内；陛下受禅即皇帝位，威德与天地相合，声名远扬四方。孙权虽然有雄才，只是汉朝的骠骑将军、南昌侯而已，官位轻势力薄，所属民众都害怕我国，仍不能逼迫他们按我们的谋划办事。我们不得已接受他的投降，可以提升他的将军称号，封他为十万户侯，不可一下就封他为王。王位距离天子只差一级台阶，其所使用的礼仪等级、服饰车马与天子往往相混。孙权只是一个侯爵，江南的士兵与他就没有君臣的名分。我们相信他的假投降，就分封他疆土，提升他的地位，加封他王号，确定他与士民的君臣名分，这是在为虎添翼啊。孙权接受王位，击败蜀兵之后，如果只在表面上敬礼我魏国，让他的国内士民都知道，实际行动却用无礼来激怒陛下；如果陛下勃然发怒，举兵讨伐孙权，孙权便从容地告诉他的民众说：‘我委身侍奉魏国，不吝惜珍宝货物，按时进贡，不敢违反臣子的礼节，魏国却无故讨伐我，一定想摧残我们国家，抢掠我国人民去做奴仆和婢妾。’吴国的百姓没有理由不相信他的话。相信他的话就会感到恼怒，上下同心协力，战斗的力量就增加了十倍。”魏文帝仍然不听。众将领认为吴国已归顺，心里都放松了，只有征南大将军夏侯尚加紧备战。山阳人曹伟，一向背上大才的名声，知道吴国成了封国，便以平民的身份与吴王通信，要求给他一些财物，想用来结交京师的官员，魏文帝知道后将他杀掉。

吴国修建武昌城。

魏文帝想任命杨彪为太尉，杨彪推辞说：“我曾任汉朝的三公，正遇世道衰落，社会动乱，不能建立一尺一寸的功劳，如果再做魏国的臣子，对国家的选拔也不光彩。”魏文帝这才作罢。冬十月初二日己亥，大臣上朝，魏文帝请来了杨彪，以宾客的礼节对待他，赐给他延年杖、依靠身体的小几案，允许他穿布制单衣、戴皮帽来朝见；任命他为光禄大夫，品级为中二千石；朝见时，地位仅次于三公；又允许他在门前设立行马，自行设立官员和士卒，用优厚的待遇尊崇杨彪。杨彪八十四岁时才去世。

由于谷价昂贵，停用五铢钱。

（以上为第七段，写魏文帝赐封孙权为吴王。）

凉州的卢水胡治元多等叛乱，河西混乱。魏文帝召回邹岐，任命京兆尹张既为凉州刺史，派护军夏侯儒、将军费曜等相继为后续支援。卢水胡的七千多骑兵在鹯阴口拦截迎击张既，张既宣扬军队要通过鹯阴口，却暗中取道且次到武威。卢水胡认为是神兵，撤回到显美。张既已经占据武威，费曜才赶到，夏侯儒等还没到达。张既犒劳赏赐将士，打算进军攻占卢水胡，各位将领都说：“士卒疲倦，敌人众多，士气旺盛，难以抗衡。”张既说：“现在军中没有现成的粮食，应当利用敌贼的粮食作为我们的军需。如果敌贼看到我军会合，就会退据深山，我军追击，道路险阻，士兵饥饿；我军撤回，敌贼就出来抢夺。这样，战争就无止无休，就会像习语说的那样：‘一旦放跑了敌人，危害几代人。’”于是前进攻击显美。十一月，卢水胡骑兵几千人，想趁机放火烧毁军营，将士们都很惊恐。张既夜里潜伏精兵三千，派参军成公英统帅一千多骑兵挑战，密令他假装败退；卢水胡果然争先追击，张既乘机出动伏兵截断卢水胡兵的退路，前后夹击，大破卢水胡兵，杀死俘获敌兵数以万计，河西全部平定。

后来西平人麴光反叛，杀死西平郡守。各位将领要求去征讨麴光，张既说：“只是麴光等造反，郡中人未必都反叛；如果派兵前去镇压，西平的官民、羌人、胡人一定认为朝廷不辨是非，更加推动他们都去支持麴光，这是在为虎添翼。麴光等想利用羌人、胡人作为援助，现在我们要先让羌人、胡人去攻击抄掠麴光等，用重金悬赏，把所捕获的人物全都赏给捕获的人。这样，外面削弱麴光的势力，里面分化他与羌人、胡人的关系，一定可以不战而加以平定。”于是发出文告明白昭示羌人，凡被麴光等欺骗的人，可以免罪；能够杀死敌贼头领送来首级的人，封爵受赏。于是麴光的党羽杀死麴光，送来了他的首级，其余的都安居如故，不受干扰。

（以上为第八段，写魏文帝第二次平定河西之乱。）

魏国邢贞出使到了吴国，吴人认为孙权应该称上将军、九州伯，不应接受曹魏的封号。吴王孙权说：“九州伯的称号，从古以来没听说过。从前沛公刘邦也接受过项羽封给他的汉王，这都是权宜之计，又有什么损害呢！”于是孙权接受了吴王的封号。吴王孙权出城至都亭迎候邢贞，邢贞进入都亭门时，没有下车。张昭对邢贞说：“礼节没有不恭敬的，法令没有不被实行的，而你敢妄自尊大，难道认为江南人少兵弱，连一点小小的兵器都没有吗？”邢贞立刻下车，中郎将琅邪人徐盛十分恼怒，回头对同僚们说：“我们不能奋勇拼命，为国家兼并许都、洛阳，吞并巴、蜀，使得我们的君主与邢贞联盟，不是很耻辱吗！”于是涕泪纵横。邢贞听了这些话，对他的随从说：“江东有这样的将相，他是不会久居人下的。”

吴王派中大夫南阳人赵咨入朝致谢。魏文帝问赵咨说：“吴王是什么样的君主？”赵咨回答说：“他是个聪明、仁爱、智慧、有雄才大略的君主。”魏文帝又问赵咨有实际的表现吗？赵咨回答说：“吴王从平民中提拔鲁肃表现了他的聪明；从军士中提拔吕蒙表现了他的英明；俘获于禁不加杀害表现了他的仁爱，攻取荆州、兵不血刃表现了他的智慧；割据三州虎视天下表现了他的雄才；屈尊卑躬向陛下称臣表现了他的谋略。”魏文帝说：“吴王很有学问吗？”赵咨说：“吴王拥有战船万艘，有军队百万，任用贤才，志在治理四方，只要有空暇，就博览群书，涉猎史籍，采摘奇文精华，只是不效法儒生的寻章摘句罢了。”魏文帝说：“吴可以征服吗？”赵咨回答说：“大国有征伐的兵力，小国有坚固的防御。”魏文帝说：“吴国抵抗魏国困难吗？”赵咨回答说：“吴国拥有军队百万，以长江、汉水为护池，哪有什么困难！”魏文帝说：“吴国像你这样的人有多少？”赵咨回答说：“聪明又特别通达的，有八九十人；像我这样的人，车载斗量，不可胜数。”

魏文帝派使者向吴国索取雀头香、大贝、明珠、象牙、犀角、玳瑁、孔雀、翡翠、斗鸭、长鸣鸡，吴国的大臣们说：“荆、扬两州，向朝廷进贡有明确的限额规定。魏国所要求的珍奇玩物是不合礼制的，不应当供给。”吴王说：“我国正与西北的蜀国对峙，江南的黎民百姓要依靠魏主的保护，他所要的对我们来说如同瓦砾，我有什么可惜的呢？况且魏主正在服丧期间，他来要这些东西，难道能与他谈礼吗？”于是全部配齐送给魏文帝。

吴王立儿子孙登为太子，精选师友；派南郡太守诸葛瑾的儿子诸葛恪、绥远将军张昭的儿子张休、大理吴郡人顾雍的儿子顾谭、偏将军庐江人陈武的儿子陈表都任中庶子，给孙登在家时讲诗书，外出时教骑射，当时称他们为四友。孙登接待部属时，只简单地使用平民的礼节。

十二月，魏文帝巡视东方。

魏文帝想册封吴王孙权的儿子孙登为万户侯，吴王借口孙登年幼，上书推辞不受。吴王又派西曹掾吴兴人沈珩入朝致谢，并进贡土特产。魏文帝问沈珩说："吴国怀疑魏国向东进攻吗？"沈珩说："不怀疑。"魏文帝说："凭什么？"沈珩说"相信依赖从前的盟约，已言归于好，所以不怀疑；如果魏国不守盟约，我们自然有预防。"魏文帝又问沈珩说："听说吴太子将要入朝，真是这样吗？"沈珩说："臣在东吴，上朝时从不坐下，参加宴会从不交谈，这样的议论，从没听到过。"魏文帝十分赞赏沈珩。

吴王孙权在武昌的钓台饮酒，喝得大醉，叫人拿水洒群臣，说："今天畅饮，只有醉倒在钓台上，才可停止！"张昭严肃不语，走到外面，坐在车中。吴王派人招呼张昭回来，对他说："只是一起娱乐罢了，你为什么要生气？"张昭回答说："从前商纣王建糟丘酒池，整夜欢饮，当时也认为是娱乐，不认为是坏事。"吴王一言不发，感到羞愧，于是解散酒宴。

吴王与群臣饮酒，亲自起身敬酒，虞翻拜伏在地上，假装酒醉无法控制自己；吴王过去后，虞翻就爬起来坐好。吴王大怒，拿起剑来要杀虞翻，在座的无不惊惧。只有大司农刘基起身抱住吴王，劝谏说："大王酒过三杯之后，亲手杀死贤良之士，即便虞翻有罪，天下谁知道呢？况且大王因为能招贤纳众，所以才使海内向往。"吴王说："曹操尚且杀死孔融，我杀个虞翻有什么关系？"刘基说："曹操轻易杀害士人，天下人都责备他。大王亲自推行道德仁义，要的是与尧、舜比高下，怎么能把自己与曹操相比呢？"虞翻才得以幸免。吴王由此告诫身边的人说："从今天起，凡我在酒后说要杀人，都不能杀。"刘基是刘繇的儿子。

当初，魏太祖曹操攻灭蹋顿，乌桓因此逐渐衰落，鲜卑酋长步度根、轲比能、素利、弥加、厥机等通过阎柔向朝廷贡献，请求通商，魏太祖上表对步度根等全都宠爱册封为王。轲比能本属鲜卑的一个旁支部落，因为勇猛、清廉、公平受到大众的信服，因此能凭借威信控制各部落，势力最为强盛。从云中、五原以东到辽水都是鲜卑族的地区，轲比能与素利、弥加分划疆土进行统治，各有分界线。轲比能部落靠近边塞，中原的人有许多叛逃附从他；素利等在辽西、右北平、渔阳的边塞之外，道路偏远，因此不构成边境祸害。魏文帝派平虏校尉牵招任护鲜卑校尉，南阳太守田豫任护乌桓校尉，委派他们镇抚鲜卑和乌桓。

（以上为第九段，写吴魏信使往来，孙权卑辞纳贡，而辞太子之封，不接受曹魏征质，灵活外交，独步当时。）

魏文帝黄初三年（壬寅，公元 222 年）

春季，正月初一日丙寅，发生日食。

正月初五日庚午，魏文帝巡幸到达许昌。

魏文帝下诏说：“现今推举计吏、孝廉，犹如古代的贡士；如果限制年龄取士，这样吕尚、周晋在古代就不会扬名。现今郡国选举的人才，不要受年龄约束；儒者要通晓儒术经学，官吏要懂得法令条文，荐举上来都要试用。有关部门要揭发弄虚作假的人。”

二月，鄯善、龟兹、于阗王皆派使者入朝进贡。从此以后，中原与西域重新交通，并设立戊己校尉。

汉主刘备从秭归出兵，要攻打吴军，治中从事黄权谏阻说：“吴人强悍能战，而且我们的水军顺流而下，进军容易，退却难。臣请求为前锋来进击敌寇，陛下应作为后镇。”汉主不听从，任命黄权为镇北将军，派他统帅江北的各路军队；自己亲自率领众将，从江南翻山越岭前行，在夷道县的猇亭驻军。吴国的将领都要迎击刘备。陆逊说：“刘备率军东下，士气正旺；而且登高据险，很难一下攻克。即使攻克，也难以全部将他们击败，如果攻战不利，就会破坏大局，这不是小的失误。现在只有奖励将士，采纳正确的谋略，观察战局的变化。如果这里是平原旷野，我们将恐怕有奔波追逐的忧虑。现在他们沿山进兵，势力无法展开，自然被林木山石拖垮，要慢慢寻机来制服疲惫的敌人。”各位部属将领不明白陆逊的意图，认为他惧怕刘备，对他不满。

蜀汉从佷山通向武陵，派侍中襄阳人马良带着黄金锦帛赏赐给五溪的各个蛮夷部落，并授予他们官爵。

三月初一日乙丑，魏文帝立皇子齐公曹叡任平原王，皇弟鄢陵公曹彰等都晋升为王。三月初十日甲戌，立皇子曹霖为河东王。

三月三十日甲午，魏文帝巡幸到达襄邑。

夏季，四月十四日戊申，册立鄄城侯曹植为鄄城王。当时，诸侯王都是寄居封地，空有其名而无实地，所封王国各有老兵一百多人作为守卫，与京城隔绝千里之外，不允许诸侯王入朝拜见皇帝，还设立防辅、监国的官职来监察诸侯王的行动。各诸侯王虽有王侯的封号，但与平民差不多，都想当平民却不可得。法令严厉苛刻，诸侯王的过失和恶行天天都能听见，只有北海王曹衮言行谨慎，刻苦好学，从没有过错。北海王国的文学、防辅相互议论说：“我们受诏命监察国王的举止言行，有过错应当上奏，有善行也应该上报。”于是共同上表陈述曹衮的美德。曹衮听说，大为惊恐，责备文学说：“修身养性，磨砺自己，只是平常人的行为罢了，而诸位就把这些上报，正好给我增添了负担。如果我真有好的修养，还怕皇上听不到吗？而你们匆匆向皇上报告，这不会给我带来好处。”

四月二十九日癸亥，魏文帝回到许昌。

五月，诏命荆州江南八郡为荆州，荆州江北各郡另立一州为郢州。

蜀汉军队从扎营巫峡建平起始，一直连绵到夷陵境界，建造了几十个营寨，任命冯习为大督，张南为前部督，从正月开始与吴对峙，到六月仍未决战。汉主刘备派吴班率几千人在平地上驻扎，吴军将帅都想出击，陆逊说：“这一定有诈，暂时观察一下。”汉主知道自己的计策不能实现，于是率领八千伏兵从山谷中出来，陆逊说：“不听诸位进攻吴班的原因，是料想到刘备一定有诡计的缘故。”陆逊上疏对吴王说：“夷陵是战略要地，国家门户，虽然容易获得，但也容易失去。丧失它，不仅仅是损失一郡的土地，荆州也要令人担心了。今天争夺它，一定要成功。刘备违反天理，不守住巢穴，自己却来送死，臣虽然不才，但凭着您的威灵，用正义讨伐逆贼，将很快打败敌人，没有什么可忧虑的。臣当初担心刘备水陆并进，现今刘备却抛弃船只，从陆上进军，处处扎营，观察他的部署，一定没有其他变化。希望您高枕而卧，不要把这挂记在心。”

闰六月，陆逊即将率领军队进攻汉军，各位将领都说：“应当在刚开战时就进攻刘备，如今已经让他深入境内五六百里，相互对峙经历了七八个月，刘备的各个要塞都已经得到加固，攻击他一定不利。”陆逊说：“刘备是个狡猾的家伙，加上他经历丰富，汉军开始集结时，他考虑得一定周详，我们不能去攻打他。如今军队停住已久，又没占到我们的便宜，士兵疲惫，意志沮丧，再也无计可施。分兵消灭这帮寇贼，应在今天。”于是先攻打一个军营，战事不利，各位将领都说：“白白地牺牲士兵罢了。”陆逊说：“我已知道打败敌人的对策。”就令士兵每人拿一束茅草，利用火攻，攻下了一座军营；依照这一方法进攻其他军营就有了优势，于是统率各军，同时发起进攻，斩下了张南、冯习以及胡王沙摩柯等人的头颅，攻破刘备的军营四十多座。汉军将领杜路、刘宁等被逼得走投无路，请求投降。

汉主登上马鞍山，把军队部署在自己的周围，陆逊督促各军，从四面逼紧刘备，汉军土崩瓦解，死者数以万计。汉主趁夜潜逃，驿站人员挑着沿途抛弃的兵器和铠甲，在险要路口堆聚燃烧，用来阻挡吴军，刘备才得以进入白帝城，汉军的船只、器械，水军、步军的军用物资，霎时全部抛弃，尸首布满江面，顺流而下。汉主大为惭愧，怨恨地说：“我竟然被陆逊欺辱，这是天意吗？”将军义阳人傅彤殿后，部众都死了，傅彤斗志更盛。吴军劝他投降，傅彤骂道：“东吴的狗崽子们，哪有汉将军投降的！”最后战死。从事祭酒程畿逆江撤退，众人说：“后面的追兵上来了，应当解开舫船，轻舟前进。”程畿说：“我从军以来，还没有学过临阵脱逃的事。”他也战死了。

起初，吴安东中郎将孙桓率领另一路军队在夷道攻打蜀军前锋，被蜀军包围，孙桓向陆逊求助，陆逊说：“不能分兵。”各位将领说：“孙安东是大王的同族，现在遭到围困，为什么不救？”陆逊说：“安东深得军心，城池牢固，粮食充裕，没有什么可忧虑的。等到我的计划施展，不用去救孙安东，他的包围也会自行解除。”等到陆逊的谋略大展时，蜀军果然逃奔溃退。孙桓后来见到陆逊，说：“先前我确实抱怨你不来救，直到今天，才知道你调度有方！”

起初，陆逊任大都督，将领中有的是讨逆将军孙策的老部下，有的是孙氏的宗族和亲戚，骄傲自大，不听从指挥。陆逊手按剑柄说：“刘备是天下的闻名人物，曹操都惧怕他，如今就在我境内，这是强敌。诸位都蒙受国恩，就当和睦团结，共同消灭这个敌人，用来报答所受恩典，而你们为什么不听从指挥呢？我虽是一介书生，但受命于主上，大王之所以委屈各位，让你们来听从我的指挥，是因为认为我还有一点可取的地方，能够忍辱负重的缘故。各任其职，岂能再推卸！军令有法规，不可违反！”等到打败刘备，计谋大多出自陆逊，各位将领才真心佩服。吴王听到此事，说：“你怎么当初不向我报告那些不听从指挥的将领呢？”陆逊说：“他们都蒙受重恩，这些将领中有的是大王的心腹，有的是得力帮手，有的是功臣，都是国家应依靠，共同完成大业的人，我敬慕蔺相如、寇恂委曲求全完成国家大业的行为。”吴王大笑称好，加封陆逊辅国将军称号，兼任荆州牧，改封为江陵侯。

起初，诸葛亮与尚书令法正两人的兴趣爱好不同，但都以国事为重，诸葛亮经常惊叹法正的谋略。等到汉主讨伐吴国失败，这时法正已经去世，诸葛亮慨叹道：“法孝直如果健在，一定能阻止主上东征；即便东征，也一定不会失败。”汉主在白帝城，徐盛、潘璋、宋谦等各自争相上表说：“一定可以擒获刘备，请求再次发起进攻。”吴王就此事征询陆逊。陆逊和朱然、骆统上书说：“曹丕大量集结兵马，表面说帮助我国讨伐刘备，其实内心怀有奸计，请下令撤退军队。”

起初，魏文帝听说汉兵建栅栏扎营连接七百多里，对群臣说：“刘备不懂军事，哪能连营七百里还能对付敌人！‘在杂草丛生、地势平坦、低洼潮湿、关隘险峻等地驻军安营的，一定会被敌人擒拿。’这是兵家大忌。孙权报捷的上书，很快就要送来了。”七天后，吴军打败汉军的奏书就送到了。

秋季，七月，冀州发生大蝗灾，闹饥荒。

汉主败逃，黄权在江北，退路被吴国切断，无法返回。八月，黄权率领部众投降魏国。蜀汉的有关部门请求抓获黄权的妻子儿女。汉主说：“这是我辜负了黄权，黄权没有辜负我。”对黄权家属的待遇依旧。魏文帝对黄权说：“你抛弃叛逆，归顺朝廷，是想追随陈平、韩信的行为吗？”黄权回答说：“我蒙受汉主刘备的特殊恩爱，不可投吴国，回蜀无路，所以来归顺陛下。况且败军之将，能免一死已算幸运，还谈什么去倾慕古人！”魏文帝很赞赏，任命他为镇南将军，封为育阳侯，加侍中官位，留在身边做自己的陪乘。蜀中投降过来的人中有的说，汉主已杀死黄权的妻子儿女，魏文帝诏令黄权发丧。黄权说：“我与刘备、诸葛亮推诚相待，他们知道我不得已投降的本意。我怀疑这不属实，请等等看。”后来得到确切消息，果如黄权所言。马良也死在五溪。

（以上为第十段，写夷陵之战，汉军全军覆没。）

九月初三日甲午，魏文帝下诏说：“妇女参政是祸乱的根源。从今以后，群臣不能向太后奏事，皇太后、皇后的亲属不得任辅佐朝政大臣的职务，也不得分封受土。这个诏令要传给后代，如有违反，天下共同诛伐。”卞太后每次接见外戚，从不表示亲热，经常说：“居家应当节俭，不应当期望赏赐，贪欲安逸。亲戚们会怪我待他们太薄情，这是因为我有自己的生活准则。我侍奉魏武帝四五十年，已习惯节俭，不能再变得奢华。有违犯法令制度的，我却要罪加一等，不要指望用钱来向我求恩饶恕。”

魏文帝将要册立郭贵嫔为皇后，中郎栈潜上书说：“后妃的品德直接关系治乱兴衰。因此圣明的君主非常谨慎地选立皇后，一定要从世代显贵的家族中选择贤德的淑女为皇后，用以统御六宫，虔诚地供奉皇室宗庙。《易经》说：‘家道端正，天下才会安定。’由治家推及治国，这是先王的善美法则。《春秋》中记载宗人衅夏的话：‘没有用妾作为妻的礼节。’齐桓公在葵丘盟誓时也说：‘没有用妾作妻的道理。’从现在起，后宫受宠的嫔妃，经常只次于君主。如果因宠爱而立为皇后，使卑贱的突然显贵，臣担心今后低贱的人上升，高贵的人被废弃，开始非法的行为，祸乱就要从上层发生了。”魏文帝不听从。九月初九日庚子，册立郭贵嫔为皇后。

（以上为第十一段，写魏文帝册立郭皇后。）

起初，吴王派于禁的护军浩周、军司马东里衮觐见魏文帝，表明自己的忠诚，言辞非常恭敬谨慎。魏文帝问浩周等人：“孙权可以信任吗？”浩周认为孙权一定会归顺，但东里衮认为孙权不一定会臣服。魏文帝欣赏浩周所说的，认为他了解孙权，因而封立孙权为吴王，又派浩周出使东吴。浩周对吴王孙权说：“陛下不相信大王会派儿子入朝侍奉，我浩周拿全家百口的性命来担保，表明大王的心意。”吴王为此流泪打湿了衣襟，指天发誓。浩周回到了魏国，可是孙权没有送质子到魏国，只是用许多假话搪塞。魏文帝想派侍中辛毗、尚书桓阶去和吴王盟誓，并责令吴王送儿子作人质，吴王推辞不肯。魏文帝大怒，打算讨伐孙权，刘晔说：“孙权刚刚得意取胜，上下齐心，况且有江湖阻隔，不可能很快制服他。”魏文帝不接受。

九月，魏文帝命令征东大将军曹休、前将军张辽、镇东将军臧霸攻击洞口，大将军曹仁攻打濡须，上军大将军曹真、征南大将军夏侯尚、左将军张郃、右将军徐晃包围南郡。吴国建威将军吕范统领五路军队，以水军抗击曹休等，左将军诸葛瑾、平北将军潘璋、将军杨粲救援南郡，裨将军朱桓在濡须指挥抗拒曹仁。

冬天，十月初三日甲子，魏文帝宣布自己的陵墓将建在首阳山东侧，颁示有关葬礼制度的诏书，要求丧事从俭，不可陪葬金玉，一律使用陶器。下令把这道诏书保存在皇家宗庙，副本留在尚书、秘书、三府。

吴王因为扬、越的蛮夷众多，没有平定，就言辞谦卑地上奏，请求让自己改过自新，说："若我的罪过难以消除，一定不被放过，我当奉还土地和人民，寄身在交州，以度余年。"又写信给浩周说："我想替儿子孙登向皇室求婚"；还说："因为孙登年幼，想派孙邵、张昭跟随孙登一同来。"魏文帝回报说："朕和你之间的君臣名分已定。哪里乐意劳师动众远到长江、汉水呢。若孙登早晨到，晚上我便把兵马召回来。"此时吴王改年号为黄武，亲临长江据守。

魏文帝从许昌率兵南征，恢复郢州为荆州。十一月十一日辛丑，魏文帝到宛城。曹休在洞口，上奏请求："愿率精兵，像猛虎一样进军江南，从敌人那里劫取军需，此事一定胜利，若我战死，请陛下不必挂念。"魏文帝担心曹休立即去渡江，便发令派驿马制止他。侍中董昭在旁侍候，说："臣私下看陛下面有忧色，难道是为了曹休渡江的缘故吗？如今渡江，人人都感到是难办的事，即使曹休有这个愿望，势必不能单独行动，还要等待众将领一起行动。臧霸等既富有又显贵，不再有其他的愿望，只想如此一直到老死，保住禄位传给子孙罢了，岂肯冒险自投死生之地，以此求取侥幸的胜利呢？若臧霸等不进军，曹休的信心就会自然丧失。臣只怕陛下即使有诏令渡江，他们也一定会犹豫，未必就执行命令。"过了不久，正遇暴风猛吹吴军吕范等船只，所有原缆绳全被暴风刮断，船只一直吹到曹休等的军营下，曹魏军队斩杀与俘获吴军数以千计，吴军四处逃散。魏文帝听到这个消息，下令各军迅速渡江。曹军还没有来得及渡江，吴军的救援船队已经赶到，召集溃军返回江南。曹休派臧霸追击，战事不利，将军尹卢战死。

十一月三十日庚申，发生日食。

吴王派遣太中大夫郑泉访问蜀汉，蜀汉也派太中大夫宗玮回访，吴、汉又恢复了往来。

汉主刘备听说魏国军队大举进攻吴国，写信给陆逊说："敌贼已在长江、汉水一带，我将再次东下，将军认为怎么样？"陆逊回答说："只担心贵军新败，创伤没有痊愈，刚开始与我们恢复往来，暂且应当好好地自我修补，没有闲情来穷兵黩武。如果不认真考虑，将在大难中幸存下来的残兵败将，远道送来的话，他们将无处逃命。"

蜀汉的汉嘉太守黄元反叛。

吴将孙盛统帅一万人驻守江陵中州，作为南郡的外援。

（以上为第十二段，写孙权拒绝曹魏征质，临江拒守，遣使通蜀，欲重结盟好。）

【点评】

夷陵之战。本卷所载最大的历史事件是吴蜀夷陵之战。从大局说是曹、孙、刘三方争夺荆州最后一个回合。此役吴胜蜀败，形成了三分的地理均势，正式确立了三国鼎立的局面。同时也拉开了北方统一南方的序幕，因为夷陵战后，蜀弱吴孤，两国俱受损伤，曹魏坐大，收渔人之利，北方占据绝对优势。形成地理均势与南弱北强，这两方面是夷陵之战对于历史的重大影响。今天重评夷陵之战，无论是从政治层面还是军事层面，仍然有许多话可说。政治上讲，执意发动夷陵之战的是刘备，他肯定不愿意看到吴胜蜀败的结果，但这样一个结果肯定也是刘备的预料之一，那他为什么还要发动呢？从军事上说，长期以来，学术界研究夷陵之战，牵强附会地论证陆逊以少胜众，以弱胜强，甚不得要领。夷陵之战，双方的军事对比，基本是势均力敌的，孙吴之兵强于蜀军，吴胜蜀败在正常范围，那么在军事上还有什么意义呢？下面分层讨论。

夷陵之战，不可避免。公元221年刘备称帝后倾巢伐吴，既在意料之中，又在意料之外。孙权一方在意料之中，所以孙权卑辞厚礼向曹丕称臣，君臣上下一心备战。曹魏一方在意料之外，没有做好应变准备。蜀国内部，也有激烈争论，诸葛亮、赵云反对东征，刘备、张飞决心复仇。赵云说："国贼是曹操，非孙权。只要先灭了魏国，那么吴国自然归服。曹操虽然死了，他的儿子曹丕篡国，要趁现在人心思汉，及早图取关中，占据黄河、渭水上游形胜以讨伐凶逆，关东义士一定会带着粮食，乘着快马来迎接我们。不应当把魏国放到一边，选择与吴国作战。战端一开，那就不是一时半会儿可以了结的。"孙权背盟，袭夺荆州，已经是敌人，但要分清主次。孙权求和，让诸葛瑾写信给刘备，劝刘备要分清轻重大小。诸葛瑾说："陛下与关羽之亲何如先帝？荆州大小孰与海内？都是仇敌，两相比较，谁先谁后，不是很容易分清吗？"诸葛瑾的话与赵云所谏，大体一致。诸葛亮的劝谏，《三国志》没有记载下来，但是《法正传》记载的诸葛亮议论，说明诸葛亮是反对东征的，由此可见，蜀汉群臣大多是反对东征的，但都未能阻止刘备东征，看来刘备是一意孤行。旧臣中，张飞由于结义恩重，愤恨不平，起了推波助澜的作用。他整日酗酒，拿士兵部下出气，在刘备出兵前夕，被部将张达、范强杀死，张达、范强二人后投奔孙权。张飞之死，使刘备旧仇添新恨，谁也不能阻挡他的东征。

曹魏方面，魏文帝曹丕召集群臣讨论当前形势，分析刘备会不会东征。大家都说："蜀汉国小力弱，名将只有关羽，关羽败亡，全国震恐，没有力量再战。"只有侍中刘晔一人持相反意见，他说："蜀国虽然小弱，但是刘备是在关羽死后称帝，他要显示武力，表示还有力量，一定会东伐。再说关羽与刘备，名义为君臣，而兄弟之情很亲，关羽死亡如不兴兵报仇，那就等于是刘备对结义兄弟有始无终。"刘晔实际意思是说，刘备称帝，表明正统所在，他必然要讨伐叛逆，以示有统一天下的力量。伐魏力量不足；讨吴自谓可胜，加之为关羽报仇，可以激扬士气。因此，夷陵之战，不可避免。

三国时期的三大战役，即官渡之战、赤壁之战、夷陵之战，都是影响全局的大战役。在三大战役中，赤壁之战规模最大，官渡之战其次，夷陵之战与官渡之战大致相当，但决战时间，夷陵之战最长，官渡之战其次，赤壁之战最短。官渡之战，历时九个月；赤壁之战，历时三个月；夷陵之战，跨了两年，从蜀汉章武元年（221）七月到蜀汉章武二年（222）八月，历时十五个月。由此可见，这一战役的激烈与残酷。刘备是倾国远征，孙权是全力保卫，吴蜀两国拼尽全力展开主力决战。自古以来，自相残杀，超过敌对争逐，夷陵之战是一个典型例证。因为敌对斗争，目的是分一个输赢，即便是灭人之国，失败的一方也可以委曲求全，投降对方，摇尾乞怜。自相残杀，目的是生死抉择，不是你死，便是我亡，所以斗争异常残酷。

军事上，夷陵之战是一场势均力敌的歼灭战。双方兵力，蜀方全国常备军力不过十五六万,四方守境，最大动员十万左右。刘备东征，所统入峡之军八万余人，赵云统兵二万驻江州为后援，合计十万左右，已是倾巢出动。孙吴兵力，陆逊所统五万大军在第一线，诸葛瑾驻公安为第二线，孙权屯武昌为第三线，三线兵力集中了吴国兵力的四分之三，最保守的估计也有二十万。但在三峡第一线的蜀兵八万多于吴兵五万，而吴兵集中于一点，刘备所统，绵延三峡七百里，分江北大营和江南大营，在交战的前沿，却又是吴兵多于蜀兵，至于战将，更不可同日而语。蜀国五虎将，关羽、张飞、马超、黄忠、赵云，没有一个在场，昔日老将大部分凋零。刘备班底，多是蜀中战将，以及荆州的二流人物。冯习为大督，张南为先锋，吴班、陈式统水军，黄权、赵融、廖淳、傅彤等为别督，多未经历大战的锻炼，不能与孙吴的一班虎将相比。吴方多是功臣宿将，有徐盛、韩当、潘璋、朱然、宋谦、鲜于丹等。孙吴崭露头角的青年将领也十分骁勇了得。例如孙桓，二十五岁，能得士众心，他驻防夷道，牵制了蜀军的前锋。反攻后奋勇向前，切断蜀军归路打阻击战，迫使刘备"逾山越险，仅乃得免"。刘备忿恚叹息说："我当初到京口，桓尚小儿，而今迫孤乃至此也。"归师勿遏，乃兵家之忌，孙桓初生牛犊，敢断刘备归师，足见吴兵作战骁勇。论兵论将，孙吴之师强于蜀汉。

但是，蜀军也有一定优势。其一，复仇之师，哀兵必胜，讨伐孙权背盟，全军同仇敌忾，有一股不可阻挡的锐气。其二，刘备刚登皇帝大位，将士受封受赏，正是立功报效之时，加之刘备东征，将士激动，士气旺盛。其三，人心向背，蜀汉占有优势。刘备在荆州达十七八年，荆州士民，追随刘备，从之如云，蜀汉政权，荆州人士居要冲之位。孙吴政权中的荆州人士，只有黄盖、潘浚二人而已。蜀将大督冯习、前部张南，都是荆州人，他们为收复故土而战，也必效死力。夷陵之战，他们都以马革裹尸还。其四，三峡地区及武陵，都是少数民族聚居区，孙吴的民族高压政策使他们仇吴亲蜀。其五，蜀军居高临下，又善于山地作战，占有地利。初战时，蜀军集中，数量也占有优势。但蜀军的这些优势，没有充分发挥，被陆逊的战略撤退避开，很快丧失了。蜀军的初战胜利，只是破吴边将，未遇孙权主力。当蜀军推进至夷陵时已成强弩之末，受阻于坚城之下，陷入了进退维谷的境地。这时，初战时的强弱众寡，全部易位，吴军掌握了主动权。

如上分析，夷陵之战双方兵力大体上势均力敌。陆逊在这样的条件下打了一场大规模的歼灭战，入峡蜀军全军覆没。陆逊的指挥艺术，丰富了中国军事史的内容，值得称道。陆逊留给后人两大军事克敌经验，应当总结。其一，避敌锋芒，诱其深入。蜀军入峡，气势汹汹，陆逊大踏步后撤，拉长蜀军战线，疲敌斗志，把四五百里的山区让给蜀军，完成了战略退却，待机全线反击。其二，集中兵力，火烧连营。陆逊大步后退，让出三峡，迎敌于秭归以东，五万兵力握成拳头，孙桓受困宜都，不分兵去救，此乃效法周亚夫以梁委吴之计，消耗蜀军主力。而刘备建行营于猇亭，布前锋于夷道，置黄权于江北防魏，兵力分散，沿途防守，直接所统蜀军不足四万。最后，陆逊又寻机火攻，各个击破分散的蜀兵，打了一个漂亮的歼灭战。陆逊一战成名，是历史上不可多得的儒将之一。战后，孙权加拜陆逊为辅国将军，领荆州牧，改封江陵侯。

魏纪二

魏文帝黄初四年至魏明帝太和元年（公元223—公元227）

【起昭阳单阏（癸卯，公元223年），尽强圉协洽（丁未，公元227年），凡五年】

【大事提要】

本卷记事起公元223年，讫公元227年，凡五年，当魏文帝黄初四年至魏明帝太和元年。魏文帝在位共七年，尽管是魏国的开国君主，却无多少政绩可述，基业乃其父曹操开创，文帝只是一位平庸守成之君而已。文帝失去与蜀夹击吴国、一举下江南的时机，等到孙权稳定局势后，拒绝征质，文帝始用兵江南，三次临江，只是兴叹而已，恰恰推动了吴蜀重新结盟。蜀国邓芝两次使吴修复旧好，诸葛亮平定南中，稳固后方，吴国也平定了交趾之乱，两国政治稳定，重结盟好，同时举兵北伐。诸葛亮北驻汉中，上出师表，表达北伐的决心。曹魏第二代君主登基，明帝即位。

世祖文皇帝下

魏文帝黄初四年（癸卯，公元223年）

春季，正月，曹真派张郃打败吴军，于是夺取了江陵的中洲。

二月，诸葛亮到永安。

曹仁率领步骑兵数万进兵濡须，先扬言要向东攻打羡溪，朱桓分派吴军奔赴羡溪；增援羡溪的军队出发后；曹仁率大军直接进军濡须，朱桓听到这个消息，赶紧追回派往羡溪的军队，军队没有赶回而曹兵突然来到。此时朱桓手下和在濡须坞里的军队仅五千人，各位将领惶恐不安，各有畏惧之心，朱桓激励他们说："大凡两军交锋对阵，胜负在领兵的将领，不在人数的多少。诸位想想曹仁用兵作战，与我朱桓相比，哪一个高明？兵法上说'远来进攻的军队要超过当地防守部队的一倍'才对等，这是针对双方都在平原上没有城池可守，同时，也是针对双方士兵勇怯相当的情况下说的。现在曹仁既没有智勇，加上他的士兵十分胆怯，又是千里跋涉而来的，人马困乏。我朱桓与各位一起据守高大坚固的城池，南临长江，北靠山岭，以逸待劳，作为防守的本地军队制服远来的敌军，这是百战百胜的形势，即使曹丕亲自前来，也不值得忧虑，何况是曹仁这班人呢！"朱桓因此偃旗息鼓，表面显得虚弱来引诱曹仁。曹仁派自己的儿子曹泰进攻濡须城，分兵派出将军常雕、王双等乘牛皮油船去袭击中洲。中洲是朱桓和部属的妻儿们居住的地方。蒋济说："敌贼占据西岸，船只停泊在上游，我军却进入中洲，这是自己走进地狱，自取灭亡的道路。"曹仁不听从，亲自率领一万人留在橐皋，作为曹泰的后援。朱桓派遣另外的将领抵挡常雕等，亲自抵御曹泰，曹泰烧掉军营退走；朱桓因此杀了常雕，生擒王双，在阵前被杀死、淹死的魏军有一千多人。

当初，吕蒙病重时，吴王问他："你若一病不起，谁能代替你？"吕蒙回答说："朱然胆略守土有余，我认为可以任用。"朱然是九真太守朱治姐姐的儿子；原姓施，被朱治收为养子，当时为昭武将军。吕蒙去世，吴王授予朱然符节，镇守江陵。直到曹真等包围江陵，击败孙盛，吴王派诸葛瑾等领兵去解围，被夏侯尚打退。江陵内外断绝，城中守兵又大多患有肿病，能战的才五千人。曹真等筑起土山，挖掘地道，修造瞭望楼居高临下，箭如雨下，将士们都恐惧变了脸色；朱然安然自若，毫无惧色，他鼓励将士防守，寻找敌人破绽，攻破了魏军的两个营垒。魏军围攻朱然六个月，江陵令姚泰率兵防守北门，看到城外兵多，城中兵少，粮食将尽，担心守不住，阴谋做魏军内应，被朱然察觉后杀了。

此时江水浅，江面窄，夏侯尚计划乘船率步骑兵进入江陵的中洲安营，架设浮桥，可以南北往来，参与谋议的人大多认为一定可以攻克江陵。董昭上奏说："武皇帝智勇过人，但用兵时常常提防着敌人，不敢像今天这样轻视。作战时，进军容易，退兵难，这是常理。平原上没有险阻，退兵尚且困难，即使深入，退路也应便利，战争中有进有退，不可能尽如人意。眼下驻军中洲，太深入了；靠浮桥交往，太危险了；只有一条通道可走，太狭隘了。这三件事情，是兵家忌讳的，但现今我方军队三条全在实行。敌贼频频攻击浮桥，如果有失误，中洲的精锐部队就不是魏国所有，将转而归吴了。我对此十分焦虑，废寝忘食，但谋议的人安然自若，对此毫不担忧，怎不让人感到困惑？加之江水上涨，一旦水位急剧上升，我们将如何防御？即使打不败敌贼，也应该保全自己，怎能在这样危险的情况下，不感到恐惧呢！希望陛下明察。"魏文帝立即诏令夏侯尚迅速撤出。吴军两路并进，魏军从一条通道上撤退，难以立即离去，后来总算撤回北岸。吴将潘璋已制造了芦苇扎成的筏子，准备用它来烧掉浮桥，正遇夏侯尚退走而作罢。十天后，江水大涨，魏文帝对董昭说："你论断此事，怎么如此准确！"又加上瘟疫流行，魏文帝命令各路军队全部撤回。

三月初八日丙申，魏文帝回到洛阳。

当初，魏文帝问贾诩："我准备讨伐不听从命令的人以统一天下，吴国与蜀国，哪个为先？"贾诩回答说："攻战，首先要在军事上审时度势；立国，要崇尚道德教化。陛下顺应天时，接受禅让，统治全国，若用文化加德化来抚慰人心，等待时局的演变，那么平定天下就不难了。吴、蜀虽然是弹丸小国，但凭据着山水险阻。刘备有雄才大略，诸葛亮善于治国；孙权能明辨虚实，陆逊精通军事；蜀国据守险要，吴国泛舟江湖，都难以一下图谋。用兵的原则是，先要知道能够取胜，然后再战；先估量敌人，然后任用将领，这样攻战才能不会失策。我估计群臣中没有刘备、孙权的对手，即使陛下亲自去攻伐，未必能稳操胜券。从前虞舜在朝廷上舞弄干戚，有苗部落就归服了，臣以为目前应该先用文德安抚，然后再施以武力。”魏文帝不采纳，征伐终究没有建功。

（以上为第一段，写魏文帝南征孙权，无功而返。）

三月十九日丁未，陈忠侯曹仁去世。

当初，黄元被诸葛亮嫌弃，他听说汉主病重，害怕有后患，因而据守汉嘉郡反叛，烧了临邛城。当时诸葛亮东去探视刘备，成都防守单薄空虚，黄元更加没有顾忌。益州治中从事杨洪，启奏太子派将军陈曶、郑绰讨伐黄元。众人认为黄元若不能包围成都，当会从越嶲去占据南中。杨洪说：“黄元本性凶恶，对人没有恩德信义，岂能办成这种事？不过是乘船顺流东下，希望主上平安，再负荆请罪；若果情况有变，逃奔吴国求条活命而已。只需命令陈曶、郑绰在南安峡口拦阻，就可以将他擒获了。”黄元战败，果真顺江东下，陈曶、郑绰俘获黄元，把他杀了。

汉主刘备病危，诏命丞相诸葛亮辅佐太子，任命尚书令李严为副手。汉主对诸葛亮说：“你的才能是曹丕的十倍，一定能安定国家，最终完成统一大业。若太子可以辅佐，你就辅佐他；如果他无能，你可以取代他。”诸葛亮流着眼泪说：“我岂敢不竭尽辅佐，必将献出忠贞的节操，至死不渝！”汉主又制诏命令太子刘禅说：“人五十岁死，不算夭折。我已六十有余，没有什么遗憾，只是挂记你们兄弟罢了。努力啊，再努力！切不要因为坏事小就去做，不要因为好事小就不去做！唯有贤明，唯有德行，才能让人臣服。你父亲德薄，不值得你效法。你与丞相共事，要将他当作自己的父亲一样看待。”夏季，四月［二十四日壬午］，汉主在永安病逝，谥号为昭烈。

丞相诸葛亮护送灵柩回成都，任命李严为中都护，留下镇守永安。

五月，太子刘禅即位，年方十七岁。尊称皇后为皇太后，大赦天下，改年号为建兴。封丞相诸葛亮为武乡侯，兼任益州牧，政事无论大小，均由诸葛亮决定。诸葛亮着手精简官僚，修订法制，向群臣发布教令：“说到参政，就是要集中众人的智慧，广泛听取对国家有益的意见，若因小小的隔阂而相互难以存异、审核，就听不到不同的意见，这样事业就会遭受旷缺损失。能够存异、审核，听到不同的意见而得出正确的判断，就如同扔掉破草鞋而获得珠宝。但是人心苦于不能完全做到这一点，唯独徐庶听到不同的意见不受困惑。还有董和参政七年，凡事有不妥当的，反复听取不同意见达十次，然后再报告我。若能学到徐庶的十分之一，董和的勤奋，都对国家忠诚，如此我就可以少犯些过失了。”又说：“从前初次结交崔州平，他多次指出我的优缺点；后来结交徐庶，经常蒙受他的启迪和教诲；先前与董和商议事情，每次言无不尽；往后跟胡伟度共事，他对我多次劝谏。我虽生性愚昧，不能全部采纳他们的意见，但是与这四人始终和睦相处，这也足以表明我对直言是不会猜忌的。”胡伟度是诸葛亮的主簿义阳人胡济。

诸葛亮曾经亲自校对公文，主簿杨颙径直进来，劝谏说：“治理国家是有体制的，上下的职权不能相互侵犯。请让我为您拿治家来做比喻：现今有个主人，命奴仆管耕种，婢女管烧饭，雄鸡司报晓，狗叫管防盗，牛拉车负重，马代步走远路；家中的事务没有空缺，需求的东西都能得到满足，从容不迫，高枕无忧，要做的只是吃饭饮酒而已。忽然有一天，这个主人打算亲自去做每一件事情，不再任用奴婢、鸡狗、牛马，耗费自己的体力，为了这些琐碎的事务，结果是精疲力竭，一事无成。难道是他的智力不如奴婢鸡狗吗？是他丢掉了作为一家之主的职责。因此古人说：‘坐着谈论大道的，称作王公；要实际行动的，称作士大夫。’因而丙吉不过问横在路上的死人是怎么回事，而担忧耕牛受热喘气；陈平不去了解国家的钱粮收入，说‘自有主管的人’，他们都真正懂得各司其职的道理。现在明公您治理全国，却亲自去校对公文，整天汗流浃背，岂不是太辛劳了吗？”诸葛亮向他表示了谢意。杨颙死时，诸葛亮流泪三天。

（以上为第二段，写诸葛亮顾命辅政，事无巨细，总揽一切。）

六月十七日甲戌，任城威王曹彰去世。

六月二十七日甲申，魏寿肃侯贾诩去世。

魏国大水灾。

吴国贺齐袭击魏国蕲春，俘获太守晋宗，把他带回吴国。

当初，益州郡一个地方首领雍闿杀死太守正昂，通过士燮向吴国请求归附，后来又把太守成都人张裔抓起来献给吴国，吴国任命雍闿为永昌太守。永昌功曹吕凯、府丞王伉率领官兵封锁边境，抗拒雍闿，雍闿不能进入，就派同郡人孟获蛊惑煽动各部夷人，各部夷人都跟从他；牂柯太守朱褒、越嶲夷王高定都反叛响应雍闿。诸葛亮因为刚刚遭遇国丧，都加以安抚而不讨伐，致力农业，种植粮食，封锁关口，让人民休养生息，等待人民安定、粮食充足后，再使用民力。

秋季，八月十一日丁卯，魏文帝任命廷尉钟繇为太尉，治书执法高柔代理廷尉。这时三公没有什么事情可做，又很少参与朝政，高柔上疏说：“三公与辅佐大臣，都是国家的栋梁，为人民所瞩目；如今设置三公，却不让他们参政，因此他们各自静卧修养，很少提出什么见解，这实在不是国家尊崇和使用大臣的意义，大臣应当献计献策，提出革故鼎新的建议。古时在刑罚和政令上有疑问时，总是在三槐、九棘下商议。今后，朝廷有疑议和刑狱大事，应当多去咨询三公。每月初一、十五，在三公上朝时，还可专门请他们议论政事得失，广泛详细地畅谈对各种事情的主张，希望有补于皇上的视听，可使德政、教化更加发扬光大。”魏文帝称赞并采纳了这个建议。

八月十五日辛未，魏文帝在荥阳围猎，于是东巡。九月十九日甲辰，到达许昌。

汉尚书义阳人邓芝向诸葛亮进言说：“现今主上年幼弱小，初即帝位，应派大使到吴国重修旧好。”诸葛亮说：“我考虑这件事很长时间了，只是没有合适的人选罢了，今日才得到了。”邓芝问：“这人是谁？”诸葛亮说：“就是你啊。”于是派邓芝以中郎将身份出使吴国重建友好关系。冬季，十月，邓芝抵达吴国，这时吴王还没有与魏国断绝关系，迟疑不决，没有及时接见邓芝。邓芝就自己上表请求觐见，说：“臣今天到吴国来，也是为吴国着想，不只是为了蜀国。”吴王召见邓芝，说：“孤真心愿与蜀国和好，只恐怕蜀国君主幼弱，国土狭小，势力不强，给魏国以可乘之机，不能保全自己。”邓芝回答说：“吴、蜀两国，拥有四州的土地。大王是闻名当世的英雄，诸葛亮也是一代豪杰。蜀国有重重关塞固守，吴国有三江之险防卫。汇合两国长处，共同结为唇齿相依的同盟，进可以兼并天下，退可以三国鼎立，这是很自然的道理。大王现今如果归附魏国，魏国一定会上逼大王入京朝拜，下求太子进宫侍候，如不听命，那么便会借口声称讨伐叛逆，蜀国也会顺流而下见机而进，这样一来，江南的土地就不再属大王所有了。”吴王沉默了许久，说道：“你说得很对。”因此断绝与魏国的关系，一心与蜀汉联合。

这一年，汉主刘禅立妃子张氏为皇后。

（以上为第三段，蜀汉南中反叛，邓芝使吴，蜀吴重结盟好。）

魏文帝黄初五年（甲辰，公元 224 年）

春季，二月，魏文帝从许昌返回洛阳。

从汉献帝初平以来，儒学废坏。夏季，四月，魏国开始建立太学；设置博士，根据汉代制度，设立五经考试的方法。

吴王派辅义中郎将吴郡人张温访问蜀汉，从此吴、蜀两国使者来往不断。需要互通消息，吴王常常让陆逊告诉诸葛亮；还刻印章放在陆逊那里，吴王每次给汉主刘禅和诸葛亮写信，总是先让陆逊过目，语气轻重，处事可否，有不妥之处，一一让陆逊改定，用印封好。

蜀汉再次派邓芝访问吴国，吴主对邓芝说：“若果天下太平，两主分治，不是很快乐吗？”邓芝回答说：“天上不能有两个太阳，地上也不能并存两个皇帝。若兼并魏国以后，大王不能深知天命，两国君主各自致力德政，臣子各自竭尽忠诚，将领提起鼓槌，那么战争又要开始了。”吴王大笑道：“你这番诚实的话说得很恰当。”

秋季，七月，魏文帝东巡，到达许昌。魏文帝想大举发兵讨伐吴国，侍中辛毗劝谏说："如今天下刚刚安定，地广人稀，却想动用民力，臣实在看不出有什么好处。先帝多次兴起精锐之师，到了长江边就回来了。如今军队没有比过去强大，却要重开战端，这不是件容易的事。现今的策略莫过于休养民力，进行屯田，过了十年再用兵，这样就可以一举成功。"魏文帝说："依你的意思应该继续把敌人留给子孙喽？"辛毗回答说："从前周文王将商纣留给武王，是他能识时务。"魏文帝不听，留下尚书仆射司马懿镇守许昌。八月，集结水军，亲自乘坐龙舟指挥，沿着蔡河、颍水经过淮河进入寿春。九月，到达广陵。

吴国安东将军徐盛提议，树起木桩包裹上芦苇，做成假城楼，从石头城直到江乘，连绵不绝几百里，一夜之间就完成了，又在长江上出动许多战舰游弋。

这时长江水大涨，魏文帝临江眺望，叹息说："魏国纵然有铁骑千万，也没有用武之地，看来不可谋取东吴了。"魏文帝乘坐的龙舟，正遇上暴风，上下颠簸，几乎倾覆。魏文帝询问群臣："孙权会亲自来吗？"都说："陛下亲征，孙权恐惧，必定会倾其国力来应战，但又不敢把大量的军队交给臣下，一定会亲自来。"刘晔说："孙权他认为陛下想用御驾亲征引他出来，而另派将领渡江越湖，因此他一定会约束部队等待事态的发展，不会进也不会退。"魏文帝停留许多天，吴王一直没来，魏文帝于是班师。这时曹休上表说，从吴国投降人的口供得知："孙权已经在濡须口。"中领军卫臻说："孙权只能凭恃长江，不敢和我抗衡，这一定是因为害怕而虚构假话！"审问查核投降的人，果真是吴军守将制造的谎言。

吴国的张温年轻时因为才智过人而负有盛名，顾雍认为当时无人能跟他相比，诸葛亮也器重他。张温举荐同郡人暨艳为选部尚书。暨艳喜欢议论朝政，指摘百官同僚，弹劾三署郎官，大多贬降官职，一降就是几级，能保住原来官位的，不到十分之一；那些为官贪婪卑劣、志向和节操污浊低下的都充任为低级军吏，安置在各营府；还大肆张扬他人的隐私用来显示惩罚的功效。同郡人陆逊、陆逊的弟弟陆瑁和侍御史朱据都劝说阻止他。陆瑁写信给暨艳说："圣人褒扬善行，体谅愚昧，忘掉别人的过失，记住别人的功劳，以形成良好的风气。加之如今王业刚刚建立，将要完成统一的大业，这正是汉高祖不求全责备、广揽人才的时候。如果彻底分辨善恶，那就去推崇汝南、颍川的月旦评，这固然可以改变风俗、彰明教化，只是恐怕不容易实行。应当远学孔子的泛爱精神，近效郭泰的宽容品德，希望有益于和谐的大道。"朱据对暨艳说："天下尚未平定，只举用清白的人，严惩有缺陷的人，将足以破坏有待磨砺上进的人；如果你一旦把他们全都降职或罢免，恐怕会有后患。"暨艳不理会。于是怨声载道，争相上告暨艳和选曹郎徐彪只凭私情用人，爱憎不以公理；暨艳和徐彪都被责令自杀。张温向来跟暨艳、徐彪意见相同，也受到牵连，被逐回本郡的官府当差吏，死于家中。起初，张温正得势掌权，余姚人虞俊感叹说："张温很有才华但明智不足，华而不实，人们的怨愤将积聚到他身上，会有败家之祸；我已经看出征兆了。”没多久，张温就被逐回。

冬季，十月，魏文帝回到许昌。

十一月二十九日戊申晦，发生日食。

鲜卑酋长轲比能诱杀了步度根的哥哥扶罗韩，步度根因而怨恨轲比能，两人相互攻击。步度根的部众稍微弱小，因而率领部众万余户退保太原、雁门。这一年，步度根入朝进贡。轲比能部众终于强盛，出兵攻击东部大人素利，护乌丸校尉田豫趁虚攻打他的后方；轲比能派另外的将领琐奴抵御田豫，田豫击败了他。轲比能从此怀有二心，多次侵扰边境，幽、并两州深受其害。

（以上为第四段，写魏文帝耀兵广陵。孙权使张温聘于汉，汉再使邓芝回报，自是吴蜀信使往来不绝。）

魏文帝黄初六年（乙巳，公元 225 年）

春季，二月，魏文帝下诏任命陈群为镇军大将军，随从魏文帝统帅各军，总领随驾尚书台事务；司马懿任抚军大将军，留守许昌，负责处理留在许昌的尚书台公文。三月，魏文帝到达召陵县，打通讨虏渠；三月二十八日乙巳，魏文帝回到许昌。

并州刺史梁习征讨轲比能，获得大胜。

蜀汉诸葛亮率军征讨雍闿，参军马谡送行几十里，诸葛亮说：“虽然我们共同谋划此事多年，现在能否惠赠更好的谋略？”马谡说：“南中凭仗其地险路远，不归服已很久了；即使今天打败他们，明天又会反叛。如今明公正集中全国的力量举行北伐面对强敌，雍闿等叛军知道国内空虚，反叛的速度会更快。如果杀尽他们以除后患，这既不符合仁者爱民的情怀，也不可能在短期内做到。用兵的原则，攻心为上，攻城为下；心战为上，兵战为下，希望明公能让他们心服。”诸葛亮采纳了他的主张。马谡是马良的弟弟。

闰三月二十四日辛未，魏文帝打算率领水军再次征吴，群臣纷纷议论。宫正鲍勋劝阻说：“朝廷的大军多次出征而没有取胜，原因是吴、蜀两国唇齿相依，据山阻水，有难以攻克的优越条件。去年龙舟颠簸，被阻隔在长江南岸，陛下身陷危境，群臣心惊胆战，当时朝廷几乎倾覆，应作为百世的鉴诫。如今又兴兵远征，每日耗费千金，国内钱财掏空，现在狡猾的敌人依旧耀武扬威，我认为不能再去攻打。”魏文帝大怒，将鲍勋降为治书执法。鲍勋是鲍信的儿子。夏季，五月初二日戊申，魏文帝到达谯县。

吴国丞相北海人孙劭去世。当初，吴国设置丞相，众人议论应当归张昭，吴王说：“现在是多事之秋，职位高，责任重大，这不是一个优待人的职位。”等到孙劭死了，百官们再次推举张昭，吴王说：“孤难道对张子布有什么舍不得的吗？担任丞相，事务繁多，但张昭性情刚烈，他的主张我若不同意，就会产生怨恨和责怪，对他不是好事。”六月，任命太常顾雍为丞相、平尚书事。顾雍为人少言，举止适当，吴王曾感叹说：“顾君不言，言必中肯。”宴饮作乐时，吴王身边的大臣唯恐饮酒失态，被顾雍看见，因此都不敢放纵尽情。吴王也说：“顾公在座，使人不快乐。”可见是多么害怕他。顾雍刚兼尚书令，就被封为阳遂乡侯；被封侯回到官邸，他的家人却不知道，后来听说都很吃惊。等到任命为丞相，顾雍所选用的文臣武将，都根据各自的能力委任，不夹杂自己的好恶。有时到民间访问听到对朝政好的建议，都秘密上报，若被采纳，就归功于主上；不被采纳，就始终不泄露出去，吴王因此器重他。在朝廷上陈述自己的主张，言辞态度虽然温顺，然而能坚持自己正确的见解；军国大事的得失，没有亲眼见到的，决不发表意见。吴王常常派中书郎去顾雍那里咨询，如果所议事与顾雍的心意相合，认为此事可以施行，顾雍就和中书郎反复研究讨论，并预备酒饭；若不符合顾雍的心意，他就变得严肃，沉默不语，无所表示。中书郎回去禀报吴王，吴王说：“顾公欢喜，说明事情合理；他不发表意见，说明事情欠妥，孤应当重新考虑。”长江沿岸的各要塞的将领，都想立功报效吴王，大多上书陈述有机可乘，可以突然袭击。吴王因此征询顾雍，顾雍说：“我听说贪求小利是兵法所禁戒的，这些计策是想为他们自己邀功请赏，不是为了国家，陛下应当禁止，如果不足以扬我神威，挫敌元气，就不应当听从。”吴王采纳了这个意见。

利成郡的士兵蔡方等反叛，杀死太守徐质，推举郡中人唐咨为军主，魏文帝诏令屯骑校尉任福等征讨，平息了叛乱。唐咨从海路逃入吴国，被吴人任命为将军。

（以上为第五段，写诸葛亮进兵南中。吴王孙权用顾雍为丞相。）

秋季，七月，魏文帝册立皇子曹鉴为东武阳王。

蜀汉诸葛亮进军到达南中，所到之处，战无不胜。诸葛亮从越嶲进入，杀掉雍闿和高定。派庲降督益州人李恢从益州进入，门下督巴西人马忠从牂柯进入，攻克各县，又和诸葛亮会合。孟获召集雍闿的残部抗拒诸葛亮。孟获素来受到当地夷人、汉人的信赖，诸葛亮想活捉他，捉到后，让他参观军营兵阵，问他：“这样的军队怎么样？”孟获回答说：“先前不了解虚实，所以失败。现在蒙您许可参观了军营兵阵，若只是这样，我就一定能轻易地取胜了。”诸葛亮笑了，放了孟获让他再来交战。如此七次放走孟获，七次捉拿回来，但诸葛亮还要放他走，孟获这次却留下不走了，说：“明公是天降的神威，南边的人不再反叛了！”诸葛亮最终到达滇池。

益州、永昌、牂柯、越嶲四郡全部平定，诸葛亮就任命当地原来的头领作地方长官。有人劝阻诸葛亮，诸葛亮说：“若留下外地人做官，就应当留守军队，留守军队就难以解决军粮问题，这是第一件难事；加上夷人刚刚受到战争的创伤，父兄战死，留下外地人而不留守军队，势必有祸患，这是第二件难事；夷人曾多次杀掉我地方官员，自知犯下的罪行深重，若留下外地人，始终不被信任，这是第三件难事。如今我不留外地人是不想留守军队，不运送军粮，而让法纪在这里初步实现，使夷人、汉人基本安定的缘故。”诸葛亮就尽情招收孟获等当地所有的豪杰，任命他们为地方官吏，收取当地的金、银、丹、漆、耕牛、战马，用以供给国家使用。自此，在诸葛亮去世之前，夷人没有再反叛。

八月，魏文帝率领水军从谯县沿着涡水进入淮河。尚书蒋济上表说水路难以通行，魏文帝不听。冬季，十月，魏文帝到达广陵旧城，在长江边检阅军队，全副武装的军队十几万，旌旗相望几百里，大有兵渡长江之志。吴国整治军队，加固防守。这时天气寒冷，水面结冰，船只无法进入长江。魏文帝看到长江波涛汹涌，叹息说：“啊，这原本是上天要来分割南北啊！”于是班师。孙韶派遣将领高寿等率领敢死队五百人，在小路上趁夜里拦截魏文帝，魏文帝大惊。高寿等缴获副车、羽盖而归。此时，几千只战船都因冰冻滞留无法前进，谋划的人主张留驻军队，就地屯田，蒋济认为：“此地东面临近高邮湖，北面靠着淮河，如果涨水，敌贼容易来劫掠，不能在这里安营屯田。”魏文帝听从了这个建议，车驾立即启程，回到精湖，水路逐渐断绝，将所有的船只交付给蒋济。船只绵延几百里，蒋济就命令挖掘四五条水道，把船只集中起来；预先修筑土坝，堵住湖水，使水面升高把后面的船托举上来，然后突然挖开土坝，让船流进淮河，这才得以返回。

十一月，东武阳王曹鉴去世。

十二月，吴国番阳叛贼彭绮攻占郡县，部众有几万人。

（以上为第六段，写诸葛亮平定南中。魏文帝三临长江。）

魏文帝黄初七年（丙午，公元 226 年）

春季，正月初十日壬子，魏文帝回到洛阳，对蒋济说：“对一个事件不可以不了解深透。我先前决定说要将一半的船在山阳湖中烧掉，幸而你在后面把这些船弄来，又几乎和我同时到达谯县。还有你每次陈说的计划，很符合我的意思。以后讨伐孙权的计划，要好好地思考，认真地讨论。”

汉丞相诸葛亮想进兵汉中，前将军李严主管后勤事务，移兵驻守江州，留下护军陈到驻守永安，归属李严指挥。

吴国陆逊因为所在地方粮少，上表请求命令各位将领屯垦农田。吴王答复说：“很好！让孤王父子亲自下田耕作，用拉一个车的八头牛来拉四组犁耕地，尽管赶不上古人，也想让自己和众人分担劳苦。”

魏文帝做太子时，郭夫人的弟弟犯罪，魏郡西部都尉鲍勋将其治罪。太子向鲍勋请求赦免，没有同意，因此怀恨鲍勋。即位后，鲍勋多次直接劝谏，魏文帝更加怨恨他。魏文帝讨伐吴国返回，驻守在陈留境界。鲍勋任治书执法，太守孙邕觐见魏文帝后出来，拜访鲍勋；那时营垒尚未建成，只竖了些标记，圈筑起矮墙，孙邕斜穿过去，没有从正路走，军营令史刘曜要追查他，鲍勋认为营垒没有筑成，劝止刘曜不去追究。魏文帝听说此事，下诏说："鲍勋指鹿为马，收捕交付廷尉。"廷尉依法裁决："应处五年徒刑。"三官反驳："依据法律，应罚金二斤。"魏文帝大怒道："鲍勋犯了死罪没有活路了，而你们却要放掉他！收捕三官以下交付刺奸，要让你们十只老鼠同埋在一个坑里！"钟繇、华歆、陈群、辛毗、高柔、卫臻等共同上表阐明鲍勋的父亲鲍信对太祖有功，请求赦免鲍勋的罪过，魏文帝不同意。高柔坚持己见，不听从诏命，魏文帝暴怒，召高柔到尚书台，派使者带着圣旨到廷尉诛杀鲍勋。鲍勋死了之后，才放高柔回到廷尉官府。

骠骑将军都阳侯曹洪，家中富有，但生性吝啬，魏文帝在东宫还是太子时，曾经向曹洪借一百匹绢，未能如愿，因此怀恨曹洪；便以曹洪的宾客犯法为由，将曹洪关进监狱，判处死刑，群臣一起求赦，不成。卞太后怒斥魏文帝说："当年在梁、沛一带，不是曹洪奋战，哪会有今天。"又对郭后说："假若曹洪今天死，我明天就让皇帝废掉皇后！"因此郭后哭着多次为曹洪请求，曹洪才得以只免去官职，削去爵位和封地。

当初，郭皇后没有儿子，魏文帝让她做母亲抚养平原王曹叡；因为曹叡的母亲甄夫人被杀，故而没有立他为太子。曹叡侍奉皇后非常谨慎，皇后也很喜欢他，魏文帝和曹叡狩猎，看见一只母鹿带着小鹿，魏文帝亲自射死了那只母鹿。命令曹叡射杀那只小鹿；曹叡哭着说："陛下已经杀死了那只母鹿，臣不忍心再杀死它的小鹿。"魏文帝当即放下弓箭，为此动了恻隐之心。夏季，五月，魏文帝病危，于是立曹叡为太子。五月十六日丙辰，招来中军大将军曹真、镇军大将军陈群、抚军大将军司马懿，共同接受遗诏辅佐朝政。五月十七日丁巳，魏文帝去世。

陈寿评论说：魏文帝有文学天赋，落笔成章，博闻强记，才艺双全。如果多一点宽阔旷达的气度，多一点公平真诚，从容勉励志行，维护大道；能够推行德政，广施恩惠。那么和古代的贤明君主就不会相差太远了！

（以上为第七段，写魏文帝徇情枉法。）

太子曹叡即位，尊皇太后为太皇太后，皇后为皇太后。

当初，明帝曹叡住在东宫时，不结交朝中大臣，不过问政事，只潜心阅读书籍；即位之后，群臣想见识一下他的风采。几天之后，只接见了侍中刘晔，交谈了一天，众人在外侧耳而听，刘晔出来后，众人问："怎么样？"刘晔说："秦始皇、汉武帝一类的人，不过才智稍差一点罢了。"

魏明帝刚临政，陈群上奏说：“臣下随声附和，是非不明，是国家的大患。若不和睦相处，就有对立的党派出现，对立的党派出现，就会有无端的诋毁，有了无端的诋毁，真假就会难辨，这些都不能不明察。”

五月癸未日，追谥甄夫人为文昭皇后。

五月壬辰日，立皇弟曹蕤为阳平王。

六月初九日戊寅，在首阳陵安葬魏文帝。

吴王听说魏文帝去世，秋季，八月，亲自率军进攻江夏郡，太守文聘坚守。朝廷大臣们商量想派兵救援江夏郡。魏明帝说：“孙权熟悉水战，他之所以敢弃船登陆进攻，是希望乘我不备而突然袭击。如今已经和文聘相持，按照进攻一方要比防守一方多一倍的常理，孙权终究不敢久留。”在此之前，朝廷派治书侍御史荀禹慰劳边防将士，荀禹赶到江夏，征调所过之县的兵力和自己随从的一千步骑兵一同登山纵火，吴王逃走。

六月十二日辛巳，立皇子曹冏为清河王。

吴国左将军诸葛瑾等攻打襄阳，司马懿打败诸葛瑾等，杀了诸葛瑾的部将张霸；曹真又在寻阳击败了诸葛瑾的另一部将。

吴国的丹阳、吴郡、会稽三郡山民再度造反，攻占了三郡的属县。吴王专门分出三郡的险要地方，设置东安郡，任命绥南将军全琮兼任太守。全琮到任，赏罚分明，招抚、利诱叛民，使他们降附，几年之间，聚众一万多人。吴王召全琮返回牛渚，撤销东安郡。

冬季，十月，清河王曹冏去世。

吴国陆逊陈述当今要办的事情，劝诫吴王施德政，缓刑法，宽赋税，免徭役。又说：“忠诚正直的言论，不能透明地向君主陈述，取悦君主的小臣，屡屡以小利启奏。”吴王回答说：“《尚书》记载：‘我有错误，你来纠正。’你说不能急切地陈述，怎么能称得上是忠诚正直呢？”于是命令有关部门，把所有的法令条规拟好，派郎中褚逢送到陆逊和诸葛瑾那里，他们认为有不妥之地方，加以删改或增添。

十二月，魏明帝任命钟繇为太傅，曹休为大司马，都督扬州的原职不变，曹真任大将军，华歆为太尉，王朗为司徒，陈群为司空，司马懿为骠骑大将军。华歆要将职位让给管宁，魏明帝不同意。魏明帝征召管宁为光禄大夫，命令青州官府给管宁提供安车与随从官吏，用对待朝廷大臣的礼仪欢送，管宁还是不应召。

这一年，吴国交趾太守士燮去世，吴王任命士燮的儿子士徽为安远将军，兼任九真太守，以校尉陈时接替士燮的职务。交州刺史吕岱认为交州太远，上表请求把海南三郡设立为交州，任命将军戴良为刺史；海东四郡设立为广州，由吕岱自任刺史。吕岱派戴良和陈时南下。而士徽则自命为交趾太守，发动自己宗族的军队抗拒戴良入境，戴良停留在合浦。交趾人桓邻是从前士燮举荐的官吏，叩头劝说士徽，让他迎接戴良。士徽发怒，将栢邻活活用棍棒打死，栢邻的哥哥栢治集合宗族兵攻击士徽，没有取胜。吕岱上奏请求讨伐士徽，率兵三千，日夜兼程，渡海前往。有人对吕岱说：“士徽凭据他家族几代对交趾人的恩惠，为一州人所归附，不能太轻视了。”吕岱说：“现在士徽虽然心怀叛逆的阴谋，但不知道我突然来到：如果我隐蔽进军，轻装前进，攻其不备，必定能打败他。如果迟疑滞留，不迅速进兵，以致他有了疑心，据城固守，七郡的许许多多的蛮族部落，纷纷起来响应，那时即便有高明的人，谁能对付得了呢？”就下令行军，经过合浦时，与戴良一起前进。吕岱任命士燮弟弟的儿子士辅为从事，以师友之礼相待，派他去劝说士徽投降。士徽率领兄弟六人出城投降，吕岱把他们全部杀掉。

孙盛评论说：安抚远人，亲善近民，没有比讲信义更好的。吕岱按照师友之礼对待士辅，让他去和士徽结下真诚的誓约，士徽兄弟袒露肢体，真心归降，吕岱却为了邀功取利杀害他们，君子由此可知吕氏的禄位不会延续了。

士徽的大将甘醴与栢治率领官民一起进攻吕岱，吕岱奋起反击，打败了甘醴等。于是撤销广州，又依原样恢复交州。吕岱进军征讨九真，斩杀、俘获的人数以万计；又派从事南下到境外扶南、林邑、堂明的众王那里，宣布吴王的威命，众王各自派遣使者向吴国朝贡。

（以上为第八段，写魏明帝曹叡即位。吴平交趾之乱。）

烈祖明皇帝上之上

魏明帝太和元年（丁未，公元227年）

春季，吴国的解烦督胡综、番阳太守周鲂攻击彭绮，将他活捉了。

当初，彭绮自称兴举义兵，替魏国讨伐吴国，魏国谋议的人认为趁此机会讨伐吴国，一定获得胜利。魏明帝询问中书令太原人孙资，孙资说：“番阳的宗族党人，曾经前后多次举兵起义，但人数少，谋议浅，随即就溃散了。当初魏文帝曾经周密地分析过敌贼的形势，说我们在洞浦杀了敌军一万人，缴获船只数以千计，数天之内，敌贼船只人马又集中起来了；江陵被围困一个月，孙权才率领一千几百名援兵驻守东门，然而吴国的境内并没有出现分崩离析的局面；这是他们法纪严密，上下同心协力的明显证据。以此来推论彭绮的起义，恐怕不能成为孙权的心腹大患。”到此时，彭绮果然失败了。

二月，在邺都建立文昭皇后的陵园。王朗前往视察陵园，发现百姓大多贫困，而魏明帝正在营建宫室，王朗上书劝谏说：“从前大禹想要拯救天下百姓的深重灾难，所以先让他的宫室简陋，衣食节俭；勾践为了拓展御儿的疆域，也约束自己和家人，节俭家用来奉献国家；汉代的文帝、景帝，为了发扬光大祖宗的基业，割爱停建只需百金的楼台，十分节俭，以致穿粗厚黑色的衣服；霍去病是个中等才干的将领，尚且下定决心匈奴没有消灭，不置宅第。这些表明有远虑的人，一定忽略眼前的享受；要对付外敌的人一定要使内部节俭。现今的建始殿前面，足可以用来供大臣们列班上朝；崇华殿的后面，足可以用来安置内宫；华林园、天渊池，完全可以用来安排宴会与游乐。如果暂时只先建成宫室外的门阙，修好城池，其余的一切等到丰年再兴建，当前专心劝农勤耕为要务，整训军事为大事，这样人民富足，军队强大，而敌贼便会臣服了。”

三月，蜀国丞相诸葛亮率领各军北上，进驻汉中，委任长史张裔、参军蒋琬统管留守丞相府的事务。诸葛亮出发前上表说：“先帝创立大业未及一半就中途去世，现今天下三分，益州最为贫困，这确实是到了存亡危急的紧要关头。但是陛下身旁的侍卫与臣子在宫内兢兢业业，忠诚的志士在宫外为国效劳，他们这样做是因为思念先帝的深厚恩惠，想用来报答陛下。陛下确实应当广泛听取臣下的意见，用以光大先帝留传下来的美德，振奋有志之士的气节；不应该妄自菲薄，谈话不合道理，从而堵塞忠诚劝谏的言路。

“宫禁内的官员和相府里的官员都是一个整体，赏罚褒贬，不应有区别。如果有干坏事触犯法律的，以及尽忠行善的，应当交由有关部门论定赏罚和褒贬，用以表明陛下的公允、明察，不要偏私，使宫廷内外执法不一。

“侍中、侍郎郭攸之、费祎、董允等，他们都是善良诚实、思想忠贞纯正的官员，因而先帝选拔出来辅佐陛下。臣认为宫中的事情，无论大小，都应当向他们咨询，然后再施行，这样必能弥补遗缺，得到更多益处。将军向宠，生性善良公正，精通军事，从前经历过考验，先帝称赞他有才能，因此众人推举他为统领禁军的中郎。臣认为禁卫军营的事务，都可以征询他的意见，这样一定能让将士和睦，能力强的人与能力差的人各得其所。

“亲近贤臣，疏远小人，这是前汉之所以兴盛的原因；亲近小人，疏远贤臣，这是后汉之所以衰败的原因。先帝在世时，每次和我谈论此事，没有一次不叹息痛恨桓、灵二帝的。侍中、尚书、长史、参军，他们都是正直贤良，能以死报国的臣子，希望陛下亲近他们、信任他们，那么汉室的兴盛，就指日可待了。

“臣原是一个平民百姓，亲自在南阳耕作，只求在乱世中能保全性命，不求在群雄里闻名显达。先帝不因为我卑下鄙陋，俯就屈驾，三次到茅庐中来拜访我，向我咨询当今时事；因而感激，终于允诺为先帝奔走效命。后来遇到失败，在兵败的时候承担重任，在危难的时候接受使命，自那时以来，已有二十一年了。先帝知道我谨慎，因而临终时将辅佐大事托付给我。

“自从接受先帝遗命以来，日夜忧虑叹息，唯恐辜负重托，有损先帝的知人之明。因此臣五月渡过泸水，深入不毛之地。现在南方已经平定，部队已经充实，应当激励将士，率领军队，北伐平定中原，希望尽我微薄之力，铲除奸凶，复兴汉室，回到故都，这是臣报答先帝，忠于陛下的职责。至于对政事的斟酌衡量、尽心，进献忠言，那些是郭攸之、费祎、董允的职责。希望陛下委任臣讨伐国贼，光复汉室的使命如果没有成效，北伐无功，就将臣治罪，以告先帝的在天之灵；未进忠言，就责问郭攸之、费祎、董允等疏忽职守，公开他们的过错。陛下也应当自己考量，征询好的治国方案，明察和接受正确的言论，真正遵循先帝的遗诏，臣深受大恩，非常感激。现今就要远离陛下了，面对这份表章，禁不住泪流满面。”

于是率军出发，驻扎在沔水以北的阳平石马。

诸葛亮征辟广汉太守姚伷为掾，姚伷同时举荐一些文武官员，诸葛亮称赞他说：“对国家效忠没有比举荐人才更好的了，推荐的人往往只根据自己的爱好，而属官姚伷推荐的人才有文有武，并存刚柔，可以说他是一个博学纯正的人。希望众属官都学习姚伷，以符合我对你们的期望。”

魏明帝听说诸葛亮驻军汉中，想大举发兵去攻打，就以此事征询散骑常侍孙资，孙资说：“当年武皇帝征讨南郑，攻取张鲁，在阳平之战中，身陷危境，后来虽然勉强取胜，最终还是武皇帝亲自前往救出夏侯渊的军队。武皇帝多次说：‘南郑简直就是一座天生的牢狱，中间的斜谷道就是五百里石头做墓穴’，说的就是谷道幽深险要，庆幸自己救出了夏侯渊军队。再说武皇帝用兵如神，深知蜀贼栖息在山岭之中，吴寇鼠窜于江湖之上，都能委屈地避开，不强求将士去拼杀，不硬争一朝之气，这就是所谓知胜而战，知难而退。现今如果进军到南郑征伐诸葛亮，道路既险阻，还要调用精兵以及转运军资，加上镇守南方四州、抵御吴军水贼，预计总共需用士兵十五六万人，如此，就一定要去征调更多的人力物力，骚扰天下，耗费巨大，这确实是陛下应当仔细考虑的。防守与进攻的力量平衡有三倍之差。只以目前现有的兵力，分派大将据守各个险要，威力足可震慑强寇，镇定边界，将士可以像猛虎那样安睡，养精蓄锐，百姓也可以安然无事。数年之后，我国日益强盛，吴、蜀两贼必将自然衰败。”魏明帝便停止了出兵。

（以上为第九段，写诸葛亮北伐，临行，上《出师表》于后主，忠义奋发，《资治通鉴》在此全文引载。）

当初，魏文帝废除五铢钱，用粮食和丝帛代替钱币，社会上弄虚作假的情况日益增多，竞相把谷物弄湿以获取私利，用薄绢来购物，即使用严刑处罚，还是不能禁止。司马芝等在朝廷上展开议论，认为：“使用钱币不光可以富国，也可以省刑，现今不如重新铸造五铢钱更为有利。”夏季，四月初十日乙亥，魏国恢复使用五铢钱。

四月十九日甲申，魏国开始在洛阳建立宗庙。

六月，任命司马懿总理荆、豫州的军事，率领所属军队镇守宛城。

冬季，十二月，魏明帝册立贵嫔河内人毛氏为皇后。当初，魏明帝为平原王，娶河内人虞氏为妃；等到即皇帝位，虞氏没有被立为皇后，太皇太后卞氏安抚、劝勉她。虞氏说："曹氏家族原本就好立低贱人，没有能按大义推举的。但皇后职掌宫内事务，君王负责宫外政事，这就是内外相辅相成的道理；若不能有个好开端，就不能有一个好的结果，恐怕必定会因此而亡国绝祀！"于是虞氏被废，回到邺都的宫中。

起初，魏太祖武帝、世祖文帝都议论过恢复肉刑，因为战争而没有实施。等到魏明帝即皇帝位，太傅钟繇进言道："应仿照汉景帝的诏令，如果应当斩首示众的愿意砍去右脚抵罪，应当允许；那些处以黥、劓、左趾、宫刑的，自然也应当依照汉文帝时，改为削发和鞭打，那么每年可以使三千人新生。"魏明帝诏令公卿大臣商议，司徒王朗认为："从不用肉刑以来，已经过了几百年了；如今恢复使用它，恐怕减轻刑罚的文字还没让国民看见，而恢复肉刑的消息已经传到了仇敌的耳中，这样做就不是让远方之人来归顺于我们了。如今可以按照钟繇减轻死罪的想法，把死刑减为削发服役，若嫌这罪罚轻了的话，可使他们的服刑年限加倍，那么，内有以生代死不可估量的私德，外没有用砍脚的刖刑来代替脚镣的骇人听闻的恶名。"谋议的有一百多人，和王朗意见一致的占多数，魏明帝认为吴、蜀两国没有平定，就暂时搁置了这事。

这一年，吴国昭武将军韩当去世，他的儿子韩综道德败坏又违法犯罪，害怕被治罪，闰十二月，带领他的家属、部众来投降魏国。

起初，孟达受到魏文帝的宠幸，又和桓阶、夏侯尚亲善；等到魏文帝去世，桓阶、夏侯尚也都相继去世，孟达心中不安，诸葛亮听到这个消息，就引诱他，孟达多次与诸葛亮通信，暗中许诺归蜀；孟达与魏兴太守申仪有仇怨，申仪秘密上表告发孟达。孟达听说后，惶恐不安，想举兵反叛；司马懿写信安慰劝解他，孟达犹豫不决，司马懿就暗中兴兵讨伐。各位将领说："孟达与吴、汉勾结串通，应当先观察一下再行动。"司马懿说："孟达不讲信义，如今是他迟疑观望的时候，应该趁他没有做出决定时赶紧去解决他。"于是日夜兼程，用了八天就赶到了孟达的城下。吴、汉各自派偏将攻击西城的安桥、木阑塞用来救援孟达，司马懿也分派将领阻击。起初，孟达写信给诸葛亮说："宛城离洛阳八百里，离我一千二百里。司马懿听到我起事，应当上表天子，往返来回，也就一个月过去了，如此我的城防已经坚固，各军已做好充分准备。我所处的地方幽深险要，司马懿一定不会亲自前来；其他的将领来，我就没有危害。"等司马懿率兵到达，孟达又写信告诉诸葛亮说："我起事才八天，司马懿就领兵到了城下，怎么如此神速啊！"

（以上为第十段，写魏复行五铢钱。孟达反复，叛魏归蜀。）

【点评】

三国外交。本卷所载最大历史事件是吴蜀重结盟好。借此点评一个专题，三国形成时期的外交。

所谓三国形成时期的外交，系指从公元207年诸葛亮提出隆中路线，规划孙刘结盟抗曹起，到公元229年吴蜀订立中分天下盟约止，前后23年。其特点是密切配合三方争夺荆州的军事斗争，成功使“人谋”规划的鼎足三分变成现实，它因历史走了曲折的道路而大放异彩，是我国古代列国外交史上的一朵奇葩。

外交是国与国之间的一种政治对话。三国外交特指曹、孙、刘三个独立的政治集团，魏、蜀、吴三国鼎立之间所发生的交往，它为实现各自的政治目的服务，尤其是着重于为现实的形势服务。因此，我们评价三国外交的得失，不能用统一的标准，要依据各自现实的政治目的来衡量他们所采取的策略是否得当。例如赤壁之战前夕，曹操具有统一的形势，正确的外交策略是阻止孙、刘结盟，各个击破，未做到这一点是失策。反过来看孙、刘，他们携手联合抗曹取得一定胜利，其外交策略是正确的。由于三方的最高政治目的皆是统一天下，这一形势决定了三国外交具有浓厚的互相利用的色彩，而没有稳固的联盟。所以刘、孙之间的明争暗斗以及公开交战都是顺乎自然的。所谓“鼎立”就是保持三方之间的力量均衡，这可称之为均衡外交。吴、蜀小国，连体相依，所以金戈铁马之后，仍能握手言和，魏、吴联盟只是短暂的互相利用，因为小国与大国结盟是不平等的依附，随时都有被吞灭的危险。

曹操、刘备是一流的政治家。有魄力、有智慧，在三方斗争中善于化被动为主动。曹操在与刘备争夺汉中之战失败以后，改变策略，挑动吴、蜀火并，由进攻转为防御，让孙权去进攻关羽。曹操的这一手段，收到了预期效果，削弱了吴、蜀，摆脱了困境，保持了曹魏的优势。刘备在困境时也表现了智勇兼备的外交才能。建安十五年十二月，他深入虎穴，求借荆州，诸葛亮曾加以劝阻，预料周瑜等人会设陷阱。果然周瑜和吕范都劝孙权软禁刘备，作为人质。孙权不从，采纳了鲁肃树操之敌的“上计”，刘备才幸免于难。数年后，刘备仍心有余悸，对庞统说，他料孙权“所防在北，当赖孤为援”才计出险途的。刘备此行虽险，但对于局势的分析却准确无误，走棋出奇招，死中求活，得其所愿，表现了他的大智大勇。随后，刘备阻挡孙权伐蜀，权谋也运用得十分高超。先是推说新据诸郡，“未可兴动”，不与孙权合作。孙权说，刘璋不武，恐失益州，危及荆州。刘备回答说，曹操志在吴会，同盟不宜自相攻伐。孙权不听，遣孙瑜率军独进。刘备以自己与刘璋同宗为辞而代璋请罪，同时进行军事部署，“使关羽屯江陵，张飞屯秭归，诸葛亮据南郡，备自住孱陵”，进退有节，有理有据，有实有虚，孙吴君臣无可奈何。但是曹操败于蒿鲁之谋，刘备输于吕蒙之手，都是在自己鼎盛的时候遭到突然的挫折，不能不使人深思。曹操进兵赤壁，未能料到孙、刘结盟，他的强权外交断送了统一的大好形势，是曹操外交的一大失败。刘备命关羽北伐，没有料到吕蒙偷袭，根本原因是因胜利而骄矜。刘备得蜀，寸土不让，以力相争，这是不得人心的。孙权忿然作色骂刘备："猾虏，乃敢挟诈如此！”决定以武力强索荆州，这是刘备黩武招致的外交失败。复仇东伐，不听赵云等人的劝谏，不度德量力，不计后果，抱住正统与道义，是僵化外交断送了隆中路线。孙权奉行灵活外交，第一个果敢决策是借荆州给刘备，树操之敌，屏蔽东吴，联合作战，驱赶曹操还北。孙权第二个果敢决策是称臣于曹魏，袭杀关羽，夺回荆州，并在随后的夷陵之战避免了两线作战。孙权不仅决策果敢，而且手段灵活，笼络禁护军浩周，利用质子之争赢得备战时间。孙权发动的袭夺荆州之战，前后三年，全力对蜀，拖住了刘备，自己未受两线夹击，反而使刘备征吴还要防北，这是孙权在外交上最大的成功。荆州归吴，三国鼎立的均势形成。我们可以毫不夸张地说，诸葛亮隆中路线规划的三分蓝图，只是一个剧目的脚本，导演这出剧目的不是诸葛亮，而是孙权。

外交从属于政治。三国之间的矛盾，蜀、魏两国有正统与僭伪之分，因此是不可调和的。蜀汉国小力弱，需要联合孙权才能对抗曹魏。孙权是异军突起，可秦可楚。地理位置处于全国形胜的下游，联蜀才可能立国，附魏只能称臣。如果蜀亡，或者魏亡，吴国都将失去独立地位，这种政治形势和地理环境决定了吴国外交的摇摆，时而向敌称臣，时而以友为敌，魏强则联蜀，蜀强则附魏，顺应形势求得生存和发展。鼎立均衡是吴国生存的最佳环境，这是孙吴君臣追求的政治格局。孙权的屈身辱志，陆逊的及时退防，都是为此。

蜀汉夷陵败北，刘备去世，诸葛亮结束了死守原则的僵化外交，承认曹魏建立，认可孙权称帝，服从三国鼎立的现实，也采取了灵活策略，重新联吴抗魏。

资治通鉴（白话本） 卷第七十一

魏纪三

魏明帝太和二年至四年（公元228—公元230）

【起著雍涒滩（戊申，公元228年），尽上章阉茂（庚戌，公元230年），凡三年】

【大事提要】

本卷记事起公元228年，讫公元230年，凡三年，当魏明帝太和二年至太和四年。此时期最大事件是诸葛亮出师北伐，连年动众，收效甚微。首次出兵，误用马谡，蜀兵大败，诸葛亮丧失夺取关中的最好时机。太和四年，曹魏反击，曹真兵出斜谷，亦无功而返，魏、蜀形成对峙局面。孙权称帝，北进争合肥，亦无尺寸之功。曹魏取守势，蓄聚力量，疲敝吴蜀，魏明帝不失为一英主。此外，孙权经营台湾，值得大书。

烈祖明皇帝上之下

魏明帝太和二年（戊申，公元228年）

春季，正月，司马懿攻打新城，用十六天时间，攻下城池，杀了孟达。魏兴郡守申仪，长久地驻守魏兴，擅自假传皇帝旨意，刻制印章，多次私授官职；司马懿逮捕了他，送回洛阳。

当初，征西将军夏侯渊的儿子夏侯楙娶了太祖的女儿清河公主，魏文帝年轻时和他很好，等到即位，便任命他为安西将军，负责关中事务，镇守长安，让他接替当年夏侯渊镇守的地区。

诸葛亮将要进攻魏国，与部下商议此事。丞相司马魏延说："听说夏侯楙，是魏武帝的女婿，怯懦而无谋略，如今交给我精兵五千，运粮兵五千，直接从褒中出击，沿秦岭向东，到达子午道后就入谷北进，不过十天，可以到达长安。夏侯楙知道我魏延突然兵临城下，必然弃城逃走。长安城中只留下御史、京兆太守。横门粮仓的储粮和百姓逃散后弃下的粮食，足够供给我军的给养。等到魏国在东方集结起军队，尚需要约二十天，而明公自斜谷来，也完全可以到达。如此，一举便可以平定咸阳以西的地区了。"诸葛亮认为这是冒险的计策，不如安稳地走大路，可以攻取陇右地区，有百分之百的把握取胜而不必担忧，因而不用魏延的计策。

诸葛亮声称要走斜谷道攻取郿县，派镇东将军赵云、扬武将军邓芝作疑兵，据守箕谷，魏明帝派曹真统帅关右各军进驻郿县设防。诸葛亮亲自率领大军攻打祁山，军容整齐，号令严明。当初，魏国认为汉昭烈帝刘备已死，几年默默无闻，因此丝毫没有防备；当突然听到诸葛亮出兵，朝廷和民间感到恐惧，于是天水、南安、安定三郡都反叛魏国响应诸葛亮，关中大为震动，朝廷大臣不知如何应战，魏明帝说："诸葛亮需据守山险才可固守，今天亲自前来投罗网，正符合兵书所说的诱使敌人前来的策略，一定能击败诸葛亮。"便集结步骑兵五万，派右将军张郃统领，向西进军抗击诸葛亮。二月十七日丁未，魏明帝亲自坐镇长安。

当初，越嶲太守马谡，才干与见识超过常人，喜欢谈论兵法，诸葛亮十分赏识器重他；汉昭烈帝刘备临终前对诸葛亮说："马谡言过其实，不能重用，你可要多加考察！"诸葛亮不以为然，任命马谡为参军，经常召见马谡议事，从白天直到夜晚。等到出兵祁山，诸葛亮不派沙场旧将魏延、吴懿为先锋，而命马谡统帅各军在前，和张郃在街亭交战。

马谡违反诸葛亮的指示，军令措施琐碎苛刻，放弃有水之地，上山驻扎，而不在山下据守城池。张郃率领魏军切断马谡的取水通道，发动攻击，大败马谡，蜀军溃散。诸葛亮进攻没有据点，就胁迫西县一千多家居民回到汉中。收捕马谡入狱，斩了他。诸葛亮亲自吊丧，为马谡痛哭流涕，抚养马谡的子女，与马谡在世时一样。蒋琬对诸葛亮说："当初楚国杀了得臣，晋文公喜形于色。现在天下没有平定却杀死智谋之士，难道不可惜吗？"诸葛亮伤心流泪说："孙武之所以能横行天下克敌制胜，原因是执法严明；因此扬干犯法，魏绛就杀了他的仆人。如今四海分裂，战争才刚刚开始，如果不严格执法，用什么来讨伐敌贼呢？"

马谡没有战败之前，裨将军巴西人王平多次规劝马谡，马谡没能听从；等到战败，士兵全部溃散，只有王平所帅的一千人还擂着战鼓在防守营寨，张郃怀疑王平有伏兵，不敢进逼，因此王平渐渐聚拢各营残兵，率领将士退回。诸葛亮杀了马谡和将军李盛后，剥夺了将军黄袭等的兵权，唯有王平格外受到重用，擢升他为参军，直接统领五部军队兼管汉中大本营的军务，晋升为讨寇将军，封为亭侯。诸葛亮上奏请求将自己降职三级，汉后主刘禅贬诸葛亮为右将军，代理丞相事务。

此时赵云、邓芝的军队也在箕谷战败，赵云收拢部众坚守，因而损失不大，赵云也因为兵败被贬为镇军将军。诸葛亮问邓芝说："街亭战败撤退，兵将四散没法集结，箕谷战败，兵将仍能保持完整，是什么缘故？"邓芝说："赵云亲自断后，军用物资，丝毫也没有丢弃，兵将没有理由丧失。"赵云有些剩余的军资绢帛，诸葛亮叫他分发赏赐给将士，赵云说："军事上没有胜利，为何要赏赐，请将这些物资全部收入赤岸库，留到十月用作冬季犒赏。"诸葛亮对此大为赞赏。

有人建议诸葛亮应征发更多的军队，诸葛亮说："大军在祁山、箕谷的时候，比敌贼多，但没有打败敌人，反倒被敌人打败，打仗的关键不在兵少，只在统帅一人。

如今我想精兵省将，严明惩罚，反思过失，寻找多种应变计划用于将来，如果不能做到的话，即使兵多又有什么用呢？自今往后，凡是尽忠忧国之士，尽管多多批评我的过失，那么大事就可以完成，敌贼就会被消灭，大功告成就可以跷足而待了。”于是详细调查将士，连微小功劳也不放过，对为国捐躯的烈士，一一找出抚慰。诸葛亮引咎自责，在全国境内公开宣布自己的过失，练兵讲武，准备将来进取，将士简明精练，百姓很快忘掉了过去的失败。

诸葛亮出兵祁山时，天水郡参军姜维归降诸葛亮。诸葛亮十分赏识姜维的胆略，征辟为仓曹掾，由他掌管军事。

曹真征讨安定等三郡，将其全部平定。曹真认为诸葛亮会以祁山之败为戒，今后一定从陈仓出兵，因此派将军郝昭等戍卫陈仓，修固城池。

（以上为第一段，写诸葛亮第一次北伐，误用马谡丢失街亭而败。）

夏季，四月初八日丁酉，魏明帝由长安返回洛阳。

魏明帝任命燕国人徐邈为凉州刺史。徐邈重视农业，积蓄粮食；建立学校，彰明教诲；任用贤良之士，罢黜贪官恶吏。与羌人、胡人一起处事，不挑剔他们的小过；如果犯有大罪，先通报羌胡人的首领，让羌胡人首领知道犯罪人该当死罪的原因，然后才斩首示众。因而羌人胡人敬服他的声威和信誉，凉州全境安宁无事。

五月，魏国发生大旱灾。

吴王孙权派遣番阳太守周鲂秘密访求一位在北方已经知名的山越宗族首领，让他去诱骗扬州牧曹休进入伏击圈。周鲂说：“山民首领，卑贱低下，不能胜任，事情若泄露，无法使曹休上钩，我请求派亲信拿我的书信去诱骗曹休，就说我受到责备，害怕被杀，想献郡归降，请求派兵接应。”吴王批准了。当时不断有郎官到周鲂那里查究各种事情，周鲂因此到番阳郡门下，削发谢罪。曹休得到情报后，率领步骑兵十万进军皖城以接应周鲂；魏明帝又派司马懿进军江陵，贾逵进军东关，三路人马同时前进。

秋季，八月，吴王到达皖城，任命陆逊为大都督，假黄钺，亲自执鞭召见；任命朱桓、全琮为左、右督，各率三万人马去攻击曹休。曹休发觉被欺骗，但仗着兵多，就想和吴兵交战。朱桓向吴王进言说：“曹休不过是皇室宗亲才被重用，并不是智勇名将。如今他来交战必定失败，失败必定逃走，逃走时会经过夹石、挂车。这是两条狭窄险要的路，如果用一万士兵运柴堵塞道路，那么曹休的部队便会全部被消灭，曹休将被活捉。臣请求率领所属部队去断路，若蒙大王的神威，使曹休自动投降，便可乘胜长驱直入，进取寿春，割据淮南，从而谋取许昌、洛阳，这是千载难逢的时机，不可失去啊！”孙权就此询问陆逊，陆逊认为不行，因而作罢。

尚书蒋济上奏说：“曹休深入敌境，和孙权的精兵决战，而朱然等据守长江上游，正处在曹休的背后，臣看不到有什么利益可图。”前将军满宠上书说：“曹休尽管明智果断然而很少用兵，现在他所走的路，背靠湖泊，靠近长江，容易进军，难以后退，这是用兵最忌讳的悬挂之地，如果军队进入无强口，应当严密戒备！”满宠的上表还没有得到回复，曹休和陆逊已在石亭交战。陆逊亲自正对敌方主力在中路，命令朱桓、全琮为左右两翼，三路人马齐头并进，冲向曹休的埋伏部队，把这些埋伏士兵赶出险要地带，吴军乘胜追击逃走的败军，直至夹石，斩杀俘虏一万多人，缴获牛马驴骡等各式车一万辆，以及几乎全部的军用物资器械。

当初，曹休上表请求率兵深入敌境接应周鲂，魏明帝命贾逵率兵东进与曹休会合。贾逵说：“敌贼在东关没有防备，一定会把军队集中到皖城，曹休深入和敌贼作战，必败。”贾逵于是部署各位将领，水陆并进，前进二百里时，俘获到吴人，得知曹休战败，吴国军队已经切断夹石，此时贾逵的各位部属将领不知所措，有的想要等待后援，贾逵说：“曹休在外兵败，回归路绝，进不能交战，退无法返回，正是生死存亡的关键时刻，恐怕他支持不到天黑。敌贼认为我军没有后续部队，因此才这样做，如果我军迅速前进，出其不意，这就是所谓‘抢先一步攻击，就可以挫伤敌人的士气’，敌贼看见我军出现，一定会逃走。如果等待后援，敌贼已经切断险路，我军即使再多又有什么用？”因此贾逵以加倍的速度进军，并且多设置旌旗战鼓作为疑兵。吴军看见贾逵的军队，果然惊慌逃走，曹休才得以返回。贾逵占据夹石，补充曹休士兵和供给粮食，曹休的军队这才振作起来。当初，贾逵和曹休关系不好，等曹休战败，全仗贾逵才幸免于难。

九月二十九日乙酉，魏国封立皇子曹穆为繁阳王。

长平壮侯曹休上书请罪，魏明帝因为他是宗室亲戚的关系，没加追究。曹休悔恨交加，背上生起毒疮，十月十四日庚子，去世。魏明帝任命满宠接替曹休为扬州都督。

护乌桓校尉田豫攻打鲜卑人郁筑鞬，郁筑鞬的岳父轲比能前来救援他，率领三万骑兵在马城包围田豫。上谷太守阎志是阎柔的弟弟，素来被鲜卑人所信赖；前往解释晓谕，轲比能才解围退去。

冬季，十一月，魏国兰陵成侯王朗去世。

（以上为第二段，写吴、魏夹石之战，陆逊大败曹休。）

汉诸葛亮听说曹休战败，魏军东下，关中空虚，想出兵袭击魏国，群臣大都对是否可以取胜表示怀疑。诸葛亮上书向汉后主刘禅进言说：“先帝深知汉与魏贼势不两立，帝王大业不可偏向边陲，所以委托臣以讨贼的重任。凭先帝的英明，度量臣的才能，当知道臣讨伐魏贼，才能太弱而敌人太强；但是不去讨伐魏贼，帝王之业也会夭亡，与其坐待灭亡，还不如去讨伐魏贼，因此先帝交付臣这一重任毫不犹豫，臣受命之日起，睡眠不安，饮食无味，一心想到要去北伐，应该首先安定南方，所以在盛夏的五月渡过泸水，深入不毛之地。并非不爱惜自己，而是顾虑帝王大业不可偏安在蜀都，所以冒着危难去完成先帝的遗愿，但谋议的人认为这不是好的计策。现今魏贼刚在西面与我交锋奔波疲乏，又全力赶到东边与吴国对抗，兵法上说乘敌疲劳，这正是进攻出击的最好时机。谨向陛下把臣的计划做如下陈述：汉高帝的贤明如同日月，谋臣的智慧渊博深广，但还历经艰险，蒙受创伤，然后才转危为安。现今陛下不如高帝，谋臣不如张良、陈平，却想用持久的办法取胜，坐着等待天下平定，这是臣困惑的原因之一。刘繇、王朗各自占据州郡，议论安危之计，动辄就引喻圣人之言，然而对人满肚子的怀疑，办事困难重重充填胸膛，今年不敢打仗，明年不敢出征，眼睁睁看着孙策安然壮大，最终兼并江东，这是臣困惑的原因之二。曹操智略计谋举世无双，他用兵打仗，如同孙武、吴起，但也曾在南阳被困，在乌巢遇险，在祁连遭危，在黎阳受逼，几乎在伯山失败，差点在潼关丧命，然后才建立了一个伪朝；何况臣才疏智浅，而想不经危难就平定天下，这是臣困惑的原因之三。曹操五次不能攻下昌霸，四次不能跨越巢湖，信用李服而李服谋害他，委任夏侯渊而夏侯渊败亡；先帝时常称赞曹操能干，尚且有这些过失，何况臣平庸无能，岂能出兵必胜？这是臣困惑的原因之四。自从我到汉中，不过一年时间，就失去了赵云、阳群、马玉、阎芝、丁立、白寿、刘郃、邓铜等及其曲长、屯将七十多人，还有突击将领、先锋将领、賨人士兵、羌人士兵、青羌士兵、游击骑兵、武勇骑兵一千多人，这些都是经过数十年之内，汇集起来的四方精英，不是一州之地所拥有的；如果再过几年，要损失三分之二，将拿什么去战胜敌人？这是臣困惑的原因之五。现今民穷兵疲，然而军备大事不可停息，既然军备大事不可停息，那么原地驻守与出兵征讨，所付出的劳苦和费用正好一样，为什么不趁关中空虚图谋它，却想凭借一州之地和敌贼持久抗衡，这是臣困惑的原因之六。说到最难判断的事，正是天下时局的演变。从前先帝在楚地失败，当时曹操拍手称快，说天下已经平定了。然而想不到的是，后来先帝东联孙吴、西取巴蜀，发兵北征，杀了夏侯渊，这是曹操判断失误，而汉之大业将要成功的契机。可是后来吴国又违背盟约，关羽兵败身亡，秭归受挫，曹丕称帝。大凡世事就是如此，难以预料。我将鞠躬尽力，死而后已，至于事情的成败得失，并非我的见识所能预见的。”

（以上为第三段，载诸葛亮《后出师表》。诸葛亮明知“民穷兵疲”，但“事不可息”，明知不可为而为之，尽力而已。）

十二月，诸葛亮率兵出散关，攻围陈仓，陈仓早有防备，诸葛亮不能攻克。诸葛亮派郝昭的同乡靳详在城外远处喊话，劝郝昭投降，郝昭在城楼上回答说：“魏国的法律，您是熟悉的；我的为人，您是了解的。我受国恩多而且家门人口多，您不必再说了，我只有一死。您回去告诉诸葛亮，可以来攻了。”靳详把郝昭的话报告了诸葛亮，诸葛亮又让靳详再去劝降郝昭，说：“您的人马寡不敌众，何苦白白地自取灭亡。”郝昭对靳详说：“前面我已说过了，我认识您，箭可不认识您。”靳详只好退去。诸葛亮自认为有几万部队，而郝昭才一千多人，又估计东来的救兵不能及时赶到，就引兵攻打郝昭。架起云梯、出动冲车逼近城池，郝昭就用火箭迎射汉军的云梯，云梯着火燃烧，梯上的人都被烧死；郝昭便用绳子系着石磨从上往下打击汉军的冲车，冲车被打毁。诸葛亮便又制作百尺高的井字架栏，向城中射箭，用土块填平护城的壕沟，打算直接攀登城墙，郝昭便在城里筑起一堵墙。诸葛亮又挖掘地道，想钻进城里；郝昭又在城内横着挖掘壕沟拦截。就这样昼夜攻防，双方僵持二十多天。

曹真派将军费耀等救援郝昭。魏明帝召见驻守方城的张郃，派他攻击诸葛亮。魏明帝亲自到河南城，设酒宴为张郃饯行，问张郃：“等将军赶到，诸葛亮该不会已经拿下陈仓吧？”张郃清楚诸葛亮深入缺少军粮，掐指计算说：“等我赶到，诸葛亮已经撤走了。”张郃日夜行军赶路，还没到达，诸葛亮军粮已尽，领兵离去；将军王双追赶，诸葛亮击败并杀了王双。魏明帝下诏赐封郝昭为关内侯。

当初，公孙康去世，儿子公孙晃、公孙渊等都还年幼，所属官吏拥立公孙康的弟弟公孙恭。公孙恭才疏智弱，不能治国，公孙渊长大后，威逼胁迫，夺取了叔父公孙恭职位，上书详述了事情的经过。侍中刘晔说：“公孙氏在汉代被任用，于是子孙世袭官职，水路有海阻隔，陆路有山阻塞，外与胡人勾结，偏远难以控制，而且世袭权位、历来已久。如今若不诛灭，将来必生祸患。如他怀有二心，守险反叛，然后再去诛讨，就很艰难；不如趁他刚刚即位，内有仇党，在他没有预料到之前，以大军压境，公开悬赏捉拿他，便可以不打仗就平定了。”魏明帝不听，任命公孙渊为扬烈将军、辽东太守。

吴王任命扬州牧吕范为大司马，印绶还没有颁发，他就去世了。当初，孙策命吕范掌管财务，当时吴王孙权年轻，私下向吕范索取钱物，吕范定要报告，不敢专断私许，当时因此被孙权怨恨。吴王孙权代理阳羡县长时，有私用公家钱物的行为，孙策有时去核查，功曹周谷就伪造假账，使孙权不被责问，那时孙权很喜欢周谷。等到孙权统管国事，认为吕范忠诚，深为信任；认为周谷善于欺骗伪造文书账簿，不加任用。

（以上为第四段，写诸葛亮第二次出师，兵围陈仓，粮尽退军，斩魏追将王双。）

魏明帝太和三年（己酉，公元 229 年）

春季，汉诸葛亮派部将陈式攻打武都、阴平二郡，雍州刺史郭淮带兵去救援。诸葛亮亲自率兵到建威，郭淮退走，诸葛亮于是攻克二郡后回来；汉后主重新委任诸葛亮为丞相。

夏季，四月十三日丙申，吴王孙权登皇帝位，大赦天下，改年号为黄龙。文武百官都来朝会，吴主归功于周瑜。绥远将军张昭，举起朝笏准备称颂孙氏的功德，没来得及开口，吴主就说："如果当初依张公的计谋，现在已经在讨饭了。"张昭大为惭愧，伏在地上汗流不止。吴主孙权追尊父亲孙坚为武烈皇帝，哥哥孙策为长沙桓王，册立儿子孙登为皇太子，封长沙桓王的儿子孙绍为吴侯。

吴主任命诸葛恪为太子左辅，张休为右弼，顾谭为辅正，陈表为翼正都尉，而谢景、范慎、羊衜等都为宾客，因而太子的东宫号称多士。太子命侍中胡综作《宾友目》说："英才卓越，超过同辈，是诸葛恪。见解深刻，洞察隐微，是顾谭。论辩明达，善解疑难，是谢景。学识精细，比拟游夏，是范慎。"羊衜私下驳斥胡琮说："诸葛恪才高但是粗疏，顾谭精明但心狠，谢景善辩然而虚浮，范慎深邃但偏狭。"羊衜终于因此言论被诸葛恪等人憎恶，后来这四人都遭失败，正如羊衜说的那样。

（以上为第五段，写诸葛亮第三次出师，蚕食曹魏武都、阴平二郡。吴诸葛恪崭露头角。）

吴主派使者到蜀国，表达并尊吴蜀两国国主并称皇帝的建议。蜀汉大臣认为与吴结交没有好处，孙权称帝，名义不顺，蜀国应当表明正义，断绝与吴国的友好结盟。丞相诸葛亮说："孙权有僭反叛逆的野心已经很久了，我国之所以不去追究他的篡位野心，为的是利用吴国来牵制曹魏，援助我们。现今如果公开断绝关系，吴对我怨恨必定加深。我们势必转移兵力防守东方，跟吴国较量，只有等到吞并吴国之后，才可以商讨进取中原。但吴国贤才仍旧很多，将相团结和睦，不可能很快平定吴国。只能屯兵驻守，坐而待老，让北方的魏贼阴谋得逞，这不是上策。从前汉文帝对匈奴卑下谦词，先帝宽容大度与吴结盟，都是一时权宜之计，应付变局，要深思长远的利益，不要像匹夫为一时愤恨用事。现今谋议的人都认为孙权的目的就是谋求鼎足三分，而不愿合力对敌，再说孙权志得意满，没有上岸北伐的志向了。其实这些说法，都是似是而非的。为什么？孙权的智谋和势力不能与魏相当，因此才以长江为限以求自保；孙权不能越过长江北上，就像魏贼不能渡过汉水南下一样，不是力量有余，看到有利也不去夺取。如果我国大军伐魏，孙权的上策应当是分占魏国土地以为将来的规划根基，下策也会去虏掠魏国民众，开拓疆土，向国内显示武力，不会端坐不动。即使他不动而与我国和睦，我军北伐，没有东顾之忧，牵制魏国黄河以南的军队无法全部西进，就此一利也已经够大了。对孙权僭越叛逆的罪过，不应当公开揭露。"于是派卫尉陈震出使吴国，祝贺孙权称帝登基。吴主与蜀汉结盟，约定平分天下，豫、青、徐、幽四州归属吴，兖、冀、并、凉归属汉，司州地区以函谷关为界。

吴国张昭因为年老有病辞去官职，归还所辖军队，改任为辅吴将军，位仅次于三公，改封娄侯，食邑一万户。张昭每次上朝，言辞严厉，义形于色，曾因直言冒犯孙权的旨意，此后不肯上朝面见孙权。后来汉使来吴，称颂汉德之美，但群臣没有谁能辩赢汉使，吴主叹息说："假若张公在座，那么汉使不折服也会收敛气焰，岂能再让他自夸呢？"第二天，派中使问候张昭，并亲自去会见张昭，张昭离开座位请罪，吴主跪下阻止。张昭坐下，仰起头说："从前太后、桓王没有把老臣托付给陛下，而是把陛下托付给老臣，因此我想尽到臣节来报答厚恩，只是见识短浅，违背了陛下旨意。然而我是一心为国，志在尽忠效命直至生命停息；至于如果要老臣改变心意，用巴结迎合来换取荣华富贵，这是老臣不会做的！"吴主向张昭表示歉意。

（以上为第六段，写孙权称帝，蜀使陈震使吴庆贺，吴、蜀订立中分天下条约。）

魏国元城哀王曹礼去世。

六月二十一日癸卯，繁阳王曹穆去世。

六月二十六日戊申，魏明帝追尊高祖大长秋曹腾为高皇帝，夫人吴氏为高皇后。

秋季，七月，魏明帝下诏说："古礼规定，王后没有生儿子，选立旁支庶子以继承大宗，那么就应当承传大宗为正统，奉守公义，岂能再顾及个人原来的亲情呢？汉宣帝继承昭帝后，追加皇考的尊号给自己的亡父，哀帝以封国国君身份入承大统即位，而董宏等引用亡秦为例证，迷惑当时的朝廷，既尊生父刘康为'恭皇'，在京都建立祭庙，又尊崇刘康的藩国妃妾傅昭仪，把她与长信宫里的太后相比，在朝廷前殿排列恭皇和元帝的宗庙次序，在太后东宫并列四位太后，礼教离轨，毫无法度，人神都不会保佑，反而非难归罪忠正规劝的师丹，致使丁太后和傅昭仪死后还被火焚身的祸事。从此之后，继承大统的国君相继效法。从前鲁文公违礼祭祀，罪魁祸首是夏父弗忌，宋文公下葬过度，华元应受责难。现今诏令公卿及有关负责官员，要深深地以前代的这些错误行为作鉴戒，皇室后裔若有由诸侯身份入朝奉继大统的，就应当明白作为继承人后的大义；有敢用奸邪之道诱导谀媚当时君主，妄自建立非正统的名号，冒犯正统，称亡父为皇，亡母为后，则辅佐大臣，要诛杀不赦。将这些写在金策上，收藏宗庙里，载入法典中！"

九月，吴主迁都建业，沿用原来的宫府，不再增修改修，留下太子孙登和尚书九卿在武昌，命令上大将军陆逊辅佐太子，并掌管荆州及豫章三郡事务，总督全国的军政事务。

南阳人刘廙在魏国曾著《先刑后礼论》，与刘廙同郡南阳人谢景在陆逊面前称颂这部书，陆逊大声斥责谢景说："礼教优于刑法，由来已久；刘廙用繁琐的诡辩违背先圣的教谕，你如今侍奉东宫太子，应当遵循仁义去宣传恩德声音，像刘廙那样的言论，不可再讲了！"

太子孙登写信给西陵都督步骘，要求见面请教，步骘因此把荆州地区的事务及其各官吏的品行才能逐条一一报告给孙登，借机上书鼓励规劝孙登说："我听说君主不亲临小事，只要求各级官吏各司其职，所以虞舜任命了九位贤人，自己就不必操心，不出庙堂而天下得到治理。所以贤人所在之地，能拒敌在万里之外，他们实在是国家锋利的器物、兴亡的关键。希望英明的太子留意，那真是天下的幸运。"

张纮回到吴郡迎接家眷，在途中生病去世。临终前，把呈交孙权的遗表交给儿子，遗表上说："自古治理国家的人，都想修明德政与太平盛世比美，至于他们的治理，大多很不完美，并不是没有忠臣贤良辅佐，原因是君主无法克制私情，不能任用他们。人之常情是畏难趋易，喜欢相同的意见，憎恶相反的见解，这样就背违了治国之道。书《传》上说：'从善就像登天一样难，从恶就像山崩一样一下子倒塌'，说的是从善的艰难。君主继承累世的基业，据有至高无上的优势，把持着八种权柄的威严，喜欢随意行动和听取赞扬的话带来的欢乐，凡事无须采纳别人的意见，而忠臣提出较为难办的良策，说出的逆耳忠言，当然不合君主的心意，这不是很正常的事吗？上下情离就会出现裂隙，花言巧语的小人乘机离间，君主被这些小忠晕了头，迷恋于个人的恩爱，贤良和愚恶混杂，罢免与任用失去标准，形成这种情况的根源，就是私情作祟。因此圣明的君主要明察此事，求取贤能如饥似渴，接受规劝而不厌倦，抑制自己的欲望，用大义割断私恩，那么君主不会有错误的任用，臣下就没有非分的奢望了。"吴主读了这份遗表，感动得涕泪横流。

（以上为第七段，写魏明帝无子，预下支子入承大统不得顾私亲之诏。孙权定都建业。）

冬季，十月，魏国改平望观为听讼观。魏明帝常说："刑狱断案，关系到天下人的性命。"因此每次判决重要案件，魏明帝经常到听讼观旁听。当初，魏文侯的老师李悝著《法经》六篇，商鞅沿袭其思想，用它来辅佐秦国。萧何据此制定《汉律》，增加为九篇，后来逐渐增到六十篇。另有《法令》三百多篇，《决事比》九百零六卷，历代有增有减，错杂混乱，找不到断案的常规。后来有人各自引章析句又增添了许多解释，有马融、郑玄等儒学大师十多家，以至到了魏国，常用的条令合计二万六千二百七十二条，七百七十三万多字，阅读起来更加困难。魏明帝于是下诏只采用郑玄一家的章句。尚书卫觊上奏说："刑法是国家十分重视的，但是人们私下谈论往往轻视它。监狱官吏掌管百姓的性命，但被选拔任用的人却品行卑劣。国家政治的衰败，未必不是由此而引起的，请求设置法律博士。"魏明帝采纳了这个建议。又诏令司空陈群、散骑常侍刘邵等删减汉代的法律，制订《新律》十八篇，《州郡令》四十五篇，《尚书官令》、《军中令》共计一百八十多篇，比萧何的《正律》九篇有所增加，但比起其他附属律令要减省许多。

十一月，洛阳的宗庙建成，从邺都把高帝、太祖、武帝、文帝四位祖先的灵位迎到宗庙供奉。

十二月，魏明帝改封雍丘王曹植为东阿王。

汉丞相诸葛亮将相府军营迁移到南山下的平原上，在沔阳县筑汉城，在成固县筑乐城。

（以上为第八段，写魏明帝颁布新律。）

魏明帝太和四年（庚戌，公元 230 年）

春季，吴主派将军卫温，诸葛直率兵一万人，渡海寻找夷洲、亶洲，想俘获当地百姓来增加兵力，陆逊、全琮都来劝阻，认为：“桓王孙策创立基业时，军队不到一旅。目前江东现有兵力自然足够用以谋事，不应当远涉不毛之地，到万里之外去偷袭别人，加之海上风波难以预测，况且士兵换了水土环境，一定会招致疾病，想要增加兵力，反而却损失老本；想要获得利益，反而遭受损失。况且那里的民众犹如禽兽，得到他们不足以成就大事，没有他们也不会因此兵力亏损。”吴主不听从。

尚书琅邪人诸葛诞、中书郎南阳人邓飏等相互结成朋党，互相吹捧褒扬，以散骑常侍夏侯玄等四人为四聪，诸葛诞等八人为八达。夏侯玄是夏侯尚的儿子。而中书监刘放的儿子刘熙、中书令孙资的儿子孙密、吏部尚书卫臻的儿子卫烈都不能和他们相提并论，但因为这三人的父亲高居官位的缘故，容纳他们为三豫。

代理司徒董昭上书说：“凡是拥有天下的帝王，无不尊崇敦厚忠信之士，深恶虚伪不诚实的人，因为虚伪的人败坏教化，扰乱治安，伤害风俗。近有魏讽在建安末年被诛，曹伟在黄初二年被斩。臣俯伏思虑陛下前后的诏令，极其深刻地斥责浮华虚伪，想要打破拆散奸邪的朋党，时常因此切齿愤恨。然而执法的官吏都畏惧朋党的权势，没人敢揭发，以致风俗败坏的局势，日益严重。臣自己观察，现今的年轻人不再把学问当作根本，一心到处交朋结友为业；国士不把孝悌修身放在首位，却把趋炎附势谋取私利看得很重。结成朋党，连成群伙，相互褒扬赞叹，把诋毁当作刑杀，把朋党的称誉作为爵赏，对依从自己的人就大加赞美，对不依附自己的人，就百般挑剔。以致相互这样说：‘当今之世无须忧虑怎么度日，只怕人际关系不够，交结党友不多罢了；也无须担心什么别人不了解自己，只要吞下小圈子的毁誉褒贬这一灵丹妙药，人家就会对你唯命是从。’又听说有人用他的奴仆宾客冒充在职的差役，出入官府，往来宫禁，传递书信，探听机密。所有这一切都是法律不允许的，刑罚不赦免的，即使是魏讽、曹伟的罪过，也不比这更严重！”魏明帝很赞同董昭的说法。二月初四日壬午，魏明帝下诏说：“社会风气是质朴还是浮华，随着教化而变化，战乱以来，经学废置，年轻人进取的途径，不依靠经典。这难道不是训导不当，对选拔任用的人没有重视他们德行的缘故吗？郎吏要通晓一经，才能任官治民，博士考试要选取成绩优异的人，立即录用；浮华不务正道的，罢免不用！”于是罢免了诸葛诞、邓飏等人的官职。

（以上为第九段，写吴主孙权浮海经营台湾。魏司徒董昭上疏禁朋党浮华。）

夏季，四月，魏国定陵成侯钟繇去世。

六月十一日戊子，太皇太后卞氏去世。秋七月，安葬武宣皇后卞氏。

大司马曹真认为：“蜀汉多次入侵，请求从斜谷去讨伐；多路将领同时推进，可以大胜。”魏明帝同意了，诏令大将军司马懿逆汉水而上由西城进入，与曹真在汉中会合，各路将领或由子午谷或由武威进入蜀地。司空陈群劝阻说：“先前太祖到阳平进攻张鲁，大量收集豆麦以增加军粮，张鲁未被打败而粮食就已经匮乏，现今既无军粮作保证，况且斜谷地势险阻，难以进退，转运军粮必被抄掠截击，多留兵把守险要，就会减少作战的士兵，对此不可不深思熟虑！”魏明帝采纳陈群的建议。曹真又上表请求从子午道出兵；陈群又陈述不便的理由，并谈及到了庞大的军事费用。魏明帝下诏把陈群的建议下达给曹真参考，曹真不理会，却依据此诏当即出兵。

八月初五日辛巳，魏明帝要巡视东方，十九日乙未，到达许昌。

汉丞相诸葛亮听说魏兵入侵，就集结重兵在成固、赤坂等待魏兵。又命李严率领二万人增援汉中，上表推举李严的儿子李丰任江州都督，接替李严主管后勤事务。

正逢下大雨接连三十多天，栈道断绝，太尉华歆上书说：“陛下的圣德可与最兴盛的周成王、周康王相比，希望陛下首先留心于国家的治理，将征伐作为今后的事情。治理国家的人以民众为基础，民众以衣食为根本。假若我国没有饥寒的忧患，百姓没有离开陛下的心思，那么消灭吴、蜀二贼的机会，可以坐着等待！”魏明帝回复说：“敌贼凭据高山大川，太祖和世祖前世奔波劳苦，尚且不能平定，我岂敢自夸，说一定能消灭他们！只是各位将领认为如果不去一一进攻获取，二贼不可能自行灭亡，因此用兵以窥视敌贼的破绽。如果天时尚没有到来，就效法周武王回师，这是前车之鉴，朕不会忘记历史的教训。”

少府杨阜上书说：“过去周武王渡黄河伐纣，一条白鱼跃入舟中，君臣大惊失色，那本来是举事得到吉祥的征兆，还尚且忧虑害怕，何况面临灾异岂能不战栗呢？现在吴蜀还没有平定，而上天屡降灾变，各军刚开始进军，就有天降大雨的灾患，山路被阻，已有不少时间了。转运军需的劳累，肩挑背负的辛苦，耗费的已经很多，如果供应不继，便完全违背了当初的计划。《左传》说：‘见可而进，知难而退，乃用兵的良策。’白白地让军队困守山谷中，进攻没有什么可获取，后退又无决心，这不符合王者之师的做法。”

散骑常侍王肃上书说：“从前的书上有这样的论说：‘千里转运粮食，士兵会饿肚皮；等候砍柴取草来做饭，军队临睡时还吃不上饭。’这指的是在平坦道路上行军的情况；又何况是深入天险，一边开凿道路一边行军，如此所耗费的劳力一定是平路行军的一百倍。如今又加上连绵的大雨，山路又陡又滑，军队不得施展，军粮遥远难以接继，这实在是行军的大忌。听说曹真发兵已超过一个月才走完子午谷的一半，修路的工作，士兵们全部参加，这样敌贼能以逸待劳，这更是兵家所忌讳的。拿古代来说，便是武王伐纣，出了关而又退回；拿近代来论，就是武帝、文帝征讨孙权，到了长江边而不渡；这难道不正是所谓的顺应天时，精通权变的做法吗？万民知道圣上因为大雨不停，行军艰巨的缘故，停战而让士兵休息，日后敌贼有破绽，再乘机利用，那么军民才乐于冒险犯难，才会拼死战斗。”王肃是王朗的儿子。

九月，诏令曹真等班师。

（以上为第十段，写曹真伐蜀，无功而返。）

冬季，十月十一日乙卯，魏明帝回到洛阳。当时左仆射徐宣留守，总管京师的事务。魏明帝回来后，各部门主管官吏奏呈文书。魏明帝说：“我审阅与左仆射审阅有什么不同！”竟然连看都不看。

十二月，将文昭皇后改葬在邺都朝阳陵。

吴主声称要进兵合肥，魏国征东将军满宠上表请征调兖州、豫州各军都到合肥集结，吴军很快退回，魏明帝诏令集结的军队退回原地驻防。满宠认为：“如今敌贼大举退兵，并非他们的本意；这一定是想利用假退却来让我们罢兵，然后返回来乘虚而入，攻我不备。”上表请求不罢兵。十多天后，吴军果然卷土重到合肥城下，不能攻克便退了回去。

汉丞相诸葛亮任命蒋琬为长史。诸葛亮数次外出征战，蒋琬都能调集到足够粮食和兵员保障了后勤供给。诸葛亮时常说：“蒋琬忠诚高尚，他是和我共同辅佐帝王大业之人。”

青州人隐蕃，逃奔到吴国，上表吴主说：“臣听说商纣暴虐无道，微子首先离国出走；汉高祖宽厚英明，陈平先来投靠。臣现年二十二岁，抛弃故土，归附有道的君王，承蒙上天之灵，得以安全抵达。臣来此已有一些日子了，而主客之官将视臣同降服之人，不加考察鉴别，使得臣高妙精辟的进言，不能上达陛下，只好长吁短叹罢了。臣谨到宫门呈上奏章，请求召见。”吴主立即召隐蕃入宫，隐蕃叩谢，回答问题和议论时事，谈吐举止，不同凡响。侍中右领军胡综在座，吴主问胡综如何看隐蕃的才能，胡综回答说：“隐蕃上书的口气之大犹如东方朔，机灵敏捷、善于诡辩有如祢衡，但才能却比不上。”吴主又问：“他可以担任什么官职？”胡综回答说：“不能让他治民，暂时在京都安排低级职务试用。”吴主认为隐蕃谈了许多关于刑狱的事，就任用他为廷尉监。左将军朱据、廷尉郝普屡次称赞隐蕃有辅佐君王的才干，郝普与隐蕃尤其亲近友好，常常抱怨叹息隐蕃屈才。因此隐蕃门前车马云集，宾客满堂，自卫将军全琮以下都倾心交结；唯有羊衜和宣诏郎豫章人杨迪拒绝和隐蕃来往。潘浚的儿子潘翥，也追随隐蕃左右，并赠送粮食给他。潘浚听说后，大怒，写信责备潘翥说：“我蒙受国家的厚恩，志在效命回报，你在京都，应当心怀恭顺，亲近贤良，仰慕善人。为什么和一个投降的人交往，还拿粮食送给他？我在远方听说这些，心头震动，面上发热，惆怅了几十天，书信到后，立即前往信使那里接受一百刑杖，立刻索回所赠的粮食！”当时人都奇怪潘浚的这种做法。不久，隐蕃阴谋在吴作乱，事情被发觉，逃走，终被捕获，处以死刑。吴主严厉地责备郝普，郝普惶恐畏惧，自杀。禁闭了朱据，过了一段时间才解除。

武陵五溪蛮夷反叛吴国。吴主认为南方疆土安定，召回交州刺史吕岱驻守长沙沤口。

（以上为第十一段，写吴主孙权识察奸佞。）

【点评】

诸葛亮北伐的动因。诸葛亮北伐是三国鼎立时期的一件大事。本卷魏纪三和下一卷魏纪四，所载史事，诸葛亮北伐是第一大事。因此，本卷着重点评诸葛亮北伐的动因，下一卷点评诸葛亮北伐失败的原因。

先说，诸葛亮北伐过程。

诸葛亮北伐，袁枢的《通鉴纪事本末》标目为“诸葛亮出师”，学术界点评命题为“诸葛亮北伐”。诸葛亮北伐，前后六次，五次进攻，一次防守。公元228年春，诸葛亮从汉中大举出祁山，志欲一举平陇右，由于马谡违亮节度，兵败街亭退回。同年冬出散关，围陈仓，粮尽退兵。公元229年，第三次出兵蚕食魏境武都、阴平二郡。公元230年魏国分兵进攻汉中，诸葛亮防守，魏兵遇雨退回。公元231年，诸葛亮再出祁山，粮尽退军。诸葛亮鉴于后勤不继，在汉中实行大规模军屯，经过两年的充分准备。于公元234年再度大举北伐。诸葛亮出兵斜谷，屯田武功，欲与魏军作持久战，因积劳成疾，病逝五丈原而罢兵。

由于诸葛亮在“隆中对策”中提出了以人谋智计安天下的路线，替刘备规划了三分天下的蓝图，经过十余年的征战，得以实现。诸葛亮被视为智慧的化身，人们认为他的“权智英略，有逾管晏”（晋人郭冲语）。但后来诸葛亮北伐，手握重兵，却未建奇功，从而引发争议。单从客观形势论，魏强蜀弱，魏大蜀小，而守与战，兵力财物有三倍之差，即进攻的一方要三倍于守方，才相均衡。蜀国是攻不足而守有余，而诸葛亮为何要发动进攻呢？这在当世就引起了人们的争论。总体来说，前人有三种意见。与诸葛亮同时代的吴国大鸿胪张俨所作《默记》提出了相反的两种意见。第一种意见肯定诸葛亮北伐，认为诸葛亮志在吞魏，饮马河、洛，只是死得太早，不然一定会成功。第二种意见否定诸葛亮北伐，认为诸葛亮处益州孤绝之地，战士不满五万，应闭关守境，蓄养士民，而连年动众，“使国内受其荒残，西土苦其役调”，空劳师旅，非明哲之士。西晋时论者，多讥诸葛亮“托身非所，劳困蜀民，力小谋大，不能度德量力”。明人王夫之提出了第三种观点，认为诸葛亮北伐是“以攻为守”，经略中原只不过是一个口号、一种理想而已。王夫之的观点为近现代时贤所公认。但是以攻为守，在理论上和实践上都站不住脚，也不符合诸葛亮北伐的实际。在理论上，弱国对抗强国，采取“以攻为守”，等于是弱小的一方主动挑起战争，古今中外无此实例。《孙子兵法》指出：“故善战者，致人而不致于人。”魏明帝曹叡也说：“亮阻山为固，今者自来，既合兵书致人之术，破亮必也。”（《明帝纪》裴注引《魏书》）以诸葛亮之明，不至于不懂得这个起码的军事常识。他在《后出师表》中明确地说：“今民穷兵疲，而事不可息。”可见北伐另有深意。如果诸葛亮北伐是“以攻为守”，那应是虚张声势，而不会亲率三军北驻汉中。从蜀汉立国路线上说，“以攻为守”的潜台词就是说诸葛亮以守土偏安为国策，这与诸葛亮本志与隆中路线是大相径庭的。后人从历史事势的分析说，刘备发动夷陵之战，已经葬送了隆中路线，但诸葛亮并不这么看，他还要做主观的努力来兴复汉室。北伐的最高目的就是兴复汉室。千古名文《出师表》透出了个中信息。《出师表》恳切地劝说后主刘禅要奋发自励，不要妄自菲薄而满足于偏安王室，要亲贤远佞，兴复汉室。这里诸葛亮表明了统一中原的壮志。他说：“如今南方已定，兵甲充足，应奖率三军，北定中原，攘除奸凶，兴复汉室，还于旧都。”《后出师表》，笔调凄凉，已无《前出师表》的英气奋发，明知蜀国“民穷兵疲”，而仍然是“事不可息”。为什么“事不可息”，即一定要坚持北伐呢？因为诸葛亮所处地位，所肩负责任，以及他的本志。诸葛亮坚持北伐，有以下主要六大原因。

（1）兴复汉室，还于旧都是根本原因。这一动因，诸葛亮在《前出师表》中有明确论述，不赘引。

（2）树立威望，凝聚蜀汉人心。蜀汉统治集团的政治结构，有益州土著、刘璋旧部、刘备荆州集团三大部分。如何凝聚三大部分人士，团结蜀汉士民，诸葛亮必须提出服众、威众的基本国策。“奖率三军，北定中原”，“兴复汉室，还于旧都”，既可作激励人心的口号，又可作压倒一切的最高政治路线。诸葛亮《前出师表》开门见山摆出益州面临的艰难形势：“先帝创业未半而中道崩殂，今天下三分，益州疲弊，此诚危急存亡之秋也。”然笔锋一转，言：“然侍卫之臣不懈于内，忠志之士忘身于外者，盖追先帝之殊遇，欲报之于陛下也。”诸葛亮劝谏后主怎么为宜，怎么为不宜，用的是先帝权威，指出团结士民，就要“光先帝之遗德”，完成先帝“创业未半”的事业。

（3）北伐曹魏，推动联吴外交。诸葛亮在公元223年十月主动派邓芝使吴，不失时机抓住曹丕大举伐吴的有利形势联吴。孙权狐疑不见，邓芝上书说：“臣今来，亦欲为吴，非但为蜀也。”孙权这才接见邓芝，说出心里话，“孤诚愿与蜀和亲”。邓芝阐明“蜀有重险之固，吴有三江之阻。合此二长，共为唇齿”，这样“进可并兼天下，退可鼎足而立”的道理，孙权才下定决心，与蜀联盟，与魏断交。公元229年，诸葛亮已三次北伐，曹魏兵力西调，对吴压力减轻，孙权这才正式称帝。诸葛亮派陈震使吴庆贺，吴、蜀两国签订中分天下条约，至此吴、蜀联盟才得以巩固。如果诸葛亮不举兵北伐，吴、蜀联盟就是一句空话。在联吴外交上，诸葛亮北伐与联盟是互为因果，相辅相成，形势使然。

（4）王业不偏安，北伐中原，死中求活。《后出师表》集中阐述“汉、贼不两立，王业不偏安”的道理。诸葛亮认为蜀汉不北伐中原，必然坐等待亡，与其“坐而待亡”，不如“伐之”，争一线生存希望。

（5）蚕食魏境，观衅伺隙。这一北伐战略早为法正劝刘备取汉中时所定。法正认为，攻克汉中，“广农积谷，观衅伺隙，上可以倾覆寇敌，尊奖王室，中可以蚕食雍、凉，广拓境土，下可以固守要害，为持久之计”。这就是说，汉中是蜀汉生存和发展的一块基地，固守汉中，可以持久，此为下策。以汉中为基地，兵出秦川，倾覆曹魏，此为上策。兵出陇右，广境拓土，是为中策。诸葛亮兵出祁山，即采法正之中策。出兵蚕食魏境，才能挑起事端，才能瓦解敌人阵线，也才能吸引兴汉的志士仁人，这叫“观衅伺隙”。诸葛亮在《后出师表》中进一步做了发挥。诸葛亮说，“自臣到汉中，中间期年耳，然丧赵云、阳群、马玉、阎芝、丁立、白寿、刘郃、邓铜等及曲长、屯将七十余人”。又说，“此皆数十年之内所纠合四方之精锐，非一州之所有，若复数年，则损三分之二也，当何以图敌？”由此可见，诸葛亮不肯闭关息民与曹魏开展“和平竞赛”，因曹魏是大国，蜀汉仅有一州，双方休养生息，国力差距日益拉大，只有坐等待亡了。诸葛亮认为，趁开疆拓土的老一代还有人在，及早与曹魏较量，或可有为，这就是“今民穷兵疲，而事不可息”的原因之一。

（6）统一大业，非己莫属。对此，陈寿在《上诸葛亮集表》中有精彩评说。陈寿说：“当此之时，亮之素志，进欲龙骧虎视，包括四海，退欲跨陵边疆，震荡宇内。又自以为无身之日，则未有能蹈涉中原，抗衡上国者，是以用兵不戢，屡耀其武。”这就是诸葛亮之为诸葛亮的本志，十分中肯。至于事功成败，另当别论。就其本志来说，它是一种精神。诸葛亮在《后出师表》中已经看到北伐难以取胜，说出“难可逆见”的话，但仍然认为，只要坚持北伐，尚有一线希望，即使一线希望也没有，由于“汉、贼不两立，王业不可偏安”，也要亮剑，“鞠躬尽瘁，死而后已”，这是在追步圣人孔子“知其不可而为之”的执着精神。公元 234 年，诸葛亮病逝于北伐军中，星落关中五丈原，结束了悲壮的北伐事业，“出师未捷身先死，长使英雄泪满襟”，可歌可泣。也许诸葛亮怀抱遗恨而去，但他留给人们的是无限怀念，无限敬仰。诸葛亮的精神比他的事功，还要传之久远。

资治通鉴（白话本） 卷第七十二

魏纪四

魏明帝太和五年至青龙二年（公元231—公元234）

【起重光大渊献（辛亥，公元231年），尽阏逢摄提格（甲寅，公元234年），凡四年】

【大事提要】

本卷记事起公元231年，讫公元234年，凡四年，当魏明帝太和五年至青龙二年。本卷史事着重记载魏明帝曹叡、诸葛亮、孙权三人所历军国大事，相互形成对照，北强南弱形势已经鲜明显现。魏明帝不失为一个有为之君。励精图治，识刘晔之谄，纳曹植、杜恕之谏，准满宠之奏，改善内政，是一个明君。但明帝也有昏聩之行，为殇女送葬，不符礼制，然亦是小疵。对抗吴、蜀，西守东攻，打破吴、蜀的东西夹攻，战略取守势，休养人民，疲敝吴、蜀，获得成功。孙权此时刚愎自用，受欺于公孙渊，比于明帝，稍逊一筹。诸葛亮仍全力经营北伐，星落五丈原，“鞠躬尽瘁，死而后已”，得到了古代历史学家的好评，在当世就受到庶民百姓的颂扬缅怀，一代贤臣形象，跃然纸上。

烈祖明皇帝中之上

魏明帝太和五年（辛亥，公元231年）

春季，二月，吴主授予太常潘浚符节，派他和吕岱统帅五万人征讨五溪蛮。潘浚的妻兄蒋琬担任诸葛亮长史，武陵太守卫旍上奏告发潘浚派密使和蒋琬联络，有依托归附的意思。吴主说：“潘浚不会做这种事情。”随即把卫旍的奏表封好交给潘浚看，并召回卫旍，罢免了他官职。

卫温、诸葛直率兵出海已有一年，士兵患疾病或染瘟疫而死的占十分之八九。亶洲非常遥远，终于没能到达，掠得夷洲几千人而返。卫温、诸葛直因无功获罪，被杀。

汉丞相诸葛亮命李严以中都护的职衔署理汉中留守府中事务。李严更名李平。诸葛亮率领各路军队侵入魏境，包围祁山，用木牛运输军粮。这时大司马曹真病重，魏明帝命司马懿西进屯驻长安，统帅将军张郃、费曜、戴陵、郭淮等以抗击诸葛亮。

三月，邵陵元侯曹真去世。

从去年十月开始不下雨，一直到当年三月。

司马懿派费曜、戴陵留下四千精兵守卫上邽，其余的部队全部出动，向西救援祁山。张郃想分派军队驻守雍、郿二县。司马懿说：“估量前方的军队能独挡敌军的话，将军的主张就是对的。如果前方的军队不能抵挡而分为前后两部分，这就是楚国的三军之所以被黥布攻破的原因。”于是全军继续推进。诸葛亮分出一部分军队留下攻打祁山，亲自统领大军到上邽抵挡司马懿。郭淮、费曜等拦截诸葛亮，诸葛亮击败两将，趁机大量收割上邽的麦子，与司马懿在上邽的东面相遇。司马懿收拢军队扼守险要，不与蜀军交战，诸葛亮向后撤退。

司马懿等尾追诸葛亮到达卤城。张郃说：“敌人远道而来迎战我军，要求决战没有达到目的，认为我军的利益就是不交战，试图用持久的战术制服他们。何况祁山方面知道大军已邻近，人心自然稳定，应当让大军驻扎在这里，分出一支奇兵，前出到敌人的后面，不应当像现在这样既不宜向前进攻，又不敢紧逼，让民众失望。现今诸葛亮只是一支孤军，粮食又少，就要退走了。”司马懿不听从，只是有意尾随诸葛亮。赶上了，又上山扎营，不肯交战。贾栩、魏平多次请战，就说：“明公畏蜀如虎，如何不被天下人取笑！”司马懿对此很不高兴。众将领都要求出战。夏季，五月初十日辛巳，司马懿派张郃到蜀军包围祁山的南边攻打无当监何平，自己据中路逼向诸葛亮。诸葛亮派魏延、高翔、吴班迎战，魏军大败，蜀军斩获三千首级，司马懿退守军营。

六月，诸葛亮因粮尽撤退，司马懿派张郃追击。张郃进军到木门，和诸葛亮交战，蜀军登上高地布下伏兵，弓弩齐发，张郃右膝中箭身亡。

（以上为第一段，写诸葛亮公元231年第二次兵出祁山，在退兵途中击杀魏名将张郃。）

秋季，七月十五日乙酉，皇子曹殷出生，大赦天下。

黄初以来，魏国对诸侯王的法制禁令十分苛酷，甚至亲戚之间都不敢来往。东阿曹植上疏说：“唐尧推行教化，先亲后疏，由近及远。周文王以礼法给贤妻做出榜样，再推及兄弟，由此来治理国家。臣想陛下天生具备唐尧圣明之德，怀有文王恭敬的仁爱，德惠滋润后宫，恩情显扬九族，诸侯百官争先效命，更替休息尽职，国家大事不会在朝堂上废弃，个人亲情可以在私室舒展，亲戚往来的道路畅通，喜庆丧吊的情感能够表达，真可谓是推己及人、广施恩德的人了。至于臣的处境，人际往来完全隔绝，被禁锢在开明的时代，臣感到悲伤。不敢奢望去结交志同道合的朋友，叙谈人事心曲，享受天伦骨肉亲情，近来姻亲都不通来往，兄弟之间背离绝交，吉凶之事听不到音讯，喜庆丧吊之礼废弃，亲情如此隔离而疏远，甚至赶不上不相识的路人；不相往来而感情离异，甚于胡人、越人。现今待臣的一切法制，永无入朝觐见的希望，至于臣心念陛下，情绕宫廷，只有神明才知道了。但是天意如此，有什么可说的？只是思念各个亲王兄弟，免不了有‘戚戚具尔’的情怀，希望陛下像天降甘露一样，早日下诏，使各诸侯国之间相互祝贺问候，四时之节，能够探视相聚，诉说骨肉的情谊，成全兄弟和睦友爱之天理。妃妾的娘家，馈赠脂粉，一年可以来往两次，使诸侯王在礼义上和其他皇戚相同，在待遇上与文武百官相当。如此，那么古人所赞叹的，《诗经》的风雅所咏唱的，就再现在圣世了！臣私下反省，不如锥刀有用；但当我看到陛下提拔任用的官吏时，臣又私自度量，如果把臣当作异姓，不会比在朝之士差。如果能让臣脱下标志王侯的远游冠，戴上武官帽，解除红绶带，佩上青绶带，得到附马都尉、奉车都尉之类的官职，把宅第安置在京城，手执马鞭，帽边插笔，出行时跟随天子，回来后侍奉左右，承蒙垂问，回答圣上的问题，拾补圣上的遗漏，这就是臣赤诚之心的最大愿望、梦寐以求的理想。臣远慕《鹿鸣》所描述的君臣宴乐，再咏《棠棣》所言‘兄弟不是外人’的告诫，自思《伐木》中求友的意义，最终感怀《蓼莪》所述的父母之恩没能报答的悲哀。每逢四时之节，孤独落寞，身边只有奴仆，面前只有妻子儿女，想要高谈阔论没有对象，精辟见解不能向人陈述，以致听到音乐就抚心悲痛，举起酒杯就感伤叹息。臣以犬马的诚心不能感动人，犹如人的诚心不能感动苍天一样，杞梁妻能哭倒城墙，邹衍能使夏日降霜，臣当初曾相信这些，但是从臣现在的心情来看，这些只是虚夸罢了！正像葵花向着太阳，尽管太阳不给予照射，但倾向之心是真诚的。臣自比为向日葵，那么能不能得到天地般恩德的降临，洒下日月星三光的照明，全在陛下了。《文子》书上说：‘不要抢先争福，也不要抢先惹祸。’现今隔阂，下情能否上达，兄弟们十分担忧，只有臣独自出头发言，实在是不希望在圣明之世有人不能蒙受陛下恩泽，希望陛下推崇唐尧时代和善的美俗，光大文王之世开明的德政！”魏明帝下诏回复说：“大凡教化的推行，各有盛衰，并不是开头的全都是好，也不是结局的全都是坏，而是形势促使他这样。现今的法令不过只要求各封国的兄弟，尽量减少人情应酬，妃妾娘家尽量减少脂粉馈赠，原本就没有禁锢各国互通问候的诏令；矫枉过正，下面执行的官吏害怕受到指责，以致出现了这类情况。已下诏有关部门，依你所述的意见办理。”

曹植再次上书说：“从前汉文帝从代国出发，怀疑朝廷有变故，宋昌说：‘朝内有朱虚、东牟这些亲戚，朝外有齐王、楚王、淮南王、琅邪王这些坚如磐石的皇族，希望大王不要有疑心。’臣衷心希望陛下远思周文王依靠虢仲、虢叔完成王业，再思周成王时召公、毕公辅佐治平天下，三思汉代宋昌皇族坚如磐石的比喻。臣听说羊披上虎皮，看见草就欢喜，遇到豺狼就战栗，忘记了它身上披着的虎皮。如果任用的将领不良，就如同上面说的这样。所以俗话说：‘最大的忧患是做事的人不了解他所做的事，而了解做事的人又没机会去做。’古代周成王诛杀管叔、放逐蔡叔，以周公、召公作为辅佐；叔鱼被刺杀，叔鱼之兄叔向仍忠心为国；西周三监之乱，臣会引为鉴戒；周召二南之辅，不必远求。皇宗显贵和藩王之中，一定有像这样的人才。能使天下人耳目关注的，一定是当权的人，所以谋略能改变君主的旨意，威望能使下面的人慑服，豪杰执政，不一定是皇亲国戚，大权在握，即使疏远照样举足轻重，大势已去，虽然是皇亲国戚也一定人微言轻。所以取代齐国的是田氏，不是吕氏；瓜分晋国的是赵氏、魏氏，不是姬氏，唯请陛下明察。在太平无事时占据权位，在灾难临头时就赶快逃离的，一定是异姓之臣。希望国家安定，祈求家族显贵，存则共享其荣，亡则同担其祸的，必是皇族之臣。而今恰恰相反，疏远皇族亲近异姓，臣深感困惑。如今臣与陛下一起履薄冰、踏炭火、攀高山、跨深涧、寒热干湿、环境好坏，共同分担，岂能离开陛下呢？臣不尽悲愤苦恼，上书陈情。如果有不合圣意，请暂且收藏在书府，不要毁弃，臣死之后，或许可以引人深思。如果有一点能合于圣意的，请求在朝廷公布，让博古通今之士，纠正臣奏书中不合大义的地方，能够这样，那我的愿望就满足了。”魏明帝只不过是用措辞感人的诏书作为回答罢了。

八月，魏明帝正式下诏说：“先帝曾经颁令，不让诸王留在京都的原因是认为幼主在位，母后摄政，为的是防微杜渐，关系到国家的兴衰。朕不见诸王已有十二年了，悠悠之情怀，岂能不生发思念？现令各位封王及其皇室的公侯各遣嫡子一人于明年正月入朝，但是今后凡有皇帝年幼、母后在宫中摄政的情况，自然依旧按先帝的诏令办理。”

（以上为第二段，写曹植上奏明帝，陈述曹魏诸侯王，特别是自己，遭遇禁闭的痛苦。）

汉丞相诸葛亮进攻祁山，李平留守后方，主管粮运事务。正值大雨连绵，李平害怕运粮跟不上，派参军狐忠、督军成藩宣旨，召诸葛亮回师；诸葛亮承旨撤军。李平却假装惊讶，说：“军粮充足，为什么就撤退回来了！”还想杀害督运官岑述用来解脱自己失职不办的责任。又向汉后主上表，说：“军队佯退，想以此引诱敌贼。”诸葛亮拿出李平前后亲笔所书的全部信件、奏疏，彼此矛盾重重。李平理屈词穷，叩头承认所负的罪责。于是诸葛亮上表陈述李平前后的罪过，罢废了他的官职，削夺了他的封爵和食邑，流放到梓潼郡。诸葛亮重新任命李平的儿子李丰为中郎将、参军事，作教令告诫李丰说：“我和你们父子共同努力来辅助汉室，上表推荐你老父任都护主管汉中军营事务，委任你镇守东关，自认至诚相待，情感友谊可以始终保持，岂能想到中途背离呢？如果都护能思过而一心为国，你与蒋琬推诚共事，那么阻隔可以开通，离去了还可再回。仔细地考虑这一劝诫，理解我的用心！”

诸葛亮又致信蒋琬、董允说：“孝起从前对我说李平腹中怀有巧诈之术，乡里人认为不可接近。我以为只要不刺激，巧诈之术使不出来也就无妨，没想到有苏秦、张仪巧诈之事出人意料，应该让孝起知道这件事。”孝起是卫尉南阳人陈震。

冬季，十月，吴主派中郎将孙布用诈降计引诱扬州刺史王凌，吴主在阜陵埋下伏兵等候王凌中计。孙布派人告诉王凌说：“路远不能用自己的力量突围到达，请求派兵迎接。”王凌呈上孙布的书信，请求出兵迎接孙布。征东将军满宠认为其中一定有诈，不给兵马，而代替王凌回信孙布说：“阁下知晓邪正之分，想避开灾祸顺附天意，离开暴政回归正道，很值得嘉许。本想派兵相迎，但没想到兵少不足以保护您，兵多事情必然会传得很远。暂且先对您的计划保密，以成全您的本志，等到机会合适再做安排。”正好满宠受诏入朝，嘱咐留府长史：“如果王凌想前去迎接孙布，不要给他发兵。”王凌后来求兵不成，就单独派一个督将率领步骑兵七百人前去迎接孙布，孙布趁夜袭击，督将奔逃，士兵死伤大半。王凌是王允哥哥的儿子。

在此以前，王凌上表称满宠年迈嗜酒，不能担负独当一面的大任。魏明帝要召回满宠，给事中郭谋说：“满宠历任汝南太守、豫州刺史二十多年，在州郡长官的职务上有功劳；等到他镇守淮南，东吴人很忌怕他。如果不像王凌表上指控的那样，将给敌人可乘之机，可以令满宠回朝，通过询问东方事宜来考察他。”魏明帝听从了这个建议。满宠到达京都洛阳，他身体强壮，精神饱满，魏明帝加以慰劳，命他回到任上。

十一月三十日戊戌晦，发生日食。

十二月二十日戊午，博平敬侯华歆去世。

十二月三十日丁卯，吴国大赦天下，改明年年号为嘉禾。

（以上为第三段，写蜀大臣李平玩忽职守，吴中郎将孙布尽心国事，两相对照，形成鲜明对比。）

魏明帝太和六年（壬子，公元 232 年）

春季，正月，吴主的小儿子建昌侯孙虑去世。太子孙登从武昌入朝探视吴主，趁此述说自己久离父母，不能早晚问安，没有尽到做儿子的孝道；又陈述陆逊忠诚尽力，没有什么忧虑。于是留在建业。

二月，魏明帝下诏改封诸侯王，把册封侯王的郡全都改称国。

魏明帝爱女曹淑去世，魏明帝非常悲伤，追谥号为平原懿公主，在洛阳建立祭庙，葬在南陵，娶甄后已故的侄孙甄黄与她合葬，追封甄黄为列侯，给他安置继承人，继承侯爵。魏明帝想亲自送葬，又想去许昌。司空陈群谏阻说：“八岁以下的孩子死亡，没有丧葬的礼仪，何况没有满月，就以成人之礼送葬，加穿丧服，满朝官员都要穿丧服，早晚到棺前哭泣，自古以来没有这样做的。而陛下竟然还要去察看陵墓，亲自送葬。希望陛下克制割舍这种有害无益的感情用事，这是全国最大的愿望。还听说陛下想巡幸许昌，太后、皇后两宫上下都要东迁，举朝大小官员，无不震惊。有的猜测是陛下借此避开灾祸，有的说是想以此迁移殿舍，有的不知是什么原因。臣以为吉凶自有天命，祸福则由人把握，用迁移来求平安，肯定于事无补。如果一定要迁移避灾，修缮金墉城西宫和孟津别宫，都可以临时移居，何必把整个皇宫暴露于荒郊、露宿于野外，公私耗费，无法计算。即便是贤人良士，也不轻易搬家，以此安宁乡里，使乡亲们没有恐惧之心，何况竟是一个堂堂大国的君主，一举一动，岂可以轻率？”少府杨阜说：“文皇帝、武宣皇后逝世，陛下都不送葬，为的是以国家利益为重，以防不测，何至于要给一个在襁褓中的婴儿送葬呢？”魏明帝一概不理会。三月初七日癸酉，起驾东巡。

吴主派将军周贺、校尉裴潜乘船渡海到辽东，向公孙渊求购马匹。

当初，虞翻性格粗疏率直，屡次酒后犯下过失，又喜欢顶撞他人，多次被人毁谤。吴主曾和张昭讨论神仙，虞翻指着张昭说：“他们都是死人而却说是神仙，世上哪有仙人！”吴主对他积怨不止一次了，于是把虞翻贬逐到交州。等到周贺等到辽东，虞翻听说后，认为应当征讨五溪；辽东遥远，即便前来归属，也不值得接受，如今派人携财去买马，既对国家没有好处，又恐怕没有收获。想上书谏劝又不敢，将写好的奏章送给吕岱看，吕岱不给呈报。虞翻被奸佞的人告发，又一次被贬到苍梧郡的猛陵。

夏季，四月初六日壬寅，魏明帝到达许昌。

五月，皇子曹殷去世。

秋季，七月，魏明帝任命卫尉董昭为司徒。

九月，魏明帝到达摩陂，修治许昌宫室，新建景福殿、承光殿。

辽东太守公孙渊暗中怀有二心，多次与吴交通。魏明帝派汝南太守田豫率领青州各军从海道出击，幽州刺史王雄由陆路进讨公孙渊。散骑常侍蒋济谏阻说：“凡是不需相互吞并的国家，对不侵犯不叛逆的臣子，不应当轻易讨伐。讨伐而又不能制服，这等于是驱使他们成为贼寇。所以说：‘虎狼当道，不捕杀狐狸。’先除掉大害，小害就自然消失。如今海外之地，历代归顺，每年推选计吏、孝廉，尽职纳贡，从不缺乏，议政的人都将辽东排在首位。即使一举就能平定，获得他的民众不足以增强国力，获得他的财物也不能使我们富裕；倘若不如意，还会结下怨仇、失去信誉。”魏明帝不听。田豫等前去讨伐都无战功，诏令罢兵。

田豫认为吴国派出的周贺等即将返回，正值隆冬，海上风急，必定畏惧被海浪颠簸，东面的海路无岸，必须经由成山，成山没有藏船的地方，因此就派兵驻守成山。周贺等返回到达成山；遇到大风，田豫率兵攻击周贺等，斩杀了周贺。吴主听到这一消息，才想到虞翻的建议，便从交州召回虞翻。此时虞翻已经去世，只接回了他的灵柩。

十一月二十八日庚寅，陈思王曹植去世。

十二月，魏明帝回到许昌宫。

（以上为第四段，写魏明帝与孙权刚愎自用，举措失当，均被公孙渊所误。魏明帝悲痛殇女的送葬行动，近乎昏聩。）

侍中刘晔受到魏明帝的亲近器重。魏明帝想讨伐蜀国，朝廷内外的大臣都说："不行。"刘晔入宫与魏明帝商议，却说"可征伐"；出宫和朝廷大臣议论时，却又说"不行"。刘晔有胆识智慧，他说可伐与不可伐，都言之成理，颇能动人。中领军杨暨，是魏明帝亲近的大臣，他也器重刘晔，对坚持不可伐的主张最坚决，每次从宫内出来，就去拜访刘晔，刘晔讲的是不可伐的道理。后来杨暨和魏明帝又一次讨论关于征伐蜀国的事情，杨暨直言极谏，魏明帝说："你是一介书生，怎么懂得打仗的事！"杨暨道歉说："我说的的确不值得采纳，侍中刘晔是先帝的谋臣，常常说不可以讨伐蜀国。"魏明帝说："刘晔对我说蜀国可以讨伐。"杨暨说："可以召刘晔来对质。"因此下诏让刘晔入宫，魏明帝问刘晔，刘晔始终不说话。事后魏明帝单独召见刘晔，刘晔埋怨魏明帝说："征伐一国，乃国家大计，我得参与这一国家机密，常常害怕说梦话泄露出去而增加我的罪过，岂敢对人说起！用兵打仗，本质就是诡诈，军事行动尚未开始，计划越机密越好，陛下公开泄露，我担心敌国已经听到了。"于是魏明帝表示歉意。刘晔觐见后出来指责杨暨说："钓鱼的人钓上了一条大鱼，就要放长线跟随它，等到可以制服时再将它牵回来，这样就没有什么不能得到了。君主的威严，难道只是一条大鱼而已？你诚然是个正直的臣子，但是计谋不值得采纳，应当仔细地思考。"杨暨也向刘晔表示歉意。

有人对魏明帝说："刘晔不尽忠诚，善于窥探皇上的意向来迎合，陛下可以试探一下，与刘晔交谈时，全部用相反的意思来问他，如果他的回答全部和所问相反的话，就是刘晔的见解常常与陛下的意思相一致了。如果每个问题他都赞同的话，那么刘晔的迎合之情就无所隐藏了。"魏明帝按照这个话来检验刘晔，果然发觉刘晔善喜迎合，从此疏远了他。刘晔因此精神失常，出任大鸿胪，随后忧郁而死。

《傅子》上说："巧诈不如拙诚，此话确实是真理。凭借刘晔的聪明才智和权变谋计，如果坚守德义，按忠信行事，即使是古代上等的贤人，又岂能超过他？但刘晔只知任用自己的才智，不崇尚忠悫，这样在内失去了君主的信任，在外又受到世俗的压力，终于自己害了自己，真是可惜啊！"

刘晔曾经诋毁尚书令陈矫专权，陈矫害怕，把这事告诉了儿子陈骞，陈骞说："主上圣明，您是大臣，现今如果相处融洽，只是不任三公罢了。"几天后，魏明帝的不满情绪果然消解。

尚书郎乐安人廉昭因为有才能受到宠幸，廉昭喜欢挑剔揭发群臣的细小过失来向皇上献媚。黄门侍郎杜恕上疏说："臣看到廉昭上奏尚书台左丞曹璠，没有依照诏书治理罪罚，要向上报告，曹璠有罪应当追究责问。又说：'尚书台其他的人也有罪，另外上奏。'尚书令陈矫也自己上奏弹劾自己不敢脱逃罪罚，也不敢陈述道理，心意恳切感人。臣暗自为朝廷惋惜！古代帝王之所以能治理社会，增长人口，无不是远得百姓的欢心，近赖群臣竭尽智力。现今陛下忧虑辛劳，日理万机，有时还挑灯连夜工作，但仍有许多的事务无法安顿，刑法禁令日益松弛。究其根源，不仅仅是群臣没有尽到忠心，也是因为主上不能恰当地使用他们。百里奚在虞国愚钝但在秦国却明智，豫让在中行家苟且偷安但在智伯家却显出志节，这是古人的明证。如果陛下认为当今没有良才，朝廷缺乏贤能的辅佐，难道现今可以去追寻后稷与契的远迹而坐等未来的俊杰吗？如今所称的贤人，都是些做大官而享受厚禄的人，可是侍奉君上的节操没有什么建树，奉公的心思不能专一，这是由于委任的职责没有独断的权力，而世俗有很多禁忌的缘故。臣认为忠臣未必是亲臣，亲臣不一定忠诚。如今被疏远的人如果批评别人，陛下就怀疑他挟私报仇；赞誉别人，陛下就怀疑他挟私偏爱，加上陛下身边的人乘机进献奸宄之说，于是被疏远的人不敢提出批评或赞誉，以至于对政事做出的批评或赞誉，也都受到猜疑。陛下应当思考如何才能使朝臣的心胸开广，鼓励有道之士的气节增强，使朝臣们自觉向古人看齐，垂名青史。怎么反倒让像廉昭之类的人在中间扰乱，臣恐怕大臣们将苟且偷安，只图保住自己的官职，坐观国家得失，这将成为后世的借鉴。从前周公告诫鲁侯说：'不要让大臣抱怨不被任用。'说的是不贤能的人，就不可以任用为大臣，任命了大臣就不能不使用。《尚书》记述虞舜的功绩，称他除去了四凶，不说有罪不问大小就一概除去。现今朝廷大臣并不认为自己没有能力，而是认为陛下不任用他们；不是认为自己没有智慧，而是认为陛下没有去询问他们。陛下何不遵循周公任用贤能，大舜除去奸凶的做法，让侍中、尚书在朝内时侍候在帷幄之中，出行时跟随御驾，让他们亲自回答陛下的咨询，各自陈述自己所有的见解，那么群臣的品行陛下都可以得知，忠臣贤能的人加以提升，愚钝卑劣的人予以黜退，谁还敢推诿而不竭尽才能呢。凭着陛下的圣明，亲自同群臣议论政事，使群臣人人能竭尽自己的才能，那么是贤良还是愚劣，是有能还是无能，全都取决于陛下恰当地使用。用这种方法治理政事，没有什么政事不能办成；用这种方法建立功业，没有什么功业不能完成！每逢有军机大事，陛下的诏书总是说：'谁该忧虑这事呢？该我自己忧虑罢了。'近日诏书上又说：'忧公忘私的人一定不会是这样，只要先公后私即刻就能做到。'恭读圣明的诏书，才知陛下对下情了解得很深透，但也怪陛下不抓用人这一根本，而只考虑事情是否办好这一细枝末节。人的贤能与否，实由先天决定，就连臣也认为朝中大臣不能尽职尽责。圣明的君主用人，是让贤能的人不敢保留他的能力，而使无能的人不可处在他不能胜任的位置上。选举了不贤能之人，未必就有罪过；满朝都能容下无能之人，才真是怪事。陛下知道某人不尽力却替他忧劳职责，知道某人无能却还指导他办事，这难道不是使主上辛劳而臣下安逸吗？即便是圣明的人与贤能的人并存世上，也不能凭借主劳臣逸来治理国家。陛下又担心台阁禁令不严密，人情请托不能断绝，制定迎客出入的制度，让凶恶的官吏把守官府大门，这实在是没有抓住禁令的本质。从前汉安帝时，少府窦嘉征召廷尉郭躬无罪的哥哥的儿子，还被人上奏指控，弹劾的奏章纷纷而至。近来司隶校尉孔羡征召大将军司马懿狂妄无理的弟弟，但有关部门的官员却沉默不言，显然望风迎合的做法比接受请托更严重，可见选举有能力的人落了空。窦嘉有皇亲的宠信，郭躬并不是国家的大臣，尚且如此；拿今天的情况和古代相比，是因为陛下没有亲自督促落实必行之罚来杜绝结党营私的源头。出入制度交给恶吏把门，这不是治世的方法。假使臣的话有一点点蒙受陛下的明察，蒙陛下采纳，还忧虑什么奸邪不能铲除，而去豢养廉昭这种人呢？说起纠举揭发奸恶，应是忠诚的本分，然而世人憎恨小人行为的原因，却是由于小人不讲道理而苟且偷安，谄媚取进。如果陛下也不再去考察事情的本来面目，就一定会认为违背众议抵触世道是奉公，窥人过失揭发上告的事是尽节；哪会有通达大才的人做不了这些事的呢？实在是他们顾及正义大道而不去做罢了。如果导致天下的人都背道而逐利，那应是君主最忧虑的事情，陛下还有什么可高兴的呢？”杜恕是杜畿的儿子。

魏明帝突然来到尚书门，陈矫跪着问魏明帝：“陛下想去哪里？”魏明帝说：“我想察看公文罢了。”陈矫说：“这是臣的职责，不是陛下应当亲临的事。如果臣不称职，就请立即罢免，陛下应该回宫。”魏明帝惭愧，乘车而返。魏明帝曾经问陈矫：“司马懿忠诚坚贞，可算是国家重臣吗？”陈矫说：“司马懿是朝廷官员所仰望的，是否是国家依靠的栋梁，还不知道。”

吴国陆逊领兵向庐江进军，谋议的人认为应当火速救援。满宠说：“庐江虽小，将良兵精，可以防守一段时间。况且，敌贼弃船陆行二百里而来，没有后继部队，若不来还打算引诱他们来，现今应当听任他们前进，只怕他们很快逃跑，我军追赶不上。”于是整饬军队奔赴杨宜口，吴军闻风，连夜逃走。

此时，东吴每年都有进攻魏国的打算。满宠上书说：“合肥城南临长江、巢湖，北面远离寿春，敌贼围攻合肥，占据水上的优势；我军救援，要先击破敌贼主力，然后包围才能解除。敌贼前往很容易，但我军前去救援很困难，应当调出城内军队，在城西三十里，有奇险可以凭据，另建新城来固守，这是为了引诱敌贼登陆平地，然后切断他们的归路，这是最好的计谋。”护军将军蒋济认为：“这样做既向天下示弱，而且没见敌贼的烟火就毁掉城池，这等于敌贼还没有来攻就自已先解除防守；一旦到了这个地步，敌贼的抢掠攻占就不受限制，我军必然只能以淮河北岸作为防线了。”魏明帝没有采纳满宠的计划，满宠再次上奏说：“孙子说：‘用兵打仗的原则，要求诡诈，所以有能力却要显示出无能，用小利来引诱敌人骄傲，假装恐惧使敌人上当。’这就是表里不一定相合的谋略。又说：‘要善于用假象对敌显示某种姿态。’如今敌贼没有来，我们就调兵出城，向内退却，这就是用假示形来引诱敌贼，好让敌贼远离水域，选择有利时机而行动，在城外行动获得成功，城内才会得到很好的保护。”尚书赵咨认为满宠的计策很好，终于下诏批准。

（以上为第五段，写魏明帝英明，识刘晔之谄，纳杜恕之谏，准满宠之奏，曹魏达于鼎盛。）

魏明帝青龙元年（癸丑，公元 233 年）

春季，正月二十三日甲申，在摩陂井中出现青龙。二月，魏明帝去摩陂观看青龙，改年号。

公孙渊派校尉宿舒、郎中令孙综携带表章向吴国称臣；吴主大喜，大赦天下。三月，吴主派太常张弥、执金吾许晏、将军贺达率领一万人，携带金银财宝、九锡所用之物，乘船渡海授予公孙渊，封公孙渊为燕王。满朝大臣从丞相顾雍以下都极力劝阻，认为：“公孙渊不可信任，况且恩宠待遇也太优厚，只可派官兵送宿舒、孙综。”吴主不理会。张昭说：“公孙渊背叛魏国害怕被征讨，远道来求援，称臣不是他的本意。如果公孙渊改变主意，用我们使者的人头向魏国表明自己的忠心，我们的两位使者就回不来了，岂不是让天下人取笑吗？”吴主反复责难和劝说张昭，张昭主意更加坚定。吴主难以忍受，按着佩刀发怒说：“吴国士人进宫则参拜孤，出宫就参拜您，孤敬重您已到了极点，您却多次在大庭广众下折辱顶撞孤，孤真怕做出失体的事来。”张昭久久地盯着吴主说：“臣虽然知自己所说的不会被采用，每次还是竭尽自己的愚忠，实在是因为太后临终把老臣叫到她的床前，留下遗诏辅佐陛下的话犹在耳边的缘故。”于是涕泪纵横；吴主掷刀于地，与张昭相对痛泣。但是最终还是派张弥、许晏前往。张昭对不采纳他的意见感到愤怒，称病不入朝；吴主怨恨张昭，下令用土堵住张昭家的大门，张昭也从里面再用土封住。

夏季，五月十八日戊寅，魏国北海王曹蕤去世。

闰五月初一日庚寅朔，发生日食。

六月，洛阳宫鞠室发生火灾。

鲜卑首领轲比能引诱散居边塞护卫魏国的另一支鲜卑部落首领步度根和他深交结亲，轲比能亲自率领一万骑兵在陉北迎接步度根的辎重。荆州刺史毕轨上书请求立即出兵，对外威胁轲比能，对内镇压步度根。魏明帝审阅奏章后说：“步度根已经被轲比能诱惑，自然有了戒备之心。现今毕轨出兵，一定要谨慎，不要越过边塞句注山。”可是等到诏书送到时，毕轨已经进军到阴馆，派将军苏尚、董弼追击鲜卑人。轲比能派儿子率领一千多骑兵迎接步度根部落，与苏尚、董弼突然相遇，在楼烦交战。苏、董二将战死，步度根和泄归泥部落全都反叛出塞，与轲比能联合侵犯边境。魏明帝派骁骑将军秦朗统帅禁卫军讨伐，轲比能于是逃到沙漠以北，泄归泥率领部众来归降。步度根后来被轲比能杀死。

公孙渊知道吴国遥远难以依赖，于是斩了张弥、许晏等人的首级，传送到京师，全部侵吞了吴国的士兵及珍宝。冬季，十二月，魏明帝下诏任命公孙渊为大司马，封为乐浪公。

吴主听到消息，大为震怒说："我年已六十，世上的艰难困苦，全都尝过，想不到被鼠辈所戏弄，使人气涌如山。如果不亲自剁下那颗鼠头，把它扔进海里，孤就没有脸面再统治国家，即使为此国破流亡，也不会感到悔恨！"

陆逊上书说："陛下凭借神明威武的资质，承受天命，在乌林击破曹操，在西陵打败刘备，在荆州擒获关羽，这三个敌贼是当代的盖世英雄，都被摧折锋芒。圣明的教化安抚四方，恰如风行万里连小草都倾伏，现今正是荡平中原，统一天下的时候，却因为忍耐不住细小的气愤而发雷霆之怒，是违背了'坐不垂堂'的古训，轻视作为一国之主的贵重身份，这是臣所困惑的。臣听说，立志走万里路的人绝不中途止步，谋取天下的人绝不因小而害大。强大的敌寇压在边境，只因荒远之民没有入朝称臣，陛下就乘船远征，必定给敌人可乘之机，事到临头再去忧虑，后悔莫及。如果国家大事不断报捷，那么公孙渊不用征讨自己就会来归服。如今只为了贪图辽东的民众和马匹，为什么偏偏要舍弃江东永安的基业而不珍惜呢？"

尚书仆射薛综上书说："从前汉元帝想乘楼船，薛广德要用自刎的鲜血染车来阻止。为什么呢？因为水火无情，十分危险，不是帝王应当接近的。如今辽东不过是蛮戎小国，没有牢固的城墙，没有防御的设施，只有一点轻型兵器还不锋利，当权者就像犬羊一样没有政治、法度，前往必定获胜，诚如陛下诏书所说。然而辽东国土贫瘠、严寒，庄稼不能生长，民众熟悉骑马，迁徙无常，突然听到大军来到，自量不能抗衡，像鸟兽惊骇，远奔鼠窜，连一个人一匹马都看不到，即便占领，只是获得一块空地，毫无益处，这是不能去征讨的原因之一。大海无边无际，洪涛汹涌，已发生过成山之难，海上航行变化无常，风浪难以避免，转瞬之间，人船沉没，即使有尧、舜的美德和智慧也无处施展，孟贲、夏育的勇敢和力量也难以发挥，这是不能去征讨的原因之二。还有浓郁的云雾笼罩天空，咸涩的海水在下面沸腾翻滚，将士们容易双脚发肿，相互传染。大凡航海的人，很少没有不得这种病的，这是不能去征讨的原因之三。天生神圣贤明的陛下，应当利用时机平定大乱，使民众安定，社会富庶。现今曹魏叛逆将要消灭，天下马上就要平定，却要放弃必得的宏图，自寻很危险的地方，忽视国家的安全，发泄一时的气愤，既不是建国的重大决策，却是开天辟地以来未曾有过的举动，这确实让群臣紧张不安，食不甘味，睡难安眠的原因。"

选曹尚书陆瑁上书说："北边的魏贼和我国土地连接，我们如果决策有隙，魏贼就会乘机而来。我国之所以渡海买马，违心奉承公孙渊，不就是为了解决眼前缺马的困难，目的是永除魏寇这心腹之患。如今要舍本逐末，舍近求远，因愤恨而改变规划，因激动而兴师动众，这才是狡猾敌贼愿意听到的，不是我大吴国的最好计策。再说兵家的理论和战术，比较双方投入的智谋与用力，谁最疲劳，形势是敌逸我劳，敌得我失，敌察我昏，双方的差别实在太大。况且到达辽东沓渚县，那里离公孙渊的路途还很远，在那里登陆上岸，军队势必会让三分，让强的向前攻取，差一些的守卫船只，再差一些的运送军粮，出征的人数虽多，难以全部用上。加上徒步行军，背负粮食，远道深入，敌贼多有战马，拦阻抄掠神出鬼没。而且公孙渊狡猾奸诈，他与北边的魏贼并未断绝关系，兴兵之日，他们唇齿相依；即使公孙渊陷于孤立，没有依靠，他将畏惧远逃，也难以很快消灭。上天对公孙渊的诛杀还停留在北方的原野上，而这时吴国的山越却乘机而起，这恐怕不是永安之长计。"吴主不同意。

陆瑁再次上书说："战争固然是古代用以诛灭暴乱，威震四方蛮夷的举动。但征伐都是奸雄已除，天下无事，从容不迫地在朝廷之上，反复地商讨之后才做出决定。至于中原战乱仍然激烈，九州之地各自盘踞互相为敌的时候，大多数的决策都是牢固根本，爱护民力，珍惜财物，没有正在这时舍近求远使军队疲劳的。从前尉佗叛逆，伪号称帝，此时天下太平，百姓安居富足，但是汉文帝仍认为远征不易，只是晓谕而已。现在元凶未灭，边境还有警报，不应该将公孙渊放在首位。希望陛下抑制盛怒，实施计划，暂时不兴大军，专心密谋，然后再去谋取，则天下万幸！"吴主这才作罢。

吴主多次派人慰问张昭，以示歉意，张昭执意不起床。吴主有一次出宫，路过张昭的门口呼唤张昭，张昭假称病重不见吴主。吴主用火烧他的大门，想以此恐吓他，张昭仍旧不出来。吴主派人灭火，站在门口等候许久，张昭的几个儿子一同扶出张昭，吴主用车将他载回宫，狠狠地责备自己，张昭无奈，然后参加朝会。

当初，张弥、许晏等到达襄平县，公孙渊想谋害他们，就先分散他们的官兵，将中使秦旦、张群、杜德、黄强等及其官兵六十人安置在玄菟郡。玄菟在辽东以北二百里，太守王赞管辖二百户人家，秦旦等都住在民宅，由民家供给饮食，历时约四十天。秦旦和张群等商议说："我们远来辜负国家使命，被遗弃在这里，和死差不多。现在观察这个郡，势力很弱，如果我们一旦同心，烧掉城郭，杀死他们的官吏，为国报仇雪耻，然后受法伏诛，就可以没有遗恨了。这不比苟且偷生，长期作为囚犯强得多吗？"张群等认为此话有理。于是暗中相互约定，计算在八月十九日夜晚举事，到了那天中午，被郡民张松告发，郡守王赞就集合部众，关闭城门，秦旦、张群、杜德、黄强都翻越城墙得以逃走。此时张群膝上生疮，跟不上同伴，杜德常常搀扶照应与他一起，山谷小道崎岖，苦撑了六七百里，伤创更加严重，不再能前行，躺在草丛中，相互守着悲痛流泪。张群说：“我不幸伤重，随时都会死去，你们几位应当迅速向前赶路，还能指望活着回去，像这样白白地相互守着，一起死在深山穷谷之中，有什么好处呢？”杜德说：“万里颠沛流离，生死与共，不忍抛弃你。”于是催促秦旦、黄强，让他们前行，杜德单独留下守着张群，每天采集野菜野果度日。秦旦、黄强走了数日，到达高句丽，就向高句丽王位宫及其主簿宣称吴主有诏书给他们，谎说有赏赐，被辽东劫夺。高句丽王位宫等人大喜，随即接受吴王诏书，派人随同秦旦回去迎接张群、杜德。然后高句丽王又派属官皂衣二十五人，护送秦旦等返回吴国，呈奏称臣，进贡貂皮一千件，鹖鸡皮十件。秦旦等见到吴主，悲喜交集不能自已，吴主称赞他们，都任命为校尉。

这一年，吴主出军想围攻合肥新城，因为新城远离水域，历时二十多天，不敢下船。满宠对众将领说：“孙权知道我迁移城址，他在属部中一定有狂妄自大的言论，现今大举发兵而来，想要建立想得的功劳，即使不敢来攻城，也一定要登岸炫耀武力以显示实力雄厚。”于是暗中派步骑兵六千，埋伏在肥水的隐蔽处以等候吴军，吴主果真登岸炫耀武力，满宠的伏兵突然跃起攻击吴军，杀了几百人，有的败逃吴军落入肥水被淹死。吴主又派全琮攻打六安，也没有攻下。

蜀庲降都督张翼，用法严峻，南方夷人首领刘胄反叛。丞相诸葛亮派参军巴西人马忠接替张翼，召还张翼。使者告诉张翼要火速回去，听候处分。张翼说：“可以。我因为蛮夷反叛，不称职，才被召回。但是接替的人还没来，我正临战场，应当运粮积谷，为消灭敌贼准备物资，岂能因为被革职而停止公务呢？”于是统筹兼理毫不松懈，直至接替的人到了才出发。马忠利用张翼打下的基础，打败乱军，杀了刘胄。

诸葛亮鼓励农业生产练兵习武，制作木牛、流马，运粮储存在斜谷口，修整斜谷栈道和粮仓；使百姓和士兵得以休息，三年之后再使用。

（以上为第六段，写孙权不听劝谏，一意孤行，联盟辽东，被公孙渊所欺。）

魏明帝青龙二年（甲寅，公元 234 年）

春季，二月，诸葛亮倾巢出动了十万大军从斜谷出兵入犯，派使者与吴国相约同时大举出兵。

三月初六日庚寅，山阳公刘协去世，魏明帝身穿丧服发丧。

三月二十五日己酉，大赦天下。

夏季，四月，瘟疫大流行。

崇华殿发生火灾。

诸葛亮到达郿县，扎营在渭水南岸。司马懿率军渡过渭水，背靠渭水构筑营垒抵御诸葛亮，对各位将领说：“诸葛亮如果攻击武功，依山向东，就的确让人担忧；

如果西上五丈原，各位将领就平安无事了。”诸葛亮果然进军五丈原。

雍州刺史郭淮向司马懿进言说：“诸葛亮必定争夺北原，应当抢先占据。”参加谋议的人大多不赞同，郭淮说：“如果诸葛亮跨过渭水登上北原，再推进到北山，隔断陇道，就会引起百姓和夷人动荡，这对国家是不利的。”司马懿于是派郭淮进驻北原。营垒还没有建成，汉兵纷纷来到，郭淮迎击，打退了汉兵。

诸葛亮因为前几次出兵，都是运粮接济不上，使自己的大志不能实现，于是分派军队屯田，作为长期驻军的基础，屯田的士兵和渭水之滨的居民杂居在一起，而百姓安居不受干扰，军队没有损害百姓以肥私。

五月，吴主进军巢湖口，直指合肥新城，号称十万兵马；又派陆逊、诸葛瑾率一万多兵马进入江夏、沔口，直指襄阳；将军孙韶、张承进入淮河，直指广陵、淮阴。六月，满宠想率领各路军队救援新城，殄夷将军田豫说：“敌贼倾巢大举出兵，并非贪图小利，而是想把新城作为筹码来引诱我大军前去罢了。应该听任他们攻城，挫伤他们的锐气，不应该与他们硬拼争锋。坚城不能攻克，敌军势必疲惫懈怠；疲惫懈怠之后去攻击，可以大胜。如果敌贼发觉了我们这一计谋，一定不会攻城，势必自行退走。如果我军立即进兵的话，正好中了他们的诡计。”

此时，魏国东部的官兵都在轮流休假，满宠上表请求调动朝廷禁军，并召回休假的将士，等到军队集结后再攻击敌贼。散骑常侍广平人刘劭建议说：“贼军刚至，全神贯注，士气旺盛，满宠因兵少而又在自己的防地上作战，如果立即去进攻，一定不能战胜敌贼。满宠请求等待援兵，没有什么失误，但我认为可先派步兵五千，精锐骑兵三千，作为先头部队出发，虚张声势踏上征途，造成震慑敌人的气势。骑兵到达合肥，散开队伍，多设置旌旗战鼓，在城下展示兵力后，就前出到敌贼的背后，切断敌贼的归路，拦截敌贼的粮道。敌贼听说我大军来到，骑兵切断了后路，一定会震惊而逃走，不战自破了。”魏明帝采纳了这个建议。

满宠想放弃新城，引诱敌贼深入到寿春，魏明帝不同意，说：“从前汉光武帝派军队占据略阳，终于击败隗嚣。先帝在东方设置合肥，在南方据守襄阳，在西方固守祁山，如果敌贼来犯每次就在这三城之下打败敌贼，因为这是必争的战略要地。即使孙权攻打新城，也一定不能攻下。命令各位将领坚守，我当亲自去征伐孙权，等我到达时，恐怕孙权已经逃走了。”魏明帝于是派征蜀护军秦朗率领步骑兵二万援助司马懿抵御诸葛亮，命令司马懿：“只需坚壁拒守以挫伤敌人的锐气，敌人进攻不能得逞，决战又不能得，久留则粮尽，劫掠没有收获，那么就必然会撤退；退走时再追击，这才是全胜的战略。”秋季，七月，魏明帝亲乘龙舟东征。

满宠招募壮士烧毁吴军攻城的器械，射死吴主弟弟的儿子孙泰；加之吴军官兵多染疾病。魏明帝距离合肥还有几百里，疑兵已先到达。吴主开始认为魏明帝不会亲自出征，听说大军来了，于是逃走，孙韶也退兵。

陆逊派亲信韩扁送奏章给孙权，被魏军的巡逻兵截获。诸葛瑾听到消息很害怕，写信给陆逊说："主上大驾已回，敌贼俘获韩扁，知道我们的虚实，况且水路已干涸，应当火速撤离。"陆逊没有回复，仍旧催促部队种菜、种豆，仍旧与各位将领下棋、竞猜游戏如同平常。诸葛瑾说："陆逊足智多谋，必定有他的原因。"于是亲自前来见陆逊。陆逊说："敌贼知道君上已回，没有了后顾之忧，势必集中力量来攻击我。况且他们已经控制了各要害之地，我军将士恐惧不安，应当暂时安然以稳定军心，布置应变计策，然后撤退。今若立即撤退，敌贼一定认为我军恐惧，因而前来紧逼，我军一定战败。"于是秘密地和诸葛瑾订下计策，命诸葛瑾督领船队，陆逊率领全部人马向襄阳城进发；魏军素来敬畏陆逊的名声，急速退回襄阳城。诸葛瑾于是率船队驶出，陆逊从容地整饬军队，虚张声势，转向船队，魏军不敢紧逼。走到白围，声称要停留打猎，暗中派将军周峻、张梁等袭击江夏、新市、安陆、石阳，斩杀俘获一千多人而回。

魏国群臣认为司马懿与诸葛亮正相持不下，魏明帝可以向西巡幸长安。魏明帝说："孙权逃走，诸葛亮闻风破胆，大军足以攻克他，我已无忧了。"于是进军到寿春，记录各位将领的功劳，封爵赏赐各有不同。

八月二十日壬申，在禅陵为汉献帝下葬。

八月二十九日辛巳，魏明帝回到许昌。

司马懿与诸葛亮相持一百多天，诸葛亮屡次挑战，司马懿不出战。诸葛亮于是把妇女使用的头巾、首饰、衣服送给司马懿；司马懿大怒，上表请求出战，魏明帝派卫尉辛毗执符节来制止。护军姜维对诸葛亮说："辛毗持符节而至，敌贼不会再出战了。"诸葛亮说："司马懿本来就不想出战，之所以坚决请求出战，是要向他的部队表示敢于用武罢了。将在外，君命有所不受，如果能制服我，哪里有千里迢迢而去请战的呢？"

诸葛亮派使者到司马懿的军中，司马懿询问诸葛亮的睡眠、饮食及其每天处理事务的多少，却不过问军事。使者回答说："诸葛公早起晚睡，二十杖以上的惩罚，都亲自过问；饭量不到几升。"司马懿对人说："诸葛孔明吃得少事情多，他能活得长久吗？"

诸葛亮病危，汉后主派尚书仆射李福探望，并向诸葛亮咨询国家大计。李福来到，与诸葛亮谈完话，辞别后，过了几天又回来了。诸葛亮说："我知道你回来的意思，前几天我们虽交谈了一整天，仍旧没有讲完，你又来听我的决定罢了。你所询问的事，蒋琬适合。"李福道歉说："前日确实忘了咨询请示，如果明公百年之后，谁可担当重任，因此就回来了。请再指示，蒋琬之后谁可继任？"诸葛亮说："费祎可以继任。"李福又问费祎之后谁可继任，诸葛亮没有回答。

当月，诸葛亮在军中去世，长史杨仪整顿军队退出。百姓们跑去报告司马懿，司马懿追击。姜维命令杨仪回军擂响战鼓，像是要进攻司马懿的样子，司马懿收兵撤退，不敢进逼。于是杨仪把军队组成战斗队形离去，进入斜谷后才发丧。百姓为此编了一句谚语："死诸葛亮吓跑活司马懿。"司马懿听说后，笑着说："这是我能预料活人，而不能预料死人的缘故。"司马懿巡视诸葛亮安扎营垒的地方，感叹道："真是天下奇才啊！"追到赤岸，没有追上蜀军，而后回军。

（以上为第七段，写诸葛亮第五次北伐，卒于军中而退兵。）

当初，汉前军师魏延，勇猛过人，善待士兵。每次随诸葛亮出兵，总想请求率兵万人，和诸葛亮分道在潼关会师，仿效韩信当年请兵独当一面的故事，诸葛亮不同意。魏延总认为诸葛亮胆怯，叹息抱怨自己的才干没有得到充分发挥。杨仪为人干练机敏，诸葛亮每次出兵，杨仪常常规划布置，筹集调度粮食，不假思索，立刻办完，军事上的节制调度，都由杨仪办理。魏延性情矜持高傲，当时的人都对他避让三分。唯独杨仪不宽容魏延，魏延因而非常愤怒，两人水火不相容。诸葛亮很爱惜两人的才干，不忍心偏向任何一方。

费祎出使吴国，吴主醉酒，问费祎："杨仪、魏延不过是放牧的小子，虽说曾有鸡鸣狗盗的伎俩补益时务，但既已任用他们，势必不能轻视。若一旦没有了诸葛亮，一定会发出祸乱的，诸位糊涂，不知道对此有何防备，难道这就是所谓留给子孙的包袱吗？"费祎回答说："杨仪、魏延之所以不和睦，起因于私怨罢了，却没有黥布、韩信难以驾驭的野心。现今正在扫除强贼，统一华夏，功绩要仰赖人才来完成，事业凭借人才去弘扬，如果舍弃他们不加任用，反而防备他们造成后患，这就如同为了防备风波而废弃舟船一样，不是个好办法。"

诸葛亮病危时，与杨仪及司马费祎等安排死后退军的调度，命令魏延断后，姜维次后；如果魏延不服从命令，军队就自行出发。诸葛亮去世后，杨仪秘不发丧，命费祎前往揣摸魏延的意向。魏延说："丞相虽然去世，我魏延还健在。相府亲信官属，可将灵柩送回安葬，我将亲自率领各军攻击敌贼；岂能因一人死后就废了天下大事呢？况且我魏延是什么人，要接受杨仪的部署约束，给他当后卫呢！"魏延于是自行与费祎共同拟定回去和留下的部队，命费祎亲笔写信和自己联名，传告下面各位将领。费祎欺骗魏延说："我将为您回去向杨仪解释，杨仪是个文官，很少经历军事，一定不会违命的。"费祎出来，策马奔去，魏延当即后悔，但已追不上了。

魏延派人窥探杨仪的行动，发现杨仪要按照诸葛亮既定的计划行动，各军营依次率后回撤，魏延大怒，抢在杨仪的前面，率领所属的部队南撤，并在所过之地烧毁栈道。魏延、杨仪各自上表指责对方叛逆，一天之内，双方羽檄先后传到。汉后主以此询问侍中董允、留府长史蒋琬，蒋琬、董允都担保杨仪而怀疑魏延。杨仪等砍伐山林打通道路，日夜兼程，紧随在魏延的后面。魏延先到，占据了南谷口，派兵迎击杨仪等，杨仪等命将军何平在前抵御魏延。何平斥责已登上南谷口的士兵说："诸葛公身亡，尸骨未寒，你们岂敢这样？"魏延的部队自知魏延理屈，无人为他效命，全都散走。魏延只和他的儿子几个人逃亡，奔向汉中，杨仪派部将马岱追上杀了他，于是诛灭魏延的三族。蒋琬率宿卫各营北上救难，走出几十里，魏延死讯传到，于是返回。开始时，魏延想杀杨仪等人，希望当时舆论公推自己代替诸葛亮辅政，因此不投降魏国而南归攻击杨仪，实在没有反叛的本意。

各路军队回到成都，大赦天下，赐诸葛亮谥号为忠武侯。当初，诸葛亮上表对汉后主说："臣在成都有桑树八百株，薄田十五顷，家中子弟衣食，自有富余，臣没有别的收入增加家产。若臣死之日，不使家中有多余的绢帛，家外有多余的钱财，以辜负陛下。"死时果真如他所说。

丞相长史张裔常常赞颂诸葛亮说："诸葛公赏赐不遗漏疏远的人，责罚不偏袒亲近的人，封爵不允许无功者获取，刑罚不因为是权贵得免，这就是贤能者和愚笨者都能忘身报国的原因。"

陈寿评论说：诸葛亮任丞相，安抚百姓，规范礼仪法度，简约官职，制度时宜，敞开诚心，宣扬公道；对尽忠而有益于时务的人，即便是仇者也一定奖赏，对犯法而懈怠工作的人，即使是亲近者也一定惩罚；对服罪而进献诚心的，就算罪重也一定减轻，对花言巧语而伪饰真情的，即使触犯轻罪也一定法办，善行虽小也没有不奖赏的，恶行不大也一定要责罚，大大小小的事务都十分熟练，各式各样的事物一定治其根本，要求名实相符，痛恨虚伪不实，在全国范围之内，人们都敬畏爱戴，刑罚虽然严厉，但没有抱怨的人，因为他用心公正而劝诫坦明。可谓通晓治理之术的良才，仅次于管仲、萧何。

当初，长水校尉廖立，自以为才气名声都合适做诸葛亮的副手，经常对自己没有实权的官位职位感到闲散无聊，不断地抱怨诽谤，诸葛亮把廖立废为平民，放逐到汶山。等到诸葛亮去世，廖立流泪说："我将永远是个山野之民了！"李平听到噩耗，也发病而死。因为李平常常希望诸葛亮再次起用自己，得以自补过失，料想后继者容不下他。

习凿齿评论说："当年管仲夺取了伯氏在骈地的食邑三百户，伯氏至死没有怨言，圣人认为这是件难事。诸葛亮去世使廖立流泪，李平发病而死，岂止是无怨言而已！水面最平，连邪恶的人都会把它作为标准，镜子最明，连丑陋的人都不会发怒；水面和镜子能让万物原形毕现而不招致怨恨的原因，是因为它们没有私心。水面和镜子，正因为没有私心，才可以免遭毁谤；何况是大人君子又怀有普爱众生的一颗仁心，广布体恤宽容的仁德，法令在不可不用时才使用，刑罚加之于他们自己所犯之罪，爵赏不偏袒，诛伐不因私忿，天下岂能有不顺服的人呢？”

蜀地民众请求为诸葛亮建立祭庙，汉后主没有答应；百姓于是按着岁时节令在路上自行祭祀。步兵校尉习隆等向后主建议：希望在靠近诸葛亮墓地的沔阳建一座祭庙，断绝私祭。汉后主听从了这个建议。

汉后主任命左将军吴懿为车骑将军、假节，督领汉中，任命丞相长史蒋琬为尚书令，总理国事，不久又给蒋琬加官行都护、假节，兼任益州刺史。此时刚刚失去统帅，远近都惶惶不安，蒋琬出类拔萃，位处百官之上，既没有忧容也没有喜色，神情专一，举止从容，跟往常一样，因此人心渐渐归服。

吴国听说诸葛亮去世，害怕魏国乘蜀衰落攻取蜀国，就增加巴丘的守兵一万人，一则作为救援，二则乘机分割蜀地。蜀汉听到消息后，也增加永安的守兵以防不测。汉后主派右中郎将宗预出使吴国，吴主问道：“东吴与西蜀，仿佛一家，却听说西蜀又增加白帝城的守兵，什么原因？”宗预回答说：“我认为东吴增加巴丘的守军，西蜀增加白帝城的守兵，都是时势的必然行动，完全不值得相互追究。”吴主大笑，称赞他刚直不屈，尽情无隐，对他的礼遇仅次于邓芝。

吴国诸葛恪认为丹阳山势险要，山民十分强悍，尽管以前出兵征讨，只得到一些外县的平民，其余的躲进深山远谷，无法全部俘获，就多次自己请求到当地做官，三年可得士兵四万。众人议论，都认为：“丹阳地势险要，和吴郡、会稽、新都、番阳四郡接邻，地势盘曲几千里，山谷万重。那些深居幽谷的人民，从来没有进过城镇，见过官吏，只知道手执兵器奔跑在山野之中，在树林草丛中白头到老；被追捕逃亡的惯犯，也都一起逃入山林。山中产铜铁，自己铸造兵器。民俗喜欢习武，熟悉战事，崇尚勇力；他们登山越险，钻林穿棘，仿佛鱼游深水，猿猴攀树。抓住机会，就出山寇掠，每次出兵征伐，都要寻找他们躲藏的巢穴而没有结果。他们战时就蜂拥而至，败时就鸟飞四散，自前代以来，不能制服。”都认为此事很难。诸葛恪的父亲诸葛瑾听说后，也认为此事终究不成，叹息说：“诸葛恪不能兴盛我家，将要灭我家门。”诸葛恪极力陈说一定能取胜报捷，吴主便任命诸葛恪为抚越将军，兼任丹阳太守，让他实施自己的计划。

冬季，十一月，洛阳地震。

吴国潘浚征讨武陵蛮，几年中，斩杀俘获几万人。从此众蛮衰落，一方安宁。十一月，潘浚返回武昌。

（以上为第八段，写蜀将魏延不识大体被冤杀，以及历史家对诸葛亮的评价和在民间的影响。）

【点评】

诸葛亮北伐失败的原因。战争是政治的继续，也是政治斗争的最高形式。两国交兵的战争，取决于综合国力的较量。蜀国弱小，政治、经济、军事各个方面与曹魏相比，均处于劣势。军事上，曹魏据有整个黄河流域，兵强马壮，有带甲四五十万，人才济济，勇略兼备，应付东西两线作战而有余。蜀汉偏据一州，兵弱将寡。诸葛亮惨淡经营，才有一支不到二十万人的军队，又要留守后方，又要东防孙吴，又要维持运输粮饷，所以每次用兵不过十余万人，投入第一线的兵力只有数万，因此只能集中一个方向，不能数道并出。魏延请兵万人异道，诸葛亮都不允许，真是捉襟见肘。孙吴伐魏，魏伐吴、蜀，均是多道并进，尚不能取胜，何况诸葛亮只用于一个方向！不致大败已属万幸，取胜的机会实在渺茫。经济上，蜀汉经济衰弱。诸葛亮出师运粮不继，不单是道路崎岖，而人力单薄，牛马寡少，更是主要原因。在政治上，魏明帝曹叡不失为一个明主。他刚毅果断，察纳雅言，决策正确，反应迅速，这是暗弱的刘禅不能相比的。诸葛亮第一次出师，曹叡亲镇关中，迅猛调兵遣将入援，挽救了关中不备的危局。诸葛亮第五次北伐，这是一次难得的吴蜀步调一致的协同作战。四月蜀军入秦川，五月孙权大举攻魏，亲率十余万大军向合肥，使陆逊、诸葛瑾向襄阳，孙韶、张承向广陵，三路齐出，来势凶猛。甚至智勇足备的魏将满宠也准备退出合肥以避吴锋。明帝果断地采取了西守东攻的正确策略，使辛毗杖节监军，令司马懿坚壁不出，自己亲率大军东征。明帝这一坚强有力的行动，使孙权闻风丧胆，不战而退，打破了吴、蜀的联合进攻。诸葛亮又陷入了孤军作战的困境，一筹莫展，积劳成疾而病逝五丈原。明帝还采纳了臣下休兵息民，以逸待劳，疲敝吴、蜀的建议，养蓄国力，促进了政治、经济、军事实力的增长，为西晋统一中国打下了坚实基础。诸葛亮连年动众，北伐后期已是师劳民竭，而曹魏越战越强，改变了先灭吴、后灭蜀的方针，掉头先灭蜀，后灭吴。诸葛亮及其后继者姜维的连年动众，只是加速了蜀汉的灭亡，根本原因是魏强蜀弱。

但是单从强弱之势论成败也是片面的。曹、孙、刘三方最初都是以弱胜强，力挫群雄争得三分，何以三分归一就不能以弱胜强呢？历史并没有注定非由曹魏来统一天下。天命攸归，在于势力消长和人心所向两个方面。势力消长和人心所向是相辅相成的。天时、地利、人和这是成功者所必争所必守的条件。诸葛亮北伐仍有一线成功的希望。这希望就在他第一次出师，曹魏关中空虚。诸葛亮出兵，已使曹魏“朝野恐惧”，陇右三郡叛魏应亮，设若诸葛亮一举奄有关中，则天下震动，中原人士旋踵西归，吴人拼力北进，曹魏之危真是不待蓍龟了。这是天假蜀汉以难得之机，只可惜诸葛亮过于谨慎，“虑多决少”，不敢用奇，丧失了这一取胜的机会，此后形成了与魏打消耗战的局面，如前所述魏强蜀弱，必败无疑。“出师未捷身先死，长使英雄泪满襟”，可慨也夫！

北伐失败的主观原因，陈寿认为诸葛亮“应变将略，非其所长”(《三国志·诸葛亮传》)，引起许多后世人的不满。事实上陈寿的评价是中肯的。以弱蜀抗强魏，只能出奇制胜，化弱为强，才有取胜的希望。诸葛亮第一次出师丧失了出奇制胜的天时，度其所失，有以下几个方面。

第一，战略之失。蜀将魏延善养士卒，勇猛过人，是一个难得的将才。《三国志·魏延传》及裴注引《魏略》载，诸葛亮与诸将计议出师，魏延分析关中形势，夏侯楙镇长安，怯而无谋，不知兵机。他建议大军出斜谷直趋秦川，自告奋勇请兵万人，从子午谷下长安，与诸葛亮异道会于潼关，如韩信故事。诸葛亮以为此计悬危，“不如安从坦道，可以平取陇右，十全必克而无虞，故不用延计”。从陇右三郡叛魏应亮来看，魏延之计可行。公元前206年韩信还定三秦，兵分两路：支兵从汉中西出武都北取陇右，主力则出其不意奇袭陈仓，雍王章邯仓促迎战，连连败北而龟缩废丘。韩信留兵一部攻围章邯，再分出两路支兵掩护主力夺关。一路西越陇山与汉中西出武都之兵形成钳形攻势，围困陇西。一路南出武关入河南吸引项羽的注意力。汉兵主力则置关中残敌于不顾，一路夺取函谷关。汉兵半年后平陇右，一年后才破杀章邯，而主力早已进入中原。韩信定关中的兵机谋略精妙奇绝。魏延之策是针对曹魏都洛阳这一形势灵活运用韩信之计，不失为上策。诸葛亮认为此计悬危，可以不出子午谷，但主力实应直取陈仓或雍、郿，屏断陇右，方可十全必克，假若这样也不失为中策。诸葛亮虚张声势取郿，而不派一兵一卒阻断关陇大道，集中兵力用于一个方向，实在是一个最下策。即使街亭不败，诸葛亮“十全必克”的计划也是难以实现的。

第二，战术之失。魏将孟达反于新城，与亮书曰：“宛去洛八百里，去吾一千二百里。闻吾举事，当表上天子，比相反覆，一月间也，则吾城已固，诸军足办。吾所在深险，司马公必不自来；诸将来，吾无患矣。”不料司马懿当机立断，不等奏报，立即提大军兼程赶来，好一个出其不意，而诸葛亮没有派出有力的策应部队支援孟达。孟达被杀，诸葛亮失去了牵制曹魏河南之兵的侧翼，大为失计，此其一。韩信用兵，明修栈道，暗度陈仓。诸葛亮扬声取郿，对于防备空虚的关陇，无异于警告敌人。不使赵云、邓芝出谷，控制关陇大道阻滞敌人西援，反遭箕谷不戒之失，此其二。陇右三郡叛魏应亮，而蜀军行动迟缓，没有在陇右展开部署，没有阻断陇右山口，只派马谡在街亭迎敌，亦为失计，此其三。陇西坚守，蜀军没有乘虚攻克，致使魏军克平三郡后，血腥镇压叛魏者，大加封赏陇西吏民，造成严重的政治后遗症。此后诸葛亮出师，无有应者，此其四。这些失计，客观原因是蜀军少良将，主观原因是诸葛亮过于持重，“应变将略，非其所长”。话又说回来，诸葛亮以弱蜀抗强魏，在秦陇山区自来自去，计杀张郃、王双，仍不失为天下奇才。由于诸葛亮的对手司马懿、张郃、郭淮等人均智勇兼备，难以对付，才使得诸葛亮的计划有些支绌罢了。

第三，用人之失。魏延是当时蜀中仅存的一员超群绝伦的大将，远在张郃、郭淮之上，刘备拔延为汉中督，“一军尽惊”。魏延对刘备说：“若曹操举天下而来，请为大王拒之，偏将十万之众至，请为大王吞之。”（《三国志·魏延传》）这并非大言。他镇守汉中，“实兵诸围以御外敌”，规划严密。延熙七年（244），汉中守将王平依魏延成规，以三万之兵，抗御了曹魏十万余大军的进攻，使其不得入平地。钟会攻蜀时，姜维改变魏延成规，半月失汉中，可见魏延实在是一位难得的将才。王平也是一位智勇双全的大将。但诸葛亮未尽二人之才，不委以方面之任，使魏延领兵不足万人，致使魏延叹恨不已。不尽人之才，已是一失，又违众用马谡，此为再失。以诸葛亮之智，在用人上有此两失，千古以下仍发人深省。

第四，用刑之失。街亭失守以后，诸葛亮诛马谡，又杀李盛，废黄袭，正如蒋琬所说：“昔楚杀得臣，文公喜可知也。天下未定而戮智计之士，岂不惜乎！”习凿齿评论说：“诸葛亮之不能兼上国也，岂不宜哉！……今蜀僻陋一方，才少上国，而杀其俊杰，退收驽下之用，明法胜才，不师三败之道，将以成业，不亦难乎！”习氏的评论是十分公允的。违众用马谡，主要责任在诸葛亮自己。再说马谡虽然短于临机决斗，却不失为一个参谋良将，原可以宽贷立功。再说马谡失街亭在作战部署上也不能说有什么大误。诸葛亮的节度是让他扼守要塞，坚壁不出。马谡“依阻南山，不下据城”，摆出的是决战态势。无奈他本人只是一个书生儒将，不能上马冲阵，所以冲不开张郃的围攻。若是马谡有关羽、张飞之勇，未必就会丢失街亭。可以说马谡是志大才疏。诸葛亮本身是一个儒将，不能上马冲阵，而又用一个儒将去打先锋，失计之甚。追究责任，杀一马谡已“裁之失中”，况又滥杀李盛，连坐黄袭乎？刘备杀蒋琬，诸葛亮说情宽贷终得用其才，而彭羕、廖立、李严等却借法以废，终身禁锢，何亲之于彼而疏之于此也。

诸葛亮虽有上述四个方面之失，但不能否定他是三国时代杰出的人物之一。正如王夫之在《读通鉴论》中所说，诸葛亮虽将略为短，而治国治军实为少有之奇才。其言曰：“军不治而唯公治之，民不理而唯公理之，政不平而唯公平之，财不足而唯公足之。”对任何一个伟大的历史人物都不能求全责备，但也不应为尊者为贤者讳其所短。“浪淘尽千古风流人物”，今日评说诸葛亮之失，不过是引出历史的教训。诸葛亮最大之失是过于自恃，不能集思广益以补自己之短。《出师表》所荐贤才郭攸之、费祎、董允、向宠、陈震、张裔、蒋琬等七人，除张裔一人为蜀中人士外，余皆为追随诸葛亮的荆州士人。诸葛亮斤斤于亲己之贤才，不能不说气度有些褊狭。像魏延、马超、彭羕、廖立等一流大才人物，诸葛亮未尽其用。“尧虽贤，兴事业不成，得禹而九州宁。且欲兴圣统，唯在择任将相哉！唯在择任将相哉！”（司马迁）诸葛亮以一人之智掩一州之才，以个人之力抗天下之士，焉能不败！大约人之情性，在专制政体下，己有所短则忌人之长，是否如此，值得研究。以诸葛亮之智，加之以鞠躬尽瘁之德，尚不能尽小国人士之才，这确实是发人深省的历史教训。根源何在，非本文点评所能胜任，谨提出这一问题以待贤者。

资治通鉴（白话本） 卷第七十三

魏纪五

魏明帝青龙三年至景初元年（公元235—公元237）

【起旃蒙单阏（乙卯，公元235年），尽强圉大荒落（丁巳，公元237年），凡三年】

【大事提要】

本卷记事起公元235年，讫公元237年，凡三年，当魏明帝青龙三年至青龙五年。青龙五年又改元景初元年。本卷所载，三国鼎峙，平静无大事，着重记述曹魏政治。魏明帝耽于女色，好内宠，又好土木工程，大建陵寝和宫室。明帝又多疑，用法严急。明帝报复生母甄后之死，逼杀郭太后。这些表现了明帝不明不仁的一面。但明帝刚毅果决，掌控朝政，奸邪不入，理事大臣多忠良之士，政治稳定，无内争内讧，优于吴、蜀。明帝纳谏不足，但能优容大臣。陈群、蒋济、辛毗、杨阜、高堂隆、王肃、卫觊、董寻、张茂、杜恕、傅嘏等群臣进谏，多有补益。本卷大段采摘曹魏大臣谏章，明帝君臣风采，可见一斑。蜀杨仪冤杀魏延而骄，自己亦不得善终。吴国诸葛恪镇抚山越，独出心裁，成绩卓著。

烈祖明皇帝中之下

魏明帝青龙三年（乙卯，公元235年）

春季，正月初八日戊子，魏国任命大将军司马懿为太尉。

二月初七日丁巳，魏国皇太后郭氏去世。魏明帝曾屡次向郭太后询问甄皇后临终的事，因而郭太后忧惧而死。

蜀汉杨仪杀死魏延后，自恃有大功，应当接替诸葛亮执掌朝政；但诸葛亮生前已有密嘱，认为杨仪度量狭窄，就有意于蒋琬。杨仪回到成都，擢升为中军师，但不统率部队，不过安逸悠闲而已。当初，杨仪侍奉昭烈帝刘备时任尚书，蒋琬那时任尚书郎。后来尽管都担任丞相参军、长史，但杨仪每次都跟随丞相出行，担当辛劳繁忙的工作；自认为资格比蒋琬老，才能比蒋琬高，于是怨恨愤怒表现在脸面上，叹气怨愤的声音发自内心，当时的人担心他说话不检点，没有人敢附和他。只有后军师费祎去看望安慰他，杨仪对费祎发泄不满情绪，前后说了不少怨言。又对费祎说："先前丞相去世的时候，我如果率军投奔魏国，处世哪有像现在这样落魄呢？令人追悔，不能再有那种机会了！”费祎秘密举报杨仪的话。蜀汉后主刘禅罢黜杨仪为庶民，流放到汉嘉郡。杨仪到了流放地，又上书诽谤攻击，言辞和意旨激烈无讳；于是命郡府逮捕杨仪，杨仪自杀。

三月十一日庚寅，魏国埋葬文德皇后郭氏。

夏季，四月，蜀汉后主刘禅任命蒋琬为大将军，录尚书事；任命费祎接替蒋琬为尚书令。

（以上为第一段，写蜀汉丞相长史杨仪之死。杨仪与魏延争权，杀魏延，自己亦不得善终。）

魏明帝喜欢大兴土木，已经修造了许昌宫，又兴建洛阳宫，建起昭阳太极殿，修筑了总章观，高达十多丈，百姓劳役不止，农桑荒废。司空陈群上奏说：“从前大禹继承唐尧、虞舜的盛世，还住在低矮的房屋，穿着粗制的衣服。何况现在是天下大乱之后，百姓极为稀少，与汉文帝、景帝时相比，不过是汉代一个大郡的人口。加上边境有战事，将士劳苦，如果发生水灾旱灾，就成了国家深重的忧患。从前刘备从成都到白水，修建许多宾馆驿站，征发浪费人力，太祖（曹操）知道是刘备在疲劳民众。如今中国劳费民力，也正是吴、蜀所盼望的，这是关系国家安危的关键，请陛下考虑！”魏明帝回答说：“帝王大业和宫殿建筑，应当同时完成，等到消灭敌贼之后，不只是停止军事活动，那时再也不会大兴土木。兴建土木工程，本来是你司空的职责，如同萧何当年修建宏伟的未央宫一样。”陈群说：“当初汉高祖刘邦只与项羽争天下，项羽已经消灭，宫室都被烧毁，因而萧何修建武库、太仓，且皆是紧要的工作，但高祖还批评宫殿修得华丽。现今两个大敌尚未讨平，实在不宜与古代同样修建。人想要做的事，没有找不到借口的，何况是天王，没人敢违抗。先前陛下想毁坏武库，就说不能不毁坏它；后来想修建它，又说不能不修建它。如果一定要建造宫殿，本来就不是臣下几句话能说服的；如果陛下稍微留心历史教训，毅然回心转意，也不是臣下能做到的。汉明帝刘庄想兴建德阳殿，钟离意劝阻，汉明帝就采纳他的意见，以后却又上马兴建，等到宫殿修成，汉明帝对群臣说：‘钟离尚书要是还在，就不能建成此殿了。’帝王难道是惧怕一个人吗？实际是为了老百姓。如今我却不能使圣上稍稍听取我的意见，比钟离意差得很远了。”魏明帝才为此稍微有所减省。

魏明帝迷恋后宫嫔妃，嫔妃的官职俸禄数量和朝廷百官差不多，从贵嫔以下到负责后宫洒扫的，共有数千人。选拔女子中识字会写可以胜任文书的六人，任命为女尚书，命她们管理外朝百官上奏的文书，对文书进行批复处理。廷尉高柔上奏说：“从前汉文帝珍惜十户百姓的资财，不修建一座小小的观景台，霍去病忧虑匈奴的危害，顾不上兴建个人的府第。何况如今所损耗的资财不止百金之数，所忧虑的不只是北方狄人的侵扰啊！可以大体完成已经动工修建的宫殿，足可充当朝见和宴会礼仪之用，请放归参加营建的民工，使他们返回家园去从事农业；蜀、吴平定之后，再逐渐兴建。按《周礼》规定后妃以下的嫔妃为一百二十人，嫔妃的备礼人数已经很多了；臣听说现在后宫的人数大大超过了一百二十人，圣王的后嗣不旺，大概就是因为这个原因。臣愚昧地认为，只需选择贤淑的美女以备足后宫女官的数目，其余的人全部遣送出宫回家，并以此来养育圣王的精神，以专一宁静为重。如此，《螽斯》所说子孙兴旺的征兆就差不多能实现了。”魏明帝批复说：“你直陈的意见很有益，其他的事情，你有好的建议也请奏上来。”

这时狩猎的法律十分严厉，杀死皇家禁苑一只鹿的人，本人得处死，财产没收归官府，有能知情举报的人，厚加赏赐。高柔又上疏说：“近年以来，百姓被征调服各种劳役，直接种田的人已经减少；加之最近又有禁猎的法律，群鹿践踏农田，啃食庄稼禾苗，到处为害，损坏的庄稼不可计数，民众虽设置篱障防护，但他们的力量不足抵御。以致荥阳一带，周围数百里，一年到头没有收成。现今天下生产财富的人很少，但麋鹿损坏的庄稼却很多，如果突然要征兵打仗，或有凶年的灾荒，便没有粮钱来应付。请陛下放宽对于民众的禁令，让他们可以捕鹿，废除其禁令，那么民众才能维持生计，没有人不喜悦的。”

魏明帝又想削平北芒山，在那里建造台观，用来眺望孟津。卫尉辛毗谏阻说：“天地的本性也是自然的，地形有高有低，如今反其道而行之，削高补低，违反天理，再加上耗费人力，百姓受不了这种劳役。而且如果众多河流水满溢出，洪水为害，丘陵都被夷平，将靠什么防御洪水？”魏明帝才停止。

少府杨阜上疏说：“陛下承继武皇帝（曹操）开拓的大业，固守文皇帝（曹丕）完成武帝遗志而受禅的帝位，实在应考虑追上往古圣贤帝王的良好政治，统观各朝末代帝王放荡的恶劣暴政。从前假使汉桓帝、汉灵帝不废弃汉高祖的治国法度，不废弃汉文帝、汉景帝的恭敬简仆，太祖（曹操）即便有神武之才，又能在什么地方施展，而陛下又靠什么能居此尊位呢？如今吴、蜀尚未平定，军队仍在外地作战，京城的各处营建，请陛下务必遵从节俭的原则。”魏明帝以好言好语下诏答复杨阜。

杨阜又上疏说：“尧住在茅屋而天下万国安居，禹的宫室低矮而天下乐业；等到了殷周时，堂高三尺，宽度以容纳九桌筵席为标准。夏桀建造的宫殿，用玉石装饰厅堂，用象牙装饰走廊，纣王建造倾宫和鹿台，因此而丧失了国家，楚灵王因筑章华台而招致杀身之祸，秦始皇修建阿房宫，到第二代就灭亡。不考虑万民劳力的极限而放纵自己耳目的欲望，没有不灭亡的。陛下应当以尧、舜、禹、汤、文王、武王为榜样，以夏桀、殷纣、楚灵王、秦始皇为警示，如果自我放纵，只知修饰宫台，必定会有颠覆亡国的大祸。君主是元首，大臣是股肱，存亡一体，得失命运相共。臣虽然无能懦怯，又怎敢忘记诤谏的道义？话说得不痛切，不足以感悟陛下；

陛下不考察我的进言，只怕皇祖（曹操）、烈考（曹丕）创下的帝位将要落到地上。假若臣的死有万分之一的补救作用，那么臣死的那天就是臣的再生之年，谨身靠棺木，沐浴更衣，等候被诛杀！”奏章呈上，魏明帝被他的忠言感动，亲笔写诏书回复杨阜。

魏明帝有一次戴着布帽，披着缥绫做的短袖上衣。杨阜问魏明帝：“皇上这件衣服是什么样的礼服？”魏明帝沉默不语。从此不穿皇帝服装就不见杨阜。

杨阜又上疏想裁减后宫中不被魏明帝宠幸的宫女，因而召来管理后宫的官吏查问后宫的人数。官吏遵守旧的法令，回答说：“这是绝对机密，不可泄露！”杨阜大怒，打了官吏一百棍，责骂他说：“国家不让九卿参与保密，反倒让小吏参与保密吗？”魏明帝更加害怕杨阜。

散骑常侍蒋济上疏说：“从前越王勾践鼓励百姓生育，以待胎儿长大为国效力，燕昭王抚恤人民的疾病困苦，用以报仇雪恨，所以能以弱小的燕国制服强大的齐国，能以羸弱的越国消灭强劲的吴国。现今吴蜀两个敌人还强盛，如果陛下不亲自除掉他们，会受到后世的指责。以陛下圣明神武的才略，放弃那些该缓办的事，专心讨伐敌贼，臣认为没有什么困难。”

中书侍郎东莱人王基上疏说：“臣听说古人用水以喻民众，这样说：‘水是用来载舟的，也可以颠覆舟船。’颜渊说：‘东野子驾车，马的力气已用完了，还让马不停地前进，恐怕要将马累死。’如今战事和劳役十分辛苦，男女长期分离，希望陛下深深借鉴东野子的过失，留意舟与水的比喻，让奔跑的马在体力没有用完时休息，在人民尚未穷困之时节约人力劳役。从前汉朝统治天下，到孝文时只有同姓的诸侯王，贾谊仍十分担忧说：‘将火放在堆积的柴草下面，而自己睡在柴堆上，还说很安全。’如今敌贼尚未消灭，国内的猛将一个个手握重兵，限制猛将的兵权便无法应付敌贼，但长期使猛将手握重兵，就难以把皇权顺利留给子孙。正当国家鼎盛的时候，不努力除去祸患，如果子孙不强，那就是国家的忧患。假若贾谊又活过来，比起他那个时代，一定更加深深痛切感愤。”魏明帝对这些意见一概不理。

督促劳役苦工的官员殿中监，擅自逮捕兰台令史；右仆射卫臻上奏要查办他。魏明帝下诏说：“宫殿尚未建成，我正关注此事，你要审查他，是何居心？”卫臻说：“古代制度中有禁止逾越职权的法律，不是惩罚越权者的工作积极性，实在是因为越权的工作积极带来的好处少，而越权行为将带来极大的破坏性。我时常督察校事的工作，大体都是如此，假若又放纵他们，害怕各部门将会逐渐超越职权，以致凌辱上司的情况发生。”

尚书涿郡人孙礼坚决请求停止营建工程，魏明帝下诏说：“敬重你的正直之言。”但又敦促民工加紧兴建；监工的官员又上奏请求再等一个月，就建造完工。孙礼径自来到工地，不再上奏皇帝，宣称有诏命罢归民工，魏明帝对他的用意感到惊奇，但并没有责怪。魏明帝尽管不能完全采纳群臣的直谏之言，但都宽容对待。

秋季，七月，洛阳的崇华殿发生火灾。魏明帝问侍中兼太史令泰山人高堂隆说："这是什么灾祸？在礼法上有没有祈祷消灾的祭祀呢？"高堂隆回答说："《京房易传》里讲：'在上位的人不俭约，在下位的人不节省，灾火就烧他们的房子。'又说：'君主高筑他的楼台，天火就要造成灾害。'这是因为君主力求装饰宫殿，不知百姓财尽力竭，因而上天以旱灾报应他，火从最高的大殿烧起来。"魏明帝又下诏问高堂隆："我听说汉武帝时候柏梁发生火灾，而以大修宫殿来压住它，那道理又该怎么说呢？"高堂隆回答说："那是夷越巫师的说法，不是圣贤的明智教训。《汉书·五行志》说：'柏梁火灾，其后发生了江充巫蛊事件。'如《五行志》所说，夷越巫师建议修筑建章宫也没能压住灾害；现在应当停止劳役释放民工差役。宫殿的制度规模，务必遵循节约的原则，把烧毁的崇华殿清扫干净，不能在此废墟上新建宫殿，那么瑞草、嘉禾就会从这里长出，若还要使民力疲劳，竭尽百姓的资财，这不是招致符瑞和怀柔远方国家的方法。"

八月十一日庚午，魏明帝立皇子曹芳为齐王，曹询为秦王。魏明帝没有儿子，就养了齐王、秦王为儿子，后宫的事情隐秘，没有人知道他二人的亲生父母是谁。有人说，曹芳是任城王曹楷的儿子。

八月二十四日丁巳，魏明帝回到洛阳。

魏明帝下诏重建崇华殿，更名为九龙殿。挖通谷水，引水通过九龙殿前，又在殿前修了玉井绮栏，由石刻蟾蜍吞进河水，又由石刻神龙吐出。命博士扶风人马钧作指南车和水转百戏车。

陵霄殿阙刚开始构建，有鹊鸟在上边筑巢，魏明帝就此询问高堂隆，高堂隆回答说："《诗经》说：'鹊有窝，鸠居住。'现在兴建宫室，修筑陵霄殿阙，有鹊在筑巢，这是宫殿没有修成而自身不能居住的征兆。天意好像是说：'宫室还没修成，将有他姓人来控制。'这是上天的警告。天道对人不讲亲疏，只将恩德施给善人，殷王太戊、武丁看到灾祸而恐惧，因而上天降福给他们。现今如果停止各种劳役，增加德政，那么圣贤的三王可以有第四个，圣明的五帝可以有第六个，哪能只有殷商的商王可以转祸为福呢？"魏明帝受到震动，脸色沉重。

魏明帝性格严厉急躁，督修宫室延误了期限的，魏明帝就要亲自招来讯问，话未说完，延误期限的人脑袋和身体已经分了家。散骑常侍兼秘书监王肃上疏说："如今宫室尚未建成，现役便有三四万民夫。宽广的九龙殿足可以安居圣体，宫内足以排列六宫后妃；只是太极殿早已修建，工程浩大。希望陛下调派长年食用国家粮饷，目前没有担任紧急任务的士兵，选拔其中的强壮者一万人担任修建工程，并让他们劳作一期就更换下来。如此每期士兵都知道休息替代有一定的时间，就没有人不愿劳作，对劳作就不会怨恨了。计算下来一年有三百六十万个工，也不算少。计划一年可完工的，听凭三年内完成，遣归其余的，使他们都回去务农，这才是长久之计。信用对于百姓，是国家的法宝。先前皇上要巡幸洛阳，就征召民工修建营垒，有关部门命令营垒修成之后解散民工；然而修成之后，又利用他们的劳力，不按时遣返；有关部门贪求眼前的利益，不顾及治国的根本。臣认为自今以后，如果再有事征用民夫，应宣明法令，让民工一定如期返回；民夫遣返后又有了事，宁可再次另外征发，也不能失去信用。凡是陛下要临时行刑，受刑的人都是有罪的人，应该处死；但是民众不知道详情，会认为是随意突然杀人。所以希望陛下把这些罪犯交给有关官吏，宣布他们的罪状，同样是死，不要使罪犯的血污秽宫廷而受到远近人们的怀疑。况且人命关天，使人活难，杀死人易，气一断就接不上了，因而圣贤非常重视人的生命。当年汉文帝想杀冒犯车驾的人，廷尉张释之说：'在现场，皇上若把他杀了也就没事，事后将罪犯交给廷尉，廷尉要主持天下的公平，不可偏颇。'我认为这话太没道理，不应该是忠臣讲的。廷尉是天子的官吏，尚且不能失去公平，而天子自己反而可以妄为吗？这是看重自己，轻视君主，是最不忠的人，不能不认真地考虑。"

中山恭王曹衮病重，命令下属官吏："男子不死在妇人手上，尽快按时营建东堂。"东堂建成，抱病乘车前往东堂居住。又命长子说："你年幼就成了亲王，只知道快乐不知道痛苦，必定会因骄奢而产生过失。兄弟有不良行为，应当面见促膝劝阻，劝阻了他不听，就流着泪教喻他，教喻他尚且不改正，再告诉母亲，还不改正，应当向皇上禀报，并辞掉封邑。与其守着恩宠而遭受灾祸，不如贫贱而保全自身。这是讲大的罪恶行为，倘若是小的过错，就该遮掩。"冬季，十月初三日己酉，曹衮去世。

十一月二十二日丁酉，魏明帝巡幸许昌。

这　年，幽州刺史王雄派勇士韩龙刺杀了鲜卑首领轲比能；从此，鲜卑部落离散，互相攻伐，强的部落远远逃走，弱的部落请求降服魏国，边境于是安定下来。

张掖郡的柳谷口水满涌出，露出块玉石，带有图案，形状如同一只灵龟，立于河西，有石马七匹和凤凰、麒麟、白虎、犀牛、璜玦、八封、各种星宿、彗星的图像，还有文字为"大讨曹"。魏国诏书颁布天下，认为这是祥瑞。任县县令于绰带着颁布的诏书和图案去问巨鹿人张䂮，张䂮偷偷对于绰说："神可以预知未来，不追究已往的事，祥瑞先出现，之后王朝的兴废随之而来。现在汉朝早已灭亡了，魏国已经得了天下，怎能说这些祥瑞是追补魏国的兴起呢？这块石头是当前发生的变异而兆示将来的祥瑞。"

魏明帝派人到吴国用马匹交换珍珠、翡翠、玳瑁，吴王孙权说："这些东西都是我不需要的，又可以得到马匹，我还爱惜什么呢？"全部按魏国的要求做了交换。

（以上为第二段，写魏明帝耽于内宠，好建宫室，曹魏多位大臣切谏，皆不听，但亦优容处之。）

魏明帝青龙四年（丙辰，公元 236 年）

春季，国铸造大钱，一个大钱值五百个小钱。

三月，吴国张昭去世，年八十一。张昭容貌矜持威严，吴主以下，全国都惧怕他。

夏季，四月，蜀汉后主刘禅到湔氐道，登上观阪，观看汶水的水道，十天后才返回。

武都郡的氐人首领苻健请求投降蜀汉；他弟弟不跟从，率领四百户来投降魏国。

五月十三日乙卯，魏国乐平定侯董昭去世。

冬季，十月初十日己卯，魏明帝返回洛阳宫。

十月十五日甲申，孛星出现在大辰星区，又出现在东方天空。高堂隆上疏说："凡是帝王迁都建城，都要先确定祭祀天地和社稷的位置，恭敬地尊奉天地社稷之神。要建筑宫殿，先要建造宗庙，马厩仓库其次，居住的宫室要建在最后。如今圜丘、方泽、南北郊、明堂、社稷等处的神位都没有确定，宗庙的制度又不合乎礼制，却大修居住的宫室，让士民因此而荒废了本业。宫外的人都说'宫中的费用与军国的开支大略相当'，民不聊生都有怨恨和愤怒的情绪。《尚书》说：'天的聪明来自民众的聪明，天明示的赏罚，来自民众明示的好恶。'这是指上天的赏罚，顺着民众的言论，合乎民众的心意。至于不加修饰的椽子、低矮的宫室，是唐尧、虞舜、大禹所以能流传其风范的缘由；玉台、琼室是夏桀、商纣所以触犯上天的原因。如今宫室过多，天上彗星明亮地出现，这就是天父恳切的训诫。应当崇尚孝子恭敬景仰的礼节。不应有所忽略，以致加重上天的愤怒。"高堂隆多次恳切地谏阻，魏明帝很不高兴。侍中卢毓进言说："我听说君主开明则臣子正直，古代的圣王只怕听不到自己的过错，这就是臣等赶不上高堂隆的地方。"魏明帝这才消除了怒气。卢毓是卢植的儿子。

十二月二十四日癸巳，魏国颍阴靖侯陈群去世。陈群前后多次上奏陈述国政的得失，每次密封上奏，总是销毁草稿，当时的人及其子弟都不知道上奏的内容。谋议朝政的人中有人讥刺陈群占据高位默无一言，正始年间，诏令编撰群臣的奏疏题为《名臣奏议》，朝廷官员才看到陈群进谏的奏章，都为之赞叹。

袁宏评论：有人说："少府杨阜怎能不是忠臣呢？他看到君主的过错就激动地犯颜直谏，与人谈话也总要提起来谈论。"回答是："仁者爱人，用到君主身上就叫作忠，用到双亲身上就叫作孝。现今作为人臣，发现君主不合乎道义，就大力批评君主的过失而宣扬君主的不好，这可以叫作正直之士，但并不是忠臣。已故的司空陈群就不这样，他和人谈论一整天，从不说起君主的过失，陈群几十次上奏章，外人却不知道。君子因此说陈群在这一点上真是个长者。”

十二月二十六日乙未，魏明帝到达许昌。

魏明帝下诏要公卿每人举荐一个才德兼备的人，司马懿推荐兖州刺史太原人王昶。王昶为人谨慎厚道，给他哥哥的儿子起名为王默、王沈，给自己的儿子起名叫王浑、王深，并写信告诫他们说：“我用这四个字起名，是想让你们顾名思义，不敢违反越过取名的含义。事物速成的也会迅速消亡，晚成的就会善终。早晨开花的植物，到黄昏就零落了；松柏茂盛，到隆冬严寒也不衰败，所以君子应以阙党童子为戒。那些能以屈为伸，以让为得，以弱为强的人，很少有不成功的。诋毁和赞誉，是喜爱厌恶的根源和祸福的契机。孔子说：‘我对于人，诋毁过谁，赞誉过谁？’以圣人的道德还尚且如此，何况庸庸之辈却要轻率地诋毁或赞誉别人呢？别人或许诋毁自己，应当退而省察自身。自己如果有可以被批评的行为，那么别人的话就是对的；如果自己没有可以被批评的行为，那么别人的话就是胡说的。别人的话说得恰当，就不该怨恨别人；别人胡说，也无损于自己，又何必反过来报复计较呢？谚语说：‘御寒最好是穿厚皮衣，止谤最好是提高自我修养’，这话说得真是好啊。”

（以上为第三段，写曹魏大臣谏君：直谏事君，有如杨阜；忠谏事君，有如陈群；淳谨做人，有如王昶。）

魏明帝景初元年（丁巳，公元 237 年）

春季，正月，壬辰日，山茌县奏报说黄龙出现。高堂隆认为：“魏得土德，因而吉祥物黄龙出现，应该改变元旦日的时刻，更换服装的颜色，依靠神使其政治清明，使民众的耳目为之一新。”魏明帝采纳他的建议。三月，下诏改变年号，以三月为孟夏四月，服装的颜色崇尚黄色，祭祀的牲畜用白色，按照地正设置正月。又将《太和历》更名为《景初历》。

五月初二日己巳，魏明帝回到洛阳。

五月二十二日己丑，魏国大赦天下。

六月初三日戊申［当为己亥］，京都洛阳地震。

六月十二日己亥［当为戊申］，魏国任命尚书令陈矫为司徒，左仆射卫臻为司空。

魏国有关官吏奏请尊奉武皇帝（曹操）为魏太祖，尊奉文皇帝（曹丕）为魏高祖，尊奉魏明帝为魏烈祖；这三祖的宗庙永远不许毁坏。

孙盛评论说：谥号用以表示帝王的行为，宗庙用以保存帝王的容貌。从没有一个君王在自己当权时违反祖宗制度，自己还没有死就事先尊显自己。魏国的朝政大臣们在这个问题上丧失了正直之道。

秋季，七月初二日丁卯，魏国东乡贞公陈矫去世。

公孙渊多次在来访的外国来宾面前口出狂言，魏明帝想讨伐他，任命荆州刺史河东人毌丘俭为幽州刺史。毌丘俭上疏说："陛下即位以来，没有丰功伟绩可以记载，吴、蜀两国仗恃地势险要，难以一下子平定，暂可用幽州当前没有征伐任务的部队平定辽东。"光禄大夫卫臻说："毌丘俭所陈述的都是战国时的小把戏，并不是帝王的大业。吴国连年举兵，侵犯扰乱我国边境，而我国仍然按兵不动休养将士。没有下决心讨伐，实在是由于百姓疲乏的缘故。公孙渊生长在海外，三代相承，对外安抚戎夷民族，在内整修战备，而毌丘俭想用一支孤军长驱直入，早上到达，晚上就席卷敌国，可见他在说大话。"魏明帝不听，让毌丘俭率领所属各部队以及鲜卑、乌桓之兵进驻到辽东的南方边界。然后魏明帝用加盖皇帝印章的亲笔书信征召公孙渊入朝。公孙渊于是发兵反叛，在辽隧迎战毌丘俭。遇上大雨连下了十几天，辽水暴涨，毌丘俭与公孙渊作战失利，率军退到右北平。公孙渊便自立为燕王，改年号为绍汉，设置文武百官，派使者送给鲜卑首领单于印章，给沿边民众封拜官职，引诱唆使鲜卑侵犯魏国北部地区。

蜀汉的张皇后去世。

九月，冀州、兖州、徐州、豫州发生水灾。

西平人郭夫人受到魏明帝宠爱，毛皇后失宠。魏明帝到后花园游玩，设宴尽情欢乐。郭夫人请求邀请毛皇后，魏明帝不允许，还禁止左右侍从不得泄露消息。毛皇后知道了这件事，第二天，对魏明帝说："昨天游宴北园，快活吗？"魏明帝认为是左右侍从泄露消息，就一气之下杀了十多人。九月十六日庚辰，赐毛皇后自杀，还加了一个谥号为"悼"。将毛皇后葬在愍陵。又把毛皇后的弟弟毛曾改任为散骑常待。

冬季，十月，魏明帝采纳高堂隆的建议，把洛阳南边的委粟山营建为祭天的圜丘，下诏说："从前汉朝初年，正当秦代灭绝学术后，于是搜集残缺的典籍，才完善了在郊外祭祀天地的礼仪，四百多年，废除了祭祀祖先的礼制。曹氏的世系出自有虞氏，现今在圜丘祭祀皇皇帝天，以始祖虞舜陪祭；在方丘祭祀皇皇后地，以舜的妃子伊氏陪祭；在京城南效祭祀皇天之神，以魏武帝陪祭；在北郊祭祀皇地之神，以武宣皇后陪祭。"

庐江郡的主簿吕习秘密派人到吴国请求派兵去庐江，他打算打开城门做内应。吴主孙权派卫将军全琮带领前将军朱桓等人前往，到达庐江之后，事情败露，吴军返回。

吴国诸葛恪到丹阳上任，发公文给予丹阳相邻的四郡各县的长官，命令他们各自封锁自己辖区的疆界，严密部署部队戒备丹阳郡各地，已经归顺的山越平民全部聚居一处。然后诸葛恪派各位将领进入深山险阻地点，布下军队，只修好篱笆栅栏防御工事，不准与山民交战，等到当地庄稼将要成熟，就放散士兵到田野收割，不留下一根禾苗。山越把以前的粮食吃完了，新熟的粮食收不到，百姓都聚居在一起，山民要抢粮也无处下手。因而山民饥饿困穷，逐渐从深山出来投降。诸葛恪于是又命令部下说："山民只要痛改前非，接受教化，都应当安抚，迁到山外的县邑，不可怀疑他们是罪犯，随便拘捕！"臼阳县县长胡伉抓到投降山民周遗；周遗本是个刁民，因困迫暂时从深山出来，胡伉将他捆送官府。诸葛恪因胡伉违犯命令，便斩首示众。山民听说胡伉因抓人而被杀，知道官府不过是想要他们出山而已，因此老幼相扶出山。一年过后，统计人数，与他当初预期的一样。诸葛恪自己整编一万甲士，其余的分给各位将领。吴主孙权嘉奖诸葛恪的功劳，擢升他为威北将军，封为都乡侯，调往庐江皖口驻扎。

（以上为第四段，写魏明帝改元颁新历，建圜丘，宠郭后，以及首次发兵征公孙渊受挫。写吴诸葛恪讨山越，卓有成效。）

这一年，魏国把设置在长安的大钟和钟架、铜骆驼、铜人、接甘露的铜盘运往洛阳。铜盘折断，声音响彻几十里。铜人太重，无法运过去，就留在霸城。魏明帝又大举征收民间的铜器铸成两个铜人，称为"翁仲"，排列在洛阳皇宫司马门外。又铸造黄龙一条、凤凰一只，龙高四丈，凤高三丈多，安置在宫内大殿之前。在芳林园西北角垒起土山，命令公卿大臣们都背土垒山，在土山上种植松树、竹子、各种树木与好看的花草，又捕捉山禽和各种野兽放在土山树林中。司徒府的军议掾董寻上疏劝谏说："臣听说古代的直谏之士，对国家尽其所言，不畏惧杀头。所以汉代的周昌将汉高祖比作夏桀、殷纣，刘辅把赵飞燕比作婢女，天生的忠诚直率，即使前面有利刀和沸腾的开水，也前往而不回头，这实在是由于当时的君主爱惜他的天下。建安年间以来，遍地战争，人民大量死亡，有的人户全家死光，纵然有生存的，也都是孤寡老弱。假若现在皇宫狭小，应当扩大它，也应当顺应时令利用农闲，不妨害农业生产，何况是制作无用的东西，黄龙、凤凰，九龙、承露盘，这都是圣明的帝王所不会兴建的，建造这些东西是修建宫殿的三倍。陛下既然尊重百官大臣，让他们头戴官帽，身穿绣衣，乘坐华美的车子，用这些与小民百姓区别开来，而现在却又让他们挖土抬泥，脸上又脏又黑，衣服帽子又破又脏，毁坏国家的荣光以增加无益的东西，真是不成体统。孔子说：'君主用礼节来对待大臣，大臣用忠诚来侍奉君主。'没有忠诚，没有礼仪，国家凭什么撑起？臣知道话一说出口必被杀头，但臣自比为牛身上的一根毛，生对国家无益，死对国家无损！握笔边写边流泪，心与人世辞别。臣有八个儿子，臣死之后，要劳累陛下了！”董寻在上奏之前，沐浴干净来等待皇帝的处罚。魏明帝问：“董寻不怕死吗！”主事的人奏请逮捕董寻，明帝下诏不予追究。

高堂隆上疏说：“如今的小人，喜欢议论秦汉皇帝的奢侈豪华，用来摇动皇上的心；去求取铜人之类亡国奢华的器物，兴师动众耗费钱财来损害仁德的政治，这不是用来兴盛礼乐的和美，保护神明美善的做法。”魏明帝不听。

高堂隆又上疏说：“从前洪水滔天历时二十二年，尧、舜君臣依然面南安坐，不到治水现场。如今没有那时的危急，却使公卿大夫和那些苦役一起参加劳动，让四夷听见了，并非佳话，流传在史书上，也不是好名声。现在吴、蜀二贼，不只是沙漠小虏、聚众造反的强盗，而是僭越称帝，想和中国争天下。现今如果有人来报告说，‘孙权、刘禅都实行德政，减轻租赋，行动要咨询老人和贤人，事情遵从礼仪法制’，陛下听到这消息，难道不是警觉地厌恶他们这样做，认为难以一下子讨伐消灭他们，而为国家担忧吗？如果报告人说，‘那吴蜀两个贼首都在做无道之事，奢侈无度，役使其士民，加重赋敛，百姓忍受不了，嗟叹怨恨日渐加深’，陛下听了，难道不是庆幸他们精疲力尽，认为容易攻取了吗？假使是这样，陛下就可以交换位置来思考，是非善恶，不就十分明显了吗？亡国的君主自以为不会亡，然而终于亡国；贤圣的君主自以为会亡，然而终于没有亡国。现今天下残破疲敝，百姓没有一担粮食的收藏，国家没有一年的储备，外有强敌，大军长期驻守在边境，国内却大兴土木，以致州郡骚动不安，如果有了敌寇侵犯，我担心建筑宫殿的士兵不会到敌国去拼命杀敌了。另外，将吏的俸禄裁减了不少，与从前相比，只有五分之一，那些应享受国家供应而退休的人，停发了生活待遇，不应交纳赋租的人，如今都要交纳一半，国家收入超过了从前，而官府的支出又比从前少了三分之一。可是国家的财政费用，反而常常不足，甚至征收牛肉税，这种事不断发生。反过来想一想，征收了这么多的税，既然国库里没有，一定使用在其他的地方。况且俸禄、赏赐给官员的谷米、绢帛，是帝王酬劳他们的辛劳用以保命的东西，若现在废除了俸禄恩赐，这就是要他们的命。已经得到的却又失去，这也是产生怨恨的根源。”魏明帝看了，对中书监、中书令说：“看了高堂隆的这个奏书，让我感到担忧啊！”

尚书卫觊上疏说：“如今议政的人大多好讲好听的话：他们议论政治，就将陛下比做尧、舜；他们谈论征伐，就将吴、蜀二虏比做狐狸老鼠。臣不这样看。四海之内，分为三方，群士效力，各为其主，这同六国分治没有什么不同。如今千里无人烟，遗存的民众困苦不堪；陛下不好好留心照顾，终将凋零疲敝，很难再振兴。武皇帝（曹操）的时候，后宫每顿饭不过一个肉菜，衣服不用锦绣，垫褥不加修饰，器物不涂朱砂油漆，因而能平定天下，造福给子孙，这都是陛下所看到的。当今的要务，应该是君臣上下同心，检查仓库，量入为出，还怕不够用；然而却工役不停，奢侈享受一天比一天攀升，库藏日益枯竭。当年汉武帝相信神仙之道，认为必须用云表的露水来调和玉石粉末喝下可以长生，因而建立铜铸仙人用手掌承接上天降下的露水。陛下贤明，常对此嘲笑。汉武帝有求于露水尚且受到指责，陛下不祈求露水却白白地设立铜人，没有任何益处却耗费那么多财力，这些实在是圣上要认真考虑，自我克制的！”

当时魏明帝又下诏令强征士女，已经出嫁而丈夫是下级官吏和百姓的，一律要重新改嫁给出征士兵，但夫家可以用奴婢来赎回，却又挑选其中有姿色的送入后宫。太子舍人沛国人张茂上书劝谏说：“陛下是天的儿子，百姓吏民他们是陛下的儿子，如今剥夺他们的妻子给别人，这无异于剥夺兄长的妻子嫁给弟弟，从父母的恩情上讲，爱心就有了偏私。此外，诏书中说可以用年纪、容貌与妻子相当的奴仆代替其妻，因而富家就倾家荡产，贫家就借债典当，用很贵的价钱买奴仆来赎自己的妻子；县官以许配给出征士兵为名而实际上将她们收进后宫，将宫中色衰丑陋的才送出来配给士兵。得到老婆的人未必高兴，而失去妻子的人必定会忧伤，或者变穷，或者忧愁，都不顺心。君主据有天下而得不到万民的满意，很少有不危险的。况且军队在外有几十万人，一天的消费不止千金，把全国的赋税都用来供应此项军役，还不够用，何况后宫又增添那么多编外的美女，再加上对皇后嫔妃，以及皇太后等家族的随意赏赐，内外浪费，开支相当于军费的一半。汉武帝挖地造湖，积土成山，幸运的是当时天下统一，没有人敢与他争夺天下。从后汉衰败战乱以来，四五十年，马不离鞍，兵不解甲，强敌在边境，图谋危害魏国。陛下不战战兢兢，刻苦节约，却用全副精力追求奢侈靡丽，在中尚方署制造赏玩之物，在后花园里修建承露铜盘，这的确使耳目愉快，但也足以助长敌寇仇我之心！可惜呀，放弃尧、舜的节俭而仿效汉武帝的奢侈，臣特为陛下惋惜。”魏明帝不理会。

高堂隆病重，口述上疏说：“曾子有话说：‘人之将死，其言也善。’臣卧病有增无减，只怕突然死去，忠诚得不到表白，臣的赤诚，希望陛下稍加垂顾理解！臣观察夏商周三代政权建立后，圣君贤臣相继而出，长达几百年，每一尺每一寸土地，都归他们所有，每个百姓都是他们的臣民，但是夏桀、殷纣之流，纵心极欲，皇天震怒，国家成为废墟，纣王的头悬在白旗上示众，夏桀被流放到鸣条，他们原有的天子尊严，被商汤、周武王夺去了；难道夏桀、殷纣是与众不同的愚人吗？他们都是圣明帝王的后裔。黄初年间，上天以征兆昭示警戒，异类的鸟生在燕巢中，嘴爪胸都是红色，这是预示魏国有重大灾祸。应当严防有如雄鹰飞扬的野心大臣，在萧墙之内发难，应选择诸位亲王，让他们在封国内建立军队，像棋子一样分布在全国各地相互呼应，安抚京都地区，辅助保护皇室。上天对人不分亲疏，只辅助有德的人。百姓歌颂德政，就能延长帝国的期限超过一定的历数；天下有怨叹，上天就收回象征天命的图录而另外授给有才能的人。如此看来，天下是天下人的天下，不单单是陛下的天下！”魏明帝亲笔写诏书深加慰问。不久高堂隆就逝世了。

陈寿评论说：“高堂隆学识渊博，思虑敏捷，志在扶助国君，依据上天的灾异陈述警示，发自诚恳的内心，实在是忠诚啊！等到他建议明帝必须改变历法的正月，让魏国以虞舜为始祖，岂不是过于固执自己不了解的事物吗！”

（以上为第五段，写曹魏大臣董寻、高堂隆、张茂直谏魏明帝奢侈淫靡，高堂隆切谏最称意帝心，得到史家好评；对于他坚持不靠谱的臆测意见史家亦给予了批评。）

魏明帝非常憎恨华而不实的人，下诏给吏部尚书卢毓说：“选举不要任用有名声的人，名声就像是在地上画饼，是不能吃的。”卢毓回答说：“名声不足以得到奇异的人才但可以得到正常的人才；正常的人才敬畏教化而羡慕善行，然后才会受到称赞而有名声，这样的人不该被憎恶。臣虽然不足以识别奇异的人才，而臣的职责是按照正常程序依名望大小委官任职，只能是在任职之后考察他的功效。古代任职，是先用言谈来陈述见解，而后用功效来检验其才能；如今考核成绩的制度被废除，但凭人们的批评和赞誉来晋升和罢免官员，以致真假混杂，虚实难辨。”魏明帝采纳了卢毓的主张。下诏令散骑常侍刘邵制定考课官吏的制度条令。刘邵制定了《都官考课法》七十二条，又写了《说略》一篇，诏令交付文武百官讨论。

司隶校尉崔林说：“考察《周官》的考绩之法，条文十分详尽。从周康王以后，逐渐荒废，这说明考绩之法是否有效，全看主管的人是怎样在执行。到了汉代末年，考绩之法的衰败难道是考核官佐属吏的条规不严密吗？现今的军队编制，或是过多屯积或是仓促征发，增减无常，原本就很难规范为一个标准。而且，就像渔网，万目不张，要举其纲，又如同皮衣，众毛不整，应举起衣领。皋陶在虞舜时做官，伊尹在殷朝为臣，不仁之人就躲得远远的。如果大臣能胜任他的职务，再将法度实施到百官之中，那么谁敢不肃然认真，哪里在于考绩之法呢？”

黄门侍郎杜恕说：“鲜明地用功效来检验官吏，三年考核成绩一次，这的确是帝王的好制度。但是经历了唐、虞、夏、商、周、汉六个朝代之后，考绩之法不能很好地施行，经历了七位圣主之后，考绩之法的条文不再流传，臣真诚认为考绩之法大体可以使用，但它的细则却难以完备。俗话说：‘世上只有恶人而没有恶法’，假若法令能单独解决问题，那么唐尧、虞舜便可以不靠稷、契的辅佐，殷、周就不必看重伊尹、吕望的辅佐了。现在奏请施行考核功绩的人，陈述周、汉二代的办法，补充京房的考绩之法的精神，可以说已经抓住了考课法的要点。但在崇尚揖让的风气，推广礼仪兴盛的政治方面，臣认为还未达到尽善的地步。如果要使州郡官员考察地方的人才，必须从儒学，文吏、孝悌、从政四种科目来考察，四科都有实际功效，然后举荐上来，召入公府中加以试用，亲自担任管理民众的官长，继而根据他们的功绩依次补充为郡一级长官，或者给他们增高官级，赐给爵位，这是实行考绩最为紧要的工作。臣认为经过考绩被任用或提升的官员，就应该让他们显贵，采纳他们的意见，让他们具体拟出考绩州郡官员的法规，切实执行。依照法规，该赏的一定要赏，该罚的一定要罚。至于公卿及朝廷中的大臣，也应该都根据他们的职位来考核他们。古代的三公，坐在君王身旁讨论治国之道；朝廷大臣，贡献意见弥补帝王的缺失。君王的善行没有不给予纪录的，君王的过错没有不加以纠举的。况且天下极为广大，事务万机极为众多，实在不是一个人的智慧所能照顾周全的；所以将君主比作脑袋，把臣子比作四肢，表明君臣共为一个身体相互依赖才能生存。所以古人说廊庙的梁材，绝不是一根木头能支撑起来的，帝王的大业，绝不能靠一个人的谋略。如此说来，哪有只靠大臣整天尽职进行考课就可以天下太平呢？如果大臣只用心于安身保位，没有担忧被放逐贬退的罪过，而那些尽心为公的大臣却受到怀疑，这种风气形成，那么公正得不到坚持，邪恶成了风俗，即使让孔子来进行考课，也不能发挥一个人才的作用，又何况是由世俗之人进行考课呢？”

司空掾北地人傅嘏说：“设置官吏分担职责，处理民事，这是治国的根本。依照官位职责来考察他的实际工作，按照规章来进行督查，这是治国的末节。根本大纲未曾抓住，却编造细枝末节，治国的大计未被重视，却以考课为先，怕不足以核查贤能和愚昧的区别，也不能精通事物的本质和表面上的道理。”意见长久不能统一，考课的事终于未能实行。

（以上为第六段，写曹魏大臣讨论考绩之法，意见纷纷，终于没有施行。）

臣司马光评论说：治理国家的关键，没有比用人更为重要的了。而考察人才的方法，即使是圣贤也感到困难。所以只依据批评和赞誉来作为标准，就会使得只根据爱憎来做判断，而使善恶混淆；如果只根据考核的业绩来定人才，一定是巧诈横生，而真伪混杂。总之，最根本的是大公无私和明白如镜。居于上位的人能至公至明，那么众多下属有无才能便会清清楚楚看在眼里，没有可以逃过的了。如果在上位的人不公不明，那么考课之法，正适足以成为满足私心欺骗上级的工具。

为什么是这样的呢？公正与光明是内心的涵养，业绩与成效是外在的表现。自己的内心都不正直，而去考核别人的行迹，不是很难吗？位居上位的人，真能做到不因亲疏贵贱而动摇自己的心意，不因喜怒好恶而扰乱自己的思考，就很容易发现人才。想要了解谁是经学人才，只要看他记诵阅览的知识十分广博，讲论经义也很精通，他就是一个善于经学的人才了。想要了解谁是优秀的司法人才，只要看他能辨别真伪，没有造成冤狱，他就是善于司法的人才了；想要了解谁是理财的人才，只要看他能使仓库满盈，百姓富足，他就是一个善于理财的人才了；想要了解谁是带兵打仗的人才，只要看他能战胜攻取，敌人畏服，他就是一个善于用兵的人才了。至于各种文武官职，都是如此。虽然是询问别人的意见，决定却是自己来做；虽然是考察人们的行迹，但认定却是由自己的内心来观察判断。探讨考核实情，斟酌采用合适的措施，这是至精至微的心理认知，不能用口头讲述，不能用书面流传，怎么能预先制定一套法规来全部交给有关部门去办理呢？

有的人因为是皇亲国戚，即使他们不能胜任也委任为高官；对疏远贫贱的人，即使是贤才也要遗弃不用。当权者所喜好的、欣赏的人，虽然败坏了官职也不罢免，而自己愤恨的、厌恶的人，虽然有功也不录用。咨询别人的意见，称赞他和诋毁他的人各占一半而做不出判断，考察别人的行迹，虽然有许多证明文件却无实际成绩，而不能察明。即使制定了完备的法规，项目再细，档案再多，又怎能了解真相呢？

有人说，君王的治理，大者是整个天下，小者是一个封国，朝廷内外的百官成千上万，一一考察，有的升迁，有的罢免，怎么能不委托有关部门去办，而由自己一个人来做呢？臣的回答不是这个意思。凡是居于上位的人，不只是一个君王，太守位居一郡人之上，刺史位居一州人之上，九卿位居众多属官之上，三公位居众多官僚之上，都以这种办法来考察升降公卿刺史太守，哪有什么烦劳困难呢？

有人说：考绩的方法，是唐尧、虞舜设计出来的，京房，刘邵承继使用而加以补充而已，怎能废除呢？臣的回答是：唐尧、虞舜的官员在位时间长久，接受职务得到的信任也很坚定，当时的立法是宽松的，而责求他们的功效期限也定得很远。鲧去治理洪水，九年之后没有成效，然后才治他的罪；大禹又来治理洪水，等到九州全都治理好，四方边远地区的土地都可以安居了，然后才奖赏他的功劳，不像京房、刘邵的办法，考核人们的琐碎事务，责成人们在早晚之间就显出成效。事情本来就有名称相同而实质不同的，不可不注意这一点。考绩的办法不是只能在唐尧、虞舜时期实行而不能在汉、魏时期实行，这是因为京房、刘邵不能抓住考绩的根本而仅在细枝末节上下功夫的缘故。

（以上为第七段，为司马光的评议。司马光只主张贤人治国，反对考课条例，是把人治置于法治之上的典型代表。）

当初，右仆射卫臻主管选拔任用官吏的职责，中护军蒋济致书给卫臻说：“汉高祖重用逃亡的敌将为上将，周武王提升渔父为太师；平民奴仆可以登上王公的高位，何必死守条文，要先试用然后才委任呢？”卫臻说：“不对。你想把牧野之战混同于周成王、康王时期，将汉高祖斩蛇起义比喻为汉文帝、汉景帝时期，喜好不正常的提拔，大开提拔奇才的路子，这将使全社会都朝这个方向奔跑起来不就乱套了吗？”

卢毓评议人才以及提拔任用时，都是以品性德行为先而后才谈论他的才能。黄门郎冯翊人李丰曾经为此事问卢毓，卢毓说：“才能是用来做善事的，所以大才能完成大善业，小才能完成小善事；现今说一个人有才能却不能做善事，这样的才能就是不成器，不可做官！”李丰佩服他的话。

（以上为第八段，写任用人才是破格提拔还是正常提升，是以德为先还是以才为先，仍然纷争不决。）

【点评】

司马光评论重人治不重法治。景初元年（237），魏明帝欲行考课之法，交付大臣廷议，纷争未果。司马光发表长篇评论，支持反对一方，不赞同考课之法。

在专制政体下的考课之法，奖惩升降条例，也只是统治者的意志表现，但它总是一个标准，使管理部门有法可依。正如魏吏部尚书卢毓所说：“依法循名责实，虽然得不到奇异的人才，但可以得到正常的人才。”司隶校尉崔林认为：“即使有好的考课之法，如果执行人不称职，也没有好效果。”于是崔林把考课之法比作渔网之目，皮衣之毛，把执行人比作渔网之纲，皮衣之领，纲举才能目张，提领才能衣整毛顺。因此得出结论，人比法更重要。用今天的话说，就是法治与人治的关系，是法比人大，还是人比法大。在这里，执法的个人就是职位和官长，也就是法比官大，还是官比法大。官比法大，宪法也可以践踏，法比官大，个人意志必须受到约束。司马光完全站在崔林的立场，把政治的好坏，把公正廉明完全寄托在上位的个人，说用人的得失和升降完全是在上位的人的个人心智活动，不可以说，不可以记载成为条文准则，彻头彻尾为人治辩护，是完全不可取的。

资治通鉴（白话本） 卷第七十四

魏纪六

魏明帝景初二年至魏邵陵厉公正始六年（公元238—公元245）

【起著雍敦牂（戊午，公元238年），尽旃蒙赤奋若（乙丑，公元245年），凡八年】

【大事提要】

本卷记事起公元238年，讫公元245年，凡八年，当魏明帝景初二年至魏邵陵厉公正始六年。这一时期，三国鼎立，各自忙于内政，除公元241年孙权趁曹魏齐王曹芳幼主新立，出兵四路北伐之外，没有大的战事。此役也是孙权在位最后一次北伐，很快失败，表明北方优势已大大超过南方。曹魏的方针是休养生息，蓄积国力，待机统一吴、蜀，吴、蜀力弱，志在保守，所以三方总体平静，吴、蜀政治开始走下坡路。孙权设校事官，实行特务恐怖统治，吕壹事件，又加上鲁王孙霸争太子之位所造成的政治动荡，使吴国大伤元气。孙权已进入晚年，昏聩糊涂，但尚能及时醒悟，善待功臣之后，使吴国得以继续绵延。蜀相蒋琬厚道，而防魏战略，从汉中退守涪县，实为错误，蜀国衰败，已不能逆转。曹魏方面，司马懿平定辽东，建立大功，政治上亦得势，与曹爽共受明帝遗诏辅政，进入了中枢。曹爽自身平庸，又信用群小，专权自恣，伐蜀失败，损毁权威，为他的最终失败埋下祸根，司马懿入朝辅政。

烈祖明皇帝下

魏明帝景初二年（戊午，公元238年）

春季，正月，魏明帝把司马懿从长安召回，命令他领兵四万讨伐辽东。议事的大臣有人认为四万兵多了，军需难以供应。魏明帝说："征伐四千里之外的敌人，尽管是用奇兵，却也应该依靠实力，不应当斤斤计较军费。"魏明帝问司马懿说："公孙渊会用什么办法对付你？"司马懿回答说："公孙渊弃城事先逃走，这是上计；凭借辽水抗拒大军，是次一等的办法；坐守襄平，就要被我军擒获。"魏明帝说："那么三者中公孙渊会采取哪一种呢？"司马懿回答说："只有明智的人能够审度敌我双方的形势，才可能事先舍弃一些东西。这并不是公孙渊所能做到的，他又认为我军是孤军深入，不能持久，一定先在辽水抵抗，然后退守襄平。"魏明帝说："来回需要多少时间？”司马懿回答说：“去一百天，攻一百天，回来一百天，以六十天作为休息的时间，如此的话，一年时间足够了。”

公孙渊得到消息，赶紧再次向吴国称臣而求救兵。吴国人想杀掉他的使者，羊衜说：“不可以，这样做只是发泄匹夫的愤怒而舍弃了称霸的大计，不如乘机厚待他，派奇兵秘密前去要求公孙渊归附。如果魏军攻击不胜，而我军远行前去，这就是同远方的夷人结恩，正义显现在万里之外；如果他们双方用兵难分难解，公孙渊就会顾头顾不了尾，而我们就可虏劫辽东的边陲郡县，驱赶百姓抢掠东西而归，这也足以施行上天的惩罚，为先前的事报仇雪恨了。”吴主孙权说：“好！”于是下令大举集中部队，对公孙渊的使者说：“请回去等待消息，一定遵从告急文书的要求出兵，和老弟同甘苦共患难。”又说：“司马懿所向无敌，我为你感到担忧。”

魏明帝问护军将军蒋济说：“孙权会救援辽东吗？”蒋济说：“孙权知道我国防备已经坚固，不可能从中渔利，援军深入我国，孙权没这个力量，侵入不深则劳而无获，即使是孙权的儿子、兄弟处于危险之中，也不会出动，何况是异国的人，还要加上先前曾受过公孙渊的羞辱呢！现今孙权之所以要向外声扬出兵相救的消息，只是为了欺骗公孙渊的使者，使我国产生疑惑，我国若果不能战胜公孙渊，那么孙权就希望公孙渊降低地位来侍奉自己罢了。可是沓渚距离公孙渊还很远，如果大军驻在沓渚，不速战速决，那么孙权临时谋划，或者派轻兵偷袭我国，就不能预测了。”

魏明帝问吏部尚书卢毓：“谁可以任司徒？”卢毓举荐隐士管宁。魏明帝不任用管宁，又问其次有谁可以担任司徒，卢毓回答说：“敦厚诚实而行为极其高尚的人，就数太中大夫韩暨；明亮正直清廉方正的人，要算司隶校尉崔林；耿直忠贞品性纯正不邪的人，则有太常常林。”二月十一日癸卯，任命韩暨为司徒。

汉主刘禅册封张氏为皇后，张氏是前任皇后的妹妹，又立王贵人的儿子刘璇为皇太子，刘瑶为安定王。

大司农河南人孟光向秘书郎郤正询问太子刘璇读书的情况和性情爱好，郤正说：“太子奉养双亲虔诚恭敬，读书从早到晚不敢懈怠，有古代太子的风范；接待下属百官，举止都出自仁爱和宽厚之心。”孟光说：“如您所说的，民间普通人家都有这样的德行，我现在要问的，是想知道太子的权略智谋怎么样。”郤正说：“当太子的职责，在于顺承双亲的心意，竭力使双亲高兴，就是不能妄有行动；智谋隐藏在胸中，权略应时而发挥，智谋权略的有无，怎可预先知道！”孟光知道郤正说话谨慎，不能无拘无束地畅谈，因此说：“我喜欢说直话，无所回避。如今天下未定，以智略为第一位，智略是人自然而具有的，不能勉强学到。太子读书，怎么能像我们一样竭力博览群书以等待咨询，或者像博士一样回答策问讲述以求得俸禄爵位呢？太子应当努力学习最急迫的。”郤正认为孟光的说法很有道理。郤正是郤俭的孙子。

吴国铸造以一当千的大钱。

夏季，四月初九日庚子，魏国南乡恭侯韩暨逝世。

四月十九日庚戌，魏国大赦天下。

六月，司马懿进军到达辽东，公孙渊派大将军卑衍、杨祚率领步骑兵数万人屯驻在辽隧阻击，构筑围墙及壕沟长达二十多里。魏军各位将领想攻打辽隧，司马懿说：“贼军所以坚壁固守，是想使我军疲劳。如今进攻他们，正好中其奸计。况且贼人的大军在这里，他的老巢必然空虚；我们直逼襄平，攻破城池是必然的。”于是多立旗帜，装成准备向辽隧南面迂回进军的样子，卑衍等人率领全部精锐南下阻击，司马懿率军暗中渡过辽水，出军辽隧之北，直逼襄平；卑衍等人恐慌了，连夜率军退回。魏国各部队挺进到首山，公孙渊又派卑衍等人迎战，司马懿指挥大军攻打，大败卑衍部队，于是进军包围襄平城。

秋季，七月，大雨连绵不断，辽河洪水暴涨，运输船从辽河口直接开到襄平城下。大雨下了一个多月不停，平地积水好几尺深，魏国各部队都很恐慌，想转移营地到高地。司马懿下令全军：“敢有主张迁移军营者斩！”都督令史张静违犯了这项军令，立即斩首，军中这才安定下来。公孙渊的军队凭借大水，像往常一样出城打柴放牧，魏军各位将领想去俘获打柴放牧的人，司马懿不准。司马陈珪说：“从前进攻上庸，军队分为八路，一起进攻，昼夜不停，因此能在十几天内，攻克坚固的城池，斩了孟达。这次远道而来却又行动迟缓，我实在感到迷惑不解。”司马懿说：“孟达的军队人数少而储备的粮食可食用一年，我军将士四倍于孟达，但粮食维持不了一个月，凭一个月的粮食去攻击足够一年的粮食，怎能不速战速决！以四倍的兵力去攻击只有一倍的敌人，即便让部队损失一半，只要能攻克敌城，也要去攻，所以不顾伤亡去猛攻，那是在与敌人竞争粮食储备。如今贼兵多我军少，贼兵饥饿我军饱，雨水又是这样迅猛，军队的力量无法施展，尽管催促部队进攻，又能有多大效果呢？从京师发兵时，就不担心贼军的攻击，只担心贼军逃走。现在贼军粮食将要吃尽，而包围尚未合围，抢夺他们的牛马，抓捕他们的打柴放牧人员，这不是故意赶他们逃走吗？战争是一种诡诈的行为，要善于按照情况调整变化。敌人凭借兵多又仗恃着大雨，因此虽然饥困，还不肯束手就擒，所以我们要装出无能的样子来使他们安心固守。只贪图取得小利而惊扰了他们，不是好计策。”朝廷听说大军遭逢连续大雨，大臣们一致主张罢兵班师。魏明帝说：“司马懿面临困境有能力控制突然事变，活捉公孙渊指日可待。”

大雨终于停止，司马懿才指挥大军合围襄平，堆起土山，挖掘地道，让士兵利用盾牌、高楼车、带钩子的云梯和冲城的冲车等器具，昼夜攻城，箭矢石块像雨点一般落下。公孙渊困窘急迫，粮也吃完，城内开始人吃人，死亡的人很多，他的大将杨祚等人投降魏军。八月，公孙渊派丞相王建、御史大夫柳甫来见司马懿，恳求解围退兵，愿意全城君臣反绑双手当面投降。司马懿下令杀了王建、柳甫，发布檄书通告公孙渊说：“楚国和郑国都是同等的诸侯国，而郑伯在战败时还脱光上衣牵着羊出来迎接楚王。我是天子的上公，而王建等人竟然想要我解围退军，这难道合乎礼节吗？这两人老糊涂了，传话传错了意思，已经替你杀了他们。如果还有话要说，可另外派年轻而明白事理能做决断的人来！”公孙渊又派侍中卫演前来请求定时间送人质，司马懿对卫演说：“军事对决有五大原则：能战则战，不能战则守，不能守则退；剩下的两条，只有投降与战死。你不肯倒绑双手来降，这就是决心要赴死了。不用送人质！”八月二十三日壬午，襄平的防守全线崩溃，公孙渊和儿子公孙修率领几百骑兵突围向东南方向逃窜，大军急忙追击，在梁水岸边杀死公孙渊父子。司马懿进入襄平城，下令杀掉城内公卿以下大小官员和军人百姓共七千多人，积尸封土，筑成京观。于是辽东、带方、乐浪、玄菟四个郡全部平定。

公孙渊将要反叛时，他的将军纶直、贾范等人苦苦劝阻，公孙渊将他们全都杀死。司马懿把纶直等人的坟墓培土加高，为了彰显他们，任命他们的子孙做官，又将公孙渊的叔父公孙恭从监狱中释放出来。中原人愿意返回故乡的，听凭自主决定。于是班师回朝。

起初，公孙渊的哥哥公孙晃作为公孙恭的人质在洛阳，在公孙渊未反叛之前，公孙晃多次向魏反映公孙渊将要反叛，想让魏国讨伐公孙渊；等到公孙渊反叛时，魏明帝不忍心在闹市上诛杀公孙晃，想派人到监狱杀死他。廷尉高柔上疏说：“臣个人听说公孙晃先前多次主动揭发，禀报公孙渊有反叛的迹象，他虽然是公孙渊这一凶犯的亲属和人质，念及他的本心应当宽恕他。孔子能体谅司马牛的忧惧，祁奚能指明叔向没有罪过，这都是古代的美善义行。臣认为公孙晃若真的事先有所报告，就应饶恕他的死罪；如果他自己没有报告，应在市场上斩首示众。现在宽大却不赦免他的死罪，严惩又不揭露他的罪行，关闭在牢狱中，让他自杀，四方的人观察我国，或许要对这种处置方法有所怀疑了。”魏明帝不听，竟然派使者带去拌有金屑的酒让公孙晃和妻子儿女喝下毒死他们，又赏赐给公孙晃等人棺材寿衣，在宅院内收殓入棺。

（以上为第一段，写魏明帝遣司马懿平定辽东，灭公孙渊。）

九月，吴国改年号嘉禾为赤乌。

吴主孙权的步夫人去世。

先前，吴主孙权担任讨虏将军，驻守在吴郡，娶了吴郡徐氏的女儿为妻；太子孙登的母亲出身微贱，孙权命徐氏做孙登的养母。徐氏妒忌，所以不受宠爱。等到孙权西迁都城到武昌，把徐氏留下住在吴郡；而临淮人步夫人在后宫中最受宠爱，孙权就想立步夫人为皇后，但群臣的意见主张立徐氏为皇后，孙权因而犹豫不决十几年。这时步夫人死了，大臣们奏请对步夫人追加皇后的印绶。徐氏竟然被废黜，死在吴郡。

吴主孙权让中书郎吕壹掌管各官府及各州郡上奏的文书，吕壹因此日渐仗势作威作福，狡诈地运用法律条文罗织罪状，排挤陷害无罪的人，诽谤攻击大臣，琐碎小事也要报告吴主。太子孙登多次劝谏吴主，孙权不听。没人敢再说话，都害怕吕壹，不敢正眼看他。

吕壹诬陷原江夏太守刁嘉诽谤朝政，吴主发怒，逮捕刁嘉，关进监狱进行审问。当时牵连到的人惧怕吕壹，都说听到了刁嘉诽谤的话。侍中北海人是仪独自一个人说没有听到，于是转而审讯是仪，要追查到底，连续几天，孙权不断下诏严厉责问，群臣为是仪提心吊胆，大气也不敢出。是仪说："如今刀锯已架在臣的脖子上，臣岂敢替刁嘉隐瞒，自取灭族之祸，做不忠之鬼！臣只是把知道的情况原原本本、如实上奏。"是仪据实回答审问，始终不改最初的口供，吴主于是放了他。刁嘉也得以免罪。

吴国的上大将军陆逊、太常潘浚担忧吕壹扰乱国家，每次谈到此事，总是流泪。吕壹向吴主奏报丞相顾雍的过错，吴主生气，责问顾雍。黄门侍郎谢厷在闲谈中问吕壹："顾公的事怎么样？"吕壹说："不会有好结果。"谢厷又问："如果此公罢免退职，谁可代替他？"吕壹没有回答。谢厷说："潘太常恐怕会得到这个职位吧！"吕壹说："你的话八九不离十。"谢厷说："潘太常常对你切齿痛恨，只是找不到打击你的机会。潘太常如果今天取代了顾公，恐怕明天就会打击你了。"吕壹大为惊慌，于是化解了顾雍的事。潘浚要求进京朝见，前往建业，打算极力向孙权进谏，到建业之后，听说太子孙登已经多次进言，但孙权并不听从；潘浚因而大请百官，想趁机在宴会上亲手杀死吕壹，而由自己一个人承担罪名，替国家除去祸害。吕壹暗中得到消息，托病不去参加宴会。

西陵督步骘上疏说："顾雍、陆逊、潘浚，志在竭尽忠诚，寝食不安，一心想安国利民，谋求国运长治久安的办法，可以说是国家的心腹和栋梁大臣。应当对他们十分信任，各自委以要职，不应派其他官员监视他们所主管的事，督促检查他们的工作谁最优秀。这三位大臣考虑不周是会有的，但岂能欺骗辜负天子呢？"

左将军朱据的部属应领取三万串钱，工匠王遂用心计冒领了这些钱。吕壹怀疑钱到了朱据之手，就审问朱据部下主管此事的官吏，并将他拷打至死。朱据哀怜该官无罪而死，就用厚棺木安葬他，吕壹又诬陷说朱据的属吏是在替朱据隐瞒，因此朱据才为他厚加殡葬。孙权多次责问朱据，朱据无法表白自己，只好睡在草堆上等待定罪。过了几天，典军吏刘助发现了真相，说钱被王遂冒领了。孙权大为醒悟，说："朱据都被冤枉，何况小官吏和老百姓呢！"就彻底查处吕壹的罪过，赏给刘助一百万钱。

丞相顾雍到廷尉府断案，吕壹以囚犯身份来见。顾雍态度温和地审问吕壹的口供，临走时又对吕壹说：“你心里难道不想申诉吗？”吕壹叩头而不语。这时尚书郎怀叙当面辱骂吕壹，顾雍责备怀叙说：“国家有严正的法律，为什么要这样！”有关部门奏请对吕壹处以死刑，有人认为应对吕壹施加焚烧或者车裂分尸的刑罚，以表明国家对元凶的严惩。吴主为此向中书令会稽人阚泽咨询，阚泽说：“在昌盛开明的时代，不应再有这种刑罚。”吴主采纳了这个意见。

吕壹伏罪被处死之后，吴主派中书郎袁礼向各位高级将领道歉，同时征询对当时的国事应如何改进的意见。袁礼刚返回，孙权又下诏书责备诸葛瑾、步骘、朱然、吕岱等人说：“袁礼回来说：‘和诸葛子瑜、步子山、朱义封、吕定公相见，并咨询国事应以何事为先何事为后，但各位都借口不掌管民事，不肯有所陈述，全都推到陆伯言、潘承明身上。陆伯言、潘承明见到袁礼，哭泣流涕恳切悲恻，说话十分悲痛，甚至充满恐惧，有一种不安全的心理。’我听了报告，内心惆怅，自己深深地感到责怪，为什么呢？只有圣人才能没有错误行为，而明智的人可以及时看到自己的过失。一般人的行为，岂能全部正确！我扪心自问，曾经伤害过各位，拒绝了各位的好意，当时却疏忽而不能自我觉察，所以今天各位才有所顾忌不敢开口。不然，为什么竟到了这个地步呢？我与各位共事，从小到大，现在头发斑白了，自认为外表内心都足以开诚布公，公事私事的商讨计议都足以相互信赖，大义上尽管是君臣关系，感情上都像亲生骨肉兄弟一样，无论荣耀福分、欢乐悲伤，我们共同消受，共同分享。忠臣不应当隐瞒实情，智士不应当保留谋略，无论事情的是与非，君臣总是要一条心，各位岂能悠闲地袖手旁观呢！同坐一条船过河，我不同你们商量，还能同谁去交换意见呢？齐桓公有了善行，管仲未尝不赞叹，齐桓公有了过错，管仲未尝不劝谏，劝谏而不能改正，就劝谏到底而不停止。如今我反省自己没有齐桓公的品德，而各位却不肯开口劝谏，仍然顾忌为难；如此说来，我比齐桓公实际要好，不知道各位比管仲又是怎样？”

（以上为第二段，写孙权设置校事官，实行特务高压统治，导致满朝人人自危，闭口不言。）

冬季，十一月二十四日壬午，魏国任命司空卫臻为司徒，任命司隶校尉崔林为司空。

十二月，蜀汉蒋琬出兵屯驻汉中。

十二月初八日乙丑，魏明帝患病。

十二月二十四日辛巳，魏明帝册封郭夫人为皇后。

当初，魏太祖曹操还是魏公时，任命赞县县令刘放、参军事孙资都担任秘书郎。魏文帝即位后，把秘书省改名为中书省，任命刘放担任秘书监，孙资担任秘书令，于是二人掌管了机密工作。魏明帝即位后，这两人格外受到宠信，都加官侍中、光禄大夫，封为本县的县级侯爵。这时期，魏明帝亲自日理万机，多次出动军队作战，核心的机密工作，都由这二人掌管。每逢有重大事务，朝臣们聚会商议，常常由这两个人做最后裁决，选择方案施行。中护军蒋济上疏说：“臣听说大臣权势太重的话，国家便很危险，皇帝身边的人太亲信的话，皇帝本人就要受到蒙蔽，这是自古以来最重要的鉴戒。从前大臣掌管朝政，朝廷内外骚动不安；陛下断然亲理国政，大臣们无不敬肃。不是大臣们不忠诚，但威权落在臣下手中，那么大众的心里对皇上就会怠慢，这是正常现象。陛下既然已经觉察并纠正了大臣把持大权的弊端，希望也别忘记左右亲信掌管大权的另一种流弊，左右亲信的忠诚与见解，未必超过大臣，至于逢迎谄媚以迎合讨好，他们的手段可比大臣更为巧妙。现在宫外的人一开口说话，总是不离‘中书’，纵然陛下身边的人恭敬谨慎，不敢与宫外的人员交结来往，但是‘中书’有了这样的名气，就能让世俗之人感到如此迷惑，更何况他们实际掌握国事的机要，每天侍奉在陛下眼前，倘若他们趁陛下疲倦的时候，专断朝政，大臣们见他们能左右皇上的决定，也就会趁机去逢迎讨好他们。一旦有了这种情况，那么私人之间互相拉帮结派，按帮派利益褒贬评价大臣，就必然会发生，那么功过赏罚就必然会被颠倒，于是坚持走正直道路以求上进的人也许被堵塞，而巴结逢迎陛下左右亲信的人反而一帆风顺，借助细微的机会巴结讨好陛下，形成显著的权势而对外运用，陛下心里对他们亲近信任已成为习惯，也不再有警觉防备。这种情况，以陛下的英明，想来早已有所了解，再加上用心注意，就会看到他们的原形表现。臣担忧朝臣们害怕说话不合陛下的心意而受到陛下左右亲信的怨恨报复，所以不敢对陛下说实话。臣私下十分明白陛下圣心自会沉思考虑，对一切都会听到看到，如果事情有不合理而人物有未能恰当任用的话，陛下将会改弦易辙，远可与黄帝、唐尧比试功绩，近可光大武帝、文帝的勋业，岂能被身边的亲信糊弄呢？但是君主不可能一个人处理天下的全部事务，必须要将事务交付其他人办理，但如果只交付给一个大臣，而这个人又没有周公旦的忠诚，管夷吾的公正，那么，就会玩弄权术破坏国家。如今堪称柱石的人才虽然不多，但有不少人的品行受到一州称誉，智慧能力胜任一个职务，对陛下竭信尽忠，各司其职，对这些人要并列于朝，同时加以任用，不让圣明之朝还有一人专权弄势的丑闻发生。有专横权吏的丑名！”魏明帝不理会。

等到魏明帝病重时，对身后之事深为忧虑，就任命武帝的儿子燕王曹宇担任大将军，让他和领军将军夏侯献、武卫将军曹爽、屯骑校尉曹肇、骁骑将军秦朗等人共同辅佐朝政。曹爽是曹真的儿子；曹肇是曹休的儿子。魏明帝自小与燕王曹宇友善，因此把后事托付给他。

刘放、孙资长期掌管国家机要，夏侯献、曹肇心怀不满；宫中有鸡栖树，夏侯献和曹肇相互借机说事，他们议论说：“公鸡占据这棵树已经很久了，看他还能占多久！”刘放、孙资害怕两人以后祸害自己，就暗中计划离间魏明帝对夏侯献和曹肇二人的信任。燕王曹宇性情谦恭善良，对魏明帝的嘱托，诚心诚意地坚持辞让。魏明帝便召刘放、孙资两人进入卧房内，问道：“燕王为什么这样推辞？”二人回答说：“燕王确实自知不能胜任这一重大任命，因而如此推让。”魏明帝说：“谁可担当这一重任？”当时只有曹爽一人在明帝身边，刘放、孙资便推荐曹爽，并且说：“应召回司马懿和他共同参政。”明帝说：“曹爽能胜任这件事吗？”曹爽紧张得流汗不能回答。刘放踩曹爽的脚，附在耳边说：“快说臣以死保护社稷。”明帝听从刘放、孙资的话，想任用曹爽、司马懿，中间又变了卦，下令停止前面的决定；刘放、孙资又进卧房劝说明帝，明帝又听从了他们。刘放说：“应写份手诏。”明帝说：“我很疲倦，不能亲笔书写。”刘放就上了床，抓住明帝的手强行写下，于是将手诏带到外面，大声说：“有诏免去燕王曹宇等人的官职，不可停留在宫中。”曹宇等人都流着泪出宫。甲申日，任命曹爽为大将军。明帝嫌曹爽才能不够，又任命尚书孙礼担任大将军长史以佐助曹爽。

此时，司马懿在汲县，明帝命令给使辟邪持手诏召回他。在此以前，燕王为明帝谋划计策，认为关中的事情十分重要，应命司马懿走小路从轵关西返长安，事情已经实施。司马懿短时间内收到两个诏书，前后二诏意思相反，他担心京师发生事变，就急忙策马回京。

（以上为第三段，写魏明帝不听蒋济劝谏，专宠刘放、孙资，终受其挟制，违心诏命曹爽、司马懿辅政。）

魏明帝景初三年（己未，公元 239 年）

春季，正月，司马懿到达京师，入宫朝见魏明帝，明帝拉住他的手说：“我将后事托付给你，你与曹爽辅佐幼子，死去才可以忍受，我忍着不死就是等你，能和你相见，再也没有遗恨了！”便招来齐王、秦王指示给司马懿看，另外又指着齐王曹芳对司马懿说：“就是他，你仔细看清楚，不要弄错了！”又让齐王曹芳上前搂住司马懿的脖子。司马懿叩首流泪。当天，立齐王为皇太子。明帝不一会儿就逝世了。

魏明帝性格深沉刚毅、聪慧敏捷，能按自己心意办事，识别选拔有功劳有能力的人，不任用浮华虚伪的人。每逢调动军队出兵作战，讨论裁决大事，谋臣和将相们都佩服明帝的宏大胆略。他天生记忆力特别强，即使是身边的小臣，不论是他们的官职、性格、品行，还是名声、行为和所做的事，以及他们的父、兄、子弟，只要眼见或耳闻一次，就不会忘记。

孙盛评论说：从长者那里听说，魏明帝生来一表人才，站立时头发直垂到地面，口吃很少说话，但深沉刚毅，又有很好的判断力。当初，各位公卿接受魏文帝的遗诏来辅佐明帝，明帝把他们都安排到各地独当一面的长官位置上，国家政事由自己裁决。他对大臣优待尊礼，能宽容善良正直的人，尽管大臣对他当面冲撞冒犯，直言劝谏，他也从不加以折辱诛杀，他作为一个君王的度量是这样的伟大。但他不知道树立长远的恩德而留下好的风尚，不重视巩固皇室至亲的基础，以致大权旁落、国家没有人捍卫。

魏国太子曹芳即位称帝，时年八岁，宣布大赦。尊奉皇后为皇太后，给曹爽、司马懿加官侍中，赠给他们象征天子权力的符节和斧钺，总管京都及地方的军事大权，兼管尚书省的事务。各项已经开工的宫殿建筑工程，都以明帝遗诏的名义下令停止。

曹爽、司马懿各领三千名士兵轮流在宫内值夜守卫，曹爽因司马懿的年龄、职位一直比自己高，平常如同对父亲一样对待司马懿，每遇大事都向司马懿请教，不敢专断独行。

起初，并州刺史东平人毕轨和邓飏、李胜、何晏、丁谧都因才干闻名当世，但都急于追求富贵，追逐时尚，依附权势，明帝憎恶他们的浮华习气，都压抑不予任用。曹爽一直和他们关系亲密，等到曹爽一辅政，对他们突然加以提拔，当作自己的心腹。何晏是何进的孙子，丁谧是丁斐的儿子。何晏等人都共同拥戴曹爽，认为大权不能交付别人。丁谧替曹爽出谋献策，让曹爽说服天子发布诏书，将司马懿改封为太傅，表面上以太傅的名号尊崇他，实际想让尚书省奏请国事时先通过曹爽，以此控制实权。曹爽采纳了这个意见。二月二十一日丁丑，任命司马懿为太傅，任命曹爽的弟弟曹羲为中领军，曹训为武卫将军，曹彦为散骑常侍、侍讲，其余诸弟都以列侯身份侍奉天子，出入宫廷，尊贵恩宠没人比得上他们。

曹爽对待太傅司马懿，礼仪虽然依旧，但各种工程的兴建，很少再请示太傅。曹爽将吏部尚书卢毓调任为仆射，而以何晏代卢毓担任吏部尚书，任命邓飏、丁谧为尚书，毕轨为司隶校尉。何晏等人仗势用人，依附他们的人就提升，违反他们的人就罢免，朝廷内外的官员们都见风使舵，没人敢违抗他们的意旨。黄门侍郎傅嘏对曹爽的弟弟曹羲说："何平叔外表文静、内心浮躁，爱好名利而手段精巧，不思考从仁德根本上努力，我担心他一定先迷惑你们兄弟，将使仁人远避而朝政荒废！"何晏等人因此与傅嘏关系破裂，借一些小事罢免了傅嘏的官职。又把卢毓调出宫廷担任廷尉，毕轨又诬陷卢毓而罢免卢毓的官职，但遭到众人议论的强烈指责，便又召回卢毓让他担任光禄勋。孙礼光明正大绝不屈从，曹爽办事仍感到不称心快意，就将孙礼调出朝廷去担任扬州刺史。

三月，魏任命征东将军满宠为太尉。

（以上为第四段，写魏明帝托孤，曹爽排斥大臣和司马懿，擅权专政。）

夏季，四月，吴国督军使者羊衜攻击魏国的辽东守将，俘虏当地百姓后撤回。

蜀汉蒋琬担任大司马，东曹掾犍为人杨戏，性情一向简略大大咧咧，蒋琬和杨戏谈话，杨戏时常爱理不理。有人对蒋琬说："公与杨戏说话而他不理睬，傲慢得太过分了！"蒋琬说："每个人有每个人的想法，犹如每个人有每个人的面孔一样，不能划一。有人当面顺从转过背就议论乱说，这是古人最忌讳的事。杨戏若是赞同我的意见呢，就违背了他的本意；倘是反驳我的话，则又显示了我的不对，因此他才沉默不语，这正是杨戏的厚道啊。"此外督农杨敏曾经抨击过蒋琬，说蒋琬"做事糊涂，实在赶不上他的前任"。又有人向蒋琬报告此事，主事的官吏请求追查审理杨敏，蒋琬说："我真的不如前任，不要追查审理。"主事官请问蒋琬糊涂的具体情况。蒋琬说："如果不如前任，那么政事就治理不好，政事治理不好，便是糊涂了。"后来杨敏因事被关进监狱，大家都担心蒋琬报复，杨敏这回是死定了，蒋琬对杨敏却没有什么成见，杨敏得以免除重罪。

秋季，七月，魏国小皇帝曹芳开始亲临朝政。

八月，魏国大赦天下。

冬季，十月，吴国太常潘浚去世。吴主用镇南将军吕岱代替潘浚，和陆逊一起掌管荆州的事务。吕岱这年已八十岁，一向体格健康，辛苦勤劳，亲自处理国事，和陆逊同心协力，有成绩却彼此推让，南方的人都称赞他们。

十二月，吴国将领廖式杀死临贺太守严纲等人，自封平南将军，攻略零陵、桂阳等地，以致交州各郡大为震恐动荡，因为廖式有部队数万人。吕岱自己上书请缨，然后就立即出发了，星夜兼程，吴主派使者在后追赶，任命吕岱为交州牧，又派将领唐咨等人接连不断地增援吕岱，攻击讨伐了一年，打败叛军，杀死廖式及其同党，交州各个郡县全部平定。吕岱仍返回武昌。

吴国都乡侯周胤率兵一千人守在公安县，犯了罪行，被迁徙到庐陵，诸葛瑾、步骘替他求情。吴主说："先前周胤年轻，起初并无功劳，平白无故就让他率领精兵，还给他封侯拜将，这都是怀念周公瑾才对他如此。但周胤依仗这一点，酗酒过度，自我放纵，前前后后多次告谕他，但他不曾改过。孤对于周公瑾，在情义上和对待您二位一样，希望周胤能有所成就，难道这种心意会有完的时候吗？可是周胤的罪行太重，不宜立即让他回来，并且想让他受受苦，让他自己明白道理。周胤做为公瑾的儿子，又有您二位的呵护，若他能改正过错，难道还怕没有官做吗？"

周瑜哥哥的儿子偏将军周峻不幸去世，全琮请求让周峻的儿子周护继续统领周峻的部队。吴主说："当初打败曹操，占领荆州开拓国土，都是公瑾的功劳，一直不能忘记。刚听说周峻去世的时候，便想仍任用周护。但是听说周护的性情品行凶暴不可靠，用了他正好使他闯祸，因此又打消了这个念头。我怀念公瑾，哪有完了的时候！"

十二月，魏国下诏又以建寅之月为正月。

（以上为第五段，写蒋琬的厚道，以及孙权善待功臣之后的苦心。）

邵陵厉公上

魏邵陵厉公正始元年（庚申，公元240年）

春季，魏国发生旱灾。

越嶲族多次背叛蜀汉，杀死太守，此后太守不敢到郡治上任，将治所暂设在安定县，距郡治八百多里。汉主刘禅任命巴西人张嶷担任越嶲太守，张嶷招降安抚新近归附的少数民族百姓，诛杀讨伐豪强及暴徒，少数族畏惧而降服，全郡境内全部平定，于是又将治所迁回原来的地方。

冬季，吴国发生饥荒。

（以上为第六段，是年无大事，史仅载魏国春旱，吴饥荒，蜀平定越嶲郡之乱。）

魏邵陵厉公正始二年（辛酉，公元241年）

春季，吴国将要进攻魏国。零陵太守殷札对吴主说："如今上天抛弃曹氏，国君遭受天诛，相继死亡。当此猛虎相争之时魏国却用幼童治理国家。陛下亲自统率军队，攻取混乱的敌国，羞辱即将灭亡的敌人，应当把荆州、扬州地区所有的人力，按身体强弱分开，让强壮者手持武器去攻杀，让体弱者运输粮草。请西方的蜀汉出军陇右，授权诸葛瑾、朱然率领主力大军，直指襄阳，让陆逊、朱桓另外出征寿春，天子大驾进入淮水以北，经略青州、徐州地区。魏国的襄阳、寿春，因为受到我军的包围而困窘，长安以西则要拼命抵抗蜀军，许昌、洛阳的军队，势必分散到东西二方，我军多路互相配合，齐头并进，中原百姓一定在魏国内部响应。双方多路将帅对阵，敌人只要有一处出现失误，一支部队战败，那么全军都会士气大落；我军则趁势喂饱马、备好车，加强攻势，夺取城邑，乘胜追击败退的敌军，借此平定华夏。如果不发动全国兵力，还像从前那样只出动少数兵力，就不能取得大战果，而容易多次败退，这样就会使百姓疲劳而国威消失，随着时间的流逝而耗尽国力，不是好办法。"吴主孙权没有采纳这个建议。

夏季，四月，吴国全琮攻略淮南地区，掘开芍陂的堤坝，诸葛恪进攻六安，朱然包围樊城，诸葛瑾进攻柤中。魏国征东将军王凌、扬州刺史孙礼与全琮在芍陂开战，全琮战败逃走。魏国荆州刺史胡质率领轻装军队迅速救援樊城，有人说："贼军势盛，不可逼得太近。"胡质说："樊城城墙低矮，兵力又少，所以要快速进军做他们的外援，不然的活，樊城就危险了。"胡质就率军逼近樊城的包围圈，城内守军见有外援，于是安定下来。

五月，吴国的太子孙登去世。

吴国军队还在荆州，太傅司马懿说："柤中的汉民和夷人有十万人，如今被隔离在河南，流离失所，没有君主，樊城受围攻，已经一个多月还未解围，这是很紧急的事，我请求亲自出征讨伐。"六月，太傅司马懿督率各军救援樊城；吴军听到这个消息，连夜逃走，魏军追到三州口，获得大量军资，胜利班师。

闰六月，吴国大将军诸葛瑾去世。诸葛瑾的长子诸葛恪在此以前已被封为侯爵，吴主命诸葛恪的弟弟诸葛融继承诸葛瑾的爵位，带领军队，驻守在公安县。

蜀汉大司马蒋琬因诸葛亮多次出兵秦川，道路险峻，运粮困难，终未成功，因此大造舟船，打算沿着汉水、沔水东下，袭击魏国的魏兴、上庸。正巧蒋琬的旧病接连发作，没有能够及时配合东吴的行动，蜀汉的人们都认为按蒋琬的计划行动不会成功，回军的道路很艰难，不是好的谋略。汉主刘禅派尚书令费祎、中监军姜维等人去见蒋琬转达大家的意见。蒋琬因此上疏说："现在魏国横跨九州，根基滋生蔓延，要想铲除它并不容易。如果蜀吴合力，首尾呼应，虽然不能很快达到目的，总可以分裂魏地逐步蚕食，先摧毁它的边陲，但与吴国三番两次约定行动计划，却始终不能果断出兵。臣常与费祎等人商议，认为凉州胡人地区是重要的边塞，进退都有依靠，而且当地的羌人、胡人，思念汉朝就像久渴的人思念甘泉一样，应当任命姜维为凉州刺史，如果姜维出征，能够控制河西地区，臣就率军做姜维的后继。现今涪县水陆四通八达，可以应付紧急事件，如果蜀与吴发生了危险，从这里出发接应就不困难，请求将大营迁移到涪县屯扎。"汉主刘禅采纳了这个方案。

魏国想在扬州、豫州之间推广屯田积蓄粮食，于是命尚书郎汝南人邓艾巡视陈县、项县以东至寿春一带。邓艾认为："当初太祖（曹操）打败黄巾军，利用归降的黄巾部众进行屯田，在许昌积蓄粮食以控制四方。如今西、北、东三面都已平定，只有淮河以南还有战事，每次大军出征，运粮的士兵超过一半，耗用军费以亿计。陈县、蔡县之间，土地平坦肥沃，可以节省许昌附近各处稻田的用水，使各条水源顺着汝、颍等河东下灌溉，命令在淮河之北屯驻二万人，在淮河之南屯驻三万人，按十分之二的人分班轮休，这样就经常保持有四万人一边种田一边防守；还要增加河渠的开凿，用来增加灌溉能力，并且利用河渠通航漕运。计算起来除掉驻军的费用，每年可储存五百万斛粮食作为军需，六七年间，可蓄积三千万斛粮食在淮河地区，足够十万军队吃五年。用这个来攻击吴国，没有不胜利的。"太傅司马懿赞成这个意见。这一年，开始广开漕渠，每次东南发生战事，大举出兵，泛舟而下，直达长江、淮河，粮草有余而没有水害。

管宁去世。管宁名望大，行为高洁，人们仰慕他，好像和他相差很远难以接近，但跟他在一起，才感到他和悦平易。他能顺事引导人们向善，人们无不受到感化信服。等到他逝世时，天下无论认识和不认识他的，都悲伤叹息。

（以上为第七段，写吴、蜀劳师动众北伐，毫无建树，魏国却养蓄力量，待机消灭吴、蜀。）

魏邵陵厉公正始三年（壬戌，公元 242 年）

春季，正月，蜀汉的姜维率领偏军从汉中返回涪县。

吴主封他儿子孙和为太子，大赦天下。

三月，魏国昌邑景侯满宠去世。秋季，七月十九日乙酉，魏国任命领军将军蒋济为太尉。

吴主派将军聂友、校尉陆凯统兵三万攻击儋耳、珠崖。

八月，吴主封儿子孙霸为鲁王。孙霸是孙和的同母弟弟，尤其受到宠爱，与孙和没有差别。尚书仆射是仪兼任鲁王的师傅，上疏劝谏说："臣个人认为鲁王天生美德，文武兼备，现在所应做的，应该派鲁王镇守四方边境，作为国家的屏藩，传扬美德，向天下炫耀国家的威灵，这才是国家的良策，也是举国人士所盼望的。况且太子与亲王二者在待遇上应该有差别，以此维持上下的等级秩序，显明教化的根本。"书奏上了三四次，吴主不理会。

（以上为第八段，写吴主孙权既立孙和为太子，又封爱子孙霸为鲁王，二子并贵，为孙霸争太子位张本。）

魏邵陵厉公正始四年（癸亥，公元 243 年）

春季，正月，魏国皇帝曹芳举行加冠礼。

吴国诸葛恪袭击六安，俘获当地百姓而去。

夏季，四月，魏国皇帝曹芳册立甄氏为皇后，宣布大赦。甄皇后是文昭皇后哥哥甄俨的孙女。

五月初一日，发生日食。

冬季，十月，蜀汉蒋琬从汉中返回涪县，疾病更重，任命汉中太守王平为前监军、镇北大将军，总管汉中军务。

十一月，汉后主封尚书令费祎为大将军、录尚书事。

吴国丞相顾雍去世。

吴国诸葛恪派间谍深入魏国侦察路径和险要之处，想进攻寿春。魏国太傅司马懿率兵进驻舒县，想攻击诸葛恪，吴主命诸葛恪移往柴桑。

吴国步骘、朱然各自向吴主上疏说："从蜀国回来的人，都说蜀国想背叛盟约，与魏国结交，制造很多舟船，修缮城墙；此外，蒋琬守在汉中，听说司马懿率兵南下，不出兵乘魏空虚与我国配合，反而抛弃汉中，返回到接近成都的涪县。事情已非常明显，没有值得怀疑，应当对此有所防备。"吴主回答说："我国待蜀国不薄，无论聘访宴享还是盟誓，没有对不起蜀国的地方，哪能会到这种地步！司马懿进军到达舒县，不过十天就退回去了。蜀国在万里之外，怎么知道这里的情况紧急就立即出兵配合呢！先前魏国打算进入汉中，我国也只是戒严，并未出兵，正巧闻讯魏兵撤退，我们也就按兵未动；对蜀国难道还因这种事而怀疑他们吗？人们的传言很不可信，朕用全家人的性命向诸君担保蜀国不会背盟。”

魏国征东将军、都督扬州、豫州各军事务官王昶上奏说：“地势固有的险要不会变化，但如何防守却没有固定不变的计划。现今我驻军宛城，距离襄阳三百多里，一旦发生紧急情况，来不及救援。”于是向南移驻新野。

魏国皇室宗族曹冏上奏说：“古代的君王，一定要封同姓的诸侯，以此表明对亲族的亲近，一定要封异姓的诸侯，以此表明对贤人的尊重。只采用亲近亲族的办法，政权就会逐渐走向衰弱；只采用尊重贤人的办法，政权有会被篡夺的弊病。先圣知道这个道理，所以广纳人才，无论亲疏都一并加以任用，所以能保住他的国家，经历很长的时期。现今魏国尊重贤人的措施十分明白，但亲近亲族的措施却尚未完备，亲族中的人有的虽被任用但没有实权，有的则丢弃在一旁不加任用。臣私下考虑这个问题，睡觉不能安心，谨把自己所知道的写出来，评说历代王朝的成功与失败有什么借鉴。当年夏、商、周的帝王都传了数十代人，而秦朝仅仅两代人就灭亡了。为什么呢？夏、商、周三代的君主与封国诸侯共同统治民众，所以封国诸侯与君主一起分担忧愁；秦王一个人统治他的百姓，所以倾覆危亡而无人来挽救。秦朝看到了周朝的弊病，认为弱小的封国终会被强大的封国吞并，因此废除了五等爵位制，设立郡县官长，在内部没有皇族的子弟辅助天子，在外部则没有诸侯封国护卫朝廷；这如同砍掉自己的四肢，只用胸腹躯干，旁观的人为之寒心，但秦始皇却洋洋得意自以为可以把宝座传给子孙一万代，实在荒谬！所以汉高祖奋力挥动三尺之剑，驱动乌合之众，只用五年的时间，便完成称帝的大业。这又是为什么呢？砍伐根深的大树难以成功，而摧枯拉朽就容易用力，在道理上和形势上都是这样。汉代以秦代的失误为鉴戒，将子弟分封为诸侯；等到吕氏及其家族专擅大权时，图谋危害刘氏的王朝，但刘氏天下并未因此而倾覆动摇，其原因就是诸侯强大，如同胶粘磐石一样的牢固。但汉高祖分封的诸侯，其领域超过了古代的制度，所以贾谊认为要想使天下安定，最好是多封诸侯而要削弱他们的力量，可是汉文帝不听从。到汉景帝时，误用晁错的办法，削弱罢黜诸侯，结果造成了七国叛乱。这场祸乱的征兆出现在汉高祖时，而祸乱爆发在文景之时，其原因就是制度过宽，却又削弱过急。所谓‘树梢大了树干折，尾巴大了难摆动’，尾巴与身体一样粗，就不能随意摆动，何况不属于自身的尾巴，岂能摆动它！汉武帝听从主父偃的计谋，发布推恩令逐步削弱诸侯封地，自此之后，诸侯国终于衰败，他们的子孙越来越微贱，只靠封地的租税生活，不再干预政事。到了汉哀帝、汉平帝时代，王氏把持了大权，假借周公的制度进行改革，而做了如同田常篡齐一样的事，引起祸乱，而皇室诸侯中的人，有人竟然替王莽编造符命，歌颂王莽的恩德，岂不可哀！如此说来，并不是皇室子弟只在惠帝、文帝时代忠孝，而到了哀帝、平帝时代就叛逆，只是因为权力已轻、势力已弱，不能施展罢了。有赖光武皇帝发挥卓越的才能，在王莽已经篡国成功的时候将他擒获，在汉代王朝已经断绝的时候把它继承下来，这难道不是靠皇室宗族后裔的力量吗？但此后却不曾以秦朝的失策为鉴戒，而袭用周代的旧有制度到了汉桓帝、汉灵帝时，宦官把持大权，天子被孤立在帝位上，大臣在下弄权，由此造成了天下大乱，奸邪之人群起并争，皇家宗庙焚烧为灰烬，宫室变成了荒林。

“魏太祖如同龙凤一样飞翔奋起，扫除了凶逆。大魏的兴起到现在已经二十四年了；观察夏、商、周、秦、汉五代的存亡而不采用他们的长处，看到前车的倾覆而不改变车辙方向。皇室子弟被封在空旷地区为王，君王之下却有不能役使的百姓；皇室亲族流落在民间，不能闻知国家的政治；权力与匹夫相同，势力与庶民相当。君王内部没有深根不拔的坚固基础，外部没有如磐石一样的宗族同盟的帮助，这不是安定国家，留传万世大业的好办法。况且如今的州牧和郡守，就像古代的一方之霸主或强大诸侯，都拥有广达千里的地域，兼任文武百官之长，有的一家之中有好几人担任州郡的长官，有的是兄弟共同占据一个地方；但皇室子弟却不曾有一个置身其中，跟他们相互牵制，这不是加固根本，削弱树梢，用以防备万一事变的措施。现今用贤，有的使他越级担任名城的长官，有的让他担任偏师的主帅；而皇家宗族中有文才的人非要限定为小县的县吏，有武略的人偏要限定只当个百夫长，这不是用来奖赏提拔贤才、褒奖宗室的礼制。俗话说：‘百足之虫，至死不僵’，这是因为扶助它的脚有很多的缘故。这句话所说的事虽然很小，但可用来比喻国家大事。因此圣明的帝王安全时不忘记危机，生存时不忘记灭亡，因而天下虽然有变乱但始终无倾覆危亡之患。”曹冏希望用这个观点感悟曹爽，但曹爽没有采纳。

（以上为第九段，写魏国宗室曹冏上奏，要求辅政的曹爽封宗室，加重皇族亲戚的权力以辅翼魏朝，曹爽没有听从。）

魏邵陵厉公正始五年（甲子，公元 244 年）

春季，正月，吴主任命上大将军陆逊为丞相，他担任的荆州刺史、右都护及兼任武昌长官等职务仍旧留任。

魏国征西将军、都督雍州、凉州各军事务官夏侯玄是大将军曹爽姑姑的儿子。夏侯玄辟举李胜任长史，李胜和尚书邓飏想让曹爽在天下树立威名，于是劝曹爽伐蜀；太傅司马懿阻止他，但没有成功。三月，曹爽西到长安，兴兵十余万人，与夏侯玄一起从骆口进入汉中。

汉中守兵不足三万，各位将领都十分惊恐，只想守住城池不敢出城作战，以此等待涪县派来救兵。王平说：“汉中距涪县将近一千里，贼军如果占领了关城，就会成为大祸，现在应该先派刘护军占据兴势，我为他的后援；如果贼军分兵向黄金谷迎击，我率一千人下山亲自去迎战，等到那时，涪县的援军也就赶到了，这是最好的办法。”各位将领都犹疑不定，只有护军刘敏和王平意见一致，于是率领自己的部队进驻兴势，广树旗帜，绵延一百多里。

闰三月，汉后主派大将军费祎统率各军救援汉中，临出发时，光禄大夫来敏前来和费祎告别，要求一同下盘围棋；此时紧急文书接连送到，军人穿铠甲，战马备雕鞍，整装待发，费祎却与来敏相对下棋，脸色毫无厌倦之意。来敏说：“刚才只是试试你罢了，你的确值得信赖，一定能打败贼军。”

夏季，四月初一日丙辰，发生日食。

大将军曹爽的军队被阻拦在兴势不能前进，关中和氐人、羌人运送的军粮供应不上，牛马驴骡死了许多，百姓和氐人、羌人在路上哭泣，涪县的蜀军和费祎的救兵接连赶到。参军杨伟为曹爽说明形势，应该马上撤军，不这样的话，将要失败。邓飏、李胜与杨伟在曹爽面前争议，杨伟说：“邓飏、李胜将要败坏国家的大事，真该斩首！”曹爽听了不高兴。

太傅司马懿给夏侯玄写信说：“《春秋》严厉责备的人，其实是对他的恩德也重。先前武皇帝两次进入汉中，几乎大败，这是你所知道的。现在兴势至为险要，蜀兵先入据守，如果我军进攻蜀军肯定不会交战，后退又被拦截，必定要全军覆没，你将如何承担这个责任！”夏侯玄害怕了，告诉了曹爽；五月，曹爽率军退还。费祎前进占领三岭拦截曹爽，曹爽争夺险要苦战一番，仅仅能够通过，但散失死亡的士兵有许多，关中地区自此变得空虚削弱。

秋季，八月，魏国秦王曹询去世。

冬季，十二月，安阳孝侯崔林去世。

这一年，蜀汉大司马蒋琬因病而坚持要求将益州刺史的职务让给大将军费祎，汉后主因此任命费祎为益州刺史，任命侍中董允代理尚书令，作为费祎的副手。

此时国家因战争而事务繁多，公务琐碎凌乱；费祎担任尚书令时，记忆和理解力都超过常人，每次阅读文书，用眼睛浏览一下，就已明白主要的意思，速度比别人快好几倍，始终不会忘记。每天只从早饭到晚饭时办公听取事务汇报，其间还接见宾客，饮食嬉戏，加上下棋，常常与人尽欢而散，但公事也没有荒废。等到董允代替费祎，想效仿费祎的做法，十天之中，有很多公事积压被耽误。董允因而感叹说：“人的才能相差如此远，并非我所能赶得上的！”于是整日处理公务还有来不及的时候。

（以上为第十段，写曹爽伐蜀遭败绩。）

魏邵陵厉公正始六年（乙丑，公元 245 年）

春季，正月，魏国任命骠骑将军赵俨为司空。

吴国太子孙和与鲁王孙霸同住在一个宫殿，礼仪等级相同，群臣对此多有议论。吴主于是命令二人分住二宫，也分别建立各自的僚属，孙和与孙霸由此产生隔阂。

卫将军全琮让他儿子全寄侍奉鲁王孙霸，写信向丞相陆逊通告这件事。陆逊回信说："子弟如果有才能，不必担心不被重用，不应通过私人关系以求名利；如果子弟才能不大，这样求利终究要招灾惹祸。况且我听说太子与鲁王势力相当，双方必有隔阂，这是古人最为忌讳的。"全寄果然依附鲁王，轻率地挑拨鲁王与太子的关系。陆逊又写信对全琮说："你不仿效金日磾而庇护放纵阿寄，终究会给你家门招祸的。"全琮不但不回答陆逊的话，反而因此对陆逊怀恨。

鲁王孙霸用尽心机来结交当时的知名人士。偏将军朱绩以胆力著称，鲁王亲自到他的官署，靠近他坐下，想与他结交；朱绩从座位上下来站在一旁，坚决表示不敢承当。朱绩是朱然的儿子。

这样一来，太子与鲁王手下的侍从和来往宾客，分为两大派系，各自结成党羽相互猜疑，影响到大臣中间，全国为此分裂为两大派别。吴主听说此事，借口太子和鲁王要专心学习，禁止宾客来往。督军使者羊衜上疏说："臣得知英明的诏书，裁省太子和鲁王二宫的警卫士兵，禁绝宾客，使得各地人士对太子和鲁王的礼敬不再能够通报，使远近的人们都十分震动，大小人物都为之失望。有人说太子和鲁王不遵守礼制；就算是真的，也应加以补救教导，细细地进行斟酌，不应当让远近的人士议论纷纷。臣担心猜疑的话说多了，就会变成诽谤，时间长了也一定会泄露传播，而西边蜀国、北边魏国，两敌距离我国不远，将会认为太子与鲁王有不顺从陛下的过错，不知陛下对此怎样解释。"

吴主的长女孙鲁班嫁给左护军全琮，少女孙小虎嫁给骠骑将军朱据。全公主（孙鲁班）同太子的生母王夫人不和，吴主打算将王夫人立为皇后，全公主竭力阻止这事；又担心太子即位后忌恨自己，心中不能自安，屡次在吴主面前说太子的坏话。吴主因病卧床，派太子到长沙桓王庙祈祷，太子妃的叔父张休家在桓王庙附近，于是邀太子到家做客。全公主派人暗中监视，趁机对吴主说："太子不在庙里，专门到妃子家议事。"又说："王夫人看到皇上卧病，面露喜色。"吴主为此发怒，王夫人因忧惧而死亡，太子所受宠爱日益减少。

鲁王的同党杨竺、全寄、吴安、孙奇等人一同向吴主说太子的坏话，吴主也对太子感到怀疑。陆逊上疏劝谏说："太子是嫡系正统，应当有磐石一样坚固的地位，鲁王是护卫太子的臣子，应当使宠爱和礼遇的等级有所区别，各得其所，上下才能安定。"书奏上了三四次，言辞和感情十分激烈；又打算亲往建业，当面详述关于嫡子与庶子的义理。吴主很不高兴。

太常顾谭是陆逊的外甥，也上疏说："臣听说有国有家的人，必须要分清楚嫡子与庶子的界限等级，对尊者与卑者的礼制要有不同，让在上位的人和在下位的人有差别，相互的等级要拉开距离；只有这样才能保全骨肉之间的恩情，断绝非分的野心。从前贾谊上奏《治安策》，讨论诸侯国的形势，他认为诸侯的权势如果太重，尽管血缘再亲，也一定发生叛逆的祸害，权势较小，关系虽然疏远，也一定能使封国保全。所以淮南王刘长虽是汉文帝的亲弟弟，也最终不能飨用封国，这就是失之于权势太重。长沙王吴芮是关系疏远的臣子，然而能一代代地承传做长沙王，这就是得益于权势太轻的缘故。从前汉文帝让慎夫人与皇后坐在一张席子上，袁盎则将慎夫人的位置给撤下来，文帝面有怒色；等到袁盎阐明了上下尊卑的义理，陈述了当年戚夫人成为人彘的历史教训，文帝也就高兴了，慎夫人也明白了。如今臣的上奏，不是偏心太子，实在是希望让太子平安而鲁王也得到保全。"从此鲁王与顾谭有了隔阂。

芍陂之役中，顾谭的弟弟顾承和张休都有功劳；全琮的儿子全端、全绪与顾承和张休俩争功，因此全端、全绪向吴主诋毁顾承、张休，吴主就把顾谭、顾承、张休流放到交州，又追赐张休自杀。

太子太傅吾粲请求让鲁王出京镇守夏口，调出杨竺等人不许他们在京师，又多次将消息报告陆逊；鲁王和杨竺都说吾粲的坏话，吴主发怒；逮捕吾粲投入监狱，并把他处死。多次派宫廷使者责问陆逊，陆逊愤恨而死。他儿子陆抗是建武校尉，代陆逊掌管部队，送陆逊的灵柩东归故乡，吴主用杨竺所说陆逊的二十件事询问陆抗，陆抗事事逐条回答，吴主这才稍稍化解了怒意。

（以上为第十一段，写吴主孙权不听大臣劝谏，偏爱鲁王，嫡庶平礼，导致举国中分，渐成祸端。）

夏季，六月，魏都乡穆侯赵俨去世。

秋季，七月，吴国将军马茂策划杀害吴主孙权和大臣，用以响应魏，事情败露，马茂和他的同党都遭到灭族。

八月，魏国任命太常高柔为司空。

蜀汉甘太后逝世。

吴主孙权派校尉陈勋率领屯田士兵和工程士兵三万人挖掘句容山路，从小其直通到云阳西城，连通集贸市场，修建储粮仓库。

冬季，十一月，蜀汉大司马蒋琬去世。

十二月，蜀汉费祎到汉中，巡视各处防守哨所。

蜀汉尚书令董允去世。任命尚书吕乂为尚书令。

董允用人，公正光明，提出建议和批评，都极尽忠诚，蜀汉后主刘禅十分敬畏他。宦官黄皓，迎合献媚，奸诈机巧，刘禅非常喜欢他。董允上对后主严肃规劝，下对黄皓多次责备。黄皓害怕董允，不敢做坏事，直到董允去世，黄皓的官位没越过黄门丞。

费祎任命选曹郎汝南人陈祗接替董允担任侍中，陈祗为人庄肃有威容，多才多艺，颇有智慧权谋，费祎认为陈祗能干，越级提拔任用他。陈祗与黄皓内外勾结，黄皓开始干预政治，一次又一次提升任中常侍，滥用职权，终于使蜀国灭亡。从陈祗受宠以来，后主刘禅对董允追恨日益加深，认为董允轻视自己，这都是由于陈祗曲意迎合，黄皓慢慢从中挑拨造成的。

（以上为第十二段，写吴国大规模修建交通。蜀后主昏庸，宦官黄皓专权。）

【点评】

一、魏明帝曹叡。明帝外御吴蜀，内修政治，发展和巩固了北方的优势。明帝优礼已废君主汉献帝。青龙二年，故汉献帝山阳公去世，明帝素服举哀，遣特使持节典护丧事。又约法省禁，减轻肉刑，下诏主管部门修改法律，减少死罪的条目。

明帝不是完人，他生活奢侈，爱好华丽，大修宫殿，妨碍农时，但明帝能宽待谏臣，不妄诛一人。因此，他的过失也能得到及时的改正。

明帝曹叡即位，时年二十三岁，涉世不深。他的两位对手，一是蜀相诸葛亮；二是吴主孙权。诸葛亮与孙权起于乱世，身经百战，阅历丰富，他们联手攻魏，携手北进，给了魏明帝很大的压力。由于曹叡把握住了魏国的优势，坚持“防御拒敌，西守东攻”的正确战略，加上个人的英明果决，挫败了吴、蜀的进攻。

二、吴主孙权。孙权后期和他的前期相比，判若两人，可以说历史上有两个孙权。孙权于公元200年承父兄之业，至公元252年病逝，在位53年。公元229年孙权称帝，孙权的前期与后期，大体以此年为分界，称帝前积极进取，志在靖难，一统中国，称帝后志气已满，立足于偏安自保，日渐昏聩，吴国逐渐走下坡路。本卷记载的吕壹事件与鲁王争太子事件，以及上卷孙权封王公孙渊事件，是晚年昏聩的标志性大事。

孙权即位，好大喜功，封王公孙渊就是孙权这一心理的反映。吕壹事件是孙权宠信奸佞、猜疑心理的反映。孙权即位后，设立校事、察战两个职位，用来监视文武百官。吕壹为中书校事时，滥相纠举，使“无罪无辜，横受大刑”（《三国志·步骘传》），而孙权却十分宠信他。丞相顾雍无故被举罪，遭到软禁；江夏太守刁嘉被诬陷，几乎受诛。太子孙登屡次劝谏，孙权不听。大将军陆逊见吕壹“窃弄权柄，擅作威福”，无人可禁止，与太常潘浚“同心忧之，言至流涕”(《三国志·陆逊传》)。骠骑将军步骘多次上书，揭露吕壹罪行，希望孙权改变“虽有大臣，复不信任”的状况，信用顾雍、陆逊、潘浚等忠贞股肱之臣(《三国志·步骘传》)。而孙权置若罔闻。潘浚见孙权如此不听忠言，竟想借宴会袭杀吕壹。孙权宠信奸人吕壹的程度，致使东吴群臣无法忍受。后来吕壹虽因陷害左将军朱据，事情败露被杀，但校事之官仍然不废。

吕壹被处死后，孙权也引咎自责，承认过失，还派中书郎袁礼去向大臣们征求对时政的意见，但大臣们不再畅所欲言。诸葛瑾、步骘、朱然、吕岱推说不掌民事，缄口不言。而陆逊、潘浚“怀执危怖，有不自安之心”，也不愿说什么。孙权得知，下诏责备他们，替自己辩护。孙权后期的刚愎自用和猜忌心，使东吴前期那种君臣和睦、上下同心的局面一去不复返。

孙权宠鲁王孙霸，废立太子，造成举国中分。公元221年，孙权为吴王，即立长子孙登为王太子。称帝后，又以登为皇太子。孙登不幸于赤乌五年(242)夭亡。其时次子孙虑早亡，便立第三子孙和为皇太子，以第四子孙霸为鲁王。孙权偏宠鲁王，使他与太子同居一宫，享受同等礼遇。后因大臣上言，“以为太子、国王上下有序，礼秩宜异”(《三国志·吴主五子传》裴注引殷基《通语》)。于是，孙权使二子分宫，各置僚属。

孙霸觊觎太子之位，便拉帮结党，发展势力。骠骑将军步骘、镇南将军吕岱、大司马全琮、左将军吕据、中书令孙弘等阴附鲁王，谮毁太子。丞相陆逊、大将军诸葛恪、太常顾谭、骠骑将军朱据、会稽太守滕胤、大都督施绩、尚书丁密等奉礼而行，尊事太子。中朝外朝官僚将军大臣举国中分，形成拥嫡和拥庶两派。孙霸谋夺太子位的野心日益暴露，陆逊、顾谭及太子太傅吾粲等拥嫡派数陈嫡庶之义，理不可夺。而孙权听信拥庶派全寄、杨竺的谗言，流放顾谭，诛杀吾粲。

庆父不死，鲁难未已。太子之事伴随孙权整个后期政治。由于太子之事愈演愈烈，孙权看到“子弟不睦，臣下分部，将有袁氏之败”，十分担心。赤乌九年(246)，他不分是非曲直，幽闭太子孙和。拥嫡派朱据、屈晃、陈正、陈象等人上书固谏不止，孙权大怒，“族诛正、象，据、晃牵入殿，杖一百”(《三国志·吴主五子传》)。陆逊因数次上书陈述嫡庶之分，孙权也派宦官去指责，致使陆逊忧愤成疾而死。赤乌十三年(250)，孙权废除太子孙和，群臣纷纷劝谏。孙权又诛杀或流放进谏的朝臣大将数十人，“众咸冤之”。同时，他又下令孙霸自杀，并且以结党诬陷孙和的罪名，诛杀拥庶的全寄、吴安、孙奇、杨竺等人。这一事件，使得吴国一大批文臣武将先后遭到贬官、流放或诛杀。从此，吴国国势衰微，一蹶不振。

废除孙和后，孙权立少子孙亮为太子。不到两年，孙权就患病死了，孙亮即位，年仅十岁。

回头看，前期孙权毫无疑问是三国时期屈指可数的英杰人物之一。孙权十九岁就继承父兄之业，在艰难环境中成长为一名卓越而老练的政治家，杰出而能干的外交谋略家，在内政、外交、军事、经济各个方面都有卓越的建树，不仅是三国时期第一流的政治家，而且在中国历史发展的长河中，也是屈指可数有作为的帝王之一。推进三国鼎立，孙权是至关重要的人物，起了主要作用。孙权聪明仁智，冠盖当世；举贤任能，胜于曹刘；雄略征伐，稍逊魏武；立国江南，功著千秋。汉末群雄纷争，只有曹操、刘备、孙权三人建成了功业，说明他们三人都是那个时代的一流英雄。如将三人做比较，恰如他们建国的区域大小一样，孙权应是居于第二位的人物，他的功绩逊于曹操，大于刘备。

但是，认为孙权“保江东，观成败”，满足于“限江自保”、偏安一隅，这是不符历史实际的。三国鼎立，南北对峙的主线是魏吴而不是魏蜀。旧时史家和《三国演义》小说，受正统思想局限，突出魏蜀对峙，把吴国放在配角地位，把孙权放在刘备之后，这个案应按历史本来面目把它翻过来。孙权之所以不能统一天下，并非“保江东，观成败”，而是“保江东，图王业”，但未达目的，诸葛亮就说，孙权不是一个“志望已满”“利在鼎足”的人，而是“智力不侔，故限江自保”。又说：“权之不能越江，犹魏贼之不能渡汉，非力有余而利不取也。”诸葛亮的分析是很有道理的，下面再做具体阐述。孙权不能统一天下，举其大端，有以下六个方面的原因。其一，孙权所处天时、地利、人和均为劣势，不足以灭蜀并魏。其二，东吴名将过早凋零。东吴开国的文臣武将，约四十人全部在孙权生前早早谢世。周瑜、鲁肃、吕蒙三位大将，文武兼备，他们制定了东吴政权的立国方针，偏偏最早辞世。东吴十二员虎将程普、黄盖、韩当、蒋钦、周泰、陈武、董袭、甘宁、凌统、徐盛、潘璋、丁奉，有十人凋落在孙权称帝之前。孙策的突然早夭，几乎使孙氏集团瓦解。孙权的大批谋臣骁将的过早谢世，使得东吴争雄天下的实力大大衰落。其三，争夺荆州，吴虽得实利，但也削弱了同盟，增强了曹魏实力，从逐鹿中原角度看，可以说是战略失策。其四，孙权短于临阵突敌，战功不著，直接影响他争天下的进程。其五，孙权称帝骄逸，晚年昏聩。孙权称帝后，从明智走向昏聩，甚至暴虐。孙权称帝前建都武昌，是一种前进的姿态；称帝后建都建业，实际意味着限江自保。晚年的孙权更是忠奸不分，逼死陆逊，杀害吾粲、朱据等股肱大臣，使吴国政治出现了空前的危机，朝臣人人自危，边将外叛，种下了亡国之祸，何谈统一。其六，曹魏重点防吴，孙权无隙可乘，不能建立奇功。魏文帝曹丕三次大举伐吴，两次临江，虽无功而还，其战略计划先吴后蜀，十分明显。公元234年，吴蜀联合北伐，魏明帝西守东进，他亲自出征孙权，孙权闻风而退。在曹魏严密设防下，无论孙权，还是陆逊，出师皆无功，更不用说其他诸将。

综上所述，孙权不能统一天下，因受历史条件局限，有着多种原因，并非志存偏安。曹操、刘备、孙权都没能完成统一大业，而是各自创立了鼎足三分的国家。三国时代的开国之主，功业如此，评价人物要按实际的功业做比较，不能苛之于彼，宽之于此，按功业的实际比较，三国的一流英雄，一曹操，二孙权，三刘备，三人并列及其顺序，是不可移易的。

资治通鉴（白话本） 卷第七十五

魏纪七

魏邵陵厉公正始七年至嘉平四年（公元246—公元252）

【起柔兆摄提格（丙寅，公元246年），尽玄黓涒滩（壬申，公元252年），凡七年】

【大事提要】

本卷记事起公元246年，讫公元252年，凡七年，当魏邵陵公曹芳正始七年至嘉平四年。本卷所载大事，主要有五个方面。其一，曹爽专擅朝政。魏国齐王曹芳即位后，大将军曹爽采纳丁谧之策，任用其弟曹羲为中领军、曹训为武卫将军、曹彦为散骑常侍，以其党何晏为吏部尚书，邓飏、丁谧为尚书，毕轨为司隶校尉，多树亲党，飞扬跋扈。辅政大臣司马懿不能禁，称病，不参与政事。其二，诛灭曹爽。魏国大将军曹爽骄奢无度，太傅司马懿诈称生病，装成只比死人多口气的样子。公元249年，魏帝曹芳到高平陵祭扫明帝陵墓，曹爽等同伙皆从行。司马懿遂以皇太后之令，关闭城门，并以阴谋反叛罪，诛灭曹爽等人。自此，魏国政权归司马氏。其三，吴国“两宫之变”。吴大帝孙权立孙和为太子，封孙和之弟孙霸为鲁王，而孙霸觊觎太子之位，结交大臣党羽，诋毁太子。公元250年，孙权幽禁太子，骠骑将军朱据等以太子为国之本而据理力争，孙权大怒，废太子为庶人，赐鲁王死。从此，吴国的根基动摇。其四，姜维北伐。雍州、凉州等地区的羌、胡族人背魏降蜀，蜀国卫将军姜维率兵到陇右接应，将其迁至蜀境。姜维拉拢羌、胡为蜀国所用，以控制陇西，但遭到大将军费祎的控制。七年之中，姜维四次北伐，每次出军的人数都不超过万人，往往无功而返。其五，孙权病逝。公元252年，吴主孙权去世，享年71岁。

邵陵厉公中

魏邵陵厉公正始七年（丙寅，公元246年）

春季，二月，吴国车骑将军朱然侵犯柤中，杀死、掠夺数千人，然后离去。

魏国幽州刺史毌丘俭，因为高句丽王位宫屡次侵犯边境，举兵叛乱，所以就率军讨伐。位宫失败逃走后，毌丘俭屠杀高句丽都城军民，杀死、俘虏的人数以千计。高句丽的大臣得来，曾经多次劝谏位宫不要叛乱，但位宫不听。得来感叹地说：“用不了多久，就将见到此地长满蓬蒿野草了。”说完之后就绝食而死。毌丘俭得知此事后，命令各路军队不得毁坏得来的坟墓，不得砍伐墓地的树木，如俘获了得来的妻子儿女，也全部释放回家。位宫独自带着妻子儿女狼狈逃窜，毌丘俭也率军撤回。但没过多久，毌丘俭又派兵追杀位宫。位宫逃奔到买沟，毌丘俭随即派遣玄菟太守王欣继续追击，一直追过了沃沮城一千多里，到达了肃慎氏的南部边界，就在那里刻石立碑，记述了此次战功，然后率军凯旋。此次进攻诛杀以及纳降的敌军，合计有八千多人。于是论功行赏，受封为侯爵者有一百多人。

秋季，九月，吴主任命骠骑将军步骘为丞相、车骑将军朱然为左大司马、卫将军全琮为右大司马。将荆州分为两个部分，任命镇南将军吕岱为上大将军，督领右部，管辖武昌以西至蒲圻一带地区；任命威北将军诸葛恪为大将军，督领左部，代替陆逊，镇守武昌。

蜀国实行大赦。大司农、河南人孟光当着众人责备费祎说：“这实行大赦，就像树木一半茂盛，一半枯萎，有失偏颇，不是圣明之世所应实行的。只有到了社会极端衰败，实在不得已的时候，才能暂且变通，偶尔行之。如今主上仁德贤明，百官们也都尽职尽责，哪有什么迫在眉睫的危急情况需要几次施行这种不平常的恩典，去加惠于那些为非作歹的奸恶之徒呢？”费祎只是一个劲儿地看着他道歉，谦恭地听其责备而已。

当初，诸葛亮担任丞相的时候，有人认为他不肯实行大赦。诸葛亮回答说：“治理国家要靠大的德政，而不靠小的恩惠。因此，汉代的贤臣匡衡、吴汉不愿实行大赦。先帝也曾说过：‘我与陈元方、郑康成在一起的时候，常常听他们讲述治国之道，他们没有一次讲到赦免政策。像刘表、刘琮父子那样，每年都实行赦免，对于治国又有什么好处？’”因此，蜀人极力称赞诸葛亮贤明，知道费祎是比不上他的。

陈寿评论说：诸葛亮治理国家，曾多次发兵征讨，但赦免令却不轻易下达，这难道不是很有远见卓识吗？

吴国人认为，大面值的钱币不方便使用。于是停止了使用。

蜀国后主刘禅任命凉州刺史姜维为卫将军，与大将军费祎一起共同总领尚书事。汶山郡平康县的夷人反叛，姜维率军讨伐，平定了叛乱。

蜀国后主经常外出游乐观光，增加乐工歌伎的人数。太子家令、巴西郡人谯周上疏劝说道：“从前，王莽失败之时，天下豪杰群起争夺帝位，有才德、有智慧的人士所希望归附的人，并不是考虑他势力的大小，而主要是考虑他仁德的厚薄。当时刘玄、公孙述等人的势力已比较强大，但他们一个个都纵欲无度，尽情享乐，而不愿意多为百姓们行善事。世祖刘秀初入河北的时候，冯异等人劝勉他说：‘您应当多做别人所不能做的事情。’于是，他尽心治理冤案，崇尚节俭，北部州县到处为他歌功颂德，他的名声很快传遍了四方。于是，邓禹从南阳赶来追随他，吴汉、寇恂与他素不相识，也发兵来帮助他；其他的人，如邳肜、耿纯、刘植等人，也都望风而仰慕他的仁德；至于抱病登车，带着棺木、背着孩子赶来投奔的人，更是数不胜数。因此，他能由弱到强，最终成就了帝王之业。他住在洛阳时，有一次曾想出宫门到近处去游览一下，铫期劝阻，他就立刻驱车返回。而当颍川盗贼作乱时，寇恂请求他亲自率兵讨伐，他二话没说，立即动身出发。由此观之，没有紧急事务，想随便出去走走，他都不敢；而遇到紧急事务，想自在安闲，他也不肯。帝王想要多做善事，就是这样！所以，《传》书上说：‘百姓不会平白无故地拥护你。’你必须把仁德放在首位，才能得到百姓的拥护。当今汉朝正遭受厄运，天下分裂，鼎足而三，那些豪杰、明智之人，此时正盼望着贤明的君主来统一天下，我希望您能像世祖那样，做别人所不能做的事情，以符合人们对您的期望！再说，主持宗庙祭祀，是为了率领人民尊奉长上。但是，如今举行四时祭祀，您有时并不亲临主持，却时常到池塘园林去游览玩耍。我这个愚笨迟钝之人，暗自以此忧虑不安。那些肩负天下之责的人，没有闲暇尽情享乐。如今先帝的志向、遗业还没有实现，实在不是尽情享乐的时候。我希望您能够减省乐官、后宫人数，凡是需要增加建造的东西，只可遵照奉行先帝所设置的规模办理，为后世子孙树立一个节俭的典范。”但是，蜀国后主不听谯周的劝告。

（以上为第一段，写魏国幽州刺史毌丘俭出兵攻打屡次侵犯边境的高句丽王位宫，获得全胜；蜀任命姜维为卫将军，与大将军费祎共理朝政，太子家令谯周力劝后主勤于政事。）

魏邵陵厉公正始八年（丁卯，公元 247 年）

春季，正月，吴国名将全琮去世。

二月，发生日食。

此时，魏国尚书何晏等人勾结依附于曹爽，喜好更改国家的法规制度。太尉蒋济上疏说：“古时大舜辅佐唐尧治国，以结党营私为戒；周公协助成王理政，对结交什么人也极为慎重。国家的法度只有那些闻名于世的伟大人才，才能统掌其纲领而留传于后世，岂是中下等官吏所能随便改变的？而且，更改国家法规制度，最终不仅无益于国家的治理，却反而足以伤害人民。所以，应该让文武大臣们，恪守各自的职责，都能做到清廉公正，那么平和之气、吉祥符瑞就可以受到感应而降临了。”

吴主下令，令拆运武昌宫的砖瓦木材，用来修缮建业宫。有关官吏禀告说：“武昌宫至今已有二十八年，其砖木破旧，恐怕已不适宜再使用；建业宫修缮所需的砖瓦木材，应该由下面的州县负责解决，从全国各地砍伐木材运来。”吴主说：“古时的大禹，以低矮的宫室为美，我也应该如此。如今战事连绵不断，要向下面的州县征收赋税，如果再让各地砍伐木材，就会妨害、损伤农林生产，所以武昌宫的旧砖木，还是可以使用的。”于是，迁居南宫。三月，改建太初宫，命令各个将领及各州郡官长都来义务协助建造。

魏国大将军曹爽采纳何晏、邓飏、丁谧的计谋，把太后迁居到永宁宫，并独揽朝政大权，广泛提拔亲戚党羽，多次更改制度。太傅司马懿没有能力禁止，就与曹爽之间产生矛盾。五月，司马懿开始称病，不上朝参与政事。

吴国丞相步骘去世。

魏帝曹芳喜好宠信亲近一群小人，在后园游乐饮宴。秋季，七月，尚书何晏上疏说：“从今以后，皇上到式乾殿或者到后园游乐时，应该都有大臣跟随，以便询问、商量政事，讲解、讨论经书大义，并为世世代代所效法。”

冬季，十二月，散骑常侍、谏议大夫孔乂又上疏说：“如今天下已经太平，皇上可以不再到后园练习骑术，外出一定要乘坐辇车，这是天下之福，也是臣子的愿望。”魏帝都没有听从他们的意见。

吴主发重兵集中在建业，并扬言要入侵魏国，扬州刺史诸葛诞得到消息后，让安丰太守王基出谋划策。王基说：“如今陆逊等人已死，孙权也已年老，内无贤良的继承人，朝中又无主谋之人。孙权如亲自领兵出征，则害怕内乱像毒疮爆发；如派遣将领出征，则旧将领已经死光，而新将领又未获得信任。所以，这只不过是想整顿内部，加强自我保护而已。”过些时候，吴国果然没有出兵。

这一年，雍州、凉州的羌人、胡人背叛魏国，投降蜀汉，汉将姜维领兵出陇右来接应他们，与雍州刺史郭淮、讨蜀护军夏侯霸在洮西展开战斗。胡人首领白虎文、治无戴等人率领部众投降了姜维，姜维把他们迁移到蜀国境内。郭淮向羌、胡余党进攻，全部平定了叛乱。

（以上为第二段，写吴主孙权厉行节俭，下令拆运武昌宫砖瓦木材修缮建业宫；魏帝曹芳喜好宠幸亲近一群小人，在后园游乐饮宴，大将军曹爽独揽朝政，太傅司马懿称病不朝。）

魏邵陵厉公正始九年（戊辰，公元 248 年）

春季，二月，魏国中书令孙资；二月三十日癸巳，中书监刘放；三月初一甲午，司徒卫臻，各自退位，都赐以侯爵退居归家，加封为特进。

夏季，四月，魏国任命司空高柔为司徒，光禄大夫徐邈为司空。徐邈感叹地说：“三公是讲论治国之道的官职，没有合适的人选就应虚位以待，怎么能让老弱病残之人辱没这个职位呢？”于是，就坚决推辞，不接受司空之职。

五月，蜀汉费祎出都城，屯兵于汉中。从蒋琬到费祎，虽然身居于外，但国家的庆典赏赐以及刑罚等大事，都先要远远地向他们咨询，做出决断，然后才予以实行。费祎平常性情谦逊朴素，治理国政的功绩名望，大致与蒋琬相当。

秋季，九月，魏国任命车骑将军王凌为司空。

涪陵的夷人谋反，蜀国车骑将军邓芝率兵攻打，平定了叛乱。

魏国大将军曹爽骄奢无度，饮食衣服，与皇帝相同，尚方署中的珍宝玩好，也随便拿去充实其家。他还私自留用明帝的宫中女官做歌舞乐妓。掘开地面建造地下宫室，在四周雕饰了华丽的花纹，并经常与他的党羽何晏等人在里面饮酒作乐。他的弟弟曹羲深深地为此忧虑，多次哭泣着劝阻他不要再这样做，但曹爽不听。曹爽兄弟几个经常一起出去游玩，司农、沛国人桓范对他说：“您总理万机，掌管城内禁兵，弟兄们不宜同时出城，如果有人关闭城门，又有谁在城内接应呢？”曹爽说：“谁有胆子，竟敢这样做！”

当初，魏国清河王、平原王二人的地界有争议，拖了八年也不能解决。冀州刺史孙礼请求观看国家收藏的魏明帝封其为平原王时的地图加以裁决；但曹爽相信清河郡的上诉，认为地图不可用。于是，孙礼上疏自我申辩，言辞颇为强硬严厉。曹爽勃然大怒，弹劾孙礼对朝廷心怀不满，判罪五年。过了很久，又改任孙礼为并州刺史。孙礼去看望太傅司马懿时，面露愤然之色却不说话。司马懿说：“你是嫌得到并州地盘小呢？还是怨恨处理地界事务不正确呢？”孙礼说：“您为什么说话这样不合道理？我虽然没有什么德才，难道还把区区官位和过去的事情放在心上吗？我本想说的是您应该追寻伊尹、吕尚的足迹，匡正辅佐魏国朝政，上可以报答明帝的嘱托，下可以建立万世的功勋。而如今国家将要遭受危难，天下也动荡不宁，这就是我所以不高兴的原因！”说完，他已经悲痛万分，泪流满面了。司马懿劝慰说：“你不要悲痛，要学会忍受那些不能忍受的事情。”

冬季，魏国河南令尹李胜出任荆州刺史，到太傅司马懿家去辞行。司马懿让两个侍女侍奉着出来接见。侍女让司马懿更衣，他却把衣服掉在地上；指着嘴说口渴，侍女端来米粥，他却拿不动碗，就由婢女端着喝，粥从嘴边流出来，沾满了前胸。李胜说：“大家都说您的中风病旧病复发，没想到您的身体竟是这样糟糕！”司马懿气喘吁吁地说：“我年老体弱，卧病不起，不久就要死了。你屈就并州刺史，并州靠近胡地，要很好地加强戒备。恐怕我们不能再见面了，我把我的儿子司马师和司马昭兄弟托付给你。”李胜说：“我是回去担任本家乡的州官，不是到并州任官。”司马懿装聋作哑，故意听错他的话，说：“你刚刚到过并州？”李胜又说：“是到荆州任职。”司马懿说：“我年老耳聋，思绪迷乱，没有听明白你的话。如今你回到家乡做州官，正好轰轰烈烈地大展德才，建立功勋。”李胜告退后，禀告曹爽说：“司马懿只是比死人多了一口气，形体与精神已经分离，离死不远，不足为忧。”过了几天，李胜又流着泪向曹爽等人说：“太傅的病体不能再康复了，实在令人悲伤。”因此，曹爽等人不再对司马懿加以戒备。

魏国的吏部尚书何晏听说平原郡的管辂精通占卜之术，就请求与他相见。十二月二十八日丙戌，管辂去拜访何晏，何晏和他讨论《易经》。当时邓飏也在座，就对管辂说：“您自己说善于研究《易经》，但谈话时却从不说到《易经》中的辞义，这是为什么？”管辂说：“精于《易经》的人是不说《易经》的。”何晏含笑称赞他说：“这话可真是要言不烦啊！”于是又对管辂说：“请为我试卜一卦，看我的地位能否达到三公？”又问道：“连日来我总梦见数十只苍蝇聚在鼻子上，赶都赶不走，这是怎么回事呢？”管辂说：“古代八元、八凯辅佐虞舜，周公辅佐成王，都因其温和、仁厚、谦虚、恭敬而多福长寿，这不是卜筮所能决定的。如今您地位尊贵，权势很大，但人们怀念您恩德的少，而畏惧您威势的多，这恐怕不是小心求福之道。另外，鼻子是天中之山，《易经》说：‘居高位而不危倾，就可以长久地守住尊贵之位。’如今梦见苍蝇这种污秽的东西集聚在您的鼻子上，这说明地位高者将要倾覆，骄纵者将要灭亡，您不能不深入地想一想了！希望您削减多余的，补充不足的，不要去干那些不合礼法的事情。这样，三公的地位就可以达到，苍蝇也可以被驱赶走了。”邓飏说：“你这是老生常谈。”管辂说：“但老生者却见其不生，常谈者却见其不谈。”管辂回到家中，把这些都告诉了他的舅舅。他舅舅责怪他说话太直率、露骨。管辂说：“和死人说话，还有什么可畏惧的！”他舅舅勃然大怒，认为管辂太狂傲，是个狂人。

吴国交趾、九真的夷人造反，攻取了城镇，整个交州地区也都骚动不安。吴主任命衡阳督军都尉陆胤为交州刺史、安南校尉。陆胤进入交州境内，广施恩惠和诚信，结果投降者有五万多家，交州境内又恢复了太平。

魏国太傅司马懿暗地里和他的儿子中护军司马师、散骑常侍司马昭密谋诛杀曹爽。

（以上为第三段，写魏国大将军曹爽骄奢无度，饮食衣服拟于皇帝，而太傅司马懿继续装病，被认为是“尸居余气，形神已离”，以此麻痹曹爽，而暗中与儿子司马师、司马昭密谋诛之。）

魏邵陵厉公嘉平元年（己巳，公元249年）

春季，正月初六甲午，魏帝祭扫高平陵，大将军曹爽和他的弟弟中领军曹羲、武卫将军曹训、散骑常侍曹彦等都随侍同行。太傅司马懿以皇太后名义下令，关闭了各个城门，率兵占据了武库，并派兵出城据守洛水浮桥；召令司徒高柔持节代理大将军职事，占据曹爽营地；太仆王观代理中领军职事，占据曹羲营地。然后向魏帝禀奏曹爽的罪恶，说：

我过去从辽东回来时，先帝诏令皇上、秦王和我到御床跟前，拉着我的手臂，深为后事忧虑。我说道："太祖、高祖也曾把后事嘱托给我，这是皇上您亲眼见到的，没有什么可忧虑烦恼的。万一发生什么不如意的事情，我当誓死执行您的指令。"

如今大将军曹爽，背弃先帝的遗命，败坏、扰乱国家的制度；在朝内则超越本分自比君王，在外部则骄横跋扈独揽大权；破坏各个军营的编制，完全把持了禁卫部队；各种重要官职，都安置他的亲信担任；皇宫的值宿卫士，也都换上了他自己的人；这些人相互勾结盘踞在一起，恣意妄为日甚一日。曹爽又派宦官黄门张当担任都监，侦察皇上的情况，挑拨离间皇上和太后二宫的关系，伤害骨肉之情，天下动荡不安，人人心怀畏惧。在这种形势下，皇上也只是暂时寄居天子之位，岂能长治久安？这绝不是先帝诏令皇上和我到御床前谈话的本意。

我虽老朽不堪，怎敢忘记以前说的话？太尉蒋济等人，也都认为曹爽有篡夺皇位之心，他们兄弟不宜掌管军队担任皇家侍卫，我把这些意见上奏皇太后，皇太后命令我按照奏章所言施行。我已自作主张告诫主管人及黄门令说："免去曹爽、曹羲、曹训的官职兵权，以侯爵的身份退职归家，不得逗留而延迟皇上车驾，如敢于延迟皇上车驾，就以军法处置。"我还擅自勉力支撑病体，率兵驻扎在洛水浮桥，侦察非常情况。

曹爽得到司马懿的奏章，没有通报魏帝，但惶急窘迫不知所措，于是就劫持魏帝车驾，留宿于伊水之南，伐木构筑了防卫工事，并调遣了数千名屯田士兵为护卫。

司马懿派遣侍中、高阳人许允和尚书陈泰去劝说曹爽，告诉他应当尽早归降认罪；又派曹爽所信任的殿中校尉尹大目去告诉曹爽，只是免去他的官职而已，并指着洛水发了誓。陈泰是陈群之子。

当初，曹爽因桓范是他同乡年长的故旧，所以在九卿之中对桓范特别加以礼遇，但关系不太亲近。司马懿起兵时，以太后的名义下令，想要让桓范担任中领军之职。桓范打算接受任命，但他的儿子劝阻他说："皇上的车驾在外，您不如出南门去投奔。"于是桓范就离城出去。走到平昌城门时，城门已经关闭。守门将领司蕃是桓范过去提拔的官吏，桓范举起手中的版牒示之，谎称说："有诏书召我前往，请你快点开门。"司蕃想要亲眼看看诏书，桓范大声呵斥说："你难道不是我过去手下的官吏吗？怎敢这样对我？”司蕃只好打开城门。桓范出城以后，回过头来对司蕃说：“太傅图谋叛逆，你还是跟我走吧！”司蕃步行追赶不及，只好在道旁躲避。司马懿得知后对蒋济说：“曹爽的智囊去了！”蒋济说：“桓范是很有智谋的，但曹爽就像劣马贪恋马房的草料一样，因顾恋他的家室而不能做长远打算，所以必然不能采纳桓范的计谋。”

桓范来到之后，劝说曹爽兄弟把天子挟持到许昌，然后调集四方兵力辅助自己。曹爽仍犹豫不决，桓范就对曹羲说：“这件事明摆着只能如此办理，真不知道你读书是有什么用！在今天的形势下，像你们这样门第的人想要求得贫贱平安的日子还可能吗？而且普通百姓有一人被劫持作人质，人们尚且希望他能存活，何况你们与天子在一起，挟天子以令天下，谁敢不从？”他们都默然不语。桓范又对曹羲说：“你的中领军别营近在城南，洛阳典农的治所也在城外，你可随意召唤、调遣他们。如今到许昌去，不过两天两夜的路程，许昌的武器库也足以武装军队，我们所忧虑的当是粮食问题，但大司农的印章就在我身上，可以签发征调。”然而，曹羲兄弟却默然不动，从初夜一直坐到五更。曹爽把刀扔在地上，说：“即使投降，我仍然不失为富贵人家！”桓范悲痛地哭说道：“曹真这样有才能的人，却生下你们这群人！没想到今日受你们的连累，要灭族了。”

于是，曹爽向魏帝曹芳通报了司马懿上奏的事情，告诉魏帝曹芳下诏书免除自己的官职，并侍奉魏帝回宫。曹爽兄弟回家以后，司马懿派洛阳的士兵包围了曹府并日夜看守；府宅的四角搭起了高楼，派人在楼上监视曹爽兄弟的举动。曹爽挟着弹弓到后园去，楼上的人就高声叫喊：“故大将军向东南去了。”弄得曹爽愁闷不已，不知如何是好。

正月初十戊戌，有关部门奏告“黄门张当私自把选择的才人送给曹爽，怀疑他们之间有阴谋”。于是逮捕了张当，送交廷尉审讯查实。张当交代说：“曹爽与尚书何晏、邓飏、丁谧，司隶校尉毕轨，荆州刺史李胜等人阴谋反叛，等到三月中旬起事。”于是，把曹爽、曹羲、曹训、何晏、邓飏、丁谧、毕轨、李胜以及桓范等人都逮捕入狱，以大逆不道之罪劾奏朝廷，并与张当一起被诛灭三族。

当初，曹爽出城之时，司马鲁芝留在府中，后来听说发生变乱，就率领军营骑兵砍开津门，出城投奔曹爽。等到曹爽将要出门交出官印之时，主簿杨综劝阻他说：“您挟天子以握重权，交出官印，是想要被诛杀于东市吗？”有关部门上奏，要逮捕鲁芝、杨综，予以治罪，太傅司马懿说：“他们也是各为其主，宽恕他们吧。”不久，任命鲁芝为御史中丞，杨综为尚书郎。

当初，鲁芝将要出城之时，呼唤参军辛敞，想让他与自己同去。辛敞是辛毗之子。辛敞的姐姐辛宪英是太常羊耽之妻。辛敞与姐姐商量说：“天子在外，太傅关闭了城门，人们都说这将不利于国家，事情能这样吗？”宪英说：“以我看来，太傅的这个举动不过是想诛杀曹爽而已。”辛敞说：“那么事情能成功吗？”宪英说：“恐怕会能成功吧！曹爽的才能是不能与太傅相比的。”辛敞说：“那么我可以不要出城了？”宪英说：“怎么可以不出城去呢？忠于职守，是人之大义所在。一般人遇到危难，尚且需要救助，何况你的上司呢？这就好比为人执鞭驾车而突然撒手不管一样，没有比这更凶险的事情了。再说，为人承担责任，为人去死，这是亲信宠爱之人的职责，你只要随大流就可以了。”于是，辛敞跟随出城而去。事情平定之后。辛敞感叹地说：“如果我不是先同姐姐商量，几乎背离了大义。”

先前，曹爽召王沈和太山人羊祜为官，王沈劝羊祜应召。羊祜说：“委身效命追随主人，又岂是一件容易的事情！”结果王沈一人去了。等到曹爽失败，王沈因为是曹爽原来的属官而被免职。于是他对羊祜说：“我永远不会忘记你以前说的话。”羊祜说：“这件事不是我当初所能考虑到的。”

曹爽的堂弟曹文叔以夏侯令的女儿为妻。夏侯令的女儿早年守寡而没有儿子，其父夏侯文宁打算让她改嫁，她用刀割下两耳，表示誓死不嫁，平时居家度日常常依靠曹爽。曹爽被诛杀后，夏侯家上书断绝婚约，并强行把女儿接回家，再次让她改嫁。其女儿悄悄进入寝室，又用刀割断了鼻子，家人十分惊愕惋惜，对她说：“人生在世，就如同轻微的尘土栖息在柔弱的小草之上而已，你何必这样自讨苦吃呢？而且你丈夫的家人已被杀尽，你苦守着这个家到底是为了谁呢？”女儿回答说：“我听说过，仁人不会因为盛衰而改变节操，义士也不会因为存亡而改变心志。曹家以前兴盛之时，我尚且想终生守节，何况如今衰亡了，我怎么忍心抛弃它？这是禽兽的行为，我怎能这样做呢？”司马懿听说后，很是称赞她的贤德，于是就听任她收养儿子作为曹家的后代。

何晏等人刚刚当政时，自以为是当世的杰出人才，没有人能比得上。何晏曾经对名士加以品评，说：“‘唯其深入透彻，所以能通天下之志’，夏侯泰初就是如此。‘唯其细致入微，所以能成天下之事’，司马子元就是如此。‘唯其神机妙算，所以能不显迅疾而速度极快，不行而已到达’，我只听说过这样的话，但没有见到如此之人。”何晏是想以“神妙”来比拟自己。

选部郎刘陶是刘晔之子，从小就有辩才，邓飏等人称颂他可比伊尹、吕尚。刘陶曾对傅玄说：“孔子不是圣人。怎么知道呢？是因为智者对付一群愚人，就如同在掌中玩弄一个弹丸；而孔子竟不能得天下而为天子，怎么能称为圣人？”傅玄不再与他辩论，只对他说：“天下形势变化无常，如今可以看到你将穷困不堪。”等到曹爽失败，刘陶罢官而退居家中，才承认自己言语的错误。

管辂的舅舅对管辂说：“你以前是如何知道何晏、邓飏必败的？”管辂说：“邓飏在走路时，筋脉不能控制骨骼肌肉，站立起来歪歪斜斜，好像没有手脚的样子，这就叫作‘鬼躁’；何晏看上去就像是魂不守舍，面无血色，精神像飘浮的轻烟一样绵软不振，面容则像枯朽的木头，这就叫作‘鬼幽’。这二者都不是有久远之福的征象。”

何晏生性风流自赏，涂脸的白粉从不离手，连走路也顾影自怜。他尤其喜好老子、庄子之书，与夏侯玄、荀粲以及山阳人王弼等人清谈玄理，崇尚虚无之论，说“六经”是圣人的糟粕。从此以后，天下的士大夫争相羡慕而仿效他们，终于形成一时的社会风气，不可遏止。荀粲是荀彧的儿子。

（以上为第四段，写太傅司马懿利用魏帝曹芳离开洛阳去祭扫明帝坟墓高平陵、大将军曹爽等人均从行的机会，奏请郭太后，关闭城门，废掉曹爽兄弟。后以谋反罪杀掉曹爽及其党羽，灭其三族。）

正月十八日丙午，魏国宣布实行大赦。

正月十九日丁未，魏国任命太傅司马懿为丞相，赐九锡。司马懿坚决推辞不受。

当初，魏国右将军夏侯霸受到曹爽厚遇，因他父亲夏侯渊死于蜀国，所以常常咬牙切齿立志报仇雪恨，担任讨蜀护军，驻扎在陇西，属于征西将军所统率。征西将军夏侯玄是夏侯霸的侄子，曹爽的表弟。曹爽被诛杀以后，司马懿召夏侯玄回京城，让雍州刺史郭淮代替他的职位。夏侯霸平素与郭淮不和，认为此番必然祸害及身，十分害怕，就逃奔到蜀国。蜀国后主对他说：“你的父亲是自己在交战之中阵亡的，不是我的先辈杀死的。”然后，给予他十分丰厚的待遇。姜维问夏侯霸：“司马懿既已把持魏国朝政，你看他会不会有攻打别国的企图？”夏侯霸说：“他正在经营整理内部事务，还顾不上对外征伐。但有一个叫钟士季的人，年纪虽轻，如果管理朝政，将是吴、蜀两国的忧患。”钟士季就是钟繇的儿子尚书郎钟会。

三月，吴国左大司马朱然去世。朱然高不满七尺，但对是非的态度分明，很注重自我身心道德的修养。每天都恭谨尽职，不敢懈怠，好像在战场上一样，遇到紧急情况，意定神闲，胆力过人。虽然没有战事，但每天早晚都要擂鼓。听到鼓声，军营的士兵都立即整好行装列队集合。他用这个办法麻痹敌人，使敌人放松戒备，所以每次出战都会取得胜利。朱然卧病不起日益严重，吴主为此白天吃不下饭，晚上睡不着觉，并经常不断地派宦官为朱然送医送药送食物。朱然每次派人报告疾病消息，吴主就立即召见，亲自问讯，报信的人来时赐以酒食，走时赐以衣帛。朱然去世时，吴主极其悲痛。

夏季，四月初八乙丑，魏国改年号为嘉平。

魏国曹爽在伊水之南时，昌陵景侯蒋济曾给他写信，说太傅的意思只不过是想免去他的官职而已。曹爽被诛以后，晋封蒋济为都乡侯，他上疏坚决推辞，但未被批准。蒋济恨自己失言于曹爽，忧郁成疾，于十九日去世。

秋季，蜀国卫将军姜维进犯魏国雍州，依傍曲山建筑两座城，派牙门将句安、李歆等人驻守，并聚集羌、胡人为人质，进犯、侵扰各郡。魏国征西将军郭淮和雍州刺史陈泰进行抵御。陈泰说："曲城虽然坚固，但离蜀国路途遥远而且险阻，必然需要运送粮食。羌人害怕姜维的劳役繁重，肯定不会依附他。如今围攻夺城，用不着拼杀流血就可以攻克。他们虽有救兵，但山道险阻，不是行军打仗之地。"于是，郭淮派陈泰率领讨蜀护军徐质、南安太守邓艾进兵包围了曲城，切断了运输道路和城外水流。句安等人出城挑战，陈泰却按兵不动。城内将士困窘不堪，仅靠分配的粮食和聚集起来的雪水度日。姜维率兵前来救援，出了牛头山就与陈泰的军队相遇。陈泰说："用兵之道贵在不战而使人屈服。如今扼守牛头山，姜维没有了退路，就会成为我们的笼中之鸟了。"于是，命令诸军各自坚守营垒，不与姜维交战，并派人向郭淮报告，让郭淮快速向牛头山进军，截断姜维退路。郭淮采纳了这个意见，进军洮水。姜维害怕了，迅速撤兵，句安等人孤立无援，终于投降。郭淮于是向西进击各个羌人部族。

邓艾说："敌人撤离不远，或许还会再来，应该把各部军队分开驻守，以备不测。"于是留下邓艾的部队，驻扎在白水北面。过了三天，姜维派遣将领廖化在白水南岸面向邓艾的部队结营扎寨。邓艾对各个将领说："姜维如今突然返回，而我军人少，按照兵法他应渡河来战；但是他们却不筑桥，这是姜维让廖化牵制住我们，使我们不能返回，而姜维必定从东面袭取洮城。"洮城在白水之北，离邓艾驻地六十里，邓艾当天夜里就秘密出兵直奔洮城；姜维果然渡河而来，但邓艾先期到达，并占据了洮城，因此得以不败。蜀军于是返回。

魏国兖州刺史令狐愚，是司空王凌的外甥，驻扎在平阿，甥舅二人同时掌握重兵，单独承当淮南地区的重任。王凌与令狐愚暗地里策划，认为魏帝昏庸懦弱，受制于强臣，又听说楚王曹彪有智有勇，想要共同立他为帝，奉迎他到许昌建都。九月，令狐愚派他手下将领张式到白马县，与曹彪通了消息。王凌又派舍人劳精到洛阳，告诉他的儿子王广。王广说："凡是要干一番大事业，应当以人情世态为本。曹爽因为骄奢淫逸失去了民众的信任，何晏浮华不实而不能治国，丁谧、毕轨、桓范、邓飏等人虽然都有较高的声望，但都一心追逐名利。再加上变易国家的典章制度，多次更改政策法令，他们心里想的虽然都十分高远，但不切合实际民情，民众习惯于旧制，没有人顺从他们。所以，他们虽然有倾动四海的势力、威震天下的声名，而一旦同日被杀之后，手下名士就散去大半，民众们照旧安定，没有谁为他们而悲哀。这些都是失去民心的缘故。如今司马懿的本心虽然难以测量，事情也不可预料，但是他却能提拔贤能，广泛树立超过自己的人才，遵循先朝的政策法令，符合众人心里的愿望。曹爽为恶的那些事情，他都必定加以改正。终日兢兢业业，以安抚人民为急务，而且他们父子兄弟都掌握着兵权，是不容易被推翻的。"王凌听不进他的话。

冬季，十一月，令狐愚又派张式去见楚王，还没等他回来，就病逝了。

十二月初九辛卯，魏国任命王凌为太尉。十八日庚子，任命司隶校尉孙礼为司空。

魏国光禄大夫徐邈去世。徐邈以清正有气节闻名于世。卢钦曾著书称赞徐邈说：“徐公志向高远，行为清白，才学广博，气势威猛，而其施行起来则是高远而不拘谨，清白而不孤傲，广博而能把握要领，威猛而能宽容。圣人认为清正难以做到，而徐公很容易就做到了。”有人问卢钦：“徐公在武帝时，人们认为他很通达；自从当了凉州刺史，回到京师后，人们则认为他孤傲，这是为什么呢？”卢钦回答说：“以前毛玠、崔琰当政，崇尚清高简朴，当时人们都改变装束，更换车辆，以沽名钓誉，而徐公却保持平常风尚，自得其乐，因此人们认为他通达。近来，天下的人都追求奢侈，人们相互仿效，而徐公崇尚高雅，自在为上，不与世俗相同。所以，从前的通达，就成了今日的孤傲。这是因为世人变化无常而徐公始终如一的缘故。”卢钦是卢毓之子。

（以上为第五段，写魏国任命司马懿为丞相，从此进入司马懿专权时期；右将军夏侯霸曾受到曹爽厚遇，害怕受到牵连，投奔蜀国；蜀国卫将军姜维进犯魏国雍州，而魏国实施有效防卫，姜维无功而返。）

魏邵陵厉公嘉平二年（庚午，公元250年）

夏季，五月，魏国任命征西将军郭淮为车骑将军。

当初，吴国会稽郡的潘夫人受到吴主的宠幸，生下少子孙亮，吴主十分喜爱。全公主既已与太子孙和有矛盾，就想预先巴结孙亮，于是常常称赞孙亮聪慧，并把她丈夫之侄全尚的女儿嫁给孙亮为妻。吴主因鲁王孙霸结交朋党来陷害兄长孙和，心中十分厌恶他，就对侍中孙峻说：“子弟之间不和睦，臣下就会分党分派，这样就将出现像袁绍兄弟那样的失败，而被天下人耻笑。假如立了其中的一人，怎能不乱呢？”从此就有了废孙和立孙亮的意思，但在数年之间仍然没有拿定主意。孙峻是孙静的曾孙。

秋季，吴主终于幽禁了太子孙和。骠骑将军朱据劝说道：“太子是国家的根基；加之平素性情仁和，孝敬父母，所以天下之人都爱戴他。从前，晋献公宠幸骊姬而太子申生不能存活，汉武帝听信江充之言而戾太子蒙冤死去，我害怕太子不堪忍受其幽怨，到那时您即使像汉武帝那样建立思子之宫，恐怕也无可挽回了！”吴主听不进去。朱据与尚书仆射屈晃，率领文官武将用泥涂头，自行捆绑，连日到宫门跪求释放孙和。吴主登上白爵观，见到他们，十分厌恶，就命令朱据、屈晃等人不许太过急促。无难督陈正、五营督陈象各自上书直言劝说，朱据、屈晃也仍然坚持劝说不止；吴主勃然大怒，诛杀了陈正、陈象及其家族。又把朱据、屈晃带入殿中，二人仍然口谏不止，叩头流血，言辞声调毫不软弱，吴主下令各责打他们一百杖，又把朱据降职为新都郡丞，罢了屈晃官职让其退居乡里，各个官吏因进谏获罪而被诛杀流放的数以十计。吴主终究还是把太子孙和废为平民，迁居到故鄣县，又赐鲁王孙霸自杀。杀了杨竺，把尸体扔到江中，又诛杀了全寄、吴安、孙奇，都是因为他们与孙霸勾结并诬陷孙和的缘故。当初，杨竺年轻时很有名气，而陆逊认为他终究会毁了自己，并劝说杨竺之兄杨穆与他分家。杨竺出事，杨穆因多次劝阻、告诫杨竺而得以免死。朱据还没有到达任所，中书令孙弘就奉诏书追上他，将他赐死。

冬季，十月，魏国庐江太守、谯郡人文钦佯装背叛，用以诱惑吴国偏将军朱异，想要让朱异亲自领兵前来迎接他。朱异知道他是诈降，就给吴主上奏章，认为不能迎接文钦。吴主说："如今北方领土尚未统一，文钦想要归降我国，应该去迎接他。如果怀疑他是诈降的话，只要设计网罗他，发重兵加以防备就行了。"于是就派遣偏将军吕据率领二万人与朱异一起到达北部边界，文钦果真不来投降了。朱异是朱桓之子，吕据是吕范之子。

十一月，魏国大利景侯孙礼去世。

吴主孙权立其子孙亮为太子。

吴主派遣十万大军进驻堂邑、涂塘二县，以占领通往北部的道路。

十二月二十七日甲辰，魏国东海定王曹霖去世。

魏国征南将军王昶上书说："孙权流放良臣，嫡子与庶子争权夺利，我们可乘其内部分裂之机进攻吴国。"朝廷采纳了这个意见，派遣新城太守南阳人州泰袭击巫县、秭归，荆州刺史王基发兵夷陵。王昶发兵江陵，以竹索为桥，渡河进攻。吴国大将施绩，夜里逃入江陵城，王昶想把他引入平地再与之战。于是王昶先派遣五路人马从大道返回，使吴军望见而高兴，又把缴获的铠甲马具等物丢弃在城的四周以激怒吴军，然后埋伏兵力以等待敌军出城。施绩果然中计，率军来追击。王昶与他交战，大破敌军，并杀了吴国的将领钟离茂、许旻。

蜀国的姜维再次进犯魏国的西平，未能获胜。

（以上为第六段，写吴国鲁王孙霸通过结交朋党来陷害兄长、太子孙和，吴主孙权大怒，便废掉太子，赐鲁王死，从重处理参与其中的党羽、干将，而立其幼子孙亮为太子，吴国的根基动摇矣！）

魏邵陵厉公嘉平三年（辛未，公元 251 年）

春季，正月，魏国王基、州泰进击吴国军队，都获得胜利，投降者有数千人。

三月，魏国任命尚书令司马孚为司空。

夏季，四月初九甲申，任命王昶为征南大将军。

四月十七日壬辰，魏国实行大赦。

魏国太尉王凌听说吴人占据了涂水地区，想要因此发兵进攻，于是加紧整顿各路军队，并上表请求攻打吴军，但朝廷不采纳他的意见。王凌派遣将军杨弘把废立君主的打算告诉兖州刺史黄华，但黄华、杨弘却连名把此事报告了司马懿。于是司马懿率领中军乘船从水路去讨伐王凌，先下达赦令赦免王凌之罪，然后又写信晓谕王凌，不久大军突然到达百尺堰。王凌自知大势已去，于是就乘船独自一人出去迎接司马懿，派佐官王彧前去谢罪，送去官印和符节、斧钺。司马懿的军队到达丘头，王凌把双手绑在背后，面向司马懿，跪在水边，司马懿按诏书旨意让主簿给他松了绑。

王凌既已得到赦免，再加上仗着与司马懿有旧交，也就不再疑惑，径直乘小船想要靠近司马懿。司马懿派人迎上去挡住他，把船停在淮河中间，与司马懿的船相隔十余丈。王凌知道这是因为自己有罪而见外，就远远地对司马懿说："你就是直接写封书信召我，我又怎敢不来？没想到你竟率军前来！"司马懿说："那是因为你不肯追随写信人的缘故。"王凌说："你辜负了我！"司马懿说："我宁肯辜负你，也不能辜负国家！"于是就派步骑兵六百人送王凌由西路回京师洛阳。王凌试着向司马懿索要棺钉，以观察司马懿的意思，结果司马懿果真命人给了他棺钉。五月初十，王凌走到项县，终于服毒而死。

司马懿到达寿春，张式等人都自首了。司马懿十分严酷地处理此事，把各个有关联的人都诛灭三族。挖开王凌、令狐愚的坟墓，劈开棺材，在附近的城市暴尸三日，烧了他们的官印、章服，把他们裸埋于地下。

当初，令狐愚还是普通百姓时，常常胸怀高远之志，众人都说令狐愚必能兴盛令狐氏家族。只有同族的父辈弘农太守令狐邵却认为："令狐愚性情豪爽而不受拘束，不修养德行而志愿极大，必定会灭我宗族。"令狐愚听了，心中愤愤不平。等到令狐邵担任虎贲中郎将时，令狐愚官职已经多次提升，到处都很有名望。这时令狐愚从容地对令狐邵说："以前曾听您说我不能承继光大宗族，今天您还会说什么呢？"令狐邵只是久久地看着他而不回答，然后却私下里对妻子说："令狐愚的性情器量仍跟以前一样。以我来看，他终究会败灭家族，但不知我能否活到受牵连的那一天，不过你们将会赶上的。"果然令狐邵死后十多年，令狐愚的家族被诛灭。

令狐愚在兖州时，招聘山阳人单固任别驾，单固与治中杨康同为令狐愚的心腹。等到令狐愚死后，杨康应司徒的召聘到洛阳，泄露了令狐愚暗地里的行事，令狐愚因此而败露。司马懿到寿春，见到单固，问他说："令狐愚谋反了吗？"回答说："没有。"杨康告发的事情，与单固有牵连，于是收捕了单固及其家属，都绑送廷尉处，拷问数十次，单固都坚持说没有。司马懿收捕了杨康，让他与单固对质，单固辞穷，就大骂杨康："你这个老奴！既背叛使君，又灭我家族，看你还能活多久！"杨康起初还希望自己能够封侯，后因为供词多有错漏矛盾之处，也把他一起斩首。临刑时，他们一起出狱，单固又大骂杨康说："老奴！你死是活该，如果死者有知，看你有什么面目在地下行走。"

魏国下诏任命扬州刺史诸葛诞为镇东将军，总督扬州诸军事。

吴主孙权立潘夫人为皇后，实行大赦，改年号为太元。

六月，魏国赐楚王曹彪死。又全部逮捕了各个王公，并安置在邺城，派有关官吏监察，不许他们与任何人交往。

秋季，七月十九日壬戌，魏国皇后甄氏去世。

七月二十八日辛未，魏国任命司马孚为太尉。

八月初五戊寅，魏国舞阳宣文侯司马懿去世。任命司马懿之子司马师为抚军大将军、录尚书事。

起初，南匈奴人自称其先人本是汉室的外甥，于是就冒充姓刘氏。太祖曹操把单于呼厨泉留在邺城，把他的人分成五部，居住在并州境内。左贤王刘豹，是单于於扶罗之子，任左部统帅，他的部族实力最强。城阳太守邓艾上书说："单于在内地，羌夷人失去统治，合合散散没有主脑。如今单于的尊严日见微弱，而外地的威势日见加重，这样对胡人就不可不深加戒备。听说刘豹的部族中有背叛的胡人，可以利用其背叛的情况将其部族分割为两国，以分散刘豹的势力。去卑的功劳显赫于前朝，而他的儿子却不能继承父业，应该给他的儿子加封显赫的名号，让其居住在雁门。分裂他们的国家，削弱敌人，追记他们旧日的功勋，这是统治边境地区的长久之计。"又进言说："羌胡之人与百姓同居一处的，应逐渐把他们分出，让他们居于百姓编户之外，以便推行礼义廉耻的教育，阻塞奸恶作乱之路。"司马师全部采用了他的主张。

（以上为第七段，写魏国太尉王凌与外甥令狐愚密谋废掉魏帝曹芳，另立楚王曹彪。后来，令狐愚死，王凌调动扬州大军发动政变，事情败露，司马懿调集兵马前去攻打，王凌畏罪自杀，赐楚王曹彪死。）

吴国的立节中郎将陆抗驻扎在柴桑，到建业治病。病好将还之时，吴主流着泪与他告别，对他说："我以前听信谗言，对你父亲在君臣大义上没有能真诚纯厚，因此也对不住你。我前后责问你父亲的诏书，一切都焚毁消灭，不要再让人看到了。"

这时，吴主孙权已经明白太子孙和是无罪的。冬季，十一月，吴主祭祀南郊，回来后得了中风，想要召孙和回来，但全公主以及侍中孙峻、中书令孙弘等坚持争辩说不能让孙和回来，于是就没有召见孙和。

吴主孙权因为太子孙亮年幼，商议找个可以托付国事之人，孙峻推荐大将军诸葛恪，认为他可承担大事。吴主嫌诸葛恪刚愎自用，孙峻说："当今朝廷大臣的才能，没有能赶得上诸葛恪的。"于是就召诸葛恪到武昌来。诸葛恪临行之时，上大将军吕岱告诫他说："现在世上正是多难之时，希望你做每件事，都必先想上十次，然后再做。"诸葛恪说："从前季文子三思而后行，孔子说：'只要想两次就可以了。'而您却让我想十次，这明明是认为我才能低劣！"吕岱无言以对，当时人都认为他失言。

虞喜评论说：接受管理天下大事的托付，是最重的担子；以大臣的身份行使君王的权威是最难的事情；一身同时承担这两件事而日理万机，能够胜任者是很少的。吕侯是国家的元老，经过深思远虑，才以十思告诫他，但被认为是说他低能而遭到拒绝，这就是诸葛恪的疏漏，不具备机敏灵慧之处。如果顺着十思的意思行事，广泛地征询了解当时社会的事务，采纳善言比迅雷还快，听取谏议比刮风还急，怎能丧身殿堂，死于凶恶小人的刀下？世人注重他突出的辩才，欣赏他仓促之间的应对，而耻笑吕侯的无言以对为浅陋，却不考虑安危、不思虑始终。从前魏人攻打蜀国，蜀人去抵御，精兵整肃待命出发，而费祎却正在与来敏下棋，毫无厌倦之意。来敏认为他必能打败敌人，这是说他内心已确定高明的策略，而外表毫无忧色。何况长宁认为君子面临大事就恐惧谨慎，善于谋略才能成功。蜀国是个小国，而且面临大敌，其所谋划的只应是坚守或交战，怎能过多地自负自傲，而安然对敌毫无忧患之意呢？这就是费祎的性情宽厚疏简，不提防细微之处，所以终究被投降之人郭循所害。这难道不是凶兆见于彼而灾祸成于此吗？以前听说长宁鉴别文伟，而今见到诸葛恪拒绝吕侯，二事大体相同，都足以成为后世的借鉴。

诸葛恪到达建业，在卧室内拜见吴主孙权，在床下接受诏命，以大将军的身份兼任太子太傅，孙弘兼任少傅；诏命有关部门各种事务一切听命于诸葛恪，只有生杀人事，事后要报告。并为他制定了群官和各部门拜见的礼仪，各有不同的规格。又任命会稽太守、北海郡人滕胤为太常。滕胤是吴主的女婿。

十二月，魏国任命光禄勋荥阳人郑冲为司空。

蜀国的费祎回到成都，占卜的人说："都城里没有宰相的位置。"于是，他又向北去驻扎在汉寿县。

这一年，蜀国的尚书令吕乂去世，任命侍中陈祗为尚书令。

（以上为第八段，写吴主孙权病危，因太子孙亮年幼，任命大将军诸葛恪为托孤首辅大臣，令有关部门一切听命于诸葛恪，并制定了拜见诸葛恪的特殊礼仪。孙亮即位后，封其为太傅，掌握军政大权。）

魏邵陵厉公嘉平四年（壬申，公元252年）

春季，正月初二癸卯，魏国任命司马师为大将军。

吴主立前太子孙和为南阳王，让他居住在长沙；立仲姬之子孙奋为齐王，居住在武昌；立王夫人之子孙休为琅琊王，居住在虎林。

二月，魏国立张氏为皇后，实行大赦。张皇后是前凉州刺史张既的孙女，是东莞太守张缉的女儿。任命张缉为光禄大夫。

吴国改年号为神凤，宣布实行大赦。

吴国的潘皇后性情刚戾，吴主孙权生病后，潘后派人向孙弘询问西汉吕后行使皇帝权力的事情。左右之人不堪忍受她的虐待，就乘她昏睡的时候，将她勒死，又宣称她是暴病而死。后来事情败露，获罪被杀的有六七人。

吴主孙权病情危重时，召集诸葛恪、孙弘、滕胤以及将军吕据、侍中孙峻等人入卧室内，嘱托后事。夏季，四月，吴主去世。孙弘平素与诸葛恪不和，害怕被诸葛恪整治，于是封锁消息，先不发丧，想要假造诏令杀掉诸葛恪；孙峻把此事报告了诸葛恪。诸葛恪请孙弘前来议事，就在座位上把他杀了。然后举行丧礼，为吴主加谥号为大皇帝，太子孙亮即位，实行大赦，改年号为建兴。闰月，任命诸葛恪为太傅，滕胤为卫将军，吕岱为大司马。诸葛恪下令罢免了充作朝廷耳目的官员，宽大处理拖欠的税赋债务，免除关税，广施恩泽于百姓，众人皆大欢喜。诸葛恪每次出入，百姓们都伸着脖子想看看他的模样。

吴国大将军诸葛恪不想让各位王公居住在江边兵马要塞之地，于是将齐王孙奋迁移到豫章，将琅琊王孙休迁居到丹阳。但孙奋不肯迁居，又多次触犯国家法度，诸葛恪就给孙奋写信说：

> 帝王的尊贵与上天处于同一地位，因此以天下为家，以父兄为臣；仇人有善行，不得不举荐；亲人有恶迹，也不得不诛杀。就是这样顺承天命，治理万物，以国为先，以家为后，这是圣人所立的制度，是百世不变的法则。当初汉代刚刚兴起之时，封了许多子弟为王。待到他们势力强大后，就开始作乱图谋不轨，上则几乎危害国家，下则兄弟之间骨肉相残，其后加以惩罚戒备，认为诸王势力强大是国家之大忌。自汉光武帝以来，分封诸王有一定制度，只允许他们在宫内自娱自乐，不得统治百姓和参与政事，与宾客交往，都有严格的禁令。这样才得以保全安定，各自安享福禄，这就是前代得失的经验教训。先帝以古代的经验教训作为今日之借鉴，为防止作乱的萌芽，考虑到后世的长治久安，所以在卧病之日，就分散诸王，让他们及早到达各自的封国，诏令恳切，禁令严峻，所告诫的各个方面，无所不至。这样做的目的，实际上是要上使国家安定，下则保全诸王，让他们及早回到封国，使百世后的子孙能继承祖宗基

业，不会出现危害国家和家族的悔恨之事。

对待父辈，您应该常常想着周朝太伯顺从其父的志向；对待兄弟，您应该常常念及汉朝河间献王和东海王恭顺兄长的节操；对待自己，您应该把前世那些骄横恣肆、荒乱无耻之王记在心中以为警戒。但是，我听说您自到武昌以来，多次违背朝廷诏令，不受制度约束，擅自调兵遣将来管理保护您的宫室。另外，您的左右亲随有犯罪之人，您应当及时上表禀告，并把他们交付给有关官员秉公处理。但是您却擅自私下杀死，而不把事情明确报告。中书杨融亲自接受诏令，您应当恭恭敬敬地听从他的意见，而您却说："我就是不听禁约，你能把我怎么样！"听到您这样的话，我们上上下下都十分震惊，没一个不感到寒心的。

俗话说："明镜用来照形，知古为了鉴今。"您应该深刻地记住鲁王的教训，改变目前的言行，战战兢兢，小心谨慎，尽心地恭敬朝廷。这样，您的要求都能得到满足。如果背弃忘却先帝的教导，对朝廷怀有轻视傲慢之心，那么，我宁肯辜负您，也不敢辜负先帝的遗诏；宁肯被您所怨恨仇视，又怎敢忘记尊奉主上的权威而让诏令不能在藩臣中实行？以前如果鲁王能够及早地听纳忠直之言，对朝廷怀着惊惧恭敬之心，就能无穷地享受福禄，怎么会有灭亡的灾祸呢？

良药苦口，只有病痛之人才觉甘甜；忠言逆耳，只有通达之人才能接受。如今，我们这些人恭恭敬敬，想为您解除危险祸患于萌芽之中，打牢您富贵福禄的基础，因此不知不觉地把话说得十分尖锐，希望您三思！

齐王收到信后，非常惧怕，当即就迁到南昌。

当初，吴大帝建筑东兴堤用以遏止巢湖之水外流，后来进攻淮南，战败了，就把巢湖用来停泊船只，于是废弃大堤，不再修筑。冬季，十月，太傅诸葛恪会集众人于东兴，重新建筑大堤，联结左右两座山，山上建筑了两座城，各留千人把守，派将军全端守西城，都尉留略守东城，然后率军返回。

魏国镇东将军诸葛诞对大将军司马师说："如今趁着吴国深入内地征战，可以派王昶逼取江陵，派毌丘俭攻向武昌，以拖住吴国上游的兵力，然后挑选精锐兵力进攻两城，等到他们救兵赶到，我们已经大获全胜了。"当时征南大将军王昶、征东将军胡遵、征南将军毌丘俭等人各自都献了攻打吴国的计策。朝廷因三位将领计策不同，于是下诏征求尚书傅嘏的意见。

傅嘏回答说："献计者有人主张乘船直接渡江，横行于江南；有人主张分四路同时进攻，攻占其城垒；也有人主张屯兵边境，平时耕作土地，然后乘其内乱之机发动进攻：这些都是攻取敌国的常用之计。但是自从我们训练集结攻打吴国的部队以来，前后已有三年，敌人早已知晓，已经不是一支可以出其不意进行偷袭的军队了。吴国与我为敌，将近六十年了，这期间他们君臣团结，同甘苦共患难。最近，吴国丧其统帅，君臣上下心存忧惧危难，加强戒备，假使他们下令在重要渡口排列战船，加固城池，占据险要，那么我们横行大江之上的计策，恐怕就难以奏效了。如今边境的守军，与敌军相隔甚远，敌军设置的观察联络哨所，又数量众多，戒守严密，我们的间谍不能进入，得不到任何消息。如果军队没有耳目消息，侦察不够详细周密，却贸然发重兵以面临巨大的危险，这就是怀着侥幸心理以希求成功，企图先开战而后求得胜利，这不是保全军队的良策。只有屯兵边境的计策最为完备牢靠。可以先命令王昶、胡遵等选择地方，驻扎在形势险要之地，审察他们的安排布置，然后命令三方面同时进驻守地。第一，要夺取肥沃的土地，让敌人退回到贫瘠的土地上去。第二，士兵到百姓中间，不许欺压抢掠。第三，在附近区域实行招抚怀柔政策，使投降归附之人每天都有人过来。第四，从远处开始设置侦察联络哨兵，使间谍不能过来。第五，敌兵退守之后，侦察联络哨兵必然不能深入，耕作土地也不容易开展。第六，军队就地食用积储的粮食，不用分出兵力运输。第七，敌军内部矛盾混乱的情况能够及时得到消息，能迅速做出攻打突袭的决断。以上七个方面，是军事行动的当务之急。不掌握这些，敌军就会独占便利的资财；掌握这些，利益就会归于我国，所以不可以不明察。当前两军营垒已相互逼近，两军的阵势也相互明了，智慧、勇敢的才能得以施展，精明、成熟的计策也得以运用。只有施展谋略，才能了解其成败得失；相互较量，才能知道其长短优劣，敌军情况的真伪，能在哪里藏匿？以小敌大，就会劳役频繁而使国力衰竭；以贫敌富，就会加重税赋而财力匮乏。因此，《兵法》说：‘敌人安逸，能使之烦劳；敌人饱足，能使之饥饿。’说的就是这个意思。”但是司马师没有采纳这个意见。

十一月，魏国下令，派遣王昶等三路兵马袭击吴国。十二月，王昶进攻南郡，毌丘俭进攻武昌，胡遵、诸葛诞率七万大军攻打东兴。

十二月十九日甲寅，吴国太傅诸葛恪率兵四万，日夜兼程，救援东兴。胡遵等人命令各军造浮桥渡水，陈兵于大堤之上，分兵攻打两城；城在高峻险要之处，不能很快攻破。诸葛恪派冠军将军丁奉和吕据、留赞、唐咨等人为前锋，从山的西面进攻。丁奉对各将领说：“现在各部队行动迟缓，如果魏兵占据有利地形，就难以与他们争锋交战了，我要求快速进攻。”于是让各路军马从道路上避开，丁奉亲自率领属下三千人快速突进。当时正刮北风，丁奉扬帆行船两天就到达了东关，随即占据了徐塘。当时漫天飘雪，十分寒冷，胡遵等人正在聚会饮酒。丁奉见魏军前部兵力稀少，就对手下人说：“你们要求取封侯赏爵，正在今天！”于是让士兵们都脱下铠甲，丢掉长矛大戟，只戴着头盔拿着短刀和盾牌，光身爬上堤堰。魏兵看见他们，都大笑不止，而不立即整兵对敌。吴兵爬上之后，立即击鼓呐喊，袭击攻破魏军前部营垒。吕据等人也相继赶到，魏军惊恐万状四散奔逃，争相抢渡浮桥，浮桥毁坏断裂，魏兵自己跳入水中，互相践踏着逃跑。魏军前部督韩综、乐安太守桓嘉等人都沉没在水中，死者数万人。韩综过去是吴国的叛将，多次侵犯吴国，吴大帝常常痛恨得咬牙切齿，诸葛恪命人送回韩综首级以祭告大帝庙。缴获魏军的车辆、牛马、骡驴等都数以千计，资材、器物堆积如山，凯旋而归。

当初，蜀国的姜维进攻魏国西平，俘获了中郎将郭循，蜀国任命他为左将军。郭循想要刺杀蜀国后主，却没接近的机会。他常常借上寿之机，一边跪拜，一边往前靠近，却被左右侍卫所制止，刺杀后主的目的没有能够达到。

（以上为第九段，写吴主孙权去世，太子孙亮继位，大将军诸葛恪辅政，诛杀孙弘；兼任太傅，广施德政，免收租税，在东兴征集人力，重建大堤，深得民望；魏国司马师乘机兴兵攻打吴国，大败而归。）

【点评】

权谋家司马懿。司马懿在人们心目中的形象多是阴险、隐忍。这大致是受了《三国演义》的影响。实际上，司马懿的谋略完全可以与蜀国诸葛亮相媲美。

首先，司马懿对于巩固魏国政权，出力颇多，得到魏文帝曹丕、魏明帝曹叡两代皇帝的信任。魏文帝曹丕任命司马懿与中军大将军曹真等共为辅政大臣，并嘱托太子曹叡说："慎勿疑之。"在曹叡为魏帝的十三年中，司马懿立功甚伟，得到魏帝的高度信任和依赖。后来曹叡又病重不治，当时司马懿镇守关中，便令他火速回京，三日之间，诏书五至。四百多里的路程，司马懿一夜而至。魏明帝拉着他的手，目视太子曹芳，说："以后事相托，死乃复可忍。吾忍死待君，得相见，无所复恨矣。"命令司马懿与曹爽共同辅政。司马懿在辅佐魏帝时，深得信赖。

其次，司马懿隐忍蛰伏，躲过了曹爽集团的算计。曹芳称帝后，大将军曹爽依仗自己是宗亲，千方百计排挤司马懿，将其改任为太傅，予以架空，并且将郭太后与魏帝分离，直接掌控魏帝。这时，司马懿稍有不慎，就会大祸临头，万劫不复。他隐忍以待，装病装死，成功地消除了曹爽等人对他的戒备，同时暗地里与儿子司马师等谋划，一举扳倒曹爽。其实，这种隐忍是司马懿惯用的谋略。当年，司马懿率军与诸葛亮对阵，也是运用这种"忍"的谋略。蜀国士兵在阵前百般叫骂，甚至把他比成妇人，他也不为所动，使得诸葛亮无可奈何，不得不退兵而去。综观中国历史上的谋略家，很少有人能有司马懿这种非凡的隐忍力，这是司马懿取得成功的关键之举！

再次，司马懿把握时机，一举扳倒曹爽集团，可谓妙举。司马懿忍常人所不能忍，暗中窥伺，等待的就是机会。机会终于来了，毫不设防的大将军曹爽以及同伙随同魏帝曹芳到高平陵祭拜明帝曹叡，洛阳城中兵力空虚，司马懿立即请示郭太后，请废曹爽兄弟。当时，司马师为中护军，率兵屯驻司马门，控制京都。而后，司马懿以谋反的罪名杀掉曹爽兄弟及其党羽何晏、丁谧、邓飏、毕轨、李胜、桓范等，并灭三族，一举肃清曹氏宗亲势力。从此，魏国进入了司马氏专权时代！这一年，是公元249年。

最后，司马懿既谋划当前，也谋划长远，为子孙谋魏立晋奠定了坚实基础。司马懿诛灭曹爽集团，导致曾为曹爽笼络、快速升官的司空王凌心生不满，与外甥令狐愚图谋废黜曹芳，立楚王曹彪为皇帝。还未行动，令狐愚去世了，而王凌继续寻找机会，借口攻打吴国，请求出兵。司马懿知其阴谋，不许出兵。然后亲率大军前往攻打，王凌自知无法逃脱，自杀身亡。司马懿推治其事，凡牵连在内的一律诛灭三族，并将王凌、令狐愚暴尸凌辱，彰其罪恶，逼楚王曹彪自尽，趁机把魏国王公全部拘捕，放置邺城看管起来。

清人王鸣盛在谈及司马懿时，说司马懿“少壮则为魏画篡汉策，及老又为子孙定篡魏策，兴亡若置棋，亦可叹矣”，与“卧龙”“凤雏”等飘逸雅致的绰号不同，司马懿的外号是令人望而生畏的“冢虎”。所谓“冢虎”，是指盘伏在朝廷中的猛虎。冢，本指高而大的坟墓，引申为大、高的，代指朝廷。

魏纪八

魏邵陵厉公嘉平五年至魏高贵乡公正元二年（公元253—公元255）

【起昭阳作噩（癸酉，公元253年），尽旃蒙大渊献（乙亥，公元255年），凡三年】

【大事提要】

本卷记事起公元253年，讫公元255年，凡三年，当魏邵陵公（曹芳）嘉平五年至魏高贵乡公（曹髦）正元二年。本卷所载大事，主要是五个方面：其一，诸葛恪被杀。公元253年，吴国首辅诸葛恪不顾诸臣劝阻，发兵二十万攻打魏国，围攻新城，遭到顽强抵抗，惨败而归，吴人怨恨。武卫将军孙峻与吴帝孙亮设谋，在皇宫设宴，伏兵帷帐内，孙峻于座中用刀砍杀诸葛恪，将其苇席裹身，投之石子岗，灭三族。其二，姜维连续北伐。这三年，蜀国卫将军姜维连续出兵攻打魏国，分别攻打南安、襄武、狄道等地。一次因军粮耗尽而退军；一次攻破河间、河关、临洮等地，掠其民众而还；一次于洮西大破魏国雍州刺史王经，死伤数万，魏国派征西将军陈泰前来解围才退军。其三，司马师主持废立。公元254年，魏国大将军司马师联合公卿大臣上奏郭太后，历数魏帝曹芳不亲政、不尽礼的多种罪行，请求依霍光故事废掉曹芳帝位，得到许可，将曹芳改封为齐王。并与郭太后商议，选择曹丕之孙高贵乡公曹髦为魏国之主，入朝为帝。其四，司马师平叛。公元255年，魏国镇南将军毌丘俭与扬州刺史文钦合谋，伪奉皇太后之令讨伐大将军司马师，在寿春城歃血为盟，上书述说司马师罪状，并移檄各郡，号召举兵讨伐，率军渡河北进。司马师组织强力反击，将其部队围困于项城东南，反军溃败。其五，司马师去世。公元255年，反将文钦之子文鸯带兵袭击魏军营帐，大将军司马师惊吓过度，再加上眼睛有瘤疾，致使眼睛震出眼眶，痛死许昌。他继承父亲权势，有勇有谋，废掉魏帝曹芳，平定淮南叛乱，击灭东吴诸葛恪大军，控制曹魏政权。

魏邵陵厉公下

魏邵陵厉公嘉平五年（癸酉，公元253年）

春季，正月初一朔，蜀国大将军费祎与诸位将领在汉寿大聚会，郭循也在座。费祎欢饮以致沉醉，这时郭循突起，刺杀了费祎。费祎性情宽厚，广施仁爱，从不怀疑别人。越嶲太守张嶷曾写信告诫他说："从前岑彭率领军队，来歙手持杖节，都被刺客所害。如今将军您地位尊贵，权力重大，但您对待和信任新近归附的人太过分，应该以前代之事为鉴，稍微加强一些警戒。”但费祎不听，所以祸殃及身。

魏国下诏追封郭循为长乐乡侯，让他的儿子继承爵位。

王昶、毌丘俭听说东部进军吴国的魏军失败，各自烧毁营地后撤走。朝臣议论，要把诸将罢官降职，大将军司马师说：“我没有听诸葛诞的话才造成这样的后果。这是我的错误，各位将军有什么罪？”于是，全部宽恕了他们。司马师之弟安东将军司马昭当时为监军，所以只削去司马昭一人的爵位而已。任命诸葛诞为镇南将军，都督豫州；毌丘俭为镇东将军，都督扬州。

这一年，魏国雍州刺史陈泰请求下令让并州与他合力讨伐胡人，司马师同意了。队伍尚未集中起来，而新兴、雁门两个郡的胡人由于路途太远，惊疑不定而反叛。对此事，司马师又向朝廷大臣谢罪说：“这是我的错误，不是陈泰的责任！”因此，人们都感到惭愧，而对司马师心悦诚服。

习凿齿评论说：司马大将军以两次失败引咎自责，错误反而消弭，真可谓智者之举。如果讳言失败，推卸责任，归咎于各种原因，经常自夸其功而隐藏失误，使上下离心离德，各种人才分散解体，那谬误就太大了。身为君王之人，如果能掌握这个道理来治理国家，决策失误但却名声远扬，兵力暂时受挫但能最终战胜敌人，那么即使失败一百次也都无妨，何况只有两次呢！

（以上为第一段，写魏国出兵攻打吴国，由于东线失败，其他部队也烧毁营地撤退。大将军司马师引咎自责，宽恕诸将，只处理其弟、监军司马昭，习凿齿认为是消弭错误，可谓智者之举。）

魏国光禄大夫张缉对司马师说：“诸葛恪虽然获得了胜利，但离被诛杀却不远了。”司马师问道：“这是什么缘故？”张缉说：“他的声威震慑其君王，功劳盖过全国，想要求得不死，这还可能吗？”

二月，吴国军队自东兴返回。进封太傅诸葛恪为阳都侯，并兼任荆州、扬州牧，都督中外诸军事。诸葛恪于是产生了轻敌之心，想要再度出兵，各位大臣认为频繁出兵，军队疲惫不堪，就异口同声地劝说诸葛恪，但诸葛恪听不进去。中散大夫蒋延仍坚持劝说，诸葛恪命人把他架扶出去。诸葛恪因此事著文晓谕众人说：“凡是敌对国家想要互相吞并，也就是仇敌想要互相铲除。有仇敌而让其发展，祸患如果不在眼前，就是留给了后人，所以不能不深谋远虑。古时秦国只有关西之地，尚且能吞并六国。如今将魏国比之于古代的秦国，土地数倍。然而今天我们之所以能与魏国对敌，只是因为曹操时期的士兵到今天已经老弱不能打仗，而后来出生的人还没有长大，这正是敌人兵力微弱而未及强盛之时，再加上司马懿先诛杀了王凌，接着自己死去，他的儿子年轻却专擅大权，虽然有聪明的谋士，却未能加以任用。如今过去攻打，正是他们的厄运到来之日。圣人急于顺随时势，指的实在就是今天的这种情况。如果顺从众人之情，心怀苟且偷安的想法，认为长江天险可以世代保持，不考虑魏国的变化情况而只看现在的形势，而轻视其以后的发展，这就是我一直为之难过叹息的原因。如今我听说有些人认为百姓还很贫困，想要休养生息，这是不知考虑其大的危害，而是只惜其小的勤苦的想法。以前汉高祖幸运地占据了三秦之地，为什么他不闭关守住险要以自享娱乐，却偏要发动全部兵力去攻打西楚项羽，以致身受创伤，甲胄里生满了虱子，将士们饱受艰难困苦，难道他甘心在刀剑里生活而忘记安宁了吗？这是因为考虑到天长日久而他与项羽势不两存的缘故。每当我借鉴荆邯劝说公孙述锐意进取的图谋，以及近来见到家叔诸葛亮上表陈述与敌人争竞的计策，我都要慨然叹息！我朝夕辗转反思，所想的就是这些，因此姑且陈述我的浅见，以送达各位志士明鉴。如果我一旦死去，志向计划不能实现，重要的是让来世之人了解我所忧虑的事情，在我死后深入地思考这些事情。”众人虽然心里都认为他说得不对，但没有人再敢提出异议。

吴国丹阳太守聂友平常与诸葛恪很有交情，就写信劝说道：“先帝本来有遏止东关之敌的计策，但没有施行；敌人自远方前来送死，我军将士凭借先帝的威德，舍身拼命，一下子就取得了非常卓著的战功，这难道不是宗庙、神灵、国家的福分吗？现在我们应当暂且按兵不动，养精蓄锐，伺察到敌国的内部裂痕再发兵攻打。如今您乘此胜利之势想要再次大规模出兵，这是未得天时之利而随便按照您个人的意见行事，我内心深感不安。”诸葛恪在他的文章后面附了一封信回答聂友说：“您的话虽然符合自然之理，但却没有看到胜负存亡的大道理，您仔细阅读这篇文章，就可以明白了。”

吴国滕胤对诸葛恪说：“您接受像伊尹、霍光那样的辅佐君王重托，在内则安定我们的朝廷，出外则摧败强大的敌人，名声震慑海内，天下之人无不震动，万众之心，是希望蒙受您的恩德而休养生息。如今在繁重的劳役之后，又兴兵出征，人民疲惫，精力不足，而且远方的敌人也有了防备。如果敌人城池不能攻破，掠夺地盘也没有收获，就会前功尽弃，招致后来的责备。因此不如先按兵不动，休养军队，然后伺察敌人的漏洞再发兵行动。而且兴兵打仗是件大事，只有依靠众人才能成功，众人如果不愿打仗，您独自一人能安然处之吗？”诸葛恪说：“众人说不可出兵，都未见有什么具体的计划打算，只是心怀苟且偷安的想法；而你又认为他们是对的，我还有什么指望？因曹芳昏庸无能，而使政权落入私家，魏国的臣民本来已经产生了离异之心。如今我凭借国家的资财，依仗上次战争胜利的威势，则将无往而不胜。”三月，诸葛恪发州郡之兵二十万人再次进犯魏国，任命滕胤为都下督，总管留守事宜。

夏季，四月，魏国实行大赦。

蜀将姜维自以为详熟西部风俗，再加上对自己的文才武略颇为自负，所以总想诱使各个羌、胡的部族成为自己的羽翼。他认为从陇地往西，都可以断为己有。每次他想要兴兵大举进攻，费祎就常常加以阻止，不听从他的主张，调给他的兵力也不足一万人。费祎说：“我们这些人比诸葛丞相差得远了。丞相尚且不能平定中原，更何况我们呢？所以我们不如先保国治民，谨守住自己的国土，至于建功立业扩大疆土，那就要等待有才能的人去干了。我们不要寄希望于侥幸，把成败系于一举，如果不能如愿以偿，后悔就来不及了。”等到费祎死后，姜维才得以实行他的计划，率领将兵数万人越过石营，围攻狄道县。

吴国的诸葛恪进犯魏国淮南，驱杀掠夺百姓。将领中有人对诸葛恪说：“如今率兵深入敌境，境内的百姓必然都一起远远地逃离了，恐怕我们的士兵费尽辛劳而功效甚少，不如仅围困新城，新城被困，必然会有救兵来，等救兵一到，再与他们交战，就可以大获全胜。”诸葛恪采纳了这个计策，五月，撤回军队，围困新城。

魏国命令太尉司马孚率军二十万人奔赴战场。大将军司马师询问虞松说：“如今东西都有战事，两个地方都很紧急，但诸位将领却意志沮丧，应当怎么办呢？”虞松说：“从前西汉周亚夫坚守昌邑而吴、楚之军不战自败，有些事情看似弱而实际强，所以不能不详察。如今诸葛恪带来他全部的精锐部队，足以肆意逞强施暴，但他却坐等在新城，想要招来魏军与他一战。如果他不能攻破城池，请战也无人理睬，军队就会士气低落，疲劳不堪，势必将自动撤退，诸位将领不愿径直进击，对您反而是有利的。姜维握有重兵，但却是深入我境的孤军，与诸葛恪遥相呼应，他们没有运粮部队，只以我们境内的麦子为食，不是能坚持长久作战的军队。而且他认为我们全力投入东方的战斗，西方必定空虚，所以径直深入我方境内。现在如果令关中各军日夜兼程快速奔赴前线，出其不意地攻打姜维，他大概就要撤走了。”司马师说：“好！”于是命令郭淮、陈泰率领关中全部军队，去解救狄道的围困；命令毌丘俭按兵不动，坚守营地，而将新城委弃吴国，任由围攻。陈泰行军至洛门，姜维粮尽，只好撤退。

扬州牙门将、涿郡人张特守卫新城，吴军连月攻打，城中士兵共三千人，疾病、战死者超过了一半，而诸葛恪又堆起了土山猛烈进攻，新城将要被攻破，无法再守护了。于是张特对吴国人说：“现在我已经无心再战了。但魏国法律规定，被围攻超过百日而救兵仍然未至者，虽然投降，其家属也不被治罪；我自受围攻以来，已经九十多天了，这城中本来有四千多人，战死者已超过一半，城池虽然失陷，但还有一半人不愿投降，我要回去劝说他们，逐一辨别，明天一早就送名单过来，请先把我的印绶拿去当作信物。”随即把他的印绶扔给了吴人。吴人听信了他的话而没有要他的印绶。于是张特连夜拆除城内房屋的木材，修补加固城墙缺口，进行双重防护。第二天，张特对吴人说：“我只有战斗而死，决不投降！”吴人愤怒至极，加紧攻城，但却不能攻下。

当时天气十分炎热，吴国士兵疲劳不堪，饮用了不洁净的水，造成腹泻、浮肿病流行，有一大半的人生病，死伤之人满地都是。各兵营的官吏每天都报告生病者太多，无法战斗。诸葛恪认为他们谎报，要杀掉他们，从此没有人再敢说了。诸葛恪心中没有良策，又耻于攻城不下，所以愤恨之情常流露于外。将军朱异在军事上与诸葛恪发生矛盾，诸葛恪就立刻夺去他的兵权，驱逐他回建业。都尉蔡林多次提出军事计策，诸葛恪都不予采纳，结果蔡林骑马逃走，投降魏国。魏国将领侦察了解到吴国士兵已疲惫不堪，于是发出救兵。秋季，七月，诸葛恪率军退却，那些受伤生病的士兵流落在道路上，艰难地互相扶持着行走，有的人困顿地倒毙于沟中，有的人则被俘获，全军上下沉浸在哀痛悲叹之中。但诸葛恪却安然自若，外出在江中小洲上住了一月，还计划在浔阳地区开垦田地。召他回去的文书接连不断，他才慢慢地返回。从此，他在群臣百姓中失去威望，人们对他的怨恨之言也越来越多。

魏国汝南太守邓艾建言司马师说：“孙权已经死了，大臣们尚未顺从新的朝廷，吴国的名宗大族都有自己的部曲，拥兵仗势，足可以违抗朝廷命令。诸葛恪新近才执掌国政，而朝内又没有明君，诸葛恪也不想着抚恤关怀上下臣民以树立治国的根基，却热衷于对外战争，肆虐役使民众，把全国的军队，困顿在坚固的城下，死掉的士兵数以万计，结果遭受重创，大败而归，这就是诸葛恪获罪之日。古时的伍子胥、吴起、商鞅、乐毅都受到了君王的信任，但君王死后，他们仍然失败了，更何况诸葛恪的才能比不上这四个贤人，而且他也不考虑大的忧患，所以诸葛恪的败亡指日可待。”

八月，吴国的军队回到建业，诸葛恪让士兵们排成队列，前呼后拥地步入府邸。刚到家，就立刻招来中书令孙嘿，大声申斥说：“你们怎么敢屡次妄作诏书！”孙嘿十分恐惧地告辞出来，托病返回家中。

诸葛恪出征回来之后，有关部门所奏请的各机构选任的官吏，一概不用，重新选拔。治事愈来愈威严，被治罪和受责备的人很多，被召去进见诸葛恪的人没有不胆战心惊、唉声叹气的。诸葛恪又更换宫中侍卫，全部选用他的亲近之人；又下令让军队加紧备战，想要出兵攻打青州、徐州。

（以上为第二段，写吴国大将军诸葛恪取得东兴大捷，遂有轻敌之心，以为只要出征，就能取得胜利，于是一意孤行，不顾国内民疲财竭的实情，继续出兵攻打魏国，结果兵败新城，威望大失。）

吴国孙峻因为臣民百姓大都怨恨、嫌恶诸葛恪，就在吴主面前诬陷诸葛恪，说他想要发动叛乱。冬季，十月，孙峻与吴主密谋在酒筵上杀死诸葛恪。诸葛恪将要赴宴的前一天晚上，精神躁动不安，整夜都不能入睡；另外，家里又发生了几次怪异之事，诸葛恪起了疑心。第二天，诸葛恪把车停在宫门，当时孙峻已经在帷帐之中设下伏兵，唯恐诸葛恪不按时进来使事情泄露，于是就亲自出来见诸葛恪说："您如果贵体欠安，可以等以后再说，我会把情况禀告主上的。"他说这话实际是想试探诸葛恪的态度。诸葛恪说："我要勉力进去见主上。"当时散骑常侍张约、朱恩等人写密信给诸葛恪，说："今日宫内的陈设不同一般，我们怀疑有其他变故。"诸葛恪把密信给滕胤看，滕胤劝诸葛恪回府。诸葛恪说："这些小辈能干什么？恐怕他们是在酒食中下毒来害人而已。"诸葛恪进入宫内，带着剑不脱鞋上殿，上前谢过主上，回来坐在座位上。摆上酒宴，诸葛恪因有疑心就没有饮酒。孙峻说："您的病没有大好，如果有常服的药酒，就请派人取来。"诸葛恪这才安了心。诸葛恪喝着自己人送来的酒，喝了几杯之后，吴主回到内室。这时孙峻也起来上厕所，在厕所里脱下长衣，换上短服，一出来就喊道："主上有诏命立即拘捕诸葛恪！"诸葛恪慌忙站起，还没拔出剑，而孙峻的利刀已经数次砍了下来，诸葛恪就一命呜呼了。张约从旁边刀劈孙峻，但只伤及左手，孙峻却回手砍断了张约的右臂。这时，宫内的卫兵都跑上殿来，孙峻说："今天要捕杀的只是诸葛恪，现在他已经死了！"然后命令卫兵全都把刀收起来，又把地上清除打扫一番，重新开筵。诸葛恪的两个儿子诸葛竦和诸葛建听说父亲遭难，就用车拉起母亲想要投奔魏国，孙峻派人追上并杀掉了他们。又命令用芦席裹住诸葛恪的尸体，中间用竹篾一捆，扔到了石子冈。另外派遣无难督施宽到将军施绩、孙壹的军队中，在公安县杀了诸葛恪的弟弟奋威将军诸葛融和他的三个儿子。诸葛恪的外甥都乡侯张震、常侍朱恩也都被诛灭三族。

吴国临淮人臧均上书，请求收拾诸葛恪尸骨并加以安葬。他上书说："电闪雷鸣，不会在整个早晨都连续不断；狂风怒吼，也很少终日不停。雷电狂风过后，仍然还会有和风细雨，滋润万物。因此，天地的威严不会整日整夜连绵不断地施展；帝王的怒气也不应毫无约束地尽情发散。我狂妄愚钝，不避忌讳，胆敢冒着破家灭身之罪，像祈求上天降下和风细雨一样，求您暂息雷霆之怒。追想已故太傅诸葛恪，罪恶满盈，招致了诛灭三族的灾祸。他们父子三人的首级被砍下来示众也有不少天了，观看者有数万人，咒骂他们的声音也如风四起；国家的大刑震慑了各个地方，就连老人孩童也全都见到了。人情对于万物，往往是乐极生悲，看到诸葛恪在尊贵全盛之时，世上没有人能与他相比，身居三公宰相的高位，经历多年，而如今被诛杀灭族，却无异于禽兽，察尽人情的反复，怎能不令人悲伤！而且他是已经死去之人，应埋葬于地下，没有必要再对他砍凿击刺。希望圣明的朝廷，效法天地，发怒不超过十日，让他的乡里之民和手下故吏用普通士卒的丧服为他收尸，再恩准他殓入三寸薄棺。从前项羽曾受到安葬的礼遇，韩信也曾得到入殓的恩惠，这都是汉高祖被誉为光大圣明的举动。愿君王布施三皇仁慈，垂赐哀怜之心，使国家的恩泽施加于因罪被杀者的尸体，再次让他得到不尽的恩惠，从此仁德的声名扬于远方，使天下劝善惩恶，这难道不是正大之举吗？从前汉代的栾布故意违背成命，向彭越的首级禀奏并祭祀。我对栾布的做法极为不满。他不先请求主上的恩典，而擅自肆意发泄自己的情感，他能够不受诛杀，实在是万幸之事。如今我不敢明白地表达自己的情感来显露圣上的恩赐，只能恭敬地写信上书，冒昧地向您陈述我的意见，请求圣明天子爱怜而体察臣下之心。”于是吴主和孙峻下令听任诸葛恪过去的部下把他收殓安葬。

当初，诸葛恪少年即名声大振，吴大帝非常器重他，而他的父亲诸葛瑾常为此事忧虑，认为诸葛恪不是能够保护家族的主人。诸葛瑾的朋友奋威将军张承也认为诸葛恪必将败坏诸葛氏家族。陆逊曾对诸葛恪说：“在我前面的人，我必然尊奉他，与他共同升迁；在我之下者，我就去扶持接引他。如今我看你气势凌驾于你前面的人之上，心意中又蔑视在你之下的人，这不是安定德业的根基。”蜀国的侍中诸葛瞻是诸葛亮的儿子。诸葛恪再次攻打淮南时，越巂太守张嶷给诸葛瞻写信说：“吴主刚刚驾崩，现在的皇帝实在太年幼怯弱，太傅诸葛恪承受辅政托孤的重担，又哪里是件容易的事情！以周公之才，亲自摄理朝政，仍然会有管叔、蔡叔散布流言发动叛乱；霍光受命摄理朝政，也有燕王刘旦、盖长公主和上官桀等人阴谋陷害的举动，只是依赖周成王、汉昭帝的圣明才得以免遭危难。以前常听说先王生杀赏罚的大权，从不交给下人，如今却在垂死之时，终于招来太傅，把后事托付给他，这实在令人忧虑。另外，从以前的记载来看，吴、楚地方的人性格轻悍急躁，但太傅却远离年幼的君王，深入敌国境内，这恐怕不是良好的计策和长远的考虑。虽然说吴国国家纲纪整肃，君臣上下和睦相处，但百事中即使有一次失误，也不是明智者的谋略。用古事来衡量今天的事情，则今天的事情如同古事一样，如果您不向太傅进献忠言，还有谁能直言相告呢？希望您能劝他撤回军队扩展农业，致力于推行仁德恩惠，数年之中，我们东西两国再同时大举进攻魏国，也不算晚，希望您深深地考虑和采纳我的建议！”后来，诸葛恪果然如张嶷所言而失败。

吴国群臣共同讨论上奏，推举孙峻为太尉，滕胤为司徒。有个向孙峻献媚的人说：“国家政务的权柄应由皇族掌握，如果滕胤当了司徒，地位仅次于太尉，而且他声名卓著，众人之心都归附他，那么他日后的势力则将不可估量。”于是又上书请求任命孙峻为丞相、大将军，都督中外诸军事，却不设置协助丞相管理政务的御史大夫，因此士人都大失所望。滕胤的女儿是诸葛恪之子诸葛竦的妻子，滕胤以此为由想要辞职。孙峻对他说：“鲧之罪不会牵连到禹，你何必这样呢？”孙峻和滕胤虽然内心不甚融洽，但处理外部事务却能互相包容。于是进封滕胤的爵位为高密侯，二人像以前一样一起共事。

齐王孙奋听说诸葛恪被诛杀，于是移居芜湖，想到建业去观察事态变化。傅相谢慈等人劝说他不要去，孙奋就把谢慈杀掉了。朝廷得知后，就把孙奋废为平民，迁居章安县。

吴国南阳王孙和的妃子张氏，是诸葛恪的外甥女。早先诸葛恪有迁都的打算，就让孙和去修建武昌宫，民间有谣传说诸葛恪想要迎立孙和为天子。诸葛恪被诛杀之后，丞相孙峻就因此事夺去了孙和的印玺，迁居到新都，又派使者随后追上赐孙和自杀。当初，孙和之妾何氏生了儿子孙皓，其他姬妾生的儿子有孙德、孙谦、孙俊。孙和将死时，与张妃诀别，张妃说：“无论吉凶祸福，我当永远相随，决不独自活着。”然后她也自杀而死。何姬说：“如果都相从而死，谁来抚养孤儿呢？”于是就抚育孙皓和他的三个弟弟，这些孩子都依靠她才得以生存下来。

（以上为第三段，写吴国武卫将军孙峻以吴人多嫌怨首辅大臣诸葛恪，乃诬陷诸葛恪欲谋反，与吴主孙亮设下毒计，在皇宫中置酒宴请诸葛恪，伏兵于帷帐内，孙峻于座中用刀杀死诸葛恪，并夷其三族。）

魏高贵乡公上

魏高贵乡公正元元年（甲戌，公元 254 年）

春季，二月，魏国杀害中书令李丰。当初，李丰十七八岁时，已经颇有清雅之名，海内人士交口称誉。他的父亲太仆李恢不愿让他这样，所以就令他闭门谢客，不与人往来。曹爽独揽朝政时，司马懿称病不出，当时李丰任尚书仆射，就在曹爽、司马懿二人之中周旋，因此没有与曹爽一起被诛杀。李丰的儿子李韬，被选中娶齐长公主为妻。司马师主持朝政时，任命李丰为中书令。当时，太常夏侯玄在天下极有威望，但因为与曹爽是亲戚，不能担任有权势的职位，平时常常闷闷不乐；张缉因为是皇后之父而免去郡守闲居在家，他也很不得意；李丰与夏侯玄和张缉关系十分亲密。司马师虽然提拔了李丰，但李丰心里更为看重夏侯玄。李丰担任中书令的两年中，皇帝多次召见李丰一起交谈，但不知说些什么。司马师知道他们是在议论自己，所以请李丰来相见，向他询问，但李丰却不以实言相告。司马师勃然大怒，就用刀把上的铁环捶死了李丰，把尸体送交廷尉问罪，接着又逮捕了李丰之子李韬和夏侯玄、张缉等人，都送交廷尉收监。钟毓负责审理此案，他说："李丰与黄门监苏铄、永宁宫署令乐敦，冗从仆射刘贤等人阴谋策划说：'等到拜贵人的那天，各营的兵力都把守在宫门口，魏王临近前廊时，借此机会共同侍奉，再率领众官士兵，近前去诛杀大将军；魏王如果不听从，就要挟持着他离开。'"又说："他们阴谋商定以夏侯玄为大将军，张缉为骠骑将军。夏侯玄、张缉都知道这个阴谋。"

二月二十二日庚戌，魏国诛杀李韬、夏侯玄、张缉、苏铄、乐敦、李贤等人，并诛灭三族。

夏侯霸投奔蜀国时，曾邀请夏侯玄和他一起去，但夏侯玄没有听从。等到司马懿去世，中领军、高阳人许允对夏侯玄说："以后不用再忧虑了。"夏侯玄叹道："士宗啊，你怎么不明事理呢？司马懿还是能把我作为世代交好的朋友来对待我，而司马师、司马昭就不会容我了。"入狱之后，夏侯玄不肯招供，钟毓亲自审理。夏侯玄表情严肃地斥责钟毓说："我有什么罪！你身为公府令史亲自来责问我，那你就替我写！"钟毓认为夏侯玄是名士，志节清高，不可屈服，但案子要了结，于是连夜为他写了供词，使与所查察之事相符合，然后流着眼泪给夏侯玄看。夏侯玄看后，只是微微点了点头而已。而后被推到东市斩首时，夏侯玄仍然脸不变色，举止自如。

李丰的弟弟李翼是兖州刺史，司马师派人去逮捕他。李翼的妻子荀氏对他说："中书令出了事，你可在诏书未到之前跑到吴国去，为什么要坐着等死！你的左右有谁能与你一起赴汤蹈火？"李翼想了想没有回答，他妻子说："你身在大州，却不知有谁能与你同生共死，你虽然逃走，也不免一死！"李翼说："两个儿子还小，我不能走，如今只是我一人受牵连而死，两个儿子必能获免。"终于没有逃走，被杀而死。

当初，李恢与尚书仆射杜畿和东安太守郭智是好朋友。郭智的儿子郭冲，内里聪慧而外表不漂亮，州里没有人称赞他。郭冲曾与李丰一起去看望杜畿，走了之后，杜畿叹道："李恢没有儿子了；不仅没有儿子，恐怕也将要没有家了。郭智却是死不了的，他的儿子足以继承父业。"当时人都认为杜畿说得不对，等到李丰死时，郭冲则当了代郡太守，终于继承了父业。

正始年间，夏侯玄、何晏、邓飏都很有名气，他们想要结交尚书郎傅嘏，但傅嘏却不接受。傅嘏的朋友荀粲奇怪地问他为什么这样，傅嘏说："夏侯玄的志向超过了其能力，他能博得虚有的声名却没有实际的才干。何晏话说得很高远而情感却很浅近，喜好辩论却没有真诚，这就是所谓口齿伶俐却会颠覆邦国的人。邓飏有所作为但最终没有成就，他在外邀取名利，而内心却毫无节制，喜欢与自己相同而讨厌与自己不同的意见，多嘴多舌而且嫉妒超过他的人；多嘴多舌就会造成很多矛盾，嫉妒超过自己的人就会失去亲近的朋友。以我看这三个人将来都要家败族灭，我远远地避开他们还恐怕会招惹灾祸，又怎么能与他们亲近呢？”傅嘏又与李丰不和，曾对朋友说：“李丰善于掩饰、为人虚伪而且生性多疑，沾沾自喜于小聪明而又热衷于权利，如果让他掌管机密要事，那么他被杀是必定无疑的！”

二月二十三日辛亥，魏国实行大赦。

三月，魏国废掉皇后张氏；夏季，四月，立皇后王氏。王皇后是奉车都尉王夔之的女儿。

魏国狄道长李简写密信给蜀国，请求投降。六月，姜维率军进犯陇西。

魏国中领军许允平时与李丰、夏侯玄交好。秋季，许允任镇北将军、假节、都督河北诸军事。魏帝曹芳认为许允应当离京外出，于是诏令群臣集会，魏帝曹芳特地把许允拉到自己身旁谈话。许允在与魏帝曹芳告别时，泪流满面，哀叹着不忍离去。许允还没走，有司就奏告说许允以前曾随便散发官用物品，于是，就把他逮捕交付廷尉处理，后又把他押送到乐浪，还没有到达，就死在路上。

（以上为第四段，写魏国李丰虽被大将军司马师提拔为中书令，但还是有想法，被魏帝曹芳多次召见，秘密谋划，司马师询问李丰，李丰不以实言相告，司马师勃然大怒，用刀柄捶死李丰，并诛党羽，灭三族。）

吴国的孙峻骄横傲慢，淫乱残暴，国人愤恨，侧目而视。担任司马的桓虑谋划要杀掉孙峻，立太子孙登之子吴侯孙英为君，但没有成功，参与者都被处死。

曹芳对李丰之死，心中颇为愤愤不平。安东将军司马昭镇守武昌，曹芳诏令他入京，让他去攻打姜维。九月，司马昭领兵回去觐见曹芳。曹芳到平乐观检阅他的部队，左右亲信劝其借司马昭进见辞行的机会杀掉司马昭，然后再领兵击退大将军司马师。曹芳在此之前已经写好诏书，但由于害怕，不敢拿出来。

司马昭领兵入城，大将军司马师就阴谋废掉曹芳。六月十九日甲戌，司马师假传皇太后的命令召集群臣开会讨论，以曹芳荒淫无度、宠信亲近歌舞艺人为理由，认为他不能再承担帝王的重任了。群臣都不敢反对。于是，上奏章要没收曹芳的御玺，贬为齐王，又让郭芝入宫告诉太后。太后正与曹芳对坐闲谈，郭芝就对曹芳说：“大将军想要废掉您，立彭城王曹据为帝！”曹芳站起来就走了。太后很不高兴。郭芝说：“太后有儿子却不能教育，现在大将军主意已定，又领兵在外以防备非常事变，只能顺着他的旨意，还有什么可说的！”太后说：“我要见大将军，对他有话说。”郭芝说：“有什么可见的！现在只应该快点取来御玺！”太后无奈，就让身边的侍从官取来御玺放在座位旁。郭芝出来报告司马师，司马师很高兴，又派使者把齐王之印绶给曹芳，让他出来住到西宫去。曹芳与太后垂泪而别，然后乘坐亲王规格的车子，从太极殿出来往南而行，群臣出来送别的有数十人，司马孚悲痛欲绝，其他人也都挥泪相送。

司马师又派使者向太后索要御玺，太后说：“彭城王是我的小叔，他立为天子，我该到哪儿去？再说明皇帝难道就永绝后嗣了吗？高贵乡公是文皇帝的长孙，明皇帝之弟的儿子，按照礼制，可以选择小宗的后代来继承大宗的统绪，你们再详细讨论讨论。”

六月二十二日丁丑，司马师再次召集群臣，把太后的命令给他们看，然后决定到元城迎接高贵乡公曹髦。曹髦是东海定王曹霖之子，当时年仅十四岁，所以让太常王肃持符节去迎接他。司马师又派人向太后要御玺，太后说：“我要见高贵乡公，他小的时候我就认识他了，我想亲手把御玺授给他。”

冬季，十月初四癸丑，高贵乡公曹髦到达玄武馆，群臣上奏请求让他住在前殿，高贵乡公认为那是先帝的旧居，就避开前殿而住到西厢；群臣又请求让朝内用皇帝的车驾来迎接，高贵乡公曹髦不同意。初五，高贵乡公进入洛阳，群臣在西掖门南边跪拜迎接，高贵乡公也下车答拜，司仪对他说：“按照礼仪不必答拜。”高贵乡公说：“我也是天子之臣，怎能不拜？”于是，就下车答拜。到了止车门，高贵乡公下了车，左右之人说：“按照旧仪，您可以乘车进入。”高贵乡公说：“我受到皇太后的征召，还不知道干什么呢。”然后就步行到太极东堂，拜见太后。当天，高贵乡公在太极前殿即皇帝位，出席的文武百官都十分喜悦。然后实行大赦，改年号为正元。又在河北郡为齐王建造了宫室。

蜀国的姜维从狄道进军，攻克河关和临洮。魏国将军徐质与之交战，杀了蜀汉的荡寇将军张嶷，蜀军随即撤回。

当初，扬州刺史文钦，骁勇果敢超过他人，曹爽因与他同乡，所以非常器重他。文钦依仗曹爽的权势，也常常盛气凌人。曹爽被杀后，文钦内心十分恐惧，又喜好虚报俘虏的人数以邀功求赏，司马师常常约束遏制他。因此，文钦对司马师十分怨恨。镇东将军毌丘俭平素与夏侯玄、李丰交往甚密，夏侯玄等人被杀后，毌丘俭内心也惴惴不安，于是就按照内心的计谋，拉拢文钦，给他丰厚的待遇。毌丘俭的儿子治书侍御史毌丘甸对父亲说：“父亲大人担当国家一个方面的重大责任，如果国家灭亡而您却安然无恙自守一方，那将受到天下人的责难。”毌丘俭认为他说得很对。

（以上为第五段，写魏国大将军司马师主持废立之事，先废掉魏帝曹芳，改封为齐王；然后立年仅 14 岁的高贵乡公曹髦。曹髦为魏文帝曹丕之孙、东海定王曹霖之子。司马师继续掌控朝政大权。）

魏高贵乡公正元二年（乙亥，公元 255 年）

春季，正月，毌丘俭、文钦假称受太后诏书，在寿春起兵，并向各州郡发檄文以共同讨伐司马师，又上书说："相国司马懿，为人忠正，为国家立了伟大功勋，应该宽容他的后世，请求只废掉司马师的官职，让他以侯爵的身份退居家中，让其弟司马昭代替他。太尉司马孚尽忠尽孝小心奉职，护军司马望也能忠心耿耿尽职尽责，他们都应得到亲近和信任，授予他们重要职务。"司马望是司马孚之子。毌丘俭又派使者邀请镇南将军诸葛诞共讨司马师，但诸葛诞杀掉了使者。毌丘俭、文钦率五六万大军渡过淮河，向西到达项县。毌丘俭坚守城池，让文钦在外率领游动兵力。

司马师向河南尹王肃询问计策，王肃说："从前关羽在汉水之滨俘虏了于禁，有向北争夺天下的志向，后来孙权袭击攻取了其将士的家属，结果关羽的军队一下子就瓦解了。现在淮南众将士的父母妻子都留在内地州县，只要迅速派兵去保护其家属抵御毌丘俭、文钦的军队，不让他们进来，那么如果平叛的大军一到，他们必然会像关羽那样土崩瓦解。"当时司马师刚刚割掉眼部肿瘤，创口很大，很多人都认为此时大将军不应自己率兵前往，不如派太尉司马孚去抵抗叛军。只有王肃与尚书傅嘏、中书侍郎钟会等人劝司马师亲自去，但司马师犹豫不决。傅嘏说："淮、楚地区的兵力强劲，而且毌丘俭等自负力量强大要远征拼斗，其锋锐之势不易抵挡。如果诸将的战斗出现不利，大势一去，那么您的事情就要失败。"司马师猛然站起来说："我要抱病登车前去东边平叛！"初五，司马师率领中外各军去讨伐毌丘俭和文钦，让其弟司马昭兼任中领军，留守洛阳，并召集三个方面的军队在陈县、许县会合。

司马师向光禄勋郑袤询问御敌之策，郑袤说："毌丘俭善于谋划但不能通达事情，文钦有勇而无谋。如今大军出其不意地进攻，而江、淮地区的士兵，锐气是不能持久的，您应该深挖沟、高立垒以挫其锐气，这是汉代周亚夫用过的极其有效的妙计。"司马师称赞这个计策好。

司马师任命荆州刺史王基为行监军，借用符节，统率许昌军队。王基对司马师说："淮南的叛逆，并不是官兵和百姓想要作乱，而是毌丘俭等人诳骗引诱再加以胁迫，他们害怕眼前的被杀之祸，所以暂时还聚集在一起。如果大军一到，他们必然会土崩瓦解，毌丘俭和文钦的首级用不了一个早上就会送到军营的门前。"司马师采纳了他的计策。让王基为前军，但不久又下令让王基停止前进。王基认为："毌丘俭等人发兵足以长驱直入，而现在所以久久不进，是因为其诈伪之心已经败露，众人心怀疑虑而停止不前。如今不大张旗鼓地显示军队的威风阵势以求符合百姓的意愿，而是停止不前高筑营垒以自守，就好像十分畏惧懦弱，这不是用兵的气势。如果毌丘俭、文钦掠夺百姓以补充自己，另外州郡士兵中有些人的家属被叛贼所获，他们顾虑重重，会进一步产生叛离之心；那些被毌丘俭等所胁迫的人，因顾虑自己的罪行严重，也不敢再回来；这就是置兵于无用之地，又促成了叛乱犯罪之徒的出现。假如吴国乘机进犯，那么淮南地区就不属于我国所有了，谯、沛、汝、豫等地也会危险而不安定，这是战略的极大失误。我军应迅速推进占据南顿县，南顿县有大邸阁，估计有足够军队食用四十日的粮食，保卫坚固的城池，凭借积蓄的粮食，行动在敌人之先而有夺取敌人的决心，这是平定叛贼的关键。”王基多次请求，司马师终于采纳了他的意见，于是进军占据瀙水地区。

闰正月初一，司马师驻军于瀙桥，毌丘俭的将领史招、李续相继来投降。王基又对司马师说：“用兵只听说宁拙而能速胜，还未见过求巧而能持久。如今外部有强大的敌人，内部有叛乱的臣子，如果不及时做出决断，那么事态发展的深浅、祸福，是难以预测的。议论的人都说将军持重稳健。您持重稳健是对的，但按兵不动则不对。持重不是不往前行的意思，而是指前进而不可抵挡。如今我们坚守营垒，使其他各地积存的粮食资助了叛军而我们却从远方运输军粮，这实在不是好的计谋。”但司马师仍然不准进军。王基说：“将领在行军作战时，君王的命令也可以不接受。如果敌人得到对敌人有利，我方得到对我方有利的地方，这就是所谓争地，这个地方就是南顿。”随即就进军占据了南顿。毌丘俭等人从项县出发，也想去争夺南顿，发兵前进了十多里，听说王基已经抢先到达，于是又撤兵坚守项县。

闰正月，癸未（疑误），征西将军郭淮去世，任命雍州刺史陈泰接替其职。

吴国丞相孙峻率领骠骑将军吕据、左将军会稽人留赞袭击寿春，司马师命令各部队都加固加高营垒坚守不出，以等待东部军队的到来。各位将领请求进军攻打项县，司马师说：“诸位只知其一，不知其二。淮南的将士们本来没有反叛之心，毌丘俭、文钦说服劝诱他们共同反叛，说是无论远近必然群起响应，而他们起事之后，不仅淮北地区不响应，而且史招、李续也都前后投降。内部离心，外部背叛，他们自知必败无疑。被困的野兽想着拼斗，如果速战就更符合他们的心意，虽然我们一定能胜，但伤亡也必然惨重。况且毌丘俭等人诓骗自己的将士，诡计多端，变化无常，我们只要稍微多与他们持久对峙一些时日，其诈伪之情自然会显露出来，这是不战而胜的战术。”于是派遣诸葛诞督领豫州各军从安风向寿春推进；派遣征东将军胡遵督领青州、徐州各军进驻谯郡、睢阳之间，以绝断叛军退路；司马师自己率军驻扎在汝阳。毌丘俭、文钦进不能战，退又恐怕寿春受到袭击，无计可施，不知应该怎么办；淮南将士们的家都在北方，此时众心沮丧涣散，投降者接连不断，只有淮南地区新依附的农民能受他们驱使。

毌丘俭在起兵之初，曾派遣善于走路的人到兖州送信，兖州刺史邓艾把他杀了。然后领兵一万多人，兼程前进，抢先赶到乐嘉城，制作了浮桥以等待司马师的大军。毌丘俭让文钦领兵去袭击乐嘉城。但司马师从汝阳秘密进兵到了乐嘉城与邓艾会合，文钦突然看到大军，大吃一惊，不知如何是好。文钦之子文鸯，十八岁，勇猛强健，体力超人，此时就对文钦说：“我们趁其尚未安定，猛然出击，可以攻破他们。”于是兵分两路，当夜就开始夹攻进击，文鸯率领强壮的士兵首先赶到，大声鼓噪进攻，城内军队惊扰不安。司马师也十分惊恐，急得他那只病眼也向外突了出来。他恐怕众人知道，就咬住被子强忍疼痛，结果把被子都咬破了。但文钦误了约定的时间未来接应，等到天明，文鸯见到对方兵力强盛，就撤兵而回。司马师对诸将说："叛贼跑了，现在可以去追击他们！"诸将说："文钦父子骁勇异常，没有受到挫折，为什么要逃跑呢？"司马师说："打仗时第一次击鼓进攻士气大振，再次击鼓士气就衰弱了。文鸯鼓噪一夜又失去策应，其士气已然受挫，不逃走还等什么？"文钦将要领兵向东而退，文鸯说："如果不先挫其威势，我们是走不了的。"于是就同十几个骁勇骑兵杀入敌军冲锋陷阵，所向无敌，然后才领兵而去，司马师派左长史司马班率领骁勇骑兵八千人从两翼追击，文鸯单枪匹马闯入数千骑兵之中，一次就杀伤百余人，然后突出重围而走，像这样来回六七次，追赶的骑兵也不敢向前紧逼。

殿中官员尹大目从小就是曹氏家奴，经常在天子左右侍奉，司马师带着他一起出来。尹大目知道司马师的一只眼睛已经突了出来，病情严重，就启禀说："文钦本是您的心腹之人，只是被人所蒙蔽而已；他又是天子的同乡，平时与我互相信任，我请求为您去追赶并劝解他，让他与您恢复旧交。"司马师同意了。尹大目单身骑一匹大马，披上铠甲，追赶文钦，远远地与他说话，尹大目内心实际上是为曹氏着想，但不便直言，只好旁敲侧击地说："您苦于什么而不能再多忍受几天呢？"他想让文钦理解他的意思，但文钦却一点儿也不明白，就更加严厉地大骂尹大目说："你是先帝的家人，却不想着报恩，反而与司马师一起作逆，你不顾忌上天，上天也不会保佑你！"说完就张弓搭箭想射尹大目，尹大目流着眼泪说："你们谋反之事已不可收拾，您好自为之吧！"

这天，毌丘俭听说文钦败退，十分恐惧，就连夜逃走，将士也随之四散溃逃。文钦退回到项县，因孤军无援，自己难以立足，想要回到寿春，而寿春已经溃败，于是就投奔了吴国。吴国孙峻到达东兴，听说毌丘俭等人失败，闰月十九日壬寅，进军到橐皋，文钦父子到军前来投降。毌丘俭逃走，向北到了慎县，左右士兵逐渐都弃他而去，毌丘俭就藏身于水边的草丛中。

闰正月二十一日甲辰，安风津的百姓张属走过去杀掉了毌丘俭，毌丘俭的首级送到京师，于是加封张属为侯爵。诸葛诞到达寿春，寿春城中十多万人害怕被杀，有的流窜到山林川泽，有的则分散地逃入吴国。诏令任命诸葛诞为镇东大将军、仪同三司，都督扬州诸军事。

魏国诛灭毌丘俭三族。毌丘俭的同党七百多人皆被逮捕入狱，由侍御史杜友处理，只诛杀首犯十余人，其余皆奏明朝廷而赦免其罪。毌丘俭的孙女嫁给了刘氏，应当处死，但因有身孕便关在廷尉狱中。司隶主簿程咸建言说："已经出嫁的女子，如果已经生育了孩子，那就成了别人家的母亲，将她定罪，对于防止犯罪来说，不足惩戒奸乱之源，对于情理来说，则伤害了孝子之情。男子不受其他家族罪行的牵连，而女子却偏偏要受到父母家和丈夫家两个家族罪行的牵连，这不是同情、怜悯弱女子的政策。这些问题都是法制的重要内容，我认为未出嫁的女子可以随同父母的罪行而治罪，而已经出嫁的妇女就要随同丈夫家的罪行而治罪。”朝廷采纳了这个建议，并写入法律条款。

舞阳忠武侯司马师病情严重，回到许昌，留下中郎将参军事贾充监管诸军之事。贾充是贾逵之子。卫将军司马昭从洛阳去许昌看望司马师，司马师让司马昭总管诸军。

闰正月二十八日辛亥，司马师在许昌去世。中书侍郎钟会跟随司马师掌管机密要事，天子下达诏令给尚书傅嘏，说东南刚刚安定下来，应暂且让卫将军司马昭留守许昌作为内外的援军，命令傅嘏率领各军返回。钟会与傅嘏商量，让傅嘏上书说明情况，然后就同司马昭一同出发，回到洛水以南驻扎。

二月初五丁巳，下诏任命司马昭为大将军、录尚书事。钟会因此事而常常流露出骄傲自得的神情，傅嘏告诫他说：“你的志向大于你的能力，而功勋事业是难于建立的，能不谨慎吗？”

（以上为第六段，写魏国镇东将军毌丘俭及扬州刺史文钦起兵反叛大将军司马师，司马师组织反击，亲率主力，屯聚汝阳。结果毌丘俭被杀，文钦逃走。而司马师原有眼疾，加之惊吓过度，病死于许昌。）

吴国的辅臣孙峻听到诸葛诞已经占据了寿春的消息，就领兵返回。任命文钦为都护、镇北大将军和幽州牧。

三月，魏国立皇后卞氏，实行大赦。卞皇后是武宣皇后的弟弟卞秉的曾孙女。

秋季，七月，吴国将军孙仪、张怡、林恂等人要谋杀孙峻，未能成功，被杀者有数十人。全公主在孙峻面前诽谤朱公主，说她与孙仪是同谋，于是，孙峻又杀了朱公主。

孙峻派卫尉冯朝修筑广陵城，耗资巨大，整个朝廷无人敢劝说，只有滕胤进谏劝止，但孙峻不听，工程终究未能完成。

蜀国的姜维又讨论出兵之事，征西大将军张翼在朝廷上劝说他，认为：“国家弱小，人民劳苦，不宜滥用兵力。”但姜维不同意，还是率领车骑将军夏侯霸以及张翼共同进军。八月，姜维率领数万人到达枹罕县，并向狄道进军。

魏国征西将军陈泰命令雍州刺史王经进驻狄道，等待陈泰军队到达，再把东西兵力合在一起进军。陈泰军队驻扎在陈仓，而王经所统领的各军在旧边关地区与蜀汉交战不利，于是王经渡过洮水。陈泰认为王经不坚守狄道，必然是有其他变故，就率领各军前去接应他。此时王经已经与姜维在洮西交战，结果大败，又率领万余人返回保卫狄道城，其余的士兵全都四散奔逃，被杀者以万计。张翼请求姜维说：“我们可以停止了，不应再向前进。如果再向前进，也许就要毁掉这次大的胜利，而变成画蛇添足了。”姜维勃然大怒，不听张翼的意见，于是进军包围了狄道。

七月二十二日辛未，魏帝曹髦下令，命长水校尉邓艾出任安西将军，与陈泰协力抵抗姜维。戊辰（疑误），又让太尉司马孚为后续部队。陈泰进军至陇西，诸将都对陈泰说：“王经新近才失败，敌兵气势正盛，而将军您率领临时杂凑起来的军队，又是继败军之后，去抵挡正乘胜前进的锋锐部队，恐怕不能取胜。古人有言：‘被蝮蛇螫了手，壮士就砍掉了手腕。’《孙子》说：‘兵有时不必出击，地有时不必坚守。’这是因为小的方面有所失而大的方面就能保全的缘故。您不如先占据险要之地以求自保，观察敌人失误，等待敌人疲敝，然后再进军救援。这个计策是比较好的。”

陈泰说：“姜维带领轻装部队深入我境，正是想与我们在原野上较量，希求一战而胜。王经应当高筑营垒，坚守不出，挫败敌人的锐气，但现在竟与敌人交战，使敌人的计策得以实现。王经既已失败逃去，姜维如果凭借战胜的威势，向东进兵，占据略阳这座有粮食储备的城池，然后放出兵力四处收罗降兵降将，招纳羌、胡部族，向东争夺关、陇地区，再向陇西、南安、天水、略阳四郡发布檄文，这是我们所担忧的事情。但姜维却用士气强盛的兵力围攻狄道，使兵力受挫于坚固的城池之下，锐气耗尽仍竭力拼命攻城，攻与守的形势差别很大，主与客也有不同。兵书上说：‘制作大盾牌和攻城的战车，三个月才能完成；堆积土山攻城也要三个月时间才能完成。’因此围攻城池对于轻装远来的军队来说是十分不利的。如今姜维孤军深入，远离本土，客居我方境内，粮草接济不上，这正是我军迅速前进消灭敌人的有利时机，所谓迅雷不及掩耳，这是自然形成的威势。洮水像带子一样围在敌军外面，姜维的兵力在洮水以内，如今我们登高占据险要地势，突然出现在敌人头上的高处，不用交战，他们就必定要逃走。敌人不可纵容，围城不可持久。你们怎能说这样的话！”

于是进军爬过高城岭，秘密行军，夜里到达狄道东南的高山之上，突然举起众多火把，同时击鼓吹响号角。狄道城中的将士们见到救兵来到，都奋发振作欢呼跳跃起来。姜维没有想到救兵突然到达，借着山势紧急向他进攻。陈泰与姜维交战，姜维退却。陈泰又领兵扬言要截断姜维退路，姜维十分惊恐。九月二十五日甲辰，姜维率兵逃走，狄道城中的将士才得以出来。王经感叹地说：“我们的粮食已不能支撑十天，如果不是救兵迅速赶到，全城之人就要遭到屠杀，我们也要丧失一州之地了！”陈泰慰劳守城将士，先后让他们返回，另外选择军队驻守狄道城，并修筑了城垒，然后率兵撤回，驻扎在上邽之地。

陈泰常常认为，凡是在一些地方发生一些非常情况，有关人员总要虚张声势，扰动全国。因此他自己奏事既稀少又简略，传递书信不用每日超过六百里的加急文书。大将军司马昭说：“征西将军陈泰沉着勇敢，能果断行事，能够承担一个方面的重任。救援将要失陷的城池而不要求增加兵力，上书言事又稀少而简略，是个必能打败敌军的人。都督大将难道不应该像他这样吗？”

姜维退兵，驻守在钟提。

当初，吴大帝不立太庙，因为武烈皇帝孙坚曾任长沙太守，所以在临湘县立了庙，让太守供奉祭祀而已。冬季，十二月，开始在建业建筑太庙，尊吴大帝为太祖。

（以上为第七段，写蜀国卫将军姜维率领车骑将军夏侯霸攻打魏国，出兵狄道，于洮西大破雍州刺史王经，王经退保狄道城，姜维围城猛攻，魏国派征西将军陈泰前来解围，姜维退军，无功而还。）

【点评】

司马师操控魏帝废立。司马懿去世后，司马氏能否继续掌控魏国政权？司马懿的长子司马师成功地解决了这道难题，为后来晋朝的创立打下了坚实的基础。

司马懿去世于公元251年，司马师也于公元255年英年早逝。也就是说，这四年，是司马师时代。在此之前，他协助其父诛除曹爽集团，继而掌控朝局，杀掉李丰、夏侯玄等反叛之人，处死皇帝丈人张缉、皇后张氏，给魏帝曹芳以极大的震慑。

曹芳忍无可忍。公元254年，他打算趁司马师之弟司马昭西出攻打入侵的蜀军经过洛阳时，杀掉司马昭，夺其兵权，再杀掉司马师。其计划虽好，也起草了诏书，万事俱备，但他没有胆量实施，只好放弃。司马昭大军进入京城时，司马师趁着兵威，以太后名义召集群臣，说曹芳行为不端，将危及社稷，不可担当天子大业，宣布予以废黜。曹芳当时年仅20岁。

这时的司马师还未想自己称帝，或者从司马氏家族中选人当皇帝。或许是他当时没有这个意识，或许他认为时机还不成熟，就仍然从曹氏的子孙中挑选。他打算立曹操的儿子彭城王曹据，但遭到太后的强烈反对，结果立了文帝曹丕的孙子、东海定王曹霖的儿子高贵乡公曹髦为帝。至此，魏国皇帝已经形同傀儡，司马氏集团成为魏国的实际统治者。

要知道，主持帝王的废立之事，古往今来，能有几人？商朝时阿衡伊尹做过，他废掉太甲，自己执政，三年后又将太甲接了回来继续担任商王；汉朝时的大将军霍光做过，他先是迎立汉武帝之孙昌邑王刘贺即位，但在27天后又废掉昌邑王，从民间迎来武帝曾孙刘病已继承帝位，即汉宣帝，把帝王玩弄于股掌之上。

司马师成功地主持了魏国帝王的废立之事，这说明了什么呢？其一，司马师所废之帝，确实品行有亏，能力也差，不能够担任治理国家的重任，得不到朝野上下的拥护和爱戴。既然此人不适合担任帝王，何不让路，让更为合适的人来挑起这副担子？若是谋略、胆识超群、深孚众望的帝王，谁能搬得动他的位子？其二，说明主持之人的权力到达巅峰，能够言出令行，无可非议，没有谁能够撼动其地位。其三，也说明当时朝中大臣没有原则和主见。

后来，镇东将军毌丘俭，平时和夏侯玄、李丰关系友好，夏侯玄等人谋反被杀后，他内心常自感不安；扬州刺史文钦英勇善战，武艺绝伦，因和曹爽是同乡，以前得到大将军曹爽厚爱，曹爽被杀，他又想以多杀敌人邀功请赏，经常受到司马师的压抑，因此而生怨恨之心。二人一拍即合，合力反对司马师。司马师成功进行反击，巩固了他在朝廷中的地位。

而这时，司马师的眼瘤疾病已经到了后期，病情严重。他不得不带病上阵，指挥平叛，取得胜利后，才把一颗心放下，似乎自己的使命也完成了。他勉强率军回到许昌，把兵权交给弟弟司马昭后，便昏迷，溘然长逝，时年 48 岁。魏帝曹髦下令封司马昭为大将军、录尚书事，代替司马师掌管朝政。

如果把司马懿、司马师、司马昭、司马炎祖孙四人看成是在魏国朝廷中的接力赛跑，可以说他们成功地到达终点，登上了冠军的宝座。而其中司马师成功接过了司马懿的这一棒，又成功地交给了弟弟司马昭，而且承接得非常出色。

魏纪九

魏高贵乡公甘露元年至魏元帝景元二年（公元256—公元261）

【起柔兆困敦（丙子，公元256年），尽重光大荒落（辛巳，公元261年），凡六年】

【大事提要】

本卷记事起公元256年，讫公元261年，凡六年，当魏高贵乡公甘露元年至魏元帝景元二年。本卷所载大事，主要是五个方面：其一，孙亮亲政。公元257年，15岁的吴国少主孙亮亲临正殿，亲自执政。他对权臣孙𬘭的独断专行甚为不满，矛盾愈深，暗中与全公主、太常全尚等人谋划诛杀孙𬘭，而全尚泄密，孙𬘭斩杀谋划之人，废掉孙亮，贬为会稽王，后再贬为候官侯，丧命于押送途中。其二，诸葛诞叛魏。魏国征东大将军诸葛诞曾与司马师一同平定毌丘俭、文钦叛乱，但因与被诛的夏侯玄、邓飏等人交情深厚，心不自安，公元257年在寿春起兵反叛，并得到吴国支援，固守寿春。魏帝曹髦亲征，司马昭亲率大军平乱。次年，诸葛诞被杀，灭三族。其三，孙休诛杀孙𬘭。公元258年，吴国孙权第六个儿子孙休，时为琅邪王，被孙𬘭迎回，登上帝位，改年号为永元。在位期间，颁布良制，嘉惠百姓，促进东吴繁荣。而权臣孙𬘭权倾朝野，他先予以笼络，而后与张布、丁奉密谋，在腊祭日设局谋杀孙𬘭，并灭其三族。其四，曹髦被杀。曹髦被立为魏帝后，对司马氏兄弟的专横跋扈十分不满，于公元260年召见尚书王经等人，对他们说"司马昭之心，路人所知也"，并率领宫人攻打司马昭，而此次行动被司马昭知晓，在其心腹贾充指使下，曹髦被杀，年仅20岁。其五，曹奂为帝。公元260年，魏帝高贵乡公曹髦被杀后，大将军司马昭与众臣商议，立常道乡公曹奂为帝，奉魏明帝曹叡之祀。曹奂为势所迫，虽名为皇帝，但实为司马氏的傀儡，赏赐司马昭无以复加，任为相国，封为晋公，食邑达10个郡，并赐九锡之礼。

魏高贵乡公下

魏高贵乡公甘露元年（丙子，公元256年）

春季，正月，蜀国姜维升任为大将军。

二月初九丙辰，魏帝曹髦在太极东堂宴请群臣，与各位儒生讨论夏少康和汉高祖的优劣，魏帝曹髦认为夏少康优于汉高祖。

夏季，四月，赐给大将军司马昭绣龙的礼服和冠冕，另加一双帝王穿用的赤色木底靴。

四月初十丙辰，魏帝到太学，与各位儒生讨论《尚书》、《易经》和《礼记》，各位儒生都自愧不如。魏帝曾与中护军司马望、侍中王沈、散骑常侍裴秀、黄门侍郎钟会等人在东堂饮宴讲论学术，并作文论，对他们特别加以礼遇，并称裴秀是儒林丈人，王沈是文籍先生。魏帝是个急性子，请人前来，就希望快点到达，因为司马望在宫外任职，就特地赐给他一辆追锋车和五个勇士，每当有集会，就奔驰而至。裴秀是裴潜之子。

六月初一丙午，改年号为甘露。

蜀国姜维在钟提，魏国人多议论他，认为他兵力已经衰竭，不能再次出征。但安西将军邓艾说："我们在洮西的失败，并不是小的损失，士兵伤亡严重，十分衰弱，粮食仓库也已经空虚，百姓们流离失所。如今从谋略方面说，他们有乘胜进军的实力，而我们的现状却虚弱不堪，这是其一。他们官兵上下相互熟习，兵器齐备而犀利，而我们更换了将领，更新了士兵，兵器也不完备，这是其二。他们是坐船行进，而我们是陆地行军，劳逸不同，这是其三。狄道、陇西、南安、祁山各地都应当有人守卫，他们是专门进攻一处，而我们却要分守四方，这是其四。他们从南安、陇西进军，就可以就地食用羌人的粮食，如果向祁山进军，那里成熟的麦子有千顷之多，足以成为他们的外部粮仓，这是其五。敌人素来狡诈，善于算计，他们前来进攻是必然的。"

秋季，七月，姜维再次率兵出祁山，听说邓艾已有防备，就撤兵返回，从董亭奔向南安；邓艾据守武城山来抵抗姜维。姜维与邓艾争夺险要之地未能成功。当天夜里，姜维渡过渭水向东而行，沿山边奔向上邽，邓艾又与姜维在段谷交战，把姜维打得大败。魏国任命邓艾为镇西将军，都督陇右诸军事。姜维与蜀国的镇西大将军胡济约定在上邽会合，胡济误期，未能到达，因此姜维失败了，士兵们四散奔逃，伤亡惨重，蜀人因此而埋怨姜维。姜维上书谢罪，自求贬职，蜀国就将姜维贬为卫将军，让他代行大将军的职权。

八月二十六日庚午，魏帝诏令司马昭加大都督封号，奏事可以不称名，出师持黄钺。二十九日癸酉，任命太尉司马孚为太傅。

九月，任命司徒高柔为太尉。

文钦向吴国游说讨伐魏国之利，孙峻派文钦与骠骑将军吕据以及车骑将军刘纂、镇南将军朱异、前将军唐咨等人从江都进入淮水、泗水，以图攻取青州、徐州。孙峻在石头城为他们饯别，突然得了暴病，就把后事托付给叔父偏将军孙綝。十四日丁亥，孙峻去世。吴国任命孙綝为侍中、武卫将军、都督中外诸军事，又召吕据等人返回。

九月十六日己丑，吴国大司马吕岱去世，终年九十六岁。起初，吕岱亲近吴郡人徐原，徐原慷慨大方而有才志，吕岱知道他能够取得成就，就赐予他巾帻、单衣等庶人穿戴的礼服，并与他一起交谈，后来就推荐提拔他，官至侍御史。徐原性情忠厚豪放，喜好直言，吕岱有时出现失误，徐原就直言劝说争辩，又公然在众人之中议论得失；有人告诉了吕岱，吕岱感叹地说："这正是我所以看重徐原的原因啊！"徐原死时，吕岱哭得十分哀痛，说："徐原啊，我的好友，如今你不幸而去，我又从何处听人指出我的错误？"谈论的人十分赞美这件事。

吴国吕据听说孙綝代替孙峻辅佐朝政，勃然大怒，就与诸位都督、将领连名共同上书，推荐滕胤为丞相；孙綝改任滕胤为大司马，代替吕岱驻守武昌。吕据领兵返回，使人报告滕胤，想共同废掉孙綝。冬季，十月初四，孙綝派遣堂兄孙宪率兵在江都迎住吕据，让中使下令文钦、刘纂、唐咨等人共同击杀吕据，又派遣侍中左将军华融、中书丞丁晏去告诉滕胤，让他迅速离开都城，前往武昌。滕胤自认为灾祸已经来临，就拘留了华融、丁晏，整兵自卫，招来典军杨崇、将军孙咨，告诉他们孙綝要作乱，并迫使华融等人写书信责难孙綝。孙綝不听，上书说滕胤要造反，又许愿给将军刘丞封爵，让他率领兵马前去围攻滕胤。滕胤又劫持华融等人假作诏书发兵起事，华融等人不从，滕胤把他们都杀了。有人劝滕胤领兵到苍龙门，认为将士们见他出来，必定放弃孙綝而跟从他。当时已经过了半夜，滕胤仗着与吕据有约，又难以向宫中发兵，就勒令部曲不得散乱，并说吕据的军队已经在附近的路上，因此手下的士兵都为滕胤尽死守护，没有一个离散的。滕胤脸不变色，谈笑如常。当时刮起了大风，到了拂晓，吕据仍没到来，而孙綝的士兵大举进攻，结果杀了滕胤及他手下将士数十人，并诛灭滕胤三族。初六，实行大赦，改年号为太平。有人劝吕据投奔魏国，吕据说："我耻于当叛臣。"于是就自杀而死。

魏国任命司空郑冲为司徒，左仆射卢毓为司空。卢毓坚决辞让，并推荐骠骑将军王昶、光禄大夫王观、司隶校尉琅邪人王祥，但下诏不予准许。

王祥生性大孝，继母朱氏对他很不好，但王祥对她更加恭敬。朱氏的亲儿子王览，那年才几岁，经常看到王祥被鞭打，就哭泣着抱住母亲让她不要打；母亲让王祥干力不能及的苦差事，王览就与王祥一同去承担。长大后，都娶了妻子，母亲又暴虐地役使王祥的妻子，王览的妻子也赶快跑去一起干，母亲心有顾忌，惩罚就少了一些。王祥逐渐有了一些声誉，母亲深深地忌恨他，就暗地里在酒里下毒想要毒死王祥。王览知道了此事，就跑过去抢酒，王祥争执着不给他，母亲却突然夺过去倒掉了。从此以后，母亲每次给王祥什么吃的东西，王览总要先尝一尝，母亲害怕王览死掉，于是就不再下毒了。东汉末年天下大乱，王祥就隐居了三十多年，不应州郡的征召，母亲去世，他哀痛得身心交瘁，拄着拐杖才能站起来。徐州刺史吕虔写信来召他担任别驾，委任他管理州中事务，结果州界境内平静安定，政事教化顺利推行，当时的人歌唱道："海沂之康，实赖王祥；邦国不空，别驾之功。"

十一月，吴国孙綝升任大将军。孙綝自负高贵，高傲不群，干了很多无礼之事。孙峻的堂弟孙宪曾参与诛杀诸葛恪之事，所以孙峻给他非常厚重的待遇，官至右将军、无难督，平九官事。孙綝对待孙宪，不如孙峻对待孙宪那么优厚，孙宪十分恼怒，就与将军王惇密谋杀掉孙綝，事情败露，孙綝杀掉王惇，孙宪则服毒自杀。

（以上为第一段，写魏帝曹髦好学，精通经学；司马昭加官进爵，享有至高无上的权力；蜀国姜维不顾民生多艰，继续出兵攻打魏国，无功而还；吴国孙綝当政，多行无礼，朝臣多怨。）

魏高贵乡公甘露二年（丁丑，公元257年）

春季，三月，魏国大梁成侯卢毓去世。

夏季，四月，吴主孙亮亲临正殿，实行大赦，开始亲自执政。孙綝上书言事，多次受到他的质问，又选士兵子弟十八岁以下、十五岁以上的三千多人，选大将子弟中勇武有力的，让他们领兵，每天都在苑囿中练兵习武，他说："我建立这支军队是想和他们一起成长。"他还多次拿出府藏书册阅览先帝时的旧事，问左右侍臣说："先帝常常亲自书写诏书，而如今大将军奏事，为什么只让我签字认可呢？"他要生吃酸梅，让黄门到库里去取蜂蜜，蜜中有鼠屎，就招来守库官询问，守库官叩头谢罪。吴主说："黄门从你那儿要过蜂蜜吗？"守库官说："以前曾要过，我没敢给他。"黄门不服。吴主让人破开鼠屎，屎中是干燥的，于是他大笑着对左右说："如果鼠屎事先就在蜜中，那么里外都应是湿的，现在外面湿而里面干燥，这必定是黄门放进去的。"责问黄门，他果然服了罪。左右都很震惊恐惧。

魏国征东大将军诸葛诞平时与夏侯玄、邓飏等人关系亲密，夏侯玄等人死了，王凌、毌丘俭等人也相继被诛杀，诸葛诞内心很不安，于是就尽量拿出官府库中的财物广泛地赈济施舍，又枉法赦免那些有罪之人以收买众人之心，还蓄养了扬州的轻捷侠客数千人当作护卫自己的敢死队。因为吴国人想要攻打徐塘，诸葛诞就请求率领十万兵众去守卫寿春，又要求临近淮水建一座城以防备吴军进犯。

司马昭刚刚执掌朝政，长史贾充建议派遣部下去慰劳征东、征南、征西、征北四将军，并观察他们的志趣、动向。司马昭派贾充到了淮南，贾充见到诸葛诞，一起谈论时事，贾充说道："洛中的诸位贤达之人，都希望实行禅让，您认为如何？"诸葛诞严厉地说："你不是贾逵的儿子吗？你家世代受到魏国的恩惠，怎么能想把国家转送他人？如果洛中发生危难，我愿为国家而死。"贾充默然无语。回来之后，贾充对司马昭说："诸葛诞再次到扬州后，深得士众之心。如今召他来，他必然不来，还会反叛，但早反叛祸害不大；如果不召他来，那么稍后的反叛祸害就大了，因此不如早点召他来。"司马昭采纳了这个意见。

四月二十四日甲子，下诏任命诸葛诞为司空，并召他往赴京师。诸葛诞得到诏书，更加恐惧，怀疑是扬州刺史离间自己，于是就杀掉乐綝，聚集淮南及淮北郡县屯田的十多万官兵和扬州地区新招募的身强力壮的士兵四五万人，又聚集了足够食用一年的粮食，做了闭门自守的长期准备。又派遣长史吴纲带着他的小儿子诸葛靓到吴国，向吴主称臣请求救援，并请求再让部下将士的子弟当作人质。

吴国滕胤和吕据之妻，都是夏口督孙壹的妹妹。六月，孙綝派镇南将军朱异从虎林领兵去袭击孙壹。朱异到武昌时，孙壹率领部曲前来投奔。初六朝廷下诏任命孙壹为车骑将军、交州牧，封为吴侯，开建府署征召僚属，仪同三司，又赐给帝王服用的全套服饰，各种事情都给予丰厚待遇。

司马昭侍奉魏帝和太后共同去讨伐诸葛诞。

吴纲到了吴国，吴人大喜，派将军全怿、全端、唐咨、王祚等人率领三万人，与文钦一起去救援诸葛诞；任命诸葛诞为左都护，持符节、大司徒、骠骑将军、青州牧，并封为寿春侯。全怿是全琮之子，全端是全琮之侄。

六月二十五日甲子，魏帝车驾到达项县，司马昭率诸军二十六万人进驻丘头。让镇南将军王基代理镇东将军，都督扬州、豫州诸军事，并与安东将军陈骞等人围攻寿春。王基刚到寿春，包围圈还未形成时，文钦、全怿等人从城东北凭借险要的山势，才得以率领军队突入城中。司马昭命令王基聚拢军队坚守壁垒不与敌人交战。王基屡次要求进攻，恰好吴国的朱异率领三万人进驻安丰，成为文钦的外部接应势力，诏令王基率领诸军转移占据北山。

王基对诸将说："如今包围的营垒已经坚固了，兵马也近于集中，此时只应精心整治守备力量以等待敌人突围逃跑，但是却命令我们转移兵力把守险要之地，使城内敌人得以放纵，如果这样做，即使有聪明之人，也不能很好地处理以后的战事！"于是就坚持有利的做法继续包围寿春，同时又上书说："如今与敌人对峙，我们就像大山那样岿然不动，如果转移部队依据险要，人心就会动荡不安，对于合围形势有很大的损害。各军都已据守深沟高垒的营盘，众心都已稳定，不可再加以动摇，这是治军的要领。"上书之后，魏帝回复说，同意王基的意见。

于是，王基等人四面合围，形成里外两层包围圈，深沟高垒的防御工事非常坚固。文钦等人多次出城企图突破包围，都受到迎面还击而逃回。司马昭又派奋武将军监青州诸军事石苞，统领兖州刺史州泰、徐州刺史胡质的轻装精锐士兵作为游动军队，以防备外面的敌兵。州泰在阳渊击败了朱异，朱异逃走，州泰在后面追赶，杀伤了敌兵二千人。

秋季，七月，吴国大将军孙綝出动众多兵力驻扎在镬里，又派朱异率领将军丁奉、黎斐等五人前去解寿春之围。朱异把粮草物资留在都陆，进驻黎浆，石苞、州泰又击败了他。太山太守胡烈率领奇兵五千人偷袭了都陆，全部焚毁了朱异的粮草物资，朱异率领剩余兵力吃着葛叶，逃归孙綝处；孙綝让朱异再次拼死出战，朱异以士兵缺乏粮食为由，不服从孙綝的命令。孙綝大怒，九月初一，孙綝在镬里烹杀了朱异。初三，领兵回到建业。孙綝既不能救出诸葛诞，而且又伤亡了大量士兵，还杀掉了自己的名将，因此吴人没有不怨恨他的。

司马昭说："朱异不能到达寿春，不是他的罪过，但吴人却杀了他，这是想以此来安抚寿春的将士而坚定诸葛诞守城的意志，让他仍然盼望着救兵。如今应当加强包围，防备他们突围逃跑，而且要想方设法使他们判断失误。"于是到处放风行反间之计，扬言说："吴国救兵就要到了，魏国的大军缺乏粮食，要分散派遣病弱的士兵到淮北去吃那里的粮食，眼看围攻的形势不会太久了。"诸葛诞等人更加放宽心任意吃粮，没过多久，城中粮食告乏，而外边的救兵仍然未到。

将军蒋班、焦彝都是诸葛诞的心腹主谋之人，此时对诸葛诞说："朱异等人率领众多兵力前来而不能进城，孙綝杀掉朱异而回到江东，表面上是以发救兵为名，实际上是要坐等成败。如今应趁众人之心还能稳定，士兵愿意效力，集中力量拼死命，尽管不能大获全胜，仍有可能保全部队实力，如果空坐在这城里死守，是没有出路的。"文钦说："您如今率领十多万士兵来归附吴国，而我与全端等人都与您共同居于死地，我们的父兄子弟都在江南，即使孙綝不想来，而主上及其亲戚又怎么能肯听他的呢？而且魏国没有一年是没有事情发生的，军民都很疲惫，如今他们围守我们一年，内变就将兴起，为什么我们要舍弃这里而要冒着危险侥幸一战呢？"蒋班、焦彝仍然坚持劝说诸葛诞，文钦十分恼怒。

诸葛诞要杀掉蒋班、焦彝，这二人非常害怕，十一月，他们背弃诸葛诞越过城墙前来投降。全怿哥哥的儿子全辉、全仪在建业，与家内之人发生争执，就带着母亲率领部曲数十家前来投奔魏国。此时，全怿与其兄之子全靖以及全端之弟全翩、全缉都领兵在寿春城中，司马昭采用黄门侍郎钟会的计策，秘密地替全辉、全仪写了书信，并让全辉、全仪的亲信之人送入城中告诉全怿等人，说："吴国朝廷恼怒全怿等人不能击败包围寿春的敌兵，而想要杀尽诸将的家属，因此跑出来归顺魏国。"十二月，全怿等人率领手下兵将数千人开城门出来投降，城中的人十分震恐，不知怎么办好。魏国下诏任命全怿为平东将军，封临湘侯，全端等人的拜官封职各有差等。

（以上为第二段，写魏国镇东大将军诸葛诞反叛，征集淮南将士并囤积粮食据守寿春，又杀掉扬州刺史乐綝，到东吴请求援兵。魏帝曹髦亲征，司马昭率军攻打寿春，派兵围困，寿春守军非常震惊和恐惧。）

蜀国姜维听说魏国分出关中的兵力去支援淮南，想乘虚攻向秦川，于是就率领数万人出骆谷，到达沈岭。当时长城一带积存的粮食很多，而守兵很少，征西将军都督雍州、凉州诸军事司马望和安西将军邓艾就进兵占据了那里，以抵挡姜维。姜维筑营垒于芒水一带，多次出来挑战，而司马望、邓艾不予应战。

当时，姜维屡次出兵征战，蜀人愁苦不堪，中散大夫谯周作《仇国论》以讽劝说："有人问古代能以弱胜强者，他们的方法如何？回答说：我听说处于大国地位而无祸患者常常多有轻慢，处于小国地位而有忧虑者常常想着向善；轻慢之事多就会出现内乱，想着向善就能使国家安定，这是普遍的道理。因此周文王善于养民，就能以少取多；句践能够抚恤众人，就能以弱胜强，这是他们的方法。有人说：以前项羽强而汉高祖弱，互相交战，后来项羽与汉高祖约定中分天下，以鸿沟为界，各归本土生息养民，张良认为民心一旦安定，就难以再发动，于是率兵追击项羽，终于消灭了他。难道一定要像文王那样行事吗？回答说：在商周之际，王侯世代尊贵，君臣之分久已稳固，人民已习惯于专心侍奉君上；深深扎根的东西难以拔除，依托稳固的东西难以迁移。在那个时代，即使是汉高祖又怎能靠持剑策马而夺取天下呢？到了秦朝，废弃分封侯国设置郡守之后，百姓被秦朝的苦役搞得疲惫不堪，天下已经土崩瓦解，或者每年换个君王，或者每月换个主公，如同鸟兽般惊恐不安，不知所从，于是豪强并力争夺天下，如狼似虎地撕裂分割，迅速搏杀者所获就多，行动迟缓者就被吞并。如今，我们与古代都是经历改朝换代而流传的国家，既不是秦朝末年天下鼎沸纷争的时代，实际上却有六国并立称雄的形势，因此可以行文王之事，难以有汉高祖的作为。百姓的疲劳就是产生骚动不安的前兆；在上位的骄慢而在下位的残暴，就会出现土崩瓦解的形势。谚语说：'射箭如果屡次不中，不如慎重瞄准之后再发射。'因此，有智谋的人不为蝇头小利而动心，不为似是而非的情况而改变常态，时机成熟以后再行动，形势适宜以后再举兵，所以商汤、周武王的军队不用再次战斗就能取胜，实在是因为重视人民的劳苦状况而能审时度势。如果竭尽武力滥用征伐，出现了土崩瓦解的形势，又不幸遭遇危难，那么即使有智谋的人也将不能挽回颓败的局势。"

（以上为第三段，写蜀国大将军姜维听说魏国分出关中的兵力去支援淮南平叛，就趁关中空虚，率兵出秦川，攻打魏国。姜维屡次出兵征战，蜀人愁苦不堪，中散大夫谯周作《仇国论》，予以讽劝。）

魏高贵乡公甘露三年（戊寅，公元 258 年）

春季，正月，文钦对诸葛诞说："蒋班、焦彝认为我们不能出城而走，全端、全怿又已率众投降，这正是敌人没有防备的时机，可以出城一战了。"诸葛诞和唐咨等人都认为很对，于是就大力准备进攻的器具，连续五六个昼夜进攻南面的包围，想要突破重围而出。包围圈上的魏国诸军站在高处发射石车火箭，迎面烧破敌方的进攻器具，箭石像雨一样泻下，死伤者遍地，流血充满堑沟，诸葛诞等又被迫返回城中。城内的粮食越来越少，出城投降者有数万人之多。

文钦想让北方人都出城投降以节省粮食，留下他与吴国人一起坚守，但诸葛诞不同意。从此，两人之间互相怨恨。文钦平时就与诸葛诞有矛盾，只是因为反对司马昭的想法相同而结盟，事态紧急了就愈加互相猜疑。文钦进见诸葛诞商量事情，诸葛诞就杀掉了文钦。文钦之子文鸯、文虎领兵在小城中，听到文钦的死讯，就想带兵去为父报仇，但众人不为他们效命，二人随即独自越过城墙逃出来，投降了司马昭。

军吏请求杀了他们，司马昭说："文钦罪不容诛，他的儿子本来也应该杀掉；但文鸯、文虎因为走投无路而归顺，而且城还没攻破，杀了他们就更坚定了城内敌兵的死守之心。"于是，赦免了文鸯、文虎，让他们率领数百骑兵巡城高呼："文钦之子尚且不被杀，其余之人有什么可害怕！"又让文鸯、文虎都担任将军，并赐爵关内侯。城内之人闻讯都很高兴，而且人们也日益饥饿困乏。司马昭亲自来到包围圈，见城上持弓者不发箭，就说："可以进攻了。"于是下令四面进军，同时鼓噪呐喊登上城墙。

二月二十日乙酉，攻下寿春城。诸葛诞情急窘迫，单枪匹马率领麾下突击小城想要闯出城，司马胡奋手下的士兵把他杀死，又诛杀其三族。诸葛诞手下数百人，都拱手排成队列，却不投降，每杀一人，就问其余的人降不降，而他们的态度终究不变，以至于最后全部杀尽。吴将于诠说："大丈夫受命于君王，带兵前来救人，既不能取胜，又要被敌人俘虏，我决不如此。"于是就脱掉盔甲，突入敌人兵阵而战死，唐咨、王祚等人都投降了。俘虏的吴国士兵有一万多人，缴获的兵器堆得像山一样。

司马昭当初包围寿春之时，王基、石苞等人都想加紧攻城，司马昭认为："寿春城墙坚固而且兵力众多，攻城必然损失兵力，如果再有外部敌人来犯，就要里外受敌，这是危险的做法。现在三个叛将相聚在孤城之中，天意或许会让他们同时被杀，我当以完备的计策把他们围困在城中。我们只坚守三面，如果吴军从陆地而来，军粮必少，我们就用游动的轻骑兵断绝他们的运粮道路，这样可以不战而打败敌人。吴军失败，文钦等人必成笼中之鸟了。"于是命令诸军停止进攻，坚守不动，终于不用频频进攻而破城取胜。

有人还认为："淮南地区仍为叛逆之徒所占据，这些吴兵的家室都在江南，不可放他们回去，应该把他们全部活埋。"司马昭说："古人用兵，以保全对方的国家为上策，只杀其首恶而已。吴兵得以逃回去，正好可以显示我们的宽宏大度。"结果一个不杀，把俘虏分布在三河地区接近京师的地方加以安置。又授予唐咨安远将军之职，其余的副将也都给了他们相应的地位和封号，众人都心悦诚服。那些淮南将士吏民被诸葛诞所胁迫掠虏而来的，也都赦免放回。听任文鸯兄弟收敛其父之尸，并给他们车与牛，拉到旧墓安葬。

司马昭给王基写信说："当初议论众说纷纭，要求转移到北山的人很多，当时我没有亲临营垒实地勘察，也认为应该转移。将军深入地考虑利害得失，独自坚持固定的意志，上边违背朝廷诏命，下面拒绝众人之议，终于制服敌人擒获贼兵，即使是古人所说那些忠臣良将，也不能超过你。"司马昭想派遣诸军轻兵深入，招抚、迎接唐咨等人的子弟，利用敌人的内部裂痕造成消灭吴国的形势。王基劝说道："以前诸葛恪乘着东关获胜之机，竭尽江南的兵力以围攻新城，城既没有攻克，而士兵也死了大半。姜维凭借洮西的便利条件，轻兵深入，结果粮饷不继，军队在上邽吃了败仗。在取得大胜之后，上下之人就会轻敌，轻敌则考虑困难的一面就不深。如今敌人在外部刚刚失败，内部忧患又没有弥合，这正是他们加紧防备设计御敌的时候。而且我们的士兵外出已经一年多了，人人都有归家之心，如今我们歼灭敌兵十万，擒获罪人，自历代征伐以来，还没有既保全兵力又获得全面胜利的战役能像这次这样盛大的。武皇帝在官渡战胜袁绍，自认为所获已很多，就不再追杀，这是惧怕挫伤自己的威势。"于是司马昭就停止了这次行动。任命王基为征东将军，都督扬州诸军事，并晋封他为东武侯。

习凿齿评论说：君子认为，司马大将军在这次战役中，可说是能以仁德进攻了。建功立业者采用的方法不同，各有所崇尚却不能同时兼顾。因此穷兵黩武的雄杰，就会死于不仁；心存礼义之国，就会丧于懦弱退让。如今一次征战而擒获三个叛逆，俘虏众多吴国士兵，全部占据淮浦地区，歼敌十万，可以说是宏伟了。但还没有坐得安稳，就奖赏王基的功劳；在吴人中播种恩惠，笼络异国之人的感情；恩宠文鸯，安葬文钦，不记往日的怨恨；不责怪诸葛诞手下的兵将，使扬州的人们心怀惭愧。功高盖世而人们乐于看到他的成功，业绩广大而敌人也怀念他的恩德。武功的光芒既已流布天下，文德的计划又非常广博，把这种道义推而广之，天下还有谁能够抵挡呢？

司马昭攻克寿春，钟会出谋划策很多。因此司马昭对他日益亲近重视，委任他办理机密要事，当时人们把他比作汉代的张良。

（以上为第四段，写司马昭攻下寿春，诸葛诞被杀，灭三族。至此，淮南三叛全被铲除，支持曹魏皇室的武装力量基本被消灭，士大夫纷纷拥护司马氏。司马氏完全掌控魏国大权，为晋代魏铺平道路。）

蜀国的姜维听到诸葛诞已死，又返回成都，重新担任大将军之职。

夏季，五月，魏帝曹髦下诏任命司马昭为相国，封为晋公，食邑八个郡，加赐九锡。司马昭先后推辞了九次，才收回成命。

秋季，七月，吴主孙亮封以前的齐王孙奋为章安侯。

八月，魏国任命骠骑将军王昶为司空。

魏帝下诏，以关内侯王祥为三老，郑小同为五更。魏帝率领群臣到太学，行养老乞求善言的礼仪。郑小同是郑玄之孙。

吴国孙綝因吴主亲自管理政事，对他又多次质问，就非常害怕，从镬里返回之后，就称病不上朝，又让他的弟弟威远将军孙据进入苍龙门担任宿卫，武卫将军孙恩、偏将军孙干、长水校尉孙闿，分别驻守各军营，想用以自保。吴主非常厌恶他，于是就追问朱公主被杀的情况，全公主害怕地说："我实在不知情，都是朱据的两个儿子朱熊、朱损所说的。"当时朱熊担任虎林督，朱损担任外部督，吴主把他们都杀了。朱损之妻就是孙峻的妹妹。孙綝劝谏，吴主不从，从此孙綝更加恐惧。

吴主暗地里与全公主和将军刘丞谋划杀掉孙綝。全后的父亲全尚任太常、卫将军，吴主对全尚之子黄门侍郎全纪说："孙綝专擅权势，轻视小看我。我以前命令他迅速上岸，为唐咨等人做后援，但他却留在湖中不上岸一步；他又把罪责推卸给朱异，擅自杀掉有功之臣，也不事先上书奏明；他还在朱雀桥南建筑府第，不再上朝进见。在家自由自在，无所忌惮，不知还有君上。这种情况不能长久忍耐，我如今要图谋取缔他。你的父亲担任中军都督，让他秘密地整顿兵马，我当亲自出宫登临桥上，率领宿卫虎骑、左右无难突然包围孙綝府第，再下诏命令孙綝统领的士兵都解散，不得反抗。如果一切事情都按我所说的去做，必然能够成功。你出去，必须秘密行事！向你的父亲宣明诏令，千万不要让你的母亲知道。女人既不明晓大事，而且她又是孙綝的姐姐，如果见到孙綝泄露出去，就会误我大事！"全纪接受诏令告诉了全尚。但全尚没有认真考虑，就把此事告诉了全纪的母亲。全纪的母亲又派人秘密地告诉了孙綝。

九月二十六日戊午，孙綝深夜派兵袭击全尚，把他扣押起来，又派其弟孙恩在苍龙门外杀掉刘承，等到天将亮时，就包围了王宫。吴主勃然大怒，骑上马带了弓箭就要出宫，说道："我是大帝的嫡子，在位已经五年，谁敢不服从我！"侍中近臣以及乳母等人一起连牵带扯地制止他，未能出宫。吴主叹气发怒不吃饭，又大骂全后说："你的父亲昏庸无能，坏了我的大事！"又派人去叫全纪，全纪说："我的父亲奉行诏命不谨慎，辜负了皇上，我没有脸面再见皇上了。"然后就自杀而死。

孙綝让光禄勋孟宗祭告太庙，把吴主孙亮废为会稽王。又召来群臣讨论，说："少帝热衷享乐，多病昏乱，不可以处于天子之位，继承宗庙统绪，已经祭告先帝把他废了，诸君若有不同意者，请提出异议。"众人都很震惊恐怖，说道："愿服从将军的命令！"孙綝派中书郎李崇夺来吴主孙亮的玺绶，把孙亮的罪状布告远近各地。尚书桓彝不肯签署名字，孙綝大怒，杀掉了他。典军施正劝孙綝把琅邪王孙休迎来立为天子，孙𬘭同意了。

九月二十七日己未，孙𬘭派宗正孙楷与中书郎董朝到会稽迎接琅邪王。派遣将军孙耽送会稽王孙亮到他的封国，孙亮这年十六岁。把全尚迁徙到零陵，随即又去追杀了他，把全公主迁到豫章。

冬季，十月，戊午（疑误），琅邪王走到曲阿，有位老人拦住他叩头说："事久生变，天下人都在仰望于陛下。"这一天，行进到布塞亭。孙𬘭因琅邪王没有到来，想要进入宫中居住，召集百官商议，众人都惊惶失色，只唯唯诺诺地应着。选曹郎虞汜说："您是国家的伊尹、周公，担当将相的重任，执掌废立的大权，必将上安宗庙社稷，下施恩惠于百姓，上下大小之人一片欢呼跳跃，认为您是伊尹、霍光再现于世。现在琅邪王还未迎来，而您却想入宫居住，如果这样，那么群臣百姓就会动荡不安，众人的心里就会产生疑惑，这不是永远发扬忠孝、扬名于后世的做法。"孙𬘭很不高兴地放弃入宫居住的做法。虞汜是虞翻之子。

孙𬘭让其弟孙恩执行丞相的职事，率领百官用皇帝乘坐的车子到永昌亭去迎接琅邪王，修筑行宫，用军队的帐篷临时搭起便殿，设置了御座。琅邪王到达便殿，止于东厢。孙恩奉上御玺，琅邪王辞让三次才接受。群臣按照次序在前导引车驾，琅邪王上了乘舆，百官在旁陪伴。孙𬘭率兵千人到郊外迎接，拜于道旁；琅邪王下车答拜。当天，驾临正殿，实行大赦，改年号为永安。孙𬘭自称"草莽臣"，在殿前上书，交上印绶、节钺，请求避让进贤之路。吴主引见他并以好言慰解，又下诏任命孙𬘭为丞相、荆州牧，增加封邑五个县；任命孙恩为御史大夫、卫将军、中军督，封为县侯。孙据、孙干、孙闿也都授予将军之职，进封侯爵。又任命长水校尉张布为辅义将军，封为永康侯。

（以上为第五段，写吴主孙亮不满权臣孙𬘭的霸道行为，密谋除掉孙𬘭，事情败露。孙𬘭恼羞成怒，便废掉时年16岁的孙亮，贬为会稽王；立琅邪王孙休，改年号为永安。）

早先，丹阳太守李衡多次因事侵扰琅邪王，他的妻子习氏劝止他，他也不听。后来琅邪王上书请求迁居其他郡，吴主下诏让他迁到会稽。等到琅邪王即位为天子，李衡十分恐惧，就对他妻子说："没听你的话，结果弄到这个地步。我想去投奔魏国，怎么样？"其妻说："不行。你本是一个庶民百姓，先帝破格提拔你，现在你既已多次对琅邪王无礼，又在心里胡乱猜疑，还想逃亡，背主乞求活命，以你这样的情况跑到北方，又有什么脸面去见中原之人呢？"李衡说："那我应该怎么办？"其妻说："琅邪王平时就好善且追求声名，现在他正想使自己显扬于天下，终究不会因为私人怨恨而杀你，这是很明显的。你可以到牢狱把自己囚禁起来，上书陈述以前的过失，公开地要求接受处罚。这样就会受到更优厚的待遇，岂只是仅仅保住性命而已。”李衡照妻子的话做了。吴主下诏说：“丹阳太守李衡，因往事的一些嫌隙，自我拘禁到刑狱之中。春秋时管仲箭射齐桓公带钩，寺人披砍断晋文公衣袖，但齐桓、晋文当了君主就行君主之事，而不计前嫌，我也会如此。送李衡回郡，让他不要自我生疑。”同时，授李衡威远将军之职，又赠以显示官阶品级的戟。

十月二十八日己丑，吴主孙休封已故南阳王孙和的儿子孙皓为乌程侯。

吴国群臣奏请立皇太后、太子，吴主说：“我以微薄之德继承了祖宗的大业，即位时间很短，也没有广施恩泽，所以后妃名号、太子地位的确立，不是当务之急。”有关部门仍坚持请求，但吴主不准。

孙綝带着牛肉和酒去拜见吴主，但吴主不收，只好送到左将军张布家里；酒意正浓的时候，孙綝口出怨言，说：“当初废掉少主之时，很多人劝我自立为君；我认为君王贤明，因此把他迎来。没有我，他当不了皇帝，但我今天给他送礼却遭到拒绝，这是对我与一般大臣没有区别，我当再另立别人为君。”张布把这些话告诉了吴主，吴主怀恨在心，恐怕他发动变乱，所以多次加以赏赐。

十月，戊戌（疑误），吴主下诏说：“大将军掌管中外诸军事，事务繁多，今加卫将军、御史大夫孙恩侍中之职，与大将军一起分担各种事务。”有人报告孙綝心怀怨恨侮辱主上，想图谋造反，吴主就把那人抓起来交给孙綝，孙綝把那人杀了，但从此心里更加害怕，通过孟宗向吴主要求外出驻扎在武昌，吴主答应了。孙綝命令他所统领的中军精兵万余人，都让他们上船，又取走了武库中的兵器，吴主都下令给他。孙綝又要求让中书二郎一同去管理荆州诸军事，主管者奏明中书不应外出，但吴主也特许孙綝带走中书。孙綝所要求的事没有一件不同意的。

吴国将军魏邈对吴主说：“孙綝居住在外，必然会有变乱。”武卫士施朔也报告说孙綝要谋反。吴主将要讨伐孙綝，就秘密地向辅义将军张布询问计策，张布说：“左将军丁奉，虽不能撰写文书，但他计谋过人，能决断大事。”吴主召来了丁奉，讲了自己的想法，并向他询问计策，丁奉说：“丞相的兄弟党羽很多，恐怕人心不同，不能突然制服他，可以乘腊祭集会之机，用宿卫之兵杀掉他。”吴主同意了。

十二月初七丁卯，建业城中有谣言流传，说明日腊祭要有事变，孙綝听到后，很不高兴。夜里刮起了大风，吹掀了屋顶，扬起漫天风沙，孙綝更加害怕。初八，腊祭集会，孙綝称疾不去。吴主强令他来，派出使者催促十多次，孙綝不得已，将要入宫，众人劝他别去。孙綝说：“国家多次下令，我不可推辞。你们可以预先整顿好兵力，在府内放一把火，以这个为借口，我可以很快回来。”随即入宫，不久府内起了火，孙綝要求出去看看，吴主说：“外面兵力自然很多，不用麻烦丞相亲自去。”孙綝起身离席，丁奉、张布目示左右把他捆绑起来。孙綝叩头说：“我愿意迁移到交州。”吴主说：“你为什么不把滕胤、吕据迁移到交州？”孙綝又说：“我愿当个官家奴隶。”吴主说：“你为什么不让滕胤、吕据为奴呢？”随即就把他杀了。又拿着孙綝的首级对他手下的兵将说："凡与孙綝同谋的人，一律赦免。"放下兵器投降的有五千人。孙闿乘船逃走，想要投降魏国，吴主派人追杀了他。诛杀了孙綝的三族，又掘开孙峻的坟墓，取出他的印绶，削薄了他的棺木，然后再埋上。

十二月初九己巳，吴主任命张布为中军督，又改葬了诸葛恪、滕胤、吕据等人，凡受诸葛恪等人之事连累而迁到远方的人全部召回。朝廷大臣中有人请求为诸葛恪立碑，吴主下诏说："他盛夏出军，士兵损伤严重，又没有取得任何成功，不能说是有才能；他接受托孤的重任，却死在一个小子手里，不能说是有智。"于是为他立碑的建议就作罢了。

当初，蜀国昭烈帝刘备留魏延镇守汉中，他在各个外围城中布满兵力以抵御入侵之敌，敌人如果前来进攻，不让他们攻入。在兴势的战役中，王平勇猛地抗拒曹爽，也都承用了这种用兵之法。到姜维统兵时，提出建议，认为"置兵驻守各个据点，只能抵御入侵之敌，不能获得大胜。不如让敌兵进入，各据点都收敛兵力积聚粮食，退守汉、乐二城，任凭敌人进入平原之地，我们镇守重要的关口以抵御敌人，再派游动军队在附近埋伏，以伺察敌人的虚弱之处加以攻击。敌人攻关不能取胜，野外又没有分散的粮食，他们从千里之外运送粮食，自然会非常疲乏劳顿。然后乘敌人撤兵的时候，各城守军一起出击，与游动军队共同与敌人拼杀，这是消灭敌人的战术"。于是汉后主下令让督领汉中的胡济撤兵进驻汉寿，让监军王含镇守乐城，让护军蒋斌镇守汉城。

（以上为第六段，写吴国孙休为帝后，欲有所作为，不愿被权臣孙綝牵着鼻子走，利用腊祭之机，捉拿孙綝，诛杀三族；掘开孙峻之墓，取出印绶；改葬被诬陷的诸葛恪、滕胤等人。）

魏高贵乡公甘露四年（己卯，公元 259 年）

春季，正月，黄龙两次出现于魏国宁陵的井中。在此之前，顿丘、冠军、阳夏地方的井中多次有龙出现，群臣认为这是吉祥的象征，魏帝曹髦说："龙代表了君王之德。它上不在天，下不在田，而多次屈居于井中，这不是好的兆头。"于是作《潜龙诗》以自我讽喻，司马昭看后十分不满。

夏季，六月，魏国京陵穆侯王昶去世。

蜀国后主封其子刘谌为北地王、刘恂为新兴王、刘虔为上党王。尚书令陈祗因善于花言巧语，逢迎讨好，深得蜀王宠幸，姜维的地位虽在陈祗之上，但大部分时间率兵在外，很少参与朝政，所以权力不如陈祗大。

秋季，八月二十日丙子，陈祗去世，蜀国后主任命仆射、义阳人董厥为尚书令、尚书诸葛瞻为仆射。

冬季，十一月，吴国车骑将军孙壹被奴婢所杀。

这一年，魏国任命王基为征南将军，都督荆州诸军事。

（以上为第七段，写黄龙两次出现于魏国宁陵井中，魏帝曹髦对司马氏兄弟的专横跋扈十分不满，作《潜龙诗》以自我讽喻，表达不满。）

元皇帝上

魏元帝景元元年（庚辰，公元260年）

春季，正月初一，发生日食。

夏季，四月，魏帝曹髦诏令有关官员一切遵照以前的命令，再次晋升大将军司马昭为相国，封为晋公，加赐九锡。

魏帝见自己的权力威势日渐削弱，感到不胜愤恨。五月初七己丑，召见侍中王沈、尚书王经、散骑常侍王业，对他们说："司马昭的野心连路上的行人都知道，我不能坐等被废除的耻辱，今日我将亲自与你们一起出去讨伐他。"王经说："古时鲁昭公因不能忍受季氏的专权，讨伐失败而出走，丢掉了国家，被天下人所耻笑。如今权柄掌握在司马昭之手已经很久了，朝廷内以及四方之臣都为他效命而不顾逆顺之理也不是一天了。而且宫中宿卫空缺，兵力十分弱小，您凭借什么？而您一旦这样做了，不是想要除去疾病却反而使病情更加厉害了吗？祸患恐怕难以预测，应该重新加以详细研究。"魏帝这时就从怀中拿出黄绢诏书扔在地上说："这样做已经决定了！纵使死了又有什么可怕的？何况不一定会死呢！"说完，就进内宫禀告太后。王沈、王业跑出去告诉司马昭，想叫王经与他们一起去，但王经不去。魏帝随即拔出剑登上车子，率领殿中宿卫和奴仆们呼喊着出了宫门。司马昭的弟弟屯骑校尉司马伷在东止车门遇到魏帝，魏帝左右之人怒声呵斥他们，司马伷的士兵被吓得逃走了。中护军贾充从外而入，迎面与魏帝战于南面宫阙之下，魏帝亲自用剑拼杀。众人想要退却，骑督成倅之弟的太子舍人成济问贾充说："事情如此紧急，你说怎么办？"贾充说："司马公养你们这些人，正是为了今日。今日之事，没有什么可问的！"于是成济立即抽出长戈上前刺杀魏帝，把他杀死于车下。司马昭闻讯大惊，自己跪倒在地上。太傅司马孚奔跑过去，把魏帝的头枕在自己的腿上，哭得十分悲哀，哭喊着说："皇上被杀，是我的罪过啊！"

司马昭进入殿中，召集群臣讨论。尚书左仆射陈泰不来，司马昭让陈泰之舅尚书荀顗去叫他，陈泰说："人们议论说我陈泰可以和您相比，今天看来，您不如我陈泰。"但子弟们里里外外都逼着陈泰去，这才不得已而入宫，见到司马昭，悲痛欲绝，司马昭也对着他流泪，说："玄伯你看，将如何处理这事呢？"陈泰说："只有杀掉贾充，才能稍稍谢罪于天下。"司马昭考虑了很久才说："你再想想，还有没有其他办法？"陈泰说："我说的只能是这些，不知其他。"司马昭就不再说话了。荀顗是荀彧的儿子。

魏国太后下令，列举高贵乡公的罪状，把他废为庶人，以百姓的丧礼安葬。拘捕了王经及其家属交付廷尉处置。王经向他母亲谢罪，他母亲脸色不变，笑着回答说："人谁能不死？只恐怕死的不得其所。为此事大家同死，还有什么遗恨！"到被诛杀的那天，故吏向雄为之痛哭，悲哀之情感动了整个街市之人。王沈因有功被封为安平侯。初八，太傅司马孚等人向朝廷进言，请求以藩王的丧礼安葬高贵卿公，太后同意了。

魏国派中护军司马炎到邺城去迎接燕王曹宇之子常道乡公曹璜，作为魏明帝的继承人。司马炎是司马昭的儿子。

四月初九辛卯，各位公侯向太后奏明，从今日起，太后下达的命令文书，都称为"诏"。

四月二十一日癸卯，司马昭坚决推辞封相国、晋公、赐九锡的命令，太后下诏同意。

四月二十六日戊申，司马昭进言说："成济兄弟大逆不道，诛灭其族。"

六月初一癸丑，太后下诏，让常道乡公改名为奂。初二，常道乡公进入洛阳，当天即皇帝位，时年十五岁。实行大赦，改年号为景元。

六月初四丙辰，魏帝曹奂下诏晋升司马昭的爵位，九锡如前所命，司马昭坚决推辞，于是作罢。

六月十一日癸亥，任命尚书右仆射王观为司空。

（以上为第八段，写魏帝曹髦不能忍受司马昭专权的现实，认为"司马昭之心，路人所知"，冒死反抗，做无谓之举，被杀，魏国重立曹操孙子、燕王曹宇的儿子常道乡公曹奂，作为魏明帝继承人。）

吴国都尉严密建议建造浦里塘，群臣都认为很困难，只有卫将军、陈留人濮阳兴认为可以建成，于是集中各地军民去建造，工程耗资巨大，士兵也有很多人死亡，百姓十分愁苦怨恨。

吴国会稽郡有谣言，说会稽王孙亮会重返天子之位，而孙亮的宫人告发说，孙亮让巫者祈祷，说了些不好的话，有关官吏把这些情况奏告朝廷。吴主孙休贬孙亮为候官侯，并遣送他去封国。孙亮自杀，护送之人也都被治罪。

冬季，十月，魏国阳乡肃侯王观去世。

十一月，魏帝曹奂下诏，尊崇燕王曹宇，并待以特殊的礼遇。

十二月十六日甲午，魏国任命司隶校尉王祥为司空。

魏国尚书王沈担任豫州刺史。上任之初，下命令给所辖各城邑及士民百姓说："如有能陈述官吏的好坏，诉说百姓忧虑的人，赐给粮食五百斛。如有能说出刺史得失、朝政宽严的人，赐给粮食一千斛。”主簿陈廞、褚䂮入府禀告说：“教令的宗旨是想听一听百姓的苦衷之言，加以劝勉和赏赐。我们恐怕那些清正廉洁之士害怕受赏而不说，而那些贪婪昏昧之人将要求利而胡言乱语。如果说得不合适，赏赐不会白白地给他，但那些不了解内情的人不知正确、错误之所在，只看到说的话不被采用，于是认为您设置赏格而不真正实行。我们认为告示百姓之事，可以稍等一等再说。”

王沈又下令说：“进言有益于上，赏赐给予百姓，这是君子的德操，有什么理由不说？”褚䂮又禀告说：“尧、舜、周公之所以能使人忠心进谏，是因为他们诚恳真挚的心十分显著。冰炭不会说话，而其冷热的本质自然很明确，这是因为它们是真实的。如果喜好忠直之言，能像冰炭那样自然，那么忠直之言将不用求就会自然而至。如果德操不足以同唐尧、虞舜相配，贤明不足以同周公相比，真实不能像冰炭一样，那么尽管出具重赏，忠心直谏之言也不会听到。”于是王沈就停止了赏赐进言的做法。

（以上为第九段，写吴国建造浦里塘，工程巨大，百姓多怨；吴主孙休贬孙亮为候官侯，孙亮愤而自杀；魏国尚书王沈担任豫州刺史，打算通过赏赐进言而求得真言，被劝止。）

魏元帝景元二年（辛巳，公元 261 年）

春季，三月，魏国襄阳太守胡烈上表说：“吴国将领邓由、李光等十八个营垒共同商定归顺我国，并派遣使者送来人质，想让我们的军队开到长江边上去接应。”魏帝下诏，让王基布置军队直接到沮水去迎接。诏书说：“如果邓由等人能如期到达，就会因此而震荡江东。”王基派驿使快速送信给司马昭陈述邓由等人的可疑情况，说：“此事还应当进一步查证弄清，不应立即发重兵深入敌境去接应。”又说：“夷陵东西两边都是险要狭隘之地，竹木丛密茂盛，如果敌人突然在要害之地出击，那么我们的兵马就不能施展力量。如今正值春夏之交，弓弩受潮而柔软无力，而且正当降雨之后，此时废弃繁忙的农事，邀取难以必得的利益，这是危险的事情。姜维趋进上邽，文钦占据寿春，都是因深入敌境求取利益而遭到全军覆没的结局，这是近来之事的借鉴。嘉平年间以来，多次发生内部危难，当今我们应做的事宜，最重要的是力求安定国家社稷，抚慰上下臣民，努力从事农业生产。安抚百姓不应兴师动众以求外部利益。”司马昭多次得到王基的书信，犹豫不定，命令已经上路的诸军暂时停止前进，就地驻扎，等候新的部署。王基又给司马昭写信说：“以前汉高祖采纳郦食其的意见，想要分封六国，明白张良的谋略后就迅速追回销毁了已刻之印。我的谋虑短浅实在不如留侯张良，但也害怕襄阳之事会出现听信郦食其之言的错误。”于是司马昭下令停止进兵，又给王基写回信说：“一般人处事大多曲己而顺从，很少能明确而详尽地向我陈述实在的道理。真诚地感谢你的忠爱，多次得到你的规劝晓喻。现在就依照你来信的意思，已经停止了发兵。”到了约定日期，邓由等人果然不来投降。胡烈是胡奋之弟。

秋季，八月，甲寅（疑误），魏帝曹奂再次命令司马昭晋升爵位像以前那样，但司马昭仍然没有接受。

冬季，十月，蜀国后主任命董厥为辅国大将军，诸葛瞻为都护、卫将军，共同管理尚书事，又任命侍中樊建为尚书令。当时，宦官中常侍黄皓当政，董厥、诸葛瞻都不能纠正他的错误行事，士大夫们也都依附于他，只有樊建不与黄皓往来。秘书令郤正多年在宫内任职，与黄皓的房屋相邻，周旋共处三十多年，淡然自守，每日以读书为乐，既不被黄皓所喜爱，也不被黄皓所憎恶，因此官职不过六百石，但也没有遭受祸患。后主的弟弟甘陵王刘永憎恶黄皓，黄皓就在后主面前诋毁他，使他十年都不得朝见。

吴主孙休派五官中郎将薛珝到蜀国去访问，回来后，吴主向他询问蜀国朝政的得失，他回答说：“主上昏乱暗弱而不知自己的错误，臣下安身其间只求免罪不思进取，进入朝廷听不到忠直之言，途经田野看到百姓们都面有饥色。我听说燕雀处于堂屋之上，子母之间相互嘻乐，认为这是最安全的地方，突然间烟囱破裂，屋栋被焚，而燕雀仍怡然自得而不知祸之将至，这指的就是蜀国目前的状况。”薛珝是薛综的儿子。

这一年，鲜卑人索头部首领拓跋力微第一次派他的儿子沙漠汗入朝进贡，于是就留下他作为人质。拓跋力微的祖先世代居住在北部荒远之地，不与南方的华夏交往。到了可汗拓跋毛时，开始强大起来，统治的小国有三十六个，大姓之族有九十九个，经历五代到可汗拓跋推寅，向南迁到大泽；又经历了七代到可汗拓跋邻，让他的兄弟七人以及同族人乙旃氏、车焜氏，分开统领部族百姓，成为十个部族。拓跋邻老了之后，传位给他的儿子拓跋诘汾，让他再往南迁，就定居在匈奴人的故地。拓跋诘汾死后，拓跋力微即位，又迁居到定襄郡的盛乐县，部族的兵民日益强盛，其他各个部族都畏惧、服从他。

（以上为第十段，写蜀国后主刘禅庸碌无能，朝臣不思进取，宦官中常侍黄皓当政弄权，董厥、诸葛瞻等大臣不能纠正黄皓的错误行事，士大夫们都依附黄皓，蜀国离亡国不远矣！）

【点评】

曹髦怒亡曹魏国。公元255年，司马昭继其兄司马师为大将军，专揽国政，成功平定了魏国征东大将军诸葛诞的反叛，威望迅速飙升。魏帝曹髦却成了名副其实的傀儡。

权臣专政的情况在中国历史上很多。那么，这些光有虚名、毫无实权的帝王，如何自处与作为呢？大致有三种情况：一种是棱角磨平，锐气全无，百依百顺，毫不作为，以求苟且偷安，度过余生，汉献帝大致就是这样的人；一种是极力抗争，暗中网罗人才，秘密谋划，以图扳倒权臣，吴国少主孙亮大致如此，只是机密被泄露，未能成功，而清朝的康熙皇帝扳倒鳌拜，大有作为，则是成功的典型；还有一种，就是孤注一掷，即使是拼掉自己的身家性命，宁愿在权臣的刀下亡，也不愿在权臣的淫威下苟且生，魏帝曹髦就是这样的典型。

曹髦不能忍受司马昭的专权跋扈，给予司马昭至高无上的权力和威严，授予其统领全国兵马及京师内外诸军的权力，并特许其朝拜时不必小步快走，奏事时只称官职而不直呼姓名，还可以穿鞋佩剑上殿。但是，曹髦的内心却备受煎熬。曹髦听说郸城某水井中出现黄龙，便引以自喻，作《潜龙诗》以发泄对司马昭的不满。《三国演义》中的《潜龙诗》说："伤哉龙受困，不能越深渊。上不飞天汉，下不见于田。蟠居于井底，鳅鳝舞其前。藏牙伏爪甲，嗟我亦同然！"大意是：我是一条黄龙，本应身在大海，如今却身困井中，受到泥鳅、黄鳝欺负。其含义非常直白，其不满、愤懑之意溢于言外，司马昭此时便有了废帝之念。

更为可笑的是，曹髦长期被困抑，一时心血来潮，拔出剑，登上车，就率领殿中宿卫和奴仆们呼喊着出了殿门，要与司马昭决一死战。结果丝毫没有悬念，他连宫门都没有出得去，被刺死于南关，结束了他的帝王生涯与年轻生命。

有的评论者对这种行为大为赞赏，认为曹髦虽然没有能够成功，但他以百分之百的努力力争百分之几的机会。在政治凌辱和死亡威胁下，他没有软弱和退让，而是奋起抗争。曹髦"宁作高贵乡公死，不作汉献帝生"。也有人评论比较客观，说"魏主髦卤莽从事，仿佛孙亮，亮且不能诛綝，髦亦安能诛昭？南关遇弑，莫非其自取耳"。

魏纪十

魏元帝景元三年至咸熙元年（公元 262—公元 264）

【起玄默敦牂（壬午，公元 262 年），尽阏逢涒滩（甲申，公元 264 年），凡三年】

【大事提要】

本卷记事起公元 262 年，讫公元 264 年，凡三年，当魏元帝景元三年至咸熙元年。本卷所载大事，主要是五个方面：其一，玄学渐成风气。玄学即浮虚、玄虚、玄远之学，主张立言玄妙，行事雅远。以嵇康、阮籍等名士为代表的“竹林七贤”常聚在一起，谈玄论道，伸张个性，成为魏晋时期取代两汉经学思潮的主流学说，有其积极的一面，但也带来崇尚玄虚、不务实干的弊端。其二，魏国灭蜀。公元 263 年，大将军司马昭力排众议，派遣将军钟会、邓艾等攻打蜀国。钟会与姜维在剑阁对峙，邓艾采用迂回策略，率领精锐部队绕道阴平，凿山开路，秘密南进，从背后袭击蜀军，蜀国后主刘禅失去剑阁屏障，回天乏力，只好投降，蜀国灭亡。其三，钟会、邓艾二士争功。邓艾灭蜀后，自作主张，对投降的君臣大加封赏，不向朝廷请示。朝廷下令逮捕，后被监军卫瓘派人杀之。钟会阴谋叛变，占据成都。司马昭早有察觉，派遣先头部队进军汉中，亲率大军进据长安。后来发生兵变，钟会被乱军杀死。其四，吴主孙休去世。公元 264 年，吴主孙休暴病而亡。吴人以国家多事、主少国危为由，没有立孙休的儿子为帝，而是立侄子孙皓为帝。孙皓初立，曾下令抚恤百姓，受到朝野称誉，后粗暴骄盈、暴虐治国，又好酒色，大兴土木，民心丧尽，成为亡国之君。其五，司马昭封王。魏国灭亡蜀国，成功解决了钟会的反叛问题，充分展示了司马昭的预见能力和驾驭能力，其威望和权势无以复加，魏元帝曹奂再次下令，任命司马昭为相国，封为晋王，加九锡。同时，任命其长子司马炎为相国辅佐，司马氏距离皇位只有一步之遥。

元皇帝下

魏元帝景元三年（壬午，公元 262 年）

秋季，八月十六日乙酉，吴主孙休立皇后朱氏，皇后是朱公主的女儿。十九日戊子，立儿子孙霆为太子。

蜀国大将军姜维将要出兵征战，右车骑将军廖化说：“兵不止，必自焚，说的就是姜维啊。智谋超不出敌人，力量也小于敌人，而用兵没有满足的时候，将何以自存？”

冬季，十月，姜维入侵洮阳，邓艾与他在侯和交战，打败了他。姜维撤兵驻扎在沓中。当初，姜维因寄居在外而投奔蜀国，身受重任，连年兴兵，但没有建立什么功绩。黄皓在朝内当政，与右大将军阎宇关系交好，暗地里想废掉姜维而立阎宇。姜维知道后，就对后主说：“黄皓奸诈巧伪，专权任意，将会败坏国家，请杀了他！”后主说：“黄皓不过是在前面往来奔走的小臣，以前董允也常对他切齿痛恨，我常常为此遗憾，你何必介意他！”姜维见黄皓的党羽像树木的枝叶那样相互依连庇护，害怕自己失言，说了几句谦恭的话就出来了。后主让黄皓到姜维那里解释、谢罪。姜维从此就更加疑虑恐惧，从洮阳返回后，就要求到沓中去种麦子，不敢返回成都。

吴主孙休任命濮阳兴为丞相，廷尉丁密、光禄勋孟宗为左右御史大夫。当初，濮阳兴任会稽太守，吴主居住在会稽，濮阳兴对他很好，左将军张布曾任会稽王的左右督将，因此吴主即位之后，濮阳兴和张布二人受到尊崇而执掌朝政。张布主管朝内官署，濮阳兴主管军国之事，二人在里里外外阿谀欺蒙，吴国人很失望。

吴主喜爱读书，想要与博士祭酒韦昭、博士盛冲一起讲论学术，张布因为韦昭、盛冲二人性情耿直，恐怕他们入侍之后，对吴主说自己暗地里做的错事，因此坚持劝谏，不让他们入宫。吴主说：“我涉猎学术，群书大致都读完了，现在只想与韦昭等人讲论学习以前所学的内容，这又有什么损害？你不过害怕韦昭等人谈论你们的奸诈邪恶之举，所以不想让他们入宫。像这类事情，我已经有所了解，无须韦昭等人说了以后才知道。”张布十分惶恐地谢罪，又说这样做恐怕妨碍政事。吴主说：“政事和学术，其源流各不相同，不会相互妨碍，让他们入宫没有什么不对的，而你却认为不宜让他们来，因此我才说起这些事。没想到你今日在官任事又对我做这种不让我接近儒生的事，这实在是不可取！”张布跪下叩头。吴主说：“我不过是开导开导你，何必叩头谢罪呢！像你这样的忠诚，远近之人都很了解，我能有今日南面为君的尊严，全都是你的功劳。《诗》说：‘没有不能善始的，可惜很少有人能够善终的。’坚持到最后是很难的，希望你能坚持到最后。”但吴主恐怕张布会怀疑害怕，终究还是顺了张布之意，废止讲论学术，不再让韦昭等人入宫。

谯郡人嵇康，文章写得雄壮清丽，喜好谈论《老子》、《庄子》，高节奇行，行侠仗义。他与陈留人阮籍、阮籍的侄子阮咸、河内人山涛、河南人向秀、琅邪人王戎、沛国人刘伶是至交好友，号称“竹林七贤”。他们都崇尚虚无之论，轻蔑礼仪法度，每日以纵情饮酒为乐，不问世事。

阮籍任步兵校尉时，他的母亲去世，他正在与别人下围棋，对方要求停止，但他却要与对方把这盘围棋下到底，一决胜负。下完棋，喝了两斗酒，高声一喊，吐血数升，极度哀痛，消瘦得只剩皮包骨头了。居丧期间，和平日一样饮酒无度。司隶校尉何曾很讨厌他，就在司马昭面前当面指责阮籍说：“你是个纵情无度、违背礼仪、败坏风俗的人，如今忠贤之人执掌朝政，要综合考察人事的名与实，像你这样的人，不可助长你的恶习！”于是就对司马昭说：“您正在以孝道治理天下，却听任阮籍居丧期间在您的座前饮酒吃肉，以后还怎么教训别人？应该把他流放到四方荒远之地，不让他污染我们华夏的风气。”司马昭喜爱阮籍之才，常常扶助保护他。何曾是何夔之子。

阮咸喜欢姑姑的侍女，姑姑把侍女领走时，阮咸正在陪客，连忙借了客人的马去追，然后两人骑着一匹马回来了。

刘伶喜好饮酒，常常乘一辆小车，带着一壶酒出游，又让人扛着铁锹跟着，说：“死了就把我就地埋掉。”当时士大夫都认为他贤明，争相仿效他的做法，称作豪放通达。

魏国钟会正得到司马昭的宠爱，听说嵇康有名声，就去拜访他，嵇康伸腿坐在那里毫不在乎地打铁，很不礼貌地对待钟会。钟会将要离去，嵇康问他说：“你听到了什么而来，见到了什么而去？”钟会说：“听我所听到的而来，见我所见到的而去！”从此他对嵇康怀恨在心。

山涛任吏部郎，推荐嵇康代替自己。嵇康给山涛写信，说自己不堪忍受流俗，又菲薄商汤、周武王。司马昭听到后十分生气。嵇康与东平的吕安是好朋友，吕安之兄吕巽诬陷吕安不孝，嵇康为他作证说并非不孝。钟会借此事诬告说：“嵇康曾经想帮助毌丘俭，而且吕安、嵇康在世上享有盛名，但他们的言论放荡不羁，为害时俗，扰乱政教，应该乘此机会把他们除掉。”于是司马昭就杀了吕安和嵇康。嵇康曾去拜访隐士汲郡人孙登，孙登说：“你才气多见识少，在当今之世难免被杀！”

（以上为第一段，写魏末晋初的七位名士阮籍、嵇康、山涛、刘伶、阮咸、向秀、王戎的独特个性。他们集于竹林之下，肆意酣畅，人称“竹林七贤”。他们是玄学的代表人物，思想倾向则有所不同。）

司马昭忧虑姜维屡次进犯，官骑路遗要求当刺客入蜀去杀掉姜维，从事中郎荀勖对司马昭说：“明公是天下的主宰，应该依仗正义去讨伐不归服者，而用刺客去除掉敌人，这不是被四海之人作为表率的做法。”司马昭很赞成他的话。荀勖是荀爽的曾孙。

司马昭想要大举讨伐蜀国，朝臣们大都认为不可，只有司隶校尉钟会赞成。司马昭告谕众人说：“自从平定寿春以来，已经六年没有战事了，我们要整治军队去攻打两个敌国。如今吴国土地广大而地势低湿，攻打他施展兵力较为困难，不如先平定巴蜀，三年之后，就顺流而下，水陆并进。这就是春秋时晋献公先灭虢国再乘势攻取虞国的那种形势。蜀国的士兵共计有九万，居守成都以及防卫其他边境的不下四万人，这样剩余的士兵不过五万人。如今把姜维牵制在沓中，让他不能向东出兵。我们发兵直向骆谷，通过他们的空虚地带去袭击汉中，以刘禅的暗弱无能，再加上边境城市在外面被攻破，蜀国的男女老少就会在内地震恐不安，这样敌人的灭亡就是意料之中的事情。”于是任命钟会为镇西将军，都督关中。征西将军邓艾认为蜀国没有可乘之机，屡次陈述不同意见；司马昭让主簿师纂担任邓艾的司马，去给他讲明道理，于是邓艾也就奉命行事。

蜀国姜维向后主上书说：“听说钟会在关中整治军队，想图谋进攻，应该派遣左右车骑将军张翼、廖化率领诸军分别守护阳安的关口和阴平的桥头，以防患于未然。”黄皓迷信鬼神巫术，认为敌人终究不会自己找上门来，于是就奏明后主让他不提这件事，因而群臣没有人知道。

（以上为第二段，写蜀国政治昏暗，国力减弱，魏国大将军司马昭积极谋划攻打蜀国，朝臣中只有钟会赞成。）

魏元帝景元四年（癸未，公元 263 年）

春季，二月，魏帝再次晋升司马昭的爵位如前所命，但司马昭又推辞不受。

吴国交趾太守孙谞贪婪残暴，被百姓所厌恨，恰好此时吴主又派遣察战邓荀到交趾去，而邓荀又擅自调送三十只孔雀到建业，百姓害怕遥远的劳役，于是就图谋作乱。夏季，五月，郡吏吕兴等人杀掉孙谞和邓荀，派出使者来请求给他们任命太守和给予兵力，九真、日南二郡也都响应他。

魏帝下诏，令诸军大举进攻蜀国，派征西将军邓艾率领三万人从狄道奔赴甘松、沓中，以牵制姜维；派雍州刺史诸葛绪率领三万多人从祁山奔赴武街、桥头，断绝姜维的退路。钟会统兵十万多人分别从斜谷、骆谷、子午谷奔赴汉中。让廷尉卫瓘持符节监督邓艾、钟会的军事，兼任镇西军司。卫瓘是卫觊的儿子。

魏国钟会去拜访幽州刺史王雄之孙王戎，问他说：“将用什么样的计策去攻打蜀国？”王戎说：“道家有句话说‘为而不恃’，也就是说成功并不难，而保持它则很难。”有人问参相国军事、平原人刘寔说：“钟会、邓艾能平定蜀国吗？”刘寔说：“破蜀是必然的，但他们都回不来。”对方问是什么原因，刘寔笑而不答。

秋季，八月，从洛阳发兵，大赏全军将士，列队誓师。将军邓敦说不能去讨伐蜀国，司马昭就把他杀了示众。

蜀国听到魏兵将至，就派遣廖化率兵到沓中做姜维的后援，派张翼、董厥等人到阳安关口帮助各个外围据点。实行大赦，改年号为炎兴。命令各外围据点不得与敌人交战，退守汉乐二城，城中各有兵力五千人。张翼、董厥向北到达阴平，听到诸葛绪将向建威发兵，就留住一个多月，等待敌兵。钟会率诸军齐头并进，到达汉中。九月，钟会让前将军李辅统兵万人把王含包围在乐城，让护军荀恺把蒋斌包围在汉城。钟会直接从西路奔向阳安口，派人祭奠了诸葛亮墓。

当初，蜀国的武兴督蒋舒在位庸碌无为，蜀国朝廷让人代替了他，派助将军傅佥把守关口，蒋舒因此怀恨在心。钟会派护军胡烈为前锋，进攻关口。蒋舒诡诈地向傅佥说："如今敌兵到了，不去进击而闭城自守，不是好的计策。"傅佥说："我接受命令保护此城，以保全此城为功劳，现在违犯军令而出城作战，如果出师不利，丧失军队，则有负国家，即使是战死，也无益于国。"蒋舒说："你以保全此城为功劳，我以出战打败敌人为功劳，希望我们各行其志。"于是蒋舒率领他的士兵出城而去。傅佥认为他出城是去交战，因此没有防备。蒋舒率领他的士兵迎接投降了胡烈，胡烈乘虚袭击城池，傅佥格斗拼杀而死。傅佥是傅肜的儿子。钟会听说关口已被攻克，就长驱直入，获得大量库藏的粮食。

魏国邓艾派遣天水太守王颀直攻姜维营垒，陇西太守牵弘在前面阻截，金城太守杨欣奔赴甘松。姜维听说钟会诸军已经进入汉中，就领兵返回，杨欣等人在后面紧紧追赶到强川口，双方激烈交战，姜维败走。姜维又听到诸葛绪已经阻塞道路占据了桥头，于是就从孔函谷进入北部道路，想绕到诸葛绪的身后。诸葛绪知道后往回退却三十里。姜维进入北道三十多里后，听到诸葛绪退兵，赶紧往回走，从桥头过去，诸葛绪赶上去阻截姜维，但晚了一天没有赶上。姜维于是退至阴平，聚集军队，想要奔赴关城，还没有到达，听说关城已破，于是退兵奔向白水，遇到了廖化、张翼、董厥等人，合兵一处，据守剑阁以抵御钟会的部队。

魏国安国元侯高柔去世。

冬季，十月，蜀汉人向吴国告急求援。甲申（疑误），吴主派大将军丁奉率领诸军进兵寿春；让将军留平到南郡的施绩那里，商议向何处进兵之事；让将军丁封、孙异到沔中去救援蜀国。

魏帝下诏，因征蜀的各位将领捷报频传，再次命大将军司马昭晋位，所赐爵位一切都与前面的诏令相同，司马昭终于接受了任命。

魏国司马昭提升任城人魏舒为相国参军。最初，魏舒少年时迟钝，较为质朴，不受乡里亲戚的重视，他的堂叔吏部郎魏衡，在当时很有名望，也不了解魏舒，就让他去看守水碓，而且常常叹气说："魏舒如果能担当数百户的官长，我也就心满意足了。"魏舒毫不介意，也不干那些能显示抬高自己的事情。只有太原的王乂对魏舒说："你终究会达到三公宰相的地位。"又常常拿出钱财周济魏舒，魏舒也毫不推辞地接受。四十多岁时郡里举拔上计掾、掌簿记孝廉。亲戚朋友都认为魏舒没有什么学业，劝他不要去应考，还可以显示清高。魏舒说："如果考试不中，是我本事不够，怎能虚假地盗窃清高的名声以为自己的荣耀呢？”于是魏舒刻苦自学，每百日学一部经书，因而对策得到提升，累次提升到担任后将军钟毓的长史。钟毓每次与参军、佐吏一起举行射箭比赛，魏舒只是常常为他们计算成绩而已，后来遇到比赛人数不足，就让魏舒上来凑凑数，魏舒仪范娴雅，发无不中，所有的人都十分愕然，没有人能敌得过他。钟毓感叹地道歉说：“我不能够充分发挥你的才能，就像这次射箭一样，其实何止这一件事呢！”魏舒担任相国参军之后，处理相国府中琐碎的事务，未曾出现什么纠纷。至于该废该兴的大事，众人不能决断的，魏舒都能从容地为之筹划，而且大多比众人的议论高明。因此司马昭非常器重魏舒。

十月十一日癸卯，魏国立皇后卞氏。卞氏是昭烈将军卞秉的孙女。

魏国邓艾进兵到达阴平，挑选了精锐部队，想要与诸葛绪一起经江油直奔成都，诸葛绪因为本来接受的命令是阻截姜维，而向西行进不是给他的诏令，所以率军奔向白水，与钟会会合。钟会想要专擅军权，就秘密报告说诸葛绪畏惧敌兵不敢前进。于是，用囚车把诸葛绪押送回京，而军权全部归钟会掌握了。

蜀国姜维排列营垒，据守险要之地，钟会进攻不能取胜，而且运粮道路既危险又遥远，想要领兵撤回。邓艾上书说：“敌兵已经受到摧折，应乘胜进军，如果从阴平出发由小路经过汉朝的德阳亭奔赴涪县，从剑阁之西一百里处进军，离成都三百多里，在这里出奇兵冲击其腹心之地，那么剑阁的守军必然往回奔赴涪县，而钟会就可以两车并行着向前推进。如果剑阁的守军不往回撤，那么接应涪县的兵力就会很少了。”于是邓艾率军从阴平出发，走了七百多里的无人之地，凿山开路，架设桥梁，建造阁道，山高谷深，非常艰险，运来的粮食也将吃尽，濒临危险的绝境，邓艾用毡毯裹住自己，翻转着滚下山去，将士们也都攀缘着树木崖壁，鱼贯而进。邓艾首先到达江油，蜀国守将马邈投降。诸葛瞻率诸军抵御邓艾，到达涪县后，停住不进。尚书郎黄崇是黄权之子，他屡次劝说诸葛瞻应迅速前进占据险要，不让敌人进入平地，诸葛瞻犹豫不决，没有采纳。黄崇再三劝说，甚至流着眼泪说，但诸葛瞻仍然不听。于是邓艾长驱直入，击败诸葛瞻的前锋部队，诸葛瞻退兵驻扎在绵竹。邓艾写信劝诱诸葛瞻说：“如果投降，必定上奏你为琅邪王。”诸葛瞻大怒，杀掉邓艾的使者，排列阵势以等待邓艾进攻。邓艾派他儿子惠唐亭侯邓忠攻其右翼，派司马师纂等人攻其左翼。邓忠与师纂战斗不利，撤兵而还，说：“敌兵还不能攻破！”邓艾大怒，说：“存亡之际，就在此一举，还有什么不能的？”怒叱邓忠、师纂等人，说再攻不破就要杀掉他们。邓忠、师纂奔跑过来再战，大败敌兵，杀了诸葛瞻和黄崇。诸葛瞻之子诸葛尚叹息说：“我们父子蒙受国家重恩，没有早点杀了黄皓，致使国败民亡，活着还有什么用！”于是骑马冲入敌阵而死。

蜀国人没有想到魏兵突然而至，没有做守城的准备；听说邓艾已经进入平原地带，百姓们惊恐万状，都逃往山林大泽，不可禁止。后主召集群臣讨论，有人认为蜀国与吴国本来是友好邻邦，应该投奔到吴国；有人认为南中七郡，山势陡峭险峻，容易防守，应该奔向南面。光禄大夫谯周却认为："自古以来，没有寄居别国仍为天子的，如果到吴国去，也当臣服于吴。而且治国之道从来就没有什么不同，大国吞并小国，这是形势发展的自然趋势。从这点上说，魏国能吞并吴国，而吴国不能吞并魏国，这是很明显的事情。同样是称臣，对小国称臣就不如对大国称臣，与其忍受两次受辱之耻不如一次受辱！而且如果想要奔赴南方，就应当及早计划好，才能成功，如今大敌已经临近，灾祸、失败也将要降临，而且众人之心，没有一个可保其不变，恐怕我们在出发的时候，其变化就不可预料，怎么能够到达南中呢？"有人说："如今邓艾已经不远，恐怕他不接受我们的投降，怎么办呢？"谯周说："现在吴国还没有臣服于魏国，事情的形势使他们不得不接受，接受了也不得不待之以礼。如果君王投降魏国，而魏国不划分土地封给君王的话，我请求只身到洛阳，用古代的大义与他们争辩。"众人都听从了谯周的建议。后主仍然想入南中，犹豫不决。谯周上书说："南方偏远蛮夷之地，平常就不交纳供奉租税，还多次反叛，自丞相诸葛亮用武力威逼他们，走投无路了才顺服。如今如果去南中，外要抗拒敌兵，内要供奉日常粮食物品，费用浩大，没有其他地方可以收取，只能耗损各个夷人部族，那他们必然会反叛。"于是后主就派侍中张绍等人奉着御玺向邓艾投降。北地王刘谌愤怒地说："如果我们理穷力屈，灾祸败亡将至，就应当父子君臣一起背城一战，共同为社稷而死，这样才能见先帝于地下，为什么要投降？"后主不听。这一天，刘谌哭诉于昭烈帝之庙，先杀了妻子儿女，然后自杀而死。

蜀国张绍等人在洛县见到邓艾，邓艾大喜，写信褒扬，接受投降。后主刘禅又派遣太仆蒋显去命令姜维向钟会投降，又派尚书郎李虎把士民户口簿交给邓艾，共计有二十八万户，九十四万人，士兵十万二千人，官吏四万人。邓艾到达成都城北，后主率太子、诸王以及群臣六十多人，缚手于后，拉着棺木走到军营门前。邓艾持节解开缚绳，焚烧了棺木，请进军营相见，约束控制将士，不许掠夺百姓，安抚接纳投降依附之人，让他们恢复旧业。然后邓艾就依照东汉初年邓禹的旧事，秉承皇帝旨意授予蜀国后主刘禅代行骠骑将军事、太子为奉车都尉、诸王为驸马都尉之职，蜀国的群官各随其职位的高低授予王官，或担任邓艾属下官吏。邓艾让师纂担任益州刺史，陇西太守牵弘等人担任蜀中各郡的官职。邓艾听说黄皓为人奸诈阴险，把他收押起来，准备杀掉，后来黄皓贿赂邓艾的左右亲近之人，终于免于一死。

蜀国姜维等人听说诸葛瞻失败，但不知后主的意向，于是率军向东进入巴中。钟会进军到涪县，派遣胡烈等人追击姜维。姜维到达郪县，得到后主的命令，于是命令士兵都放下武器，把符节传送交给胡烈，自己从东道与廖化、张翼、董厥等一起到钟会那里投降。将士们都十分震怒，气得挥刀砍石。至此，各郡县和驻点的部队都接到后主的命令而罢兵投降。钟会给了姜维等人优厚的待遇，把印绶、符节、车盖等都暂时还给了他们。

（以上为第三段，写魏国大将军司马昭派遣钟会、邓艾、诸葛绪三路攻打蜀国。邓艾率领精锐部队绕道阴平，越过荒无人烟的小道，凿山开路，进逼成都。后主刘禅因兵临城下，投降，蜀国灭亡。）

吴国人听说蜀国已经灭亡，于是就停止了丁奉等人救援蜀国的军事行动。吴国中书丞吴郡的华核走到宫门上书说："我听说成都已经失守，君臣都已散亡，国家遭到灭亡，失去了委身依附的土地，抛弃了进献纳贡的小国。我这个草芥之人，心里暗自感到很不安宁，君王圣明仁厚，恩泽抚慰远方，突然听到此事，必然会产生哀悼之情。我克制不住自己的忧虑惆怅之情，恭敬地上书，讲给您听。"

魏国攻打蜀国时，吴国有人对襄阳人张悌说："司马氏掌握朝政大权以来，国内的大乱屡次出现，百姓还没有归服，如今又费尽辛劳去远征，他会败于没有时间休整，怎么能取胜？"张悌说："不是这样。曹操虽然功盖中原，百姓们畏惧他的威严却不感念他的恩德。曹丕、曹叡继承他，刑罚苛繁，劳役沉重，驱使人民东西往来奔走，没有一年安宁过。司马懿父子累世立有大功，废除对百姓烦琐苛刻捐税，而实行对百姓较为平和有利的政策，为百姓谋划着想，而解救他们的疾苦，民心归顺他已经很久了。因此，淮南出现三个叛逆，而腹心之地不受惊扰；曹髦被杀而死，四方也没有引起叛乱。而且能够任用贤能，使他们各尽其心，所以他的根基是很牢固的，奸计也得以实现了。而如今蜀国却是宦官专擅朝政，国家没有政策法令，而且穷兵黩武，人民劳顿，士兵疲惫，竞争于外利，不加强国内防务。他们强弱不同，魏国人的智谋又胜过蜀国人，魏国乘其危难而攻打，大概战无不胜。唉！魏国得志，是我们的忧患。"起初吴国人都取笑他的话，到魏国取胜后才予以信服。

吴国因武陵五溪夷人与蜀国接壤，蜀国灭亡后，害怕五溪夷人叛乱，于是就让越骑校尉钟离牧兼任武陵太守。魏国已经派遣汉葭县长郭纯暂代武陵太守，率领涪陵百姓进入迁陵界内，驻扎在赤沙，引诱各夷族部落进攻酉阳，郡中一片震恐。钟离牧问郡吏说："西蜀灭亡，边境受到侵犯，我们如何抵御？"众人回答说："这两个县山势险要，各夷族部落都拥兵自守，我们不能用军队去惊扰他们，一旦被惊扰，他们就会联合起来抵抗，应该慢慢地安抚他们，可以派恩信吏去宣教慰劳他们。"钟离牧说："不能这样。境外之敌入侵，诳骗引诱人民闹事，我们应乘其根底未深之时就迅速地扑灭他们，这是救火贵在快速的形势。"于是命令外边的部队加紧整装待发。抚夷将军高尚对钟离牧说："以前潘太常领兵五万人，然后才去讨伐五溪夷。当时还与刘氏联合，所以诸夷族部落都顺服。如今既没有往日的援助，而且郭纯已经占据了迁陵，而您却想用三千兵力深入作战，我看很难取得胜利。"钟离牧说："非常之事，怎能依循旧例！"随即率领他的士兵夜间就上了路，沿着危险的山路行走了近两千里，杀了作恶之民中怀有异心的首领一百多人以及同党一千多人。郭纯等人四散逃走，终于平定了五溪等地。

（以上为第四段，写魏国攻打蜀国时吴国的应对之举。初期，派丁奉等人救援蜀国；魏国攻下蜀国后，武陵五溪与蜀国接壤，吴国害怕夷人反叛，便派越骑校尉钟离牧兼任武陵太守，平定五溪等地。）

十二月十九日庚戌，魏国任命司徒郑冲为太保。

十二月二十一日壬子，魏国从益州中分出部分土地设置梁州。

十二月二十二日癸丑，魏国特赦益州士人百姓，又下令在五年之内免除一半租税。

十二月二十四日乙卯，魏国任命邓艾为太尉，增加食邑两万户；任命钟会为司徒，增加食邑一万户。

魏国皇太后郭氏去世。

魏国邓艾在成都颇为居功自傲，他对蜀国士大夫们说："诸君多亏是遇到了我，所以才能有今日，如果遇到东汉初年吴汉那样的人，恐怕已经被灭杀了。"邓艾写信对晋公司马昭说："用兵有先造声势然后发兵的情形，如今乘平定蜀国的威势去攻打吴国，吴人必将受到震恐，这是一举攻灭吴国的大好时机。但是我们在大规模用兵之后，将士们都十分疲劳，不能立即用兵，应暂缓一些时日。我想留下陇右兵二万人、蜀兵二万人，在这里煮盐炼铁，以备军事农事之用。同时制作舟船，预先为顺流攻吴做准备。然后派出使者告以利害，吴国必定归顺，可以不用征战就平定吴国。如今应厚待刘禅以招致孙休，封刘禅为扶风王，赐给他资财，供给他左右侍奉之人。扶风郡有董卓坞，可当作他的宫舍，赐给他儿子以公侯的爵位，以郡内的县为食邑，以此来显示归顺所受到的恩宠。再开放广陵、城阳二郡作为封国以等待吴人归顺，这样他们畏惧我们的威严，感念我们的恩德，就会望风而顺从了。"

司马昭让监军卫瓘去晓谕邓艾说："做事当须上报，不宜立即按己意实行。"邓艾严厉地说："我受命出征，奉行旨意，现在首恶已经归服，至于秉承意旨授予他们官爵，以安抚刚刚依附之人，我认为也是合乎权宜的计策。如今蜀国举国上下都已归顺，国土南至南海，东接吴国，应该尽早使其镇定下来。如果等待朝廷命令，来往于道路，就会拖延时日。《春秋》之义说：'大夫出国在外，如果有可以安社稷、利国家之事，自行决断是可以的。'如今吴国尚未归服，势必与蜀国联合，所以不可拘于常理，而失去处理事情的最佳时机。《兵法》上说：'进不求名，退不避罪。'我虽然没有古人的节操，但终究不会有自我疑惑而损害国家利益的举动！"

魏国钟会内心怀有叛离之志，姜维已有所察觉，就想促成他的作乱，于是就劝说钟会："听说您自淮南之战以来，计策从未有过失误，司马氏能够昌盛，全依赖您的力量。如今又平定了蜀国，威德振世，百姓颂扬您的功劳，主上畏惧您的谋略，您还想因此安然而归吗？何不效法陶朱公范蠡泛舟湖上远避是非，以保全自己的功名性命呢！”钟会说：“您说得太远了，我不能离开。而且从现在的形势看，也还没有到达那种地步。”姜维说：“其他的事情凭您的智慧、力量就能做到，用不着我多说了。”从此，他们两人的感情融洽，关系密切，出则同车，坐则同席。钟会因邓艾承旨专权行事，就与卫瓘一起密报邓艾有谋反的表现。钟会善于模仿别人的字体，就在剑阁拦截了邓艾的奏章和上报事情的书信，改写了其中的话，使得言辞狂悖傲慢，有很多居功自夸之处，同时又毁掉晋公司马昭的回信，亲手重新再写，以使邓艾生疑。

（以上为第五段，写魏国平定蜀国后，钟会、邓艾私欲膨胀。邓艾擅自授予蜀国君臣官爵，又上书伐吴，引起大将军司马昭猜忌；钟会怀有叛离之志，与降将姜维密谋，上书说邓艾谋反，欲扫清障碍。）

魏元帝咸熙元年（甲申，公元 264 年）

春季，正月，壬辰（疑误），魏帝曹奂下令，用囚车押回邓艾。晋公司马昭怕邓艾不从命，就命令钟会进军成都，又派遣贾充率兵入斜谷。司马昭则亲自率领大军跟着魏帝到达长安，因诸王公都在邺城，就任命山涛为行军司马镇守邺城。

当初，钟会因为有才能而受到重用，司马昭的夫人王氏对司马昭说：“钟会见利忘义，好生事端，恩宠太过必然作乱，不可让他担当大任。”钟会将要攻打蜀国时，西曹属邵悌对司马昭说：“如今派钟会率领十几万人去攻打蜀国，我认为钟会单身一人没有家人做人质，不如派别人去。”司马昭笑着说：“我怎能不知道此事呢？蜀国多次进犯，军队倦怠，百姓疲劳，我们去讨伐，易如反掌，但众人都说蜀不可伐。如果人先心存畏惧，那么智勇都会衰竭，智勇衰竭而强使他们出兵，就会被敌人所擒获。只有钟会与我意见相同，如今派钟会去攻打蜀国，蜀国必定灭亡。蜀国灭亡之后，即使如你所顾虑的那样，何愁不能处理他？蜀国已经灭亡，遗留的人受到震恐，不足与钟会共同谋乱，而中原的将士都想急于回家，也不肯与他在一起。钟会如果作乱，只会自我招致灭族之祸。你不必担忧此事，但要谨慎，不要让人知道。”

等司马昭将去长安时，邵悌又说：“钟会所统领的兵力是邓艾的五六倍，只让钟会去捉拿邓艾就行了，无须亲自过去。”司马昭说：“你忘记以前说的话了，怎能说不用去呢？尽管如此，我们所说的也不可宣扬出去。我自当会以信义待人，但别人不当辜负我，我岂可先于别人而生疑心呢？最近护军贾充问我：‘是否很怀疑钟会？’我回答说：‘现在派你过去，难道可以再怀疑你吗？’贾充也不得不同意我的话。我到了长安，就自会了断此事。”

魏国钟会派卫瓘先到成都拘捕邓艾，钟会因卫瓘兵力少，想让邓艾杀掉卫瓘，再借此事定邓艾的罪。卫瓘知道他的意图，但又不能抗拒命令，于是在深夜到达成都，传檄文给邓艾所统领的将领，声称："我奉诏前来拘捕邓艾，其余的人一概不予追究。你们投向官军这一边，则如先前平蜀时一样再加爵赏，如胆敢不出来，则要诛及三族！"等到鸡鸣时分，诸将都跑到卫瓘这里，只有邓艾帐内之人未来。到了早晨，打开营门，卫瓘乘坐使者之车，直接进入邓艾帐内。邓艾还躺着未起，于是把邓艾父子抓起来，把邓艾置于囚车中。诸将想要劫持邓艾，就整兵奔向卫瓘的营帐。卫瓘不带卫兵只身出来迎接，又假装书写奏书，说将要申明邓艾没有反心。诸将相信了他而未劫持。

正月十五日丙子，钟会到了成都，派人把邓艾押送京师。钟会所忌惮的人只有邓艾，邓艾父子既已被擒，钟会则独自统领大军，威震西部地区，于是下定决心阴谋反叛。钟会想让姜维率领五万人出斜谷为前锋，自己率领大军跟随其后。到达长安之后，命令骑兵从陆路走，步兵从水路走，顺流从渭水进入黄河，认为五日即可到达孟津，再与骑兵会合于洛阳，一时之间就能平定天下。恰在此时，钟会收到了司马昭的信，信中说："恐怕邓艾不甘心接受惩处，现已派遣中护军贾充率领步骑兵一万人直接进入斜谷，驻扎在乐城，我亲自率领十万人驻扎在长安，近日即可相见。"钟会接到书信大惊失色，叫来亲信对他们说："如果只取邓艾，相国知道我能独自办理；如今带来重兵，必定觉察到我要生变，我们应当迅速发难。事情成功了，就可以得到天下；不成功，就可以退保蜀地，仍可当个像刘备那样的人。"

正月十六日丁丑，钟会把护军、郡守、牙门骑督以上以及过去的蜀国官吏都请了过来，在成都的朝堂为郭太后致哀，并假造了太后的遗诏，说让钟会起兵废掉司马昭，把遗诏向座上众人宣布，让大家议论之后，开始授官任职，又让所亲信之人代领诸军；把所请来的群官，都关在益州各官署的屋中，关闭了城门宫门，派重兵把守。卫瓘诈称病重，出来住在外面的官舍。钟会相信他，对他也无所忌惮。

姜维想让钟会杀尽从北方来的诸将，自己再借机杀掉钟会，全部坑杀魏国士兵，重立汉王。他给刘禅写密信说："希望君王再忍受数日之辱，我要让国家危而复安，日月幽而复明。"钟会想听从姜维的意见诛杀诸将，但仍然犹豫不决。

钟会的帐下督丘建，本属于胡烈手下，钟会喜爱并信任他。丘建怜悯胡烈一人独自被囚，就请求钟会，让他允许一名亲兵进出取饮食，各牙门将也都随此例让一人进来侍奉。胡烈欺骗亲兵并让他传递消息给儿子胡渊说："丘建秘密地透露消息，说钟会已经挖了大坑，做了数千根白色大棒，想叫外面的士兵全部进来，每人赐一白帽，授散将之职，依次击杀诸将，埋入坑中。"诸牙门将的亲兵也都说同样的话，一夜之间，辗转相告，大家都知道了。

正月十八日己卯，中午时分，胡渊率领父亲的士兵擂鼓而出，各军也都不约而同地呐喊着跑出来，竟然连督促之人都没有，就争先恐后地跑向城里。当时，钟会正在给姜维铠甲兵器，报告说外面有汹汹嘈杂之声，好像是失火似的，一会儿又报告说有士兵跑往城里。钟会大惊，问姜维说：“士兵前来似乎是想作乱，应当怎么办？”姜维说：“只能攻击他们！”钟会派兵去杀那些被关起来的牙门将、郡守，而里面的人都拿起几案顶住门，士兵砍门却砍不破。过了一会儿，城外的人爬着梯子登上城墙，有的人焚烧城内的屋子，士兵们像蚂蚁那样乱哄哄地涌进来，箭如雨下，那些牙门将、郡守都从屋子上爬出来，与他们手下的士兵汇合在一处。姜维带着钟会左右拼杀，亲手杀死五六人，众人格杀了姜维，又争相向前杀死了钟会。钟会的将士死了数百人，士兵们又杀掉了蜀国太子刘璿和姜维的妻子儿女，并到处抢掠，死伤满地，一片狼藉。卫瓘部署诸将前去平息叛乱，过了几天才平定下来。

魏国邓艾本营的将士追上囚车，把邓艾救出并迎接回来。卫瓘认为自己与钟会共同陷害邓艾，恐怕他回来后会有变乱，就派遣护军田续等人领兵去袭击邓艾，在绵竹西边遇上，于是杀了邓艾父子。当初邓艾进入江油时，田续不往前进，邓艾想杀了他，后来又放了他。卫瓘派遣田续时，对他说：“你可以为江油受的耻辱报仇了。”镇西长史杜预对众人说：“卫瓘是免不了一死了！他身为名士，地位声望很高，但是既没有足以表示美德的言语，又不能用正道驾御下属，他怎能承担自己的责任呢？”卫瓘听到后，不等驾车就跑去感谢杜预。杜预是杜恕之子。邓艾其余的儿子在洛阳的都被诛杀，又把他的妻子及孙子迁到西城县。

魏国钟会的哥哥钟毓曾秘密地对司马昭说：“钟会爱玩弄权术，不可过于信任。”及钟会反叛，钟毓已经去世，司马昭思念钟毓的功勋与钟毓的仁贤，特别宽容了钟毓之子钟峻、钟辿，官爵如故。钟会的功曹向雄收葬钟会之尸，司马昭召他来责备说：“从前王经死时，你哭于东市，而我没有责问。钟会身为叛逆，你又特地去收葬，如果再容忍你，还有没有王法？”向雄说：“以前先王掩埋枯骨腐尸，仁德施于朽骨，当时难道是先计算其功罪而后再收葬吗？现在王者的诛罚已经加于其身，从法度上说已经很完备，我有感于大义而收葬他，教化也就没有了缺憾。法度制立于上，教化弘扬于下，以此来作为万物的法则，不是很好吗？何必要让我背弃死者违背生者而立于当世？您以仇怨对待枯骨，把他弃之野外，这难道是仁贤之人的气度吗？”司马昭很高兴，与他一起宴饮交谈之后才送他离开。

（以上为第六段，写魏国大将钟会打算兵出斜谷，占领长安，再派骑兵攻打孟津、洛阳，夺取天下。但大将军司马昭早有防备，出兵占据斜谷，屯于长安；卫将军胡烈起兵反抗，钟会被乱军杀死。）

二月二十六日丙辰，魏帝车驾返回洛阳。

三十日，魏国安葬明元皇后。

当初，刘禅让巴东太守、襄阳人罗宪领兵二千人驻守永安，罗宪听到成都兵败，吏民一片惊恐，便杀了一个述说成都变乱的人，百姓们才安定下来。等到得到刘禅的手令，罗宪就率领他手下的士兵到永安的都亭哭吊了三天。吴国听说蜀国失败，就起兵西上，表面上扬言来救援，实际上是想袭击罗宪。罗宪说："我国已经灭亡，吴国是我们的唇齿邻邦，却不怜悯我们的危难而背弃盟约谋取利益，实在是太不讲信义。而且蜀国已灭亡，吴国怎能长久，我岂能成为吴国的降将俘虏！"于是罗宪坚守城池，整治装备，告诫全军将士，用节义激励他们，全军上下莫不激愤。吴人听说钟会、邓艾失败，百城无主，就有兼并蜀国之心。但巴东防守坚固，士兵不能通过，就让抚军步协率兵向西挺进。罗宪实力薄弱不能抵抗，就派参军杨宗突围奔向北方，向安东将军陈骞告急，又给司马昭送去文武官员的印绶和人质。步协攻打永安，罗宪与他交战，大败步协。吴主孙休大怒，又派遣镇军陆抗等人率领三万士兵增援，对罗宪进行包围。

三月十七日丁丑，魏国任命司空王祥为太尉，征北将军何曾为司徒，左仆射荀顗为司空。

三月十九日己卯，进封晋公司马昭的爵位为王，增加十个郡的封邑。王祥、何曾、荀顗共同去见司马昭，荀顗对王祥说："相王地位尊贵，何曾及满朝的文武大臣都对他极为恭敬，今日我们就应当相继跪拜，不要迟疑。"王祥说："相国虽然地位尊重，但他还是魏国的宰相，而我们是魏国的三公，王公相差只一级而已，哪有天子的三公可以随便拜人的？这不仅有损魏朝的威望，也有亏晋王之德，君子要以礼仪敬爱别人，我不能跪拜。"进去后，荀顗就跪拜于地，只有王祥长揖不拜。司马昭对王祥说："今日之后，才知你对我的关心之情是多么深厚。"

原蜀国后主刘禅的全家迁居洛阳，临行时十分纷乱仓促，刘禅的大臣没有随行的人，只有秘书令郤正和殿中督汝南人张通舍弃妻儿老小，单身随刘禅而行，刘禅仰仗郤正的引导帮助，才使自己的言谈举止合乎礼仪而无所缺失。于是刘禅慨然长叹，恨自己了解郤正之晚。

当初，蜀国建宁太守霍弋都督南中，听说魏兵来攻，就想赴成都协助防御，刘禅认为抵抗敌人的准备已经完成，就没有让他过来。成都失守后，霍弋穿着白色衣服哭吊三日。诸将都劝霍弋应快点投降，霍弋说："如今道路隔绝阻塞，不知道主上的安危，降魏是件大事，不可随随便便。如果魏国以礼对待主上，那我们再全境而降也不晚。如果万一主上遭受危难侮辱，我将要以死抵抗，还论什么快慢！"得到刘禅东迁洛阳的消息后，才开始率领六郡的将军、郡守上书说："我听说人生在世所赖者有三，即父、母、君上，要用同样的心意来事奉，发生危难，都要舍命相随。如今我们国家败亡，主上降附，想要坚持至死而不变也没有了处所，因此决定归顺，不敢有二心。"司马昭很称赞他，授予他南中都督之职，仍在原来的地方任职。

三月二十七日丁亥，封刘禅为安乐公，刘禅的子孙及群臣封侯者五十多人。司马昭与刘禅一起宴饮，为他表演蜀国的歌舞，旁人都为之伤感不已，而刘禅却高高兴兴地同平时一样。司马昭对贾充说："人之无情，竟然到了这种程度。即使诸葛亮还在，也不能辅佐他长久平安，更何况姜维呢！"过了几天，司马昭问刘禅说："你还思念蜀国吗？"刘禅说："在这里很快乐，不思念蜀国。"郤正听到后，就对刘禅说："如果晋王以后再问，你应当哭着回答说：'祖先的坟墓，都远在岷、蜀，我心常常西望而悲，没有一天不思念。'然后闭上眼睛。"后来司马昭又问刘禅，刘禅就像郤正说的那样回答。司马昭说："你说的怎么像郤正说的话？"刘禅惊讶地睁开眼睛说："确实像您所说的那样。"左右之人都哈哈大笑。

夏季，四月，魏国新附督王稚从海路进入吴国的句章，抢掠了那里的官吏及男女百姓二百多人而还。

五月初一庚申，司马昭上奏恢复五等爵位，封了骑督以上六百多人的爵位。

五月十五日甲戌，魏国改年号为咸熙。

五月二十四日癸未，追封舞阳文宣侯司马懿为晋宣王，忠武侯司马师为景王。

原蜀国永安守将罗宪被攻近六个月，救援仍然未到，城中之人病了大半。有人劝罗宪弃城而走，罗宪说："我是此城之主，为百姓们所仰仗，他们有了危难而不能让他们安定，情况紧急了就丢下他们逃跑，这不是君子所为，我要战死在这里！"陈骞把这些情况告诉了司马昭，于是派遣荆州刺史胡烈率步骑兵二万人攻打西陵以救援罗宪，秋季，七月，吴国军队撤退。司马昭让罗宪仍旧在原地任职，又加陵江将军之职，封为万年亭侯。

魏国晋王司马昭上奏，让司空荀顗制定礼仪，中护军贾充订正法律，尚书仆射裴秀研究官制，太保郑冲总揽其事加以裁定。

（以上为第七段，写蜀国灭亡以后的史事，巴东太守罗宪领兵驻守永安城，绝不向前来侵扰的吴国屈服，而归降魏国；后主刘禅无亡国之悲，被魏国封为安乐公，喜笑自若，说："此间乐，不思蜀也。"）

吴国从交州中分出一部分设置广州。

吴主孙休卧病不起，口不能言，就用手书叫丞相濮阳兴入内，又让其子孙𩅦出来拜见濮阳兴。孙休拉着濮阳兴的手臂，手指着孙𩅦托付给他。

五月二十五日癸未，吴主孙休去世，谥为景帝。群臣尊朱皇后为皇太后。

吴人因蜀国刚刚灭亡，交趾的吕兴又反叛，国内十分恐惧，想要立一位年长的君王统治。左典军万彧曾担任乌程令，与乌程侯孙皓相友善，就声称："孙皓的才识和明断能力，可以和长沙桓王孙策相比拟，同时他又十分好学，遵奉法度。"他屡次对丞相濮阳兴和左将军张布说这些话，濮阳兴和张布又劝说朱太后，想要立孙皓为帝。朱太后说："我是个寡妇，怎能考虑国家的大事，只要吴国不遭灭亡，宗庙有所依赖就可以了。”于是就迎立孙皓，改年号为元兴，实行大赦。

八月初三庚寅，魏国任命中抚军司马炎为副相国，辅佐相国处理相关事宜。

当初，魏国钟会攻打蜀国之时，辛宪英对他丈夫的侄子羊祜说：“钟会做事恣意放纵，这不是长久地处于臣下地位的做法，我恐怕他有其他的想法。”钟会请求让她儿子郎中羊琇为参军，辛宪英忧虑地说：“以前我为国家担忧，今日大难降临我家了。”羊琇坚决向司马昭请求不担任参军，但司马昭不答应。辛宪英对羊琇说：“你去吧，但要警惕小心，在军队之中可以行得通的，只有‘仁恕’二字。”结果羊琇竟然安全地返回。九月初六，魏帝下诏，因羊琇曾劝谏钟会不要反叛，赐爵关内侯。

九月初一戊午，任命司马炎为抚军大将军。

九月十四日辛未，魏帝下诏，任命吕兴为安南将军，都督交州诸军事，任命南中监军霍弋兼任交州刺史，可以按照便利条件选用官吏。霍弋上书推荐建宁人爨谷为交趾太守，派他率领牙门将董元、毛炅、孟干、孟通、爨能、李松、王素等人领兵去帮助吕兴，还未到达，吕兴就被他的功曹王统所杀。

吴主孙皓贬朱太后为景皇后，追谥父亲孙和为文皇帝，又尊母亲何氏为皇太后。

冬季，十月初一丁亥，魏帝下诏，任命寿春之战所俘获的吴国相国参军事徐绍为散骑常侍，水曹掾孙彧为给事黄门侍郎，让他们出使吴国，他们的家人在魏国的完全可以听任他们相随而去，也不必让他们回来，以此来扩大魏国讲求信义的影响。司马昭还因此给吴主孙皓写信，晓谕祸福的道理。

当初，晋王司马昭娶王肃的女儿为妻，生了司马炎和司马攸，把司马攸过继给景王司马师为后。司马攸对父母孝顺，对兄弟友爱，多才多艺，清静平和，为人公正，名望超过司马炎，晋王司马昭很喜爱他，常常说：“天下本是景王的天下，我不过是代理宰相之位，我死之后，大业应该归于司马攸。”司马炎长发垂直可以拖到地面，双手下垂超过膝盖，他曾经从容地问裴秀说：“人能不能看相？”于是就把自己奇异的相貌展示给裴秀，裴秀从此就归顺了他。羊琇与司马炎相友善，就为司马炎出谋划策，观察时政所应减损和补益之处，让司马炎都预先记住，以备晋王司马昭询问时回答。晋王司马昭想立司马攸为世子，山涛说：“废弃长子而立幼子，违背礼义，不吉祥。”贾充说：“中抚军有君王的德行，不可让别人代替。”何曾、裴秀也说：“中抚军聪慧过人，神明而威武，有超越世人的奇才，已经享有极高的声望，帝王的仪容就是如此，这本不是人臣的相貌。”晋王司马昭因此拿定了主意，二十日，立司马炎为世子。

吴主孙皓封原太子孙𩅦和他的三个弟弟为王，立妃子滕氏为皇后。

当初，吴主孙皓即位时，发优抚诏书，体恤士民百姓，打开仓库，赈济贫困之人，按条例放出宫女做那些无妻者的配偶，养在御苑中的禽兽也都放归山林。当时人们交口赞誉，称之为明主。而他得志之后，开始变得粗暴骄横，既有很多忌讳，又沉湎于酒色，全国上下大失所望，濮阳兴、张布也暗自后悔不迭。有人向吴主孙皓诬陷濮阳兴和张布，十一月初一朔，濮阳兴和张布入朝，吴主孙皓把他们抓起来，迁送到广州，结果在半路上就把他们杀了，又诛灭了他们的三族。任命皇后的父亲滕牧为卫将军、录尚书事。滕牧是滕胤家族的人。

这一年，魏国废置了屯田官。

（以上为第八段，写吴主孙休得了重病，口不能言，去世后，吴人以国内多事，不立其子，而立其侄乌程侯孙皓为帝；魏国封司马昭为晋王，又封其长子司马炎为抚军大将军，协助相国理事。）

【点评】

司马昭平蜀。公元 263 年，魏国一举平定蜀国，在统一天下的征途上大大地向前迈进了一步，这是一件非常了不起的大事，首功当归大将军司马昭。

首先，司马昭力排众议，毅然决策出兵攻打蜀国。其兄司马师已于公元 255 年去世，魏国从此进入了司马昭时代。司马昭经历了 8 年独立掌控朝政的成功实践，其中成功地平定了征东大将军诸葛诞的反叛，国内人心思齐，实力增强，加之蜀国后主刘禅庸碌无为，重用宦官黄皓，姜维率兵年年出征，国内空虚，民穷财竭。魏国西征，路途艰险，曹操取汉中而又失汉中，故曹魏统一的决策是先吴后蜀。这时的司马昭认为消灭蜀国的时机已经成熟，而提出先蜀后吴的主张，朝廷中绝大多数人都投了反对票，只有钟会极力赞成，邓艾开始也是反对，后来才同意。

其次，派出精练强干、谋勇双全的干将平定蜀国。在平蜀中，司马昭派遣钟会、邓艾、诸葛绪三路攻蜀，西路邓艾军主攻沓中屯田的姜维，中路诸葛绪军断姜维后路，东路钟会军主攻汉中。应当说，这一战略决策是十分正确的。尤其是邓艾，在灭蜀中发挥了重大作用，他采用迂回策略，在蜀军主力相持于剑阁之时，自率精锐部队绕道阴平，越过 700 多里荒无人烟的小道，凿山开路，奇袭江油，又在蜀国腹地绵竹大破诸葛瞻，攻占涪城，进逼成都，蜀后主刘禅见大势已去，便开门投降。钟会作为主力部队，攻克汉中，有效牵制了蜀国的主力部队。应当说，钟会、邓艾是魏国的两大杰出干将。钟会善于谋划，曾有小张良之称；邓艾忠勇奋发，能够险中求胜。开始派兵遣将时，有人提出异议，认为钟会等人不太可靠，而司马昭早有考虑，先用其长，然后才制其短。这充分显示了司马昭的识人用人能力。

再次，司马昭成功平定了钟会等人的阴谋叛乱。蜀国平定了，在巨大的胜利面前，邓艾自作主张，大封蜀国投降君臣的官爵，而不事先向朝廷请示，授人以柄，被朝廷下令拘捕，押送进京，后来被杀死，功成而名不就；钟会的野心一下子膨胀起来，便听从蜀国降将姜维的怂恿，用计离间邓艾与朝廷的关系，打算拥兵自重、割据一方，然后兵出斜谷，占领长安，再派骑兵攻打孟津、洛阳，夺取天下。而司马昭对此早有防备，出兵占据斜谷，自率十万大军屯于长安，对钟会造成威慑之势，打乱了钟会的反叛部署，钟会手忙脚乱，结果只维持三天，就在兵变中被杀死，成为历史上最为短命、最为可笑的反叛将领。这充分体现了司马昭的预见及运筹能力。

最后，司马昭还正确处理了对蜀国投降君臣的安置工作，封后主刘禅为安乐公，予以善待。这对于动摇吴国军心，为将来攻打吴国，起到了一定的作用。

由此可见，司马昭在魏国平定蜀国，并及时粉碎钟会的反叛阴谋，为魏国的统一，运筹帷幄，总揽全局，起到了决定性的作用，其功大矣。诚如后人所评说：“司马昭摧坚敌如折枯，荡异如同反掌，任贤使能，各尽其心，非智勇兼人，孰能如之？”

资治通鉴（白话本） 卷第七十九

晋纪一

晋武帝泰始元年至八年（公元265—公元272）

【起旃蒙作噩（乙酉，公元265年），尽玄黓执徐（壬辰，公元272年），凡八年】

【大事提要】

本卷记事起公元265年，讫公元272年，凡八年，当晋武帝泰始元年至泰始八年。本卷所载大事，主要有五个方面：其一，曹奂禅位。公元265年，魏元帝曹奂禅位于司马炎，魏国灭亡。魏国自公元220年曹丕接受汉献帝禅让而称帝开始，45年后，曹氏又以同样的方法禅让。魏国历经曹丕、曹叡、曹芳、曹髦、曹奂五帝，实际上自公元249年的最后三帝均是傀儡，权归司马氏。其二，司马炎建立晋朝。晋武帝司马炎为司马昭长子，曾出任中抚军，于265年被封为晋王太子；司马昭去世后，继承晋王爵位；而后接受魏元帝曹奂禅让，即位为帝，国号为“晋”。他接受魏国孤弱教训，大肆分封宗室为王，使其掌握兵权，最终导致八王之乱。其三，立庸儿为太子。公元267年，晋武帝司马炎立9岁的司马衷为太子。司马家族人才济济，却立了一个不堪造就的庸才，又以贾充之女贾南风为太子妃。正是这些决定，后来引发了贾后乱政、八王之乱、五胡乱晋，使晋朝山穷水尽，最后到了不可收拾的地步。其四，收复交趾。吴国交州刺史刘俊等前后三次攻打交趾，都因交趾太守杨稷的抵抗而失败，郁林、九真两地都归附于杨稷。后来，吴国大都督薛翊与陶璜等人，率领十万大军攻打交趾，城中粮尽援绝，被吴兵攻破，杨稷等人被俘。九真、日南等地也都投降吴国。其五，鲜卑反晋。鲜卑首领秃发树机能在凉州率领部众反抗晋朝，先后大破晋朝的封疆大吏胡烈、苏愉、牵弘、杨欣等，攻陷凉州，一时威震天下。晋武帝司马炎惊呼：“虽复吴、蜀之寇，未尝至此。”公元277年，秃发树机能为晋将马隆打败，旋即被叛徒所杀。

世祖武皇帝上之上

晋武帝泰始元年（乙酉，公元265年）

春季，三月，吴主孙皓派遣光禄大夫纪陟、五官中郎将洪璆，与徐绍、孙彧一起去魏国回访。徐绍走到濡须的时候，有人说徐绍曾称赞中原之国的美好，吴主动怒，追回徐绍，把他杀死。

夏季，四月，吴国改年号为甘露。

五月，魏帝曹奂给予晋王司马昭特殊的礼遇，晋升其妃为王后，将世子改称为太子。

五月三十日癸未，魏国实行大赦。

秋季，七月，吴主孙皓逼杀景帝孙休的皇后，把景帝的四个儿子迁到吴地，不久，又把其中两个年龄大的杀了。

八月初九辛卯，晋王司马昭去世，太子司马炎继位，担任相国、晋王。

九月，乙未日，魏国实行大赦。

九月初七戊子，魏国任命司马何曾为晋丞相。十二日癸亥，任命骠骑将军司马望为司徒。

九月二十四日乙亥，在崇阳陵埋葬晋王司马昭。

冬季，吴国西陵督步阐上书，请求吴主孙皓把国都迁到武昌，吴主听从了他的建议，委派御史大夫丁固、右将军诸葛靓镇守建业。步阐是步骘的儿子。

十一月十二日壬戌，魏元帝曹奂把皇位禅让给晋王司马炎。十四日甲子，魏元帝搬到金墉城居住。太傅司马孚与魏元帝辞别，拉着魏元帝的手，流泪叹息不止，说："我到死的那一天，仍然是大魏真正的臣子。"

十一月十六日丙寅，晋王司马炎登上皇帝位，大赦天下，改年号为泰始。

十一月十七日丁卯，尊奉魏元帝为陈留王，宫室安排在邺城，优厚高贵的礼制待遇，都仿效魏国初期的制度，魏宗室诸王都降为侯。

晋武帝司马炎追尊晋宣王司马懿为宣皇帝，晋景王司马师为景皇帝，晋文王司马昭为文皇帝；尊王太后为皇太后；封叔祖司马孚为安平王，叔父司马干为平原王，司马亮为扶风王，司马伷为东莞王，司马骏为汝阴王，司马肜为梁王，司马伦为琅邪王；封弟弟司马攸为齐王、司马鉴为乐安王、司马机为燕王，又把司徒司马望等诸子侄共十七人都封为王。任命石苞为大司马，郑冲为太傅，王祥为太保，何曾为太尉，贾充为车骑将军，王沈为骠骑将军。其余的文武官员，加官进爵各有差别。

十一月二十五日乙亥，任命安平王司马孚为太宰，统领朝廷内外的军事事务。过了不久，又任命车骑将军陈骞为大将军，与司徒义阳王司马望、司空荀顗等总共是八公，同时并列设置。

晋武帝以魏氏孤立无援的弊端作为警戒，因而大封宗室，授予他们职权。晋武帝又诏告诸王，可以自己选择封国中的官吏，只有卫将军齐王司马攸不敢自选，全部官吏都请求晋武帝指派。

晋武帝下诏，免除魏宗室的禁锢令，废除部曲将领及州郡长吏纳人质于京师的制度。

晋武帝是继魏氏苛酷奢侈的政治之后登基的，他以仁厚节俭的作风纠正魏氏的弊端。太常丞许奇是许允的儿子。晋武帝将要在太庙行事，朝廷中议事的时候，大臣们认为，许奇的父亲因过被诛，许奇不宜在武帝身边供职，应当委派他担任朝廷外的官职。晋武帝于是追述许允的名望，称赞许奇的才能，提拔他担任祠部郎。有关部门称，宫中所用的青丝牵牛绳断缺了，晋武帝下诏，用青麻代替青丝。

晋朝当初设置谏官的时候，任命散骑常侍傅玄、皇甫陶担任。傅玄是傅干的儿子。傅玄看到魏末士风衰败，于是上疏说："我听说先王治理天下，教化隆盛于上层，公正评论通行于下层。近世以来，魏武帝喜好法术而天下重视刑名；魏文帝思慕通达而天下轻贱操守名分，从这以后纲纪不整，浮夸虚无的风气充满朝廷，于是天下不再有公正的评论。皇上接受禅让登基，弘扬尧、舜之风，唯独没有选拔清明高远而有礼法之臣，以促进风化与节操；没有斥退虚浮浅薄之人，以惩戒不恭敬不谨慎的人。因此，我才敢冒昧地说这番话。"晋武帝赞许并采纳了他的意见，让傅玄起草诏书以便实行，但是也未能改变当时的风气。

当初，东汉征西将军司马钧生下豫章太守司马量，司马量生下颍川太守司马儁，司马儁生下京兆尹司马防，司马防生下晋宣帝司马懿。

（以上为第一段，写魏元帝曹奂禅位于晋王司马炎，被改封为陈留王，居于邺城；司马炎成为晋朝皇帝，注重仁爱、俭约，将魏氏诸王降为侯；大封同姓，一时之间，封赐二十七王，给予特权；又设置八公。）

晋武帝泰始二年（丙戌，公元 266 年）

春季，正月初八丁亥，晋武帝司马炎就便利用魏庙，祭祀征西府君司马钧以下，连同景帝司马师，共七个堂屋。

正月二十二日辛丑，晋武帝司马炎尊奉景帝司马师夫人羊氏为景皇后，居住在弘训宫。

正月二十七日丙午，晋武帝立弘农人杨氏为皇后。皇后是魏通事郎杨文宗的女儿。

晋朝群臣上书说："五帝就是天帝，王气时时不同，所以名号有五个。从现在起，明堂、南郊都应当除去五帝的位置。"晋武帝司马炎听从了这一建议。晋武帝是王肃的外孙，所以祭祀天地的礼仪、有关官吏大都遵从王肃的意见。

二月，晋武帝解除魏国对汉宗室的禁锢。

三月二十日戊戌，吴国派遣大鸿胪张俨、五官中郎将丁忠到晋朝吊祭晋文帝司马昭。

吴国散骑常侍、庐江人王蕃气质、风度高雅，不愿看人脸色、顺从其意行事，吴主孙皓对此不高兴。散骑常侍万彧、中书丞陈声便乘机诬陷他。丁忠出使回来。

吴主大会群臣，王蕃喝醉了酒，趴伏在那里起不来。吴主疑心他是故意装出来的，就用车子把他送出去，过了一会儿，又召他回来。王蕃容貌举止庄严，行止自如，吴主勃然大怒，喝令左右在殿堂之下把他杀了，然后出去登来山，让左右亲随抛掷王蕃的首级，像虎狼那样争抢啃咬，使其首级碎裂。

五官中郎将丁忠对吴主孙皓说："北方的晋朝没有做好战备，我们可以袭击并夺取弋阳。"吴主询问群臣，镇西大将军陆凯说："北方新近吞并了巴、蜀，派使者来求和，这并不是向我们求援，只不过是想积蓄力量以等待时机。敌人的势力正当强大的时候，想要侥幸取胜，我看不出这样做有什么好处。"吴主虽然不出兵了，但是却与晋朝断绝了关系。陆凯是陆逊同族兄弟的儿子。

（以上为第二段，写吴主孙皓喜怒无常，常常利用喝酒的机会考察群臣，不愿依附的散骑常侍、庐江人王蕃被杀，让亲近抛首相戏。吴主孙皓断绝了与晋朝的关系。）

夏季，五月，壬子（疑误），晋朝博陵元公王沈去世。

六月三十日丙午晦，出现日食。

晋文帝的丧事，臣民都遵守临时制定的法令，服丧三日。葬礼结束，晋武帝也除去丧服，但仍然戴白冠，吃素食，哀伤如同丧期。秋季，八月，晋武帝将要拜谒崇阳陵，群臣上奏说，秋暑还没有平息，担心皇帝悲哀伤感会损害健康。晋武帝说："我能够瞻仰先人陵墓，身体、精神自然就会好。"又说："汉文帝不使天下的臣民都为他而悲哀，这也是达到帝王谦逊的最高点了。我要拜见先人陵墓，怎么忍心不穿丧服！我决定穿丧服，群臣自然可依照旧制行事。"尚书令裴秀上书说："皇上已经除去了丧服而现在又穿上，这样做于礼仪没有依据，如果君王穿丧服而臣下却不穿丧服，做臣子的心里也不安。"晋武帝说："我担忧的是悲哀伤感之情不能充分地表达出来，不在乎丧服。诸位一片殷勤好意，我不忍再违背了。"于是同意不穿丧服。

中军将军羊祜对傅玄说："三年之丧，即使是尊贵为天子，也要身穿孝服，这是礼制。但是汉文帝却把它废除了，毁坏、损伤礼义，我常常因此而叹息。如今皇帝至孝，虽然除去了丧服，仍实行丧礼。如果能借此机会恢复先王的礼制，难道不是很好吗？"傅玄说："把穿丧服的时间从以月计改为以日计，已经有几百年了，一旦要恢复古制，是很难行得通的。"羊祜说："不能使天下人都遵从礼法，暂且使皇帝再穿孝服，不是还好些吗？"傅玄说："皇帝不除丧服而天下除丧服，这就是只有父子，不再有君臣的行为。"羊祜于是不再提议恢复古制的事情。

六月二十二日戊辰，晋朝群臣上奏请求晋武帝更换正常的服饰和膳食，晋武帝说："我每当感念先灵，而不能完成穿丧服之礼，就为此沉痛，更不要说吃稻米、穿锦绣了。这样做只会激起朕的痛切之心，不能够缓解朕的痛苦。我本生于儒者之家，礼法传习已久，何至于一时之间便对自己的父亲改了这种感情！听从你们的已经够多了，你们可以对照孔子回答宰我的话反省自己，不要再多说了。”于是晋武帝以素食素服度过三年。

臣司马光评论说：上自天子，下至平民百姓，都要服丧三年，这是先王礼经所规定的，百世不可改变。汉文帝以己意为师，不守成规，改变古制，败坏礼法，断绝父子之间的恩德，毁坏君臣之间的情义，使后世的帝王不能真诚专一于哀悼先人的感情，而群臣谄媚、阿谀，没有人肯加以改正。到了晋武帝，唯独以自己的天性加以纠正并实行，可称得上是非凡的贤君。而裴秀、傅玄之徒，是见识浅陋的平庸之臣，习惯于常规，拘守于行之已久的习俗，不能够承顺晋武帝的美意。

（以上为第三段，写晋武帝司马炎重视孝道，为其父司马昭服丧，按照惯例，戴孝三天后除去丧服；后来拜谒司马昭崇阳陵，仍要再穿孝服，被群臣劝止，但长存哀悼之心，以素食素服度过三年。）

吴国改年号为宝鼎。

吴主孙皓任命陆凯为左丞相，万彧为右丞相。吴主憎恶别人注视他，群臣朝见或在一旁侍候，没有人敢抬眼看他。陆凯说：“君臣之间没有不相识的道理，如果突然发生了意料不到的事情，就不知道该怎么办了。”吴主于是听凭陆凯注视他，而对别人却依然如故。

吴主孙皓居住在武昌，扬州的百姓逆流而上提供物资，异常劳苦。再加上吴主奢侈无度，使得国家和民众都穷困匮乏。陆凯上书说：“如今四周边境都没有战事，应当致力于休养民力，积蓄财富，然而却愈发穷奢极欲，还没有发生灾难而百姓的性命已休，还没有什么作为而国库的资财已空，我私下为此感到忧虑。从前汉室衰微，三家鼎立，如今曹刘失道，都被晋所占有，这是近在眼前的且十分明显的证据。我愚笨无知，但只是为主上珍惜国家而已。武昌地势高险，土质薄，多山石，并非帝王建都的地方，况且童谣说：‘宁饮建业水，不食武昌鱼；宁还建业死，不在武昌居。’由此看来，是可以证明人心与天意了。现在国家仅有不足一年的积蓄，百姓有离散的怨言，国家这棵大树已经渐渐露出了根基，而官吏却致力于苛刻催逼百姓，没有人体谅他们。大帝的时候，后宫的女子以及各种织工人数不足百人，景帝以来，人数已经上千，这就使资财的耗费非常严重了。另外，您身边的臣子大多没有什么才能，他们结成帮派相互扶持，陷害忠良，埋没贤达，这都是些损政害民的人。我希望主上减省、停止各种劳役，免去苛刻的骚扰，清理、减少宫女，严格选拔官吏，那么就会使上天喜悦而民归附，国家长久安定了。”吴主虽然不高兴，但由于陆凯的名望大，就对他特别宽容。

九月，晋武帝下诏说：“从现在开始，即使诏令有要求，以及已上奏并获得批准，但是在实际执行中有不便之处的，都不得隐瞒实情。”

九月二十三日戊戌，有关部门上奏说：“大晋受到魏帝的禅让，应当一概沿用前代历法与车马祭牲的颜色，如同虞舜遵循唐尧旧制一样。”晋武帝司马炎听从了这一意见。

冬季，十月初一丙午朔，出现日食。

吴国永安山民施但，乘百姓劳苦有怨言，聚集了民众数千人，劫持了吴主孙皓的庶弟、永安侯孙谦作乱。他们向北打到建业，徒众有一万多人，离建业不到三十里时驻扎下来，选择吉日进城。施但派使者以孙谦的名义召丁固、诸葛靓，丁固、诸葛靓杀了使者，发兵在牛屯迎战施但。施但的士兵都没有盔甲，立时就被打败而逃散了。孙谦独自坐在车子里被活捉了。丁固不敢杀他，把情况禀告吴主，吴主把孙谦连同孙谦的母亲及弟弟孙俊都杀了。当初，望云气的人说：荆州有帝王之气，应当能攻破扬州，因此吴主迁都到武昌。等到施但造反，吴主自以为预言应验了，就派遣数百人击鼓鸣叫进入建业，杀了施但的妻子儿女，说：“天子派荆州兵来打败扬州贼。”

十一月，晋朝开始把冬至以圜丘祭天、夏至在方泽祭地的仪式合并于南郊和北郊。

晋朝罢免了汉朝后裔居住的山阳国的监督卫队，解除了对山阳国的禁制。

十二月，吴主孙皓又把国都迁回建业，派皇后的父亲、卫将军、录尚书事滕牧留下来镇守武昌。朝廷中的官吏因滕牧是显贵的皇亲，都推举他，让他向吴主谏争，滕皇后因此逐渐失去了恩宠。吴主又让滕牧去苍梧居住，虽然没有削夺他的爵位，实际上是把他放逐了，他在半路上由于忧郁而死去。何太后时常护佑着滕后，又加上太史说皇后不可更换，吴主相信巫术，所以滕后没有被废，日常供养在升平宫，不再进见吴主。宫中的姬妾很多人都佩戴着皇后印玺绶带，滕后却只是个摆饰，接受大臣们的朝贺和上奏的文书而已。吴主派遣宦官走遍了州郡，挑选将吏家中的女子入宫。只要是二千石大臣家里的女儿，每年都要申报姓名年龄，到了十五六岁就要进行考察、检选，没有被选中的才可以出嫁。后宫女子已有上千人，吴主仍然不断地挑选新人入宫。

（以上为第四段，写吴主孙皓因听信宫中术士的预言，即荆州有天子气，就迁都武昌，劳民伤财。后来，永安地区发生农民起义，攻打建业，被平定后，孙皓又把都城迁回建业。）

晋武帝泰始三年（丁亥，公元 267 年）

春季，正月，丁卯（疑误），晋武帝立其子司马衷为皇太子。下诏说："近代每当立太子，必定大赦天下。如今世事的盛衰变化将要走向清平，应当表示出喜好与憎恶，使百姓断绝绕幸的希望。曲意地赐以微小的仁爱，为我所不取。"于是不实行大赦。

晋朝司隶校尉、上党人李憙，揭发以前的立进县令刘友、前尚书山涛、中山王司马睦、尚书仆射武陔等都有霸占官府稻田的行为，请求免去山涛、司马睦等人的官职，武陔已经死亡，请求将他的谥号降级。晋武帝下诏说："刘友欺凌掠夺百姓，迷惑朝廷官吏，应对其拷问处死以惩罚邪佞之人。如果山涛等人不再重犯已往的过错，对他们就免于追究。李憙一心为公，敢于揭发官员的过错，可称得上是国家中的司直了。汉光武帝有言：'贵戚尚且缩起手以躲避二鲍。'即指整肃百官群僚，使他们各自谨慎于自己的职责。而宽容的恩典是不应该经常使用的！"司马睦是晋宣帝司马懿弟弟的儿子。

臣司马光评论：政治的根本在于刑与赏，刑赏不分明，政治如何能成就！晋武帝赦免山涛而褒奖李憙，在刑与赏两方面都丧失了。如果李憙所言是正确的，那么山涛就不可以赦免；所言为非，李憙就不值得褒奖。褒奖李憙，让他说话，他说了却又不采用，结果在下属中结下怨恨，在上则使权威被轻慢，这样又将如何使用李憙？况且四位大臣罪行相同，而刘友被处死，山涛等人却不问罪，避开权贵而施法于轻贱，这能说是治政之道吗？正处于创业之初，却不能树立治理国家的根本，要想把基业传给后世，不是很难的事吗？

晋武帝司马炎任命李憙为太子太傅，征召犍为人李密为太子洗马。李密因为祖母上了年纪，坚决辞让不受，晋武帝允许了。李密与人交往，往往公然议论其得失优劣而严厉地责备其人，他常常说："我独自立于人世，自顾其影而没有伴侣，但我却心无恐惧，就是因为我对别人没有厚此薄彼的缘故。"

（以上为第五段，写晋武帝司马炎立司马衷为太子，力图改变旧俗，没有实行大赦；任意刑赏，有几人犯同样的错误，但所受的处罚却不一样，司马光予以讥评，认为不能树立治理国家的根本。）

吴国实行大赦，任命右丞相万彧镇守巴丘。

夏季，六月，吴主孙皓兴建昭明宫，俸禄二千石以下的官吏，都亲自进山督促伐木。大规模地开辟苑囿，兴建土山、楼台，极尽才艺工巧，工程、劳役的花费以亿万计算。陆凯进谏劝阻，也没有用。中书丞华核上疏说："汉文帝时，九州安逸，唯独贾谊认为，当时的局势就如同在燃烧着的柴堆上睡觉。现在强大的敌人占有九州之地，拥有一大半民众，计划着想要吞并我国，不仅仅是汉代时的淮南王、济北王而已。和贾谊的时代相比，哪一个局势更加紧迫？现在国库空虚匮乏，编入户籍的平民，失去谋生的常业，而北方的晋朝积蓄粮食，休养民力，一心一意地谋取东南。另外，交趾陷落，岭外一带极不稳固，我们前后都有仇敌，首尾布满威胁，这正是本朝危难的时刻。如果舍弃当前紧迫的事务，而尽力营造宫室，一旦有意料不到的战乱发生，就要丢下营造之事而响应烽火告急，驱使积怨之民奔赴利刃相接的战场，这便是强大的敌人乘机加以利用的机会。"

当时吴国民风奢侈，华核又上疏说："现在事情很多而劳役繁杂，百姓贫苦而民俗奢侈，各种工匠制作无用的器物，妇女的打扮华丽浮艳，互相仿效，以唯独自己没有为耻。士兵、平民之家，也在追逐流俗，家里没有一锅米、一石粮的储蓄，出门却穿着丝织的鲜丽服装；上没有尊卑等级的差别，下却有耗财费力的损失，要想得到富裕丰足，怎么能够实现？"这些话吴主一概听不进去。

秋季，七月，原魏国王祥睢陵公的爵位被免去。

九月十四日甲申，晋武帝下诏，增加官吏的薪俸。

晋武帝任命何曾为太保，义阳王司马望为太尉，荀顗为司徒。

晋朝禁止占星、望气以及谶纬之学。

吴主孙皓任命孟仁署理丞相事，侍奉吴主车驾向东迎其父文帝孙和的神灵到明陵。路上使者来往不绝，敬问神灵的日常起居。巫者声称见到了文帝，其服装、面色和活着的时候一样。吴主又悲又喜，在东门外迎拜。等到把文帝的神灵迎进祖庙，接连在七日之内拜祭了三次，安排了各类歌舞艺人，不分白天黑夜地娱乐。

这一年，晋朝遣返鲜卑的拓跋沙漠汗回国。

（以上为第六段，写吴主孙皓不爱惜民力、财力，兴建昭明宫，大规模开辟苑囿，兴建土山、楼台，极尽奢华，工程、劳役的花费以亿万计算；又奢侈成风，大臣极力劝谏，但孙皓根本听不进去。）

晋武帝泰始四年（戊子，公元 268 年）

春季，正月十八日，贾充等人奉上他们所修改的律令，晋武帝来到讲解之处，让尚书郎裴楷在一旁诵读。裴楷是裴秀的堂弟。侍中卢珽、中书侍郎范阳人张华请求抄写新律令有关死罪的条目，在驿站张贴，以告示民众，晋武帝听从了这一建议。

晋武帝又命令河南尹杜预对官吏的进退升降进行考核。杜预上奏说："古时候进退人才，筹划于心，不拘泥于法规；到了衰亡之世，不能考虑长久的通行而专求细密、周到，心存疑忌就相信所见所闻，对所见所闻产生怀疑又相信文书、信札，文书、信札越来越烦琐，为官之道越来越虚伪。魏氏考核官吏的方法正是汉代京房遗留的法则，其文辞条令可称为极其细密，然而不足的是苛求细枝末节而违背了主体，所以历代都不能通行无阻。还不如申明唐尧时期的旧制度，取其大而舍其小，去其细密而从其简明，使之易于遵循。要想说透事物的常理，彰明精神实质，全在于人本身；抛开人而依赖法令，就会以文辞、条令损害事理。不如委任显贵的官员，各自考核其所统领范畴内的官吏，每年都进行考查，议论其优劣，这样连续六年，主管人综合六年的情况，审查对其六年的评议，六年成绩都是优良的人可以超格选拔；六年成绩都是低劣的人，就要废黜免职。优多劣少的人平级调任，劣多优少的人就要降职。在这当中，考核不平衡，品评有难易，主管人自然应当准确地衡量轻重，稍加损益，不必曲折以求尽合于法。有对优劣的品评徇私情，不符合公正的议论的应当交付监察部门进行核查。假如上下公然地容忍过错，那么这就使公正的评论彻底地衰败，即使有对官吏考核的法令，也不会有益处。”这件事最终也没有实行。

正月十九日丁亥，晋武帝在洛水之北耕种奉祀宗庙的籍田。

正月二十日戊子，晋朝实行大赦。

二月，吴主孙皓任命左御史大夫丁固为司徒，右御史大夫孟仁为司空。

三月二十一日戊子，晋朝皇太后王氏去世。晋武帝居丧期间的制度，一概遵循古时候的礼节。

夏季，四月初二戊戌，睢陵元公王祥去世，去他家中吊丧的宾客中没有缺乏德行的人。他的同族兄弟的孙子王戎感叹道：“太保王祥在正始时期，没有被列于能言善谈的那一流里，有时候与他交谈，思想情趣清明高远，莫不是他的德行掩盖了他言谈方面才能？”

四月初三己亥，晋朝安葬文明皇后。主管部门上奏说：“安魂的祭礼已经完毕，可以除去丧服。”晋武帝说：“受到母亲一生的爱抚，却没有用几年的时间回报，从感情上不忍心。”主管部门坚持请晋武帝除去丧服，晋武帝说：“我所担忧的是不能够一心一意地尽孝，你们不要为我过度悲伤和忧虑。前代的礼仪典制形式内容也有所不同，何必要用近代的制度加以限制，使通用的丧礼废缺呢？”群臣仍然请求不已，晋武帝便听从了，但是仍然戴白冠，吃素食，坚持了三年，如同为晋文帝守丧一样。

秋季，七月，众多流星落向西方，如雨水倾泻而下。

七月十四日己卯，晋武帝拜谒崇阳陵。

九月，晋朝青、徐、兖、豫四州洪水泛滥。

晋朝大司马石苞长期住在淮南，威望与恩惠在当地很有名。淮北监军王琛憎恨他，秘密上报，说石苞与吴国相勾结。正巧吴国将要入侵晋朝，石苞构筑工事，阻断水流以使防卫更加坚固，晋武帝便对石苞产生了怀疑。羊祜真诚地对晋武帝说：“石苞肯定不会如此。”晋武帝不相信，下令以石苞没有料到敌方形势，构筑工事，阻断水流，惊扰百姓为由，免去他的官职，派遣义阳王司马望率领大军征召石苞。当时，石苞征召河内孙铄为副官，孙铄从前就与汝阴王司马骏相友善。司马骏当时镇守许昌，孙铄路过那里看他，司马骏知道朝廷已经派出军队袭击石苞，就私下对孙铄说："你不要卷入祸事里去。"孙铄从司马骏那里出来，急驰到寿春，劝说石苞放下兵器、军队，步行走出驿站待罪，石苞听从了他的话。晋武帝听到这个消息，放下了心，石苞来到皇帝殿庭，以乐陵公的身份被遣回了他的住所。

吴主孙皓出东关。冬季，十月，派遣将领施绩进入晋朝江夏，派万彧入侵晋朝襄阳。晋武帝司马炎命义阳王司马望统领中军步兵、骑兵两万人驻扎在龙陂，声援江夏与襄阳两方面。这时，荆州刺史胡烈抵御施绩的入侵并打败了施绩，司马望便领兵返回。

吴国的交州刺史刘俊、大都督修则、将军顾容前后三次攻打晋朝管辖的交趾，都因交趾太守杨稷的抵抗而失败了，郁林、九真两地都归附于杨稷。杨稷派将军毛炅、董元攻打合浦，在古城交战，大破吴兵，杀死刘俊、修则，剩下的散兵逃回了合浦。杨稷上奏毛炅为郁林太守，董元为九真太守。

十一月，吴国丁奉、诸葛靓从芍陂出兵，攻打合肥，遭到晋朝安东将军、汝阴王司马骏的抵抗，吴兵退却。

晋朝任命义阳王司马望为大司马，荀顗为太尉，石苞为司徒。

（以上为第七段，写晋朝建立法律制度、官吏考核制度；晋武帝司马炎为母亲守孝至诚，戴白冠，吃素食，坚持三年，如同为父亲守丧一样；吴国几次出兵攻打晋朝，均被打败。）

晋武帝泰始五年（己丑，公元 269 年）

春季，正月，吴主孙皓立儿子孙谨为皇太子。

二月，晋朝分出雍州、凉州、梁州的一部分设置秦州，任命胡烈为秦州刺史。从前邓艾曾经招纳投降的鲜卑人数成万，安置在雍州、凉州之间，与汉人杂居，朝廷担心日久会生出祸患，因为胡烈在西部素有声望，所以派他去镇守安抚。

晋朝青、徐、兖三州洪水泛滥。

晋武帝有灭吴的志向。十一日壬寅，任命尚书左仆射羊祜统领荆州诸项军事，镇守襄阳；任命征东大将军卫瓘统领青州诸项军事，镇守临淄；任命镇东大将军、东莞王司马伷统领徐州各项军事，镇守下邳。

晋朝羊祜对远近百姓都安抚关切，在江汉地区深得人心。他与吴人开诚布公讲信用，投降的吴人想离开，都听从他们的心愿。羊祜裁减守边、巡逻的士兵，让他们开垦了八百多顷农田。他刚到那里的时候，军队的粮食不足以维持百日，等到了后期，已经有了够吃十年的积粮。羊祜在军中，时常穿着轻暖的裘皮衣服，衣带宽松，不披挂铠甲。他居住的地方侍卫也不过十几人。

济阴太守、巴西人文立上书说："过去流离转迁到中原地区的蜀地名臣的子孙，应当依据他们的才能分级进用，以慰藉巴蜀之地的民心，以使吴人对我们倾心。"晋武帝听从了他的话。二十八日，晋武帝下诏说："诸葛亮在蜀地竭尽心力，他的儿子诸葛瞻，面临危难守节而死，他的孙子诸葛京，应根据其才能安排官职。"又下诏说："蜀将傅佥父子，为他们的主人而死。天下美好的道德是统一的，怎么能够因为彼此对立就不同样看待呢？傅佥的儿子傅著、傅募，因为是罪犯的家属被没入官署做杂役，应赦免他们成为平民。"

晋武帝任命文立为散骑常侍。前蜀国尚书、犍为人程琼，德行政绩都很有名，与文立有很深的交情。晋武帝听到他的名望，就问文立，文立回答说："我极其了解这个人，只是他年龄将近八十，禀性谦恭退让，再没有他当年的心愿，所以我没把他的情况告诉您。"程琼听说了文立的话以后，说："文立可以称之为不结党，这正是我之所以称赞他的原因。"

秋季，九月，有异星出现于紫宫星座。

冬季，十月，吴国实行大赦，改年号为建衡。

晋朝晋封皇子司马景度为城阳王。

当初，汝南何定曾经担任吴大帝孙权的内侍，等到吴主孙皓即位，何定就自己表白是先帝的旧人，请求还去做内侍。吴主让他当了楼下都尉，掌管买酒买粮等事，他便独断专行，作威作福，吴主信任他，很多事情都交给他去办。左丞相陆凯当面指责何定说："你看看前后侍奉主人不忠诚、祸害扰乱国家政权的人，难道有得以寿终正寝的吗？你为什么专做邪恶之事，扰乱圣上的视听，你应当改掉恶习，不然的话，你将有意想不到的祸事。"何定对陆凯恨之入骨。陆凯一心一意为国家，忠诚恳切发自内心，所上奏全都摆出事实，不为文饰。等到陆凯病倒了，吴主便派中书令董朝去问陆凯有什么话要说，陆凯陈述道："何定不可信用，应当授予他朝廷以外的官职。奚熙这个小官，建起浦里塘，也不要听他的话。姚信、楼玄、贺邵、张悌、郭逴、薛莹、滕修以及我的同族弟弟陆喜、陆抗，这些人有的清白、忠诚、勤恳；有的资质才能卓越、优秀，他们都是国家贤能的辅佐，希望君主多留神费心，国家的事情与他们商议，使他们各尽忠诚，能够纠正、补漏于万一。"贺邵是贺齐的孙子；薛莹是薛综的儿子；楼玄是沛人；滕修是南阳人。陆凯不久就去世了，吴主平时就对陆凯的严厉耿直怀恨于心，况且耳朵里天天听到何定的谗言，日久天长，终于把陆凯的家属放逐到建安去了。

吴主孙皓派遣监军虞汜、威南将军薛珝、苍梧太守丹阳人陶璜，沿着荆州道行动；命令监军李勖、督军徐存从建安海路行动，在合浦会合，然后去攻打交趾。

十二月，晋朝主管部门上奏晋武帝，太子向两位老师施行恭敬之礼，礼仪应与凡人有所不同。晋武帝说："崇敬师傅的目的是为了尊道重教，臣下怎么能不像臣下呢？应当让太子再行拜礼。"

（以上为第八段，写晋武帝司马炎有灭吴的志向，围绕灭吴进行军事部署，重用深得人心的羊祜等名将；而吴主孙皓听不进忠臣劝告，重用那些独断专行、作威作福的奸佞小人。）

晋武帝泰始六年（庚寅，公元 270 年）

春季，正月，吴国丁奉进入涡口，晋朝扬州刺史牵弘将其击退。

吴国万彧从巴丘返回建业。

夏季，四月，吴国左大司马施绩去世。吴主孙皓任命镇军大将军陆抗统领信陵、西陵、夷道、乐乡、公安各地的军事，治所设在乐乡。

镇军大将军陆抗因吴主孙皓处理政事多有过失，上书说："我听说在恩德均等的情况下，人多的一方可以战胜人少的一方；在力量相同的情况下，安定的一方可以制服危难的一方，这正是六国之所以被秦吞并、西楚之所以屈服于汉的原因。现在敌人所凭据的，不只是关西地区，不只是鸿沟以西，而我国外无六国时连衡的援助，内无西楚时的强大，各种政务衰落，百姓没有得到治理。议论的人们所倚仗的只不过是以长江、高山这些天险为疆界，这是守卫国土中不足为凭的小事，并不是有才智的人首先要考虑的。我每当想到此，半夜里抚摸着枕头睡不着，面对饭菜忘记了进食。侍奉君王的道理在于可以冒犯他却不可以欺骗他，我恭敬地陈述于时势合宜的十七条，使您能够听到。"吴主没有采纳他的意见。

吴国将领李勖因为走建安那条路不顺利，就杀了带路的将官冯斐，带领军队返回。当初，何定曾经为他的儿子向李勖求婚，李勖没有答应，于是何定就说李勖杀掉冯斐是冤枉了冯斐，李勖是擅自后撤返回的，便杀了李勖、徐存连同他们的家属，还把李勖的尸首焚烧了。何定又让各位将官进献御犬，一条狗价值高达几十匹细绢，拴狗的缰绳价值一万钱，用这些狗捕捉兔子供应厨房。吴人都归罪于何定，而吴主孙皓却认为他忠诚殷勤，赐予他列侯的爵位。陆抗上疏说："小人不明事理，见识浅薄，即使让他竭心尽力，也还是不能够胜任其职，更何况他一向专心于邪恶，爱与憎在他的心中都是颠倒的呢！"吴主不听从陆抗的话。

六月初四戊午，魏国将领胡烈在万斛堆讨伐鲜卑人秃发树机能，兵败被杀。都督雍州、凉州诸军事的扶风王司马亮，派遣将军刘旂去救援胡烈，刘旂观望不前，司马亮获罪，被贬为平西将军。刘旂应当被斩首，司马亮上书说："部署调度的罪过是由我而出的，请求宽免刘旂死罪。"晋武帝下诏说："假如罪过不在刘旂，那就应当有承罪之人。"于是免去司马亮的官职。

晋朝派尚书、乐陵人石鉴代理安西将军，统领秦州各项军事，攻打秃发树机能。

秃发树机能兵力强盛，石鉴派秦州刺史杜预出兵攻打他。杜预认为，敌人乘胜士气正盛，马又肥壮，而官军匮乏，应当集中力量运输草料和粮食，等到春天再出兵进攻。石鉴上奏杜预延误了军用物资的征集调拨，用囚车把他押送到廷尉，以免去侯爵赎罪。后来，石鉴征讨秃发树机能，最终也未能取胜。

秋季，七月二十二日乙巳，城阳王司马景度去世。

七月二十四日丁未，晋朝任命汝阴王司马骏为镇西大将军，统领雍州、凉州等州郡的各项军事行动，镇守关中。

冬季，十一月，晋朝立皇子司马东为汝南王。

吴主孙皓的堂弟、前将军孙秀担任夏口督将，吴主憎恨他。民间流传着孙秀早晚会被人算计的说法。正巧这时吴主让何定带着五千名士兵在夏口打猎，孙秀惊慌失措，夜里带着妻子儿女及亲兵几百人来投奔晋朝。十二月，晋朝授予孙秀骠骑将军、开府仪同三司官职，封为会稽公。

这一年，吴国实行大赦。

当初，魏人把南匈奴的五部安置在并州诸郡中居住，与中原地区汉人杂居。南匈奴人自称他们的祖先是汉朝的外孙，所以改姓为刘氏。

（以上为第九段，写吴主孙皓处理政事多有过失，不听将军陆抗劝说；晋朝派遣将领胡烈攻打鲜卑首领，兵败被杀；扶风王司马亮再派遣将军刘旂前去救援，因观望不前而获罪。）

晋武帝泰始七年（辛卯，公元271年）

春季，正月，匈奴右贤王刘猛叛变，逃出边塞。

晋朝豫州刺史石鉴在攻打吴军时，虚报斩杀敌人首级的数量，因而获罪，晋武帝下诏说："石鉴身为大臣，我很信任他，而他却恶劣到弄虚作假，从道理上来看，怎么能如此行事呢？现在遣返他回故乡，终身不得再起用。"

吴国人刁玄伪造谶文说："黄色的旗帜、紫色的车盖，出现于东南方，最终得天下者是荆、扬之地的君主。"吴主孙皓信以为真，这月的最后一天，从华里大规模地出兵，车上载着太后、皇后以及后宫几千人，从牛渚向西进发。东观令华核等人坚持劝阻，吴主不听。行进途中遇到大雪，道路塌陷损毁，士兵身披铠甲，手持兵器，一百个人拉着一辆车子。天气寒冷，几乎要把人冻死，士兵们都说："如果遇到敌兵，我们就倒戈。"吴主听到这些话就返回了。晋武帝派遣义阳王司马望统率中军二万人、骑兵三千人驻扎在寿春以防备敌军，听到吴军退却的消息，就停止了军事行动。

三月初七丙戌，晋朝巨鹿元公裴秀去世。

夏季，四月，吴国交州刺史陶璜袭击九真太守董元，将他杀死；杨稷用他的部将王素代替董元。

北地胡人进犯晋朝金城，凉州刺史牵弘率军前去征讨。内地各族胡人相继叛乱，众多的胡人和秃发树机能一同在青山包围了牵弘，牵弘兵败而死。

当初，大司马陈骞对晋武帝说："胡烈、牵弘都勇而无谋，固执，自以为是，并不是安抚边地的人才，他们终将造成国家耻辱。"当时牵弘任扬州刺史，时常不顺从陈骞的命令，晋武帝认为陈骞是与牵弘不和才对他进行诽谤。于是征召牵弘，牵弘来到，不久又任命为凉州刺史。陈骞暗自叹息，认为必然失败。胡牵两人果然丧失了与羌戎和睦的关系，兵败身死。连年出兵征讨，仅能维持表面安定，晋武帝于是后悔没听陈骞的话。

五月，晋武帝立皇子司马宪为城阳王。

五月二十三日辛丑，晋朝义阳成王司马望去世。

晋朝侍中、尚书令、车骑将军贾充，自晋文帝司马昭时就受到宠信而当权，晋武帝司马炎能成为太子，贾充起了很大作用，所以他更加受到晋武帝宠爱。贾充为人虚伪谄媚，他与太尉、代理太子太傅荀顗，侍中、中书监荀勖，越骑校尉、安平人冯𬘘相互结为党羽，朝野上下都憎恨他们。晋武帝询问侍中裴楷当今朝政的得失，裴楷回答说："皇上受命于天，四海承受教化，之所以德惠还未能与尧舜相比，只因为朝廷中还有贾充之徒而已。应当招引任用天下德才兼备的人一同弘扬为政之道，不应当让天下人看到您以个人偏爱用人。"侍中、乐安人任恺，河南尹、颍川人庾纯都与贾充不和，贾充想免除任恺担任的亲近君王的职务，就向晋武帝推荐任恺，说任恺忠诚可靠，应当在东宫任职，晋武帝便让任恺担任太子少傅，而他所担任的侍中职务不变。

当时，秃发树机能侵犯、骚扰秦州、雍州之地，晋武帝为此事而忧虑。任恺说："应当派一名有威望、有智谋才略、身居要职的大臣去安抚。"晋武帝问："谁可以担当此任？"任恺乘机推荐贾充，庾纯也推举他。秋季，七月二十日癸酉，晋武帝命贾充统领秦、凉州各军事，他的侍中、车骑将军职务依旧。贾充对此很忧虑。

吴国人都督薛珝与陶璜等人，率领十万大军，一同攻打交趾，交趾城中粮尽援绝，被吴军攻破，杨稷、毛炅等人被俘。陶璜爱惜毛炅的勇敢，想留他一条性命。毛炅却图谋杀掉陶璜，陶璜于是杀死毛炅。修则的儿子修允剖开毛炅的肚子，割下他的肝脏，说："看你还能不能再做贼？"毛炅嘴里还在骂，说："我恨不能杀了你们孙皓，你爹是一条死狗！"王素想逃回到南中，吴人捉住了他，九真、日南都投降了吴国。吴国大赦罪人，任命陶璜为交州牧。陶璜攻打并且征服了夷蛮，交州疆界都予以平定。

八月十九日丙申，晋朝城阳王司马宪去世。

晋朝分出益州南部、中部的四个郡，设置宁州。

九月，吴国司空孟仁去世。

冬季，十月初一丁丑朔，出现日食。

十一月，匈奴右贤王刘猛侵犯并州，被并州刺史刘钦击败。

晋朝贾充将要赴镇守之任，公卿大臣们在夕阳亭为他饯行。贾充悄悄问荀勖有没有什么计谋，荀勖说："您身为宰相，却被一人所控制，难道不让人小看吗？但是此次之行，推辞掉实在很困难，只有和太子结亲，才可以不用推辞外出之任而自然地留下来。"贾充说："那么谁可以去表达我的意愿呢？"荀勖说："请让我去说吧。"因而就对冯纨说："贾公要是出远门的话，我们都会失去权势，太子的婚事还没有定下来，何不劝说武帝纳娶贾公的女儿？"冯纨也赞同这个主意。当初，晋武帝司马炎将要纳卫瓘的女儿做太子之妃，贾充的妻子郭槐贿赂了杨皇后身边的人，让杨皇后劝说武帝请求纳娶贾充的女儿。晋武帝说："卫公的女儿有五可，贾公的女儿有五不可：卫氏种族优秀而且儿子多，容貌美好而且身材修长，皮肤白洁。贾氏爱妒忌而且子女很少，容貌丑陋，身材矮小，皮肤透黑。"但杨皇后坚持为贾氏请求武帝，荀顗、荀勖、冯纨都称赞贾充的女儿极其美丽，而且德才兼备，晋武帝于是听从了他们的意见，留下贾充仍然担任旧职。

十二月，晋朝任命光禄大夫郑袤为司空，郑袤坚决辞让，不予接受。

这一年，原蜀国后主、安乐思公刘禅去世。

吴国任命武昌都督、广陵人范慎为太尉。右将军司马丁奉去世。

吴国改次年年号为凤凰。

（以上为第十段，写吴国派遣大都督薛珝率领大军平定交趾；北地胡人进犯晋朝金城，凉州刺史牵弘率军征讨，兵败而死；晋武帝司马炎听从皇后之言，以贾充之女为太子妃。）

晋武帝泰始八年（壬辰，公元272年）

春季，正月，晋朝监军何桢攻打匈奴右贤王刘猛。何桢多次打败刘猛。他暗中以利益引诱刘猛的左部帅李恪，李恪杀了刘猛，投降了晋朝。

二月十七日辛卯，晋朝皇太子纳贾妃。贾妃年龄十五，比太子大两岁。她生性妒忌，机巧狡诈，太子宠爱她，但又怕她。

二月十八日壬辰，晋朝安平献王司马孚去世，享年九十三岁。司马孚禀性忠诚谨慎，晋宣帝司马懿执政时，司马孚时常自我谦让。以后每逢帝王废立之际，司马孚都不曾参与谋划。晋景帝司马昭、晋文帝司马师执政，因司马孚属于长辈，也不敢强迫他。到晋武帝司马炎即位，对司马孚礼遇格外厚重、尊贵。元旦朝见群臣，晋武帝让司马孚乘轿子上殿，晋武帝在阶迎接拜见。司马孚坐下后，晋武帝亲捧上酒杯，为司马孚祝寿，就像普通家中的礼节。晋武帝每次向司马孚行拜礼，司马孚就跪下制止他。司马孚虽然被尊重恩宠，却并不以此为荣耀，常常面有忧虑之色。临终留下遗言说："魏国忠贞不移的人士、河内人司马孚，字叔达，不像伊尹，不像周公，不像伯夷，不像柳下惠，但是立身行道，始终如一。应当穿上平时的衣服，用朴素的棺材装殓。"晋武帝下令，赐予司马孚专供王公贵族所用的棺木东园温明秘器。各项事宜的施行，全都按照汉代东平献王的先例。司马孚的家属仍遵照司马孚的遗意，凡是朝廷所供给的器具物品，一概不予使用。

晋武帝与右将军皇甫陶在一起讨论政事，皇甫陶与晋武帝争论起来。散骑常侍郑徽上书，请求给皇甫陶判罪。晋武帝说："忠诚正直的言论，唯恐听不到，郑徽逾越职位，胡乱禀奏，这岂是朕的意思？"于是免去郑徽的官职。

夏季，晋朝汶山的白马胡人欺凌、掠夺各民族，益州刺史皇甫晏要去征讨。典学从事、蜀郡人何旅等人劝阻说："胡夷互相残杀，本来是他们平时的本性，并没有造成大的祸患。现在是盛夏时节，如果出兵，将遇到雨季，必然要发生疾病、瘟疫，应当等到秋、冬季节再谋划这件事。"皇甫晏不听。一个名叫康木子烧香的胡人说，军队出去必打败仗。皇甫晏认为他给众人泄气，扰乱军心，就杀了他。军队行进到观阪时，牙门将张弘等人因为汶山道路险要难行，又害怕胡人，就趁夜色叛乱，杀死皇甫晏。军中惊慌混乱，兵曹从事、犍为人杨仓统率军队拼力战斗而死。张弘于是诬陷皇甫晏，说："皇甫晏领着我们共同谋反。"因而杀掉皇甫晏，将首级传送到京城。皇甫晏的主簿、蜀郡人何攀，因母亲去世正在守丧，听到这个消息，便到洛阳去证明皇甫晏没有造反。张弘等人放纵士兵抢夺财物。广汉主簿李毅对太守、弘农人王濬说："皇甫侯是读书人出身，他有什么可图的还要造反？况且广汉与成都贴近，但都统属于梁州，这其中缘由就是朝廷要以梁州来制约益州的咽喉要害，正是为了防范今日的突发事故。如今益州发生动乱，便是本郡的忧患。张弘小子，众人都不屑与其为伍，应当立刻去攻打，不要失去机会。"王濬还要先向上请示，李毅说："杀了主人的贼子，罪恶尤其大，应当不受常规限制，还有什么可请示的？"于是，王濬便发兵讨伐张弘。晋武帝下诏，任命王濬为益州刺史。王濬攻打张弘，将其杀死，并灭三族。晋朝封王濬为关内侯。

当年，王濬曾是羊祜的参军，羊祜深知王濬为人。羊祜的侄子羊暨对羊祜说："王濬为人志向大，好奢侈，不可让他专权，应当有控制他的办法。"羊祜说："王濬很有才能，足以达到目的，完全可以重用他。"王濬又升迁为车骑从事中郎。王濬在益州，明显地树立自己的威望和信用，蛮夷大都投奔依附他。不久，王濬又升迁为大司农。当时，晋武帝司马炎与羊祜秘密谋划攻打吴国，羊祜认为攻打吴国，应当凭借上游地势，就秘密上书晋武帝，请求留下王濬，还让他担任益州刺史，派他去治理水军。不久，又授予王濬龙骧将军之职，掌管益州、梁州各项军事。

晋武帝命令王濬解散屯田军，大量建造战船。别驾何攀认为，屯田只不过有五六百人，不能很快地把船造出来，后面的船还没有造成，前面造好的船也已经朽烂了。应当召集各郡士兵，凑足一万多人造船，年终就能完成任务。王濬想先向上报告请示，何攀说："朝廷突然听到要召集一万名士兵的消息，肯定不会同意。不如先自作主张，先干起来再说，假如被拒绝，工程、人力已定局，其趋势已不能阻止了。"王濬听从了何攀的话，命令何攀掌管制造战船及所需用具、兵器。于是制造大战船，船身长度为一百二十步，能容纳两千多人，用木头造成船楼，筑起瞭望敌军的高台，四面开出可以进出的门，船上可以骑着马往来奔跑。

当时造船砍削下的木片，遮盖了江面，顺江水而下，吴国建平太守、吴郡人吾彦，拿着顺江流而下的木片禀报吴主孙皓说："晋朝必然有攻吴的计划，应当增加建平的兵力，以堵住要害地区。"吴主不听，吾彦就用铁锁横拦江面，阻断江上通路。

王濬虽然接受了朝廷的命令招募兵员，但是他却没有虎符。广汉太守、敦煌人张敩就拘捕了王濬的从事上报朝廷。晋武帝召回张敩，责备他说："你为什么不秘密禀告却直接就收捕了他的从事？"张敩回答说："蜀汉之地极其僻远，当年刘备就曾割据此地。立时收捕了他的从事，我还觉得这是轻的呢！"晋武帝称赞了他。

六月十八日壬辰，晋朝实行大赦。

秋季，七月，晋朝任命贾充为司空，其侍中、尚书令、领兵等职务依旧。贾充与侍中任恺都被晋武帝司马炎所宠爱、信任，贾充想独占名位、权势，所以嫉妒任恺。于是朝中官吏各自都有依附的靠山，各种宗派集团繁杂而庞大。晋武帝知道了这些情况，招来贾充、任恺，在式乾殿宴请他们，说："朝廷应当是一个统一的整体，大臣之间要和睦相处。"贾充、任恺各自拜谢了晋武帝。以后贾充、任恺认为晋武帝已经知道了他们之间不和却又没有责备他们，更加无所顾忌，表面上他们互相推崇、尊重，内心里的怨恨却越来越深。贾充于是荐举任恺任吏部尚书，任恺侍从会见皇帝的机会变少了，贾充便与荀勖、冯统一起乘机诬陷任恺，任恺因此获罪，被罢免待在家里。

（以上为第十一段，写益州刺史王濬平定牙门将张弘叛乱，升为大司农；晋武帝司马炎与将领羊祜密谋攻打吴国，羊祜认为应凭借上游地势取胜。于是，重新任命王濬为益州刺史，使治水军，大量建造战船。）

八月，吴主孙皓征召昭武将军、西陵督步阐。步阐世代居住在西陵，突然被召，自以为是因公事失职，而且害怕有人进了谗言，九月，占据西陵城投降晋朝，派侄子步玑、步璿到洛阳去当人质。晋朝下诏，任命步阐为都督西陵诸事、卫将军、开府仪同三司、侍中，兼任交州牧，封步阐为宜都公。

冬季，十月初一辛未朔，出现日食。

晋朝敦煌太守尹璩去世。凉州刺史杨欣上书，请示让敦煌令梁澄兼任太守。功曹宋质擅自废掉了梁澄，上书请让议郎令狐丰任敦煌太守。杨欣派兵攻打宋质，结果被宋质打败。

吴国陆抗听到步阐背叛的消息，马上派将军左奕、吾彦等率军前去攻打。晋武帝派荆州刺史杨肇到西陵去迎接步阐，派车骑将军羊祜统率步兵去进攻江陵，派巴东监军徐胤率领水军去攻打建平，以救援步阐。陆抗命令西陵各军筑造高峻的围墙，从赤溪一直到故市，内可用来围困步阐，外可以此抵御晋军。陆抗不分白天黑夜地催逼筑围，就好像敌人已经来到眼前，众人为此异常劳苦。诸位将官劝说道："当前应乘三军的锐气，急速攻打步阐，等到晋朝的救兵到来，必定已克西陵，何必去做筑围之事，弄得士兵、百姓都很疲惫？"陆抗说："西陵城非常坚固，所处的地势也非常有利，粮食又充足，况且还具备所有守备防御的设施、器具，这都是我早先在西陵任职时所设置准备的，现在反过来要攻打它，不可能很快就取胜。晋兵到来后我们没有防备，内外受敌，靠什么来抵御？"诸将都想攻打步阐，陆抗想使众人心服，就听任他们去试一试，果然没有得到好处。于是开始齐心协力筑围防守。这时，羊祜的五万士兵到达江陵。诸位将官都认为陆抗不适宜去西陵，陆抗说："江陵城非常坚固，兵员非常充足，没有什么可担忧的。假如敌人得到了江陵，必然守不住，我们的损失小。如果晋军占据了西陵，那么南山的众多夷人就会骚乱动摇，这样的话，祸患就不可估量了！"于是亲自率领部众奔赴西陵。

当初，陆抗因江陵以北道路平坦开阔，命令江陵督张咸兴建造大坝阻断水流，浸润平地，以断绝敌人侵犯和内部叛乱。羊祜想借大坝阻住的水用船运送粮草，就故意扬言要破坝以通过步兵。陆抗听到这个消息，就让张咸急速毁坏大坝，诸将都迷惑不解，多次谏阻陆抗也不听。结果羊祜到了当阳，听说大坝已毁，只好改用车运粮，耗费了许多人力和时间。

十一月，晋朝杨肇到达西陵。吴国陆抗命令公安督孙遵沿着南岸抵御羊祜，水军督留虑抵御徐胤，陆抗亲自率领大军凭借长围与杨肇对峙。将军、朱乔营中的都督俞赞逃到了杨肇那里。陆抗说："俞赞是军队中的旧官吏，了解我军虚实。我常常担心夷兵平时的训练不够，敌人如果围攻，必定先打夷兵防守的地方。"于是当夜更换夷兵，全都用精兵把守。第二天，杨肇果然攻打原来夷兵防守的地方，陆抗下令反击，箭与石块像下雨一样袭来，杨肇的部众死伤不断。

十二月，杨肇无计可施，夜里偷偷逃走了。陆抗想追击杨肇，又担心步阐一直积蓄力量，窥伺时机，自己的兵力还不足以分开对付两头，就只擂鼓警戒部众，做出要追赶的样子来。杨肇的部众恐惧骚动，全都丢弃铠甲脱身而逃。陆抗派轻兵紧随在后，杨肇大败，羊祜等人都领兵而还。陆抗于是攻克西陵，杀死步阐以及与他同谋的将吏共几十人，全都夷灭三族，请求对余下几万人予以赦免。陆抗返回东边的乐乡，脸上没有骄傲、自负之色，还像以往一样谦虚。吴主孙皓加封陆抗为都护。

晋朝羊祜获罪，被贬为平南将军；杨肇被免去官职，成为平民。

吴国陆抗攻克西陵后，吴主孙皓自认为是得到了上天的佑助，志向益发显扬。他让术士尚广为他占卜是否能够得到天下，尚广回答说："吉。庚子年，青色的车盖会进入洛阳。"吴主大喜，不整治政令，一心一意地谋划兼并天下的事情。

晋朝贾充与朝廷官员在一起宴饮，河南尹庾纯喝醉了酒，与贾充争论起来。贾充说："你的父亲年老，不回家去奉养，你是个无天无地的人！"庾纯反问："你的先主高贵乡公在何处？"贾充又羞又怒，上书请求辞官；庾纯也上书弹劾自己。晋武帝下诏，免去庾纯官职，按制度，让五公府评定他的善恶、得失。石苞认为，庾纯以做官为荣耀忘记了父母，应当除去其名籍；齐王司马攸等人认为，庾纯并没有违反礼仪、律令。晋武帝听从了司马攸的建议，又任命庾纯为国子祭酒。

去年，吴主孙皓去华里游玩时，右丞相万彧与右大司马丁奉、左将军留平密谋说："如果皇上到华里不回来，国家的事情重大，我们就不得不自己返回了。"吴主听到了他们的话，因为万彧等人是旧臣，就克制忍耐着没有发作。这一年，吴主借着会见的机会，拿毒酒给万彧喝，递送酒杯的人暗中把毒酒减少了。吴主又拿着毒酒给留平喝，留平察觉，服别的药解了毒，得以不死。万彧自杀而死，留平忧愤郁闷，一个多月以后也死了。吴主把万彧的子侄都放逐到庐陵。

当初，万彧请求挑选忠诚、清白的人来补充君主左右的职位，吴主孙皓任命大司农楼玄为宫下镇，主管宫中事务。楼玄修身率众，遵奉法度行事，对答恳切耿直，吴主渐渐地心中不快。

吴国中书令兼太子太傅贺邵上书劝说道："自近年以来，百官杂乱，真伪相混，忠良之人被排挤、贬斥，诚实的大臣遭受陷害。因此，正直之士被磨去棱角，而平庸之臣苟且逢迎，揣摩旨意，奉承恭顺，各自都迎合时尚的趋向。人们坚持的是不合道理的评论，说出的是违背道义的言谈，于是使得清高之士变得混浊，忠诚之臣不敢说话。皇上处于九天之上，深居于百里之远的屋室，圣言一出，百姓顺风倾倒；命令传布，天下紧相追随，如影随形。皇上与受宠、巴结的臣子亲近和谐，每天听到的是顺承心意的言辞，将会以为这些人确有德才而且天下也已经平定。我听说振兴国家的君王乐于听到自己的过失，荒废紊乱的君王愿意听到别人的赞扬。愿意听自己过失的人，他的过失一天比一天减少，而福佑也就快到了；喜欢听别人对自己赞誉的人，他的好名声一天一天地丧失，而灾祸也就快要来临了。皇上用严厉的刑罚以制止正直的言辞，摈弃品行高尚的人以拒绝直言规劝，哪怕是一杯酒的过失，死生就得不到保障，做官的人以退职为幸运，居住都城的人以离国为福气，这实在不是保持荣耀、崇尚道德的做法。何定本来是个地位卑贱的小人，身无品行及才能，而皇上却喜爱他的奸巧逢迎，给予他足够的权势。小人谋求进入，必然会包藏奸心。何定近来妄兴劳役，发动江边防守的士兵去驱赶麋鹿，老人与体弱的人饥寒交迫；

成人与孩童怨恨叹息。《左传》说：‘国家兴盛，视百姓如同幼儿；国家衰亡，把百姓当作一棵小草。’现在法律、禁令变得非常苛刻，赋税、征调日益繁杂，宦官、近臣到处兴起事端，而地方官长害怕获罪，让劳苦百姓去满足他们的要求。因此，人力担负不起，家家户户离别四散，叹息连声，使和顺的风气受到伤害。现在国家没有一年的储备，百姓没有一月的积蓄，而后宫中不劳而食的人有一万多人。另外，北方的敌人虎视眈眈，窥伺我国的盛衰。长江之险阻，不能长久地依赖，假如我们没有守备的能力，一束苇草当作船桅就能渡过来。希望皇上充实基础，强化根本，割断私人的情欲，遵循正道。那么，周代成王、康王时代的治平之世就会兴起，圣祖孙权开创的基业就会昌盛。”结果，吴主孙皓对贺邵恨之入骨。

从这时起，吴主左右的人就一起诬陷楼玄与贺邵，说他们二人相逢，停下车子交头接耳，然后一起大笑，毁谤、讽刺政事。于是，两人都遭到审讯、谴责，楼玄被送到广州，贺邵受到宽赦，恢复了官职。不久，又把楼玄迁送到交趾，最终杀了他。天长日久，何定邪恶丑陋的行为显露传播开来，也被处以死刑。

晋朝羊祜从江陵回来以后，致力整治道德信义，以使吴人归顺。每次与吴国交战，都要约定日期才开战，不做乘其不备、突然袭击的打算。将帅当中有要献诡诈计谋的人，羊祜总是给他们喝醇厚的美酒，使他们酒醉不能说话。羊祜的军队外出在吴国境内行走，割下谷子做口粮，全都记下所取的数量，然后送去绢布偿还。每次与部众在长江、沔水一带打猎，经常只限于晋朝的领地，如果禽兽先被吴人所杀伤而后被晋兵所得，都要送还吴人。于是，吴国边境的百姓对羊祜心悦诚服。羊祜与陆抗在边境相对，双方的使者常奉命相互来往，陆抗送给羊祜的酒，羊祜喝起来从不生疑。陆抗病了，向羊祜求药，羊祜把成药送给他，他也马上就服下。许多人劝阻陆抗，陆抗说：“怎么会有用毒酒杀人的羊祜！”陆抗对守边的士兵说：“别人专门行恩惠，我们专门做恶事，这就等于不战而自己就屈服了。现在双方各自保住疆界就可以了，我们不要再想占便宜。”吴主孙皓听说双方边境交往和谐，就以此事责难陆抗。陆抗说：“一镇一乡都不可以不讲信义，更何况大国呢？我如果不这样做，正是显扬了羊祜的恩惠，对羊祜毫无损伤。”

吴主孙皓采用诸将的策略，多次侵犯掠夺晋朝边境。陆抗上书说：“从前，夏朝多行罪恶而商汤用兵攻打，商纣王邪恶残暴而周武王举起讨伐大斧。假如不到时机，即使至圣之人，也应当积蓄威势而自保，不可以轻举妄动。现在不致力于兴农事以富国，不审查官吏任用贤能，不明确进退、升降的标准，不谨慎地使用刑罚奖赏，不以道德教诲各部门，不以仁爱安抚百姓，而却听任诸将追求功名，穷兵好武，动不动就耗费数以万计的钱财，士兵损伤憔悴，敌军还没有削弱，而我们却已经劳累得趴下了。现在以争夺天下帝王霸业的资本，去贪图几十几百的小便宜，这是臣下邪恶的便利，并不是国家的良策。从前，齐、鲁打了三次仗，鲁人两次克敌制胜，但是，不及转足之间鲁国就灭亡了，这是为什么？是因为势力的大小有差别，何况如今军队战胜所得到的，还不能弥补所丧失的呢！”吴主不听。

晋朝羊祜不攀附结交朝廷中的权贵，荀勖、冯统之徒都憎恨他。羊祜堂外甥王衍曾经去羊祜那里陈述事情，言辞非常清晰明辨，羊祜对他并不赞赏，王衍拂衣而去。羊祜回过头对宾客们说：“王衍应当能以极大的名声达到高位，然而败坏风俗、损伤教化的也必定是他。”等到攻打江陵时，羊祜曾依军法要斩王戎。王衍是王戎的堂弟，所以两人都怨恨羊祜，言谈之间经常诽谤羊祜。当时的人为此曾有句话说：“二王执掌朝政，羊公一无是处。”

（以上为第十二段，写吴国西陵督步阐叛变，投降晋朝，晋武帝司马炎派荆州刺史杨肇率军前往西陵迎接；而吴国镇军大将军陆抗派遣将军左奕等围攻西陵，指挥若定，终于击败晋军，攻克西陵。）

【点评】

论司马炎。晋朝建立，成也司马炎，败也司马炎。公元265年，晋王司马炎接受魏元帝曹奂的禅让，称帝，建立晋朝，开启了中国历史上的一个新的纪元。令人唏嘘的是，晋朝虽然建立了统一的王朝，但和魏国相似，权臣专政，又加之少数民族上层侵扰不已，也是短命而亡。我们追溯司马炎初始的建国之举与立国之策，从中可以看出一些晋朝败亡的征兆。

首先，晋朝开国皇帝司马炎的品行，是前修后纵，前明后暗，不能一贯始终。开国帝王的品德、形象，对后世有着极大的影响。司马炎29岁创立晋朝，正是血气方刚的时候，他非常注意自己的品行修养，能够信守孝道，厉行节俭，虚心纳谏，用人唯贤，励精图治，并进行了一系列的改革。但遗憾的是，他不能始终如一。司马炎在位20多年，在位后期则与前期判若两人，生活奢侈腐化，荒淫无度，公开卖官，宫中姬妾有近万人，所谓“羊车望幸”，说的就是他的丑事。上行下效，各级官吏也不理政事，斗富成风，奢侈之风盛行，这对后世君臣造成了极恶劣的影响，是导致晋朝短命而亡的重要因素。

其次，司马炎大肆封王，得失参半，弊大于利。司马炎继位后，鉴于魏国宗室衰微、帝室孤弱、终致灭亡的教训，乃大封皇族为藩王，以对抗士族。他一下子封了27个王，其封王之多，大概是中国历史上绝无仅有的。始则封王不就国，官于京师以辅皇室，继则分遣诸王就国，都督诸军事，后又让诸王出使镇守要害之地。此举的目的是对抗士族中的野心家。但后来的“八王之乱”证明，这种政策反而使一些手握重兵的王成为野心家，把晋朝弄得乌烟瘴气。明人方孝孺曾作《深虑论》，一针见血地指出：“魏之惩汉，晋之惩魏，各惩其所由亡而为之备。而其亡也，盖出于所备之外。”大意为：曹魏借鉴了东汉的教训，西晋借鉴了曹魏的教训，各自借鉴其前代的教训而进行防备，可他们灭亡的根由，都在防备的范围之外。而晋朝的灭亡实质上是亡于宗族之祸，而不是亡于宗族之外。至于外族崛起，五胡乱晋，则是八王之乱、国家孱弱带来的直接后果！

最后，在确定皇位继承人上出现重大失误。司马炎真是聪明一世，糊涂一时！他有 26 个儿子，居然将司马衷这样半痴半傻的人立为太子。关于司马衷，有一则故事，他在吃饭时对粮食很不爱惜，有人劝说道，城外的灾民没有饭吃，到处都有饿死的人。而司马衷却说："灾民没有饭吃，为什么不吃肉粥呢？"这样的人怎能挑起治理国家的这副重担呢？由此可见，司马炎立白痴司马衷为太子，是如何愚蠢糊涂，是如何对国家不负责任！太子是皇储，为国之根本。国家这棵大树的根基不行，这棵大树还能健壮地生长下去吗？当然，司马炎当初立司马衷，一是囿于传统的立嗣制度，即立长不立幼，司马衷为长子，具备了立储的基本条件。二是优柔寡断。对于太子司马衷的低能，他是十分清楚的，他也知道这个儿子难以担负国家重任。但是，杨皇后反对更易太子，他也就听之任之，采取了不负责任的态度。三是司马炎知道太子的才智平庸，出了几道考题来测试太子。可想而知，太子怎么答得出来呢？可是，司马衷妻子贾南风请了几位老先生帮忙。司马炎只看到了比较不错的答案，却没有深究所作答案的是何人，于是司马衷蒙混过关，而司马炎则对太子采取了基本相信的态度。从这点来看，司马炎也不是十分精明的人。正是以上这些因素，使得司马炎铸成大错，也等于是他亲手葬送了晋室江山。

司马炎，是晋朝的开创者，也是晋朝的葬送者！

资治通鉴（白话本） 卷第八十

晋纪二

晋武帝泰始九年至咸宁五年（公元273—公元279）

【起昭阳大荒落（癸巳，公元273年），尽屠维大渊献（己亥，公元279年），凡七年】

【大事提要】

本卷记事起公元273年，讫公元279年，凡七年，当晋武帝泰始九年至咸宁五年。本卷所载大事，主要是五个方面：其一，吴主孙皓暴虐无道，上下离心。吴主孙皓想给自己的父亲作纪，左国史韦昭认为其父没有登天子之位，只宜作传，孙皓就借机杀掉韦昭；孙皓宠妾派人到集市抢夺百姓财物，司市中郎将陈声依法处理，孙皓烧红刀锯截断其头颅；中书令张尚能言善辩，也被借故杀害。其二，晋武帝改封宗室诸王。公元277年，晋武帝司马炎接受卫将军杨珧建议，下令诸王各以户邑多少为三等，大国置三军5000人，次国置二军3000人，小国置一军1100人；诸王为都督者，回到封国去，与督事相近。无官者，皆遣就国。诸王留恋京师洛阳，涕泣而去。其三，鲜卑攻占凉州。公元279年，河西鲜卑族首领秃发树机能率众反晋，攻占凉州，晋廷大震。马隆自告奋勇，自请招募勇士3000人前往收复。武帝司马炎准其所请，授为讨虏护军，允其任选兵器，领三年军资。他且战且进，不断获胜，斩杀敌首，平定凉州。其四，羊祜贤能。晋武帝司马炎有灭吴之心，命征南大将军羊祜坐镇襄阳，都督荆州诸军事。羊祜屯田兴学，以德怀柔，深得军民之心；缮甲练兵，广为戒备，做好攻吴准备；多次上书，奏请攻吴，举荐良将杜预代之。公元278年，羊祜去世，百姓望碑流泪，称为“堕泪碑”。其五，出兵攻吴。公元279年，晋武帝司马炎在羊祜、王濬、杜预等诸多大臣奏请下，认为攻打吴国的时机成熟，下令派遣六路大军，出动20多万人，集中水陆主力夺取夏口以西地区，然后顺江而下，合击吴都建业。老将贾充驻扎襄阳，负责部署、调度与节制。

世祖武皇帝上之下

晋武帝泰始九年（癸巳，公元273年）

春季，正月二十二日辛酉，晋朝密陵元侯郑袤去世。

二月二十五日癸巳，晋朝乐陵武公石苞去世。

三月，晋朝立皇子司马祗为东海王。

吴国任命陆抗为大司马、荆州牧。

夏季，四月初一戊辰朔，出现日食。

当初，对于邓艾的死，人们都觉得他冤屈，但是朝廷之中却没有为他辩解的人。等到晋武帝即位，议郎、敦煌人段灼上书说："邓艾心中怀着极大的忠诚却背着反叛的罪名；平定了巴蜀之地，却受到夷灭三族的惩罚。邓艾性格刚强急躁，夸耀自己的功劳和长处，不能和朋友、同事和谐相处，所以没有人肯为他申辩。我私下认为，邓艾本为屯田养牛人，对他来说，光宠荣耀的地位已经达到了极点，功名已经成就，一个七十岁的老人，还有什么可乞求的！当时正因为刘禅刚投降，远处的郡县还没有归附，邓艾假托秉承皇帝旨意，是为了暂且先使国家安定下来。钟会有悖乱忤逆之心，他害怕邓艾的威名，乘着是非难辨之际，构成了这件事。邓艾接受诏书时，立即遣散了手下强兵，投案受拘囚，不敢再有别的想法，因为他心里明白，如果见到先帝必然不会把他处死。钟会被杀之后，邓艾属下的将吏，愚昧不明事理，聚在一起，自发地去追赶邓艾，毁坏了囚车，为邓艾松了绑。当时，邓艾处境困难，狼狈而又孤立无援，他与手下的心腹之人平时就没有预谋，因此独自绝无幸免地被杀了，难道不是很悲哀吗？皇上即天子之位，应显扬您的宽宏大度，如果您下令允许邓艾的尸骨归葬于旧墓，归还他的田地房宅，并以邓艾平定蜀国的功绩加封他的后代，使邓艾能够在盖棺之后确定封谥，死而无憾，那么天下那些舍身为名之士以及想要建立功勋的大臣，必然会赴汤蹈火，乐意为皇上献身效命了。"晋武帝很赞许他的话，但却没有照办。后来晋武帝向给事中樊建询问诸葛亮治理蜀国的事情，说："难道我偏偏不能得到一个像诸葛亮那样的人做我的臣下吗？"樊建跪拜于地，说："皇上了解邓艾的冤情，却不能为他平反，即使得到诸葛亮，会不会像汉文帝时冯唐所说的那样，得到了也不能任用呢？"晋武帝笑了，说："你的话提醒了我。"于是任命邓艾的孙子邓朗为郎中。

吴国有许多谈论吉祥符瑞的人，吴主孙皓向侍中韦昭询问这件事，韦昭说："这不过是人家箱箧里的寻常之物罢了！"韦昭担任左国史之职，吴主想给自己的父亲作纪，韦昭说："文皇帝没有登天子之位，应当作传，不应当作纪。"吴主心中不快，逐渐显露出对韦昭的谴责与怒气。韦昭忧郁恐惧，于是上书陈述自己年事已高，请求免去他侍中及左国史二项官职，但是吴主不允许。有时韦昭得了病，吴主派医生、送医药监视护理，催促他快些上朝。吴主召集群臣饮酒，不管能不能喝，一律限定必须喝七升。至于韦昭，唯独用茶代替酒，但以后就越来越强逼他。

此外，饮酒之后，吴主孙皓经常指使近臣嘲弄公卿大臣，揭露他们的隐私和短处拿来取乐。大臣们这时若有过失，就被拘禁起来，甚至于杀头。韦昭认为，不顾脸面地诽谤、中伤，会使人的内心增长怨恨情绪，使群臣之间不能和睦，这并不是好事，所以他只是在经义方面发难质问而已。吴主认为韦昭没有奉行他的命令，不忠心尽职，把前前后后对韦昭的愤恨、仇怨都积累起来。于是拘捕了韦昭，把他投进了监狱。韦昭通过狱吏上书陈词，献上了他写的书，希望以此求得赦免。但吴主却责备他的书又脏又破旧，愈加责怪他。于是杀死韦昭，把他的家族放逐到零陵。

五月，晋朝任命何曾兼任司徒。

六月二十九日乙未，晋朝东海王司马祗去世。

秋季，七月初一丁酉朔，出现日食。

晋武帝下令，挑选公卿以下人家的女子补充六宫，有隐蔽藏匿的以不敬论处；挑选没有结束，暂时禁止天下嫁娶。晋武帝让杨皇后去挑选美女，杨皇后只挑选肌肤洁白、身材修长的，而舍弃了容貌美丽的女子。晋武帝喜爱卞氏之女，想把她留下。杨皇后说："卞氏是三代为皇后的家族，不能屈尊以就后宫的卑微地位。"晋武帝动了怒，就亲自挑选，凡是中选的女子，就用深红色的纱巾系在臂上。公卿之家的女子封为三夫人、九嫔；俸禄二千石官员以及将校之女，补充良人以下的位置。

九月，吴主孙皓把他的十一个子侄都封了王，每个王都配备了三千多士兵。实行大赦。

这一年，晋朝郑冲以寿光公的身份免职。

吴主孙皓的宠妾派人到集市上抢夺百姓的财物，司市中郎将陈声一向受到吴主的宠信，他依法处理了这件事情。吴主的宠妾向吴主诉说，吴主勃然大怒，借其他事情为由，用烧红的刀锯切断陈声的头颅，把他的身躯扔到四望山下。

（以上为第一段，写晋武帝司马炎为平蜀大将邓艾平反；下令挑选公卿以下百官之家女子充入后宫，弄得鸡犬不宁；吴主孙皓杀死正直官吏左国史韦昭、司市中郎将陈声，吴人怨恨无比。）

晋武帝泰始十年（甲午，公元 274 年）

春季，正月初二乙未，出现日食。

闰月十一日癸酉，晋朝寿光成公郑冲去世。

闰月二十五日丁亥，晋武帝下诏说："近代以来，时常由姬妾登上后妃的位子，乱了尊卑的次序，从现在起，不得以侍妾的身份，任正宗的后妃。"

晋朝分出幽州的一部分，设置了平州。

三月初二癸亥，出现日食。

晋武帝又下诏，选取清白人家以及小将吏家的女子共五千人，入宫进行挑选。母女的号哭声响彻宫中，声音传到了宫外。

夏季，四月二十八日己未，晋朝临淮康公荀顗去世。

吴国左夫人王氏去世。吴主孙皓悲哀思念，几个月都不出门，葬礼非常隆重。当时，由于何太后的缘故，何氏宗族骄傲专横。吴主舅舅的儿子何都，相貌与吴主相似，民间流传的谣言说："吴主已经死了，现在在位的是何都。"会稽又流传谣言说："章安侯孙奋，将要成为天子。"孙奋母亲仲姬的坟墓在豫章，豫章太守张俊就为孙奋的母亲打扫坟墓。临海太守奚熙写信给会稽太守郭诞，非议国政，郭诞只是禀告了奚熙的书信，却没有提及民间流传的谣言。吴主大怒，把郭诞抓进监狱，郭诞非常害怕，功曹邵畴说："有我邵畴在，太守您不用发愁。"于是他到官吏那里陈述说："我置身于本郡，为州郡长官的辅佐。我认为人们聚在一起议论纷纭，所说的本来并不是事实，我憎恨这种毁谤诬蔑的声音，不能容忍这样的议论让天子听到，所以我想藏污纳垢，不写成文字使这种议论显露，以使议论平静下来，事情自然平息。所以郭诞放弃了他自己正确的主张，而默默地听从了我的意见。这次罪过，实在是因我而起，我不敢逃脱死罪，向主管部门认罪自首。"于是邵畴自杀了。

吴主便赦免了郭诞的死罪，把他送到建安去造船。吴主派他的舅舅三郡督何植去拘捕奚熙。奚熙发兵防守，部下将他杀了，把首级送到建业。吴主又车裂了张俊。奚熙与张俊都被灭了三族，同时被杀的还有章安侯孙奋和他的五个儿子。

秋季，七月初六丙寅，晋朝皇后杨氏去世。当初，晋武帝觉得太子不聪明，担心他不能挑起继承王位的重任，曾经秘密地和杨皇后商议。杨皇后说："立太子是以长子而不以才德，怎么能改变？"镇军大将军胡奋的女儿是贵嫔，受到晋武帝的宠爱。杨皇后病重时，担忧晋武帝以后会立胡贵嫔为皇后，将会威胁太子的地位。她头枕着晋武帝的膝，流着眼泪说："叔父杨骏的女儿杨芷，既有德，又有容貌，希望皇上选她入宫。"晋武帝流着眼泪答应了。

晋朝任命前太常山涛为吏部尚书。山涛掌管选拔官吏的职务十几年，每当有一个官职空缺，他总是选择几名才能与资历都合适的人，告诉晋武帝，得到晋武帝的诏令，对任用某人有倾向性的意见时，他才明确地为这名人选上奏。因此，晋武帝所任用的人，有的并不是选拔人中最好的。大家对这些情况并不了解，有人就说山涛凭自己好恶举荐官吏，并禀告晋武帝，晋武帝对山涛却更加亲近宠信。山涛甄别选拔人才，对每一个人都进行评量品题然后上奏，当时的人把这称为《山公启事》。

山涛向晋武帝荐举嵇绍，请求晋武帝任用嵇绍为秘书郎。晋武帝下诏征召嵇绍。嵇绍由于父亲嵇康获罪，所以隐居在家，他想拒绝征召，不去赴任。山涛对他说："我为你想了很久了，天地、四季尚且有消有长，互为更替，更何况对于人呢！"于是，嵇绍答应了任命，晋武帝让他做了秘书丞。

当初，晋朝在东关一战失败，晋文帝司马昭问他的僚属说："最近这件事，应由谁来承担罪责？”安东司马王仪是王修的儿子，他回答说：“责任在元帅。”司马昭勃然大怒，说：“司马是想把罪过推给我吗？”拉出去把他杀了。王仪的儿子王裒，为他的父亲死于非命而悲痛，他隐居起来传授学业，任凭朝廷三次征召，以及公府、州郡七次授职，他一概不去。晋朝都城洛阳，位于王裒居住地的西方，王裒从来不面向西就座。他在父亲坟墓的旁边修建茅庐居住，早晚攀着柏树悲哀号哭，眼泪落于树上，天长日久，其树因此而干枯。他读《诗经》，每当读到“可怜父母心，生我多辛劳”时，总要再三流泪，他的弟子们因此就不敢讲习《诗经·蓼莪》篇了。王裒家境贫苦，他计算着人口而耕种食用，度量着身材而养蚕制衣。有人馈赠物品，他不接受；予以帮助，他不允许。学生们偷偷地帮他割麦，他就把麦子扔了。他一直到死都没有去做官。

臣司马光评论说：从前，舜诛杀了禹的父亲鲧，而禹却为舜而效力，这是因为禹不敢废弃国家大事。嵇康、王仪的死，都不是因为他们犯了罪，所以他们二人的儿子不做晋朝的官是可以的。嵇绍假如没有以后在荡阴表现出忠诚，大概就不免遭到君子的讥笑和非议了吧？

（以上为第二段，写吴国外戚何都骄傲专横，无法无天；晋朝官员山涛善于甄选人才；当年嵇康、王仪被司马昭借故杀害，其子嵇绍勉强应诏，王裒终身不仕。）

吴国大司马陆抗病情加重。他上书说：“西陵、建平二郡是国家的屏障，地势既处于上流，边境的西面、北面又与敌人的边境接壤。如果敌人泛舟顺流而下，那么就如同星奔电驰一样迅速，到那时，就不能依赖别的地区援助来解救危难了。这可是关系到国家安危的关键，不只是国家疆界受到侵犯的小祸患。我的父亲陆逊，从前在西部边境时曾上书说：‘西陵是国家的西门，虽然说容易防守，但同时容易丧失。假如守不住的话，那就不只是失掉一个郡，就连荆州都会不属于吴国所有了。如果西陵有忧患，就要竭尽国家的力量去争夺它。’我过去曾经请求在西陵驻守三万精兵，但是主管的官员遵循常规，不肯派兵奔赴西陵。自从步阐事件以后，我方兵力愈加损耗。现在我统率着千里方圆的地方，对外抵御着强大的敌人，对内安抚着各蛮族，上上下下的现有军队才有几万，久已疲惫、衰败，是很难应付突发事变的。我认为，诸王年幼，不要给他们配备兵马，使要紧的事务受到损害。另外，对黄门宦官进行招募，使士兵百姓得以躲避兵役，而逃亡的罪人也都进入黄门。我请求特别下诏书对黄门宦官进行检查，凡是清理出来的，都把他们补充到边境地区经常与敌人冲突的地方去，以使我所统领的部队，兵员满额为八万，节省、停止众多的事务，集中力量准备防御，也许可以避免忧患。如果不这样做，那就非常令人担忧了。

我死了以后，请特别注意西方边境。”陆抗死后，吴主孙皓让陆抗的儿子陆晏、陆景、陆玄、陆机、陆云分别统领陆抗的士兵。陆机、陆云都善于写文章，名声为当世所推重。

当初，吴国周鲂的儿子周处，臂力超过常人，不拘小节，乡里的百姓都认为他是个祸患。周处曾经询问乡里的老人说：“如今四时调顺，又是丰收之年，而人们却不欢喜，这是为什么？”老人叹气说：“三害没有除掉，哪里会有快乐！”周处说：“三害是什么？”老人说：“南山的白额虎，长桥的蛟龙，再加上你，就是三害了。”周处说：“如果所忧的只限于这三害，那我就能把它们除了。”于是，周处进山搜寻老虎，将老虎射死；他跳到河里，与蛟龙搏斗，杀死蛟龙；然后他跟随陆机、陆云，向他们求学，专心致志地读书，磨炼操守与德行。过了一年，州郡的官府争相征召他去做官。

八月十九日戊申，晋朝在峻阳陵埋葬了元皇后。晋武帝以及群臣除去丧服，博士陈逵提议，认为“现在所实行的，是汉代帝王暂时制定的丧礼规定，太子没有担负国家大事，自然应当穿丧服一直到守丧期满”。尚书杜预认为：“古时候天子、诸侯守丧三年，开始同样穿丧服齐衰和斩衰，等到葬礼结束，就除下丧服，守丧而居，在心中悼念，度过三年。所以周公不说高宗服丧三年而只说天子居丧，这就是在心里哀悼、服心丧的制度。叔向不讥讽景王除去丧服却讥讽他饮宴娱乐过早，很明显是说葬礼结束就应当除去丧服，但是景王过早地宴乐，就是违背了还应服心丧的仪节。君子对于礼，保存在自己的心里而已，礼并非就是瑞玉缣帛，丧礼难道就是衰麻之类的丧服吗？太子外出则从君出征，守在国都之内则是在君王外出时代行处理国政，不能说没有事情可作，所以太子应当哭别之后，除去丧服，居丧三年。”晋武帝同意了。

> 臣司马光评论说：圆规和曲尺的作用，是画出圆形和方形，然而平庸的工匠没有圆规和曲尺就不知如何做出方形和圆形来；丧服的作用是为了表达悲哀、伤悼的心情，然而平庸的人没有丧服，就不能尽力表达悲哀、伤悼的心情。《诗经·素冠》正是为此而作。杜预巧妙假托经、传以附会人情，倒是很有说服力，但是我却认为，不如陈逵的话质朴简要且厚重诚实。

九月初四癸亥，晋朝任命大将军陈骞为太尉。

晋朝杜预认为孟津渡口十分险要，请求在富平津渡口建造一座黄河大桥。有人议论说：“殷、周时期的都城，都建在黄河边上，但是经历了圣人贤人的时代而没有造桥，必定是不宜于建桥的缘故。”但是杜预仍然坚持要造桥。等到桥建起来了，晋武帝和百官一起集会，举起酒杯敬杜预说：“如果不是你，这桥就建不起来。”杜预回答说："如果不是皇上圣明，我也没有机会施展我的技巧。"

这一年，邵陵厉公曹芳去世。当初，曹芳被废，迁到了金墉城，太宰中郎、陈留人范粲，穿白色的衣服为他送行，哀伤之情使身边的人都被感动了。从这以后，范粲就称病不出门，装疯不说话。他睡在自己的乘车上，脚不踩地。子孙当中如果有婚姻、做官的大事，家人总是悄悄与他商议，他如果表示同意，脸色就没有变化，如果不同意，睡卧就不安稳，他的妻子和儿子因此知道他的想法。他的儿子范乔等三人，一起抛弃了学业，断绝人世间一切事情，在家里侍奉他的疾病，从来不走出他们居住的地区。到晋武帝司马炎即位，下诏给范粲二千石俸禄，让他养病，又赐给他一百匹帛布。范乔以父亲病重的缘故，推辞不敢接受。范粲总共三十六年没有说话，在他八十四岁的时候，死在他睡卧的车子上。

吴国连续三年发生大瘟疫。

（以上为第三段，主要写晋武帝泰始十年（274）的三大史事。其一，写吴国外戚何都骄横，民间传言吴主孙皓已死，何都当政。其二，写周处不拘小节，为害一方，后折节读书，重获好评。其三，写晋朝讨论丧礼制度，杜预认为太子应心丧三年；范粲拜送魏帝曹芳，三十六年不说话。）

晋武帝咸宁元年（乙未，公元 275 年）

春季，正月初一戊午朔，晋朝实行大赦，改年号为咸宁。

吴国挖地时得到了银尺，上面刻着文字，吴主孙皓便下令大赦，改年号为天册。

吴国中书令贺邵得了中风不能说话，便离职几个月。吴主怀疑他装病，把他拘捕起来，押送到储藏酒的仓库里拷打，打了上千次，他最后也没有说一句话，吴主叫人烧红刀锯，割断了他的头颅，还把他的家属放逐到临海地区。吴主又诛杀了楼玄的儿子和孙子。

夏季，六月，鲜卑人拓跋力微又派他的儿子拓跋沙漠汗到晋朝进献贡品。沙漠汗将要返回的时候，幽州刺史卫瓘上书请求把他留下来，卫瓘又暗地里用金子贿赂鲜卑各部落的首领，挑拨他们与沙漠汗之间的关系。

秋季，七月三十日甲申晦，出现日食。

冬季，十二月初五丁亥，晋朝追尊晋宣帝司马懿庙号为高祖，晋景帝司马师庙号为世宗，晋文帝司马昭庙号为太祖。

晋朝流行大瘟疫，洛阳因瘟疫而死的人，数以万计。

（以上为第四段，写吴主孙皓暴虐无道，中书令贺邵中风不能说话，便怀疑他装病，严刑拷打，割断头颅，惨无人道；鲜卑拓跋沙漠汗赴晋进献贡品，被扣留，并对其施以离间计。）

晋武帝咸宁二年（丙申，公元 276 年）

春季，晋朝令狐丰去世，他的弟弟令狐宏继他之后担任敦煌太守。杨欣前去征讨令狐宏，把他杀死。

晋武帝生病，十分严重，等他痊愈了，大臣们都去为他祝寿。晋武帝下诏说："每当我想到因瘟疫死去的人，就为他们而悲伤。我怎么能因为我一个人平安了，就忘记百姓的艰难呢？"于是拒绝了祝贺送礼的人。

当初，齐王司马攸受到晋文帝司马昭的宠爱，晋文帝每当见到司马攸，总是抚摸着床，叫着司马攸的小名说："这是桃符座位！"司马攸几次都差一点被立为太子。晋文帝临死的时候，给晋武帝司马炎讲述汉代淮南王以及魏国陈思王的遭遇。他流着眼泪，拉着司马攸的手，然后把司马攸的手放在晋武帝的手上。太后临死时，也流着眼泪对晋武帝说："桃符性子急躁，而你这做哥哥的又不慈爱。我的病如果好不了，我很担心你容不下他，我因此嘱咐你，你不要忘记我的话。"

后来晋武帝病得很重的时候，朝野上下都归心于司马攸。司马攸的妻子是贾充的长女。河南尹夏侯和对贾充说："你的二位女婿与皇帝的亲疏是相等的。树人应当树立有德之人。"贾充不回答，司马攸平素就憎恨荀勖以及左卫将军冯纨专事谄媚、逢迎，荀勖于是让冯纨对晋武帝说："皇上前些天的病如果不能痊愈，公卿大臣及百姓们，都对齐王司马攸归心，太子虽然打算谦让，最后也免不了灾祸。应当打发齐王返回他的封国，以使国家安宁。"晋武帝司马炎不动声色地采纳了冯纨的意见，于是把河南尹夏侯和的官职迁为光禄勋，削夺贾充的权力，但是地位和待遇不变。

吴国发生了施但造反作乱的事情，有人在吴主孙皓面前诬陷京下督孙楷说："孙楷不准时去征讨施但，他是两头观望，脚踏两只船。"吴主多次指责孙楷，召他任宫下镇、骠骑将军。孙楷从此心中又疑忌又害怕，夏季的六月，他带着妻子儿女投奔了晋朝，晋朝任命他为车骑将军，封为丹阳侯。

秋季，七月，吴国有人对吴主孙皓说："临平湖自从汉末就荒废阻塞了，老人们说：'此湖塞，天下乱；此湖开，天下平。'近来无缘无故，临平湖忽然又开通了，这是天下将要太平，青色车盖将要进入洛阳的吉祥征兆。"吴主以此事去询问奉禁都尉、历阳人陈训，陈训对他说："我只会望云气，不能通达湖水开通阻塞的奥秘。"陈训退下来就对他的朋友说："青色车盖入洛阳，这是说将要有战败而君主投降之事，这并不是吉祥的兆头。"

有人献上小石头，上面刻着"皇帝"的字样，献者说，他是在湖边上得到的。吴主孙皓因此大赦罪人，改年号为天玺。

吴国湘东太守张咏不上交赋税，吴主孙皓就地杀了他，把他的首级在各郡示众。会稽太守车浚公正清廉有政绩。当时，会稽郡大旱，老百姓没有粮食吃，车浚上书，请求借贷救济，吴主认为他是想以私人的恩惠收买民心，就派人杀了他，把头悬挂在柱子上示众。尚书熊睦稍微说了几句劝说的话，吴主就用刀头上的环柄把他砸死，熊睦身上的皮肉没有一处是完好的。

八月二十一日己亥，晋朝任命何曾为太傅，陈骞为大司马，贾充为太尉，齐王司马攸为司空。

吴国因历阳山上有七个洞孔并排罗列，洞孔里面呈黄赤色，当时的习俗把这称之为石印，也就是指石头上的有色彩的纹理。民间流传说："石印显露，天下太平。"历阳官上报石印显现，吴主孙皓派遣使者用牛羊猪祭祀。使者造了很高的梯子登上历阳山，用大红色在石头上书写道："楚地是九州中的岛，吴国是九州之都。扬州之士作天子，四世得治，太平开始。"使者返回，禀告吴主，吴主大喜，封历阳山神为王。实行大赦，把次年的年号改为天纪。

冬季，十月，晋朝任命汝阴王司马骏为征西大将军，羊祜为征南大将军，二人都设立府署，征召属员，仪节与三司相同。

晋朝羊祜上疏请求讨伐吴国，说："先帝在西面平定了巴蜀地区，在南面与东吴、会稽地区和平相处，海内几乎可以休息了。但是，吴国却再次背信弃义，使边境又生事端。虽然说运数是由上天所授予，而功业却必须由人来成就。如果不用一次大规模的行动把敌人彻底消灭，那么兵役就没有停息的时候。平定蜀国的时候，天下人都认为吴国也应当一同消灭，从那时到现在，已经十三年了。有道是谋略虽然很多，但却需要决断。凡是凭借险阻得到保全的，是因为势均力敌，谁也消灭不了谁。假如形势发生变化，形成强弱之势，即使有险阻，也保不住。蜀国作为一个国家，其地势并非不险，人们都说，一夫当关，万夫莫开。但是到了我军进兵之日，却不曾有藩篱的阻碍，我军乘胜席卷而下，直接到达成都、汉中各城，都如栖息之鸟，不敢出动。并不是因为他们没有抵抗之心，实在是其力量不足以与我军相抗衡。等到刘禅请求投降，各个营堡索然离散。现在长江、淮水的险峻不如蜀之剑阁，孙皓的残暴超过了刘禅，吴人的困苦胜于巴蜀，而大晋的兵力比以往任何时候都强盛，不在此时平定统一四海，却还坚守要塞防守，使天下为远行守边而窘迫，将士们长年出征，经历盛年而至于衰老，这样下去是不会长久的。现在如果率领梁州和益州之兵沿水路、陆路齐下，荆州、楚地之兵进逼江陵，平南、豫州的军队直趋夏口，徐州、扬州、青州、兖州的各路兵马在秣陵会合，这样的话，吴国依凭其一隅之地，抵挡天下之众，必然会分兵把守，所守之处，处处危急。然后，乘其空虚，从巴州、汉口出奇兵袭击，只要有一处被摧毁，就会引起上下震动，即使再有谋略之士，也不能为吴国谋划了。吴国沿着长江建立了国家，其地从东到西有几千里，敌对的战线过于广大，所以没有安宁的地方。孙皓放纵任性，为所欲为，常常猜忌臣下，结果使将官在朝中感到疑虑不安，士兵于原野困顿疲惫，没有保卫国家的计谋和长久的打算；平常的日子里，尚且考虑是否离去，到了战事临头的时候，必然会有反应，终不能齐心协力以效死命。对于这一点，现在就已经很清楚了。吴人的习性是急而快，但不能持久，他们运用弓弩戟盾等兵器不如中原地区的士兵熟练，只有水战是他们所适宜的，但是我军一入吴境，那么长江就不再是他们所要保住的。等到他们回过头来奔救城池，正是丢弃了长处而拾起短处，就不是我们的对手了。我军深入敌境，人人有献身效命的决心；吴人牵挂后方，各自怀有离散之心。这样，我军过不了多久，克敌制胜，消灭吴国，就是必然的了。”晋武帝深为赞同，采纳了羊祜的意见。

当时朝廷议事，正为秦州、凉州的胡人而忧虑，羊祜又上书说：“平定了吴国，胡人自然就安定了，现在只应当迅速去成就伟大的功业。”朝中不少人不同意羊祜的意见，贾充、荀勖、冯𬘘尤其认为不能伐吴。羊祜叹息道：“天下不如意的事情，常占十之七八。上天赐予时机，人却不去获取，这岂不是使经历其事的人以后扼腕长叹吗！”当时只有度支尚书杜预、中书令张华与晋武帝意见相合，赞成羊祜的计划。

十月二十一日丁卯，晋朝立杨氏为皇后，大赦天下。杨皇后是元皇后的堂妹，容貌美丽且具有妇女德行。晋武帝当初和皇后订婚的时候，皇后的叔父杨珧上书说：“自古以来，一个门里有两位皇后，还没有能够保全其宗族的。我请求把我所上之书收藏在宗庙里，哪一天如果我的话应验了，我也可因此而免于灾祸。”晋武帝答应了他。

十二月，晋朝任命杨皇后的父亲、镇军将军杨骏为车骑将军，封为临晋侯。尚书褚䂮、郭奕都上书，说杨骏度量狭隘，不可委以国家重任，晋武帝不听。杨骏骄傲，自以为得意，胡奋对杨骏说：“你仗着女儿越来越强横了。历观前代历史，凡是和天子结亲的，没有不遭灭门之祸的，只不过早晚而已。”杨骏说：“您的女儿不是也在天子家里吗？”胡奋说：“我的女儿只是给你的女儿当女仆而已，不可能有什么好处或坏事！”

（以上为第五段，写晋武帝咸宁二年（276）三大史事。其一，吴主孙皓胡乱猜疑，杀害直臣，致使属下投奔晋朝；其二，晋大将羊祜上书请求攻打吴国，分析透彻，言辞恳切，晋武帝司马炎深为采纳；其三，晋武帝司马炎立杨骏女杨芷为皇后，重用杨骏，杨骏专横跋扈，国无宁日。）

晋武帝咸宁三年（丁酉，公元 277 年）

春季，正月初一丙子朔，出现日食。

晋朝立皇子司马裕为始平王。十五日庚寅，晋武帝第七子司马裕去世。

三月，晋朝平虏护军文鸯，统领凉州、秦州、雍州各军攻打秃发树机能，将其打败，胡人各部落共二十万人归降晋朝。

夏季，五月，吴将邵顗、夏祥率领部众七千多人投降了晋朝。

秋季，七月，晋朝中山王司马睦因为招募逃亡的罪犯而获罪，被贬为丹水县侯。

异星出现于紫宫星座。

晋朝卫将军杨珧等人建议，认为："古时候分封诸侯是为了藩屏护卫王室；现在诸位王公都在京都，这就失去了保卫的意义。另外，异姓诸将领居住在国家边境地区时，应当让皇室的亲戚参与其中。"晋武帝于是下诏，将诸王根据所食户邑的多少分为三等，大国设置三军共五千人，次国设置二军共三千人，小国设置一军一千一百人。诸王中任都督的，各迁移其封国，使之靠近任所。

八月二十一日癸亥，迁扶风王司马亮为汝南王，出任镇南大将军，总领豫州军事；迁琅邪王司马伦为赵王，督率邺城的防守事务；迁渤海王司马辅为太原王，监理并州诸军事事务；迁东莞王司马伷到徐州，封为琅邪王；迁汝阴王司马骏到关中，封为扶风王；又迁太原王司马颙为河间王；汝南王司马柬为南阳王。司马辅是司马孚的儿子；司马颙是司马孚的孙子。诸王中不担任官职的，都把他们遣返回各自的封国。各位王公留恋京都，一个个都流着眼泪离开了。晋朝又封皇子司马玮为始平王，司马允为濮阳王，司马该为新都王，司马遐为清河王。

异姓大臣中有立过大功的，都被封为郡公或郡侯。封贾充为鲁郡公；追封王沈为博陵郡公。

巨平侯羊祜被迁封为南城郡侯。羊祜坚持推辞不接受。羊祜每当被授予官职和爵位时，经常避让，他的至诚之心一贯有名，所以他被特别许可不接受分封他的官爵。羊祜经历了两代帝王，他一直掌管关键重要的部门。凡是他参与谋划商议的事情，不管是设置或简省，他都把草稿烧掉，使世人不能知晓。由羊祜荐举而做了官的人，自己都不知道是谁推荐的。羊祜常常说："在公众的朝廷里授予官职，但是却让别人向你个人谢恩，这样的事情，我是不敢做的。"

晋朝兖、豫、徐、青、荆、益、梁七州洪水泛滥。

冬季，十二月，吴国夏口督孙慎进犯江夏、汝南，抢劫了一千多家然后离去。晋武帝下诏，派遣身边的大臣责问羊祜，不追击讨伐孙慎是什么意思？晋武帝还打算迁移荆州。羊祜说："江夏距离襄阳有八百里，等我知道了贼人的消息，贼人已经离开几天了，步兵如何能追上他们？为了使自己免遭责备，就让部队受苦受累，这不是我的愿望。从前，魏武帝设置都督，大抵都与州相接近，就是因为喜欢兵力集中而厌恶兵力分散的缘故。战场上的事情，一彼一此，只是要谨慎防守而已。如果总是迁州，贼人出没无常，也不知把州设在哪里才便于据守。"

这一年，晋朝大司马陈骞从扬州入朝廷，以高平公的身份免职。

吴国会稽人张俶经常在吴主孙皓面前搬弄口舌，诬陷别人，因而深受吴主宠信，被多次升迁，任司直中郎将，还被封为侯。张俶的父亲在山阴县当差，知道张俶不是善良之辈，就上书说："如果任用张俶为司直，我请求他犯了罪不要牵连到我。"

吴主答应了他。张俶上书，请设置弹曲二十人，专门负责举报检查种种不法行为。于是官吏、百姓各自凭自己的好恶互相告发检举，一时间监狱里人满为患，上上下下，人人惶恐不安。而张俶却借机为自己谋取私利，骄奢专横。后来张俶的罪恶暴露出来，父子都遭受车裂的酷刑。

晋朝卫瓘送拓跋沙漠汗回国。自从沙漠汗入中原作人质，拓跋力微可汗身边的儿子们大多受到力微可汗的宠爱。沙漠汗回国以后，各部落的首领一起诬陷并且杀了他。不久，拓跋力微可汗病倒了，病势沉重。乌桓王库贤由于与力微可汗亲近而当权，他受了卫瓘的贿赂，想把各部落搅乱。于是他在朝堂上磨斧子，对各部落首领说："可汗恨你们进谗言杀了太子，要把你们的长子都抓起来杀了。"部落首领们害怕，都四散逃跑。力微可汗由于忧虑而去世，死时一百零四岁。他的儿子拓跋悉禄继位。鲜卑从此就衰落了。

当初，幽州、并州都和鲜卑接壤，东边有务桓，西边有力微，经常成为边境地区的祸患。后来，卫瓘秘密地用计谋离间鲜卑各部，结果务桓投降晋而力微死去。朝廷表彰卫瓘的功劳，封卫瓘的弟弟为亭侯。

（以上为第六段，写晋武帝咸宁二年（276）三大史事。其一，吴主孙皓胡乱猜疑，杀害直臣，致使属下投奔晋朝；其二，晋大将羊祜上书请求攻打吴国，分析透彻，言辞恳切，晋武帝司马炎深为采纳；其三，晋武帝司马炎立杨骏女杨芷为皇后，重用杨骏，杨骏专横跋扈，国无宁日。）

晋武帝咸宁四年（戊戌，公元 278 年）

春季，正月初一庚午朔，出现日食。

晋朝司马督、东平人马隆上书说："凉州刺史杨欣丧失了与羌戎之间的和睦关系，他必然要失败。"夏季，六月，杨欣与秃发树机能的党羽若罗拔能等人在武威作战，兵败身死。

晋朝弘训皇后羊氏去世。

晋朝羊祜因病请求入朝见晋武帝。到了朝廷，晋武帝让他乘着车子上殿，不行拜礼坐下。羊祜向晋武帝当面陈述伐吴的计划，晋武帝非常赞赏。因为羊祜有病，不便一次一次地面见晋武帝，晋武帝便派张华去羊祜那里询问伐吴的谋划。羊祜说："孙皓凶暴残酷已经到了极点，如果现在行动，可以不战而取胜。假如孙皓不幸死去，吴人再立一个贤明的君主，那么，我们虽然有百万之众，长江也不是我们可以窥伺的了，这样就将成为后患！"张华非常赞同他的话。羊祜说："成就我志向的人就是你。"晋武帝想让羊祜卧病在车上总领各位将领，羊祜说："夺取吴国我不一定要去，但是等到平吴之后，就要烦劳您深入思考了。我不敢居于功绩与名声之间，但是如果平吴事情结束，应当委派官员去东南地区镇抚时，希望您慎重地选择合适的人选。”

秋季，七月二十二日己丑，晋朝在峻平陵埋葬了景献皇后。

晋朝司、冀、兖、豫、扬各州洪水泛滥，螟虫毁坏了庄稼。晋武帝下诏书询问主管人说：“用什么来帮助老百姓呢？”度支尚书杜预上书认为：“当前的水灾，以东南地区尤其严重。应当告诫兖、豫等各州，修理汉代遗留下来的池塘用来蓄水，把多余的水引走。这样，饥饿的百姓就可以得到丰足的螺蚌鱼菜充饥，这样可以解决百姓眼前的温饱问题。等到大水退了以后，有淤泥的田地，每亩能收获几钟粮食，这是明年百姓就能得到的好处。另外，朝廷的典牧官有四万五千多头种牛，这些牛不耕田、不驾车，甚至有的牛到老鼻也不穿绳。可以把这些牛分给百姓使用，让这些牛赶上春天耕种，等到粮食丰收以后，再向百姓索取租税，这又是几年以后百姓可以得到的好处。”晋武帝采纳了杜预的意见，百姓由此得到了利益。杜预任尚书七年，经他斟酌修正的各种政务数不胜数，当时的人称他为“杜武库”，意思是说他富有才干，像一个储藏武器的仓库，无所不有。

九月，晋朝任命何曾为太宰。十五日辛巳，任命侍中、尚书令李胤为司徒。

吴主孙皓嫉妒比他强的人。侍中、中书令张尚是张纮的孙子。张尚能言善辩，有口才，谈论起来往往出人意外，吴主天长日久积下了对他的憎恨。后来，有一次吴主问张尚：“我喝酒可以和谁相比？”张尚回答说：“您有能饮百觚的酒量。”吴主说：“张尚明明知道孔丘没有做君主，还要拿我和孔丘相比。”因为古谚有“尧饮千钟，孔子百觚”之说，于是勃然大怒，把张尚抓了起来。公卿以下的官吏一百多人，到宫里去叩头，替张尚请罪，张尚这才得以减罪免死，被送到建安去造船。但不久吴主就把他杀了。

冬季十月，晋朝征召征北大将军卫瓘任尚书令。当时，朝廷上下都知道太子糊涂愚蠢，不能负起王位继承人的重任。卫瓘每次想向晋武帝陈说这件事，都没敢开口。后来，有一次陪晋武帝在陵云台宴饮，卫瓘假装喝醉了酒，跪在晋武帝的床前说：“我有事情要向您启奏。”晋武帝说：“你要说什么？”卫瓘欲言又止一共三次，趁势用手抚摸着床说：“这个座位可惜了。”晋武帝明白了他的意思，也顺着他说道：“你真是大醉了。”从这以后，卫瓘对这件事不再提起。晋武帝把东宫的官吏都召集到一起，为他们设宴，而把尚书决定不下来的事情密封起来，让太子决断应当如何处理。贾妃听到这个消息非常恐惧，就借助外人代替太子回答问题，引用了很多古义。给使张泓说：“太子不学，这是皇上所了解的，如果答题引用许多古义，这必然会引起皇上对起草人的责问，反而更增加了太子的过错与不足，倒不如直以意思来回答问题。”贾妃听了非常高兴，对张泓说：“你这就给我好好地答题，我和你共享富贵。”张泓立即动手准备草稿，让太子亲笔抄录下来，晋武帝看了之后非常高兴。先拿给卫瓘看，卫瓘局促不安，众人于是知道了卫瓘曾经说过太子的话。贾充秘密派人对贾妃说:“卫瓘这个老奴才，差点破了你的家。”

吴人在皖城大规模地屯田，想图谋进犯。晋朝都督扬州诸军事王浑，派遣扬州刺史应绰去攻打皖城，打败了吴军，斩首五千级，焚烧储备的粮食一百八十多万斛，践踏了稻田四千多顷，毁坏了船只六百多艘。

（以上为第七段，写晋朝能臣羊祜力陈伐吴；吴主孙皓妒忌贤能，杀害能言善辩的中书令张尚；晋臣卫瓘进言痴儿不足以继承大位，司马炎以疑事考之，被舞弊骗过。）

十一月十六日辛巳，太医司马程据，献上用雉鸡头上的羽毛制成的裘衣，晋武帝在殿前把这件羽毛衣焚烧了。十九日，晋武帝告诫朝廷内外，如果有谁敢于献上奇特的技艺或者怪异服装的，就判他的罪。

晋朝羊祜病重，举荐杜预代替他。二十六日辛卯，任命杜预为镇南大将军、都督荆州诸军事。羊祜去世，晋武帝司马炎哭得特别哀伤。那天天气很冷，晋武帝流下的眼泪沾在胡须和鬓发上，立刻成了冰。羊祜留下遗言，不要把南城侯印放入棺材里。晋武帝说:“羊祜坚持谦让已经有很多年了，现在人死了而谦让的美德还在。如今就按照他的意思去办，恢复他原来的封号，以彰显他高尚的美德。”荆州的百姓听到羊祜去世的消息，为他罢市，在里巷里聚在一起哭泣，哭声接连不绝。就连吴国守卫边境的将士们也为羊祜的死而流泪。羊祜喜欢游岘山，襄阳的百姓在岘山上建庙立碑，一年四季祭祀。望着这座碑的人没有不落泪的，所以人们称这座碑为堕泪碑。

杜预到任后，他挑选精兵，袭击吴国西陵督张政，使吴兵大败。张政是吴国的名将，他因为没有防备而打了败仗，感到很羞耻，所以没有把实情告诉吴主孙皓。杜预想使离间计，于是公开地把战斗中的缴获都还给了吴国。吴主果然召回了张政，派武昌监留宪代替张政。

十二月十三日丁未，晋朝朗陵公何曾去世。何曾生活豪华奢侈，超过了君王。司隶校尉、东莱人刘毅，多次揭发检举何曾奢侈无度，晋武帝因为何曾是身居要职的大臣，所以不去过问。何曾死后，博士、新兴人秦秀议论说:“何曾骄奢过度，名声传遍了九州。宰相大臣是做人的表率，如果活着的时候随心所欲，死了以后又不受贬抑，那么王公贵人还怕什么呢？我恭敬地根据《谥法》所说‘名与实差别很大叫作缪；乘乱取利、肆意妄为叫作丑’，觉得应当为何曾定谥号为‘丑缪公’。”晋武帝没有采纳秦秀的建议，下令赐何曾谥号为“孝”。

晋朝前任司隶校尉傅玄去世。傅玄性格严厉急躁，常常向皇帝上奏揭发罪行的文状，有时正当黄昏时分，傅玄也手捧状子，整理好上朝用的簪笔和身上的衣带。由于心绪不宁而无法入睡，他就坐在那里等待天亮。因此王公贵族震动恐惧，而政府官署却增添了气势。傅玄与尚书左丞、博陵人崔洪友好。崔洪也是清廉严厉正直的人，喜好当面斥责别人的过失，却不在背后议论别人，人们因此而尊重他。

鲜卑人秃发树机能，长久以来一直是边境地区的祸患。仆射李憙请求发兵征讨树机能，朝廷议事时，大臣们都认为出兵是重大的事情，而树机能还不值得朝廷忧虑。

（以上为第八段，写晋朝重臣羊祜病重，举杜预代之，去世后，百姓建碑立庙，望碑而泣，称为“堕泪碑”；直臣秦秀建议将生活豪奢的何曾谥为丑缪公，晋武帝司马炎予以回护。）

晋武帝咸宁五年（己亥，公元 279 年）

春季，正月，秃发树机能攻陷了凉州。晋武帝异常悔恨，在朝廷上感叹道：“有谁能为我征讨此虏？”司马督马隆上前说道：“皇上如能任用我，我能平定树机能。”晋武帝说：“你如果一定能平定敌人，我为什么不用你？只是不知你的计谋策略怎么样？”马隆说：“我打算招募三千名勇士，不管他们是从哪儿来、从前是干什么的，率领他们向西而去，区区树机能是不够我打的。”晋武帝同意了。初一，任命马隆为讨虏护军、武威太守。官员们都说：“我们目前的兵员就已经很多了，不应当再任意地设立赏格与招募，马隆这个小家伙不过是胡说而已，不值得相信他。”晋武帝不听。马隆招募的标准是只要能拉开一百二十斤力的弓，能拉开相当于九石力的弩，就录取。他立下标准考试挑选，从早晨到中午，招募了三千五百人。马隆说：“足够了。”又请求亲自到武器库里去挑选兵器，武库令愤怒地和他吵了起来。御史中丞向皇上告发马隆，马隆说：“我将要在战场上尽力效命，武库令却给我魏国时的朽烂兵器，这可不是皇上委派我的用心。”晋武帝下令，武器库中的兵器任由马隆挑选，供给他三年的军用物资，然后派他出发。

当初，南单于呼厨泉任命他哥哥於扶罗的儿子刘豹为左贤王。后来魏武帝曹操把匈奴分为五部，任命刘豹为左部帅。刘豹的儿子刘渊，年幼却俊秀出众。他拜上党人崔游为师，广博地学习经与史。他曾经对与他同门的学生、上党人朱纪和雁门人范隆说：“我常常为随何、陆贾没有武功，绛侯、灌婴没有文才而感到羞愧。随何、陆贾遇到了汉高帝却不能建立封侯的业绩；绛侯、灌婴遇到了汉文帝动不能振兴文化教育，这难道不可惜吗？”于是他在习文的同时也兼学武功。等他长大了，长臂善于射箭，体力超过常人，身材高大魁梧。他因为是人质，所以留在洛阳。王浑与儿子王济都很器重刘渊，多次向晋武帝举荐。晋武帝就招来刘渊与他交谈，果然非常喜欢他。王济说：“刘渊有文武之才，皇上把东南的事情委任于他，平定吴国都不够他施展的。”孔恂、杨珧说：“刘渊非我族类，必然与我们不是一条心。刘渊的才能器量确实很少有人能和他相比，但是却不能重用他。”

后来，凉州陷落，晋武帝问李憙，可以用谁为将去救凉州？李回答说："皇上如果真能把匈奴五部的人都发动起来，给刘渊一个将军的名号，让他率领匈奴人向西进发，那么树机能的头颅示众就指日可待了。"孔恂说："刘渊要是真的杀了树机能的头颅示众，那么凉州的祸患就会更深了。"晋武帝于是没有任用刘渊。

晋朝东莱人王弥的家世袭二千石俸禄。王弥有学问，勇猛而有谋略。他善于骑射，青州人称他为"飞豹"，他喜欢打抱不平，隐士、陈留人董养看到他就对他说："你是一个喜好动乱和灾祸的人，如果天下有乱事，你就连士大夫都不想做了。"刘渊和王弥很友好，刘渊对王弥说："王浑和李憙因为与我是同乡，所以了解我，他们时常向皇上荐举我，这却正是我的忧虑。"说着就抽泣流泪了。齐王司马攸知道了这件事，就对晋武帝说："皇上如不除掉刘渊，我恐怕并州不能够长久安宁。"王浑说："大晋正要以信义来安抚异族，为什么要为了无形的怀疑，就要杀了人家入侍皇帝的儿子呢？为什么恩惠的气度就不能再宽宏大量些呢？"晋武帝说："王浑说得对。"这时刘豹去世了，刘渊继位做了左部帅。

（以上为第九段，写鲜卑拓跋部首领树机能攻陷凉州，司马督马隆自告奋勇平叛；南匈奴左部帅刘豹之子刘渊才能出众，文武双全，齐王司马攸建议除之，以绝后患，晋武帝司马炎不予采纳。）

夏季，四月，晋朝实行大赦。

晋朝废除部曲督以下官员纳人质的规定。

吴国桂林太守修允去世。修允的部曲应当分别归属于各个将领。督将郭马、何典、王族等人几代都在这支军队中，不愿意分离。这时，吴主孙皓正在调查、核实广州的户口，郭马等人就乘民心不安的时机，聚众起事，杀了广州督虞授，郭马自己封为都督交、广二州诸军事，派何典去攻打苍梧，派王族去进攻始兴。

秋季，八月，吴国任命军师张悌为丞相，牛渚都督何植为司徒，执金吾滕修为司空。还没有来得及授官，又任命滕修为广州牧，率领一万人从东路去讨伐郭马。郭马杀了南海太守刘略，赶走了广州刺史徐旗。吴主又派遣徐陵督陶浚率领七千人，从西路与交州牧陶璜一起攻打郭马。

吴国发现了鬼目菜，生长在工匠黄耇家里；又发现了买菜，生长在工匠吴平家里。负责管理国家图书的官吏，查考书籍，给鬼目菜起名叫芝草；给买菜起名叫平虑草。吴主孙皓任命黄耇为侍芝郎，吴平为平虑郎，授予他们银印和青色的绶带。

吴主孙皓每次宴会群臣都要把大臣们灌醉。他设置了黄门郎十人，专门负责搜集大臣们的过失。每次宴会结束以后，这十个人就向吴主汇报大臣们的过失，凡是大臣中有抵触的、说了错话的，都向吴主举报，严重的被判刑、处死，轻的也要当作罪状记录下来。有的被扒下脸上的皮，有的被挖去眼睛，因此朝廷上下人心相离，没有人肯为吴主尽力。

晋朝益州刺史王濬上疏说：“孙皓荒淫，凶暴反常，应当迅速地予以征讨。如果孙皓一旦死了，吴国又立了一个贤明的君王，那么就成为我们的强敌了。我造船已经七年，每天都有船因腐烂而毁坏；我已年过七十，离死亡没有几天了。这三点只要一有失误，那么攻吴的大事就难以实现。我真诚地希望皇上不要失去机会。”晋武帝于是下定决心伐吴。这时，安东将军王浑上书说，孙皓要北上，吴国边境地区已经戒备森严。朝廷于是又商议明年再出兵攻打吴国。王濬的参军何攀奉命出使，正在洛阳，他上书说：“孙皓必然不敢出兵，应当乘着吴国防备严密而突然袭击，这样更容易取胜。”

晋朝杜预上书说：“自从闰月以来，吴国只是防备得严，下游地区并不见吴兵沿江而上。依据道理及形势推测，吴国已无计可施，其兵力不足以保全两边，必然要保住夏口以东地区以便苟延残喘，没有理由派很多士兵向西，而使国都空虚。但是皇上却由于误听，而丢开大计，放纵敌人而留下后患，实在是可惜。过去假如举兵有可能失败，那么也可以不举兵。现在攻打吴国之事已经做出了决定，务必要做得完美牢靠，假如能够成功，那么就开创了太平的基础；如果不能成功，损失耗费也不过在数日几月之间，何必吝惜而不去试一试呢！如果还要等到以后，那么天时人事就不能和往常一样了，我担心到时候会更难。当前的举动万分妥帖，绝对没有失败的忧虑，我已下定了决心，绝不敢以暧昧不明的态度以自取日后的麻烦，请皇上明察。”

一个月过去了，杜预还没有得到晋武帝的答复，杜预于是又上书说：“羊祜事先没有广泛地和大臣们商议、谋划，却秘密地与皇上一起推行这个计划，所以就更使得朝廷大臣有很多不同的议论。任何事情都应当把利益与损失相互比较，现在这一行动的利益占十之八九，而弊害只占十之一二，最多只是没有功劳而已。如果一定要让大臣们说出计划的弊端，也是不可能的，他们之所以对计划有不同的看法，只是因为计划不是他们制定的，自己没有功劳，即使对自己以前说的话有过失感到羞愧，但还要坚持自己的意见，以保住面子而已。近来，朝廷中的事情无论大小，总是各种意见蜂起，虽说人心各有不同，但是也是由于倚仗着恩宠而不考虑后患，所以很轻易地表示自己相同或者不同的意见。自从入秋以来，攻打吴国的举动越来越显露出来，现在假如中止行动，孙皓或许会因恐怖而产生出新的计划，迁都武昌，更完备地修整长江以南各城，把居民迁到很远的地方去，使城市不可以攻，原野之中找不到东西，那么明年的计划或许就用不上了。”

当时，晋武帝正在和张华下围棋，杜预所上书正好送到了，张华推开棋盘，拱手而说：“皇上圣明英武，国富兵强；吴主邪恶凶残，诛杀贤良和有才能的人。现在就去讨伐他，可以不受劳累而平定，希望您不要再犹豫了！”晋武帝接受了杜预的意见，任命张华为度支尚书，按计划从水路运粮。

贾充、荀勖、冯统等人不同意伐吴，固执己见，晋武帝大怒，贾充立即脱帽认罪。仆射山涛退朝回来和别人说："如果不是圣人，外部安宁了就必然有内部的忧患。以晋朝目前的情况来看，放着吴国做外部威胁，难道不是良计吗？"

冬季，十一月，晋朝大举出兵攻打吴国，派遣镇军将军、琅邪王司马伷从涂中出兵，安东将军王浑从江西出兵，建威将军王戎从武昌出兵，平南将军胡奋从夏口出兵，镇南大将军杜预从江陵出兵，龙骧将军王濬和巴东监军鲁国人唐彬从巴、蜀进军，东西合计共有二十多万人。任命贾充为使持节、假黄钺、大都督，任命冠军将军杨济协助贾充，作为贾充的副手。贾充坚持陈述伐吴不利，而且自称已经衰老，不能担当元帅的重任。晋武帝司马炎下诏说："你如果不去，那么我就亲自出征。"贾充不得已，于是接受了符节与斧钺，率领中军向南，驻扎在襄阳，负责各部队的部署、调度与节制。

马隆向西渡过温水，秃发树机能等人带领几万名部众凭借险阻抵抗。因为山路狭隘，马隆就造了扁箱车，还造了木屋，置于车上，边作战边前进，走了一千多里，打得敌人死的死，伤的伤，损失惨重。自从马隆西去，音讯断绝，朝廷为他担忧，有的人说他们已经都死了。后来马隆的使者夜里到了，晋武帝司马炎拍着手高兴地笑了。清晨，召集群臣对他们说："假如听从了诸位的意见，就没有凉州了。"于是下令，赐给马隆符节，授官宣威将军。马隆到了武威，鲜卑部落首领猝跋韩、且万能率领一万多部落前来归降。十二月，马隆与秃发树机能大战，杀了秃发树机能，凉州于是平定。

晋武帝司马炎下诏，询问朝廷如何改进政务。司徒左长史傅咸上书认为："当前，公与私都不充实的原因，是由于设置的官吏太多了。从前都督是四个，现在连同监军却多至十人。禹分华夏为九州，现在的刺史几乎是从前的一倍。现在的户口相当于汉代的十分之一，而所设置的郡县却比汉代多。虚设的将帅幕府，动不动就有上百个，但是却无益于值宿、警卫。五个等级的诸侯，坐在那里也要设置官属。所有这些官吏的粮食供应，全都从百姓身上支出，这就是之所以穷困匮乏的原因。当前，最紧迫的事情在于合并官署，停止劳役，从上到下都致力于农事。"傅咸是傅玄的儿子。

当时，朝廷中又商议，兼减州、郡、县一半的官吏，让他们去从事农业。中书监荀勖认为："减吏不如减官，减官不如减事，减事不如清心。从前萧何、曹参辅佐汉帝，实行清静无为，百姓因此而安宁统一，这就是所说的'清心'。抑制空言胡说，精简公文案卷，省略烦琐事务，原谅些小过失，如果有喜好改变常规而从中求利的人，一定要严加惩治，这就是所说的'省事'。把九卿寺并入尚书，把御史台交付三公府，这就是所说的'省官'。如果只做大的规定，那么普天下的官吏都要裁减一半，恐怕众多的文武官员，郡国的各种职责，难易程度各有不同，不可以一概推行。假如出现公务废弛，全都需要再恢复，或者因此激发而更加繁多，这也不能不加以重视。”

（以上为第十段，写晋朝益州刺史王濬、镇南大将军杜预均上书进兵灭吴，晋武帝司马炎调集二十万大军，兵分六路，水陆并进，大举攻吴；宣威将军马隆大战鲜卑首领树机能，平定凉州；晋朝思治，精简机构，改进政务。）

【点评】

堕泪碑。堕泪碑为晋朝征南大将军羊祜之碑，又称“羊公碑”，位于湖北襄阳市岘山上。羊祜死后，每逢时节，周围的百姓都会去祭拜，睹碑生情，莫不流泪。羊祜的继任者、西晋名臣杜预因此把它称作“堕泪碑”。望碑而堕泪，以堕泪而称碑者，这在中国历史上是独一无二的。羊祜何以得到民众的如此爱戴呢？

其一，羊祜心中装着百姓，以德怀人。公元269年，羊祜为荆州诸军都督。当时，西晋和东吴各有一个荆州，形成了南北对峙的局面。西晋的荆州包括今陕西、河南的一小部分和湖北北部地区。吴国的荆州则有今湖北和湖南的大部分地区。晋吴之间的边界线以荆州为最长，这里是灭吴战争的关键地区。羊祜到任后，从长计议，为民着想，兴办教育，安抚百姓，并与吴人开诚相待，凡投降之人，去留可由自己决定。羊祜到任时，军队连一百天的存粮都没有，他把军队一分为二，一半执行巡逻戍守的军事任务，一半垦田。几年后，百姓丰衣足食，军队的粮食积蓄可用十年。民心安，则天下安；民心稳，则斗志狠。羊祜在当地兵民中的威望迅速飙升。

其二，羊祜为公不为私，不争权夺利。羊祜曾因功被封为南城郡侯，他坚决推辞，不予接受。朝廷授予羊祜的官职和爵位，他经常避让，他的至诚之心一贯如此，所以他也就被特别许可不接受分封的官爵。羊祜经历了两代帝王，一直掌管着一些重要部门和关键岗位，凡是他参与谋划商议的事情，他都把草稿烧掉，使世人不能知晓。由羊祜荐举而做官的人，自己都不知道是谁推荐的。他常常说：“在公众的朝廷里授予官职，却让别人向你个人谢恩，这样的事情我是不做的。”即使是临终的时候，还坚持不要把南城郡侯的官印放到棺材里。可见，羊祜一生都很谦逊，始终如一。

其三，羊祜慧眼识才，荐举能够担当重任的人才。当时羊祜深入研究攻打吴国之事，认为要想消灭吴国，必须凭借长江上游的有利地势。而益州刺史王濬是个有争议的人物，当时被征召为大司农，羊祜认为其军事才能可当重任，就极力主张用其所长，推荐其继续担任益州刺史，操练水军，打造战船，为攻打吴国作战略准备，晋武帝采纳了他的主张。后来“王濬楼船下益州，金陵王气黯然收”，在攻打吴国中发挥了中坚作用。公元278年，羊祜作为晋军主帅，突然病重，晋武帝司马炎想让他带病出征，攻打吴国，但他很快就去世了。羊祜在临终前，举荐杜预接替自己，认为杜预完全可以担此重任。这一方面是因为杜预的观点与羊祜是相通的，不同于那些保守派、顽固派，积极支持灭吴战争；另一方面，则是因为杜预具有卓越的军事才能。事实上，杜预是个文武奇才，他曾三陈平吴之策，打消了晋武帝的一些顾虑，是明朝之前唯一一个同时进入文庙和武庙的人。可见，羊祜独具慧眼，为国荐才。

其四，羊祜具有远见卓识，以国家统一为己任。灭掉吴国，实现国家统一，是当时晋朝君臣的使命所在，也是大势所趋。经过数年各项准备，荆州边界的晋军实力远远超过了吴军，而被称为"吴之中流砥柱"的前吴军主帅陆抗病死，吴主孙皓的暴虐统治使各种矛盾激化，失去民心。晋朝灭吴的条件和时机已经成熟。羊祜不失时机地上书，请求攻打吴国，但遭到朝廷一些大臣的反对，而他没有退缩，一再陈说自己的攻吴观点和战略主张，得到晋武帝司马炎的充分肯定。羊祜虽然与世长辞，没有亲自参加这次战争，但他为准备、谋划这场战争做出了不可磨灭的贡献。当满朝文武欢聚庆贺一举灭吴，实现国家统一大业的时候，晋武帝手举酒杯，流着眼泪说："这是羊太傅的功劳啊！"

当然，要论奇功殊勋，羊祜也许比不上其他人，但要论朝廷官员在百姓心中的位置，要论为人道德与品行，那是谁也不能代替羊祜的。"最是感人仁德厚，当时堕泪有遗碑！"后世称誉羊祜说："西晋帝业，实羊之功。"

晋纪三

晋武帝太康元年至九年（公元 280—公元 288）

【起上章困敦（庚子，公元 280 年），尽著雍涒滩（戊申，公元 288 年），凡九年】

【大事提要】

本卷记事起公元 280 年，讫公元 288 年，凡九年，当晋武帝太康元年至九年。本卷所载大事，主要是五个方面。其一，晋朝攻灭吴国。晋武帝司马炎发动二十万大军，分六路进攻吴国，各路军队都取得了辉煌的胜利。益州刺史王濬率领强大的水军，从巴蜀起航，沿江东下，熔断铁锁，夺取关隘，所向披靡，只用 40 天时间，就直捣建业，迫使吴主孙皓投降，完成统一大业。其二，二王互攻。平吴胜利，新的问题出现。益州刺史王濬沿江扬帆东下，未听从安东将军王浑的招呼，直捣建业，“一片降幡出石头”，功名卓著。王浑认为王濬违命出击，胜利了也不值得赞赏，甚至还要追究罪责。晋武帝司马炎宽容双方，一概升官。其三，整顿国家制度。晋朝统一后，着手削减地方刺史权力，依照汉制，撤掉州郡的士兵；下令让宗王都到封国去，不得留在京都。齐王司马攸颇具治国之才，大臣纷纷上书，请将其留下，晋武帝司马炎为了巩固司马衷地位，仍遣其就国，司马攸忧愤而死。其四，司马炎放纵声色。国家统一，晋武帝司马炎忘乎所以，放纵于游玩、宴饮、房事，不断选秀，后宫佳丽有近万人，甚至“羊车望幸”。大臣争相奢侈，炫富比阔，孙秀、王恺、石崇三大富豪以奢侈相高。朝臣们拉帮结派，官场风气、社会风气黯然变色。其五，外戚专政。晋武帝司马炎的皇后杨氏去世，临终请求武帝娶杨骏之女杨芷，封为皇后，杨骏被超常提拔，揽尽天下大权，专政用事，封为临晋侯。《晋书》中说：“后父始封而以临晋为侯，兆于乱矣。”果不其然，终于致使晋朝大乱。

世祖武皇帝中

晋武帝太康元年（庚子，公元 280 年）

春季，正月，吴国实行大赦。

晋朝杜预向江陵进发，王浑从横江出兵，攻打吴国的兵镇及边防营垒，兵锋所指，攻无不克。

二月初一戊午，王濬、唐彬打败了丹阳监盛纪。吴人把江边浅滩上的要害区域，用铁锁拦住，还打造一丈多长的大铁锥，暗中放进江里，用以阻挡战船。王濬造了几十个大木筏，每一个木筏长、宽都有一百多步。王濬让人扎了许多草人，草人披铠甲，拿兵器，放在大木筏上，让水性好的人与木筏走在前面，遇到铁锥，铁锥就扎到木筏上，被木筏带走了。王濬又造了许多大火把，火把长十几丈，有几十围粗，用麻油浇在火把上，把火把放在船的前面，遇到铁锁就点燃火把，一会儿工夫，铁锁就被火把烧得熔化而断开，于是战船就无所阻挡。

二月初三庚申，王濬攻克了西陵，杀了吴国都督留宪等人。初五壬戌，又攻下了荆门、夷道两座城，杀了夷道监陆晏。杜预派遣牙门将周旨等人率领八百名奇兵，在夜里泛舟渡过长江，袭击乐乡。周旨树起许多旗帜，又在巴山点起火。吴国都督孙歆非常恐惧，写信给江陵督伍延说："从北边过来的军队，是飞渡过江的。"周旨等人把军队埋伏在乐乡城外。孙歆派兵出城去打王濬，结果大败而回。周旨等人让伏兵尾随孙歆的军队进了城，孙歆没有觉察，周旨的兵一直到了孙歆的帐幕之下，活捉孙歆而回。

二月初八乙丑，王濬打败了吴国水军都督陆景，并把他杀了。杜预进攻江陵，十七日甲戌，攻克了江陵，杀了伍延。这时候，沅、湘以南地区以及地界相接的交、广等州郡，都闻声把印绶送来。杜预手持符节按照皇帝的诏命安抚了这些州郡。到此时为止，总共俘获、斩杀吴国都督、监军十四人，牙门将、郡守一百二十多人。胡奋又攻克了江安。

二月十八日乙亥，晋武帝下诏，说："王濬、唐彬已经平定了巴丘，再与胡奋、王戎一同平定夏口、武昌，顺长江长驱直入，直到秣陵。杜预则应当安定零陵、桂阳，安抚衡阳。大军过后，荆州以南的区域，传布檄文自然会平定。杜预等人各自分兵以增援王濬、唐彬，太尉贾充转移到项地驻扎。"

晋朝王戎派遣参军襄阳人罗尚、南阳人刘乔，领兵与王濬一起攻打武昌。吴国江夏太守刘朗、督武昌诸军虞昺投降了。虞昺是虞翻的儿子。

晋朝杜预与众将领议事，有人说："百年的寇贼不可能一下子彻底消灭，现在正是春季，有雨水，军队难以长时间驻扎，最好等到冬季来临，再大举发兵。"杜预说："从前乐毅凭借济西一战而一举吞并了强大的齐国。目前，我军兵威已振，这就好比破竹，破开数节之后，就都迎刃而解了，不会再有吃力的地方了。"于是指点传授众将领计策谋略，晋军一直打到了建业。

吴主孙皓听说王浑率军南下，就派丞相张悌，督率丹阳太守沈莹、护军孙震、副军师诸葛靓率领部众三万人渡过长江迎战。走到牛渚时，沈莹说："晋朝在蜀地整治水军已经有很长时间了。我上流各部队，素来没有戒备，名将又都死了，只是些年少之人担当重任，恐怕抵挡不住。晋朝的水军必然要到达这些地方，我们应当集中力量等到他们到来，与他们打一仗，假如有幸能够取胜，那么长江以北的地区自然就太平了。如果现在渡江与晋朝大军交战，不幸而打败了，那么大事就完了。”张悌说：“吴国将要亡国，这是无论聪明还是愚笨的人都知道的事实，不是今日才有的事情。我担心蜀地之兵到了这里，我军恐惧惊慌，就不可能再整顿起来了。趁着现在渡江，尚且还能与晋军决一死战。如果败亡，就一同为国而死，再也没有什么可遗憾的了；假如能够取胜，那么敌军奔逃，我军声势就将倍增，然后就乘胜向南进军，在半路上迎击敌人，那就不愁不能破敌。要是依了你的计谋，恐怕士兵都四散奔逃。坐等到敌军到来，君臣就一起投降，没有一个人死于国难，这难道不是耻辱吗？”

三月，吴国张悌等人渡过长江，在杨荷包围了王浑的部将、城阳都尉张乔。张乔手下只有七千人，他关闭了栅栏，请求投降。诸葛靓想把他们都杀了，张悌说：“强敌还在前面，不宜先去做无关紧要的事情，况且杀了投降的人不吉利。”诸葛靓说：“这些人是因为救兵还没有到、力量弱小抵挡不住，所以才暂且假装投降以拖延时间，并不是真正的屈服了。如果放了他们，和我们一起往前走，将来必定成为后患。”张悌没有听从，予以安抚他们，继续前进。张悌与扬州刺史、汝南人周浚，组成陈列相对。沈莹率领丹阳的尖锐部队五千人，三次冲击进军，进军岿然不动。沈莹领兵退却，部众开始乱了起来。这时晋朝将军薛胜、蒋班乘吴兵混乱之机打过来，吴兵接二连三地奔逃溃散，将帅们也制止不住，张乔又从背后杀过来，结果在版桥，晋军大破吴军。诸葛靓带着几百人逃走，派人过去接应张悌，张悌不肯离开，诸葛靓又亲自拉他走，说：“存亡自有气数，并不是你一个人所能支撑的，为什么一定要自己求死呢？”张悌流着眼泪说：“诸葛靓，今天是我死的日子。况且我还是幼儿的时候，就被你家丞相诸葛恪所赏识提拔。我常常怕我死得没有意义，辜负了名贤对我的了解与关照。我今天以身殉国，还有什么可说的呢！”诸葛靓再三拉他走，还是拉不动他，于是就流着眼泪放开手，独自走了。走了一百多步远，回过头去看张悌，他已经被晋兵杀了。同时被斩首的还有孙震、沈莹等七千八百人。吴人受到了极大震动。

（以上为第一段，写晋武帝太康元年（280）发动六路大军攻打吴国，兵锋所指，战无不克，王濬水军一路东下，势如破竹，直捣建业；吴主孙皓派张悌率主力部队渡江迎战，结果大败。）

当初，晋武帝下诏，命令王濬攻下建平，接受杜预的节制、调度；到了建业，接受王浑的部署、调度。杜预到了江陵，对各位将领说：“如果王濬攻克了建平，就会顺着长江长驱直进，他的威名已经显著，就不适合再让他受我的节制。如果他不能取胜，那么我就没有缘份对他施行节制、调度了。”王濬到了西陵，杜预写信对他说：“您已经摧毁了敌人的西部屏障，应立即直取建业，讨伐数世的贼寇，从水深火热之中解救吴人，整顿部队，返回都城，这也是前所未有的一件大好事。”王濬非常高兴，上书陈述杜预的信件。张悌战败身死时，晋朝扬州别驾何恽对周浚说：“张悌率领全吴的精兵就在这里灭亡了，这使吴国朝野上下没有人不震惊恐惧的。现在，王濬已经攻下了武昌，正乘胜东下，所向无敌，敌人土崩瓦解之势已经显露出来了。我认为，应当立即领兵渡江，直指建业。大军突然到来，敌人必然胆战心惊，失去勇气，我们就能不战而擒获了。”周浚赞赏何恽的计谋，让他去报告王浑。何恽说：“王浑不懂得把握有利时机，而是行事谨慎，不使自己有过失，所以他肯定不会听从我的意见。”周浚坚持让他去向王浑禀告，王浑果然说：“我接受皇上的命令，只让我驻扎在长江以北，以便抗击吴军，并没有让我轻易进兵。你们州的军队虽然勇武，又岂能独立地平定江东之地呢！现在如果违反诏命而出兵，打了胜仗固然值得称赞；如果没有取胜，那么犯下的罪过就很严重了。而且皇上命令王濬接受我的部署调度，你们所应该做的只是准备好船和桨，将来一齐渡江破敌。”何恽说：“王濬攻克了万里之敌，他会以成就功勋的身份来接受您的部署、调度，这样的事情我可没有听说过。况且明公您为上将，抓住适当的机会就可以行动，怎么可以事事都等待命令呢？现在如果乘机渡江，完全有把握取胜，您还犹豫、顾虑什么而停留不进，这正是使我州所有人士抱恨不已的原因。”王恽不听。

晋朝王濬从武昌顺着长江直接向建业进逼。吴主孙皓派遣游击将军张象率领舟师一万人抵抗。张象的部下望见王濬的旌旗就投降了。这时候，王濬的士兵身披铠甲，满江都是，旌旗映照着天空，威猛的气势极其盛大，吴人异常恐惧。

吴主孙皓的宠臣岑昏，由于阴险狡诈、谄媚逢迎而爬上了九卿的地位。他喜好大兴工程劳役，使众人深受困苦与祸患。等到晋兵就要到达的时候，宫中亲近的几百名随从官吏向吴主叩头请求说：“北方的敌军一天一天地逼近了，而我们的士兵却不拿起武器抵抗，您打算怎么办呢？”吴主问道：“这是什么原因？”众人回答说：“正是由于岑昏的缘故。”吴主只说了一句：“要是这样，就拿这个奴才去向百姓谢罪吧！”众人答应说：“是！”于是，从地上爬起来就去抓捕岑昏，等到吴主后悔，接连派人去追赶制止，但是岑昏已经被杀了。

陶濬要去征讨郭马，到了武昌，听说晋兵已大举进逼，就领兵返回东边。到了建业，吴主派人领他来见面，向他询问水军的情况。陶濬回答说：“蜀地的船都很小，现在给我两万名士兵，乘大船作战，我有把握打败敌人。”于是吴国召集士兵，授予陶濬符节斧钺。原定第二天出发，但在当天夜里，陶濬召集的士兵全都跑光了。

这时，王浑、王濬以及琅邪王司马伷都已逼近建业附近。吴国司徒何植、建威将军孙晏都把印玺、符节送到王浑那里投降了。吴主孙皓采用光禄勋薛莹、中书令胡冲等人的计谋，分别派遣使者向王浑、王濬、司马伷奉上书信请求投降。吴主又给大臣们写了一封信，在信中深深谴责了自己的罪过，还说：“当前，大晋平治四海，正是杰出优秀的人材发挥、施展其气节操守的时期，不要因为改朝换代就因此丧失了志向。”吴主的使者先把印玺送到琅邪王司马伷那里。

三月十五日壬寅，王濬的舟师经过三山，王浑派信使邀请王濬暂时过来商议事情，王濬正扬帆直逼建业，回复王浑说：“船行正顺风，不便停下来。”这一天，王濬的八万士兵，乘着相连百里的战船，擂鼓呐喊进入石头城。吴主反绑着双手，用车子装着棺材，来到王濬的军营，王濬松了绑，焚烧了棺材，请他相见。晋军接收了吴国的地图、户籍，攻克了吴国的四个州、四十三个郡、五十二万三千户、二十三万名士兵。

晋朝朝廷听到吴国已平定的消息，大臣们都去庆祝，为晋武帝祝贺。晋武帝手持酒杯流泪说：“这是太傅羊祜的功劳。”骠骑将军孙秀没有和大家一起庆贺，他面朝南方流泪说：“从前，先主孙策刚满二十岁，以一个校尉的身份创下了基业，如今后主把整个江南之地都抛弃了，宗庙陵墓从此将成为废墟，悠悠青天啊，这究竟是谁造成的啊！”

当初，还没有攻下吴国的时候，大臣们都认为不可以轻易进军，只有张华非常坚定地坚持进军，认为一定能够成功。贾充当时上表说：“吴地不能全都平定。现在正是夏季，长江、淮水下游地区潮湿，必然会发生疾病瘟疫，应当把各部队都召回来，以后再做打算。即使腰斩张华，也不足以向天下人谢罪。”晋武帝司马炎说：“这是我的意思，张华只不过是与我的意见相同而已。”荀勖又上奏，大致上与贾充的看法相同。晋武帝没有听他们的话。杜预听说贾充上奏请求停止进兵，急忙上书晋武帝，坚决地争论，派使者拿了给晋武帝的奏文，飞驰而去。使者走到轘辕时吴主已经投降了。贾充又惭愧又害怕，到宫里去请罪，晋武帝抚慰了他而没有追究。

（以上为第二段，写吴主孙皓在晋军强大的攻势面前，自觉大势已去，无力回天，选择投降；晋臣王濬奋勇当先，不听王浑招呼，接受孙皓投降，埋下了争功祸端。）

夏季，四月二十八日甲申，晋武帝下诏，赐予孙皓的爵位为归命侯。

四月二十九日，施行大赦，改年号为太康。晋朝聚餐饮酒五天。派遣使者分别到荆州、扬州去抚慰，吴国原来的牧、守以下的官吏全都不更换；废除了吴国烦琐的规章制度，一切都遵循简便易行的原则，吴人非常高兴。

滕修攻打郭马没有成功，听说晋朝征讨吴国，就率领部下奔来救难。到了巴丘，听到吴已亡国的消息，于是身穿白色的丧服流泪，然后就返回了。他与广州刺史闾丰、苍梧太守王毅，各自向晋朝送去印玺绶带，请求投降。孙皓派陶璜的儿子陶融，拿着他亲笔写的信指示陶璜投降晋朝，陶璜哭了好几天，最后也送去了印玺绶带投降了。晋武帝全都恢复了他们原来的官职。

王濬向东挺进时，吴国各城的守备都望风而降，只有建平太守吾彦固守城池，没有攻得下来。后来，听到吴国灭亡的消息，就投降了。晋武帝司马炎任命吾彦为金城太守。

当初，朝廷对孙秀、孙楷尊重恩宠，是想利用他们招来吴人。等到吴国灭亡了，孙秀就被降职为伏波将军，孙楷降职为度辽将军。

琅邪王司马伷派使者送孙皓及他的宗族去洛阳。五月，初一丁亥朔，孙皓到了洛阳。他和太子孙瑾等人用泥涂在头上，反绑了双手，来到洛阳的东阳门。晋武帝司马炎下诏，派谒者解开他们的绳索，赐以衣服、车子、三十顷田地，每年都供应他们非常充足的钱币、粮食和布匹。晋朝授予孙瑾中郎的官职，孙皓其他的儿子凡是原先为王的，都被任命为郎中。吴国从前的有名望的人士，都根据他们的才能提拔进用。孙皓的将领、官吏渡过长江的，免除十年的赋税、劳役；百姓免除二十年的赋税、劳役。

五月初四庚寅，晋武帝来到堂前的长廊，会见文武官员中有爵位的以及四方前来拜见的使者，国子学生也都参加会见。晋武帝派人把归命侯孙皓以及投降的吴人带来相见。孙皓登上大殿，向晋武帝叩头。晋武帝对孙皓说："我设了这个座位，等待你已经有很久了。"孙皓说："我在南方，也设了这个座位以等待您。"贾充对孙皓说："听说你在南方，凿人的眼睛，剥人的脸皮，这是哪一等级的刑罚？"孙皓说："为人臣子的，杀了他的君王以及邪恶不忠的，就处以这种刑法。"贾充沉默无语，非常羞愧，而孙皓却面无愧色。

晋武帝从容地询问散骑常侍薛莹："孙皓为什么会亡国？"薛莹回答说："孙皓亲近小人，任意地施行刑罚，大臣和各位将领，人人都不能自保，这就是孙皓灭亡的原因。"又一天，晋武帝用同样的问题问吾彦，吾彦回答说："吴国君王才智出众，辅佐的大臣贤能聪明。"晋武帝笑着说："要是这样，为什么会亡国？"吾彦说："天赐的福禄永久断绝，天道却有归属，所以才被皇上所擒。"晋武帝非常赞赏他的话。

（以上为第三段，写晋对吴国官员、民众安排抚慰；原吴主孙皓来到晋都洛阳，予以安置，并与群臣相见；晋武帝司马炎与人谈论吴国灭亡的因由，有天意，有人祸。）

王濬进入建业的第二天，王浑就渡过长江。王浑因为王濬不等他到，就提前接受孙皓投降，心中又羞愧又怨恨，就想攻打王濬。何攀劝王濬把孙皓送给王浑，事情才得到缓解。何恽因为王浑与王濬争功，就写信给周浚说："《尚书》重视能退让，《易经》赞赏谦逊的光荣。前些时候王浑打败了张悌，使吴人丧失了胆量和勇气，王濬乘着这个机会，攻下了吴国的疆土。如果要论谁先谁后，我们确实是慢了，已经失去了机会，没有及时赶上，而目前又在争功。王濬既然咽不下这口怨气，就会使和谐的风气受到损坏，而使自矜争功的鄙陋之习兴起，这实在是我从心里所不敢同意的。”周浚收到信，立即劝止王浑。王浑不听，上书说王濬违反诏命，不服从调度，还捏造事实诬告王濬有罪。

王浑的儿子王济和晋武帝的女儿常山公主结了亲，在朝廷宗族帮派中很有势力。于是，有关部门就上奏晋武帝，请求用囚车把王濬召回来，但是晋武帝没有同意，只是下诏书责备王濬不服从王浑的命令，违抗诏命，追求功利。王濬上书为自己申辩说：“我先接到命令，让我直接打到秣陵，又命令我接受太尉贾充调度。我于十五日到三山，看见王浑的军队在北岸，王浑写信邀请我去他那里，当时我的水军正顺风乘势直到吴城，没有理由再调转船头返回去见王浑。我在中午的时候到达秣陵，黄昏的时候才受到接受王浑调度的命令，命令我于第二天十六日，率领全部属下，回过头去包围石头城。还索取我率领的蜀地士兵以及随我东下的镇南各军的确切人数。我认为，孙皓已经前来投降，没有理由徒劳地包围石头城。另外，士兵的确切人数，不可能在匆促之间就能很快得知，而且都不是眼前急迫的事情，不能顺从施行，并不是我胆敢忽略、弃置圣明的诏令。孙皓众叛亲离，匹夫独坐，像麻雀、老鼠那样贪生，苟且乞求一条活命而已。但是，江北的各部队不了解虚实，不早些来捉拿孙皓，自己造成了失误。我一到便得手，就更遭到他们的怨恨与不满，还说什么守贼守了一百天，却让别人得到了。我认为，侍奉君王的原则是：假如有利于国家，无论生与死都要追求。如果顾虑别人猜忌怀疑因而逃避过错责任，这是做臣子的以不忠诚得到的私利，实在不是圣明的君王与国家的福气。”

王浑又递上周浚的书信，信上说：“王濬的军队得到了吴国的珍贵物品。”还说：“王濬的牙门将李高，放火烧了孙皓的宫殿。”王濬又上表说：“我孤行独立，与强大的宗派结下了仇怨。如果是冒犯了君王，犯下了过错，还可能得救，但要是得罪了权贵之臣，灾祸就难以预料了。吴中郎将孔摅说：二月武昌失守，晋朝水军马上就要到了。孙皓巡行石头城回来，他手下的人都挥舞着大刀大呼，说：‘正要为了皇上去决一死战。’孙皓非常高兴，觉得必然能如此，就把他的金器宝物全都拿出来赐给这些人。然而小人无礼，这些人得了值钱的东西就飞快地逃走了。孙皓非常恐惧，于是打算投降伏罪。孙皓派出的使者刚离开，他手下的人就开始抢夺财物，掠夺孙皓的妻妾，放火烧了宫殿。孙皓抱头鼠窜，唯恐不能活命。我到那里时，派参军主者才把大火扑灭。周浚先进入孙皓的宫殿，王浑又先登上孙皓的船，我进去和我所见到的，全都在他们之后。孙皓的宫里，连可以坐的席子都没有，假如有遗留下来的珍贵之物，也是周浚与王浑先得到了。周浚等人说我聚集蜀人，不准时把孙皓送去，是想谋反。他们还吓唬吴人，说我要把他们都杀了，把他们的妻子儿女都抓走，希望吴人作乱，以发泄他们的私恨。像谋反这种大逆不道的罪名，他们尚且用来加到我的头上，其他的诽谤与诬陷也就是必然的了。今年平定了吴国，的确是大庆，但是对于我个人来说，却遭到了灾祸与忧患。”

王濬到了京都，有关部门上奏晋武帝，说王濬违抗诏命，极不恭敬，请求把他交付廷尉依法判罪。晋武帝下诏书，不予同意。于是他们又上奏，说王濬在赦免了吴人之后，还放火烧了吴人的一百三十五艘船，应立即下令把他交付廷尉，关进监狱里追究审问。晋武帝又下诏书，不同意追究他。

王浑与王濬为了功劳而争执不休，晋武帝命令守廷尉广陵人刘颂来审定、处理这件事。刘颂认为王浑立了上功，王濬是中功。晋武帝司马炎认为刘颂的评断不合理，就把他降职为京兆太守。

（以上为第四段，写晋军灭吴后，王浑与王濬争功，王浑气量狭小，在朝势力颇大；王濬处于劣势，攻下建业却差点变成囚犯；晋武帝司马炎肯定王濬之功，并予以回护，而一并升迁，化解了这场闹剧。）

五月，庚辰（疑误），晋朝增加贾充的封邑八千户；任命王濬为辅国大将军，封为襄阳县侯；封杜预为当阳县侯；封王戎为安丰县侯；封琅邪王司马伷的两个儿子为亭侯；增加京陵侯王浑的食邑八千户，将爵位提升为公爵；封尚书、关内侯张华为广武县侯，增加食邑至万户；荀勖因为专门掌管诏命，积有功劳，一个儿子被封为亭侯。其余各位将领以及公卿大臣以下的官吏，受到的赏赐各不相同。晋武帝还以平吴的功绩，派人到羊祜庙里用策书祷告，封羊祜的夫人夏侯氏为万岁乡君，食邑五千户。

王濬自以为功劳大，却遭到了王浑父子及其党羽的打击和冤枉，所以每次进见晋武帝，总要陈述他讨伐攻战的辛劳以及被冤屈的情况，有时候忍不住愤恨与不满，竟不辞而别，晋武帝总是宽容、原谅他。益州护军范通对王濬说：“你的功劳确实值得赞美，但遗憾的是，你以别人的赞美自居，这就不完全值得赞赏了。你应当于凯旋之后就隐居在自己家里，嘴里不谈平吴的事情，如果有人问到平吴的事情，你就说：‘这是圣明皇上的德行，是各位将帅的力量，我这个老头子又有什么功劳！’蔺相如就是用这个办法把廉颇降服了，王浑他能不惭愧吗？”王濬说：“我开始那样做，是吸取了邓艾的教训，害怕把灾祸惹上身，我不能不说。但是我最终也还是放不下这件事，这是因为我的心地狭窄。”当时，人们都觉得王濬的功劳很大，但是对他的报偿却轻了，都对此愤恨不平。博士秦秀等人一起上书，替王濬叫屈，晋武帝于是授予王濬镇军大将军的官职。王浑曾经到王濬那里去，王濬设置了森严的戒备、护卫，然后会见王浑。

杜预回到襄阳以后，觉得天下虽然安定了，但是如果忘记了战事就必然会导致危难，于是他勤于讲习武事，命令部下要严于防守。他还引来滍水和淯水浇灌田地一万多顷，开凿扬口，与零、桂之水相通，以利水上运输，公与私都赖此而得到方便。杜预身不跨战马，射箭不能透甲，但是他以善于用兵战胜对方，各位将领都比不上他。杜预人在镇守，却多次向京都的权贵要人馈赠，有人问他为什么要这样做，他回答说："我只怕他们会加害于我，并不指望他们能给我什么好处。"

王浑升迁为征东大将军，又去镇守寿阳。

诸葛靓逃走以后，就隐藏起来不露面。晋武帝与诸葛靓有旧交，诸葛靓的姐姐是琅邪王司马伷的妻子。晋武帝知道诸葛靓躲在他姐姐那里，因此就去那里见他。诸葛靓逃进厕所躲着不见，晋武帝又强行见他，对他说："没想到今天又见面了！"诸葛靓流着泪说："我没能做到往身上涂漆，把脸上的皮刮下来，又见到了圣上您的面容，我实在是又愧又恨。"晋武帝下诏书任命诸葛靓为侍中，诸葛靓坚决推辞不接受。后来，诸葛靓回到了家乡，一生也没有面朝着晋朝廷的方向就座。六月，晋武帝又封丹水侯司马睦为交阳王。

（以上为第五段，写晋武帝司马炎论功行赏，力求皆大欢喜；益州刺史王濬虽然加封，但整日惶惶不安；杜预勤于政事，处事周全；诸葛靓父仇难忘，坐不朝晋。）

秋季，八月初五己未，晋武帝封弟弟司马延祚为乐平王，不久，司马延祚就去世了。

九月初六庚寅，贾充等人认为天下已经统一了，多次请求晋武帝到泰山上举行祭祀天地的典礼，晋武帝没有同意。

冬季，十月，前将军、青州刺史、淮南人胡威去世。胡威任尚书，曾经进谏，认为当时的政治措施宽松。晋武帝说："尚书郎以下的官吏，我没有对他们宽容。"胡威说："我所陈述的，难道是丞、郎、令史这一类官吏吗？我正是说像我同辈的官员，犯了过错严肃处理，才能严肃教化，彰明法度。"

这一年，以司隶所统领的郡设置司州。一共有十九个州，一百七十三个郡国，二百四十五万九千八百四十户。

晋武帝下诏说："从前，自汉末开始，四海之内分崩离析，刺史对内亲自处理民事，对外统领兵马。如今天下一统，应当收藏起兵器，把刺史的职权区分开，全都依照汉时的制度行事。把州郡的士兵都去掉，大郡设置武官一百人，小郡设置五十人。"

交州牧陶璜上书说："交州、广州，从东到西有几千里，没有归顺的有六万多户，至于服从官府劳役的，只有五千多家。两个州唇齿相依，只有靠军队才能镇守住。另外，宁州各蛮夷，与上流地区接壤，他们据守在那里，水路陆路都通。所以，不应该减损州兵，以显出官府的力量单薄虚弱。"

仆射山涛也说："不应当去掉州郡的军事守备。"晋武帝却不听。到了永宁以后，盗贼群起，州郡由于没有军队和武器，没有办法捉拿制止，于是天下大乱，正像山涛所说的那样。然而从这以后，刺史又兼管兵民的政务，地方的军事力量更加强大了。

汉、魏以来，羌、胡、鲜卑等投降的部落大多居住在关塞之内的各个郡里。以后多次因为不满和怨恨，杀害了郡县的长官，逐渐成为百姓的祸患。侍御史西河人郭钦上书说："戎狄强暴蛮横，自古以来就是祸患。魏国初期，百姓人数少，西北各郡，都被戎人居住，内地一直到京兆、魏郡、弘农，也往往有戎人居住。现在他们虽然服从我们，但如果百年之后发生了战乱，胡人的骑兵从平阳、上党地区过来，用不了三天就能到达孟津，那么北地、西河、太原、冯翊、安定、上郡这些地区就都成为狄人的地盘了。应当趁平吴的威势、谋臣猛将的文韬武略，逐渐迁徙内地各郡居住的胡人到边境地区去，加强夷狄经常出入地区的防卫，以彰明先王所制定的使戎狄远离都城的制度，这是千秋万代的长远之策。"晋武帝没有采纳。

（以上为第六段，写平吴后的管理事宜，晋武帝司马炎下令刺史分权，取消州郡士兵，而带来后患；侍御史郭钦建议将北方沿边六郡，即北地、西河、太原、冯翊、安定、上郡胡人迁徙边境，没有被采纳，留下隐患。）

晋武帝太康二年（辛丑，公元 281 年）

春季，三月，晋武帝下诏，挑选孙皓的宫女五千人进宫。晋武帝已经平定了吴国，他开始把很多时间花费在游乐、宴饮上，对政事的处理渐渐懈怠了，宫中妃嫔的人数几乎接近一万人。晋武帝经常乘坐着羊拉的车子，听凭羊儿走到哪里，就在哪里宴饮、入寝，宫女们都争先恐后地用竹叶插在门上，用盐水洒地，诱使羊把车子拉到自己门前。而后，皇后的父亲杨骏以及其弟弟杨珧、杨济开始当权，他们互相勾结，互相利用，权势倾动朝廷内外，当时的人称他们为"三杨"，朝廷里的旧臣，许多都被疏远、贬退了。山涛多次对晋武帝规劝、谏阻，晋武帝心里也明白，但就是改不了。

当初，鲜卑人莫护跋开始从塞外入关，居住在辽西棘城的北边，其称号是慕容部。莫护跋生下了木延，木延生下了涉归，迁移到辽东以北地区，世代归附中原，曾经多次随从官府的军队去征讨，立了功，被封为大单于。冬季十月，涉归开始入侵昌黎。

十一月二十五日，高平武公陈骞去世。

这一年，扬州刺史周浚把治所迁移到秣陵。吴国百姓中还没有归顺的，经常骚扰抢掠，都被周浚攻打平定了。周浚以宾客之礼对待元老旧臣，访求有才德的人，威势与恩惠并用，吴人心悦诚服。

（以上为第七段，写晋武帝司马炎取得平吴胜利，忘乎所以，政事懈怠，纵情游乐，发生“羊车望幸”的怪事；“三杨”专权，相互勾结，权倾朝野，晋朝潜伏重重危机。）

晋武帝太康三年（壬寅，公元 282 年）

春季，正月初一丁丑朔，晋武帝亲自到南郊祭祀。典礼结束后，晋武帝感叹地询问司隶校尉刘毅说：“我可以和汉代的哪一个帝王相比？”刘毅回答说：“可以与桓帝、灵帝相比。”晋武帝说：“何至于到这个地步？”刘毅说：“桓帝、灵帝出卖官职的钱都进了官府的仓库，皇上出卖官职的钱都进了个人的家门，就凭这一点来说，大概还不如桓帝、灵帝了。”晋武帝大笑，说道：“桓帝、灵帝的时代，听不到这样的话，现在我有正直的臣下，已经胜过桓帝、灵帝了。”

刘毅任司隶，举发惩处豪门权贵，无所顾忌。皇太子吹打着乐器进入宫中的东掖门，违反了宫中的规定，刘毅就上奏皇上检举他。中护军、散骑常侍羊琇，过去曾有恩于晋武帝司马炎。他掌管皇帝的亲兵，十几年来一直参与朝廷机密要事，倚仗着皇帝的恩宠，骄横奢侈，多次犯法。刘毅上奏皇上，检举羊琇的罪行，认为按照他所犯下的罪行，应当处以死刑。晋武帝派齐王司马攸私下去找刘毅，为羊琇求情，刘毅同意了。这时，都官从事、广平人程卫，直接进入护军营，拘捕了羊琇的手下官吏，拷打审问羊琇暗中所做的隐秘之事。他先把羊琇所犯下的不检点的事情上奏皇上，然后告诉了刘毅。晋武帝不得已，免了羊琇的官，但是没过多久，又让羊琇以平民的身份担任官职。

羊琇是景献皇后的叔伯堂弟；后将军王恺是文明皇后的弟弟；散骑常侍、侍中石崇是石苞的儿子。这三个人都有丰富的家财，他们互相攀比，谁最奢侈谁就最受尊重。王恺用糖膏刷锅，石崇就用蜜蜡当柴烧。王恺用紫色的蚕丝作路两旁的屏幕，长达四十里，石崇就用锦缎作屏幕，长五十里。石崇用花椒粉和泥涂房屋，王恺就用赤石脂涂墙。晋武帝时常帮助王恺，曾经赐给珊瑚树，有二尺多高。王恺把珊瑚树拿给石崇看，石崇就用铁如意把王恺的珊瑚树击碎了。王恺动了怒，认为石崇是嫉妒他的珍贵之物。石崇说：“你不值得生那么大的气，我现在就还给你。”于是，命令手下人把家中的珊瑚树全都拿了出来，其中高三四尺的有六七棵，和王恺的珊瑚树相同的有很多，王恺茫然失意，不知所措。

车骑司马傅咸上书说：“先王治理天下，对吃肉、穿丝织的衣服，都有规定。我私下认为，由于奢侈而造成的浪费，比天灾还要严重。古时候人多地少，然而有积蓄，这就是因为节俭的缘故。现在土地辽阔，人丁稀少，但是却为物品不充足而忧虑，这是由于奢侈的缘故。要想让人们都崇尚节俭，那就应当整治奢侈的习气，奢侈而不被整治，反而互相攀比，那就没有止境了！”

尚书张华由于他的文章、博学、才能与见识，在当时很有名气，被人尊重。人们议论说，张华应为三公。中书监荀勖、侍中冯紞，由于攻打吴国时表示反对，与张华的谋略不同，深深地嫉恨张华。这时晋武帝司马炎问张华："谁是我可以向他托付后事的人呢？"张华回答说："聪明有德行，又是您的至亲之人，没有人比齐王司马攸更合适了。"这一句话就触犯了晋武帝的心思，荀勖就乘机诽谤张华。

正月十八日甲午，任命张华统领幽州诸军事。张华到了镇守，安抚汉族及夷族的平民百姓，声望更高了。这时，晋武帝又想把他召回来。冯紞正在晋武帝身旁侍候，他不慌不忙地和晋武帝谈到了锺会。冯紞说："锺会之所以谋反，很大部分原因在于太祖司马昭。"晋武帝变了脸色，说："你这是什么话！"冯紞脱帽谢罪说："我听说善于驾驭车马的人必然懂得六根缰绳的掌握要缓急适度，所以孔子因为仲由胜过别人而贬退他，因为冉求退缩、软弱而推动他。汉高祖尊重、宠爱的五位王最终都被除掉；光武帝抑制、贬损各位将领，他们因而能善终。这并不是因为圣贤、帝王有仁爱、残暴的区别，臣下有愚昧、聪明的不同，这是由于褒贬和与夺才使得他们这样。锺会的才能、谋略有限，但是太祖对他的赞赏没有止境，让他担任重要的职权，把大军托付给他，使锺会自认为谋划周密，没有遗漏，有功劳却得不到赏赐，于是就构成了谋反。假使太祖任用他的小才能，用大的礼法节制他，用威势和权力抑制他，使他纳入法制轨道，那么他的作乱之心就没有产生的机会了。"晋武帝说："是这样。"

冯紞跪拜，说："皇上既然同意了我的话，就应当想一想坚冰之所以形成，非一日之寒，不要让像锺会那样的人再导致颠覆。"晋武帝说："当今难道还有像锺会那样的人吗？"冯紞于是屏退身边的人，然后说："为皇上谋划的大臣，在天下有显著的大功，据守一方，统领兵马的人，都在皇上您圣明的思虑之中了。"晋武帝沉默不语，从此就不再征召张华了。

（以上为第八段，写晋朝统一后，上下弥漫着一股不正之风，攀比斗富，奢侈成风；小人得势，奸佞当朝；任人以私，张华等有才能、有威望的人被馋毁，得不到重用。）

三月，安北将军严询在昌黎打败了慕容涉归，斩首、俘获敌人以万计。

鲁公贾充上了年纪，又有病，晋武帝派皇太子去问候探望他的日常生活。贾充很忧虑他死后的谥号以及修史者对他的记载。他的侄子贾模说："是与非天长日久自然就显现出来，不是能掩盖得住的。"

夏季，四月二十五日庚午，贾充去世，他的长子贾黎民死得早，没有后代，贾充的妻子郭槐，想以贾充的外孙韩谧作为嫡长孙。郎中令韩咸、中尉曹轸劝阻说："礼法中没有让异姓作后代的条文，现在如果这样做了，这是让先公在后世受到讥笑而在地下心怀羞愧。”郭槐不听。韩咸等人又上书，请求更改立嗣，但是事情就搁置下来，没有答复。郭槐又上书陈述，说这是贾充的遗愿，晋武帝同意了，还下诏说：“如果功劳不如太宰的，以及初次封号的、没有后代的，都不可以和贾充相比。”等到太常开始议论给贾充定谥号的事情，博士秦秀说：“贾充违反礼法，沉迷于私情，因而败坏了伦常大道。从前，鄫国养育外孙、莒公的儿子为后代，《春秋》中写道‘莒人灭鄫’。断绝了父系祖先的祭祀，开启了朝廷败坏变乱的根源。按照《谥法》，‘混淆毁坏纲纪法度叫作荒’，请求给贾充封谥号为荒公。”晋武帝没有听从秦秀的话，更改贾充的谥号为“武”。

闰月初一丙子，广陆成侯李胤去世。

齐王司马攸的德行与名望一天比一天受人尊崇，荀勖、冯𬘘、杨珧都憎恨他。冯𬘘对晋武帝司马炎说：“皇上命令诸侯回到自己的封国去，应当从亲属开始执行。与您最亲的没有人能比得上齐王了，如今却只有他还留在京城，这样可以吗？”荀勖说：“朝廷内外的百官，都从心里归附齐王，皇上万年之后，太子就不可能即天子之位了。皇上可以试着命令齐王回到封国，必定是朝廷上下都认为不可以，那么我说的话就应验了。”晋武帝同意了。

冬季，十二月十三日甲申，晋武帝下诏书说：“古时候九级官爵可以作方伯，或者是在朝廷里辅佐帝王处理朝政，或者外出统治一方，无论在内在外，都遵循着一个准则。侍中、司空、齐王司马攸，辅佐天子，建立了功勋，为了国家而辛勤劳苦，任命他为大司马、统领青州诸军事，侍中之职依旧，仍然增加、提高典制礼仪，令主管人详细地按照旧制施行。”同时，还任命汝南王司马亮为太尉、录尚书事、兼领太子太傅，光禄大夫山涛任司徒，尚书令卫瓘任司空。

征东大将军王浑上书，说：“司马攸是皇上至亲又很有德行，可以与周公相比，应当让他辅佐朝政，参与和过问政事。如今让司马攸离开朝廷去封国，给他一个都督的虚号，却没有领兵治理一方的实权，毁坏忠诚恳挚的兄弟友爱之情。我感到恐惧的是，这并不是皇上追随、遵循先帝与文明太后，以对待司马攸的平素心意。如果是害怕对同姓王的恩宠太过深重，会发生吴、楚叛变作乱的阴谋，那么就不看一看汉代的诸吕、霍氏、王氏都是些什么人吗？历观古今，假如事情的轻重所在没有不为害的，那么就只有任用正直而寻求忠诚善良的人。如果凭着智巧计谋胡乱猜疑，即使是亲属也被怀疑，那么对于关系疏远的人，难道就能保证吗？我认为太子太保是个空缺，应当留下司马攸来担任，与汝南王司马亮、杨珧一起办理朝廷的事务。三个人地位相等，足可以互相保持中正，既没有偏倚、互相排挤的情势，又不失去与亲近者相亲、仁义覆盖天下的恩德，这是尽善尽美的计谋。”这时，扶风王司马骏，光禄大夫李憙，中护军羊琇，侍中王济、甄德都直言劝说，晋武帝一概不听。王济让他的妻子常山公主以及甄德的妻子长广公主一起去见晋武帝，她们跪下磕头，哭着请求晋武帝留下司马攸。晋武帝动了怒，对侍中王戎说："兄弟是至亲，如今派齐王离开京城，自然是我的家事，但是甄德、王济却接连打发妇人到这里来哭死哭活的！"于是，派王济出去担任国子祭酒，派甄德担任大鸿胪。羊琇和北军中侯成粲密谋去见杨珧，然后持刀杀之。杨珧知道他们的意图，推辞有病不出来相见。杨珧让有关部门上奏羊琇，把他降职为太仆。羊琇又怒又恨，结果生病死了。李憙也因上了年纪而退了职，后来死在家中。李憙在朝廷任职时，他的亲戚、旧友分穿他的衣服，和他一起吃饭，但是他却不曾以私人关系为他们谋个一官半职，人们因此而赞赏他。

这一年，散骑常侍薛莹去世。有人对吴郡人陆喜说："薛莹在吴士人中应当排在第一吗？"陆喜说："薛莹排在第四和第五之间，怎么能排在第一呢？由于孙皓无道，吴国的士人，自己采取沉默态度、隐藏起来不显露才能的，这是第一等；避开尊贵的地位而居于卑下的官职，以俸禄代替耕种的，这是第二等；直抒己见、体恤国情，坚持正道而不畏惧的，这是第三等；斟酌时势所宜，时常做一些微小的补益工作的，这是第四等；温和谦恭，遵循谨慎的原则，不带头奉承献媚的，这是第五等。过了这五等再往下，就不值得数了。所以那些属于上等的士人大多都湮没无闻而远离悔恨，中等士人有名声地位的却靠近灾祸。观察薛莹处世为人的前前后后，他又怎能算是第一呢？"

（以上为第九段，写晋武帝司马炎对奸猾狡诈的贾充百般袒护，违背礼制，同意外孙韩谧继承爵位，美谥其"武"；听信奸言，将治国之才齐王司马攸逐出朝廷。）

晋武帝太康四年（癸卯，公元 283 年）

春季，正月，甲申（疑误），任命尚书右仆射魏舒为左仆射，下邳王司马晃为右仆射。司马晃是司马孚的儿子。

正月十八日戊午，新沓康伯山涛去世。

晋武帝命令太常商议敬赐齐王之物。博士庾旉、太叔广、刘暾、缪蔚、郭颐、秦秀、傅珍上书说："从前，周朝选择树立有完美德行的人辅佐协助朝廷，周公、康叔、聃季都被选入朝廷担任三公之职，这就显示出辅佐君王的责任重大，掌管地方的地位轻微一些。汉代的诸侯王，地位在丞相、三公之上，但如果进入朝廷佐助朝政，就要有兼职，如果离开朝廷去封国，也不再给予高级职务的虚名作为尊贵的恩宠。现在假如齐王贤德的话，就不应当以同母之弟的尊贵与亲近而去担任鲁、卫之地的寻常职务；如果不够贤德，就不应当开拓疆域，在东海之边建国。古时候的礼法是，三公没有职守，陪侍帝王议论政事，没有听说过以一方的重任去烦扰他。只有周宣王为了解救危急于一时，命令召穆公攻打淮夷，所以《诗经》说：'徐地不叛逆，宣王令班师。'宰相不应当长久在外。现在天下已经平定，天地四方都成了自己的家，应马上遵循古时的礼法，让齐王参与研讨太平的基业。现在反而把他派出去，离开都城两千里，这样做就违反了过去的规章了。”庾旉是庾纯的儿子。刘暾是刘毅的儿子。庾旉已经拟好了草稿，他先呈送给庾纯过目，庾纯没有禁止他。

这件事经过太常郑默、博士祭酒曹志时，曹志悲伤地叹道：“哪里有如此的才能、如此的亲近之人，不但不用他建立基业、辅佐教化，反而打发他去天涯海角，晋朝宗室的兴旺大概危险了吧？”于是他上奏晋武帝说：“古时候在左右辅佐王室的人，同姓的是周公，异姓的是太公，他们都身居朝廷，到了第五代，都归葬于周地。后来世道衰微，即使有五霸代之而兴起，又怎能与周公、召公辅佐王室的政治清明同日而语呢？自从伏羲以来，天下岂是一姓所能独自占有的？应当以至公之心待人，与天下共有利与害，这样才能长久地拥有天下。因此秦、魏想独揽国政所以才灭亡，周、汉能够把利益分给别人所以无论关系是亲是疏都被其所用。这是前代所发生的事情，是明显的证明。我认为应当按照博士们的意见去做。”晋武帝看了曹志的上奏，非常生气，说：“曹志尚且不明白我的心意，更何况四海之内的人！”于是就说：“博士们不回答我所问的，却回答我所不问的，肆意制造不同的议论。”晋武帝命令有关部门免去郑默的职务。这时尚书朱整、褚䂮上奏说：“曹志等人越犯职权，脱离职责，蒙蔽朝廷，尊崇、粉饰邪恶的言论，却假托直言无忌，请拘捕曹志等人，把他们交付廷尉，依法判罪。”晋武帝就下诏书免除了曹志的官职，让他以鄄城县公的身份回到家里。其他的人都被交付廷尉依法判罪。

庾纯到廷尉去自首，说：“庾旉上书的草稿我看到了，但是我却肤浅无知没有阻止他。”晋武帝下诏免去庾纯的罪过。廷尉刘颂上奏，认为庾旉等人极其不恭敬，应当处以死刑，陈尸街头示众。尚书上奏，请求报与廷尉，让廷尉决定执行刑罚。尚书夏侯骏说：“朝廷设立了八座官员，正是为了在这种时候能够派上用场。”于是，他独自上书，提出了不同的意见。左仆射、下邳王司马晃也同意夏侯骏的意见。大臣们的表奏在皇帝那里搁置了七天，晋武帝才下诏说：“庾旉是提出议论的主要人物，按理应当杀头，但是他的家人已经自首了，所以庾旉应当与太叔广等共七人一起都免去他们的死罪，但要把他们都除去名位。”

（以上为第十段，写晋武帝司马炎铁了心要齐王司马攸回到封地，博士庾旉等毅然上书谏说，触怒了皇上，惹下塌天大祸，有关人员被免官、去职，还差点丢了性命。）

二月，晋武帝下诏，把济南郡归并到齐国。十九日己丑，立齐王司马攸的儿子长乐亭侯司马寔为北海王。下令规定了司马攸所用物品及行使权力的规格等级。司马攸陈列乐器，三面悬挂；所用乐舞，舞者分成六列；使用以黄金为饰的斧头，参加君臣行朝夕之礼以及宴饮时出入用车，乘车时用两辆副车跟随。

三月初二，出现日食。

齐献王司马攸由于愤怒、怨恨而生了病，他请求去守文明皇后的陵墓，晋武帝不答应，派了御医给他看病。各位御医为了迎合晋武帝，都说司马攸没有病。河南尹向雄劝说道："皇上子侄弟兄虽然众多，但是有德行名望的人却很少。让齐王卧病居住在京都，所带来的好处实际上是很深远的，不可以不考虑。"晋武帝不采纳他的意见，向雄由于愤怒、怨恨而死去了。这时司马攸的病情开始加重，晋武帝仍然催促他上路。司马攸勉力支撑着去向晋武帝辞行，他平日里一贯保持容貌与仪表，虽然病得很厉害，还是整齐振作，举止和往常一样，晋武帝越发怀疑他没有病。司马攸辞别上路，没过几天，他就吐血而死。晋武帝去司马攸家里亲临吊唁，司马攸的儿子司马冏顿足号哭，诉说他父亲的病是被医生给耽误了，受了医生的欺骗。晋武帝立即下令杀了医生，让司马冏继承司马攸的爵位。

当初，晋武帝司马炎对司马攸的疼爱之情是很深厚的。但是由于荀勖、冯紞等人的挑拨，晋武帝要为自己死后的事做打算，所以就让司马攸离开京都。等司马攸死了，晋武帝悲哀伤痛不止。这时，冯勖正在身旁侍候，就说："齐王的名声超过了他的实际，天下的人都归附他。现在他自己死了，这是国家的福气，皇上为什么要过分悲哀呢！"晋武帝于是止住了眼泪，命令司马攸的丧礼要依照安平献王司马孚的规格去办理。

司马攸的行为举止都合于礼法，很少有过错，即使是晋武帝也对他又敬又畏，每次拉着他在一起相处时，总是斟酌词语，然后才说话。

夏季，五月初一己亥，琅邪武王司马伷去世。

冬季，十一月，任命尚书左仆射魏舒为司徒。

河南以及荆、扬等六州洪水泛滥。

原吴主、归命侯孙皓去世。

这一年，鲜卑慕容涉归去世。他的弟弟慕容删篡位代立，想杀掉慕容涉归的儿子慕容廆，慕容廆逃跑了，隐藏在辽东人徐郁的家里。

（以上为第十一段，写齐王司马攸被逐出晋都，怨恨而死，晋朝失去一位栋梁之臣；武帝司马炎表面上非常伤心，但仍听信奸佞之言；御医揣摩圣意，称其无病，成了间接刽子手，也当了替死鬼。）

晋武帝太康五年（甲辰，公元 284 年）

春季，正月初四己亥，武器库的井里出现了两条青龙。晋武帝前去观看，脸上现出欢喜的神色来。百官们要去道贺，尚书左仆射刘毅上书说："从前，龙降临在夏代的厅堂里，最后酿成了周代的祸殃。《易经》里说，'龙潜伏于下，无法施展才能，是因为阳气低沉'。我寻查了旧典籍，前人没有恭贺龙的礼节。"晋武帝听从了刘毅的话。

当初，陈群由于吏部不能够审查核实天下的士人，所以就命令郡国各自设置中正，州设置大中正，都是选取本地区富于德才的人才担任，按照士人的才能、政绩、资历分为不同的九品等级。如果言行卓越的就被提升，道义缺损的就被降级，吏部就凭借这个来补充朝廷的百官。这个制度实行的时间越来越长久，有的中正并不是合格的人选，于是邪恶败坏的风气一天天滋长。

刘毅针对这种状况，上书说："如今设立了中正来决定官职的九品等级，品级的高与低，中正可以随自己的心愿来决定，别人的荣与辱都攥在他们的手里。他们掌握着人君才能有的威福，夺取了朝廷的权势。他们对公，不因为自己的考查失实而觉得有所亏欠；对私，也不为揭人隐私而有所避忌。这种制度使人们以各种各样的用心从各个方面去钻营，廉洁谦让的风气消失了，投机争斗的习俗形成了，我私下为圣朝感到羞耻。中正制度的设立对于政治的损害有八点：品级的高下，随着势力的强弱为转移；是与非的标准，以人的兴盛衰败来决定。同一个人，十天之内，品级就能发生变化。上品的官员，没有出身于贫贱之家的；下品的官员，没有出身于有权势的大族的，这是第一。设置中正的目的，是要使州里公正的评论都能够归服顺从，将以此来安定异同，使言论归于统一。现在却重视中正的职权而轻视担任中正的人选，使得违背的言论在州中放任，在大臣之间结下了憎恶的仇怨，这是第二。本着设置这项制度的规则，之所以要把士人分为九个等级，就是因为人的才能与德行有优劣的不同，资历、辈分也有前有后。现在的做法却使得优等与劣等换了位置，前面与后面颠倒，这是第三。皇上奖赏善良，惩罚邪恶，从来都是依法裁决，唯独设置中正，把一国的重任托付于他人，却没有能控制他人奖赏与惩罚的办法。还禁止人们控告中正，这就使中正为所欲为，肆无忌惮，那些受了冤枉的人，有一肚子的怨言和真话，却不能使皇上听到，这是第四。一个国家里的士人，多得可以以千计数，他们或者漂流于异国，或者是到别的地方谋求衣食。对这些人的相貌都不曾见过，更何况要发挥他们的才能！作为中正，对这些人无论是了解还是不了解，都应当评论、衡量他们的表现，不管是官府对他们赞誉之词，还是败坏他们名声的流言蜚语，都应当全面地听取。但是中正对这些意见，如果只相信自己的判断，就会被不了解所蒙蔽；如果只听别人的意见，就会因为彼此的局限而陷于片面与狭隘，这是第五。凡是寻求人才的目的，就是为了用他们来治理民众。现在担任官职有显著成绩的人，有的却处于很低的等级；担任官职没有政绩的人，反而获得很高的级别，这就是压抑了确实有功劳的人而崇尚空虚的名声，助长了浮华的风气，使得对官员政绩的考核被废除，这是第六。所有的官职都是由不同的人担任的，各种各样的事情也需要不同才能的人来处理。现在是不问其才能是否合适，只管让他登上九品。以品级来选取人才，有的人才能与品级并不相符；如果要根据具体人的情况来选取人才，又被品级所局限，不过是句空话，官职的品级与人的才德不相吻合，这是第七。对于九品中恶劣的人，也不彰明其罪过；对于所推举的人才，也不陈述其好处，各自放任自己的爱憎，培植自己的亲信，那么天下的人又如何不懈怠于德行而却专心于人情世故呢？这是第八。由此看来，职务名为中正，实际上是邪恶的处所；事务名为九品，却有八种弊端。古今的过失，没有比这更大的了。我愚昧地认为，应当罢免中正，废除九品，抛弃魏氏的这种丑陋的做法，重新建立起一种完善的制度。”

太尉、汝南王司马亮、司空卫瓘也上书说：“魏氏在丧乱之后当权，人士四处流徙迁移，要想详细地加以考察是做不到的，所以建立了九品官职的制度，以作为一时选拔人才的大致上的标准和依据。如今九州有了统一的制度，重大的教化正要开始推行，我们认为，应当扫除浅陋的措施，改用以所在地区为主的土断之法，从公卿以下，以自己的居住地为准，不要再像客居当地似的，隶属于远处的其他地区。全部废除九品中正制度，使得荐举选拔优秀的人才，各自由乡里讨论决定。那么，争相追求浮华的习气自然就会止息，人们也就会尽心于自己的努力和追求了。”

在始平王那里担任文学之职的江夏人李重上书，也提出：“九品制度废除后，应当首先开始流动迁移，听任人们相互合并附就，那么真正的土断之法就开始实行了。”晋武帝虽然对这些建议很赞赏，但是最终也没能实行改革。

冬季，十二月初十庚午，实行大赦。

闰月，当阳成侯杜预去世。

这一年，塞外的匈奴人太阿厚，率领他的部落二万九千三百人归降晋朝，晋武帝让他们在塞内的西河地区居住。

废除了宁州，归并到益州，设置南夷校尉监理益州。

（以上是第十二段，写群臣研究魏国以来实行九品中正制的选人用人制度，随着时代的发展，渐渐产生了一些弊端，建议废除；晋武帝司马炎对这些建议非常赞赏，但没有推行。）

晋武帝太康六年（乙巳，公元 285 年）

春季，正月，尚书左仆射刘毅辞官回家，不久就去世了。

正月初九戊辰，任命王浑为尚书左仆射，任命王浑的儿子王济为侍中。王浑手下的主管人处理事务不当，王济严明法纪予以处置。王济的堂兄王佑平素就与王济不和，这时就抓住这件事情诽谤王济，说他容不下他的父亲，晋武帝司马炎从此就疏远了王济。后来王济获罪，被免去了官职。王济性情豪放豁达，晋武帝对侍中和峤说：“我要先骂王济，然后给他封官，你觉得他会怎么样？”和峤说：“王济性格豪爽，怕是不能屈服。”晋武帝招来王济，严厉地责备他，然后问他：“你是不是心里有点儿知道惭愧了？”王济回答说：“像《尺布》《斗粟》这些歌谣所说的，我常常因此而为您感到羞愧。别人能够使亲近的人疏远，我却不能让亲近的人更亲，因为这一点，我有愧于陛下。”晋武帝听了王济的话沉默不语。和峤是和洽的孙子。

青、梁、幽、冀四州闹旱灾。

秋季，八月初一丙戌朔，出现日食。

冬季，十二月十七日庚子，襄阳武侯王濬去世。

这一年，慕容删被他的手下人杀了，他的部众又去迎接慕容涉归的儿子慕容廆继位。慕容涉归和鲜卑的宇文部素来有仇怨，慕容廆请求去讨伐宇文部，而朝廷不允许。慕容廆于是发怒，入侵辽西，杀人抢掠，造成了很大的损害。晋武帝就派遣幽州的军队去讨伐慕容廆，双方在肥如打了起来，慕容廆的部众被打得大败。从这时候开始，慕容廆每年都要侵犯边境地区。他还向东去攻打扶余，扶余王依虑自杀了，依虑的儿子弟兄们都逃到沃沮防守。慕容廆就把扶余的城墙削平，驱赶着一万多人返回部落。

（以上为第十三段，写王浑之子王济非常耿直，宁折不弯，晋武帝司马炎予以批评，他反而抨击司马炎疏远、逼杀亲弟司马攸。司马炎默然，虽然心胸不宽而尚能容人。）

晋武帝太康七年（丙午，公元 286 年）

春季，正月初一甲寅朔，出现日食。魏舒声称有病，坚决请求退位，他以剧阳子的身份免职。魏舒做事，总是先有了行动然后才说出来，所以他退位的时候没有人知道。卫瓘写信给魏舒说：“常常和您在一起议论退位的事情，可是一天天过去了，却没有能够实现，真是可以说是‘瞻望于前，忽然就落在后头’了。”

夏季，慕容廆侵犯辽东。从前的扶余王依虑的儿子依罗，请求率领他还留存的部下，返回他的国家去予以恢复。他向东夷校尉何龛请求援助。何龛派遣督护贾沈带领士兵送依罗去扶余。慕容廆派遣他的部将孙丁，率领骑兵在半路上拦截依罗。贾沈奋力作战，杀了孙丁，于是恢复了扶余。

秋季，匈奴人都大博以及萎莎，各自率领部落十万多人到雍州投降。

九月二十九日，扶风武王司马骏去世。

冬季，十一月初四壬子，任命陇西王司马泰统领关中诸军事。司马泰是晋宣帝司马懿弟弟司马馗的儿子。

这一年，鲜卑人拓跋悉鹿去世，他的弟弟拓跋绰继位。

晋武帝太康八年（丁未，公元 287 年）

春季，正月初一戊申朔，出现日食。

太庙的殿堂陷落了。秋季，九月，改建太庙，有六万人参加营建。

这一年，匈奴都督大豆得一育鞠等人又率领其部落一万一千五百人前来投降晋朝。

晋武帝太康九年（甲申，公元 288 年）

春季，正月初一壬申朔，出现日食。

夏季，六月初一庚子朔，出现日食。

有三十三个郡国大旱。

秋季，八月十四日壬子，天空下起流星雨，流星像下雨似地坠落下来。

发生地震。

（以上为第十四段，写晋武帝太康七年（286）至太康九年（288），共三年的史事。这三年比较安宁太平，主要写少数民族争斗之事及自然灾异现象；扶余王依罗复国，匈奴首领率部投降晋朝。）

【点评】

西晋灭吴。公元 279 年，晋朝打响了灭吴之战，派出六路大军，势如破竹，只用了不到四个月的时间，就让吴国全线崩溃，吴主孙皓在石头城上举起了白旗。晋朝能够一举成功，是因为晋朝的长期准备，实质上是顺水推舟、水到渠成之举。

首先，提出倡议，精心谋划。灭吴之论，始于邓艾。早在魏国灭蜀之时，邓艾就提出要趁势灭吴。他在给大将军司马昭两次上书中均提到这一问题，说“今因平蜀之势以乘吴，吴人震恐，席卷之时也”。“今吴未宾，势与蜀连，不可拘常以失事机”。当时司马昭正在气头上，没有理会。晋朝建立后，灭吴之事就成为朝廷有识之士的共识，并为之做积极的部署和准备。首先是征南大将军羊祜，他几次上书，不仅呼吁灭吴，而且提出了灭吴的作战方案，认为要重视长江上游益州的备战，建议重用勇将王濬，操练水军，建造战船。不仅如此，他驻守在灭吴前线的荆州，兴办教育，发展农业，兴军屯垦，提供了充裕的物质条件，可以说是灭吴的第一功臣。

其次，是晋武帝司马炎具有灭吴之志。当时，朝廷主张灭吴的有识之士，除了羊祜，还有张华、杜预等，他们积极呼吁，但是朝廷的一帮老臣如贾充等坚决反对，矛盾非常激烈。当张华继羊祜提出攻打吴国的主张时，贾充等人认为张华是扰乱视听，应当予以正法。还是晋武帝司马炎打了马虎眼，说张华就是根据我的主张提出来的。贾充等人才无话可说，此事不了了之。实际上，晋武帝早有此志，曾与羊祜一起商量灭吴方案。后来，继羊祜任职的杜预曾三次提出灭吴建议，并回答保守派、顽固派提出的重重责难与非议，才使得晋武帝下了最后的决心，发出攻打吴国的号令。应当说，攻吴灭吴，其功绩并不仅仅体现在攻打的本身，还要重视前期所做的准备工作和有识之士的积极谋划。

最后，在攻吴过程中，各路军队都取得了程度不同的胜利，但也有不尽如人意的地方。将军王浑，率领攻吴的主力部队，消灭了吴国的主力部队。这时，吴主孙皓也送来了投降书，本应趁势而为，渡江而去，直捣建业，可是他采取了等待的态度，消极地执行晋武帝司马炎的命令，等待王濬从益州解决西部敌人顺江而来，共同作战。应当说，这种想法错不到哪里去，但是战场情况瞬息万变，很容易贻误战机。而王濬率领八万大军，乘着战船，顺流而下，哪里还领会王浑的招呼？王浑咽不下这口气，认为王濬违反军令，加之他在朝廷的根底深厚，要置王濬于死地，二王争功，闹得不可开交。

应当说，王浑等待王濬共同出战，这本身没有错，而错失良机，功归他人，这也是不可回避的事实；而他后来诋毁王濬，甚至欲杀之而后快，则是大错特错，说明他气量短小，心胸狭隘。而王濬顺流而下，没有听从王浑的招呼，可以看成是一种权宜之举，一举攻下石头城，是功大于过。既然目的达到了，其过程中的一些小问题，不值得小题大做，而可以忽略不计，只是记功时略有损益而已。而晋武帝是怎样处理的呢？他首先是保护了王濬，当有人提出要用囚车押送王濬到京师，他没有同意；当有人提出要处置王濬，他还是没有点头，这样避免了魏国灭蜀时功臣邓艾的悲剧重演。

对于晋武帝司马炎在灭吴后的封赏，则是匪夷所思，令人啼笑皆非。首先是一直反对攻打吴国，而在灭吴战争中没有任何出色表现的贾充，被认为是立了首功，增封八千户。其实，贾充是朝廷元老，又是太子妃的父亲，在朝廷根深蒂固，势力非常大，但他们对于灭吴都投了反对票。晋武帝这样做，使得这一部分人心安理得，不再无事起哄。殊不知，这样做是伤了忠臣之心。其次，将王浑的功劳置于王濬之上，也是增封八千户。既然论功行赏，就要按照功劳行事，让人口服心服，才是正道。汉初时刘邦大封功臣，列萧何第一，就说出了令人信服的理由。相比之下，司马炎就要逊色不少。司马炎这样做，是他一贯的行事作风，即善恶不分，奖惩不明。这样做，虽然在当时没有造成什么后果，但是，对于后世的影响却很大，使得朝廷的正气不能弘扬，缺少正能量，而使邪气上升，甚至占据、充斥朝廷，成为主流。也就是所谓好人不好，好人受压；坏人不坏，坏人当政。成为导致西晋短命亡国的重要因素之一。

祸兮福所倚，福兮祸所伏。平吴之战取得全胜，而由于处理不当，所带来的消极后果也不可低估，可不慎哉！

晋纪四

晋武帝太康十年至晋惠帝元康八年（公元289—公元298）

【起屠维作噩（己酉，公元289年），尽著雍敦牂（戊午，公元298年），凡十年】

【大事提要】

本卷记事起公元289年，讫公元298年，凡十年，当晋武帝太康十年至晋惠帝元康八年。本卷所载大事，主要有五个方面。其一，司马炎去世。晋武帝司马炎当了25年的皇帝，于公元290年去世。临终前，安排后事，虽然对太子司马衷有所不满，但优柔寡断，还是让他继承皇位；让诸王持节回到封国；立皇子、皇孙为王；汝南王司马亮和太傅杨骏共同辅政，但外戚杨骏独专辅政大权。其二，司马衷即位。白痴司马衷即位为皇帝，是为晋惠帝，尊杨骏之女杨芷为皇太后，立贾充之女贾南风为皇后，任命杨骏为太宰。杨骏独掌辅政大权，而皇后贾南风胁逼司马衷秘密下令，除掉杨骏，废掉杨太后。其三，贾南风政变。公元291年，皇后贾南风利用汝南王司马亮除掉杨骏，司马亮成为辅政大臣；但她还是不满足，三个月后，又用同样的手法，让楚王司马玮除掉司马亮，后又诬陷司马玮矫诏，杀掉司马玮，然后，她重用亲信，扶植私党，晋朝成了贾南风的天下。其四，贾南风专权。皇后贾南风先是唆使大臣状告皇太后杨芷谋反，让惠帝贬其为庶人，押到金墉城居住，而后撤掉侍御，让其绝食，冻饿而死。贾南风任用张华为侍中，弥合裂痕，使得数年之间，虽暗主在上，狮吼凶险，而朝野安静，尚不至迅速分崩离析。其五，异族兴起。西晋无所作为，而少数民族政权逐步兴盛。刘汉国的建国者刘渊，为南匈奴单于后裔，其父为匈奴左部帅，在五部中势力最强。他暗中扩展势力。杨骏辅政时，拉拢刘渊，命其为建威将军、五部大都督，给予统率匈奴五部军事大权。最终养虎为患，灭了西晋。

世祖武皇帝下

晋武帝太康十年（己酉，公元289年）

夏季，四月，太庙建成。十一日乙巳，集中远近祖先进行合祭。实行大赦。

慕容廆派使者来晋朝请求投降。五月，晋武帝下诏，慕容廆担任鲜卑都督。慕容廆拜见何龛，持士大夫的礼节，以幅巾裹发，身着单衣。他到了门口，何龛却整肃部队会见他，慕容廆于是又改换军服进门。有人问他为什么要这样做，慕容廆说：“主人不以礼节来接待宾客，客人又能怎么样呢？”何龛听到了他的话，心中非常惭愧，同时又深深地敬重他，认为他不同寻常。这时，鲜卑的宇文氏、段氏正处于强盛时期，多次侵犯掠夺慕容廆，慕容廆只好以恭敬谦卑的言辞和丰厚的钱财侍奉他们。段国单于段阶，把女儿嫁给慕容廆，生下了慕容皝、慕容仁、慕容昭。慕容廆因辽东位于偏僻遥远之地，于是，迁移到徒河的青山居住。

冬季，十月，恢复了明堂以及南郊五帝的牌位。

十一月，丙辰（疑误），尚书令、济北成侯荀勖去世。荀勖才思敏捷，善于观察人君的心思，因此能巩固皇帝对他的宠爱。他长期在中书省任职，专门掌管机密要事。后来，他升迁为尚书令，心中非常惆怅。有人向他贺喜，他说：“夺去我的凤凰池，诸君有什么可以祝贺的呢！”（中书省设在禁苑，禁苑中有凤凰池，因此中书省又称凤凰池。）

晋武帝沉湎于音乐和女色，以至于得了病。杨骏嫉妒汝南王司马亮，把他排挤出朝廷。

十一月二十三日甲申，任命司马亮为侍中、大司马、假黄钺、大都督、督豫州诸军事，镇守许昌。任命南阳王司马柬为秦王，都督关中诸军事。任命始平王司马玮为楚王，都督荆州诸军事。任命濮阳王司马允为淮南王，都督扬、江二州诸军事。以上诸王，都持节去他们各自的封国。立皇子司马乂为长沙王，司马颖为成都王，司马晏为吴王，司马炽为豫章王，司马演为代王；皇孙司马遹为广陵王。又封淮南王的儿子司马迪为汉王，楚王的儿子司马仪为毗陵王。迁扶风王司马畅为顺阳王，司马畅的弟弟司马歆为新野公。司马畅是司马骏的儿子。封琅邪王司马觐的弟弟司马澹为东武公，司马繇为东安公。司马觐是司马伷的儿子。

当初，晋武帝把才人谢玖赐给太子，生下了皇孙司马遹。有一天夜里，皇宫中失火了，晋武帝登上楼顶观望。司马遹当时只有五岁，他牵着晋武帝的衣襟走进昏暗的地方，说：“夜里突然出事，应当防备突如其来的变故，不可以站在亮处，让别人看到人君。”晋武帝从此认为司马遹很不一般。晋武帝曾经当着群臣称赞司马遹像晋宣帝司马懿，所以天下的人都归心敬慕司马遹。晋武帝知道太子没有什么才能，但是凭借司马遹的聪明才智，晋武帝才没有废黜太子的想法。晋武帝又用王佑的计谋，把太子的同母弟弟司马柬、司马玮、司马允都派出去镇守要害地区。晋武帝担心会受到杨氏的逼迫，又任王佑为北军中候，掌管皇帝的亲兵。晋武帝为了皇孙司马遹，以很高的标准挑选他身边的僚属与辅佐。散骑常侍刘寔志向与操守高洁清廉，因此被任命为广陵王司马遹的老师。

（以上为第一段，写晋武帝司马炎沉溺于声色，弄垮了身体，考虑后事，看重皇孙司马遹的聪明伶俐，故没有废掉太子司马衷；命令诸王持节去封国，立诸皇子为王。）

刘寔看到当时的风气是喜好趋附，缺少廉洁与谦让，曾经写了《崇让论》，建议初次被授予官职、递交谢书的人，必须是能够推举、谦让贤能的人，才能够让他通过。如果有了空缺的官位，就要挑选平时为人谦让最多的人来担任。他认为："人的本性是如果争斗起来，就要毁谤自己所比不上的人；如果谦让，就会争着推举胜过自己的人。所以，如果争斗，世上就难以区分优劣；如果有了谦让的风气，贤能才智之人就会显现出来。在现在这种时候，能够退身自我修养，谦让的人就会多起来，谦让的人多了，即使想守着贫贱不做官，也不可能了。奔走趋附想让别人对自己谦让，这就如同想向前走，但却向后倒退一样。"

淮南相刘颂上书说："皇上的刑法禁令宽松放任，是平时日积月累而形成的，不可能一下子就能用公正的标准治理下民，这确实是要等到时势所宜的机会。然而，至于矫正世风，救治时弊，自然应当逐渐走向清廉整肃。这就好比行船，虽然不能径直渡过急流，但应当渐渐随着水势往前走，一点一点地朝着自己要去的方向，然后就能渡过河去。

"自从泰始以来，已将近三十年了，各项事业并没有比以往更加兴旺。凭着皇上的明圣，还没有纠正衰乱时代的弊病，以成就最初的隆盛，传之于后世，这难道不值得忧虑吗？假使以后大业或许不安稳，那么忧虑与责任也还是在皇上啊！

"我听说为国家打算，不如分封于亲属与贤能之人。然而应当审度、衡量事情发展的趋势。假使诸侯服从正义而行动，其力量足以护卫京城；如果他们包藏祸心，那么他们的势力也不足以独立地有所作为。这件事情要整治好是很困难的，皇上应当与通达古今的人士在一起，共同深入地筹划这件事情。周代的诸侯，如果犯了罪就要遭到惩罚放逐，但其爵位不断绝。汉代的诸侯如果犯了罪或者没有儿子，那么他的封国也就随之失去了。如今应当改变汉代的弊端，遵循周代的制度，那么下面巩固，上面也就安定了。

"天下极其广大，各种事情极其繁多，而君王却极少，就像天上的太阳。因此，圣明的君王实行教化，要自己掌握住根本，把事务委托给手下的人去办理，这并不是好逸恶劳，实在是由于国家的体制适宜于如此。处理事情在一开始的时候就去区分事情办得好还是不好，是很难观察出来的，等到事情的发展显示出了成功与失败，这时候再去区分功劳与罪过就很容易识别了。如今皇上常常是精心于初始的构建，却忽略对结局的考察，这正是治理的功效所以不完美的原因。人君如果确实能够处于平易而抓住根本，于成功失败的结局之后考察功劳与罪过，那么手下的官员们就没有地方逃避奖赏与惩治的处理了。

“古时候六卿分工，各司其职，冢宰是统领。秦汉以来，九卿的职掌由丞相总管。现在事情都由尚书裁断，各官署奉行成规，与古时候的制度相比，尚书的事务太重。可以把众多的事务交付给各官署办理，使各官署有负责专门事项的权力。尚书统领根本大纲，如同丞相所做的事情一样，年终考查功效，校阅簿籍，实行赏罚而已，这也就可以了。现在动不动就接受上面的现成的决定，上面如果有失误、过错，就不能怪罪于下属，等到年终，没有功绩上的建树；有了过错，也不知该由谁来承担责任。

“细微的过失，荒谬的言行，这是人的本性所难免的，但是全都要用刑法来矫正，那么朝野上下就没有人能够安身立命了。近世以来，担任监察的官员，大都不抓根本大事，却对微小的过失抓住不放，这大概是因为畏惧、躲避豪强却又担心荒废了职责，因此就谨慎地使法律周密，以搜罗微小的过错，使得上奏的揭发罪行的文状接连不断，表面看来是在为公事尽职，实际上是扰乱了法规。因此，圣明的君王对那些琐碎细密的公事不感兴趣，而对于那些揭发凶恶、奸诈的大事的奏章则一定要过问，那么，损害国家政事的邪恶的人或事，自然就被抓住了。创立基业的功勋，在于设立政令，制定规章，使得遗留下来的风尚能够使后人有所继承；遗留下来的功业能够辅助、纠正年小而又软弱的后人。后代能够凭借前代制定的法规，即使是昏庸的人，仍然能够做出明智的决定，即使是蠢笨无知的人，也如同有才智的人，使得后人足以得到帮助。

“至于那些修饰官署的事情，各种劳作，通常是过分得成了一种妨害，这种事情不用担心发动不起来，这是即使到了将来，没有皇上的命令也自然能办成的事情。现在的问题在于，对于不急的事情抓得很紧，办得勤恳，但却损伤了所赖以依仗的根本，我私下认为有些过分了。”对于刘颂的意见，晋武帝都没有采纳。

晋武帝下诏，任命刘渊为匈奴北部都尉。刘渊轻视钱财，喜好施舍，倾心与人交际，匈奴五部的豪杰之士以及幽州、冀州的名儒，都去投奔、归附他。

奚轲人男女共十万人投降了晋朝。

（以上为第二段，写晋朝谋臣建言，散骑常侍刘寔有感于好趋赴、少廉让，著《崇让论》；淮南相刘颂认为应当崇尚清廉，建规立制，而晋武帝司马炎没有采纳。）

孝惠皇帝上之上

晋惠帝永熙元年（庚戌，公元 290 年）

春季，正月初一辛酉朔，改年号为太熙。

正月初九己巳，任命王浑为司徒。

司空、侍中、尚书令卫瓘的儿子卫宣，娶繁昌公主。卫宣嗜酒贪杯，时常因喝酒而误事。杨骏憎恨卫瓘，就想把他驱逐出去。于是他就和宦官黄门密谋一起诽谤卫宣，劝晋武帝不要把公主嫁给卫宣。卫瓘知道了这件事以后，又惭愧又恐惧，就以上了年纪为由，请求退职。晋武帝下诏，晋升卫瓘为太保，以菑阳公的身份回到家里。

剧阳康子魏舒去世。

三月初五甲子，任命右光禄大夫石鉴为司空。

晋武帝病势沉重，没有遗诏。有功绩的旧臣们大多已经死亡，侍中、车骑将军杨骏独自在宫中侍候晋武帝。杨骏不让大臣们守候在晋武帝身边。他趁着这个机会，自作主张，把晋武帝身边重要亲近的职位都换了人，培植自己的心腹。这时，晋武帝的病情稍微有了好转，看到身边的人都被更换了，就严肃地对杨骏说："你怎么能这么做呢？"这时汝南王司马亮还没有离开京都，晋武帝就命令中书做诏书，命令司马亮与杨骏一同辅佐政事，还打算选择中央的官吏中有名望的几个人协助司马亮和杨骏。杨骏从中书借来诏书观看，拿到手里就藏起来走了。中书监华廙非常害怕，就到杨骏那里去索要诏书，杨骏最终也没有把诏书还给他。这时晋武帝又进入昏迷状态，杨皇后上奏请求任命杨骏辅政，晋武帝点头答应了她。

夏季，四月十二日辛丑，杨皇后召来华廙以及中书令何劭，口头宣布晋武帝的旨意作为诏书，任命杨骏为太尉、太子太傅、都督中外诸军事、侍中、录尚书事。诏书写成之后，杨皇后当着华廙、何劭的面呈送给晋武帝，晋武帝看了诏书后什么也没有说，华廙是华歆的孙子，何劭是何曾的儿子。随后，催促汝南王司马亮奔赴镇所。过了不久，晋武帝的病情又有了好转，就问道："汝南王来了没有？"身边的人说还没有到。这时，晋武帝病重垂危。二十日己酉，晋武帝在含章殿去世。晋武帝器宇度量开阔宽厚，聪明通达，喜好谋划，能够容纳直率的言辞，从来没有在别人面前有不庄重的仪表。

太子司马衷登基，做了皇帝。实行大赦，改年号为永熙。尊杨皇后为皇太后，立太子妃贾氏为皇后。

杨骏进入太极殿居住。这时，晋武帝的棺材将要移到太极殿停柩，六宫妃嫔都出来与晋武帝的灵柩辞别，杨骏却不下殿，用一百名勇士保卫自己。

晋惠帝命令石鉴与中护军张劭监督建造陵墓。

汝南王司马亮害怕杨骏，不敢去赴晋武帝的丧事，在大司马府门外哭悼晋武帝。司马亮到城外居住，上书请求过了晋武帝的葬礼再出发前往镇守之地。有人告发说，司马亮要兴兵讨伐杨骏，杨骏异常恐惧，告诉了杨太后，杨太后让晋惠帝手写诏书给石鉴和张劭，让他们二人率修建陵墓的士兵去征讨司马亮。张劭是杨骏的外甥，立即率领部下催促石鉴马上出发。石鉴却认为事情并不是这样，他保证司马亮不会举兵，掌握住手下的士兵不予行动。司马亮向廷尉何勖询问计策，何勖说："现在朝野上下都从心里归附于您，您不去讨伐别人，却害怕别人来讨伐您吗？”司马亮不敢发兵，夜里快马加鞭地奔赴许昌，才免去了一场灾难。杨骏的弟弟杨济以及外甥、河南尹李斌都劝杨骏留下司马亮，杨骏不听。杨济对尚书左丞傅咸说：“家兄如果征召大司马司马亮，你退身躲避他，那么门户也许可以保全。”傅咸说：“皇族与外戚，相互依赖才能安定。只有把大司马召回来，共同本着公正无私的原则辅佐朝政，用不着躲避司马亮。”杨济又让侍中石崇去见杨骏，对他说了这些话，杨骏不听。

五月十三日辛未，在峻阳陵安葬了晋武帝。

（以上为第三段，写晋武帝司马炎去世，立太子司马衷为帝，太子妃贾南风为皇后，外戚杨骏把持朝政，排挤、征讨重臣汝南王司马亮，埋下了重重祸根，为害久远。）

杨骏心里明白，自己平时就没有好名声，他想效法魏明帝即位的先例，普遍给大臣们进封爵位，以便讨好众人，收买人心。左军将军傅祗写信对杨骏说：“还没有听说帝王刚死，就给臣下论功行赏的事情。”杨骏不听。傅祗是傅嘏的儿子。

五月十八日丙子，晋惠帝司马衷下诏，朝廷内外群臣一律晋升一级，参与晋武帝丧事的晋升二级，二千石以上的官员一律封为关中侯，免除一年的赋税。散骑常侍石崇、散骑侍郎何攀一起上奏，认为：“皇上被正式立为太子有二十多年，现在继承了大业，但是遍施奖赏，赐予爵位，比泰始革命之初以及各位将领平吴的功绩得到的奖励还要丰厚，这就使轻重不相称了。况且占卜得知，大晋传国世代无穷，现在开创的制度是要传之于后世的，如果有爵位就必得进升，那么几代以后，就没有人不是公侯了。”他们的意见没有被采纳。

晋惠帝下诏，任命太尉杨骏为太傅、大都督、假黄钺，总领朝政，百官各自掌管自己的职责，听命于杨骏。傅咸对杨骏说：“居丧三年的制度，已经很久没有实行了。如今皇上谦虚，把政事委托给您，但是天下的人们并不认为这样为妥，恐怕您还不容易承当。周公是大圣之人，尚且招来了流言蜚语，更何况皇上的年龄并不是当年成王的年龄呢！我私下认为，武帝丧事既已办完，您应当慎重考虑逊退的事情了，如果可以证明您的真诚，岂在于言辞的多少呢？”杨骏不听傅咸的话，傅咸又多次劝谏，杨骏逐渐坐不住了，想把傅咸赶出朝廷，让他去做郡守。李斌劝杨骏说：“斥逐了正直的人，就要失去人们对您的敬仰。”杨骏才没有赶走傅咸。杨济给傅咸的信上说：“俗语说：‘生傻儿子，了却官场上的破事。’对官场上的事情，是不宜搞得太清楚的。我为你思考、忧虑，所以写信提醒你。”傅咸回信说：“卫公有言：‘酒色杀人，比直言杀人还要厉害。’因酒色获罪而死，人们不觉得后悔，但是却害怕由于正直而招来的祸殃，这是由于心术不能正，想把苟且偷生当作明智的处世方法以保全自己。自古以来，由于正直而招来灾祸的人，是由于矫正邪恶过了头，或者是因为不是真心实意，想以严酷来博取名声，所以会招来怨恨。哪里会有忠诚恳切做好事，却反而被人憎恨的道理呢？”

杨骏因为贾后阴险蛮横又富于权术谋略而忌恨她。所以，他任命自己的外甥段广为散骑常侍，掌管机密要事；任命张劭为中护军，统领皇帝的亲兵。凡是有诏命，皇帝看过之后，呈送给杨太后，然后实行。

杨骏当政，严厉琐碎而又专断固执，朝廷内外的人都很恨他。冯翊太守孙楚对杨骏说：“您以外戚身份担当着伊尹、霍光的重任，应当以公正无私、诚实不欺、谦虚和顺为人处事。当前皇族强盛，而您却不与他们一起参与日常政务，心里怀着猜疑妒忌，在外培植亲近宠爱的人，这样下去，灾祸临头的日子就没有几天了！”杨骏也不听。孙楚是孙资的孙子。

弘训少府蒯钦是杨骏姑姑的儿子，多次以直言冒犯杨骏，别人都为他担惊受怕，蒯钦说：“杨骏虽然昏庸，仍然知道对没有罪过的人不可以乱杀，他只不过会疏远我，我被他疏远，就可以免去灾祸，要是不这么做，我就会和他一起被灭族了。”

杨骏征召匈奴东部人王彰为司马，王彰逃避不接受。王彰的朋友新兴人张宣感到奇怪，问他为什么这样做，王彰说：“自古以来，一姓却有两位皇后，就没有不败亡的。何况太傅杨骏亲近小人，疏远君子，专权放纵，败亡就没有几天了。我跨海出关地躲避他，尚且害怕祸事祸及到我的身上，为什么还要响应他的征召呢？而且武帝不考虑国家大计，继位的儿子已经不能挑起重担，接受遗诏辅佐的人又不是合适的人选，天下的动乱很快就会到来。”

秋季，八月二十六日壬午，立广陵王司马遹为皇太子。任命中书监何劭为太子太师，卫尉裴楷为少师，吏部尚书王戎为太傅，前太常张华为少傅，卫将军杨济为太保，尚书和峤为少保。拜太子的母亲谢氏为淑媛。贾后常常把谢氏安排在另外的房间居住，不让她和太子相见。当初，和峤曾经从容地对晋武帝说：“皇太子具有朴质的古风，但是将要衰乱的时代多伪多诈，恐怕他不能办好皇上的家事。”晋武帝沉默不语。后来，和峤与荀勖等人一起在晋武帝身边伺候，晋武帝说：“太子近来进入朝廷稍微有了长进，你们可以一起去他那里，粗略地问他一些当世的事情。”于是，他们就去了太子那里，回来以后，荀勖等人都称赞太子聪明，有见识，气度不凡，确实如武帝所说的那样。和峤却说：“太子的资质和原来一样。”晋武帝不高兴地站起身来。等到太子继位做了皇帝。和峤跟随太子司马遹入朝，贾后让晋惠帝问和峤：“你以前说我不能处理好家事，今天究竟怎么样呢？”和峤说：“我从前侍奉先帝，曾经说过这话，我说的话没有得到证实，这是国家的幸运。”

冬季，十月初六辛酉，任命石鉴为太尉，陇西王司马泰为司空。

任命刘渊为建威将军、匈奴五部大都督。

（*以上为第四段，写西晋外戚太傅杨骏总领朝政，安排亲信掌管机要和皇宫侍*

卫，滥赏官爵收买人心，打击异己排斥直臣，严厉琐碎又专横武断，朝廷内外非常忌恨。）

晋惠帝元康元年（辛亥，公元 291 年）

春季，正月初一乙酉朔，改年号为永平。

当初，贾皇后还是太子妃时，曾经由于嫉妒，亲手杀了几个人，她还用戟投掷怀有身孕的姬妾，使孕妇肚子里的胎儿随着刀锋而落地。晋武帝动了怒，修了金墉城要把她废黜。荀勖、冯统、杨珧以及妃嫔赵粲都想办法援救她，对晋武帝说："贾妃年轻，嫉妒本是妇人的本性，长大了自然就会变好的。"杨皇后说："贾充对国家有大功，贾妃是他的女儿，即使嫉妒，怎么可以这么快就忘记她先人的功德呢？"贾妃因而没有被废。

杨皇后多次训斥贾妃，贾妃不知杨皇后这样做是为了帮助她，反而认为杨皇后是在武帝面前陷害她，因而仇恨杨皇后。后来，晋惠帝即位，贾后不肯以儿媳的身份侍奉皇太后，还想要干预政事，但却被太傅杨骏所遏制。殿中中郎渤海人孟观、李肇都是杨骏不以礼相待的人，暗地里图谋杨骏，说他将危害国家。宦官黄门董猛平时在东宫供职，主管宦官。贾后秘密指使董猛与孟观、李肇谋划除掉杨骏，废黜太后。又派李肇告知汝南王司马亮，让他发兵讨伐杨骏，司马亮没有答应。李肇告诉了都督荆州诸军事楚王司马玮，司马玮欣然同意，就请求入朝。杨骏平时就畏惧司马玮的勇猛强悍，想召他来又不敢，这次司马玮请求入朝，杨骏就同意了。二月二十日癸酉，司马玮和都督扬州诸军事、淮南王司马允入朝求见。

三月初八辛卯，孟观、李肇禀告晋惠帝，夜里撰写诏书，诬陷杨骏谋反，朝廷内外戒严，派遣使者遵照诏命废除杨骏，以侯爵的身份回家。命令东安公司马繇率领殿中四百人讨伐杨骏，楚王司马玮驻守在司马门，任命淮南相刘颂为三公尚书，驻兵守卫殿中。段广跪着对晋惠帝说："杨骏孤单，没有儿子，岂有谋反的道理，希望皇上慎重考虑。"晋惠帝没有回答。

当时，杨骏住在之前曹爽住过的宅第，位置在武库南边，他听到皇宫内有变动，就召集各位官员商议。太傅主簿朱振劝说杨骏道："现在宫中发生了事变，它的趋向可以知道，一定是那些宦官给贾皇后出的主意，对您很不利。应当烧了云龙门逼迫他们，索要起事者的人头，打开万春门，带领东宫以及外营士兵拥护着皇太子进宫，捉拿奸佞，宫殿之内震动恐惧，必定会斩肇事者之首送来，不这样的话，没有办法免于灾难。"杨骏素来怯懦，下不了决心，说道："云龙门是魏明帝所建，劳力、耗费非常大，为什么要把它烧了？"侍中傅祗禀告杨骏，请求和尚书武茂进宫观察事态的发展，他对官员们说："宫中不宜空虚。"然后拱手行礼下了台阶。官员们都跑了，武茂还坐在那里。傅祗回过头对他说："你难道不是天子的臣下吗？如今内外隔绝，不知道天子在哪里，你怎么还能坐得住呢？”武茂于是惊慌而起。

杨骏的党羽左军将军刘豫，领兵列阵守候在门外，遇到右军将军裴頠。刘豫问裴頠，杨骏在哪里，裴頠欺骗他说：“我刚才在西掖门遇到杨骏，他乘着白色的车子，有两个人跟着他向西去了。”刘豫说：“我应该去哪里？”裴頠说：“应该去廷尉。”刘豫听从裴頠的话，把士兵托付给裴頠就走了。不久，诏命裴頠代替刘豫兼任左军将军，驻守万春门。裴頠是裴秀的儿子。杨太后把信写在绢帛上，用箭射出城外，上面写着“救太傅者有赏”。贾后就利用这件事，宣称杨太后与杨骏一起谋反。不久，宫中的士兵们出去了，放火焚烧杨骏的府第，弓弩手在楼阁上对着杨骏的府第放箭，杨骏的士兵们没有办法出来。杨骏逃到马房里，被人杀死在那里。孟观等人于是拘捕了杨骏的弟弟杨珧、杨济，张劭、李斌、段广、刘豫、武茂，以及散骑常侍杨邈、中书令蒋俊、东夷校尉文鸯，这些人都被夷灭三族，被处死的有好几千人。

杨珧临刑的时候，请求东安公司马繇说：“我以前给晋武帝的表奏就放在石头匣子里，你可以问张华。”众人认为应当按照锺毓的先例为杨珧申述昭雪，司马繇没有答应，而贾氏家族的同党又催促赶快执行死刑。杨珧不停地呼号叫喊，执行死刑的人用刀劈开了他的头。司马繇是诸葛诞的外孙，以前就忌恨文鸯，这次就把文鸯当作杨骏的党羽一起杀了。这一夜，要杀谁，要赏谁，都由司马繇说了算，他的威势震动了朝廷内外。王戎对司马繇说：“大事处理完之后，应当深藏远离权势。”司马繇不听。

（以上为第五段，写西晋宫廷政变，外戚太尉杨骏只当了一年的辅政大臣，就被皇后贾南风算计而诛杀，灭三族；其弟杨珧有言在先，也没有逃过厄运，被破头而亡。）

三月初九壬辰，赦天下，改年号为元康。

贾后诈称皇帝诏书，派后军将军荀悝送杨太后去永宁宫居住，特别保全了杨太后母亲高都君庞氏的性命，同意她去太后那里居住。不久，贾后又劝说各位大臣通过有关部门上奏说：“皇太后早就在暗中进行邪恶的谋划，企图危害国家，用飞箭捎带书信，招募将士，与邪恶之人狼狈为奸，自动与天相绝。鲁侯与文姜断绝关系，这是《春秋》所赞许的。至于侍奉祖宗，在天下担当起公正无私的责任，皇上虽然是怀着不得已的感情，臣下也不敢奉命而行。”晋惠帝下诏说：“这是大事，要再慎重一些。”有关部门又上奏说：“应当废太后为峻阳庶人。”中书监张华提议：“太后并没有获罪于先帝，如今偏私她所亲近的人，为人之母，在圣世没有做出榜样，应当按照汉代废赵太后为孝成后的旧例，贬皇太后的尊号，还称她为武皇后，让她在别的宫里居住，以保全从始到终的德惠。”左仆射荀恺与太子少师、下邳王司马晃等人提议说：“皇太后图谋危害国家，不能再与先帝相配，应当贬去她的尊号，废了她，让她去金墉城。”

这时，有关部门上奏，遵从司马晃等人的提议，把杨太后废为平民。晋惠帝下诏，同意这一决定。又有有关部门上奏说：“杨骏造反作乱，他的家属应当被处死，诏命赦免了他的妻子庞氏的死罪，以安慰太后之心。现在太后被废为平民，请求把庞氏交付廷尉执行死刑。”惠帝下诏，不予赞同，有关部门又坚持请求，惠帝就听从了这个意见。庞氏临刑的时候，杨太后抱住她号哭叫喊，割断头发，跪下来以额触地。杨太后上书，要去贾后那里当奴仆，请求保全母亲性命，却不被理睬。董养出游到了太学，登上殿堂感叹地说：“朝廷建立了此堂，将要用它来做什么呢？每当观看国家大赦的文书，像谋反这样极大的罪恶，都能赦免，但是对于杀了祖父、祖母，杀了父亲、母亲之罪的，却不予赦免，原因就在于这样的罪恶是帝王制定的法律所不能宽容的。但是为什么公卿处理意见，修饰礼仪制度，竟然到了如此的地步呢？天道人事的法则已经灭绝，大的动乱就要兴起了。”

有关机构拘捕了杨骏的下属官吏，想杀了他们。侍中傅祗陈述说：“从前鲁芝任曹爽的司马，冲破关隘去奔赴曹爽，晋宣帝还任用他为青州刺史。杨骏的僚属，不能都给他们加上罪名。”于是，晋惠帝下诏书赦免了他们。

（以上为第六段，写贾南风发动政变后，为报私仇，对皇太后杨芷赶尽杀绝，废为庶人，打入冷宫，杀掉其母庞氏，晋惠帝司马衷没有任何主见，只是一个傀儡。）

三月十九日壬寅，征召汝南王司马亮任太宰，与太保卫瓘都任录尚书事，辅佐朝政。任命秦王司马柬为大将军，东平王司马楙为抚军大将军，楚王司马玮为卫将军兼北军中侯，下邳王司马晃为尚书令，东安公司马繇为尚书左仆射，晋升爵位为王。司马楙是司马望的儿子。封董猛为武安侯，他的三个哥哥都被封为亭侯。

司马亮想取悦于众人，让众人爱戴他，依次评定铲除杨骏的功劳，督将中有一千零八十一人分别被封了侯爵。御史中丞傅咸写信给司马亮说：“如今赏赐显赫盛大，震动了天地，是自古以来所不曾有过的。没有功劳却可以得到奖赏，那么，人人都希望国家有祸事，这就使灾祸的根源没有穷尽了。开了这个头的人是东安公司马繇，人们以为殿下您来到后，应当有所匡正、整饬，以法规来匡正政务，众人又有什么可发怒的理由呢？众人之所以动怒，原因在于不公正，而现在加倍论功行赏更甚于东安公，大家都很失望。”司马亮颇有权势，独断专行，傅咸又进谏说：“杨骏有震动君王的权势，任用他的亲戚，这正是天下喧闹的原因。您现在处于重要的地位，应当纠正杨骏的错误，安静沉默，保养精神，有了大的事情就去维系、保持，如果不是什么大事，就不要去多管。我多次经过府上，看到官吏的车马把道路都堵塞了，这种众人争相趋附的状况应当停止。另外，夏侯骏没有功劳却突然被越级提拔为少府，人们议论说，夏侯骏就因为是和您有婚姻关系的亲戚，所以才能有今天的地位，传闻远播四方，这并不是有益的事情。”司马亮一概听不进去。

贾后的同族哥哥车骑司马贾模，贾后母亲的堂兄弟右卫将军郭彰，贾后妹妹的儿子贾谧，与楚王司马玮、东安王司马繇一起参与国政。贾后的凶恶乖张一天比一天厉害。司马繇秘密谋划要废掉贾后，贾氏家族很害怕。司马繇的哥哥东武公司马澹平时就憎恨司马繇，多次在太宰司马亮面前诬陷司马繇说：“司马繇擅自决定惩罚与赏赐，他这是要独揽朝政。”二十七日，晋惠帝下诏，免去司马繇的官职，又因为有忤逆言论而获罪，被废黜迁徙到带方县。

从这时候开始，贾谧、郭彰的权势日益兴盛起来，宾客挤破了门。贾谧虽然骄横奢侈，但却爱好学问，喜欢接纳士大夫。郭彰、石崇、陆机、陆机的弟弟陆云、和郁以及荥阳人潘岳、清河人崔基、勃海人欧阳建、兰陵人缪徵、京兆人杜斌与挚虞、琅邪人诸葛诠、弘农人王粹、襄城人杜育、南阳人邹捷、齐国人左思、沛国人刘瓌与周恢、安平人牵秀、颍川人陈眕、高阳人许猛、彭城人刘讷、中山人刘舆、刘舆的弟弟刘琨，都归附于贾谧的门下，称为“二十四友”。和郁是和峤的弟弟。石崇和潘岳格外谄媚地侍奉贾谧，每当等候到贾谧以及广城君郭槐出来了，就赶紧从车子上下来，站在道路的左边，望着贾谧、郭槐车后扬起的尘土行跪拜礼。

太宰司马亮、太保卫瓘，因为楚王司马玮傲慢固执又喜好杀人而憎恨他，想夺了他的兵权，让临海侯裴楷代替司马玮担任北军中候的职务。司马玮大怒，裴楷听说后，不敢接受北军中候的官职。司马亮又和卫瓘在一起密谋，派司马玮和各诸侯王去自己的封国，司马玮越发愤恨不满。司马玮的长史公孙宏、舍人岐盛，都受到司马玮的宠爱，他们劝说司马玮主动去亲近贾皇后。贾后就留下司马玮，让司马玮兼任太子少傅。岐盛从前与杨骏友好，卫瓘厌恶他反复无常，将要拘捕他。岐盛就和公孙宏谋划，依靠积弩将军李肇，诈称是司马玮的命令，在贾后面前诬陷司马亮和卫瓘，说他们将要谋划废立君王的事情。贾后平时就怨恨卫瓘，而且担心司马亮与卫瓘执掌朝政，她就不能专断放纵了。

（以上为第七段，写皇后贾南风扳倒太尉杨骏，重用汝南王司马亮、太保卫瓘，滥封侯爵，专权自恣，任意妄为；晋朝上下暗流涌动，新一轮宫廷政变呼之欲出。）

夏季，六月，贾后指使晋惠帝亲笔撰写诏书赐给司马玮，说：“太宰、太保想做伊尹、霍光做过的事情，你应当宣布诏命，命令淮南王、长沙王、成都王驻守各宫门，免去司马亮及卫瓘的官职。”夜里，派宦官黄门送诏书给司马玮。司马玮想重新上奏，黄门说：“事情害怕泄露出去，这可不是密诏的本意。”司马玮也想借这个机会报复私怨，于是统率自己的部队，又诈称皇帝的诏命召集三十六军，向他们宣告说：“司马亮与卫瓘，暗中图谋不轨之事，我今天接受了皇帝的命令，统领朝廷内外各军，各位正在值勤、担任卫护、防守之职的人，都要严加警戒。在外的部队就互相跟从直接去朝廷委派的机构，协助天道，讨伐叛逆。”还伪称皇帝命令说：“司马亮、卫瓘的下属官吏，一概不问，全部罢免遣散。如有不服从命令的，按照军法处置。”司马玮派遣公孙宏、李肇领兵包围了司马亮的住宅，让侍中、清河王司马遐去逮捕卫瓘。

司马亮的帐下督李龙，禀告司马亮说：“外面发生了变乱，请求抵抗。”司马亮没有同意。过了一会儿，士兵爬上墙头大声喊叫，司马亮吃惊地说：“我没有二心，为什么到了如此地步！我可以看一看诏书吗？”公孙宏等人不答应，催促士兵加紧进攻。长史刘准告诉司马亮说：“我观察这肯定是邪恶的阴谋。府里有才能的人很多，还可以尽力作战。”司马亮还是不同意，于是被李肇抓住，他感叹说：“我真诚的心可以剖开让天下人看一看。”司马亮和他的长子司马矩一起被处死。

卫瓘的手下人也怀疑司马遐是假冒皇帝诏命，请求卫瓘抵抗，等候上书有了答复，再听任惩罚也不迟，但是卫瓘不听从劝告。当初，卫瓘任司空的时候，帐下督荣晦犯了罪，卫瓘斥责并赶走了他。到了此时，荣晦也跟随司马遐拘捕了卫瓘，自作主张地杀了卫瓘及其子孙一共九人，司马遐都制止不住。

岐盛劝说司马玮道：“应当借着军队的气势，顺便除掉贾、郭，以扶正王室，安定天下。”司马玮犹豫不决。这时天亮了，太子少傅张华派董猛劝说贾后道：“楚王已经杀了司马亮和卫瓘，天子的威势权力全都归属于他了，君王还能依赖什么得到安稳呢？应当凭着司马玮专擅杀人的罪行惩处他。”贾后也想乘此机会除掉司马玮，所以深深地赞同这一主张。这时内外混乱，朝廷纷乱恐惧，不知如何是好。张华禀告晋惠帝，派遣殿中将军王宫拿着驺虞旗指挥众人说：“楚王诈称皇上命令，不要听他的话。”众人都放下兵器逃走了，司马玮的身边一个人也没有了，他窘迫地不知所措，于是就逮捕了他，押到廷尉府，乙丑（疑误），杀了他。司马玮临死前掏出藏在怀中的青纸诏书，流着泪拿给监刑尚书刘颂看，说：“我幸运地托先帝之体而出生，但是却蒙受了如此的冤屈啊！”公孙宏、岐盛都被夷灭三族。

司马玮起兵的时候，陇西王司马泰整肃部队准备协助司马玮。祭酒丁绥进谏说：“您身为宰相，不可以轻举妄动。而且夜里很仓促，应当派人去验证核实确切的消息。”司马泰于是没有行动。

卫瓘的女儿写信给国中的大臣说：“我死去的父亲没有显扬的谥号，我常常奇怪，一国之内都轻视这件事情而没有人说话，这种做法不合于《春秋》，其罪过在何处呢？”于是太保主簿刘繇等人手执黄旗，敲响了登闻鼓，向惠帝陈诉说：“当初，诈称皇帝命令的人到了，卫瓘立即奉送了印章绶带、单人独车地听命于人。依照假造诏书的条文，只是免去卫瓘的官职，但是从前的随从荣晦，擅自拘捕了卫瓘父子及孙子，一起都给杀了。请求考察全部事情的真伪，给荣晦施以公开示众的刑罚。”

于是惠帝下诏书，诛灭荣晦的家族，恢复、追认司马亮的爵位，谥号为文成。封卫瓘为兰陵郡公，定谥号为成。

（以上为第八段，写皇后贾南风蓄意发动宫廷政变，赐诏楚王司马玮，以谋逆罪杀汝南王司马亮、太保卫瓘，又以矫诏罪杀掉司马玮，西晋进入贾后专政弄权时代。）

从此以后，贾后独揽朝政，信任亲族，任命贾模为散骑常侍，兼领侍中。贾谧和贾后谋划，认为张华不是同姓，没有胁迫皇帝的嫌疑，而且张华儒雅有谋略，又是众望所归之人，就想把朝政托付给张华，但是还犹豫不定，就去询问裴頠的意见，裴頠赞成这个决定。于是就任命张华为侍中、中书监，裴頠任侍中。又任命安南将军裴楷为中书令，兼领侍中，和右仆射王戎一起掌管机密要事。张华对皇族竭尽忠诚，弥补缝合朝政中的过失、遗漏，贾皇后虽然凶暴阴险，却还知道敬重张华。贾模与张华、裴頠同心合力辅佐国政，所以几年之内，虽然是昏庸的君主居于皇帝之位，但是朝野上下安稳平静，这全都是张华等人的功劳。

秋季，七月，分出荆州、扬州的十个郡设置江州。

八月二十日辛未，立陇西王司马泰的长子司马越为东海王。

九月十四日甲午，秦献王司马柬去世。

九月二十一日辛丑，征召征西大将军、梁王司马肜为卫将军、录尚书事。

（以上为第九段，写皇后贾南风阴谋得逞，独揽朝政，虽凶暴阴险，但以儒雅有谋、众望所归的张华辅政，惠帝司马衷虽昏庸而居帝位，但朝野还算安稳、平静。）

晋惠帝元康二年（壬子，公元 292 年）

春季，二月初一己酉，从前的杨太后在金墉城去世。当时，杨太后还有十几名侍从，贾后把他们全都弄走，杨太后八天不进饮食而死。贾皇后恐怕杨太后有灵魂，或许会向晋武帝诉说冤情，就把杨太后翻过身来埋葬，还在上面压上了镇邪驱鬼的文书、药物等。

秋季，八月初七壬子，实行大赦。

晋惠帝元康三年（癸丑，公元 293 年）

夏季，六月，弘农下冰雹，三尺深。

鲜卑人宇文莫槐被他的部下所杀，他的弟弟宇文普拨即位。

鲜卑族首领拓跋绰去世，他的弟弟的儿子拓跋弗即位。

晋惠帝元康四年（甲寅，公元 294 年）

春季，正月初一丁酉，安昌元公石鉴去世。

夏季，五月，匈奴郝散叛乱，攻打上党，杀了长官。秋季，八月，郝散率领部众投降，冯翊都尉把他杀了。

这一年，发生严重饥荒。

司隶校尉傅咸去世。傅咸性情坚强朴直，风格严正庄重。他刚担任司隶校尉时，上言说："现在盛行用财货来贿赂人，这是应当严厉断绝的。"当时朝政松弛，豪门权贵恣意放任，没有约束，傅咸上奏罢免了河南尹司马澹等人的官职，京都的人都对他十分恭敬。

鲜卑人慕容廆迁移到大棘城居住。

鲜卑人首领拓跋弗去世，他的叔父拓跋禄官即位。

晋惠帝元康五年（乙卯，公元 295 年）

夏季，六月，东海下冰雹，深五寸。

荆、扬、兖、豫、青、徐六州洪水泛滥。

冬季，十月，武库发生了火灾。焚毁了历代的珍贵物品以及供二百万人使用的器具、兵器等。

十二月初一丙戌，建造新的武库，大量地调运兵器。

鲜卑人首领拓跋禄官把他的国家分成三个部分：一部分在上谷以北、濡源以西，他亲自统领。一部分位于代郡参合陂的北面，派他的哥哥沙漠汗的儿子拓跋猗㐌统领。还有一部分在定襄的盛乐故城，派拓跋猗㐌的弟弟拓跋猗卢统领。拓跋猗卢善于用兵，向西攻打匈奴、乌桓各部落，都打败了对方。代人卫操和他的侄子卫雄以及同郡人箕澹，都去投奔拓跋氏，劝说拓跋猗㐌、拓跋猗卢招纳晋人。拓跋猗㐌很喜欢他们，把国家大事托付给他们，晋人前来归附的逐渐多了起来。

（以上为第十段，写晋惠帝元康二年（292）至元康五年（295）共四年的史事，主要写鲜卑族首领的更替，以及鲜卑人招纳晋人，重用晋臣，逐渐强大，为魏国的建立打下了坚实基础。）

晋惠帝元康六年（丙辰，公元 296 年）

春季，正月，实行大赦。

下邳献王司马晃去世。任命中书监张华为司空。太尉、陇西王司马泰代行尚书令职务，被迁封为高密王。

夏季，匈奴人首领郝散的弟弟郝度元与冯翊、北地的马兰羌人、卢水胡人一起造反，杀了北地太守张损，打败了冯翊太守欧阳建。

征西大将军、赵王司马伦信任使用他所宠信的琅邪人孙秀。司马伦和雍州刺史、济南人解系为军事方面的事情争斗起来，他们争相上书禀告，欧阳建也上书陈述司马伦的罪恶。朝廷因为司马伦扰乱了关右地区，征召司马伦任车骑将军，任命梁王司马肜为征西大将军，都督雍、凉二州诸军事。解系和弟弟御史中丞解结，都上书请求杀掉孙秀以向氐、羌人谢罪，张华把这件事告诉了梁王司马肜，让司马肜杀孙秀，司马肜应允了。孙秀的朋友辛冉替孙秀向司马肜说情道："氐、羌自己起来造反，并不是孙秀的罪过。"孙秀因此免于一死。司马伦到了洛阳，采用孙秀的计谋，下功夫去结交贾谧和郭彰，贾后对他十分宠爱信任，司马伦趁机索求录尚书事的职务，还请求担任尚书令，张华、裴頠坚决不同意，司马伦、孙秀从此憎恨张华和裴頠。

秋季，八月，解系被匈奴的郝度元打败了，秦、雍地区的氐、羌人全都叛变了，立氐族统帅齐万年为帝，包围了泾阳。御史中丞周处，检举官吏的过失、罪状，不回避有权势的皇亲国戚。梁王司马肜曾经违犯法律，周处审查弹劾了他。

冬季，十一月，晋惠帝下诏任命周处为建威将军，与振威将军卢播都隶属于安西将军夏侯骏，让他们去讨伐齐万年。中书令陈准向朝廷进言说："夏侯骏和梁王都是皇帝的亲族，并不是将帅之才，他们进也不求名誉，退又不怕犯罪。周处是吴人，忠诚正直，勇敢果断，有仇人却没有援助他的人。应当命令积弩将军孟观，率领一万精兵担任周处的前锋，一定能够消灭敌人。不然的话，梁王就会让周处担任前锋，不去救援他而陷害他，那么失败就是必然的了。"朝廷不按他的意见办。齐万年听说周处来了，说："周府君曾经任职新平太守，能文能武。他如果是独自决断而来，就会不可抵挡，如果他被别人所控制，那么我这次就能捉住他。"

关中发生饥荒和瘟疫。

当初，略阳清水氐人杨驹最早在仇池居住。仇池方圆有上百顷土地，它的旁边有二十多里平地，四面是陡峭险峻的高山，有羊肠小道盘曲环绕三十六次而上。后来，杨驹的孙子杨千万归附了魏国，被封为百顷王。杨千万的孙子杨飞龙逐渐强盛起来，迁居到略阳。杨飞龙把他的外甥令狐茂搜当作儿子，令狐茂搜躲避齐万年的扰乱，十二月，从略阳率领部落四千家回去保卫仇池，自封为辅国将军、右贤王。关中地区躲避战乱的人，很多都去依附令狐茂搜。令狐茂搜接纳安抚他们；他们想要离去，也派人保护他们，送给他们财物。

这一年，任命扬烈将军、巴西人赵廞为益州刺史，征调梁州、益州的军队和粮食援助雍州讨伐氐、羌人。

（以上为第十一段，写秦、雍地区的氐、羌人看到晋朝钩心斗角，渐起叛心，立氐人首领齐万年为帝，御史中丞周处出兵攻打；关中地区的氐人首领令狐茂搜也逐渐强大。）

晋惠帝元康七年（丁巳，公元 297 年）

春季，正月，齐万年驻守梁山，有部众七万人。梁王司马肜、夏侯骏派周处率领五千士兵攻打齐万年。周处说："军队没有后面的接续，必然要失败，这不只是个人丧命，还会给国家带来耻辱。”司马肜、夏侯骏不听他的劝告，逼着他出发。

正月初四癸丑，周处与卢播、解系在六陌攻打齐万年。周处军队的士兵们还没有吃饭，司马肜就催促命令他们马上进攻，从早上一直战斗到晚上，斩杀俘获了大批敌军。周处的军队弓弦断了，箭矢用尽了，救兵就是不来。周处身边的人劝他撤退，他抚摸长剑说道：“这正是我效忠舍命的时候。”于是拼力作战，直到战死。朝廷虽然因此而责怪司马肜，但是也无法治他的罪。

秋季，七月，雍州、秦州大旱，瘟疫流行，一斛米价值一万钱。

七月，丁丑（疑误），京陵元公王浑去世。九月，任命尚书右仆射王戎为司徒，太子太师何劭为尚书左仆射。

王戎担任三公，随着当时的趋向升降、沉浮，对于国家的政事没有匡正与救助。他把事情委托给下属，轻身外出游玩。他生性贪婪、吝啬，园林、田地遍于天下，时常独自手持筹码，昼夜计算，常常好像不富有的样子。他自己家里种的李子非常好，卖出去恐怕别人得到种子，就在李子核上钻了洞。他所赏识提拔的人也都是徒有虚名。阮咸的儿子阮瞻曾经与王戎会面。王戎问他说：“圣人看重名分，老、庄明了自然，他们的宗旨是相同还是不同？”阮瞻说：“没有什么不同！”王戎赞叹不已，于是征召阮瞻，当时的人们称之为“三语掾”。

当时，王衍担任尚书令，南阳人乐广担任河南尹，他们都喜好清谈，专心于事务之外，在当时很有名望，朝野上下倾慕他们并争相仿效。王衍和他的弟弟王澄，喜好评论人物并定其高下，当世之人都把他们的评价作为标准。王衍精神意态聪明秀美。他小的时候，山涛见到了他，赞叹了很久，说：“什么样的妇人，生下了这样的孩子！但是妨害天下百姓的人，未必就不是这个人。”乐广性情淡泊简约，清明高远，与世无争。他谈论起来，总是以简略的语言辨析事理，使人感到心服、满足，对于他所不知道的事情，他就保持沉默。他谈论人，必定先称赞这个人的长处，那么，这个人的短处不用他说自然也就显现出来了。王澄以及阮咸、阮咸的侄子阮修、泰山人胡毋辅之、陈国人谢鲲、城阳人王尼、新蔡人毕卓，都以放纵任性为通达，甚至喝醉了酒发狂，裸体，也不觉得有什么不好。胡毋辅之曾经畅饮，他的儿子胡毋谦之见到了，厉声叫着他的字说：“彦国，你是上了年纪的人了，不应当这样做！”胡毋辅之欢喜地笑了起来，叫他过来一起喝酒。毕卓曾经任职吏部郎，邻室的主人酿造的酒好了，毕卓喝醉了酒，夜里溜到放置酒瓮的房间里去偷酒喝，被看管酒的人捆绑起来，第二天早晨一看，原来是毕吏部。乐广听说以后，笑他说：“名分礼教之内自有欢乐之处，何必这样呢！”

（以上为第十二段，写梁王司马肜与建威将军周处有过节，把出兵杀敌当儿戏，周处陷敌而死，而他像没事人一般；朝廷充满玄学风气，好为清谈，与时沉浮，无所作为。）

当初，何晏等人师法老子、庄子，他们所树立的观点认为："天地万物，都以无作为根本。所谓无，就是明了事物的真相，以成就天下的事务，这是无论走到哪里都存在的道理。阴阳赖此而发育滋长，贤能的人赖此而成就德行。所以无的功用，虽然没有爵位，但却很重要。"王衍之流都很喜爱和尊重何晏。从此，朝廷的士大夫都把虚浮放诞当作美好的行为，对自己的职务松懈荒废。裴頠撰写《崇有论》解说这种风气的弊端，说："利益和欲望可以减损，却不可以断绝它的存在；事物可以节制，却不可以完全没有。有装成具有发表议论才能的人，深刻地列举了有形的过失，盛赞空无的美好。有形的器物虽然有妨碍但却可以证验，空无的义理却难以考察。美妙善辩的文字能使人欢喜，似是而非的言谈足以使人迷惑。众人听了这些言论为之迷乱，沉迷于已有说法，虽然有一些不赞同这些说法的人，但由于言辞不能通，就屈从于所形成的习俗，因此认为虚无的道理的确不可以掩盖。一人唱而百人应和，去而不返，于是看轻治理天下的事务，轻贱功劳业绩的作用，崇尚游手好闲的事务，蔑视有经世之才的贤能之人。人情这样趋向，名与利随之而来，于是能文之士扩大其辞，言语迟钝的人赞美其宗旨。创立学说凭借于虚无的意旨，就被称为玄妙；居于官位而不亲临自己的职务，就被称为风雅深远。侍奉自身、疏略廉洁操守，被称之为心胸开阔，没有拘束。所以磨炼节操与德行的风气，更加衰落。放纵的人借着这种风习，有的违背祭祀、丧葬的礼仪，忽视形貌举止的仪表，轻慢长幼的次序，混淆贵贱的等级，更有甚者，到了赤身露体不庄重的地步，真是无所不至，士大夫的操行一再被毁坏。

"有形的万物，虽然是由无滋生出来的，然而既已生出来，有与无就已经有了区别，那么无就被有所遗弃了。所以繁殖已经在生长的有，并不是无的作用所能够达到的；治理已经存在的百姓，并不是无为就能掌管的。心并不是事务，而控制事务必须要通过心，便不能说心是无。工匠并不是器具，而制作器具必须要由工匠才行，便不能说工匠是不存在的。因此，要想捕捞深水中的鱼虾，并不是安卧就能得到的；要想让高墙上的鸟儿落下来，并不是安静地拱手就可以成功的。由此看来，增益有形的事物是有用的。虚无对于已有的百姓又有什么好处呢？"然而习俗已经形成，裴頠的议论也不能有所救助。

拓跋猗㐌越过沙漠以北去巡视，借此向西攻打各国。经过了五年，投降归附他的有三十多个国家。

（以上为第十三段，写晋朝弥漫着喜好清谈的风气，提倡虚无，放荡轻狂，荒废政事，裴頠写《崇有论》，深刻剖析这种妖氛邪气，但积弊过深，不能有所救助。）

晋惠帝元康八年（戊午，公元 298 年）

春季，三月十九日壬戌，实行大赦。

秋季，九月，荆、豫、徐、扬、冀五州闹大水灾。

当初，张鲁在汉中，賨人李氏从巴西宕渠去依附张鲁。魏武帝曹操攻克了汉中，李氏带领五百多家归附魏武帝，被授予将军的职务，迁移到略阳以北地区，称号为巴氐。李氏的孙子李特、李庠、李流，都有才力而又勇武，善于骑马射箭，性格仗义，好打抱不平，州中与他们志同道合的人，去归附他们。

到了齐万年造反的时候，关中连年庄稼不熟，略阳、天水六个郡的老百姓流亡、迁移，寻找粮食进入汉川的有几万家。路上处处见到生病和穷苦的人，李特兄弟经常救助赈济、保护这些人，从此得到了众人之心。流亡的百姓到了汉中，上书请求在巴、蜀寄食，朝廷议政时不允许，派遣侍御史李苾持符节慰劳，同时监督他们，不让他们进入剑阁。李苾到了汉中，接受了流民的贿赂，上书说："流民有十万多人，不是汉中一个郡所能够救济的，蜀地有粮食储备，人又丰足富裕，可以让流民去那里解决吃饭问题。"朝廷听从了李苾的意见。从此，流民散布于梁州、益州，不能禁止。李特到了剑阁，不由得长叹说："刘禅拥有这样的地方，竟然投降了别人，难道不是才能平庸、低下的人吗？"听到他的话的人，都觉得他是不一般的人。

张华、陈准认为赵王司马伦和梁王司马肜相继在关中，他们都悠闲自得，傲慢尊贵，不理军事，部队长久无事，没有能耐建立功劳。于是推荐孟观，说他深沉刚毅，文武双全，派他去讨伐齐万年。孟观亲临战阵，大战十几次，每一次都打败了敌人。

（以上为十四段，写赵王司马伦、梁王司马肜相继在关中，雍容骄贵，师老无功，养虎为患；积弩将军孟观深沉刚毅、文武双全，攻打叛军，大战数十次，获得胜利。）

【点评】

晋武帝杨皇后误国。晋武帝司马炎的第一位皇后杨艳，聪明贤惠，天生丽质，深得宠幸，是太子司马衷的亲生母亲。杨艳对晋朝的"贡献"，一是保住了半痴半傻的太子司马衷；二是劝说晋武帝娶贾充之女贾南风为太子妃；三是临终前推荐堂妹杨芷入宫为后，杨芷之父杨骏独霸朝廷。

太子司马衷逐渐长大后，晋武帝觉得他不够聪明，没有能力继承皇位，就打算另立太子，便私下告诉杨皇后。杨皇后说："设立太子依年长而不依才能，古来如此，怎么可以改换呢？"司马炎也就依从了杨皇后。司马衷能登上西晋皇帝宝座，则是多亏了他的母亲。对于杨皇后来说是福；对于晋朝来说，则是祸。

贾充是老奸巨猾的权臣，把大女儿嫁给了当时非常贤能的司马炎之弟司马攸；又想方设法要把二女儿贾南风嫁给太子司马衷。可是，司马炎不同意，认为贾氏比不上卫瓘的女儿。而贾充不死心，便让妻子郭氏出面贿赂杨皇后，杨皇后盛赞贾南风有美德，又悄悄叫太子太傅荀颉进言相劝，晋武帝便又同意了。当时人就嘲讽贾充，说他一个女儿嫁给皇弟，一个女儿嫁给太子，将来不管谁当皇帝，他都是皇帝的丈人。或许，贾充就有这样的心机。贾南风比司马衷大两岁，心机重、凶悍、泼辣，后来朝政被她弄得乌七八糟，这也是拜杨皇后所赐。

贾南风后来当了太子妃，凶神恶煞，看到其他妃嫔有孕，竟然以戟打她们的腹部，令她们流产。晋武帝司马炎知道后勃然大怒，恰好金墉城落成，于是就打算废掉贾南风，将她囚禁在金墉城。这时候的杨芷皇后，因堂姐临终前将太子和太子妃托付于她，于是，就力劝晋武帝，说："贾公有功于国家，应当数世优待，贾妃是其女，正处于妒忌之时，这嫉妒也是爱啊！不要以一时的过错而掩盖其大德。"晋武帝见皇后有求于自己，就答应了下来。

更令人气愤的是杨芷有一个凶暴的父亲杨骏，晋武帝司马炎临终前，本来是嘱托杨骏与汝南王司马亮共同辅政，诏书写好了，杨骏叫中书把诏书拿给他看看，中书拿来了，他却扣下了，真是胆大妄为！而后由他独自一人辅政，妄想一手遮天。杨骏毕竟是一个外戚，那么多的司马氏亲王能放过他吗？凶悍的贾南风能放过他吗？不到一年，贾南风让司马氏亲王以谋反的名义诛杀杨骏，灭其三族。而西晋，也从此进入了腥风血雨的八王之乱，处于风雨飘摇之中。

资治通鉴（白话本） 卷第八十三

晋纪五

晋惠帝元康九年至永康元年（公元 299—公元 300）

【起屠维协洽（己未，公元 299 年），尽上章涒滩（庚申，公元 300 年），凡二年】

【大事提要】

本卷记事起公元 299 年，讫公元 300 年，凡二年，当晋惠帝元康九年至永康元年。本卷所载大事，主要是五个方面：其一，惠帝昏庸，贾后专权。晋惠帝司马衷空坐皇位，不问政事；贾后秽乱后宫，专权弄政；贾后死党贾谧和郭彰肆意妄为，无恶不作；权贵之间互相推举，拿权力做交易；官场贿赂公行，刑罚失当；民间灾荒不断，百姓饿死。晋朝危在旦夕。其二，司马遹被废。太子司马遹自幼聪慧，得到祖父司马炎的夸赞。长大后，不满皇后贾南风的专权弄政，又无能为力，心中充满惆怅，索性不修德业，作践自己。贾后便与贾谧等人设计，诬陷其谋反，废掉其太子之位。其三，贾南风倒台殒命。公元 300 年，皇后贾南风迫害太子司马遹致死，激起公愤。赵王司马伦伪造诏书，以谋害太子的罪名废掉贾后，得到很多人支持，入宫后，即杀掉贾氏死党贾谧，又派齐王司马冏收捕贾后，将其废为庶人，囚于金墉城，不久，贾后被毒杀而死。其四，司马伦弄权。公元 300 年，赵王司马伦与部将孙秀在废掉皇后贾南风后，又打上淮南王司马允的主意，司马允愤而起兵攻打司马伦，被刺杀而死。司马伦自封相国，狂妄不可一世；而孙秀被封为中书令，狡黠圆滑，权倾朝野，他们在灭亡的道路上越走越远。其五，赵廞反晋。公元 300 年，益州刺史赵廞据守成都反晋。赵廞为贾后姻亲，贾后被废，又因晋室衰乱，暗怀据蜀之志。朝廷征其回京，他非常害怕，便赈贷流民，广收民心，杀掉新任的益州刺史耿滕等晋官，自称大都督、大将军，改号太平，断绝关中入蜀通道。

孝惠皇帝上之下

晋惠帝元康九年（己未，公元 299 年）

春季，正月，孟观在中亭击溃氐人，抓获氐人首领齐万年。

太子洗马陈留人江统，认为戎人、狄人祸患中原，应当尽早断绝为祸的根源，于是作《徙戎论》以提醒朝廷，说：“东夷、南蛮、西戎、北狄，处于极为边远的地区。大禹平定九州而西戎服从了安排。西戎秉性贪婪、凶暴强悍，毫无仁爱之心。四夷之中，戎、狄最为突出，势力衰弱则敬畏服从，势力强大就侵扰叛乱。当他们强盛时，汉高祖也被困于白登，孝文帝也曾驻军霸上。等到他们衰弱时，像汉元帝、成帝时那样的微弱国力，单于还过来朝见。这些都是已经发生过的事情。因此，有道的君王处理夷、狄事务，就是防御夷狄常备不懈，虽然他们叩头进贡珍奇宝物，边城并不放松守备；当他们起来作乱时，军队也不加以远征，就是希望境内安宁，疆域不受侵扰而已。

"等到周王朝失去纲纪，诸侯恣意征伐，彼此的疆域极不稳定，因为利害关系而各存异心，西戎、北狄得以乘隙进入中原，有的诸侯招抚利诱他们为自己所用，从此四方各族交相杂入，与中原人错综而居。到秦始皇统一天下，兵威大振，打击胡人，驱逐越人，到这时中原地区不再有各种夷族了。

"东汉建武年间，马援担任陇西太守，征讨叛乱的羌人，迁徙羌人残余到关中，让他们居住在冯翊、河东的空荒之地。数年后，他们的人口繁衍生息，既倚仗自己的富强，又苦于汉人的骚扰，于东汉永初元年，羌人叛乱，消灭了当地守军，屠城破邑，连邓骘也被打败。羌人侵入河内郡。十年之中，羌汉都衰败了，任尚、马贤仅仅是压制他们而已。从此以后，羌人残余不灭，稍有机会，就不断骚扰叛乱。中世时的寇患，以这支羌人最为严重。魏国兴盛之初，与蜀国分隔，疆场上的戎人，也分属两国，魏武帝曹操迁移武都的氐人到秦川，想以此削弱他们，增强国力，抵御蜀国。这实际上是权宜之计，而不是从长远的利益上来考虑。今天我们所承受的这个现实，就已经遭受到那种权宜之计的弊端的影响。

"关中土地肥沃，物产丰富，是帝王居住的地方，没有听说西戎、北狄应当在这块土地上居住。不属于我们的族类，想法也必定不同。但因他们衰弱，把他们迁到离京城不远的地方，士人百姓习以为常，玩忽对待，欺侮他们的软弱，使他们的怨恨刻骨铭心，一旦人口繁育强盛，便产生反叛之心。以他们贪婪强悍的本性，带着愤怒的心情，等候机会合适，就会发动叛乱。他们居住在封疆之内，没有障碍工事阻隔，抢掠没有防备的人，掠夺散野的财物，所以能够成为祸患而迅速蔓延，危害不可测度。这种必然的趋势是已经验证的事实。当今最好的办法就是趁着军队的威势正当旺盛，战时的一切设施都未取消，迁移冯翊、北地、新平、安定界内的各部落羌人，安置在先零、罕幵、析支等地；迁移扶风、始平、京兆的氐人，让他们出去，还归陇右，安置在阴平、武都地区，发给他们路上所需的口粮，足以使他们能够自己到达。各自归附本族，返回故乡，让属国都尉、抚夷护军等官员依照所辖地区集中安置他们。这样，西戎人与晋人不相杂居，各得其所。即使他们有为乱中原之心，兴起战乱的预兆，也与中原相隔极远，隔山阻河，作乱所危害的地区也不会太广泛。

“驳难的人说：氐人叛乱刚刚平定，关中饥馑，流行时疫，百姓愁苦，都盼望着安定休息；而要让疲惫病弱的人去迁移心存疑忌的人，恐怕会士气耗尽而力量不足，完成不了这一事业，这样先前的灾害还没有来得及消除，新的变故又会突然发生。回答说：您认为现在的氐人，是依靠剩余的资财、悔恨自己的过错而归于正道，感念我们的好意和恩惠而顺从归附呢；还是走投无路，心智与兵力都已困乏，害怕我们武力剿除才走到这一步呢？我说：这是他们没有余力、走投无路的缘故。这样，我们就能掌握他们的命运而使他们的进退都听从我们的调遣了。喜欢自己职业的人不会调换工作，满意自己住所的人没有迁居的想法。这时，他们正怀疑有危险而惧怕恐怖，紧张窘迫，所以能够用武力的威慑来制服他们，使他们一点都不敢违抗。趁着他们死亡逃离，流散各处，远离而没有聚集，加之他们与关中之人，户户都是仇敌，所以能够把他们迁到僻远之处，让他们不再怀念这个地方。

“圣贤之人谋事，在事情未发生时就进行处置，在尚未动乱时就去治理，至道未显现天下就已平定，恩德未施及事情就已成功。其次则能够转祸为福，转败为胜，陷于困境而能够渡过，遭遇阻碍而得疏通。现在您承受着旧的措施所带来的后果而不谋求开始改变这一困境，偏爱不断变换路线而又沿着翻车的轨道前进，这是为什么呢？再说，关中的人口有一百多万，约略计算人口比例，戎人、狄人占了一半，让他们继续居住或是迁移，都必须有口粮，如果出现欠缺，粮食供应不能接继，就得拿出关中的全部粮食来保全他们的生计，绝对没有把他们弃置沟壑，而他们不予侵扰掠夺的道理。现在我们将他们迁走，沿途供给粮食而使他们到达，让他们归到自己族类所在地，使他们自己养活自己，而秦地的人口就能得到另一半粮食。这就是供给迁移者以途中口粮，留给居住者装满的粮仓，以缓解关中的紧张，消除作乱的根源，花费一朝一夕的开销，成就长年获益的基础。如果害怕短暂行动的小工程，而忘却一劳永逸的大方略，不愿一时半刻的麻烦和劳苦，而给后世留下动乱之患，这不是所说的能够创业并流传后世，而为子孙后代着想啊！

“并州的胡人，原本就是凶恶的匈奴强盗，东汉建安年间，派右贤王去卑诱骗呼厨泉作为人质，听任他们的部落散居在并州六个郡。魏咸熙年间，因为一支部落太强，分为三个部落。晋泰始初年，又增为四部落，这时的刘猛从内部叛乱，勾结外族敌人；近年郝散之变，也发端于谷远这个地方。现在匈奴有五个部落，几万户之多，人口的兴盛超过西戎。他们天性骁勇，擅长射箭骑马，超过氐、羌一倍，如果发生没有想到的战事，那么并州一带就非常值得忧惧，恐怕非为我有。

“魏正始年间，毌丘俭征讨句骊，将他们的残余迁到荥阳。刚迁移时，只有百户；子孙繁衍，现在人数已达几千，几代之后，一定会繁盛起来。现在百姓失业，还有人流亡叛乱；犬马肥壮而众多，就会互相啃咬，何况像夷、狄那样，哪能不发生变故！他们只是感到自己微弱，势力还没有达到罢了。

“善于治理国家的人，其忧虑不在于人少而在于国家的不安，以四海的辽阔，百姓的富裕，哪里一定要异族人在其中，然后才能得到满足呢？对于这些异族人，可以发布告示遣送，使他们还归本来的地方，慰藉他们客居怀乡的思绪，解除中原汉人心中的不满。《诗经》说：‘施给中原德惠，安定四方部族。’恩德施于永世，这是一个兼及长远的计策啊！”结果，朝廷没有能够采用这个计策。

（以上为第一段，写晋惠帝元康九年太子洗马江充作《徙戎论》，认为戎、狄之人不断发生叛乱，祸患中原地区，应当尽早将他们从关中迁徙出去，回归原地，彻底断绝为祸的根源。如不及时迁移，将会生出祸乱，危害中原政权的巩固。）

散骑常侍贾谧在东宫为太子讲学，对太子态度傲慢，成都王司马颖发现后予以斥责。贾谧大怒，告到贾后那里，随即发落司马颖为平北将军，镇守邺城。惠帝征召梁王司马肜担任大将军、录尚书事，任命河间王司马颙为镇西将军，镇守关中。起初，晋武帝曾经规定了一个制度，封于宗庙的石匣之中，规定不是直系亲属不能镇守关中。司马颙看轻财物而爱惜士人，朝廷认为他德才兼备，可以重用。

夏季，六月，高密文献王司马泰去世。

皇后贾氏淫乱暴虐日甚一日，与太医令程据等人私通，还让人把路上的少年装进竹箱偷带入宫，但又怕这些少年把事情泄露出去，往往杀掉他们。贾模害怕这些事情牵连到自己，非常忧虑。裴頠与贾模以及张华商议废黜贾后，改立谢淑妃为皇后。贾模、张华都说：“皇上自己没有废黜皇后的想法，我们擅自进行这事，假如皇上并不同意，那该怎么办？再说各诸侯王正当强盛之时，都有各自的势力和亲近的人。恐怕一旦事情不成，招来祸患，不仅丢掉性命，而且使国家动乱，不利于国家啊！”裴頠说：“确实如你们所说。但是皇后在宫中昏乱暴虐而肆意放任，她的麻烦很快就会来临。”张华说：“你二人都是皇后的亲戚，你们的意见她可能相信，应该多向她陈述戒惧祸福的道理，希望她不要过分，那样天下还不至于出现祸乱，我们也就能够悠闲自在地度日了。”裴頠从早到晚劝说他的姨母广城君，让她告诫贾后要亲近厚待太子。贾模也多次对皇后讲述祸福的道理，贾后听不进去，反而认为贾模这样是诋毁自己，因而疏远他。贾模愿望没有达到，忧郁激愤而死。

秋季，八月，任命裴頠为尚书仆射。裴頠虽然是皇后贾氏的亲属，但是美好的声名一直广为人知，各地都唯恐他不能担当重要的职务。不久，惠帝司马衷下诏，让裴頠独掌门下事要职。裴頠上书惠帝，坚持推辞，说：“贾模刚刚去世，就让我来取代他的职位。这样安排提高外戚的声望，而显露出偏向和私情，会给朝廷带来麻烦。”惠帝不同意。有人对裴頠说：“您有说话的机会，还应当对皇后详细地说明。如果说了仍然不同意，那就应当远远地离去。假如这两条路都不走，即使是上书十次，也难以逃脱灾祸。”裴頠感慨了好久，但终究也没有听从。

惠帝为人愚鲁痴呆，一次在华林园听到蛤蟆的叫声。就问左右随从说："这鸣叫的动物，是为公事在叫呢？还是为私事在叫呢？"当时天下灾荒饥馑，有的百姓都饿死了，惠帝听到后说："他们为什么不吃肉粥呢？"因此，权力都由手下的小人掌握，政令出自许多部门而不能统一发布，有权势有地位的人家互相推举，如同市场交易。贾氏、郭氏肆意妄为，官场上贿赂公然进行。南阳人鲁褒作了一篇《钱神论》讥讽这种现象，说："钱的形象，像天地一样有圆有方，人们亲它爱它如同兄弟，尊称它，叫作'孔方'。它没有美德而倍受尊崇，没有权势而炙手可热，出入宫廷高门，可以转危为安，起死复生；它能变尊贵为卑贱，置活人于死地。所以愤怒争执时没有它就不能取胜，冤屈困厄时没有它就不能得救；冤家的仇怨没有它就不能解怨释仇，美好的声誉没有它就不能传扬播布。当今都城的王公贵族，权势要人，个个爱我们的'孔方兄'而没有休止，拿钱的手，紧抱着钱始终不放松。当今的人们，心中只有钱罢了。"

（以上为第二段，写皇后贾南风淫乱暴虐，掌控朝政；张华、裴頠各怀心思，顾恋禄位；贾谧、郭彰肆意妄为，贿赂公行；而司马衷则愚鲁痴呆，晋朝岌岌可危。）

此外，朝廷官员都追求苛峻明察来比较高下，每当遇到有疑义的问题，群臣都做出自己的解释。这样，惩罚罪犯的法律不相统一，以致案件与官司层出不穷。

裴頠上奏书说："先王刑罚奖赏都恰当合适，轻重的尺度统一，所以下面遵从执行起来就有一定的法度，官吏们也安心自己的职业。过去元康四年刮大风，祖庙宫殿的屋瓦被风刮落了几片，就罢免了太常荀寓，事情轻而处罚重，违背了正常的规定。元康五年二月又刮大风，兰台主事的官员以前面的事件为教训，非常害怕，在房梁的屋角之间仔细寻找，找到瓦片略有歪斜的地方有十五处，于是将太常囚禁，又兴起了案件。今年八月，陵园里有一枝粗七寸二分的荆条被砍断，司徒、太常等官员急得往来奔走，虽说事情不大，但如何处罚却难以预料，四处疏通，各自竞相洗刷自己，到现在对太常的囚禁还没有解除。刑法的条文有限而违反法律的缘故却多得漫无边际，所以虽有处罚时依事讨论议定处置的制度，确实不能都得以按照惯例处置。至于上述这类例证，都属于超过限度。这样恐怕奸邪的官吏就会因袭而随意判定罪刑的轻重。"过后，曲解法律条文随意惩处的事情仍然没有停止。

三公尚书刘颂继裴頠再次上书朝廷，说："近年来，法律逐渐出自许多部门，法令很不统一，官吏不知道应该遵守什么，下面也不知道哪些是违法而应该避免的，奸诈的人因此而得售其奸，身居高位的人难以核查下属，事体相同而评论不同，结果判决不能公平。国君与臣下，各有所执掌的职司。要使法令人人必须遵奉，所以要求有关负责官员遵守条文；法理有不通之处，所以让大臣来解释疑难问题；情况特殊，由国君根据情况随机相应断处。有关负责官员遵守条文，如西汉张释之公允地依法处理违反皇帝出行时清道法律的人；大臣解释疑难问题，如西汉公孙弘判处郭解的案件；国君根据情况随机相应断处，如汉高祖杀死丁公的行为。天下的很多事情，凡不属于这一类的，不能随意妄加议处，应该依照法规、律令来处理。这样才能使法律取信于百姓，人们所听到的没有疑惑，官吏没有做坏事的机会，这样才能谈论治理国家的事情。”

于是，朝廷下诏说：“郎、令史等官员再遇到法律规定之外而需要讨论议处的事情，要随案件本身上报处理意见。”但是还是不能革除随意论处的弊端。

刘颂升任吏部尚书，建立了将官员分九个等级考核的制度，计划使朝廷大小官员在职位上都企求升迁，考核官员胜任与否，明确对官员的奖惩制度。但是贾氏、郭氏专擅朝廷大权，想当官的人都想迅速升迁，最终刘颂的计划没有能够实行。

裴頠向张华推荐平阳人韦忠。张华起用韦忠，韦忠称病推辞。有人问他原因，韦忠说：“张华华而不实，裴頠贪得无厌，他们抛弃朝廷的制度礼仪而依附于作乱的皇后，这难道是大丈夫所做的事情吗？裴頠几次都有心推举我，但我常常担心他沉溺于深渊，余波会牵连我，难道能撩起衣服而跟随他吗？”

关内侯敦煌人索靖，预知天下将要大乱，指着洛阳皇宫门前的铜塑骆驼，感叹地说：“大概以后会在荆棘中看到你吧！”

（以上为第三段，写晋朝在皇后贾南风操持下，政出多门，混乱不堪，视法律为儿戏，裴頠、刘颂纷纷上书，各抒己见，可朝廷一概不理，索靖看到的则是“铜驼荆棘”。）

冬季，十一月初一甲子朔，发生日食。

当初，广城君郭槐因为贾后没有孩子，经常劝贾后，让她慈爱太子。贾谧骄横放肆，多次对太子无礼，广城君经常严厉地叱责他。广城君打算让韩寿的女儿去做太子妃，太子也想与韩氏联姻以稳固自己的地位。韩寿的妻子贾午及皇后都不同意，却为太子聘定王衍的小女儿。太子听说王衍的大女儿长得漂亮，而贾后却为贾谧聘定了她，太子心里愤愤不平，发了一些不满的牢骚。等到广城君病危，临终时拉住贾后的手，叫她对太子尽心，言辞非常恳切。又说：“赵粲、贾午一定会把你家的事情搅乱，我死后，你不要再听任他们随便进宫，请用心记住我的话！”贾后没有听从广城君的告诫，又与赵粲、贾午一起，图谋陷害太子司马遹。

太子司马遹年幼时有好的名声，长大后却不喜欢学习，只知道与周围的人嬉笑玩耍，贾后又让宦官之类的人引诱他，使他变得奢侈挥霍又骄横暴虐。因此，太子的声誉日益低下，而骄横傲慢却日益突出，有时沉溺于游乐之中，竟不顾每日清晨问候侍奉皇上的规定。还在宫中做买卖，让手下人买卖酒肉，太子亲手掂量分量，斤两竟分毫不差。太子的母亲，原本就是屠夫家的女儿，所以太子也爱好卖肉。太子每月有五十万钱的俸禄，却经常预支两个月，还不够花销。又让西园出售葵菜、蓝草籽、鸡、面粉等物品，以此赚钱。太子还爱好阴阳家的小把戏，平常有很多禁戒忌讳。任太子洗马职务的江统给他上书，陈述五件事，说："一是即使稍微有些小病痛，也应勉力支撑，遵守每日清晨问候、侍奉皇帝的规定；二是应当经常面见师傅，向他们请教做人为善的道理；三是雕画宫室这类的事情，应当减少或免去，在后园雕刻之类的劳作，也同时都要取消；四是西园卖菜之类的行为，损害国家的形象，也贬低自己的声誉，应予停止；五是对于修缮墙壁、房屋之类的事情，没有必要拘泥于琐细的忌讳。"太子都没有接受。中舍人杜锡担心太子的地位不稳固，经常尽心尽意地劝说，规劝太子修习有关德行品性的功业，维护好的名声，言辞恳切。太子反倒怨恨杜锡，把针放在杜锡经常坐的毡子中，杜锡被针扎得流血。杜锡是杜预的儿子。

太子司马遹性格刚愎，知道贾谧倚仗贾后的势力傲慢、骄纵，不能容忍和敷衍贾谧。贾谧当时担任侍中，到太子住处时，太子有时就把他撇在一边，自己到后边庭园游玩。太子的官员詹事裴权劝说太子道："贾谧是皇后所亲近宠信的人，一旦他进谗言，那情势就危险了。"太子没有接受。果然，贾谧向贾后进谗言陷害太子，说："太子储备很多私财，用来结交小人，就是因为图谋您的位置。如果皇上驾崩，他登上皇位，一定会按照您过去对杨骏、太后的做法来对待您，对他来说，诛杀我们，把您废黜并囚禁在金墉城，易如反掌。还不如早做打算，重新立一个心慈而顺从的人为太子，这样您就能够安全了。"贾后采纳了贾谧的计策，就宣扬太子的短处，并广为传播。还假称自己已经怀孕，在宫内准备了禾草之类的物品等接生的工具，接来妹夫韩寿的儿子韩慰祖来抚养，计划让韩慰祖来取代太子。

这时，朝廷内外都知道贾后有谋害太子司马遹的想法，中护军赵俊请太子司马遹废掉皇后，太子没有听从。左卫率东平人刘卞，向张华询问贾后的图谋，张华说："不知道。"刘卞说："我本来是须昌的小官吏，受到您的成全和提拔才有今天。为士的感念知遇之恩，所以言无不尽；可您却对我有重重疑虑！"张华说："如果皇后有这种图谋，您打算怎么办？"刘卞说："太子身边聚集着很多有才能的俊杰，护卫太子的左卫率、右卫率、前卫率、后卫率统辖着一万精兵。您身居辅导国君、主持国政的要职。如果能够得到您的命令，皇太子便入朝总领录尚书事，这样把皇后废黜在金墉城，只需两个小宦官的力量而已。"张华说："现在天子治理国家，太子是他的儿子，我又没有接受主持国政的使命，匆匆与太子干这样的事，这是无视君上、无视父亲，而把自己的不孝行为向天下展示的举动，即使成功了，仍然不免于死罪。何况有权势的外戚充满朝廷，威权不出于一处，能有一定成功的把握吗？"当时贾后常常派亲近党羽隐蔽身份，在朝廷外探听察看，听到了一些有关刘卞要协助太子废黜皇后的言论，于是就将刘卞调任为雍州刺史。刘卞知道自己的话已经泄露出去了，就服毒自杀。

（以上为第四段，写贾南风图谋陷害太子司马遹，司马遹无可奈何，破罐子破摔，奢侈挥霍，骄横暴虐；朝廷重臣张华等置若罔闻，明哲保身，矛盾一触即发，晋王朝将祸起萧墙。）

十二月，太子司马遹的大儿子司马虨生病，太子为他谋求亲王爵位，没有批准。司马虨病重，太子为他祈祷祭神求平安。贾后听说后，就假称惠帝身体不适，宣召太子入朝。太子进宫后，贾后不见他，却把他安置在另外的房间，派婢女陈舞假称惠帝的命令，赐给太子三升酒，让他全部喝掉。太子推辞说喝不了三升，陈舞胁迫说："不孝呀！天子赐酒而你不喝，难道酒中有脏物吗？"太子迫不得已，勉强喝完，于是大醉。贾后让黄门侍郎潘岳书写了一封信的草稿，又让小婢女承福拿着纸、笔和草稿，趁太子喝醉，诈称惠帝下诏，命令他抄写，文中说："皇上应当自己了断，不自己了断，我就要进宫替您了断。皇后也应该尽快自己了断，如不自己了断，我当亲手来了断，同时与谢妃约定，到时皇宫内外一起举事，请不要迟疑犹豫，以遭致后患。我在日、月、星之下设盟饮血，皇天允许我担当扫除祸患，立道文为王，立蒋氏为王后。愿望实现，我将用牛、羊、猪三牲供奉北君星斗。"太子醉得昏昏沉沉，于是就照着写了。有一半字看不清，贾后描补成字，便以此呈交惠帝。

十二月三十日壬戌，惠帝到式乾殿，召公卿入宫，让黄门令董猛出示太子的信以及青纸写的诏书。惠帝说："司马遹的信，这样大逆不道，现在将他赐死。"把太子的信及青纸诏书给王公大臣们传看，大家都不作声。张华说："废黜太子这是国家的大祸。自古以来，常常因为废黜原定的太子而导致丧亡祸乱。再说我朝拥有天下的时间尚短，希望皇上仔细考虑！"裴𬱟认为应当先检验检查传递这信的人，再比较核对一下太子平日的手书笔迹，不然，恐怕其中有虚假失实的地方。贾后就拿出太子写的十几张启事，众官员对照着看，也没有敢说不一样的。贾皇后又让董猛假托长广公主的言辞对惠帝说："这件事应当尽快决断，而大臣们意见还不相同，对那些不同意这个诏令的，应当按照军法处理。"大臣们商议到太阳偏西，还没有议定。

贾后见张华等大臣态度坚决，害怕事情发生变化，就建议把太子贬为平民，惠帝批准了这个建议。于是，派遣尚书和郁等拿着符节到东宫，废黜太子为平民。太子更换了衣服出去，拜接了诏书，走出承华门，乘坐粗陋的牛车，东武公司马澹带领一队士兵，押送太子及妃子王氏，还有司马虨、司马臧、司马尚三个儿子到金墉城关押起来。王衍上书，请求让女儿与太子离婚，得到同意，妃子王氏恸哭着回到娘家。惠帝处死了太子的母亲谢淑媛以及司马虨之母保林蒋俊。

（以上为第五段，写贾南风图谋陷害太子司马遹，司马遹无可奈何，破罐子破摔，奢侈挥霍，骄横暴虐；朝廷重臣张华等置若罔闻，明哲保身，矛盾一触即发，晋王朝将祸起萧墙。）

晋惠帝永康元年（庚申，公元300年）

春季，正月初一癸亥朔，实行大赦，改年号为永康。

西戎校尉司马阎缵带着棺材到皇宫前上书，认为："汉朝戾太子拥兵抗拒武帝的命令，大家都不过说太子的罪过应当受笞刑而已。现在司马遹接受惩罚时，仍不敢违背道统，他的罪过比起戾太子还要轻得多，应该重新为太子选择老师，先加以严厉的教诲，如果还不悔改，再抛弃他也不晚。"书奏呈递上去后，惠帝看都没有看。阎缵，是阎圃的孙子。

贾后又安排了一个宦官自首，谎说是打算参与太子的叛乱。惠帝下诏，让把这份宦官自首的文字在公卿大臣间公布，并派遣东武公司马澹率领一千名士兵看押太子，将他幽禁于许昌宫，命令持书御史刘振携带符节看守。还下诏说，太子周围的臣僚不能与太子辞别送行。洗马江统、潘滔，舍人王敦、杜蕤、鲁瑶等人冒犯禁令到伊水，流着眼泪向太子辞别。司隶校尉满奋将江统等人逮捕，送到牢狱。其中被押送到河南牢狱的人，河南尹乐广把他们全部释放送走；被押送到洛阳县牢狱的人，都还没有释放。都官从事孙琰对贾谧说："所以把太子废除遣送，是因为他作恶多端。现在太子东宫的臣僚冒着犯罪的危险与太子告别，而对他们严厉处罚，这事广为流传，反而宣扬了太子的美德，不如释放他们。"于是，贾谧就告诉洛阳县令曹摅把他们释放。乐广也没有因擅自放人而受到处罚。王敦是王览的孙子。曹摅是曹肇的孙子。太子到了许昌，给妃子王氏去信，陈述自己被诬陷冤枉的经过，而王氏的父亲王衍不敢把信上报惠帝。

正月十四日丙子，皇孙司马彪死去。

三月，尉氏县降下血雨，不知名的妖星出现在南方，太白星在白天出现，中台的两颗星分开。张华的小儿子张韪劝张华辞去职位避祸，张华不接受，说："上天之道幽深远长而不可测度，不如静观其变。"

太子司马遹被废掉后，群情激愤。右卫督司马雅、常从督许超，都曾经在太子东宫任过职，与殿中中郎士猗等图谋废掉贾皇后，恢复太子的地位。因为张华、裴頠只图安稳保住自己的地位，难以与他们合作，而右军将军赵王司马伦掌握兵权，性情贪婪冒失，能够借用他的力量完成此事。于是劝孙秀说："皇后凶暴嫉妒，为非作歹，与贾谧等人勾结诬陷并废掉太子。现在国家没有正宗的继承人，社稷面临着危险，大臣将要发起大的行动，而您名分上是在皇后的中宫任职，与贾氏、郭氏亲密要好，太子的废黜，都说您事先就知道了，一旦行动开始，祸患一定会牵连到您的身上，为什么不先考虑废掉皇后呢？"孙秀表示答应这样做，又告诉了司马伦，司马伦也接受了这个建议，于是告诉了通事令史张林和省事张衡等人，让他们在宫内接应。

将要行事时，孙秀对司马伦说：“太子聪明而刚愎凶猛，如果让他回到东宫，一定不肯受到别人的约束。您一直是皇后的人，今天即使为太子立下大功，太子也会说您只是迫于百姓的愿望，才反过来协助太子以求免受惩罚罢了，您即使忍气吞声不念旧怨，太子也一定不能真正感激您，如果出现一点小事，您还是不免于被杀，不如拖延时间，这期间皇后一定会加害太子，那时您再出来废黜皇后，为太子报仇，不只是免除了祸患，而且还可以进一步满足您的愿望。”司马伦认为很对。

孙秀就派人挑拨离间，散布说殿中的人图谋废掉贾后，重立太子。贾后多次派宫女换上平民的衣服到民间探听察看。听到这些流言后非常害怕。司马伦、孙秀就劝说贾谧等人尽快除掉太子，断绝人们的希望。

三月二十二日癸未，贾后让太医令程据配制毒药，假称惠帝的诏令，让黄门孙虑到许昌毒杀太子。太子被废掉后，就担心被毒死，经常让下人当着自己的面煮饭。孙虑把事情告诉看守太子的刘振，于是刘振把太子搬迁到别的小房中，断绝了他的食品，宫人还偷偷从墙上传递食物给太子。孙虑拿药逼迫太子服食，太子不肯吃，孙虑就用捣药的木杵把太子打死。有关部门请示以平民的礼仪埋葬太子，贾皇后奏请用广陵王的礼仪埋葬太子。

（以上为第六段，写太子司马遹被废，引起各方面的强烈反应，有人动议废掉贾后，孙秀撺掇司马伦火中取栗，先害太子，再杀贾后，从中渔利，可怜太子成了牺牲品。）

夏季，四月初一辛卯朔，发生日食。

赵王司马伦和孙秀打算攻打贾后，告诉了右卫佽飞督闾和，闾和同意，约定初三三更一筹的时候，以鼓声为号。

四月初三癸巳，孙秀派司马雅告诉张华说：“赵王司马伦打算与您一起共同扶助朝廷。为天下除害，派我来通知您。”张华拒绝。司马雅生气地说：“刀都要架在脖子上了，还说这样的话吗！”头也不回就走了。

到了约定的时候，司马伦假称惠帝的诏令，命令皇宫禁卫军三部司马说：“皇后与贾谧等人杀害我的太子。现在派车骑将军进宫废掉皇后，你们都应当服从，事情结束，赐予关中侯的爵位。不服从的人，诛杀三族。”大家都听从了司马伦。又假称惠帝诏令骗开宫门，趁夜晚进去，把士兵安排在路的南侧。派翊军校尉齐王司马冏带领一百名士兵推开小门进去，华林园令骆休为内应，接惠帝到东堂，用诏令宣召贾谧到殿前，将要诛杀他。贾谧跑到西钟下面，大呼：“皇后救救我！”随即被斩首。贾后看到齐王司马冏，吃惊地问道：“你为什么来这儿？”司马冏说：“有诏令要逮捕你。”贾后说：“胡说，诏书应该从我这儿发出，你哪来的什么诏书！”贾后到了门口，远远地向惠帝呼喊："皇上的妻子，却让人废掉，也就等于自己将要被废掉。"

这时，梁王司马肜也事先知道这个计划，贾后问司马冏说："图谋起事的是谁？"司马冏说："是梁王和赵王。"贾后说："扣狗应当扣住狗的脖子，却反倒扣在狗的尾巴上，怎么能不有这样的结果呢？"于是，贾后被废为平民，囚禁在建始殿。又逮捕赵粲、贾午等人，送往暴室，拷问罪行，下诏命令尚书逮捕贾氏亲信党羽，宣召中书监、侍中、黄门侍郎等八部门的高级官员连夜入殿。尚书起初怀疑诏令是假的，尚书郎师景用公文奏请出示惠帝的亲笔诏书，司马伦等人就将他杀了以昭示大臣。

司马伦暗地与孙秀图谋篡夺皇位，打算先除掉朝廷中有名望的大臣，并且借机报复过去曾结怨的人，就把张华、裴頠、解系、解结等人押到宫殿前。张华对张林说："你想谋害忠臣吗？"张林声称惠帝在诏书中质问张华说："你身为宰相，太子被废黜，却不能为气节而死，这是为什么呢？"张华说："式乾殿前的争议，我劝说皇帝的过程全部都记录留存下来，可以复查。"张林说："劝说而不被采纳，为什么不辞职？"张华无言以对。于是把他们全部杀了，并诛杀三族。解结的女儿已许配裴氏，第二天就要出嫁，但祸事来临，裴家打算认亲使她活下来，解结女儿说："我家既然已经这样，我还活着干什么！"于是也被牵连处死。朝廷因此商议革除旧的制度，女儿不跟随父母家处死。

四月初四甲午，司马伦坐于端门旁，派遣尚书和郁持符节把贬为平民的贾后押送到金墉城，诛杀了刘振、董猛、孙虑、程据等人。司徒王戎及在皇宫内外供职的官员，因是张华、裴頠等人的亲戚、党羽，而被牵连罢官、免职的有很多人。阎缵抚摸着张华的尸体痛哭流涕地说："早就劝您辞职，而你不肯，今天果然不免一死，这是命啊！"

（以上为第七段，写太子司马遹被废，引起各方面的强烈反应，有人动议废掉贾后，孙秀撺掇司马伦火中取栗，先害太子，再杀贾后，从中渔利，可怜太子成了牺牲品。）

于是，赵王司马伦假称圣旨，赦免天下罪犯，自己担任持节都督、都督中外诸军事、相国、侍中等显要官职，完全模仿当年宣帝、文帝辅佐曹魏王朝时所为。设置一万府兵，让他的长子散骑常侍司马荂任冗从仆射；儿子司马馥为前将军，封为济阳王；司马虔为黄门郎，封为汝阴王；司马诩为散骑侍郎，封为霸城侯。对孙秀等人都封给大郡，并让他们掌握兵权，文武官员有几千人封侯，百官都维持自己的职务以听命于司马伦。司马伦品性平庸而愚蠢，不久又受制于孙秀。孙秀任中书令，权力威势震慑朝廷，举国上下都听从孙秀而用不着请示司马伦。

诏令恢复已故太子司马遹的爵位封号，派尚书和郁带领东宫的官员僚属到许昌迎接太子的遗体。追封司马遹的儿子司马虨为南阳王，封司马虨的弟弟司马臧为临淮王、司马尚为襄阳王。

有关部门奏报："尚书令王衍空占着大臣的位置，太子被陷害后，想苟全自己，逃避责任，请求对他实行终身监禁。"奏请得到批准。

相国司马伦想要笼络人心，选择任用海内德高望重的人。让前平阳太守李重、荥阳太守荀组担任左、右长史，东平人王堪、沛国人刘谟担任左、右司马，尚书郎、阳平人束晳担任记室，曾任淮南王文学职的荀崧、殿中郎陆机担任参军。荀组，是荀勖的儿子；荀崧，是荀彧的五世孙。李重知道司马伦怀有篡国的异心，托病不去就职，司马伦不断逼迫，李重不得已勉强任职，几天后就死了。

四月初七丁酉，任命梁王司马肜为太宰，左光禄大夫何劭为司徒，右光禄大夫刘寔为司空。

废掉太子司马遹时，曾打算立淮南王司马允为皇太弟，但意见不统一。遇到赵王司马伦废掉贾后，就让司马允担任骠骑将军、开府仪同三司，统领中护军。

四月初九，相国司马伦假借诏令，派遣尚书刘弘送金屑酒赐给贾后，贾后饮后死于金墉城。

五月初九己巳，惠帝司马衷下诏，令临海王司马臧为皇太孙，让太子妃王氏回宫作皇太孙的母亲。太子所属的官员臣僚转为皇太孙的官属，相国司马伦兼任太孙太傅的职责。

五月十九日己卯，给已故太子定谥号，称愍怀。六月十三日，将太子在显平陵安葬。

（以上为第八段，写赵王司马伦除掉贾后及其死党后，自封相国，为所欲为，怀有篡位之心；部将孙秀满肚子坏水，任中书令，权倾朝廷；废太子司马遹被平反，谥号愍怀。）

清河康王司马遐去世。

中护军淮南王司马允，性格沉着坚毅，皇宫禁卫官兵都敬畏服从他。司马允知道相国司马伦和孙秀有篡国的意图，就暗中培养敢死之士，图谋征讨他们。司马伦、孙秀非常害怕他。

秋季，八月，转调司马允为太尉，表面上显示出优待推重司马允，而实际上是剥夺他的兵权。司马允托病不接受任命。孙秀派御史刘机逼迫司马允，拘捕司马允的部下，弹劾司马允抗拒诏令，大逆不道。司马允审视诏书，发现是孙秀的笔迹，勃然大怒，拘捕御史准备杀掉，结果御史逃脱，就杀了御史刘机的两个令史。司马允面色严峻地对部下们说："赵王司马伦想毁了我们的家！"于是，率领亲兵和军帐下的士兵七百人冲出去，大声呼喊：赵王司马伦造反，我将攻打他！跟随我的人请袒露左臂。”于是，跟从他的人很多。司马允快到皇宫时，尚书左丞王舆紧闭宫门，司马允无法进去，就包围了司马伦的相府。司马伦所带领的都是强悍而武器精良的士兵，司马伦与他交战屡战屡败，死了一千多人。

太子左率陈徽带领太子东宫的士兵在东宫里击鼓叫嚷，响应司马允。司马允在承华门前摆开兵阵。弓弩齐发，射向司马伦，箭如雨下。主书司马眭秘用身体掩护司马伦，脊背中箭而死。司马伦的部下都在树后躲避，结果每棵树都被射了几百箭，从辰时直到未时。中书令陈准是陈徽的哥哥，想接应司马允，告诉惠帝说：“应该派人举起白虎幡以解除争斗。”于是，惠帝让司马督护伏胤带领四百骑士持白虎幡从宫中出去，但是侍中汝阴王司马虔在门下省，暗地与伏胤发誓说：“将来成功了，将与你共享富贵。”伏胤就怀揣空白诏令出去，假称惠帝有诏，令帮助淮南王司马允。司马允没有察觉，打开兵阵，就把伏胤放了进去，自己下战车接受诏令，伏胤趁机杀了司马允。事后又杀了司马允的儿子秦王司马郁、汉王司马迪，受司马允牵连被灭族而死的有几千人。又宣布赦免洛阳城中的罪犯。

当初，孙秀当小官吏时，服侍黄门郎潘岳，潘岳曾几次抽打侮辱他。卫尉石崇的外甥欧阳建一直与相国司马伦有怨恨。此外，石崇有一个宠妾叫绿珠，孙秀曾派人求石崇转让她，石崇不给。到淮南王司马允失败，孙秀就趁机声称石崇、潘岳、欧阳建都追随司马允叛乱，而拘捕了他们。石崇感叹说：“奴才之辈贪图我的财富呀！”前来拘捕他的人说：“知道财能带来灾祸，为什么不早散发？”石崇无言以对。当初，潘岳的母亲曾经责备潘岳说：“你应该知道满足，怎么能沉溺于计较利益得失则没有止境呢？”这次失败后，潘岳惭愧地对母亲说：“辜负了母亲。”这样，潘岳与石崇、欧阳建都被灭族杀头，石崇的家产也被没收。相国司马伦还逮住了淮南王司马允的胞弟吴主司马晏，也想杀掉他，光禄大夫傅祗在朝廷上为他争辩，大家也都劝说不要杀他，司马伦才把司马晏贬为宾徒县王。

齐王司马冏因功升任游击将军，司马冏内心不满，有怨恨的表情，孙秀察觉到这种情况，又对司马冏在都城内感到惧怕，就让他出任平东将军，镇守许昌。

任命光禄大夫陈准为太尉，总领尚书事务。没过多久，陈准就死了。

孙秀在朝廷中商议为相国司马伦加赐九锡，文武百官没有谁敢提出不同意见。只有吏部尚书刘颂说：“过去东汉封曹魏九锡，曹魏封晋九锡，都是当时的一时权宜，不能认为是通例。周勃、霍光，他们功勋卓著，都没有听说给他们加赐九锡。”张林听后特别愤怒，把刘颂当作张华的党羽，要杀掉刘颂。孙秀说：“杀掉张华、裴頠，已经造成了不良影响，不能再杀刘颂了。”张林才没有动手。司马伦等让刘颂担任光禄大夫。于是，下诏加赐司马伦九锡，又升任司马伦的儿子司马荂为抚军将军，司马虔为中军将军，司马诩为侍中。又升孙秀为侍中、辅国将军，相国司马、右卫率等职仍由他兼任。张林等人都高居显要官职。把相府兵增加为两万人，与皇宫禁卫的人数相同，加上司马伦所隐藏未让朝廷知道的士兵，总数超过三万人。

九月，改司徒之职为丞相，让梁王司马肜担任，司马肜坚决推辞而不予接受。

司马伦和他的几个儿子都顽劣粗鄙，没有见识，孙秀则狡黠贪婪过人，与他在一起共事的，都是一些奸邪投机的人，只知道竞相追名逐利，没有深谋远虑，志向趣味也各不相同，并且互相厌恶嫉妒。孙秀的儿子孙会担任射声校尉，形体短小，相貌丑陋，就像下层作奴仆杂役的人。孙秀却让他娶了惠帝的女儿河东公主。

冬季，十一月初七甲子，将羊氏册立为皇后，实行大赦。皇后，是尚书郎泰山人羊玄之的女儿。她的外祖父平南将军乐安人孙旂，与孙秀要好，所以孙秀拥立她。任命羊玄之为光禄大夫，特进、散骑常侍，并封为兴晋侯。

（以上为第九段，写淮南王司马允被明升暗降，拒不服从，率兵攻打赵王司马伦，后被刺杀，几千人受到牵连；司马伦排除异己，任用奸佞，朝廷笼罩着腥风血雨。）

惠帝下诏，征召益州刺史赵廞为大长秋，让成都内史中山人耿滕任益州刺史。赵廞，是贾皇后的姻亲，听到这个征召任命，非常害怕，加上他因为晋朝的衰微败乱，心里已存有占据蜀地的愿望，就拿出仓库中的粮食，赈济流民，来收买民心。因为李特兄弟才力勇武，其手下都是巴西郡人，与赵廞同郡，赵廞对待他们非常优厚，以作为自己的爪牙。李特等人凭仗着赵廞的权势，专门聚众作强盗，蜀人十分忌恨他们，耿滕曾多次秘密奏报："流民剽悍骁勇，而蜀人怯懦软弱，主人对付不了客人，一定会造成祸乱，应该让流民还归本土。如果让他们留在地势险要的蜀地，恐怕秦州、雍州地区的灾祸就要转移到梁州、益州地区了。"赵廞听说后，非常憎恨耿滕。

益州接到诏书，派出文武官员一千多人迎接耿滕。这时，成都郡治所在少城，益州治所在太城，赵廞仍留在太城，没有离开。耿滕打算进太城，功曹陈恂劝谏说："现在益州与成都郡结怨一天比一天深，你进城一定有大灾祸，不如留在少城观察太城的变化，向各县发布檄令让各村保联合做好抵御秦氏人的准备，西夷校尉陈总就要到成都来，暂且先等他过来。不这样的话，就退到犍为防守，西渡到江源，以防不测。"耿滕没有接受这个劝说。这天，耿滕率众进入州城，赵廞派兵阻挡他，在西门发生战斗，耿滕失败而死，他手下的僚属都逃窜了，只有陈恂两手反绑去面见赵廞，请求索要耿滕的遗体。赵廞赞赏他的义气而同意了他。

赵廞又派兵阻拦西夷校尉陈总。陈总到江阳，听到赵廞怀有谋反的心思，主簿蜀郡人赵模说："现在州、郡关系恶劣，一定会出现大的变乱，应当迅速赶到那里。西夷校尉府的职责是掌握蜀地兵权，帮助顺从朝廷的人征讨谋反者，有谁敢乱动！"

陈总却沿途走走停停，等到了南安县鱼涪津渡口，已经碰到了赵廞的兵马，赵模向陈总建议说：“分发财物招募士兵来作战，如果打败赵廞的州军，就可以得到益州，如果不能战胜，还可顺流而退，一定没有坏处。”陈总说：“益州刺史赵廞痛恨耿滕，所以才杀他，赵廞与我又没有仇怨，为什么要这样呢？”赵模说：“现在益州挑起事端，一定会杀掉您来树立军威，您即使不与他发生战斗，也没有好处。”说得声泪俱下，但陈总还是没有听取，果然，一交手兵众都溃散了。陈总躲到草中，赵模穿上陈总的衣服与赵廞的州兵格杀交战，赵廞的士兵杀死赵模，发现不是陈总，于是，四下搜求，找到陈总，也将他杀死。

赵廞自封为大都督、大将军、益州牧，安排设置僚属，改换所属的郡守县令，晋朝廷所任命的官员，没有敢不听从赵廞的。李庠带领妹夫李含和天水人任回，上官晶，扶风人李攀，始平人费他，氐人符成、隗伯等人以及所属四千骑士归服赵廞。赵廞任命李庠为威寇将军，封为阳泉亭侯，把他看作亲信心腹，让他募集六郡的强壮勇武之人，发展到一万多人，以截断北来的道路。

（以上为第十段，写益州刺史赵廞惧怕以贾后姻亲连坐，派人杀掉耿滕、陈总等朝廷命官，重用氐族首领李庠，占据成都，反叛朝廷，自封大都督、大将军，建元太平，第二年即被部下所杀，太平政权灭亡。）

【点评】

贾南风祸国。贾南风是中国历史上臭名昭著的女人之一，相对于历史上的大秦宣太后、大汉吕太后、大唐武则天，不可同日而语。她们有着惊人的相似之处。她们都曾经掌握着国家政权，真正成为国家的主宰，只是贾南风的手段更差，结局更惨，带来的后果更加严重。

首先，滥杀无辜，恶毒至极。贾南风在当太子妃的时候，就使怀孕的妃嫔流产。其次，心胸狭隘，逼杀太子。晋武帝司马炎最终没有废掉司马衷，就是看在孙子司马遹从小聪明的情面上。而贾南风釜底抽薪，亲手毁了太子。再次，贾南风秽乱后宫，而司马衷也只能听之任之。贾南风越权干政的，时间近十年。她掌控了朝政，但她也并不亲自理政，而是把朝政交给张华等一帮大臣，张华等人尽忠辅佐，虽然在十年中没有什么大的作为，但仍然使国家保持相对安定，也可以说是太平无事。如果说贾南风还有一丝好处的话，也仅此而已。

晋纪六

晋惠帝永宁元年至太安元年（公元 301—公元 302）

【起重光作噩（辛酉，公元 301 年），尽玄黓阉茂（壬戌，公元 302 年），凡二年】

【大事提要】

本卷记事起公元 301 年，讫公元 302 年，凡二年，当晋惠帝永宁元年至太安元年。本卷所载关于国家兴亡的大事，主要是五个方面：其一，李特率领流民起义。赵廞割据蜀地，蜀地流民首领李特、李庠率兵归之。李庠骁勇，赵廞恶而杀之，李特率军攻打，杀掉赵廞，进入成都。公元 301 年，晋朝下令流民返乡，李特请求暂缓，不予同意，而流民归心，李特索性率众造反，数败官军，声威大震。其二，司马伦自封大都督、相国。不久，干脆逼惠帝司马衷退位，尊为太上皇，自立为帝，改元建始。他任用狡黠圆滑的孙秀等人掌控朝政，并大肆封官，收取人心。其三，司马伦被杀。齐王司马冏、河间王司马颙、成都王司马颖都拥有强大的军队，各占一方，怎么能让赵王司马伦称帝呢？他们相约起兵攻打。“义兵”兴起，百官将士都想诛杀司马伦以向天下谢罪。结果，司马伦兵败被擒，惠帝司马衷复位，而后，司马伦被赐死。其四，司马冏被杀。惠帝司马衷复位，河间王司马冏成为辅政大臣。他大筑宅第馆舍，沉湎于酒色，不入朝朝见，在府中任命百官，狂妄无比。公元 302 年，河间王司马颙与长史李含上书，列其罪状；长沙王司马乂率军围攻洛阳，两军激战，司马冏兵败，被捕杀。其五，鲜卑慕容氏兴起。公元 302 年，鲜卑宇文部首领莫圭开始强盛，派遣其弟屈云向慕容部进攻。慕容部首领慕容廆击败屈云的别帅素怒延，素怒延又发兵十万围攻慕容廆，遭到强烈反击，大败。辽东孟晖率领数千军投降慕容廆。慕容氏兴起，奠立了国基。

孝惠皇帝中之上

晋惠帝永宁元年（辛酉，公元 301 年）

春季，正月，任命散骑常侍安定人张轨为凉州刺史。张轨因为时势多灾多难，心里有保守占据河西地区的想法，所以要求任职凉州。当时凉州境内盗贼横行，又有鲜卑人劫掠。张轨到了凉州后，以宋配、汜瑗为主要谋士，把这些盗贼全部讨平，在河西地区威名昭著。

相国司马伦和孙秀让牙门将赵奉假称宣帝司马懿有神语，散布说："司马伦应当尽快入西宫即帝位。"散骑常侍义阳王司马威是司马望的孙子，一直对司马伦谄谀奉承，司马伦就让司马威兼任侍中，派他逼迫惠帝交出皇帝玺印与绶带，作禅让帝位的诏书；又派尚书令满奋持符节取来玺印与绶带，奉交给司马伦，表示惠帝已禅位给司马伦。左卫将军王舆、前军将军司马雅带领全副武装的士兵进入宫殿，通告三部司马，向他们宣示威势与封赏，没有谁胆敢违抗。张林等人在各宫门前驻扎防守。

正月初九乙丑，司马伦乘皇帝的专车进入皇宫，即帝位。实行大赦，改年号为建始，惠帝从华林园西门出宫，到金墉城居住，司马伦派张衡带兵看守。

正月初十丙寅，司马伦将惠帝尊为太上皇，把金墉城改名为永昌宫，把皇太孙废为濮阳王。立长子司马荂为皇太子，封儿子司马馥为京兆王，司马虔为广平王，司马诩为霸城王，都为侍中并带兵。任命梁王司马肜为宰衡，何劭为太宰，孙秀为侍中、中书监、骠骑将军、仪同三司。任命义阳王司马威为中书令，张林为卫将军，其余党羽都任用为列卿以及各种名目的将军，任意越级提拔的人，多得不可胜数。下到奴仆士兵，也都封官加爵。每当朝会时，戴插貂尾附蝉的人充斥席位。时人对这种滥封官爵的情况编成谣谚说："貂不足，狗尾续。"

这一年，全国所荐举的贤良、秀才、孝廉等各种名目的候选官员，都没有经过考试而任用；各郡和封国掌管簿计的官员与十六岁以上的太学生，都成为朝廷正式署官；全国大赦这一天在职的郡守县令都封了侯，郡属小官吏全都举荐为孝廉，县属小官吏全都举荐为廉吏。国家府库的储备，都不够用来分发赏赐。封侯的人众多，来不及铸印，有的就用无字光板来代替。

当初，平南将军孙旂的儿子孙弼，弟弟的儿子孙髦、孙辅、孙琰等人都依附奉承孙秀，与孙秀合为一族，一个月的工夫，就都升任显要的高位。等到司马伦称帝，这四人都升任将军，封为郡侯。任用孙旂为车骑将军，并开设府署。孙旂认为儿子孙弼等人接受司马伦的官职爵位超过等级，一定会带来家祸，便派小儿子孙回去责备他们，孙弼等人不听从，孙旂没有办法，只能痛哭而已。

正月十七日癸酉，杀掉濮阳哀王司马臧。

孙秀专擅把持朝政，司马伦所下的诏令，孙秀随意改动增删，甚至自己在青纸上写诏书。有时朝令夕改，百官像流水一样换来换去。张林一直与孙秀不和，加之怨恨没有得到开建府署的资格。暗地里给太子司马荂一封密信，说："孙秀专权不能服众，而功臣都是小人，扰乱了朝廷，应当把他们全部诛杀。"司马荂将这封信告诉了司马伦，司马伦又把这封信交给孙秀看。孙秀就劝说司马伦拘捕张林，把他杀了，并夷灭三族。

孙秀因为齐王司马冏、成都王司马颖、河间王司马颙，各自拥有强大的军队，独据一方，所以认为他们很危险，便把这三个亲王的僚属全部任用自己的亲信党羽充当，又加封司马冏为镇东大将军，司马颖为征北大将军，皆开府仪同三司，以优宠、安抚他们。

（以上为第一段，写赵王司马伦废掉惠帝司马衷，自立为帝，改元为建始，滥封官职，收买人心；侍中孙秀专权妄为，把持朝政，任用亲信死党，优宠、拉拢司马亲王。）

流民首领李庠骁勇又很得人心，赵廞逐渐忌恨他，但又没有说。长史蜀郡人杜淑、张粲劝说赵廞道："将军刚刚起兵、就仓促派李庠在外掌握重兵。他不是我们的族类，一定不会和我们一条心，这是倒转长矛交给别人让他向我们攻击，应当尽快设法对付他。"正碰上李庠劝说赵廞称帝，杜淑、张粲告诉赵廞，这是李庠大逆不道，便把李庠与他的儿子、侄子十多人一齐杀了。当时李特、李流都在外带兵，赵廞派人去安抚告慰他们说："李庠说了不应该说的话，应判死罪。与你们兄弟不相干。"又任命李特、李流为督将。李特、李流怨恨赵廞，便带领兵马回归绵竹。

赵廞的牙门将涪陵人许弇，请求担任巴东监军，杜淑、张粲坚持不答应，许弇大怒，亲手在赵廞门前杀了杜淑、张粲，杜淑、张粲的左右随从又杀了许弇。这三人都是赵廞的心腹亲信，赵廞因此而衰败。

赵廞派遣长史犍为人费远、蜀郡太守李苾、督护常俊率领一万多人截断北来的道路，驻扎在绵竹的石亭。李特秘密聚集了七千多名士兵，夜袭费远等人所率领的军队，用火烧他们，被烧死的十有八九，于是进攻成都。费远、李苾以及军谘祭酒张微，趁夜夺路而逃，文武官员全部跑散。赵廞一个人与妻子乘小船逃走，到广都时，被随从杀死。李特进入成都，纵兵大肆抢掠，派遣使者到洛阳，陈述赵廞的罪状。

当初，梁州刺史罗尚，听说赵廞谋反，曾上书说："赵廞不是雄才大略的人，蜀地的人们不会归附他，他的失败灭亡指日可待。"朝廷任命罗尚为平西将军、益州刺史，督牙门将王敦、蜀郡太守徐俭、广汉太守辛冉等率七千多人进入蜀地。李特等人听说罗尚到来，非常惧怕，派弟弟李骧在路上迎接，并献上珍宝古玩。罗尚非常高兴，任用李骧为骑督。李特、李流又在绵竹用牛、酒犒劳罗尚。王敦、辛冉劝罗尚说："李特等人专会作盗贼，应当趁机杀了，否则一定是后患。"罗尚没有听从。辛冉与李特以前虽有过交往，辛冉对李特说："故人相逢，不是吉祥，便是凶险。"李特深深猜疑害怕。

三月，罗尚到达成都。汶山羌人造反，罗尚派王敦攻打，被羌人杀死。

（以上为第二段，写蜀地赵廞的叛军发生内讧，李特因其兄李庠被杀而起兵攻打，赵廞被打败，被部下所杀；李特进入成都，纵兵大肆抢掠，成了新的反叛首领。）

齐王司马冏商议攻打赵王司马伦，还没有动兵，碰上离狐人王盛、颍川人处穆在浊泽聚众，百姓响应跟随他们，一天就有万人。司马伦派他的属将管袭任齐王的军司，攻打王盛、处穆，杀死他们。司马冏则趁机拘捕并杀死了管袭，与豫州刺史何勖、龙骧将军董艾等人起兵，派遣使者通告成都王司马颖、河间王司马颙、常山王司马乂以及南中郎将新野公司马歆，向征、镇、州、郡、县、国等各地行政部门传布檄文，说："叛逆之臣孙秀，迷惑、妨害赵王，应该共同讨伐。有不听从命令的，诛灭三族。"

使者到了邺县，成都王司马颖召集邺县令卢志商议计划，卢志说："赵王篡权叛逆，神怒人怨，殿下召集英雄俊杰以顺从民意、扶持正义攻打他，百姓一定会不召而自至，举起臂膀争相前来，没有不成功的道理。"司马颖采纳了卢志的话，以卢志为谘议参军，仍补任左长史卢志，是卢毓的孙子。司马颖以兖州刺史王彦、冀州刺史李毅，督护赵骧、石超等人为前锋，远方近处纷纷响应。到达朝歌，人数已达二十多万人。石超是石苞的孙子。

常山王司马乂在他的封国，与太原内史刘暾，各率领人马作为司马颖的后续军队。

新野公司马歆接到司马冏的檄文，不知道怎么办。他的宠信王绥说："赵王亲近而又强大，齐王疏远而又微弱，您应该跟随赵王。"参军孙询高声对众人说："赵王凶暴叛逆，天下应当共同讨伐他，还讲什么亲疏强弱？"于是司马歆就跟随了司马冏。

前安西参军夏侯奭在始平，聚集了几千人响应司马冏，派使者邀请河间王司马颙。司马颙采用长史李含的计谋，派遣振武将军河间人张方攻打擒获并腰斩夏侯奭及其党羽。司马冏的檄文传到，司马颙抓住司马冏的使者送给司马伦，派遣张方率兵帮助司马伦。张方到达华阴，司马颙又听说司马冏、司马颖二王的兵势强大，又召张方回来，改为附随司马冏、司马颖二王。

司马冏的檄文到了扬州，扬州人都打算响应他。刺史郗隆是郗虑的五世孙，因为哥哥的儿子郗鉴和几个儿子都在洛阳而迟疑不定，就召集全体僚属谋划此事。主簿淮南人赵诱、前秀才虞潭都说："赵王篡权叛逆，海内都憎恨他，现在四处都兴起举义兵马，赵王必败无疑。为您考虑，不如亲率精兵直赴许昌，这是上策；派遣将领率兵响应是中策；酌量派遣小支兵马看形势而动是下策。"郗隆退下，又与别驾顾彦密谋此事，顾彦说："赵诱等人所说的下策，是上策。"治中留宝、主簿张褒、西曹留承听说后，请求进见，说："不明白您现在打算怎么办？"郗隆说："我受宣帝、武帝之恩，没有倾向偏助哪一方，只打算守住我所管辖的扬州而已。”留承说：“天下是文帝打下的天下，太上皇继承帝位已经很长时间，赵王取代他，不公平，齐王顺应时势举事，成败能够想见。您不早些发兵响应他，而狐疑拖延，变故灾难就要发生，扬州怎么能保住呢？”郗隆没有回答。虞潭是虞翻的孙子。郗隆压住檄文六天没有下达，将士官兵激愤怨恨，参军王邃镇守石头城，将士们争相前去归附，郗隆派遣从事到牛渚制止他们，没有效果。将士们就都跟随王邃攻打郗隆，郗隆父子和顾彦都被杀死，首级传献给司马冏。

安南将军、监沔北诸军事孟观，夜观星象，认为紫宫帝座没有其他变化，那么司马伦一定不会失败，于是就为司马伦顽强防守。

司马伦、孙秀听说司马冏等三个亲王兴兵，非常恐惧，伪造司马冏给朝廷的奏书，说：“不知是什么强盗突然包围了我，我懦弱无能无法自保，乞求朝廷派禁军救援，使我能够回到朝廷领罪。”司马伦等把这份伪造的奏书在朝廷内外传扬展示，派遣上军将军孙辅、折冲将军李严带领七千士兵出延寿关，派征虏将军张泓、左军将军蔡璜、前军将军闾和带领九千士兵出阪关，派镇军将军司马雅、扬威将军莫原带领八千士兵出成皋关，用以抵御司马冏。派遣孙秀的儿子孙会督率将军士猗、许超带领三万宿卫兵来抵御司马颖。宣召东平王司马楙为卫将军，监督各路兵马，又派遣京兆王司马馥、广平王司马虔带领八千士兵作为三支兵马的预备后援。司马伦、孙秀日夜祈祷，用诅咒、厌胜的法术祈求鬼神降福保佑。让男巫选择确定作战的日期，又派人穿上羽衣到嵩山，乔装打扮，自称仙人王乔，写信说司马伦的帝位定会长久，想以此迷惑众人。

（以上为第三段，写齐王司马冏谋诛称帝的赵王司马伦，通告成都王司马颖、河间王司马颙、常山王司马乂等，群起相应，而司马伦派兵抵抗，既失民心，失败指日可待。）

闰月初一丙戌朔，出现日食。从正月到这个月，五个星在白昼出现，位置错乱，失去规律。

张泓等人攻占阳翟，与齐王司马冏交战，多次打败司马冏。司马冏驻扎在颍阴。夏季，四月，张泓乘胜进逼司马冏，司马冏派兵迎战。司马伦的各路军马都没有变化，而孙辅、徐建所率领的军队夜间出现变乱，就直接逃回洛阳请罪说：“齐王兵势强大，势不可当，张泓等人已全军覆没了！”赵王司马伦大为恐慌，秘而不宣，急忙召他的儿子司马虔及许超回来。这时张泓打败司马冏的战报到了，赵王司马伦才又派遣司马虔与许超带兵回去。张泓等人率领各支兵马渡颍水攻打司马冏的兵营，司马冏出兵打败了配合张泓主力行动的孙髦、司马谭等人的军队，张泓等人也就退却了。孙秀等人却造谣宣称已经击破司马冏的兵营，活捉了司马冏，还让文武百官都来祝贺。

成都王司马颖所部前锋到达黄桥，被孙会、士猗、许超的军队打败，死伤一万多人，士兵们都感到震惊恐惧。司马颖打算撤退到朝歌防守，卢志、王彦说："现在我军失利，敌人刚刚得志，心里轻视我们。我们如果退缩，士气势必沮丧受挫，而不能再用。再说打仗怎么能没有胜负？还不如另选精兵，星夜赶路，出其不意，这就是用兵要出人意外。"司马颖采纳了这个建议。司马伦奖赏黄桥之战的有功之人，士猗、许超与孙会都具有了掌握符节发号施令的权力。因此他们互相都不听从对方，军队政令不统一，又倚仗着初战告捷而轻视司马颖，没有设防备战。司马颖带领所属各支兵马袭击他们，与他们在溴水展开激烈战斗。孙会等人惨败，临阵丢下军队向南仓皇逃窜。司马颖乘胜长驱直入渡过黄河。

自从司马冏等人起兵，朝廷文武百官以及禁军将士都想诛杀司马伦和孙秀，孙秀非常胆怯，不敢离开中书省。等到听说河北的军队战败，忧郁烦躁，不知所措。孙会、许超、士猗等人逃回来后，与孙秀商议，有的提出聚集剩余的兵力去交战，有的提出焚毁皇宫殿堂，诛杀不听从自己的人，挟制司马伦南逃，投奔孙旂、孟观。有的还提出乘船东行入海。但没有商议出结果。

四月初七辛酉，左卫将军王舆和尚书广陵公司马漼，带领七百多名士兵从南掖门进入皇宫，三部司马在里面为内应，在中书省向孙秀、许超、士猗发起攻击，把他们全杀了。于是又杀了孙奇、孙弼及前将军谢惔等人。司马漼是司马伷的儿子。

王舆在云龙门驻守，召集朝廷八个部门的高级官吏都进入宫殿，让司马伦下诏，说："我被孙秀等人所害，因此激怒三亲王。现在已诛杀孙秀。要迎接太上皇恢复皇位，我则归田养老。"传诏官用驺虞幡命令将士解除武装。宦官把司马伦从华林园东门带出，与太子司马荂一起都送回到汶阳里府第，派遣几个武装士兵到金墉城迎接惠帝司马衷。百姓都呼喊万岁。惠帝从端门进宫，登上宫殿，大臣们都跪拜叩头请罪。诏令把司马伦、司马荂等人送到金墉城。广平王司马虔从河北回来，到达九曲，听说朝廷的变故，就离弃军队，带领几十个人回到自己的府第。

四月初九癸亥，惠帝宣布实行大赦，改年号为永宁。诏赐臣民聚饮五天，分别派遣使者慰劳司马冏等三个亲王。梁王司马肜上奏说："赵王司马伦父子凶暴叛逆，应当处死。"

四月十三日丁卯，派遣尚书袁敞持符节赐司马伦死，拘捕他的儿子司马荂、司马馥、司马虔、司马诩，并将他们全部处死。文武百官中凡为司马伦任用过的全部贬斥罢免，台、省、府、卫各部门留任的官员所剩无几。当天，成都王司马颖到达。

四月十五日己巳，河间王司马颙到达。司马颖派赵骧、石超到阳翟去帮助齐王司马冏讨伐张泓等人，张泓等人全部投降。战事持续了六十多天。有近十万人在战争中丧命。接着在东市诛杀张衡、闾和、孙髦，蔡璜自杀。

五月，诛杀义阳王司马威。襄阳太守宗岱遵照司马冏的檄文诛杀孙旂，永饶冶令空桐机杀死孟观，都将首级送到洛阳，并诛杀孙旂、孟观三族。

立襄阳王司马尚为皇太孙。

（以上为第四段，写齐王司马冏等军队攻打赵王司马伦出现了重大转机，佞臣孙秀被斩首，司马伦发出退位诏书，司马衷又被扶持上位，接着进行新的一轮清算，赵王伦父子以及同党均被处死。）

六月初二乙卯，齐王司马冏带领部众进入洛阳。军队在通章署停留，全副武装的士兵有几十万人，威震京都洛阳。

六月十五日戊辰，实行大赦。

重新封宾徒王司马晏为吴主。

六月二十日甲戌，惠帝下诏，任命齐王司马冏为大司马，赐加九锡，为他准备的物品典制策书，像过去宣帝、景帝、文帝、武帝辅佐曹魏时那样。成都王司马颖担任大将军、都督中外诸军事、录尚书事，并给予天子使用的黄金钺，赐加九锡，特许入朝时可穿鞋并携带佩剑，不必趋行。河间王司马颙担任侍中、太尉，加赐弓矢、钺、圭瓒三锡。常山王司马乂担任抚军大将军、统领左军，封广陵公司马漼为王，并兼任尚书、加授侍中。封新野公司马歆为王，都督荆州诸军事，加授镇南大将军。齐王、成都王、河间王三个王府，分别设置僚属四十人，有武号的属官森然排列，文官仅配充数而已。因此头脑清醒的人都认识到兵祸并没有止息。

六月二十六日己卯，任梁王司马肜为太宰，兼任司徒。

光禄大夫刘蕃的女儿是赵王司马伦长子司马荂的妻子，所以刘蕃和两个儿子散骑侍郎刘舆、冠军将军刘琨都是赵王司马伦委任的。大司马司马冏因为刘琨父子有才能及声望，特地宽恕了他们，任刘舆为中书郎，任刘琨为尚书左丞，又让前司徒王戎担任尚书令，任刘暾为御史中丞，任王衍为河南尹。

新野王司马歆将要赴镇南大将军之任时，与司马冏同车去拜谒陵墓，借机对司马冏说："成都王与惠帝关系最为亲近，又同您一起建立大功勋，现在应当把他留下来与您一起辅佐朝政。如果不能这样，应该剥夺他的兵权。"

常山王司马乂和成都王司马颖也一起去拜谒陵墓，司马乂对司马颖说："今天的天下，是先帝的功业，你应当考虑主持朝政。"听到这话的人无不感到忧虑、恐惧。卢志对司马颖说："齐王的军队虽然号称百万，但和张泓等人作战时却相持而不能决胜，您则一直前进渡过黄河，功劳无人能够与您相提并论。现在齐王却要同您共同辅佐朝政。我听说两雄不能并存，应当趁太妃有小病，请求回封国侍奉太妃，把大权让给齐王，这样来使天下人心都归附于您，这是上策。"司马颖采纳了这个意见。

惠帝在东堂会见司马颖，慰问犒劳他。司马颖拜谢说："这是大司马的功劳，我并没有参与什么。”于是，就上书称赞司马冏的功劳与美德，应当委以处理天下大事的重任，又陈说母亲有病，请求回归封地。随即告辞出宫，不再回住地，立刻拜谒太庙，从东阳城门出去，就回封地邺城了。派信使去同司马冏辞别，司马冏非常惊讶，急驰出城，去送司马颖，到了七里涧，追上了他。司马颖停下车话别，泪如雨下，只是忧虑太妃的病，而没有说到时政。因此士人与百姓的赞誉都归向司马颖。

（以上为第五段，写晋惠帝下令褒奖攻灭赵王司马伦的有功人员，齐王司马冏、成都王司马颖获得重赏，而新的矛盾也在两位重臣间展开，刀光剑影，蓄势待发。）

司马冏征召新兴人刘殷担任军谘祭酒，洛阳令曹摅任记室督，尚书郎江统、阳平太守河内人荀晞任参军，吴国人张翰任东曹掾，孙惠为户曹掾，前廷尉正顾荣和顺阳人王豹任主簿。孙惠是孙贲的曾孙，顾荣是顾雍的孙子。刘殷年幼时失去父母，家境贫寒，赡养曾祖母而以孝著称，有人送给他粮食布帛，刘殷接受而不道谢，直说：“等我富贵了一定酬谢。”长大后，学识渊博，精通经史典籍，性情卓越，胸怀大志，节俭而不粗陋，清高而不孤僻，使人看到他不由得感到恭顺而不能侵犯。司马冏任用何勖为中领军。让董艾掌握枢密机要，又把有功的军事长官葛旟、路秀、卫毅、刘真、韩泰都封为县公，作为心腹依靠，号称“五公”。

成都王司马颖到达邺城，朝廷诏令使者到邺城重申以前的任命，司马颖接受了大将军的职位，而辞让九锡这种特殊的礼仪。司马颖上书评价讨伐赵王司马伦过程中的功臣，都被封为公、侯。又上书称：“大司马在阳翟时，曾与贼兵相持了很久，百姓因此困顿疲惫，请求准许运送所辖的黄河以北地区的仓库米十五万斛，去赈济阳翟的灾民。”又打造了八千多副棺木，用自己的俸禄缝制衣服，装敛祭祀黄桥之战的死亡士兵，表彰他们的家属，使他们感到荣耀，抚恤也比平常战亡提高二级，又命令温县地区掩埋赵王司马伦的死亡士兵一万四千多人。这些都是卢志的计谋。司马颖相貌漂亮而神智糊涂，不通文书，但是性格敦厚，将事务都委托给卢志，所以能够成就美名。朝廷又下诏派使者通告司马颖入朝辅政，并让他接受九锡礼仪。司马颖的宠信孟玖不想回洛阳，又加上程太妃眷恋邺都，所以司马颖始终推辞而不去接受任命。

当初，大司马司马冏怀疑中书郎陆机为赵王司马伦撰写惠帝禅让帝位的诏书而拘捕了他，打算处死。大将军司马颖为陆机辩护说理，陆机得以免除死罪，司马颖又上奏陆机为平原内史，陆机的弟弟陆云为清河内史。陆机的朋友顾荣和广陵人戴渊，因为中原多灾多难，就劝陆机回到吴地。陆机因为受了司马颖保全济助的恩德，再说，司马颖当时深孚众望，以为可以为他做事立功，于是就留下，没有离去。

秋季，七月，朝廷又封常山王司马乂为长沙王，升为有开置府署资格的骠骑将军。

东莱王司马蕤，凶暴酗酒，多次欺侮大司马司马冏。又因向司马冏请求开府没有如愿而怨恨他，秘密上奏司马冏专擅权力，与左卫将军王舆密谋废掉司马冏。事情被发觉。八月，惠帝下诏，把司马蕤废黜为平民，诛杀王舆三族；发配司马蕤到上庸，上庸内史陈钟秉承司马冏的旨意，把司马蕤秘密处死。

实行大赦。

东武公司马澹因为不孝之罪被发配到辽东。九月，征召他的弟弟东安王司马繇，恢复旧的爵位，任命为尚书左仆射。司马繇举荐东平王司马楙为平东将军、都督徐州诸军事，镇守下邳。

（以上为第六段，写晋惠帝司马衷重新登位，依然是傀儡；齐王司马冏为大司马，执掌朝政；成都王司马颖驻镇邺城，窥视朝堂；诸王矛盾重重，新的动乱正在形成。）

当初，朝廷下令秦州、雍州，召回流入蜀地的流民，又派遣御史冯该、张昌监督执行。李特的哥哥李辅从略阳到蜀地，说中原刚发生过变乱，不必回去。李特同意这个主张，多次让天水人阎式拜访益州刺史罗尚，请求通融暂且停留到秋天；又贿赂罗尚和冯该，罗尚、冯该同意了李特的请求。朝廷讨论攻打赵廞的功劳，任命李特为宣威将军、弟弟李流为奋武将军，都封为侯。朝廷文书下达益州，让开列同李特一起讨伐赵廞的六郡流民名单，准备予以封赏。广汉太守辛冉想把消灭赵廞贪为己功，不执行朝廷旨意，不如实上报，大家都怨恨他。

罗尚派从事去监督遣送流民，限令七月上路，当时流民分布在梁州、益州地区，为人当佣工，听说州郡逼迫遣返，人人忧愁怨恨，不知所措，加上雨水很多，当年的粮谷还没有收打，没有路费。李特又派阎式拜访罗尚，请求暂缓到冬天。辛冉和犍为太守李苾认为不能延缓。罗尚荐举别驾杜弢为秀才，阎式为杜弢陈说逼迫迁移的利害关系，杜弢也想对流民宽限一年。而罗尚却采用了辛冉、李苾的建议，没有听从。杜弢就送还秀才板笏，回家了。辛冉性情贪婪凶暴，打算杀掉流民的首领，掠取流民的财产，就和李苾告诉罗尚说："流民以前趁赵廞叛乱，掠夺了很多财物，应当下发公文设置关卡收取这些财物。"罗尚下文给梓潼太守张演，在各路口要地设置关卡，拦截、搜索财宝。

李特多次请求留下流民，流民们都感激而倚仗他，许多人互相携带归附李特。李特就在绵竹设棚帐来安置流民，给辛冉去文，请求他予以宽限。辛冉勃然大怒，派人在各条大路上张贴告示，悬赏捉拿李特兄弟，许下很重的赏格。李特看见后，全部取下带回，与弟弟李骧更改悬赏的内容为："能送六郡首领李、任、阎、赵、上官以及氐、叟的侯王之中的任何一个人首级的，赏布百匹。"这样流民大为恐惧，归附李特的人越来越多，一个月之间就超过了两万人，李流也聚集了几千人。

李特又派阎式去见罗尚，请求重新确定期限。阎式看到各处要冲在营建栅栏，图谋捕取流民，感叹说：“民心正不安定，现在却又急于遣送，变乱就要发生了。”又得知辛冉、李苾态度不会改变，就告辞罗尚返回绵竹。罗尚对阎式说：“你就权且告诉流民说，我的意见是听任放宽期限了。”阎式说：“您受奸说蒙蔽，恐怕没有宽期的打算。百姓是卑弱，但是不能轻视的。您现在不讲道理，一味地催促他们，众怒难犯，恐怕为祸不浅。”罗尚说：“是的，我不骗你，你走吧！”阎式到了绵竹，对李特说：“罗尚虽然这样说了，但是也不可相信。为什么呢？是因为罗尚的威势和刑法都没有确立，辛冉等人都各自把持着强大的兵力，一旦他们变乱，也不是罗尚所能制服的，应当做好充分的准备。”李特采纳了这个意见。冬季，十月，李特把部下分作两个军营驻扎，李特在北营，李流在东营，整修铠甲，磨砺兵器，严阵以待。

辛冉、李苾互相商议说：“罗尚贪婪而没有决断能力，日复一日，使流民奸诈的计谋能够得以施展。李特兄弟都具有雄武的才能，我们势必会被他们俘虏，应当尽快做出决策，罗尚不值得再去请示了。”就派广汉都尉曾元，牙门将张显、刘并等暗里带领三万步兵、骑兵袭击李特的营帐。罗尚听说后，也派督护田佐援助曾元。曾元等人到了，李特按兵不动，等到曾元的兵马进来了一半，埋伏的士兵突然向他们猛击，打死了很多人，杀了田佐、曾元、张显。李特将三人的首级都送到罗尚、辛冉那里，给他们看。罗尚对属下军官说：“李特这个贼虏终于成了气候，难以消除了，而广汉太守辛冉不听我的话，使李特的气势更加嚣张，现在还能怎么办呢？”

这时候，六郡的流民一致推举李特为镇北大将军，按照正式程序拜官受爵，封任他的弟弟李流为镇东大将军，号称东督护，镇守统领一方。又任命他的哥哥李辅为骠骑将军，弟弟李骧为骁骑将军，进军广汉，攻打辛冉。罗尚派李苾、费远率兵救助辛冉，但这些人都害怕李特，不敢向前。辛冉出兵迎战，吃了几次败仗，最后突围，逃奔德阳。李特进入并占据广汉，让李超担任太守；又进军成都，攻打罗尚，罗尚给阎式去信通告，阎式回信说：“辛冉狡诈刁猾，曾元是小人，李苾不是带兵的将帅之才，我以前给您和杜弢论说有关对于流民留下还是迁徙的事宜。从人情的角度来说，人人都怀念故乡，谁不愿意返回故乡呢？但是流民以前初来乍到，为了吃饭问题而给人雇佣卖力，一家四处分离，却又碰上秋雨绵绵，只能乞求冬作成熟。可是我的话始终没有被你接受。对流民的措施过于严厉，无路可走的鹿也会拼死与虎相斗，流民不会答应伸着脖颈等着任人宰割，所以导致变乱。假如接受我的意见，放宽期限，使流民能够从容整理行装，也不过九月过完后就能全部聚集，十月就可以上路，使他们回到故乡。那样，怎么能弄到如今这个地步！”

李特让兄李辅、弟李骧，儿子李始、李荡、李雄以及李含、李含的儿子李国、李离、李任回、李攀，李攀弟李恭、上官晶、任臧、杨褒、上官惇等人担任将帅，让阎式、李远等人为僚属。罗尚平素贪婪、残忍，是百姓的祸害。李特与蜀地百姓约法三章，遍施恩惠，取消劳役，赈济帮助百姓，以礼尊待贤人，提拔怀才不遇之士，军队政务严肃井然。蜀地百姓非常高兴。罗尚多次被李特击败，就设置大量工事，沿着郫水安营扎寨，战线长达七百里，与李特对峙，并向梁州和南夷校尉请求救援。

十二月，颍昌康公何劭去世。

封大司马司马冏的儿子司马冰为安乐王，封司马英为济阳王，封司马超为淮南王。

（以上为第七段，写西晋朝廷下令秦、雍六郡流民返归乡里，并派遣御史监督；流民首领李特请求暂缓，不被同意，矛盾激化，李特率领流民与官府对抗，攻占成都。）

晋惠帝太安元年（壬戌，公元 302 年）

春季，三月，皇太孙司马尚去世。

夏季，五月初七乙酉，梁孝王司马肜去世。

任命右光禄大夫刘寔为太傅，不久又因为他年迈生病而罢免。

河间王司马颙派督护衙博攻打李特，在梓潼驻军。朝廷又让张微担任广汉太守在德阳驻军。罗尚派督护张龟在繁城驻军。李特派他的儿子镇军将军李荡等袭击衙博，自己带兵攻击张龟，击溃了张龟。李荡在阳沔击败衙博的军队，梓潼太守张演弃城而逃，巴西丞毛植献郡投降。李荡在葭萌进攻衙博，衙博逃跑，他的士兵全部投降。河间王司马颙更换许雄担任梁州刺史。李特自封为大将军、益州牧，都督梁、益二州诸军事。

大司马司马冏想长久地独自控制朝政，但因为惠帝的子孙都死了，而大将军司马颖有按皇位继承次序递补的可能。清河王司马覃是司马遐的儿子，刚八岁，司马冏就上书奏请册立司马覃。二十五日癸卯，立司马覃为皇太子，让司马冏担任太子太师，让东海王司马越担任司空，兼任中书监。

秋季，八月，李特攻打张微，张微打败了李特，于是乘胜进攻李特的军营。李荡率军救援李特，山路险峻狭窄，李荡奋力战斗向前推进，击溃张微的兵马。李特想返回涪陵，李荡和司马王幸劝说道："张微的军队已经失败，智谋与勇气都枯竭了，应当乘着胜利的锐气趁机擒获他。"李特就又进攻张微，杀死张微，俘获张微的儿子张存，把张微的尸体还给张存。

李特派遣其将领蹇硕驻守德阳，李骧驻军毗桥。罗尚派兵攻打，多次被李骧打败。李骧趁势进攻成都，火烧了成都城门。这时，李流驻军于成都城北，罗尚派一万精兵进攻李骧，李骧与李流联合夹击，重创罗尚的军队，生还者只有十分之一二。许雄多次派兵攻打李特，都没有取胜，李特的威势更加强大。

建宁的世家大族李睿、毛诜驱逐了建宁太守许俊，朱提的世家大族李猛驱逐了朱提太守雍约，都前来响应李特，各自拥有几万人。南夷校尉李毅讨伐并打败他们，杀死毛诜。李猛送上书信表示投降，但措辞和文意不够恭顺，李毅就把他引诱来杀掉。冬季，十一月十一日丙戌，朝廷重新设置宁州，让李毅担任刺史。

（以上为第八段，写大司马司马冏欲长久专控朝政，奏请立娃娃司马覃为皇太子；继续写晋朝与流民首领李特的争斗，晋军打了几次败仗，李特的势力逐渐强大起来。）

齐王司马冏如愿以偿，颇有些骄纵奢侈而独揽大权，大规模地建造府第，拆毁公私房屋上百处，格局规模与西宫相当，在朝廷内外失去声望。侍中嵇绍给惠帝上书，说："存在而不忘失去，是《易经》很好的警戒。我希望皇上不要忘了在金墉城的困苦，大司马不要忘了颍上之败，大将军不要忘了黄桥之败。那么祸乱的发端就无从开始了。"嵇绍又给司马冏写信，认为："尧、舜茅屋不修剪，夏禹住着低矮的宫室。现在大兴土木建造房舍和给三个亲王建造宅第，难道是今天所急于要做的事情吗？"司马冏用谦逊客气的话来认错，但并没有采纳。

司马冏沉湎于宴饮嬉乐之中，不上朝拜见惠帝，而在自己的府第里坐受百官的叩拜，用符节向各官署发号施令。他任用官吏不讲原则，使亲近小人掌握权力。殿中御史桓豹奏报情况，没有先经过司马冏的府署，司马冏就加以考问追究。南阳隐士郑方，上书劝说司马冏说："现在您居安不思危，宴饮玩乐超过限度，是失误之一；皇族骨肉之间本不应当存有细小的矛盾，现在则不是这样，是失误之二；四方蛮族、夷族并不宁静，您却说功业已经十分盛大，不把蛮夷事务放在心上，是失误之三；战乱之后，百姓贫穷疲困，却没有听说曾经赈济救援，是失败之四；您曾经与攻打司马伦的各路举义之师在神前盟誓约定：战争成功后，及时奖赏，但现在还有功未曾论功受赏的人，是失误之五。"司马冏感谢说："不是您，我就无法听到过失。"

孙惠上书说："天下有五难、四不可，而您却全部具备：不避艰险锋芒迎头而上，是一难；聚集英雄豪杰，是二难；与将士官兵分担劳苦，是三难；以弱胜强，是四难；振兴恢复帝业，是五难。四不可：不可长久地享受大名，不可长久地夸耀大功，不可长久地把持大权，不可长久地保持大威。您做那些难事而不以为是难，处在不可的境况中，却还以为这样可以，这是我内心感到不安的地方。您应该考虑功成身退之道，尊崇推举亲近的人，把重任交给长沙王与成都王，谦逊有礼地返回封地，那么辞让天下的吴太伯、辞让国家的曹子臧，就不会在历史上独占美名了。现在您忘却了高高至极的危险，贪婪权势则受疑忌，即使在官位的高台上面遨游，在宫城重地自由来往，我认为这危险覆亡的忧虑，超过了兵败颍川、阳翟的时候。"

司马冏没有听取，孙惠称病辞离而去。司马冏对曹摅说："有人劝说我放下权力返回封国，怎么样？"曹摅说："事物都禁忌太盛，您如果确实能身居高位而考虑到危亡，撩起衣服离开这里，这是善策之中的善策。"司马冏也没有听从。

张翰、顾荣都忧虑灾祸即将来临，张翰因为秋风吹来，就怀念起故乡的菰菜、莼羹、鲈鱼片，感叹地说道："人生在世，最难得的是舒服自在，富有和显贵有什么用？"随即引退离去。顾荣则故意开怀畅饮，不去过问府中事务，长史葛旟因为他荒废职守，向司马冏汇报，司马冏把顾荣贬为中书侍郎。颍川隐士庾衮，听说司马冏整年没有上朝，慨叹道："晋朝衰微了，祸乱即将兴起！"带领妻儿逃到林虑山中避难。

王豹给司马冏去信说："我考虑从元康年间以来，在位的宰相没有一个人在职任上获得善终，这是事态情势所造成的，不是他们都做了不好的事情。现在您平息了祸乱，使国家安宁平定，却又沿着翻车的轨道行走，想希望长期在位，不也是很难的吗？现在河间王在关右培植自己的根系，成都王固守在当年曹魏属地而不肯离开，新野王在江、汉地区得到大片封地，这三个亲王正当年富力强的时候，都掌管着军队，把持在要害的地方，而您靠难以再赏赐的大功，凭震慑君主的威势，独自控制京都，总揽朝政大权，再进一步则物极必反，而退下来就将处于荆棘之中。在这种情况下期望求得安稳，我看不出有什么好的结果。"因此，请求将王侯的封国进行调换，按照周朝时周公、召公分治的办法，让成都王为北州伯，统治邺都地区；司马冏自为南州伯，统治宛都地区。以黄河为界，各自分别管理北方南方的王侯，共同辅佐天子。对王豹的来信，司马冏态度温和地做了回复。而长沙王司马乂看了王豹的信，对司马冏说："这小子挑拨离间我们骨肉之间的关系，为什么不把他在铜驼下打死！"司马冏就启奏王豹离间朝停内外官员，凭空制造猜疑、怨恨，不忠不义，应该用鞭子抽死。王豹临死前说："把我的头悬挂在大司马府的门前，我要亲眼看着士兵攻打齐王！"

（以上为第九段，写齐王、大司马司马冏专擅朝政，沉湎于宴乐享受，为所欲为，视晋惠帝司马衷为无物，有识之士纷纷劝谏，而他却充耳不闻，冏之灭亡指日可待。）

司马冏因为河间王司马颙原来依附赵王司马伦，心里常常忌恨他。梁州刺史、安定人皇甫商，对司马颙的长史李含不满。李含被征召担任翊军校尉，这时皇甫商任司马颙的参军事，夏侯奭的哥哥也在司马府做事。李含心里很不安，又和司马冏的右司马赵骧不和，于是一个人骑马逃奔到司马颙那里，假称接受了秘密诏令，让司马颙讨伐司马冏，于是劝说司马颙道："成都王是皇上的近亲，又有大功，但推辞谦让返回封地，很得人心。而齐王司马冏越过比他更近的皇亲而独揽朝政，朝廷对他都带着嫉恨的目光。现在给长沙王发出檄文，让他攻打齐王，齐王一定会诛杀长沙王，我们就把这当作齐王的罪行而征讨他，一定能够把他擒获。去掉齐王而拥立成都王，除去逼宫的人而立近亲，使国家社稷安定，是一项大功勋。”司马颙采纳了这个意见。

这时，晋武帝司马昭的族弟范阳王司马虓任都督豫州诸军事。司马颙上书，陈说司马冏的罪状，并且说：“带领十万军队，要同成都王司马颖、新野王司马歆、范阳王司马虓共同在洛阳会师，请长沙王司马乂废掉司马冏，让他回到封地府第去，让司马颖取代司马冏辅佐朝政。”司马颙就发兵点将，让李含任都督，带领张方等急赴洛阳。又派使者邀集司马颖，司马颖打算答应邀请。卢志劝谏，司马颖不听。

十二月二十二日丁卯，司马颙的奏书到了洛阳。司马冏非常害怕，召集文武百官商议对策，说：“我首先发起义兵，尽臣子的气节，信义显现于神明。现在两亲王听信谗言而发难，怎么对待呢？”尚书令王戎说：“您的功勋业绩的确很大，但是，赏赐没有都到达有功劳的人员那里，所以使人怀有二心。现在两亲王兵力强盛，势不可当。如果让您隐退回家，而谦虚地把权力交出，大概可以求得平安。”司马冏的从事中郎葛旟生气地说：“尚书所说，根本不顾惜齐王的事业。报功赏赐的停顿迟缓，责任不在齐王府。听信谗言发起叛乱，应当共同征讨，更何况凭空无据，伪造书信，就让齐王您回家呢？汉魏以来，王侯隐退回家的，难道有能够保全妻子儿女的？提这个建议的人可以杀掉！”文武百官震骇惶恐，脸色大变，王戎假装药力发作，掉到厕坑，才得以逃脱。

李含在阴盘屯兵，张方率二万军队在新安驻扎，给长沙王司马乂发檄文让他征讨司马冏。司马冏派董艾袭击司马乂，司马乂带领身边一百多人急驰进入皇宫，关闭所有宫门，尊奉天子号令攻打大司马府，董艾在皇宫西侧摆开兵阵，纵火烧掉千秋神武门。司马冏派人举着驺虞幡呼喊说：“长沙王司马乂假称诏令。”司马乂又宣称：“大司马谋反。”这一夜，洛阳城内展开激战，箭飞如雨，火光映天。惠帝来到上东门，飞箭射到惠帝面前，群臣尸横遍野。一连打了三天，司马冏的士兵惨败，大司马长史赵渊杀了何勖，就抓住司马冏投降。司马冏被押到宫殿前，惠帝面容忧伤，想让司马冏活下来。司马乂喝令左右随从把司马冏赶快牵出去，在阊阖门外杀掉，拿他的头到各军展示。司马冏的同党都被夷灭三族，死了两千多人。把司马冏的儿子司马超、司马冰、司马英囚禁在金墉城，废掉司马冏的弟弟北海王司马寔。实行大赦，改年号为太安。李含等人听说司马冏死了，就带兵回到长安。

长沙王司马乂虽然在朝廷，但事无巨细，都到邺都去请示大将军司马颖。司马颖让孙惠担任参军，陆云担任右司马。

这一年，陈留王曹奂去世，定谥号为魏元皇帝。

（以上为第十段，写齐王、大司马司马冏专擅朝政，沉湎于宴乐享受，为所欲为，视晋惠帝司马衷为无物，有识之士纷纷劝谏，而他却充耳不闻，冏之灭亡指日可待。）

鲜卑人宇文单于莫圭部众人马强盛，派弟弟屈云攻打慕容廆，而慕容廆则去攻打莫圭的偏师素怒延，并打败了素怒延。素怒延以此为羞耻，又派出十万大军，在棘城包围了慕容廆。慕容廆的部众都恐惧不安，慕容廆说："素怒延的士兵虽然多，但没有法制纪律，他已经落在我的谋算之中了，你们只要奋力战斗，没有什么可忧虑的！"于是出击，击败了素怒延，追击了一百里，俘虏和杀掉的敌兵数量以万计。

辽东孟晖，先前陷身于鲜卑宇文氏，他带领几千户投靠了慕容廆，慕容廆让他担任建威将军。慕容廆因为他的大臣慕舆句勤俭、恭敬、清廉，让他掌管仓库，慕舆句心算默记，不用账簿，始终没有出现差错纰漏。慕容廆因为慕舆句头脑清楚敏捷，精明缜密，就让他掌管判案，他复察、审讯，处理得清廉、公正。

（以上为第十一段，写鲜卑首领宇文莫圭派兵攻打慕容廆，慕容廆打败偏师素怒延，消灭敌兵数以万计；慕容廆的势力逐渐强大起来，孟晖前来投奔，得到重用。）

【点评】

癫狂权谋家司马伦。司马伦是司马懿的第九个儿子，是惠帝司马衷的叔祖父，晋朝建立，他被封为琅邪王，后改封为赵王。他是八王之乱中比较特别的一个，成功地铲除了皇后贾南风的势力集团。

司马伦用阴谋的手段，怂恿贾南风害死太子司马遹。当时，司马伦是太子太傅，经常讨好贾南风，为贾南风所信任，掌握了守卫皇宫的禁军。贾南风废掉太子后，他就想要推翻贾南风，剪除她的党羽。司马伦听从孙秀的诡计，怂恿、听任贾南风杀掉太子，然后再向贾南风发难。可以说司马伦是晋朝走向毁灭的罪魁祸首。

司马伦灭掉贾南风后，自封为大都督、相国。惠帝司马衷根本没有能力治理国家，司马伦大权在握后，为所欲为，大兴馆舍，任意封官，在府中接受百官朝拜。司马伦的所作所为，都是他的部下孙秀的主意。后来实权落在孙秀手上。史书上记载司马伦平素才能平庸，没有智慧计策，开始被孙秀哄骗，后来又为孙秀所制，以至于孙秀的威权显扬于朝廷，天下都侍奉孙秀而无求于司马伦。

资治通鉴（白话本）　卷第八十五

晋纪七

晋惠帝太安二年至永兴元年（公元 303—公元 304）

【起昭阳大渊献（癸亥，公元 303 年），尽阏逢困敦（甲子，公元 304 年），凡二年】

【大事提要】

本卷记事起公元 303 年，讫公元 304 年，凡二年，当晋惠帝太安二年至永兴元年。本卷所载大事，主要是五个方面：其一，李雄为成都王。公元 303 年，李特在蜀地起兵后，军势甚盛，自立建初年号；又准备渡江袭击益州刺史罗尚。罗尚聚保太城，遣使求和。蜀地百姓相聚为坞，纷纷投靠李特。李特后被偷袭，被杀。其儿子李雄成为新的流民首领，占据成都，称为成都王，改元建兴。其二，五苓夷反晋。建宁世家大族李睿、毛诜驱逐了建宁太守许俊，起兵响应流民首领李特。南夷校尉李毅攻打他们，杀死毛诜，升为宁州刺史；李睿投奔五苓夷人的统帅于陵丞。于陵丞于公元 303 年率领诸夷进攻李毅，直逼宁州城，予以围困，斩杀李毅。其三，司马乂被杀。公元 303 年，齐王司马冏谢幕后，才力绝人的司马乂入掌朝柄。河间王司马颙、成都王司马颖联手率领 20 多万大军攻打司马乂，围困洛阳城。司马乂奉惠帝之命兴兵迎击，双方连战了几个月，洛阳城被攻下，司马乂被烧死。时年 28 岁。其四，司马颙独揽朝政。公元 304 年，长沙王司马乂被消灭，司马颖被立为皇太弟。东海王司马越兴兵，挟持惠帝进攻邺城，被打败，与其弟司马腾勾结异族势力，打败司马颖，挟持司马衷逃到洛阳。洛阳由司马颙部将张方控制，司马颙又当起“二皇帝”。其五，刘渊称王。公元 304 年，匈奴首领冒顿单于之后、南匈奴单于於扶罗之孙、左贤王刘豹之子刘渊，趁八王之乱时诸王互相攻打，而晋朝内乱，无暇国事，便在并州自立，称为汉王，建立汉国，建年号为元熙，是趁势率先建立的影响力较大的少数民族政权。

孝惠皇帝中之下

晋惠帝太安二年（癸亥，公元 303 年）

春季，正月，李特偷渡过江攻打罗尚，水上驻防的军队都溃散而逃。蜀郡太守徐俭献出少城投降，李特进城据守，只索取马匹，以供军需，并不掠取其他财物；

在境内赦免罪犯，改年号为建初。罗尚在太城据守，派使者向李特求和。修筑土堡以自保的各蜀民聚居点，都向李特表示归顺，李特派使者抚慰他们，又因为军队中粮食不足，就把六郡流民分到各个土堡吃饭。李流对李特说："各个土堡都是刚刚归附，人心还不稳，应当把其中的大户子弟作为人质，集中一些兵力自卫防守，以准备应付意料不到的事变。"李流又给李特的司马上官惇去信说："接受前来投降的人就像面对敌人一样，戒备不能放松。"前将军李雄也持有同样的说法。李特生气地说："大事已经成功，只应当使百姓安定，为什么反而这样对他们怀疑猜忌，是让他们再离开我们去叛乱吗？"

朝廷派遣荆州刺史宗岱、建平太守孙阜，带领三万水军去救援罗尚。宗岱让孙阜为前锋，迫近德阳。李特派李荡和蜀郡太守李璜一起与德阳太守任臧共同抗拒宗岱、孙阜。宗岱、孙阜军队的势力强大，各个土堡都有了二心。益州兵曹从事蜀郡人任睿对罗尚说："李特让部众分散去吃饭，骄傲懈怠没有防备，这是上天让他灭亡的时候。应当与各土堡秘密约定，到时候同时发动，内外夹攻，一定能够击溃他们。"罗尚让任睿在夜里用绳子从城上溜下来，到各个土堡去宣布旨意，约定在二月十日共同攻击李特。任睿就到李特那里假装投降。李特向他询问城里的情况，任睿说："粮食储备快要用完了，只剩下一些钱和布匹而已。"任睿请求出营看望家人，李特允许了。于是任睿回城向罗尚报告。

二月，罗尚派兵袭击李特的兵营，各土堡全都响应，李特的军队惨败，罗尚斩杀了李特和李辅、李远，焚烧了他们的尸体，将首级传报洛阳，流民非常恐惧。李流、李荡、李雄收容残余部众退保赤祖。李流自称大将军、大都督、益州牧，守护东营；李荡、李雄守护北营。孙阜攻破德阳，抓获蹇硕，任臧撤退到涪陵驻扎。

三月，罗尚派遣督护何冲、常深进攻李流，涪陵人药绅也组织士兵攻打李流。李流与李骧抵御常深，使李荡、李雄抵御药绅，何冲乘虚攻打北营，氐人符成、隗伯在北营里叛变而响应何冲。李荡的母亲罗氏穿上甲袍参与战斗，隗伯的兵刃刺伤了罗氏的眼睛，而罗氏斗志更加旺盛。这时，李流等人打败了常深、药绅，率兵回来，也加入到与何冲的战斗中，何冲惨败。符成、隗伯带领自己的人马突围，投奔罗尚。李流等人乘胜进攻抵达成都，罗尚又关闭城门防守，李荡跃马扬鞭追击败逃之敌，中矛而死。

朝廷派遣侍中刘沈用符节统一指挥罗尚、许雄等人的军队，攻打李流。刘沈走到长安，河间王司马颙把刘沈留下来做军师，派遣席薳代替他。

李流因为李特、李荡相继死去，而宗岱、孙阜即将攻来，非常恐惧。李含劝李流投降，李流采纳了这个建议。李骧、李雄接连劝谏，李流没有听取。夏季，五月，李流派他的儿子李世和李含的儿子李胡到孙阜的军中做人质。李胡的哥哥李离为梓潼太守，听到这个消息，急忙骑马从郡中赶回来，想劝阻却没有赶上。退回来，与李雄商议袭击孙阜的军队，李雄说："为眼前考虑，应当这样，但李流、李含二人不听从，怎么办？"李离说："应当用武力强制他们！"李雄非常高兴，于是一起到流民中说："我们过去残暴地对待过蜀民，现在一旦束手投降，就成为任其宰割的鱼、肉，只有同心协力袭击孙阜，才能夺取富贵！"大家都听从了他们。李雄于是与李离袭击孙阜的军队，把孙阜打得惨败。这时宗岱在垫江死去，荆州的军队于是退走了。李流非常羞惭，从此认为李雄的才能奇异，军中事务全部都交给李雄处理。

（以上为第一段，写晋朝平西将军罗尚率军出其不意地攻打并杀死四川流民首领李特，取得了阶段性胜利，而李特之子李雄又将晋军打败，成为新一任的流民首领。）

新野庄王司马歆，处理政事严厉、急躁，失去蛮、夷的信任，义阳蛮人张昌聚集了几千人，想叛乱。荆州根据壬午诏书，征调武士乡勇到益州攻打李流，号称"壬午兵"。这些百姓害怕远征，都不想出行。但诏书的督促严厉、急迫，在经过的一个地方耽搁五天，该地的二千石官员就要罢免官职，因此郡县负责官员都亲自出去催促，予以驱逐出境。这些被征发的士兵辗转行军没有多远，便又聚合成为新的强盗群体。当时江夏粮食大丰收，百姓到此求生的有几千人。张昌因此欺骗迷惑百姓，自己改换姓名叫李辰，在安陆石岩山招募百姓，各方流民和逃避戍守劳役的人大多都投靠了他。太守弓钦派兵讨伐张昌，没有成功。张昌于是攻打郡城，弓钦的军队失败，弓钦就与部下将领朱伺逃奔武昌，司马歆派骑督靳满征讨张昌，结果靳满又失败逃走。

张昌于是占据江夏，制造煽动人心的妖言，说："该有圣人出现为百姓做主。"招得山都县小官吏丘沈，并把他的姓名改为刘尼，假托说是汉朝皇室的后代，尊奉为天子，说："这就是圣人。"张昌自封为相国，伪造凤凰、玉玺等祥瑞吉兆，立年号为神凤。郊祀礼仪、服装颜色装饰，全都按照汉朝过去的程式。有不接受招募的人，就对他处以灭族的惩罚，士绅百姓没有谁敢不服从。又散布流言说："江、淮以南地区都造反了，官军都出动了，将要把他们全部诛杀。"百姓们互相煽动，人们的心情都很惶惑惊恐。长江、沔水地区的百姓都起兵响应张昌，一月之间聚积了三万人，士兵都戴着深红色的帽子，用马尾当作须髯。朝廷下诏，派遣监军华宏讨伐张昌，结果在障山被打败。

司马歆给朝廷上书说："妖孽盗贼聚众数以万计，深红色的头，长毛脸，挥刀舞戟，锐不可当，请求朝廷命令各军分三路救援。"朝廷让屯骑校尉刘乔任豫州刺史，宁朔将军沛国人刘弘任荆州刺史。又诏令河间王司马颙派雍州刺史刘沈带领一万州兵，加上在西府征发的五千名士兵从蓝田关出兵讨伐张昌。司马颙不听从诏令，刘沈带领州兵到蓝田，司马颙又强行剥夺了他的部众。这样，刘乔在汝南屯兵，刘弘和前将军赵骧、平南将军羊伊在宛地屯兵。张昌派他的部将黄林率领两万人进发豫州，被刘乔派兵打败了。

当初，司马歆与齐王司马冏要好，司马冏失败了，司马歆害怕，便主动与大将军司马颖结交。等到张昌作乱，司马歆上书请求讨伐。这时，长沙王司马乂已经和司马颖产生了隔阂，怀疑司马歆与司马颖共同密谋，因此不接受司马歆出兵的要求。这样，张昌的部众势力日益扩大。从事中郎孙洵对司马歆说："您是一方之主，接受统兵在外的使命，您上书以后就行动，有什么不可以的？而现在使得奸凶强盗滋长蔓延，灾祸不可测度，这难道是保卫王室，使国家安定的做法吗？"司马歆将要出兵，王绥说："张昌等小小贼寇，属将自然足以制服他们，为什么一定要违抗诏命，亲自去经受箭矢与飞石呢？"张昌到达樊城，司马歆就率领士兵出去阻击，而部众溃散，司马歆也被张昌杀死。朝廷诏令刘弘代替司马歆为镇南将军、都督荆州诸军事。

六月，刘弘让南蛮长史陶侃任大都护，参军蒯恒任义军督护，牙门将皮初任都战帅，进军据守襄阳。张昌用全部兵力包围宛城，打败赵骧的军队，杀死羊伊。刘弘撤退，屯兵梁县。张昌进攻襄阳，也没有成功。

（以上为第二段，写新野王司马歆处理政事严厉、急躁，失去蛮夷信任，义阳夷张昌率众起义，朝廷调兵攻打，而司马氏诸王钩心斗角，人心不齐，张昌的势力发展壮大。）

李雄进攻并杀死汶山太守陈图，于是占取郫城。

秋季，七月，李流迁移到郫城驻扎，蜀地百姓都修筑土堡据险自守，有的向南进入宁州，有的向东进入荆州。城镇乡邑都走空了，没有人烟。李流的军队没有掳掠到一点儿东西，士兵部众饥饿疲惫。只有涪陵的一千多户人家，依附于青城山隐士范长生。平西参军涪陵人徐轝对罗尚请求担任汶山太守，邀请联合范长生，相与共同攻打李流。罗尚不允许，徐轝一生气，出去投降了李流，李流让徐轝担任安西将军。徐轝劝说范长生，让他给李流资助粮食，范长生接受了他的劝说，李流的军队因此而重新振作起来。

当初，李含以为长沙王司马乂力量微弱，一定会被齐王司马冏杀掉，所以想借讨司马冏之罪，废掉惠帝司马衷，拥立大将军司马颖，让河间王司马颙任宰相，这样自己便得以执掌大权。但不久，司马冏却被司马乂杀掉，司马颖、司马颙仍然镇守藩地，不像自己所谋划的那样。此后，司马颖居功自傲，朝政各方面荒废松弛，比司马冏在位时还要严重，司马颖尤其不能忍受的是司马乂在禁城之内，自己不能随心所欲，打算除掉司马乂。当时，皇甫商又重新担任司马乂的参军，皇甫商的哥哥皇甫重担任秦州刺史。李含对司马颙说："皇甫商被司马乂任用，皇甫重终究不会被别人所用，应该尽快除掉。可以上书建议把皇甫重提升到朝廷中任职，趁他经过长安时把他抓住。”皇甫重知道了李含的阴谋，公开向尚书上檄文，纠集陇上军队讨伐李含。司马乂因军队刚刚稍事休息，就派使者带诏书，命令皇甫重取消这次军事行动，并征调李含去担任河南尹。李含接受征调而皇甫重却不服从诏令，司马颙派遣金城太守游楷、陇西太守韩稚等人联合四个郡的军队去攻打皇甫重。司马颙又秘密派遣李含与侍中冯荪、中书令卞粹谋杀司马乂。皇甫商得知后，告诉了司马乂，拘捕并杀掉了李含、冯荪、卞粹。骠骑从事琅邪人诸葛玫、前司徒长史武邑人牵秀，都出城投奔邺城。

（以上为第三段，写蜀地流民首领李流进入益州郫城，得到隐士范长生的资助，重新振作起来；司马诸王又起内讧，成都王司马颖、河间王司马颙欲除去长沙王司马乂，双方大打出手。）

张昌党羽石冰进犯扬州，打败刺史陈徽，扬州各属郡全部陷落。石冰又攻陷江州，属将陈贞攻打武陵、零陵、豫章、武昌、长沙，全部攻陷，临淮人封云也起兵进犯徐州来响应石冰。这样，荆、江、徐、扬、豫等五个州的辖境，大多被张昌占据。张昌重新派设州牧郡守等地方长官，这些人都是行凶盗窃之类的小人，专门以抢劫掠夺为业。

刘弘派遣陶侃等人在竟陵攻打张昌，刘乔派遣部将李扬等向江夏进发。陶侃等人屡次与张昌发生战斗，大败张昌，前后斩杀几万人，张昌逃窜到下儁山，部众全部投降。

当初，陶侃年轻时丧父，家境贫寒，担任郡督邮。长沙太守万嗣经过庐江，见到陶侃后，对他的德行和才能感到惊异，就让自己的儿子与陶侃结为朋友才离开。后来，察举孝廉，陶侃到洛阳，豫章国郎中令杨晫把陶侃推荐给顾荣，陶侃因此而有了名望。等到打败了张昌，刘弘对陶侃说：“我过去担任羊公的参军，说我日后一定能到达他的地位，今天看到你，一定能够继承老夫我啊！”

刘弘当时退兵驻扎到梁县，征南将军范阳王司马虓派遣前长水校尉张奕统领荆州。刘弘到了以后，张奕不同意接替，率领军队抗拒刘弘，刘弘讨伐并杀掉了张奕。当时荆州所辖各地长官的位置大多空缺，刘弘请求补选。朝廷下诏批准。刘弘论评功劳，衡量德行进行选拔，按照才能安排职务，大家都佩服他处事公正得当。刘弘上奏请皮初补任襄阳太守，朝廷因为皮初虽然有功但是名望太浅，换成刘弘的女婿前东平太守夏侯陟为襄阳太守。刘弘向下发布告示说：“治理一个国家的人，应当从整个国家来考虑，如果一定要亲戚或姻亲然后才能使用，那么荆州十郡，哪里来十个女婿，然后才能处理州的政务呢？”就再次上书说：“夏侯陟是姻亲，按过去的制度是不能互相监领的。皮初的功勋应当给以酬劳和待遇。”朝廷下诏，同意了他的上书。刘弘于是在任上勉力督促农桑之业，放宽刑罚，减免赋税。官府与百姓都经济充裕，他赢得百姓的爱戴和喜悦。

（以上为第四段，写晋朝名将善于为政的事迹，晋州刺史刘弘率领陶侃等人打败叛军，平定荆州；刘弘选用德才兼备的人才充实空缺，陶侃少有德行，又建立功勋，前途无量。）

河间王司马颙听说李含等人已被杀死，当即起兵征讨长沙王司马乂。大将军司马颖上奏，请求讨伐张昌，得到允许。司马颖又听说张昌的叛乱已经平定，因而想与司马颙共同攻打司马乂。卢志劝说道："您以前立了大功却交出权力，辞谢天子的恩宠，当时声望很好。现在如果把军队安顿在城关之外，身着文官服饰进京朝见，这是成为霸业的基础。"参军魏郡人邵续说："人有兄弟，如同有左右手，您想抵挡天下的敌人而先砍掉一只手，能这样吗？"司马颖全然不听。

八月，司马颙、司马颖共同上奏，说："司马乂论评功劳不公平，与右仆射羊玄之、左将军皇甫商独揽朝政大权，杀害忠良之人。请允许诛杀羊玄之、皇甫商，遣送司马乂回他的封国。"惠帝下诏说："司马颙如果敢于兴兵，矛头指向京都帝辇，我将亲自率领六军诛讨为奸叛乱的人。任命司马乂为太尉、都督中外诸军事以抵御他们。"

司马颙让张方担任都督，带领七万精锐军队，从函谷关向东，直指洛阳。司马颖带领军队在朝歌驻扎，让平原内史陆机为前将军、前锋都督，统领中郎将王粹、冠军将军牵秀、中护军石超等军队二十多万人，向南逼临洛阳。陆机在司马颖门下寄居充任幕僚，位置一下突然居于各将领之首，王粹等人心里都不服气。白沙督孙惠与陆机一向亲近，交情深厚，劝说陆机将都督的职位让给王粹。陆机说："这样，他们将说我迟疑不决，正好加速招致灾祸。"于是出行。司马颖排列的军队从朝歌直到河桥，战鼓声几百里外都能听见。

八月，乙丑（疑误），惠帝到十三里桥。太尉司马乂派皇甫商带领一万多人在宜阳阻击张方。二十八日己巳，惠帝把军队撤到宣武场。二十九日庚午，在石楼住宿。九月初六丁丑，惠帝率领军队驻扎在河桥。壬子（疑误），张方袭击皇甫商，将皇甫商打败。

九月十三日甲申，惠帝在芒山驻军。十六日丁亥，惠帝到偃师。二十日辛卯，惠帝在豆田住宿。大将军司马颖进军于黄河以南驻扎，阻隔清水作为壁垒。二十二日癸巳，羊玄之忧郁恐惧而死，惠帝回师城东。二十五日丙申，惠帝到缑氏，攻击牵秀，并把他打跑，宣布实行大赦。张方进入京城，大肆抢掠，死者数以万计。

（以上为第五段，写河间王司马颙、大将军司马颖与长沙王司马乂开战，二十多万人逼临洛阳，晋惠帝司马衷退而避之，司马颙的部将张方攻入洛阳，大肆抢掠，死者数万，惨不忍睹。）

氐人李流病危，对众部将说："骁骑将军李骧仁德精明，本来足以成就大事。但是前将军李雄英俊勇武，大概是上天的选择，可以一起接受前将军的命令。"李流去世，大家推举李雄为大都督、大将军、益州牧，治所设在郫城。李雄派武都人朴泰欺骗罗尚，让他袭击郫城，声称自己可当内应。罗尚派隗伯带兵攻打郫城，朴泰约定以举火为信号，李骧在路旁埋伏了军队，朴泰把长梯送出城外。隗伯的军队看到火起，争相攀缘长梯登城。李骧指挥军队出击，大败隗伯，并连夜追击奔驰，到达成都城下，假装呼喊万岁，说："已经取得郫城！"于是进入少城，罗尚发觉中计，连忙退到太城守卫。隗伯身负重伤，被李雄活捉，赦免而没有杀掉。李骧攻打犍为，截断罗尚运送物资的道路，抓住并杀死太守龚恢。

成都王司马颖的心腹战将石超进军逼临缑氏。冬季，十月初三壬寅，惠帝回到皇宫。初八丁未，在东阳门外击败牵秀。大将军司马颖派将军马咸协助陆机。初九戊申，太尉司马乂尊奉帝命与陆机在建春门战斗。司马乂的司马王瑚派几千骑兵把戟系在马上，冲击马咸的兵阵，马咸军队混乱，捉住并杀掉马咸。陆机军队惨败，退到七里涧，死尸堆积，把水流都堵塞住了。王瑚杀死陆机的大将贾崇等十六人，石超逃遁离去。

当初，宦官孟玖受到大将军司马颖的宠信，孟玖想让他的父亲担任邯郸县令，左长史卢志等人都不敢违背，只有右司马陆云坚持不同意，说："这个县历来是有公府掾资格的人担任，岂有让宦官父亲担任的道理？"孟玖深深地怨恨陆云。孟玖的弟弟孟超是率领万人的小督，还没有战斗，就纵兵抢掠。陆机将主犯拘捕，孟超带着全副武装的一百多骑兵冲到陆机的指挥将旗之下，夺走犯人，在马上回头对陆机说："蛮奴，会当都督吗？"陆机的司马吴郡人孙拯劝说陆机把他杀掉，陆机没有采纳。孟超向大家宣告说："陆机打算叛变。"又给孟玖去信，说陆机怀有二心，所以军队不能快些取胜。等到战斗开始，孟超不听陆机的指挥调动，轻率地带兵孤军深入，以致全军覆没。孟玖怀疑是陆机把孟超杀了，对司马颖进谗言说："陆机怀有二心，勾结长沙王。"牵秀对孟玖一直阿谀谄媚，将军王阐、郝昌，帐下督阳平人公师藩等人又都是由孟玖引荐而得到任用的，这些人在一起共同证实孟玖的谗言。司马颖勃然大怒，派牵秀带兵拘捕陆机。参军事王彰劝说道："今天的举动，强弱力量对比悬殊，最平庸的人都知道谁一定能取胜。何况陆机那样明白通达的人呢？只因陆机是吴地人，殿下对他过于重用，才引起北方地区的旧将对他的嫉妒怨恨罢了。"司马颖没有接受。陆机听说牵秀来了，于是脱下军服，戴着低贱的便帽，与牵秀相见，又写信辞别司马颖，一会儿慨叹说："故乡华亭的鹤声，还能再听到吗？"牵秀随即将他杀了。司马颖又拘捕了陆机的弟弟清河内史陆云、平东祭酒陆耽以及孙拯，都投入牢狱。

记室江统、陈留人蔡克、颍川人枣嵩等上奏，认为："陆机考虑不周而导致失败，处死是可以的。至于说他反叛，则大家都知道这不是事实。应当首先检查审核陆机谋反的情况，如果能够证实，那么再杀陆云等人也不迟。"江统等人不断地恳切请求，司马颖拖延了三天也不予以答复。蔡克进入王府，来到司马颖面前，叩头叩得流血，说："陆云被孟玖怨恨，远近没有不知道的，现在如果陆云果然被杀，我为您惋惜！"随蔡克进去的僚属有几十人，都流泪苦苦请求，司马颖听后也感到忧伤，面露宽容打算原谅陆云。孟玖扶着司马颖进屋，催促司马颖下令杀掉陆云、陆耽，夷灭陆机三族。狱吏拷打孙拯几百下，把他打得露出了踝骨，但孙拯始终说陆机冤枉，狱吏知道孙拯正义而刚烈，对孙拯说："二陆的冤枉，谁不知道！您难道不珍惜自己的身体吗？"孙拯仰天长叹，说："陆机兄弟是天下不同寻常的人士，我承蒙他们的知遇和厚爱，现在既然不能把他从死亡中解救出来，怎么能忍心再诋毁他呢？"孟玖等人知道不能使孙拯屈服，就命令狱吏伪造孙拯的供词。司马颖杀了陆机后，心里常常感到后悔，等看到孙拯的供词后，非常高兴，对孟玖等人说："要不是你的忠诚，就不能够查清楚这反叛的情况。"于是夷灭孙拯三族。孙拯的学生费慈、宰意两人到狱中申明孙拯冤枉，孙拯开导并让他们离开，说："我从道义上不能辜负二陆，死是我现在所应该做的，你们为什么呢？"他们回答说："您既然不辜负二陆，我等又怎能辜负您呢？"坚持说孙拯冤枉，孟玖又把他们杀了。

（以上为第六段，写四川流民氐族首领李雄采用计谋，打败官军；成都王司马颖宠信宦官孟玖，前将军陆机被诬谋反，制造了惨绝人寰的冤案，二弟陆云、陆耽同时被害。）

太尉司马乂侍奉惠帝攻打张方，张方的兵远远地看到惠帝的御车，都败退而逃，张方于是惨败，死了五千多人。张方撤退到十三里桥驻扎，大家都惶恐不安，想趁夜逃走，张方说："胜负是兵家常事，善于用兵的人能够转败为胜，现在我反而再到前面修筑堡垒，出其不意，这是奇妙的计策。"于是张方趁夜色悄悄逼近距洛阳城七里处，修筑了几层堡垒，从外面运进仓库中的粮谷作为军粮。司马乂取胜后，认为张方不足以忧虑。听说张方建成了堡垒，十一月，再率领军队去进攻，一无所获。朝廷讨论认为，司马乂、司马颖是兄弟，可以用言辞来排解这一纠纷。于是派中书令王衍等人到司马颖那里劝说，让司马颖与司马乂平分秋色，共同辅助皇室。司马颖不答应。司马乂又给司马颖去信，为他陈说利害关系，想与司马颖和解。司马颖回信说："请斩掉皇甫商等人的首级，那么我就率兵回归邺城。"司马乂不同意。

司马颖率兵进逼京城，张方把千金水坝中的水全部放掉，京城中舂米的水碓都无水可用。朝廷于是征发王公大臣的奴婢用手舂米来供给军粮。一品以下不去应征的官员，家中十三岁以上的男子全部服劳役，又征发奴隶帮助军队。公室、私家都穷困窘迫，一石米价值万钱。皇帝的诏令所能指挥的，仅仅是京都一城罢了。骠骑主簿范阳人祖逖，对司马乂说："刘沈忠诚正义，果断坚毅，雍州的兵力足以对付河间王司马颖，应当启奏皇上给刘沈下诏，派他出兵袭击司马颖。司马颖一旦窘迫紧急，一定要召回张方去救援自己，这是很好的计策。"司马乂采纳了。刘沈接到诏书，用快马向辖境内各郡发布檄文，各郡大多起兵响应。刘沈组织七郡共一万多人，进发长安。

司马乂又派皇甫商秘密出行，拿着惠帝的亲笔诏书，命令游楷等人放弃军事行动，命令皇甫重出兵讨伐司马颖。皇甫商秘密走到新平，遇到他的堂外甥，堂外甥一直憎恶皇甫商，就向司马颖告发，司马颖逮捕了皇甫商，并把他杀了。

（以上为第七段，写成都王司马颙的部将张方率兵攻打长沙王司马乂，决堤放水，洛阳城一片狼藉。）

十二月，议郎周玘、前南平内史长沙人王矩，在江东起兵攻打蛮人义军将领石冰，推举前吴兴太守吴郡人顾秘担任都督扬州九郡诸军事，向各州郡传布檄文，杀掉石冰所署的部将官吏。于是前侍御史贺循在会稽起兵，庐江内史广陵人华谭和丹阳人葛洪、甘卓都起兵响应顾秘。周玘是周处的儿子。贺循是贺卲的儿子。甘卓是甘宁的曾孙。

蛮族义军将领石冰派遣部将羌毒，率领几万军队抵抗周玘，周玘猛攻并杀了羌毒，石冰从临淮赶到寿春。征东将军刘准听说石冰到了，惶恐惧怕不知所措。广陵度支、庐江人陈敏在寿春统率了一些人马，对刘准说："石冰这些人本来是因为不愿远离故土去当兵，受到逼迫才成为盗贼的，这种乌合之众是很容易瓦解的，请让我督率运粮兵为您打败他们。"刘准于是给陈敏增派军队，让陈敏去攻击石冰。

闰月，氐族首领李雄对罗尚发起猛攻。罗尚的军队没有粮食，就留下牙门将张罗守城，自己夜里从牛鞞水向东逃跑，张罗打开城门投降。李雄进入成都，士兵非常饥饿，就率部众到郪县寻求给养，挖掘野山芋充饥。凉州刺史许雄被判犯了讨伐盗贼时裹足不前的罪，朝廷召他去接受处罚。

安北将军、都督幽州诸军事王浚，因为天下将要发生变乱，打算结交攀援夷狄，就把一个女儿嫁给鲜卑人段务勿尘，一个女儿嫁给素怒延。又上奏，把辽西郡划给段务勿尘，并封其为辽西公。王浚是王沈的儿子。

毛诜死后，李睿投奔了五苓夷的统帅于陵丞，于陵丞到李毅那里为李睿说情请命，李毅同意了。李睿到后，李毅把他杀了。于陵丞大怒，带领各夷人部落造反，攻打李毅。

尚书令乐广的女儿是成都王司马颖的王妃，有人把这事密报给太尉司马乂。司马乂问乐广，乐广神色不动，慢条斯理地说：“乐广我难道会用五个儿子的命去换一个女儿吗？”司马乂对他仍然心存疑忌。

（以上为第八段，写各地义军反叛的情况，吴地蛮人石冰发难，有兵数万；蜀地流民首领李雄声威大震，占领成都；五苓夷人于陵丞率众反，攻打南夷校尉李毅。从此，晋朝边境不安宁。）

晋惠帝永兴元年（甲子，公元 304 年）

春季，正月初八丙午，尚书令乐广忧郁而死。

长沙厉王司马乂多次与大将军司马颖开战，打败了司马颖，前后杀死或俘虏六七万人。战事紧张，而司马乂对侍奉惠帝的礼节却从不曾耽搁减少。城中粮食日益困窘，但士兵们都没有背离的想法。张方认为洛阳不能攻克，想返回长安。这时，在朝中任职的东海王司马越害怕事情不能成功，正月二十五日癸亥，暗地与殿中各位将领趁夜把司马乂拘捕起来，送到另外的官署。

正月二十六日甲子，司马越启奏惠帝，下诏罢免司马乂的官职，把他关到金墉城。实行大赦，改年号为永安。城门打开后，殿中的官兵看到城外的军队并不强大，因而感到后悔，又谋划劫出司马乂来抗拒司马颖。司马越惶惶不安，想杀掉司马乂使大家断绝这个想法。黄门侍郎潘滔说：“不要这样，将自然有使大家静心的人出现。”就派人秘密告诉张方。

正月二十八日丙寅，张方在金墉城带走司马乂，到军营后，把司马乂用火烧烤后杀了，连张方军中的士兵也为司马乂流泪。

朝廷公卿大臣都到邺城向司马颖认错道歉。大将军司马颖进入京城，后又回到邺城镇守。惠帝司马衷下诏，任命司马颖为丞相，给东海王司马越加尚书令职。司马颖派奋武将军石超等人率军队五万人驻扎在洛阳的十二个城门，朝廷中有宿怨的官员，司马颖把他们全部杀掉了。皇宫禁卫军也全部用自己的军队代替。司马颖上奏卢志任中书监，留驻邺城，管理丞相府事务。

河间王司马颙在郑县停兵驻扎，作为东军的声援，听说刘沈的军队进攻，就回到渭城镇守，派督护虞夔在好畤县迎战刘沈。虞夔的军队失败，司马颙恐惧不安，退入长安，急忙召张方回来，张方在洛阳抢掠了官府私家的奴婢一万多人后，匆忙西归，军中缺乏粮食，就把人杀了混在牛马肉中吃。

刘沈渡过渭水驻军，与司马颙交战，司马颙连连失败。刘沈派安定太守卫博、功曹皇甫澹带领五千精兵袭击长安，攻入长安城门，奋力战斗，直至司马颙的军帐前。刘沈自己带的兵来晚了，冯翊太守张辅发现卫博的士兵后继无援，带兵对这支精兵拦腰截击，杀了卫博和皇甫澹，这支精兵也就失败了，收拢残余而退去。张方派他的部将敦伟趁夜攻打刘沈，刘沈的军队惊慌而溃散，刘沈与部下向南逃跑，被敦伟的士兵追上而抓获。刘沈对司马颙说："朋友知己之间的恩惠微小，君臣之间的恩义重大，我不能违反天子的诏令，衡量势力的强弱来苟全性命。我在挥袖行动的时候，就预料到性命一定保不住，因此剁成肉酱的酷刑，对我来说如同品尝荠菜一样甘甜。"司马颙听后大怒，鞭笞刘沈后，又将他腰斩。新平太守江夏人张光多次为刘沈出谋划策，司马颙抓住他而责问，张光说："雍州太守刘沈没有采纳我的计策，所以使得大王您得以有今天！"司马颙认为他壮烈，就带他一起参加盛宴，表奏他为右司马。

（以上为第九段，写成都王司马颖反败为胜，任丞相，主持朝政，派军队控制京城洛阳；雍州刺史刘沈奉诏进攻河间王司马颙，因谋划不周而失败。）

益州刺史罗尚逃到江阳，派使者向朝廷奏报情况，朝廷诏令罗尚暂且统领巴东、巴郡、涪陵，来供应军事给养。罗尚派遣别驾李兴向镇南将军刘弘求助粮食，刘弘的参佐考虑到运粮道路遥远，加之荆州本地粮食也很紧张，就想从零陵拨出五千斛米给罗尚。刘弘说："天下是一家，互相不分彼此，我现在供给罗尚，就无须担忧西边了。"于是，给罗尚三万斛米，罗尚靠这些米得以生存。李兴想留下来作为刘弘的参军，刘弘将他来参见用的板笏夺走而赶他回去。刘弘还派遣治中何松带兵驻扎在巴东作为罗尚的后援。当时在荆州的流民有十多万户，寄居他乡十分贫困，大多成为盗贼，刘弘分给他们大批田地和种子，提拔其中有贤德的人才，按照资质任用，流民于是才安定下来。

二月十七日，乙酉，丞相司马颖上奏，废掉皇后羊氏，幽禁在金墉城，废掉皇太子司马覃，任命为清河王。

陈敏与石冰交战几十次，石冰的人数是陈敏的十倍，但陈敏攻打石冰，每次都能获得胜利，于是与周玘在建康联合进攻石冰。三月，石冰失败逃窜，投奔封云，封云的司马张统杀掉石冰和封云后投降，扬、徐二州于是平定。周玘、贺循都遣散部众回家，不提功劳封赏。朝廷让陈敏担任广陵相。

河间王司马颙上奏，请朝廷立丞相司马颖为皇太弟。三月十一日戊申，惠帝下诏立司马颖为皇太弟，兼任都督中外诸军事，并保留丞相的职权，宣布实行大赦。皇太弟的车马及服饰用品都迁到邺城，制度就像魏武帝曹操时一样。让司马颙担任太宰、大都督、雍州牧；任命前太傅刘寔为太尉，刘寔声称自己年老，坚决辞让，不去就职。

皇太弟司马颖超越本分，奢侈一天比一天严重，所宠信溺爱的小人执掌权力，令大家十分失望。司空东海王司马越与右卫将军陈眕以及长沙王司马乂过去的部将上官巳等谋划讨伐司马颖。

秋季，七月初一丙申朔，陈眕率兵攻入云龙门，用皇帝诏书召集三公及群臣与三部众将领，戒严征讨司马颖。石超奔向邺城。初三戊戌，宣布大赦，恢复皇后羊氏和皇太子司马覃的地位。初四己亥，司马越侍奉惠帝向北攻打，司马越担任大都督。征调前侍中嵇绍到惠帝身边任职。侍中秦准对嵇绍说："现在随行，安危难以预料，你有好马吗？"嵇绍神色严肃地说："臣子护卫皇帝御车，死与生都要忠于职守，要好马干什么？"

司马越发布檄文召集各地军队，奉诏赶来的队伍云集，行军到安阳，人数有十多万，邺城震惊惶恐。司马颖召集幕僚参佐询问计策，东安王司马繇说："天子亲自征伐，应当放下武器身穿白色衣服出去迎接，并向天子请罪。"司马颖不同意，派石超率领五万人抵御作战。折冲将军乔智明劝说司马颖尊奉迎接惠帝御驾，司马颖发怒说："你空有知晓事理的名声，投身到我身边做事。现在皇上被小人们逼迫，你为什么想让我捆绑住自己的手脚去接受刑罚呢？"

（以上为第十段，写成都王司马颖执掌朝政，专政僭越，令人失望，东海王司马越谋讨，号令四方，动员十多万士兵，挟持晋惠帝司马衷，进攻司马颖驻镇邺城。）

陈眕的两个弟弟陈匡、陈规从邺城赶到惠帝身边，说邺城里已经分崩离析，因此大家都不怎么安排防备。二十四日己未，石超的军队忽然杀到，惠帝的兵马在荡阴失败，惠帝面颊负伤，中了三箭，百官和侍卫全部溃逃。嵇绍身穿上朝的礼服，下马登上御车，用身体护卫着惠帝，士兵把嵇绍拉到车辕上就准备杀掉，惠帝说："这是忠臣，不要杀！"士兵回答说："奉皇太弟的命令，只是不侵犯陛下一人而已。"于是杀了嵇绍，鲜血溅到惠帝的衣服上。惠帝从车上掉到草丛中，丢失了六枚御玺。石超侍奉惠帝到自己的兵营中，惠帝非常饥饿，石超送上水，左右随从奉上秋桃。司马颖派卢志迎接惠帝。二十五日庚申，惠帝进入邺城，宣布大赦，改年号为建武。随从想为惠帝洗衣服，惠帝说："上面有侍中嵇绍的血，不要洗了！"

陈眕、上官巳等人侍奉太子司马覃留守洛阳。司空司马越逃奔下邳，徐州都督东平王司马楙不接纳，司马越就直接回到东海。皇太弟司马颖因为司马越兄弟在宗室中享有声望，下令招他过来，司马越没有接受命令应召。前奋威将军孙惠给司马越去信，劝说司马越团结藩王，共同辅助王室，司马越让孙惠担任记室参军，让他参与计策的谋划商讨。北军中候苟晞投奔范阳王司马虓，司马虓按照朝廷旨意让苟晞担任兖州刺史。

当初，三个亲王发兵攻打赵王司马伦，王浚辖所部脚踩两只船，禁止所属的官员、百姓去应三亲王的招募。皇太弟司马颖想去讨伐王浚而没有能成行，王浚内心也想搞掉司马颖。司马颖让右司马和演任幽州刺史，派他秘密杀掉王浚。和演与乌桓单于审登谋划，在与王浚一起到蓟城南部清泉游玩时，伺机杀他。那天赶上天降暴雨，兵器被雨水打湿，徒劳而返。审登认为这是王浚得到上天佑助，就把和演的阴谋告诉了王浚。王浚与审登秘密训练军队，约并州刺史东嬴公司马腾一起围攻和演，把他杀掉了。王浚自己接管了幽州所辖的军队。司马腾是司马越的弟弟。皇太弟假称诏令征召王浚，王浚与鲜卑人段务勿尘、乌桓人羯朱以及东嬴公司马腾共同起兵讨伐司马颖，司马颖派北中郎将王斌以及石超迎击他们。

皇太弟司马颖对东安王司马繇前次让他向惠帝投降的议论十分怨恨。八月初三戊辰，拘捕司马繇，把他杀了。当初，司马繇的哥哥琅邪恭王司马觐去世，儿子司马睿继承爵位。司马睿沉毅机敏而又胸怀宽广，任左将军，与东海参军王导要好。王导是王敦的叔伯弟弟，见识胸怀清明广远，因为朝廷多变故，经常劝说司马睿返回封国。等到司马繇被杀，司马睿在邺城侍从惠帝，恐怕遭到灾祸，打算逃回去。司马颖事先命令各关卡渡口，不得放贵族出去。司马睿到河阳，被渡口的官吏拦住。司马睿的随从宋典从后面赶来，用鞭子扫拂司马睿，笑着说："舍长，朝廷禁止贵族出去，怎么你也被拘在这儿呀？"官吏就让他们过去了。司马睿到了洛阳，接上太妃夏侯氏一起返回封国。

丞相从事中郎王澄揭发孟玖用邪恶的手段谋取私利，劝说皇太弟司马颖把他杀掉，司马颖同意了。

上官巳在洛阳，残暴横行。任河南尹的周馥是周浚的堂弟，与司隶满奋等人谋划杀掉上官巳，走漏了风声，满奋等人被杀，周馥逃走，得以免死。司空司马越征讨皇太弟司马颖，太宰司马颙派右将军、冯翊太守张方率领两万人的军队前去救援，听说惠帝已进入邺城，就命令张方去镇守洛阳。上官巳与另一支军队的将军苗愿抗拒张方，惨败，回到城里。太子司马覃夜袭上官巳、苗愿，上官巳、苗愿出城逃走，张方进入洛阳。司马覃在广阳门迎着张方叩拜，张方下车把他扶住，不让他叩拜，再一次废黜了司马覃和羊皇后。

（以上为第十一段，写东海王司马越纠集十万士兵，挟持晋惠帝司马衷讨伐成都王司马颖，司马颖反败为胜；河间王司马颙部将张方控制洛阳，双方势均力敌，战火将继续燃烧。）

当初，皇太弟司马颖表奏匈奴左贤王刘渊任冠军将军，监理五部匈奴的军政事务，让他在邺城统领军队。刘渊的儿子刘聪，骁勇超人，博览经史典籍，善于写文章，能用三百斤张力的大弓，年轻时到京都游玩，京都名士没有不与他结交的。司马颖让他担任积弩将军。

刘渊的堂祖父右贤王刘宣对他的族人说："自从汉朝灭亡以来，我们的单于都是徒有虚名，不再有一寸土地。其余的王侯，地位降到和百姓一样。现在我们大家虽然衰落，但也在两万人以上，怎么能俯首贴耳地充当役夫，这样匆匆地过了一百年！左贤王英俊威武超凡绝伦，上天如果不想使匈奴兴盛，也就一定不会白白生出这个人。现在司马氏骨肉亲人互相残杀，四海动乱如同鼎中沸腾的开水，光复呼韩邪的事业，这正是时候！”于是互相谋划，推举刘渊为大单于，并派他的党羽呼延攸到邺城去告知刘渊。

刘渊告诉司马颖，请求回乡参与葬礼，司马颖没有允许。刘渊让呼延攸先回去，通知刘宣等人让他们召集五部匈奴以及各小部族，声称援助司马颖，实际打算背叛他。等到王浚、东嬴公司马腾起兵，刘渊对司马颖说：“现在幽、并二州的镇将猖獗，率众十多万人，恐怕不是禁卫军和附近郡县的军队所能抵御的，我请求为殿下回去召集五部匈奴人马赴救国难。”司马颖说：“五部匈奴的人马，真的能够发动吗？即使能够发动他们，鲜卑、乌桓，也不是轻易能阻挡的。我想侍奉皇帝还归洛阳，避开他们的锋芒，再慢慢向天下发布檄文，用正义制服邪恶的道理说服他们。您认为怎么样？”刘渊说：“殿下是武帝的儿子，又对王室建立了大功勋，威严恩德远近闻名，四海之内，有谁不愿意为殿下拼死尽力呢？有什么难以发动的！王浚是小人，东嬴公是关系疏远的皇亲，怎能与殿下争比高低呢！殿下如果离开邺城宫殿，那就是向人示弱，洛阳也不能进去了，即使到了洛阳，殿下也不会再有威势权力了。希望殿下抚慰勉励部众，使他们安定镇静，我请求为殿下用两部匈奴摧毁东嬴公，三部匈奴去攻杀王浚，高悬二个小人的头颅，指日可待。”司马颖非常高兴，任命刘渊担任北单于、参丞相军事等职。

刘渊到了左国城，刘宣等人给他封上大单于的称号，二十天之间，就有了五万人，建都离石县，封刘聪为鹿蠡王。派遣左於陆王刘宏，率领五千精锐骑兵，会同司马颖的部将王粹阻击东嬴公司马腾。王粹已被司马腾打败，刘宏无功而返。

（以上为第十二段，写刘渊的崛起。刘渊才能出众，被匈奴人崇拜，他说动成都王司马颖，得到充分信任，放其回去，犹如虎出牢笼，回到左国城后，被刘宣等人尊为大单于。）

王浚、东嬴公司马腾联合起来去攻打王斌，把王斌打得惨败。王浚让主簿祁弘担任前锋，在平棘县打败石超，祁弘乘胜进军。侦察骑兵到了邺城，邺城城内非常震惊，文武百官四处奔逃，士兵离散。卢志规劝司马颖侍奉惠帝司马昭返回洛阳。当时还有一万五千武装士兵。卢志连夜部署分派，到早晨将要出发时，但程太妃留恋邺城不愿离开，司马颖也犹豫不决。一会儿大家溃散，司马颖于是连忙带领军帐下的几十个骑兵与卢志侍奉着惠帝登上犊车，向南逃往洛阳。逃跑时非常仓促，君臣上下都没有带钱，中黄门行李中藏着三千私人的钱，诏令借用他的这些钱，在路上买饭，夜里惠帝就用中黄门的布被，吃饭时使用瓦盆。到了温县，将要拜谒祖宗陵墓，惠帝把鞋子走丢了，就把侍从的鞋要来穿上，到陵墓前流着泪下拜。过黄河时，张方派他的儿子张罴带领三千骑兵，用自己的车乘侍奉迎接惠帝。行到芒山下，张方自己率领一万多骑兵迎接惠帝。张方将要叩拜谒见，惠帝下车止住了他。惠帝回到皇宫，也有少数逃散的官员回来，文武百官大致齐备。八月十六日辛巳，宣布实行大赦。

王浚进入邺城，士兵们狂暴抢掠，邺城中死了很多人；派乌桓人羯朱追击皇太弟司马颖，追至朝歌，没有追上。王浚回到蓟城，因为鲜卑人大多抢掠人家妇女，就下令："胆敢有挟藏妇女的人，斩！"结果因此被沉入易水的妇女有八千人。

东嬴公司马腾向拓跋猗㐌求兵攻打刘渊，拓跋猗㐌与弟弟拓跋猗卢联合在西河进攻刘渊，把刘渊打败，与司马腾在汾东结盟后回师。

刘渊听说皇太弟司马颖离开邺城，感叹地说："不采纳我的话，反倒自行奔逃溃散，真是个奴才！但我与他有言在先，不能不救他。"打算发兵攻打鲜卑、乌桓，刘宣等人劝说道："晋人像奴隶一样使用我们，现在他们骨肉亲人之间互相残杀，是上天抛弃他们而让我们光复呼韩邪的事业。鲜卑、乌桓，是我们的同类，可以作为后援，怎么能攻打他们呢？"刘渊说："好！大丈夫应当作汉高祖、魏武帝，呼韩邪哪里值得效仿呢？"刘宣等人叩头行礼说："这是我们所想不到的啊！"

荆州的军队擒获并杀掉张昌，他的同党都被诛灭三族。

李雄认为范长生有名气威德，被蜀地百姓所看重，想自己作为臣下迎奉他为国君，范长生不同意。各位部将坚持请求李雄登上王位。

冬季，十月，李雄即位为成都王，宣布实行大赦，改年号为建兴。废除晋朝法律，自建法律七章。让他叔叔李骧担任太傅，哥哥李始担任太保，李离担任太尉，李云担任司徒，李璜担任司空，李国担任太宰，阎式担任尚书令，杨褒担任仆射。尊奉母亲罗氏为王太后，追尊父亲李特为成都景王。李雄因为李国、李离有智慧谋略，任何事情都必定找他们咨询，而后才行动，然而李国、李离也愈发谨慎。

刘渊将都城迁到左国城。胡人、晋人归附他的更加多了。刘渊对臣下说："过去汉朝能够长久地拥有天下，是因为用恩德维系百姓。我作为汉朝刘氏的外甥，相约为兄弟，哥哥亡故而弟弟继承，不也可以吗？"于是建立国号称"汉"。刘宣等人请求给刘渊上一个尊号，刘渊说："现在四方各地都没有平定，暂且按照汉高祖那样称汉王。"于是，登上汉王王位，宣布实行大赦，改年号为元熙，追尊安乐公刘禅为孝怀皇帝，制作汉高祖、世祖、昭烈皇帝三祖和汉太宗、世宗、中宗、显宗、肃宗五宗的神主来祭祀他们，立他的妻子呼延氏为王后。让右贤王刘宣担任丞相，崔游担任御史大夫，左於陆王刘宏担任太尉，范隆担任大鸿胪，朱纪担任太常，上党人崔懿之、匈奴后部人陈元达担任黄门郎，同族侄子刘曜担任建武将军。崔游坚决辞让，不去就任。

匈奴后部人陈元达年轻时就有志气节操，刘渊曾经招用他，陈元达没有答复。等到刘渊成为汉王，有人对陈元达说："您害怕吗？"陈元达笑着说："我了解这个人已经很久了，他也明白我的心思，只恐怕过不了三两天，驿站必定送信来了。”到傍晚，刘渊果然征用陈元达。陈元达为刘渊做事，多次进谏忠言，退朝后就删削奏稿，即使是家人、子弟也没有谁能够知道内容。

刘曜长着白眉毛，眼睛中有赤光，年幼时很聪明，有胆量，很早就失去父母，被刘渊抚养。等到长大后，仪表魁梧伟岸，性格磊落高尚，孤傲不与大家往来，喜爱读书，善于写文章，一寸厚的铁板，他能用箭射穿。常常把自己比作乐毅和萧何、曹参，当时的人没有赞许他的，只有刘聪看重他，说：“刘曜属于汉世祖、魏武帝一类，乐毅等人有什么可称道的！”

（以上为第十三段，写氐人李雄在成都建立成汉，改元建兴；匈奴人刘渊建立汉国，自称汉之外甥，建元元熙。）

惠帝回到洛阳后，张方倚仗着兵权而独揽控制朝政，皇太弟司马颖不再能参与政事。豫州都督范阳王司马虓、徐州都督东平王司马楙等人给惠帝上书，说：“司马颖不能担负重任，应当把他的封地降为一个城邑，特许保全他的性命。应当交给太宰司马颙统领关右的职任，从州郡以下，选举人才授官任职，都让他去办理，朝廷的大事，废除兴办减损增益等事宜，都要和他商量咨询。张方为国家报效气节，但不晓事理变通，没有及时回到西边，应当发遣他回到郡中，给张方的官职，请全部按照过去的任命。司徒王戎、司空司马越都忠于国家，小心谨慎，应当参与机要事务，把朝廷政事交给他们。王浚有稳定社稷的功勋，应当特别加以恩崇重用，让他管理幽州、朔方地区，成为北方藩篱屏障的首领，我们尽心竭力捍卫都城，保护皇室，那么皇上就可以垂衣拱手、高枕无忧，四海自然匡正。”

张方在洛阳的时间已长，洛阳城几乎被士兵剽窃抢掠一空，士兵们喧闹吵嚷，没有再留下来的心思，商议着想侍奉着惠帝把都城迁往长安，恐怕惠帝和公卿大臣不同意，想等待惠帝出行时将他劫持。就请惠帝去拜谒宗庙，惠帝不答应。

十一月初一乙未，张方带兵进入宫殿，用自己的车乘去接惠帝，惠帝连忙到后园竹林中躲避。士兵将惠帝带出，逼迫着让他上车，惠帝流着泪勉强答应了。张方在马上行礼说：“现在强盗窃贼横行无忌，守护皇宫的禁卫势单力薄，希望皇上到我的营垒中去，我将拼死尽力来防备意外事件发生。”当时大臣们都四处逃避躲藏，只有中书监卢志在惠帝身边侍奉，说：“皇上，今天的事情应该全听右将军张方安排。”惠帝于是来到张方营垒，并让张方准备车去装载宫女、宝物。士兵们趁机到后宫抢劫污辱宫女，争夺瓜分宫中所藏的物品，割下丝织垂穗、皇宫兵器帷帐当作马鞍垫，宫中魏晋以来蓄积的宝藏，一扫而空。张方将要焚烧宗庙、宫室，想断绝人们回返的心思，卢志说：“董卓暴虐不讲道义，在洛阳放火，怨怒愤恨的声音，一百年后还能听得见，为什么要去学他呢？”张方这才罢手。

惠帝司马衷在张方营垒中停留了三天，张方带着惠帝和皇太弟司马颖、豫章王司马炽等向长安进发，王戎逃奔郏县。太宰司马颙率领官员僚属和步兵、骑兵共三万人在霸上迎接，司马颙上前叩拜谒见，惠帝下车止住他。惠帝进入长安，以司马颙的征西将军府作为皇宫，只有尚书仆射荀藩、司隶刘暾、河南尹周馥在洛阳留守朝廷台署，根据皇帝的旨意处理事务，与长安新建台署分别号称东台、西台。荀藩是荀勖的儿子。十一月，丙午（疑误），洛阳留守台署宣布实行大赦，把年号又重新改为永安。初七辛丑，恢复皇后羊氏的地位。

罗尚迁移到巴郡驻扎，派兵抢掠蜀中，抓获李骧的妻子昝氏和儿子李寿。

十二月二十四日丁亥，惠帝司马衷下诏，令皇太弟司马颖以成都王的身份返回府第，改立豫章王司马炽为皇太弟。惠帝兄弟共二十五人，当时在世的只有司马颖、司马炽和吴王司马晏。司马晏才能平庸，资质低下，司马炽自幼平和，质朴好学，所以太宰司马颙拥立他。诏令司空司马越任太傅，与司马颙共同辅佐皇室，王戎参与管理朝政。又让光禄大夫王衍任尚书左仆射，让高密王司马略任镇南将军，兼任司隶校尉，暂且镇守洛阳。东中郎将司马模担任宁北将军，都督冀州诸军事，镇守邺城。让各部门大臣官员各自回到本来的职任上。命令州、郡取消苛刻的政令，爱护百姓，让他们从事本业，等到形势清平通畅后，就返回东京洛阳。宣布大赦，改年号为永兴。

司马略和司马模，都是司马越的弟弟。王浚离开邺城后，司马越派司马模在邺城镇守。司马颙因为各地抵触背离，祸患灾难不断出现，所以下这个诏令使各地方和解，企望能够获得稍微安定的局面。司马越推辞不接受太傅的职务。又下诏让太宰司马颙任都督中外诸军事，让张方担任中领军、录尚书事，兼任京兆太守。

东嬴公司马腾派将军聂玄攻打汉王刘渊，在大陵县交战，聂玄的军队惨败。

刘渊派刘曜进犯太原，攻下泫氏、屯留、长子、中都等地，又派遣冠军将军乔晞进犯西河，攻下介休。介休县令贾浑不投降，乔晞就把他杀了，打算娶贾浑的妻子宗氏，宗氏痛哭怒骂乔晞，乔晞又把她杀了。刘渊听说这事，非常生气，说：“假如上天知道了，乔晞还能希望有后代吗？”将乔晞追回，降了四级官秩，收敛贾浑的尸体安葬。

（以上为第十四段，继续写晋惠帝永兴元年（304）的史事，主要写晋朝内部继续争斗不休，河间王司马颙的部将张方挟持晋惠帝司马衷到长安，朝廷由司马颙掌控，废黜成都王司马颖皇太弟之位，东海王司马越兴起。）

【点评】

西晋八王之乱背景。“八王之乱”导致西晋灭亡。本书在卷八十七中点评。

所谓八王之乱，是司马氏亲王为争夺朝局掌控权而引发的一场旷日持久的动乱，历时16年，其严重后果是西晋灭亡，以及近300年的中国大分裂乱局。参加动乱的司马氏亲王不只八人，所谓“八王”实际上是指卷入这场动乱的八个核心人物。他们分别是：汝南王司马亮、楚王司马玮、赵王司马伦、齐王司马冏、长沙王司马乂、成都王司马颖、河间王司马颙、东海王司马越。

西晋八王之乱有着深刻的主客观历史原因。

其一，封王制度，政体失衡。秦并六国，废分封，立郡县，已做了历史总结，春秋战国的长期纷争，就是“以有诸侯也”。西汉分封，景帝时有七国之乱。西晋分封，产生“八王之乱”是必然的。西晋分封是导致乱局的客观原因。晋武帝司马炎在建国之初，总结魏国灭亡的原因，是宗族实力太弱，特别是曹爽集团覆灭后，朝政大权完全被司马家控制。

其二，八王得势骄狂，福禄不保。得胜上位，就得意忘形，拉帮结派，排斥异己，腐化堕落，糜烂不堪。八王利用自己所掌握的主持朝政的大权，追求个人的无限利益和享受；沉迷女色，荒废政事，结果又让其他野心家有了攻打的借口。

资治通鉴（白话本） 卷第八十六

晋纪八

晋惠帝永兴二年至晋怀帝永嘉二年（公元305—公元308）

【起旃蒙赤奋若（乙丑，公元305年），尽著雍执徐（戊辰，公元308年），凡四年】

【大事提要】

本卷记事起公元305年，讫公元308年，凡四年，当晋惠帝永兴二年至晋怀帝永嘉二年。本卷所载大事，主要是五个方面：其一，八王之乱终结。东海王司马越起兵，成为天下盟主，率领各路诸侯，并动用外族力量，打败了权倾朝野的成都王司马颙，护送惠帝司马衷从长安回到旧都洛阳。而后，又一个实力强大的成都王司马颖被俘获，而后被赐死，终结八王之乱，由司马越掌控朝局。其二，李雄称帝。成都天师道首领范长生劝巴氐族人首领李雄称帝。李雄于公元306年即皇帝位，赦免境内罪犯，定都成都，建国号大成，改元晏平，史称“成汉”。当时李雄意图招引远方之人，而国家用度不足，不少将领们往往进献金银珍宝而得到官职。其三，司马衷去世。惠帝司马衷于公元307年在洛阳皇宫中中毒身亡，享年48岁，解脱了他的苦难岁月，结束了他的历史使命。相传司马衷被东海王司马越毒杀，死后葬于太阳陵，谥号孝惠皇帝，其弟司马炽即位，改元永嘉，后世称为晋怀帝，司马越掌控朝局。其四，司马睿出镇建业。琅邪王司马睿为司马懿的曾孙，五子司马伷的孙子，封为琅邪王，后迁为安东将军、都督扬州诸军事，公元307年出镇建业。由于他是皇室疏属，素无名望，又无业绩，不被江东豪族士人看好。他以安东司马王导为心腹谋臣，逐步赢得江东人归心。其五，刘渊称帝。匈奴贵族刘渊趁着天下大乱，自立为帝，建立国号为“汉”的割据政权。他把都城设在平阳，而他心中的都城，却是洛阳。他有远大志向，善于收买人心，带领儿子刘聪，数次向晋都洛阳发起进攻，遭到司马越率军抵抗，每次都止步于洛阳城外。

孝惠皇帝下

晋惠帝永兴二年（乙丑，公元305年）

夏季，四月，张方废掉羊皇后。

游楷等人攻打皇甫重，几年都没有攻下，皇甫重派他的养子皇甫昌到外边去求救。皇甫昌拜见司空司马越，司马越因为太宰司马颙新近与崤山以东地区联系和解，不肯出兵。皇甫昌就与以前为殿中人的杨篇一起，伪称奉司马越的旨意，从金墉城迎出羊皇后。进入皇宫后，用皇后的命令发兵攻打张方，尊奉迎接皇帝大驾。事情来得非常仓促，朝廷各部门的官员开始都跟随皇甫昌，不久知道是伪令，就一起杀了皇甫昌。司马颙请求派御史向皇甫重宣布诏令，命令他投降。皇甫重不遵行诏令。开始时城里不知道长沙厉王司马乂和皇甫商已被杀死。皇甫重抓住来宣布诏令的御史的车夫，询问说："我弟弟带兵过来，快到了吗？"车夫说："他已被河间王司马颙害死了。"皇甫重大惊失色，当即杀掉车夫。这时候，城里知道没有外援，就一起杀了皇甫重投降。司马颙命冯翊太守张辅担任秦州刺史。

六月初四甲子，安丰元侯王戎在郏县去世。

张辅到秦州，杀了天水太守封尚，想以此树立权威。又要召陇西太守韩稚，韩稚的儿子韩朴带兵攻打张辅，张辅的军队被打败，张辅被杀死。凉州司马杨胤对张轨说："韩稚擅自杀死刺史，您掌握一个地区的军事，不能不去攻打。"张轨听从了他的意见，派中军督护汜瑗率领两万人征讨韩稚，韩稚到张轨那里投降。没有多久，鲜卑人若罗拔能进犯凉州，张轨派司马宋配阻击鲜卑人，杀了若罗拔能，俘虏了十多万人，声威大振。

汉王刘渊攻打东嬴公司马腾，司马腾向拓跋猗㐌请求援助，卫操劝说拓跋猗㐌帮助司马腾。拓跋猗㐌率领几千轻装的骑兵去救援司马腾，杀了汉将綦毋豚。诏令把拓跋猗㐌封为大单于，加封卫操右将军。二十四日甲申，拓跋猗㐌去世，儿子拓跋普根代他立为大单于。

（以上为第一段，写晋朝边境之事，皇甫重据城防守，河间王司马颙派遣金城太守游楷率兵攻打，被杀；凉州刺史张轨派遣司马宋配攻打鲜卑首领若罗拔能，被斩杀。）

东海中尉刘洽因为张方劫持并强行迁移皇帝车驾，劝司空司马越发兵征讨张方。秋季，七月，司马越在崤山以东的各征、镇、州、郡传布檄文说："将集结带领正义之师，奉迎天子返回原来的都城。"东平王司马楙听到后，惶恐不安。长史王修对司马楙说："东海王是宗室中声望最高的，现在兴起正义的军队，您应当把徐州交给他，那就可以避免灾难，还享有克己谦让的美德。"司马楙同意了。司马越就以司空兼任徐州都督，司马楙自任兖州刺史，朝廷诏令立即派使者刘虔正式任命。这时，司马越兄弟都各占据一方重任，于是范阳王司马虓和王浚等人共同推举司马越为盟主，司马越则选择人才安排刺史以下的职务，朝廷的士人大多都投奔到司马越那里。

成都王司马颖被废黜后，河北人大多很怜悯他。司马颖过去的部将公师藩等人自称将军，在赵、魏地区起兵，人数达到几万。当初，上党武乡县羯人石勒，有胆识，有力气，善于骑马射箭。并州严重饥荒，建威将军阎粹向东嬴公司马腾献计，把各族胡人抓到崤山以东地区，卖了以后补充军粮。石勒也被抓住，卖给茌平人师懽做奴隶。师懽认为他的相貌奇特，就放了他。师懽与放马场为邻，石勒就与放牧的首领汲桑聚集壮士成为强盗团伙。等到公师藩起兵后，汲桑和石勒率领几百骑士投奔到公师藩那里，汲桑让石勒以石作为姓，用勒作为名。公师藩攻克了一些郡县，杀了二千石俸禄的郡守、长吏，转而向前，攻打邺城，平昌公司马模非常恐惧。范阳王司马虓派他的部将苟晞去救邺城，与广平太守谯国人丁绍共同攻打并赶跑了公师藩。

八月，辛丑（疑误），实行大赦。

司空司马越以琅邪王司马睿担任平东将军，监管徐州诸军事，在下邳留守。司马睿请王导担任司马，将军队事务交给他处理。司马越率领三万士兵，驻扎在西边的萧县。范阳王司马虓从许昌到荥阳驻扎。司马越奉制书让豫州刺史刘乔担任冀州刺史，让范阳王司马虓兼任豫州刺史。刘乔认为司马虓来担任刺史不是天子的旨意，就发兵阻止司马虓。司马虓以刘琨为司马，司马越以刘藩担任淮北护军。刘舆担任颍川太守。刘乔给朝廷上书，罗列刘舆兄弟的罪恶，就带兵攻打许昌，并派长子刘祐带兵在萧县的灵壁阻击司马越，司马越的军队不能前进。东平王司马楙在兖州，不停地征收赋税，征发劳役，所属郡县不能忍受。范阳王司马虓派苟晞返回兖州，调司马楙都督青州，司马楙不接受任命，背叛崤山以东的诸侯，与刘乔会合。

太宰司马颙听说崤山以东的战事又起，非常恐惧。因为公师藩是为成都王司马颖而起兵，二十三日壬午，司马颙上书，奏请任命司马颖为镇东大将军，都督河北诸军事，配给一千士兵；任命卢志为魏郡太守，随从司马颖镇守邺城，想以此抚慰并安定公师藩。又派建武将军吕朗率领军队到洛阳驻扎。

司马颙发布诏令，命令东海王司马越等人各自回到自己的封国，司马越等人没有听从。碰巧接到刘乔的上书。冬季，十月十八日丙子，司马颙颁布诏书，声称："刘舆逼迫威胁范阳王司马虓，制造事端。命令镇南大将军刘弘、平南将军彭城王司马释、征东大将军刘准，各自带领所辖军队，与刘乔并肩出力，任命张方为大都督，率领十万精兵，与吕朗在许昌会合，诛讨刘舆兄弟。"司马释是宣帝司马懿侄子穆王司马权的孙子。

（以上为第二段，写晋惠帝司马衷被挟持长安后，司马氏诸王的纷争仍在继续，东海王司马越为盟主，发布檄文，要把晋惠帝司马衷迎回洛阳，而河间王司马颙发令阻止。）

十月十九日丁丑，司马颙让成都王司马颖带领将军楼褒等人，前车骑将军石超带领北中郎将王阐等人据守河桥，作为刘乔的后续援军。提升刘乔为镇东将军，发给符节。

刘弘给刘乔及司空司马越去信，想使他们之间消解怨恨，停止军事行动，共同辅佐王室，但双方都不理会。刘弘又上书说："自从近年战乱迭起，猜疑、灾祸一起出现，疑忌、仇隙在亲王们之间传递，灾难、祸患延续于宗室后代身上，今天是忠于王室的，明天就成了反叛王室，是非反复变化无常，轮流成为兴起战事的首领。有历史记载以来，骨肉相残的灾祸还没有像现在这样的，我对此感到十分悲伤！现在边疆没有预防发生叛乱的储备，中原却有相当的困厄，辅助王室的重要大臣，不考虑国家的命运，却以竞争长短为能事，自相残杀。万一四边夷人乘虚而制造变乱，这也正是两个猛虎相争斗而自然成为卞庄的猎物。我认为应该赶快发布公开诏书，命令司马越等人，解除猜忌、仇怨，各自保持自己所分管的职位和封地。从今以后，如果有不接受诏令，擅自动用军队挑起事端的人，全国共同来讨伐他。"当时太宰司马颙刚开始进抵关东地区，要倚靠刘乔作为帮助，因而不采纳刘弘的进言。

刘乔乘虚袭击许昌，一举攻克。刘琨带兵救援许昌已经来不及，于是和兄刘舆以及范阳王司马虓一起逃奔河北，刘琨的父母被刘乔抓住。刘弘根据张方的残暴，知道司马颙一定要失败，便派参军刘盘为都护，带领所辖各军队接受司马越的指挥。

这时天下大乱，刘弘专门督管江汉地区，威势及于南方边远地区。谋划事情成功了，就说是某人的功劳。如果遇到失败，则称是自己的责任。每当兴师动众，亲笔写信给负责官员，详细叮咛嘱咐。所以大家都很感动和舒畅，争相到他那儿。大家都说："能够得到刘公一纸亲笔信，胜过做十个部从事。"前广汉太守辛冉向刘弘游说割据称霸的事情，刘弘大怒，就把他杀了。

有异星出现在北斗星旁。

平昌公司马模派将军宋胄向河桥进军。

十一月，立节将军周权，假称收到檄文，自称为平西将军，又重新立羊皇后。洛阳令何乔攻打周权，把他杀了，又废黜羊皇后。太宰司马颙假称诏令，根据羊皇后多次被坏人拥立，派尚书田淑命令留守台署赐羊皇后死。诏书几次传到，司隶校尉刘暾等人上奏，坚持认为："羊庶人门庭早已破败，废掉放逐在空宫，宫门禁卫戒备森严，没有条件能够与坏人勾结而制造变乱，大家无论是愚蠢还是聪明的人，都说她很冤枉。现在杀这样一个潦倒穷愁的人，而使天下人悲伤，对社会安定有什么好处？"司马颙发怒，派吕朗拘捕刘暾，刘暾投奔青州，依靠高密王司马略。但羊皇后也因此而得以免于一死。

十二月，吕朗等向东在荥阳驻扎，成都王司马颖进兵据守洛阳。

刘琨向冀州刺史太原人温羡游说，让他把职位让给范阳王司马虓。司马虓兼领冀州后，派刘琨到幽州向王浚求兵。王浚派精锐骑兵帮助司马虓，在黄河上袭击王阐，把王阐杀了。刘琨于是和司马虓率兵渡过黄河，在荥阳杀了石超。刘乔从考城率兵撤退。司马虓派遣刘琨和都护田徽向东在廪丘攻打东平王司马楙，司马楙逃归封国。刘琨、田徽带兵向东迎接司马越，在谯地攻打刘祐，刘祐兵败阵亡，刘乔的军队于是溃散，刘乔逃奔平氏县。司空司马越进军到阳武驻扎，王浚派他的部将祁弘带领鲜卑、乌桓精锐骑兵作为司马越的前锋。

（以上为第三段，写晋朝督管江汉的有识之士刘弘力求调解太宰司马颙与东海王司马越的争端，并上书晋惠帝，不被采纳，他认为司马颙必败，加入司马越阵营。）

当初，陈敏战胜石冰后，自以为勇猛谋略没有对手，就产生了在江东割据称王的想法。他父亲生气地说："使我们家族灭绝的，一定是这个儿子！"于是忧郁而死。陈敏因为丧事而离职。司空司马越起用陈敏为右将军、前锋都督。司马越被刘祐打败，陈敏请求收兵东归，于是占据历阳反叛。吴主常侍甘卓，抛弃官职东归到历阳，陈敏为自己的儿子陈景娶甘卓的女儿，并让甘卓诈称皇太弟的命令，任命陈敏为扬州刺史。陈敏派弟弟陈恢以及部将钱端等人向南攻打江州，弟弟陈斌向东攻打各郡，江州刺史应邈扬州刺史刘机、丹阳太守王旷都弃城逃跑。

陈敏于是占据了江东地区，任命顾荣为右将军、贺循为丹阳内史、周玘为安丰太守，凡是江东地区的豪族英杰、名士，都加以收揽，并以礼相待，其中担任将军、郡守的有四十多人。如果有年老、生病的也封给一定的级别。贺循假装疯病，得以逃脱，就让顾荣兼任丹阳内史。周玘也称病不到郡。陈敏怀疑各位名士最终不能为自己服务，想把他们全部杀掉。顾荣对陈敏说："中原丧乱动荡，胡人、夷人欺辱内地，看今天的趋势，国家不会再重新振兴，百姓将难以生存下去。江南地区虽然经过石冰的叛乱，但百姓与财物都还在，我常常对没有孙权、刘备那样的领袖来使江南保存感到忧虑。现在您超凡威武、举世无双，功绩已经显赫，有数万武士，战舰排列如群山。如果能在君子中获得信任，让他们心情舒畅，解开他们心中小小的疑忌，堵塞住谗言陷害或阿谀奉承之人的嘴，那么长江上游的几个州，都能用传布檄文的方式稳定，不然终究不能成功。"陈敏这才停止了诛杀江左名士。陈敏让下属推举自己为都督江东诸军事、大司马，封为楚公，加九锡重礼，列上尚书，声称直接接到皇帝的诏令，从长江进入沔水、汉水流域，迎接皇帝大驾。

太宰司马颙以张光担任顺阳太守，率领步兵骑兵五千人到荆州讨伐陈敏。刘弘派江夏太守陶侃、武陵太守苗光在夏口驻扎，又派南平太守汝南人应詹督领水军来支援陶侃等人。

陶侃与陈敏是同郡人，又同年被荐举为官吏。随郡内史扈怀对刘弘说："陶侃在大郡任太守，统领强兵，倘若有异心，荆州就失去东大门了！"刘弘说："陶侃的忠心和才能，我了解他已很久了，一定不会这样。"陶侃听说后，派儿子陶洪和侄子陶臻到刘弘那儿，以使自己的地位稳固，刘弘任用陶洪等二人为参军，发给钱物让他们回去，说：“你们贤德的叔叔要征战出行，而祖母年事已高，你们应该回去。村野匹夫互相交往，尚且不负心，何况大丈夫呢！”

陈敏让陈恢任荆州刺史，进犯武昌，刘弘让陶侃兼任前锋都护去抵御。陶侃以一般运输船作为战舰，有人认为不行。陶侃说：“用官船来打官贼，有什么不行？”陶侃与陈恢交战，多次把陈恢打败，又和皮初、张光、苗光在长岐共同打败钱端。

南阳太守卫展对刘弘说：“张光是太宰司马颙的心腹，您既然倾向于东海王司马越，应该杀掉张光来表明您的立场。”刘弘说：“太宰的得失，怎么是张光的罪过？危害别人使自己安全，君子是不做这种事的。”于是表奏张光的功勋，请求朝廷提拔。

这一年，离石地区灾荒严重。汉王刘渊迁到黎亭驻扎，使用邸阁粮谷，让太尉刘宏留守离石，派大司农卜豫运粮供给他。

（以上是第四段，写晋朝右将军陈敏在江东平定变民首领石冰后，便割据江东，自封大司马、楚公，尽占吴越之地，进犯武昌；晋朝前锋都尉陶侃率军将其打败。）

晋惠帝光熙元年（丙寅，公元306年）

春季，正月初一戊子朔，出现日食。

当初，皇太弟司马炽的中庶子兰陵人缪播受到司马越的宠信。缪播堂弟右卫率缪胤，是太宰司马颙前妃的弟弟。司马越起兵，派缪播、缪胤到长安劝说司马颙，让他侍奉惠帝司马衷返归洛阳。并相约与司马颙分地而治，共同辅佐王室。司马颙一直信任并看重缪播兄弟，当时就想听从他们的劝说。张方认为自己罪行很重，担心成为被诛杀的首犯，就对司马颙说：“现在我们占据形势险要的地方，国富兵强，挟持天子发布号令，谁敢不服从，怎么能拱手让被别人控制？”司马颙听后打消了与司马越联合的念头。等到刘乔兵败，司马颙畏惧，想停止军事行动，与崤山以东地区和解，但又担心张方不听从而犹豫不决。

张方平常和长安的豪富郅辅亲近要好，让他担任帐下督。司马颙的参军河间人毕垣，曾经受到张方的侮辱，于是劝司马颙说：“张方在霸上驻兵很久了，听说崤山以东地区的军队强盛，所以徘徊不前，应该在他萌生反心之前做好防备。张方的亲信郅辅对他的谋划全部了解。”缪播、缪胤又对司马颙进行劝说：“应当迅速杀了张方向天下谢罪，崤山以东地区不用兴兵就可以平定。”司马颙派人召郅辅，毕垣迎上前对郅辅说：“张方想谋反，大家都说你知道这事，亲王如果问你，你将如何回答？”郅辅吃惊地说：“的确没有听说张方谋反，这怎么办？”毕垣说：“亲王如果问你，你只能这样说，不然的话一定免不了灾祸。”郅辅入府，司马颙问他说：“张方谋反，你知道吗？”郅辅说：“是的。”司马颙说：“派你去抓他，行吗？”郅辅又说：“行。”司马颙于是派郅辅给张方送信，然后趁机杀掉张方。郅辅与张方关系亲密，拿刀进去，守门的士兵也没有怀疑，张方在灯旁揭启信封，郅辅抽刀砍掉了他的头。回去报告，司马颙让郅辅任安定太守。把张方的头送给司空司马越请求和解。但司马越不答应。

宋胄袭击河桥，楼褒向西逃窜。平昌公司马模派前锋督护冯嵩会同宋胄进逼洛阳。成都王司马颖向西逃奔长安，到达华阴，听说司马颙已经和崤山以东和解，便停下来不敢前进。吕朗在荥阳驻扎，刘琨拿张方的头给他看，于是吕朗就投降了。司空司马越派祁弘、宋胄、司马纂带领鲜卑人向西迎接皇帝大驾，任周馥为司隶校尉，掌持符节，都督诸军，在渑池驻扎。

（以上为第五段，写东海王司马越与河间王司马颙的争斗，司马颙听信谗言，杀掉干将张方，与司马越和解；而司马越不接受，继续进军，驻扎渑池，派人西迎晋惠帝。）

三月，东莱郡惤县令刘伯根反叛，有一万多人，自称为"公"。王弥带领家奴僮仆跟随他，刘伯根任命王弥为长史，王弥的堂弟王桑担任东中郎将。刘伯根进犯临淄，青州都督高密王司马略派刘暾带兵阻击他。刘暾兵败，逃奔洛阳，司马略退保聊城。王浚派部将攻打刘伯根，把他杀了。王弥逃进长广山做了强盗。

宁州几年连续灾荒，流行传染病。死的人以十万来计算。五苓夷人强盛，宁州军队屡次失败。官吏百姓很多都流亡到交州，夷人趁机包围了州城。李毅身患疾病，救援的道路已断绝，于是给朝廷上奏疏，说："不能制止强盗作恶，只好坐等一死。如果朝廷不体谅救济，那么请求派来大使，我还活着，就对我施以重刑，如果我已死，就对我戮尸惩罚。"朝廷没有答复。过了几年，李毅的儿子李钊从洛阳去探视他，还没有到，李毅就去世了。李毅的女儿李秀精明通达，具有父亲的风范，于是大家推举李秀来管理宁州事务。李秀奖励战士，环城固守。城里粮食吃完了，就烧鼠、拔草作为食物。等夷人稍微有些懈怠时，就发兵突然袭击，攻破了夷人的包围。

范长生到了成都，成都王李雄到城门口迎接，拿着表示礼节的手板，任命范长生为丞相，尊称他为范贤。

（以上为第六段，继续写晋惠帝光熙元年（306）的史事，主要写晋朝的叛乱以及平定情况，东莱郡惤县令刘伯根反叛，被王浚派部将攻灭；宁州五苓夷逐渐强大，围困宁州城，宁州军队屡次失败，宁州刺史李毅之女李秀待敌松懈，发兵突围。）

夏季，四月十三日乙巳，司空司马越率兵到温县驻扎。起初，太宰司马颙以为张方一死，东方的战事就一定能够停止。不久，东方的军队听说张方死了，争相进入关中，司马颙感到后悔，就杀了郅辅，派弘农太守彭随、北地太守刁默带兵在关东湖县阻击祁弘等人。

五月初七壬辰，祁弘等人把彭随、刁默打得惨败，于是西进入关，又在霸水打败了司马颙的部将马瞻、郭伟，司马颙单枪匹马逃入太白山。祁弘等人进入长安城，所部鲜卑人大肆抢掠，杀了两万多人，大臣官员们都跑散，逃入山中，捡拾橡树籽当饭吃。

五月十四日己亥，祁弘等人侍奉惠帝司马衷乘坐牛车东返。任命太弟太保梁柳为镇西将军，据守关中。

六月初一丙辰朔，惠帝司马衷到洛阳，恢复了羊皇后的地位。十六日辛未，宣布实行大赦，改年号为光熙。

马瞻等人又回到长安，杀了梁柳，与始平太守梁迈共同在南山迎接太宰司马颙。弘农太守裴廙、秦国内史贾龛、安定太守贾疋等人起兵攻打司马颙，杀了马瞻、梁迈。贾疋是贾诩的曾孙。司空司马越派督护麋晃率领士兵攻打司马颙，到了郑县，司马颙派平北将军牵秀在冯翊驻扎。司马颙的长史杨腾，假称司马颙的命令，让牵秀停止军事行动，杨腾于是杀了牵秀，关中地区都归服司马越，司马颙仅仅保住长安城而已。

成都王李雄即皇帝位，宣布大赦，改年号为晏平，国号称为大成。追尊父亲李特为景皇帝，定庙号为始祖，把王太后尊奉为皇太后。以范长生为天地太师，让他部下的人免交赋税。各位将领都倚仗李雄的恩德，互相争抢职位。尚书令阎式上奏疏，请求按照汉晋的旧制，建立百官制度。李雄采纳了。

秋季，七月初一乙酉朔，出现日食。

八月，朝廷任命司空司马越为太傅，录尚书事；任命范阳王司马虓为司空，镇守邺城；任命平昌公司马模为镇东大将军，镇守许昌；任命王浚为骠骑大将军，都督东夷、河北诸军事，兼任幽州刺史。司马越任命吏部郎庾敳为军谘祭酒，任命前太弟中庶子胡母辅之为从事中郎，任命黄门侍郎郭象为主簿，任命鸿胪丞阮修为行参军，任命谢鲲为掾。胡母辅之向司马越推荐乐安人光逸，司马越也加以任用。庾敳等人都崇尚虚玄空谈，不把政务放在心上，纵酒放诞；庾敳聚敛财物贪得无厌，郭象品行轻薄，喜好贪图权位，司马越都因为他们名重于世，所以任用他们。

祁弘进入关中，成都王司马颖从武关逃奔新野。正遇到新城元公刘弘去世，司马郭劢叛乱，想把司马颖迎来作为首领。郭舒拥戴刘弘的儿子刘璠讨伐郭劢，把他杀了。朝廷诏令南中郎将刘陶拘捕司马颖。司马颖北渡黄河，逃奔朝歌，收拢旧部将士，聚集了几百人，想去找公师藩。

九月，顿丘太守冯嵩抓获司马颖，押送到邺城，范阳王司马虓不忍心杀掉司马颖，就把他幽禁起来。公师藩从白马南渡黄河，兖州刺史苟晞攻打并杀掉了公师藩。把东嬴公司马腾的爵位提升为东燕王，平昌公司马模的爵位提升为南阳王。

冬季，十月，范阳王司马虓去世。长史刘舆因为过去邺城人一直归附司马颖，所以秘不发丧，派人假装成朝廷使者宣假诏书，夜里赐司马颖死，并且杀了他的两个儿子。司马颖的部属起先已全部逃散，只有卢志一直跟随，直到他死了也不懈怠，为司马颖收尸并安葬了他，太傅司马越宣召卢志为军谘祭酒。

司马越打算召用刘舆，有人说："刘舆这个人好比污垢，谁接近他就会沾上这污垢。"等到刘舆来了，司马越就疏远了他。刘舆暗地查阅国家的军事簿籍资料以及仓库、牛马、器械、地理的情况，都默默地记下来。当时军务国政事情繁多，每次讨论，从长史潘滔以下，谁也不知道该怎么办，而刘舆便按照情况分析策划，司马越虚心接受采纳，就让刘舆担任左长史，军务国政的事务，全部都交给刘舆。刘舆劝说司马越派他的弟弟刘琨镇守并州，以增强北方的防务。司马越就表奏刘琨为并州刺史，以东燕王司马腾任车骑将军，都督邺城诸军事，镇守邺城。

（以上为第七段，写成都王李雄即皇帝位，改年号为晏平，国号为大成。继续写西晋"八王之乱"，东海王司马越打败河间王司马颙，奉迎惠帝司马衷回到洛阳，司马越掌控朝局；后又下令捉拿成都王司马颖，假传诏令将其杀死。）

十一月十七日己巳，夜间，惠帝司马衷吃麦饼中毒，十八日庚午，在显阳殿驾崩。羊皇后认为自己是太弟司马炽的嫂子，担心当不成太后，打算拥立清河王司马覃。侍中华混劝说道："皇太弟在东宫已经很久了，在百姓中的声望一直很好，是肯定能当皇帝的，今天难道还能改变吗？"随即用不封口的公文迅速宣召太傅司马越，宣召皇太弟入宫。皇后也已宣召司马覃到尚书阁，司马覃怀疑会有变故，就称病回去了。

十一月二十一日癸酉，太弟司马炽即皇帝位，宣布实行大赦，尊奉皇后为惠皇后，安置在弘训宫。追尊母亲王才人为皇太后。册立妃梁氏为皇后。

怀帝司马炽开始遵奉旧制，在东堂听政。每到朝廷会集群臣宴会时，就与大臣官员们商讨各种政务，探讨经典的内容。黄门侍郎傅宣感叹道："今天又看到了武帝的时代了。"

十二月初一壬午朔，出现日食。

太傅司马越用诏书征召河间王司马颙为司徒，司马颙就前去接受征召。南阳王司马模派部将梁臣，在新安拦住司马颙，在车上把他掐死，并杀了他的三个儿子。

十二月二十日辛丑，任命中书监温羡为左光禄大夫，兼任司徒，任命尚书左仆射王衍为司空。

十二月二十八日己酉，把惠帝安葬在太阳陵。

刘琨到达上党，东燕王司马腾就从井陉东下。当时并州饥荒，多次遭到外族强盗的抢掠，各郡县没有能力进行自保。州属部将田甄、田甄弟弟田兰、任祉、祁济、李恽、薄盛等人以及官吏百姓一万多人，都随司马腾到冀州找饭吃，称为“乞活”，剩下的不足两万户。强盗窃贼到处横行，道路交通阻断。刘琨在上党招募兵卒，聚集了五百人，一边打仗，一边前进，到达晋阳。官府房舍焚毁，城乡一片萧条，刘琨安抚慰劳，渐渐聚集了一些流民。

（以上为第八段，写晋惠帝司马衷被毒害致死，东海王司马越拥戴皇太弟司马炽即位，为怀帝；河间王司马颙接受征召为司徒，途中被杀；并州刺史刘琨抚慰北境流民。）

孝怀皇帝上

晋怀帝永嘉元年（丁卯，公元 307 年）

春季，正月初二癸丑，宣布实行大赦，改年号为永嘉。

吏部郎周穆是太傅司马越姑母的儿子，他与妹夫御史中丞诸葛玫劝司马越说：“皇上当时成为太弟是张方的意图。清河王本来是太子，您应当拥立他。”司马越不同意。他们再次劝说司马越，司马越不耐烦，就把他们杀了。

二月，王弥在青徐二州作乱，自称征东大将军，攻杀郡守。太傅司马越让公车令东莱人鞠羡担任本郡太守，以讨伐王弥，王弥把他打败杀死。

割据江东的陈敏处理刑罚政事没有章法，有才能的人都不附从他。他的子弟凶恶残暴，当地人把他们看作祸患。顾荣、周玘等人对此感到忧虑，庐江内史华谭给顾荣等人去信说：“陈敏割据吴郡、会稽地区，性命像早晨的露水一样危险。你们或者拿着朝廷的符节在外统领名郡，或者曾为朝廷的近侍之臣，却玷污自己转而投身于奸邪的伪朝，变节投降于叛逆的败类，难道不耻辱吗？吴武烈皇帝孙坚父子都是以英俊杰出的才能，继承大业。现在以陈敏的凶恶狡猾，七个弟弟的刁顽庸劣，想追随桓王孙策高绝的足迹，踩着大皇帝孙权非凡的轨道。认真思量一下吧，各位贤才，恐怕都不会赞同吧？现在皇帝车驾已东返洛阳，俊杰英才充满朝廷，将要动用六师来清理建业，你们还有什么脸面重见中州的人士呢？”顾荣等人一直有除掉陈敏的想法，等见到这封信后，非常羞惭，秘密派使者向征东大将军刘准报告，让他发兵到江边，自己作为内应，剪掉头发作为记号。刘准派遣扬州刺史刘机等人从历阳出发攻打陈敏。

陈敏派他的弟弟广武将军陈昶带领数万兵马在乌江驻扎，历阳太守陈宏在牛渚驻扎。陈敏的弟弟陈处得知顾荣等人有二心，劝陈敏杀掉他们，陈敏没有同意。

陈昶的司马钱广是周玘的同郡人，周玘秘密地让钱广杀了陈昶，并宣称州城已杀掉陈敏，有敢乱动者诛杀三族。钱广带兵停在朱雀桥南，陈敏派甘卓攻打钱广，把坚固的铠甲和精兵全都给了甘卓。顾荣担心被陈敏怀疑，就来到陈敏那里。陈敏说：“你应该四处走走，以安定人心来保卫我。怎么能到我这儿来呢？”顾荣于是就出去，与周玘一起劝说甘卓道：“如果江东地区的事情能够成功，我们就应该共同努力将事情办成。但是你分析一下事情的趋势，能够成功吗？陈敏才能平平，政令反复无常，计略不确定，他的儿子兄弟个个骄纵自负，他一定要失败。而我们却安心地接受担任他的官职俸禄，等到事情失败的时候，假如让长江以西地区各支军队把我们的首级装在盒子里送到洛阳，上边写着‘叛逆贼寇顾荣、甘卓的首级’，这真是万世的耻辱啊！”甘卓于是假装称病，接回女儿，截断河桥的交通，把船只收回到南岸，与周玘、顾荣以及前松滋侯相丹扬人纪瞻一起攻打陈敏。

陈敏亲自带领一万多人征讨甘卓，甘卓手下的壮士隔水对陈敏的士兵说：“原来所以为陈公效力，正是因为丹阳太守顾荣、安丰太守周玘而已，现在他们都改变了立场，你们怎么办？”陈敏的部众犹豫、怀疑不定。顾荣挥动白羽扇，陈敏的部众都溃散离去。陈敏一个人骑马向北逃跑，在江乘被追上抓住，感叹道：“这些人耽误了我，才到了今天这个地步！”又对弟弟陈处说：“我辜负了你，你却没有辜负我！”陈敏在建业被杀，诛灭三族。这时候，会稽等郡把陈敏的几个弟弟也都杀了。

当时，平东将军周馥代刘准镇守寿春。三月，己未朔（疑误），周馥把陈敏的首级送往京城。朝廷诏令征召顾荣为侍中，纪瞻为尚书郎。太傅司马越任命周玘为参军，陆玩为掾。陆玩是陆机的堂弟。顾荣等人到徐州，听说北方更加乱了，迟疑不前，司马越给徐州刺史裴盾去信说：“如果顾荣等人左顾右盼，就按军法遣送他们！”顾荣等人听说后非常恐惧，就逃回去了。裴盾是裴楷哥哥的儿子，司马越妃子的哥哥。

（以上为第九段，写割据江东的陈敏刑政无序，子弟凶暴，原来投降陈敏的顾荣、周玘等，反戈一击，作为内应，将其征服。陈敏单骑逃到江乘被擒获，灭其三族，江东地区的叛乱遂被平定。）

西阳夷人进犯江夏，太守杨珉请军事官员商讨对策，官员们争相提出方略，只有骑督朱伺一个人默不作声。杨珉说：“朱将军为什么不说话？”朱伺说：“大家都是用口舌攻打贼寇，我只靠力量罢了。”杨珉说：“将军前后几次攻打贼寇，为什么能够常胜不败？”朱伺说：“两军对垒，只应当忍耐，对方不能够忍耐，而我能忍耐，所以能够战胜他们。”杨珉认为很对。

诏令追复杨太后的尊号，二月十七日丁卯，将太后改葬，定谥号为武悼。

二月二十日庚午，立清河王司马覃的弟弟豫章王司马诠为皇太子。二十一日辛未，实行大赦。

怀帝亲自审察大政方针，对朝廷事务也很留心。太傅司马越对此不高兴，坚决要求出去外任藩镇。三十日庚辰，司马越到许昌镇守。

朝廷任命高密王司马略为征南大将军，都督荆州诸军事，镇守襄阳；任命南阳王司马模为征西大将军，都督秦、雍、梁、益四州诸军事，镇守长安；封东燕王司马腾为新蔡王，都督司、冀二州诸军事，仍然镇守邺城。

公师藩死后，汲桑逃回到苑中，转而聚众到各郡县去抢劫掠夺，自称大将军，声称要为成都王司马颖报仇，以石勒为先锋，所向披靡，又任石勒为代讨虏将军，接着进攻邺城。当时邺城里仓库已空，而新蔡武哀王司马腾用度却很奢侈。司马腾品性吝啬，部下得不到什么好处，临到军情紧急时，就赐给将士每人几升米，一丈左右的布帛，所以部下都不为他所用。

夏季，五月，汲桑重创魏郡太守冯嵩，长驱直入，攻进邺城，司马腾轻装骑马出逃。被汲桑部将李丰杀死。汲桑起出成都王司马颖的棺材，装到车上，每件事都要向司马颖棺材祷告后才去办。接着焚烧了邺城王宫，大火十天都不灭。又杀掉一万多名士人百姓，大肆抢掠后才离去。在延津渡过黄河，向南攻打兖州。太傅司马越非常害怕，派苟晞和将军王赞去讨伐汲桑。

秦州流民邓定、訇氐等人占据成固，进犯抢掠汉中，梁州刺史张殷派遣巴西太守张燕攻打他们。邓定等人饥饿困窘，假装向张燕投降，又贿赂张燕，张燕就为他们缓兵。邓定秘密派遣訇氐求救于成汉，成汉君主李雄派太尉李离、司徒李云、司空李璜率领两万军队去救援邓定，与张燕交战，把张燕打得惨败，张殷和汉中太守杜孟治弃城而逃。十几天后，李离等人带兵回师，把汉中百姓全部迁徙到蜀地。汉中人句方、白落带领部分官吏百姓回到南郑据守。

石勒与苟晞在平原、阳平之间相持对垒几个月，打了大小三十次仗，双方互有胜负。秋季，七月初一己酉朔，太傅司马越在官渡屯兵驻扎，声援苟晞。

七月十一日己未，朝廷任命琅邪王司马睿为安东将军，都督扬州、江南诸军事，持符节，镇守建业。

八月初一己卯朔，苟晞在东武阳攻打汲桑，大败汲桑。汲桑撤退到清渊防守。

从荆州、江州分出八个郡，建立湘州。

（以上为第十段，写怀帝司马炽亲自审察大政方针，东海王司马越大为不满，遂出镇许昌；牧民首领汲桑发动起义，攻占并烧毁邺城；成汉主李雄派太尉李离等打败晋将张燕，把汉中百姓迁到蜀地。）

九月初一戊申，琅邪王司马睿到达建业。司马睿以安东司马王导为主要谋士，对他推心置腹，非常信任，每件事都找王导咨询。司马睿的名望和声誉一直很轻，吴地人们都不附从，在建业居住了很久，士大夫没有来拜访的，王导感到忧虑。

正赶上司马睿出去观看禊祭，王导让司马睿坐上抬轿，安排了威严的仪仗。王导和名士们都骑马侍从，纪瞻、顾荣等人见到后都感到惊异，一个跟着一个地在道路左边行拜礼。王导就劝说司马睿道："顾荣、贺循都是这个地区最具名望的人了，应当结交他们来收服人心，他们两人来了，就没有不来的人了。"司马睿就派王导亲自拜访贺循、顾荣，两个人都接受邀请而来到司马睿处。司马睿让贺循担任吴国内史，让顾荣担任军司马，加授散骑常侍。军政事务，都与他们商议。又让纪瞻为军谘祭酒，卞壶为从事中郎，周玘为仓曹属，琅邪人刘超为舍人，张闿和鲁国的孔衍为参军。卞壶是卞粹的儿子；张闿是张昭的曾孙。

王导对司马睿说："以谦逊的态度对待士人，通过节俭的办法保证用度的充足，以清静无为的原则处理政务，安抚以前的故旧部下与结交新的士人。"司马睿逐步得到了江东地区人们的信任。司马睿刚来时，常常因为喝酒耽误事情，王导对此进行劝说，司马睿就令人斟上酒，他接过酒杯后把酒倒掉，从此便戒了酒。

（以上为第十一段，写琅邪王司马睿受封为安东将军，来到江东，镇守建业，任命王导为安东司马，倚为谋主，信之任之；王导出谋划策，劝其结交贤士，司马睿在江东逐步得到士人的依附，站稳脚跟。）

苟晞追击汲桑，攻破汲桑的八个营垒，打死一万多人。汲桑与石勒收拾残余部众，打算投奔刘汉，冀州刺史谯国人丁绍又在赤桥拦截，结果打败了他们。汲桑逃奔马牧，石勒逃奔乐平。太傅司马越返回许昌，给苟晞加官为抚军将军，都督青、兖诸军事，给丁绍加官为宁北将军、监管冀州诸军事，都授给符节。

苟晞多次打败强大的敌人，威名远扬，并且善于治理繁重复杂的事务，运用严刑峻法。苟晞的姨母投靠他，他非常周到地侍奉赡养。姨母为她的儿子求职想做部将，苟晞不同意，说："我不拿王法去宽贷别人，你可不要后悔呀！"姨母坚持为儿子求官，苟晞不得已让他担任督护。后来姨母的儿子犯了法，苟晞手持符节把他杀了，姨母叩头求救，苟晞不听。后来，苟晞又换上素净的衣服去哭吊姨母的儿子，说："杀你的是兖州刺史，哭你的是苟晞。"

胡人首领张訇督、冯莫突等人有部众几千人，在上党设置营垒，石勒去投奔他们。石勒对张訇督等人说："单于刘渊举兵攻打晋朝，您抗拒而不随从，请自己考虑一下能够最终独立吗？"张訇督等人回答说："不能。"石勒说："那怎么还不早点找一靠山！现在部落都已经接受了单于的赏赐招募，常常在一起商议，想背叛部下而投归单于了。"张訇督等人认为说得对。冬季，十月，张訇督等人随石勒骑马投归汉，汉王刘渊封张訇督为亲汉王，冯莫突为都督部大，任石勒为辅汉将军并封平晋王，以统率他们。

乌桓人张伏利度有两千部众，在乐平设置营垒，刘渊每次去招募，都没有成功。石勒假装在刘渊那里犯了罪，去投奔张伏利度，张伏利度很高兴，与石勒结拜成兄弟，派石勒带领各部胡人去抢劫，所向无敌，各部胡人都敬畏佩服。石勒知道大家的心都已归向自己，于是趁聚会时抓住张伏利度，对各部胡人说："今天要干大事，我与张伏利度谁能够成为首领？"各部胡人都推举石勒。石勒于是放了张伏利度，率部众投归汉。刘渊给石勒加职为督山东征讨诸军事，把张伏利度的部众交给石勒指挥。

（以上为第十二段，写晋朝兖州刺史苟晞打败了牧民首领汲桑与羯人石勒的侵扰，石勒降服乌桓首领张伏利度，率众投奔匈奴人汉王刘渊，成为得力干将，封为平晋王。）

十一月，戊申朔（疑误），出现日食。

十一月初八甲寅，朝廷任命尚书右仆射和郁为征北将军，镇守邺城。

十一月二十九日乙亥，朝廷任命王衍为司徒。王衍对太傅司马越说："朝廷出现危险变乱，应当依靠地方最高长官，寻求文武兼备的人才加以任用。"于是任命王衍的弟弟王澄为荆州都督，族弟王敦为青州刺史。王衍告诉他们说："荆州有江汉的坚固，青州有靠海的险要，你们二人在外面而我在朝中，足以成为狡兔的三窟了。"王澄到任所，让郭舒担任别驾，将都督府的事务都交给了他。王澄则日夜纵情喝酒，不亲理事务，虽然盗贼军情紧急，也不放在心上。郭舒常常苦苦劝谏，认为应当爱护民众，保养军队，这样才能使州境保全，王澄不予采纳。

十二月初二戊寅，随司马腾"乞活"的州将田甄、田兰、薄盛等人起兵，为新蔡王司马腾报仇，在乐陵杀了汲桑。把成都王司马颖的棺材丢弃到故井里，司马颖的故臣又收拾好棺材安葬。

十二月十八日甲午，朝廷任命前太傅刘寔为太尉，刘寔以年事已高坚决推辞，但不予批准。

十二月二十四日庚子，任命光禄大夫高光为尚书令。

前北军中侯吕雍、度支校尉陈颜等人密谋立清河王司马覃为太子，事情暴露，太傅司马越假称诏令把司马覃囚禁在金墉城。

当初，太傅司马越与苟晞关系很亲近，带他进入后堂，结拜为兄弟。司马潘滔对司马越说："兖州地处险要，魏武帝从这里创业。苟晞有大志向，不是纯粹的臣下，让他在这里待久了，就会成为心腹祸患。如果把他调迁到青州，提高他的名号，苟晞一定高兴。您亲自管理兖州，规划治理全国，藩卫朝廷，这就是所谓防患于未然。"司马越认为潘滔说得正确。

十二月二十七日癸卯，司马越自任丞相，兼任兖州牧，都督兖、豫、司、冀、幽、并诸军事。让苟晞担任征东大将军、开府仪同三司、加任侍中，授予符节，都督青州诸军事，兼青州刺史，封东平郡公。司马越、苟晞之间因此产生怨恨。

苟晞到了青州，以严刑酷法建立威严，每天都有杀戮，青州人称他为“屠伯”。顿丘太守魏植为流民所逼迫，聚众五六万人，到兖州大肆抢掠，苟晞出兵在无盐驻扎，讨伐魏植。让弟弟苟纯兼任青州刺史，苟纯刑罚杀戮比苟晞还要厉害。苟晞攻打魏植，打败了他。

当初，阳平人刘灵，年轻时贫穷低贱，力气大得能制服奔跑的牛，跑起来能与奔马相比，当时的人们虽然认为他不同寻常，但却无人推举他。刘灵抚胸感叹说：“天啊，为什么赶上乱世呢？”等到公师藩起兵，刘灵自称将军，进犯抢掠赵魏地区。这时候王弥被苟纯打败，刘灵也被王赞打败。于是，他们都派使者向汉投降。汉王刘渊任命王弥为镇东大将军、青徐二州牧，都督缘海诸军事，封东莱公；任命刘灵为平北将军。

李钊到宁州，州里的人们尊奉李钊兼理州刺史事务。治中毛孟到京城，请求朝廷委派刺史，多次上奏，没有被审理。毛孟说：“州君已死，州城被围困，我不远万里来到朝廷倾诉悲哀，心意精诚而朝廷无动于衷，生不如死！”毛孟就想自刎，朝廷怜惜他，让魏兴太守王逊担任宁州刺史，同时诏令交州出兵救援李钊。交州刺史吾彦派他的儿子吾咨带兵去救援李钊。

慕容廆自称鲜卑大单于。

鲜卑人首领拓跋禄官去世，弟弟拓跋猗卢总管三部，与慕容廆结交友好。

（以上为第十三段，写西晋的人事变更，朝廷任命王衍为司徒，王衍的两个弟弟为封疆大吏，形成“狡兔三窟”之势；太傅司马越威权更加显赫，假传诏令囚禁清河王司马覃，又与兖州刺史苟晞有隙。）

晋怀帝永嘉二年（戊辰，公元 308 年）

春季，正月初一丙午朔，出现日食。

正月初二丁未，宣布实行大赦。

汉王刘渊派遣抚军将军刘聪等十位将军向南占据太行，派辅汉将军石勒等十位将军向东攻打赵魏地区。

二月十六日辛卯，太傅司马越杀死清河王司马覃。

二月二十五日庚子，石勒进犯常山，王浚击败了石勒。

凉州刺史张轨中风，不能说话，让他儿子张茂代理州政。陇西内史晋昌人张越是凉州的名门望族，想驱逐张轨，而后自己取代他的职位，与他的哥哥酒泉太守张镇和西平太守曹袪商量，派使者到长安向南阳王司马模报告，说张轨因病残废，请求让秦州刺史贾龛取代他。贾龛将要接受新职，他哥哥责备贾龛说：“凉州张轨是当代名士，威名传播于西州地区，你有什么德望来代替张轨呢？”贾龛于是没有去接受这个职务。张镇、曹袪向朝廷上奏章，请求另行任命刺史，没有回音。于是，发布檄文废除张轨的职务，让军司杜耽代理州政，又让杜耽上奏，任命张越为刺史。

张轨下发告谕，想辞去职位，告老回故乡宜阳。长史王融、参军孟畅用脚踏碎张镇的檄文，推开门进去说：“晋朝多变故，您安抚平定西夏地区，张镇兄弟胆敢肆意逞凶叛逆，应当鸣鼓诛讨他们。”说完出去，在城中戒严。正赶上张轨的大儿子张寔从京城回来，于是就让张寔任中都护，带兵讨伐张镇，并派张镇的外甥都督府主簿令狐亚先去说服张镇，向他陈说利害关系，张镇流着眼泪说：“有人坑害我！”于是到张寔那里认罪受罚。张寔向南攻打曹袪，曹袪败走。

朝廷接到张镇、曹袪的那份奏章，就任命侍中袁瑜为凉州刺史。州治中杨澹跃马奔向长安，割下耳朵放在盘上，诉说张轨被诬陷的情况。南阳王司马模上奏停止任命袁瑜，武威太守张琠亦上奏挽留张轨，朝廷诏令按照司马模所上奏的办理，并且诏令诛杀曹袪。张轨于是命令张寔率领三万步兵和骑兵讨伐曹袪，把曹袪斩首。张越逃奔到邺城，凉州于是安定。

三月，太傅司马越从许昌迁到鄄城镇守。

王弥收拢聚集流亡逃散的残兵，军队重新振作。王弥又派遣部将们分别攻打抢掠青州、徐州、兖州、豫州等地，攻陷郡和县，把郡守、县令大多杀掉，聚集了几万部众。苟晞与王弥的军队接连交战，没有能够取胜。夏季四月十三日丁亥，王弥攻入许昌。

太傅司马越派遣担任司马的王斌率领五千士兵进入京城防卫，张轨也派遣督护北宫纯带兵保卫京城。

五月，王弥从轘辕出发，在伊水以北打败官军，京城大为震动，宫城门白天也关闭。五月十九日壬戌，王弥到达洛阳，在津阳门驻扎。怀帝下诏，以王衍指挥征讨王弥的各项军事行动。五月二十一日甲子，王衍与王斌等众将出战王弥，北宫纯招募一百多勇士突袭王弥兵阵，王弥的军队大败。五月二十二日乙丑，王弥放火烧掉建春门后向东逃窜，王衍派左卫将军王秉追击他，在七里涧交战，又打败了王弥。

王弥逃跑，渡过黄河，与王桑从轵关来到平阳。汉王刘渊派侍中兼御史大夫到郊外迎接，下令说：“我将亲自去将军的府第，擦拭座席，清洗酒爵，诚心诚意对待将军。”王弥到后，刘渊任命他为司隶校尉兼侍中，并授以特进职位。任命王桑为散骑侍郎。

北宫纯与汉刘聪的军队在河东交战，打败了刘聪。

朝廷诏令封张轨为西平郡公，张轨推辞而不接受。当时各州郡都没有到京城的使者，只有张轨独自派遣使者进贡，每年都不中断。

（以上为第十四段，写西晋重新任命张轨为凉州刺史，攻杀动乱分子，安定凉州；叛军首领王弥又重新振作，率兵攻至洛阳，王衍率军反击，王弥兵败，逃依匈奴人建立的刘汉。）

秋季，七月初二甲辰，汉王刘渊进犯平阳，太守宋抽丢下郡城逃跑，河东太守路述战死。刘渊迁都到蒲子县。上郡鲜卑人陆逐延、氐人酋长单徵都向汉王刘渊投降。

八月十五日丁亥，太傅司马越从鄄城迁徙到濮阳驻扎，没有多久，又迁徙到荥阳驻扎。

九月，汉国王弥、石勒进犯邺城，守将和郁弃城而逃。朝廷诏令豫州刺史裴宪在白马驻扎以抵御王弥；车骑将军王堪在东燕驻扎以抵御石勒；平北将军曹武驻扎在大阳以护备蒲子。裴宪是裴楷的儿子。

冬季，十月初三甲戌，汉王刘渊即皇帝位，宣布大赦，改年号为永凤。十一月，任命他的儿子刘和为大将军，刘聪为车骑大将军，同族侄子刘曜为龙骧大将军。

十一月初一壬寅，并州刺史刘琨让上党太守刘惇带领鲜卑人攻打壶关，汉国的镇东将军綦毋达战败而后逃回。

十一月初五丙午，汉国都督中外诸军事、大司马兼丞相、右贤王刘宣去世。

石勒、刘灵率领三万人进犯魏郡、汲郡、顿丘等地，五十多个村庄的百姓望风投降，石勒对全部村庄头目都授给将军、都尉的印章和绶带，并从百姓中挑选了五万强壮者作为士兵，对老弱病残的百姓仍让他们在原地安居。十一月初八己酉，石勒在三台抓住并杀了魏郡太守王粹。

十二月初一辛未朔，朝廷宣布实行大赦。

十二月初五乙亥，汉主刘渊任命大将军刘和为大司马，封为梁王；任命尚书令欢乐为大司徒，封为陈留王；任命皇后的父亲御史大夫呼延翼为大司空，封为雁门郡公。宗室当中根据亲疏都封给郡县王，异姓长官根据战功都封予郡县公侯。

成汉尚书令杨褒去世。杨褒喜欢直言，成汉主李雄刚刚占据蜀地时，费用不够，部将当中有因为捐献金银财物而得到职任的人，杨褒劝说道："主公设置官职爵位，应该网罗天下的英雄豪杰，哪里有用官职换取金钱的道理？"李雄向他谢罪。李雄曾经喝醉了酒，让中书令杖打太官令，杨褒进言说："天子威仪庄严，诸侯仪态端正。哪里有天子酗酒的道理！"李雄感到惭愧停止了酗酒。

成汉的平寇将军李凤在晋寿驻扎，多次进犯汉中，汉中百姓向东逃难到荆州、沔阳一带，朝廷下诏任命张光为梁州刺史。荆州的强盗窃贼不能禁绝，朝廷下诏起用刘璠为顺阳内史，于是江、汉地区的百姓纷纷聚集，归附刘璠。

（以上为第十五段，写汉王刘渊盘踞山西，势力越来越大，派遣石勒等众位将军向南、向东侵占晋朝州郡，攻破邺城，而后称帝，改元永凤，成为晋朝的劲敌。）

【点评】

晋武帝误传国柄。公元 307 年，晋惠帝司马衷被权臣司马越毒杀。司马衷庸碌的一生，令人感慨唏嘘。首先，司马衷的能力不足以担当皇帝。其次，皇太后的兄弟杨骏专政，一手遮天，视他为无物，后又有贾南风涉权干政。掩卷而思，晋朝建国，自晋武帝司马炎消灭吴国后，长期处在动荡之中。后继统治者又多无能之辈，国无宁日。更多深层次问题，有待深究。晋武帝传国司马衷是一个最大的错误，作为开国皇帝，不可思议。

资治通鉴（白话本） 卷第八十七

晋纪九

晋怀帝永嘉三年至五年（公元309—公元311）

【起屠为大荒落（己巳，公元309年），尽重光协洽（辛未，公元311年），凡三年】

【大事提要】

本卷记事起公元309年，讫公元311年，凡三年，当晋怀帝永嘉三年至永嘉五年。本卷所载大事，主要是五个方面：其一，刘聪即位。汉主刘渊迁都平阳，改年号为河瑞；后来患病去世，由长子刘和继承帝位，任命四子刘聪为大司马、大单于。刘和听信谗言，欲谋杀掌握重兵的刘聪，反而被有备而战的刘聪打败。刘聪清除异己，将刘锐、呼延攸等大臣杀害，登上帝位，改元光兴。其二，司马越被焚尸。东海王司马越"一股独大"，专权干政，杀掉忠于怀帝司马炽的王延等朝臣，并且罢免宿卫，全部换上亲信士兵。后来，汉国部将攻打洛阳，他出兵回击，内部争斗不休，眼看大势已去，忧惧成疾而死，被汉将领石勒追击，焚尸贬爵，满门遭殃。其三，洛阳被攻陷。汉主刘聪即位后，即命前军大将军呼延晏率兵二万进攻晋都洛阳。两军大战于河南，晋军前后十二败。刘聪大军攻陷洛阳，大肆烧杀抢掠，使这座原本繁荣、美丽的城市化为废墟。怀帝司马炽欲逃亡长安，结果，被汉兵活捉。史称"永嘉之祸"。其四，晋朝设立行台。洛阳被攻陷后，晋臣避乱，纷纷逃离。司徒傅祗在河阴建立行台；司空荀藩等传檄四方，推举琅邪王司马睿为盟主，任命官属；太子司马诠之弟司马端东奔仓垣，苟晞率领群官奉其为皇太子，设立行台。各地反抗的行为一直没有停止过。其五，江东独安。中原无主，天下大乱，唯独江东偏安，中原人士纷纷南渡江东。王导力劝琅邪王司马睿收其贤俊，网罗人才，其时佐官有一百多人。刁协、王承、诸葛恢、陈頵、庾亮等，都授官有差。司空王浚在幽州拥立皇太子，备置百官，任命司马睿为大将军。

孝怀皇帝中

晋怀帝永嘉三年（己巳，公元309年）

春季，正月初一辛丑朔，火星犯紫微星座。汉国太史令于修之对汉主刘渊说："不出三年，一定能攻下洛阳，蒲子地形崎岖，难以在这儿长久安居；平阳的天象正好昌盛，请把都城迁到那里。”刘渊采纳了这个建议。宣布实行大赦，改年号为河瑞。

三月初九戊申，高密孝王司马略去世。朝廷任命尚书左仆射山简为征南将军，都督荆州、湘州、交州、广州诸军事，镇守襄阳。山简是山涛的儿子，嗜好喝酒，不把军政事务放地心上。他上书说：“顺阳内史刘璠很得人心，恐怕百姓要劫持刘璠作首领。”于是朝廷下诏，任命刘璠为越骑校尉。南州地区因此而大乱，当地父老乡亲没有不追念刘璠的父亲刘弘的。

三月十八日丁巳，太傅司马越从荥阳进入京城。中书监王敦对他亲近的人说：“太傅独揽威势权力，但选拔任用官员仍上书请示，而尚书仍然按照过去的制度来裁定，因此太傅现在到京城，一定会杀掉一些官员。”

怀帝担任皇太弟时，与中庶子缪播关系亲密要好，即皇帝位后，任命缪播为中书监，任命缪胤为太仆卿，把他们当作心腹。怀帝舅父散骑常侍王延和尚书何绥、太史令高堂冲一起参与朝廷的机密事务。司马越怀疑朝廷大臣对自己有异心，刘舆、潘滔也劝说司马越把缪播等人全杀了。司马越于是诬陷缪播等人图谋叛乱。

三月二十六日乙丑，司马越派平东将军王秉，率领三千士兵进入皇宫，在怀帝身边逮捕缪播等十多人交付廷尉，把他们杀了。怀帝只能叹息流泪。

何绥是何曾的孙子。当初，何曾曾在武帝司马炎的宴会上侍奉，离开宴会后，对儿子们说：“皇上开创伟大的基业，我每次在宴会上见到他，从来没有听到他的关于治理国家的长远打算，只是听他说平生的一些日常事情，这不是替子孙后代考虑的做法。他只考虑自己，他的后代继承人危险呀！你们还能够免祸。”指着孙子们又说：“他们一定会遭到国难。”何绥死后，哥哥何嵩哭着说：“我们的祖父几乎是圣人啊！”

何曾生活奢侈，吃饭一天要耗费万钱，还说没有下筷子的地方。儿子何劭一天吃掉二万钱。何绥和弟弟何机、何羡更加奢侈，给人写信用词非常傲慢。河内人王尼看到何绥写的信，对人说：“何绥身居乱世还这样自负傲慢，难道能免祸吗？”听的人说：“何绥听到你的话，一定会害你。”王尼说：“等何绥听到我的这些话时，他自己已经死了。”等到永嘉末年，何氏一家已经没有子孙留存于世了。

臣司马光评论说：何曾议论晋武帝苟且懒惰，只顾眼前利益，不为长远考虑，而预知天下将要发生变乱，子孙一定会卷入这忧虑当中，多么英明！但是自己超越本分奢侈无度，使子孙效仿继承这种坏毛病，最后因为骄傲奢侈而亡族，这英明又在哪里呢？再说身为丞相，知道自己君主的过错，不忠告君主却在家私下议论，不是忠臣啊！

太傅司马越任命王敦为扬州刺史。

刘寔连年请求告老还乡，朝廷不同意。尚书左丞相刘坦给朝廷上言："古代养老，以不使任职为好，并不把任职视为看重他，所以说应当尊重刘寔自己的安排。"三月二十八日丁卯，朝廷诏令刘寔以侯爵的身份回归府第。任命王衍为太尉。

太傅司马越辞去兖州牧的职务而兼任司徒。司马越根据近年来朝廷发生变故，根由大多出在宫殿官署这一情况，于是上书，奏请将有侯爵身份的宫廷侍卫全都罢免。当时宫殿中的武官都封了侯，因此宫殿武官差不多都被解职。他们都流着眼泪离开了宫殿。然后改为让右卫将军何伦、左卫将军王秉带领几百名属于司马越的东海国士兵担任皇宫禁卫。

（以上为第一段，写晋怀帝司马炽重用亲善之人，与太傅司马越的专权发生冲突，司马越以谋反为名，杀戮怀帝亲信，撤换皇宫禁卫，彻底控制怀帝，使怀帝成为傀儡。）

左积弩将军朱诞投奔汉国，具体陈说洛阳城中势单力薄的情况，劝说汉主刘渊趁机攻打洛阳。刘渊让朱诞担任前锋都督，让灭晋大将军刘景担任大都督，带兵攻克了黎阳。又在延津打败王堪，把三万多个男女百姓沉入黄河。刘渊听说后，生气地说："刘景有什么脸面再来见我！再说上天之道难道能容忍这种残忍的行动？我所想要消灭的只是司马氏家族罢了，普通百姓有什么罪？"于是把刘景降职为平虏将军。

夏季大旱，长江、汉水、黄河、洛河都枯竭了，可以徒步跋涉过去。

汉国安东大将军石勒进犯钜鹿、常山，有十多万人。聚集了一些有身份的人士，另外编成君子营。以赵郡人张宾为主要谋士，刁膺为心腹辅佐，以夔安、孔苌、支雄、桃豹、逯明为助手。并州的胡人、羯人大多都跟随石勒。

当初，张宾喜欢读书，豁达而胸怀大志，常常把自己比作西汉张良。等到石勒攻取崤山以东地区，张宾对亲近的人说："我一一观察那些战将，没有比得上这位胡人将军的，可以和他一起成就大业！"于是提起剑到军营门前，大声呼喊请求接见，但石勒并没有认为他有超群之处。张宾多次向石勒献上计策，事情结束后全都与张宾预料的一样。石勒因此才感到他不同寻常，安排他为军功曹，一举一动都要去问他。

汉主刘渊任命王弥为侍中、都督青、徐、兖、豫、荆、扬六州诸军事，征东大将军，青州牧，与楚王刘聪一起进攻壶关，以石勒为前锋都督。刘琨派遣护军黄肃、韩述救援壶关，刘聪在西涧打败韩述，石勒在封田打败黄肃，把他们都杀了。

太傅司马越派遣淮南内史王旷，将军施融、曹超带兵抵御刘聪等人。王旷渡过黄河，打算长驱直入，施融说："他们凭借天险抄小路出击，我们即使有几万人马，仍然还是孤军受敌。应该暂且借河水当作屏障来观察形势变化，然后再图谋他们。"

王旷发怒说："您要败坏士气啊！"施融退出去说："人家善于用兵，而王旷却不明白战事情势，我们这些人今天一定要当替死鬼了！"王旷等人在太行与刘聪遭遇，在长平地区交战，王旷的军队惨败，施融、曹超都战死。

刘聪于是攻陷屯留、长子，一共斩获一万九千首级。上党太守庞淳交出壶关向汉国投降。刘琨派都尉张倚兼任上党太守，占据襄垣。

当初，匈奴人刘猛死去，右贤王去卑的儿子诰升爰代替他率领部众。诰升爰去世，他的儿子刘虎立为首领，居住新兴，号称铁弗氏，与白部鲜卑都归附于汉国。刘琨自己带兵攻打刘虎，刘聪派兵袭击晋阳，没有攻下。

五月，汉主刘渊把儿子刘裕封为齐王，刘隆封为鲁王。

秋季，八月，汉主刘渊命令楚王刘聪等人进兵攻打洛阳。朝廷诏令平北将军曹武等人抵御刘聪，被刘聪打败。刘聪长驱直入，到达宜阳，自己倚仗着已经多次取胜懈怠而不进行防备。九月，弘农太守垣延假装投降，夜间突袭刘聪的军队，刘聪大败而归。

王浚派遣祁弘与鲜卑人段务勿尘在飞龙山攻打石勒，石勒大败，撤退到黎阳驻扎。

冬季，十月，汉主刘渊再次派遣楚王刘聪、王弥、始安王刘曜、汝阴王刘景率领五万精锐骑兵进犯洛阳，大司空雁门刚穆公呼延翼带领步兵作为后续军队。

十月二十一日丙辰，刘聪等人到达宜阳。朝廷因为汉军刚刚失败，没有料到他们这么快又来了，大为恐慌。十月二十六日辛酉，刘聪屯兵西明门。北宫纯等人带领一千多名勇士趁黑夜突袭汉军营垒，杀了他们的征虏将军呼延颢。十月二十七日壬戌，刘聪向南进发，到洛水驻扎。乙丑（疑误），呼延翼被自己的部下杀死，部众从大阳溃散逃回。

刘渊下令让刘聪等人撤兵回来。刘聪上书说，晋朝军队微弱，不能因为呼延翼、呼延颢死了而撤兵，坚持要留下来进攻洛阳，刘渊同意了。太傅司马越加强环城防守。戊寅（疑误），刘聪自己到嵩山祈祷，留下平晋将军安阳哀王刘厉、冠军将军呼延朗代理指挥留守的军队。太傅参军孙询劝说司马越乘虚出兵袭击呼延朗，杀死了呼延朗。刘厉跳入洛水而死。王弥对刘聪说："现在军队既然失利，洛阳的防守还很坚固，而我们的运粮车还在陕地，粮食支持不了几天，您不如与龙骧大将军刘曜退还平阳，筹备粮食发给士兵，再进行下一步行动。我也收兵筹谷，在兖、豫地区待命，不也是可以的吗？"刘聪因为是自己曾经请求留下，这时候没有敢擅自撤兵。宣于修之对刘渊说："到了辛未年，才能得到洛阳，现在晋朝气运还很旺盛，大军不撤回来，一定失败。"刘渊于是召刘聪等人撤兵回来。

（以上为第二段，写西晋处于风雨飘摇之中，匈奴汉赵正处于强势崛起之时，多次出兵攻打西晋，围攻洛阳，遭到晋兵顽强抵抗，损失惨重，无奈退兵，洛阳也岌岌可危。汉赵太史预言第三年破洛阳。）

天水人訇琦等人杀了成汉的太尉李离和尚书令阎式，献出梓潼向罗尚投降，成汉主李雄派太傅李骧、司徒李云、司空李璜攻打梓潼，没有成功，李云、李璜战死。

当初，谯周有个儿子在巴西地区居住，成汉的巴西太守马脱把他杀了。谯周的儿子谯登到刘弘那儿请求军队予以报仇。刘弘上奏谯登为梓潼内史，让他自己招募巴蜀的流民，招到两千人。向西到巴郡，向罗尚请求增加些兵力，但没有得到。谯登进攻宕渠，杀了马脱，吃掉马脱的肝脏。正遇到梓潼投降，谯登占据涪城，李雄亲自攻打谯登，结果被谯登打败。

十一月二十日甲申，汉楚王刘聪、始安王刘曜回到平阳。王弥向南出兵轘辕，在颍川、襄城、汝南、南阳、河南的流民有几万家，一直被当地居民欺负，所以放火烧城焚邑，杀掉郡守、长史等官员，响应王弥。

石勒进犯信都，杀了冀州刺史王斌。王浚自己兼任冀州刺史。朝廷诏令车骑将军王堪、北中郎将裴宪率兵攻打石勒，石勒带兵回来，抵御王堪等人。魏郡太守刘矩献出本郡投降石勒。石勒到达黎阳，裴宪丢下军队自己逃奔淮南，王堪退守仓垣。

十二月，汉主刘渊以陈留王刘欢乐担任太傅，楚王刘聪担任大司徒，江都王刘延年担任大司空。派遣都护大将军曲阳王刘贤与征北大将军刘灵、安北将军赵固、平北将军王桑，在东边的内黄县驻扎。王弥上奏左长史曹嶷担任安东将军，向东攻打青州，顺便接出他的家眷，刘渊同意了这个安排。

当初，东夷校尉勃海人李臻，与王浚相约共同辅佐晋皇室，王浚有另外的想法，李臻于是怨恨王浚。和演死后，别驾昌黎人王诞逃亡归附李臻，劝说李臻出兵攻打王浚。李臻就派他儿子李成带兵攻打王浚。辽东太守庞本，一直与李臻有怨恨，乘虚袭击杀了李臻，又派人在无虑杀了李成，王诞又逃去投奔慕容廆。朝廷诏令以勃海人封释代替李臻任东夷校尉，庞本又图谋杀他，封释的儿子封悛劝封释设伏兵邀请庞本，把庞本抓住并杀了，之后又杀了他的全家。

（以上为第三段，写成汉主李雄与晋朝官兵争斗，互有胜负；汉主刘渊派遣部将王弥、石勒等攻城略地，逐步蚕食晋朝国土；而晋朝官员之间互相倾轧，挟私报复，大敌当前，全然不以国家利益为重。）

晋怀帝永嘉四年（庚午，公元 310 年）

春季，正月初一乙丑朔，宣布实行大赦。

汉主刘渊立单徵的女儿为皇后，梁王刘和为太子，宣布实行大赦。封儿子刘乂为北海王，以长乐王刘洋担任大司马。

汉国镇东大将军石勒渡过黄河，攻克白马，王弥带领三万人与石勒会师，一同进犯徐州、豫州、兖州。二月，石勒袭击鄄城，杀掉兖州刺史袁孚；又攻克仓垣，杀掉王堪；又北渡黄河，攻打冀州各郡，九万多百姓附从石勒。

成汉太尉李国镇守巴西，部下文石杀死李国，献出巴西，投降罗尚。

太傅司马越征召建威将军吴兴人钱璯和扬州刺史王敦。钱璯图谋杀死王敦后叛乱，王敦逃往建业，报告琅邪王司马睿。钱璯叛乱，进犯阳羡，司马睿派遣将军郭逸等人攻打他。周玘组织联合乡里百姓，与郭逸等人一起攻打钱璯，把他杀了。周玘三次平定江南，司马睿任命周玘为吴兴太守，并在他的家乡设置义兴郡以表彰周玘。

汉国部将曹嶷从大梁带兵向东进攻，所向披靡，于是攻克东平，进兵攻打琅邪。

夏季，四月，王浚部将祁弘在广宗打败并杀死汉国冀州刺史刘灵。

成汉主李雄告诉他的部将张宝说："你能攻下梓潼，我把李离的官职赏给你。"张宝于是杀人后逃亡投奔梓潼，訇琦等人都信任他，把他当作心腹。正遇到罗尚派使者到梓潼，訇琦等人出城迎接使者，张宝则在后边关闭了城门，訇琦等人只好投奔巴西。李雄让张宝担任太尉。

幽、并、司、冀、秦、雍等六州遭到严重蝗灾，蝗虫把草木、牛马的毛都啃食光了。

秋季，七月，汉国楚王刘聪、始安王刘曜、石勒和安北大将军赵固，在怀县围攻河内太守裴整，朝廷诏令征虏将军宋抽救援怀县。石勒与平北大将军王桑阻击并杀死宋抽。河内人抓住裴整投降，汉主刘渊让裴整担任尚书左丞。河内郡督将郭默收拾裴整的残余部众，自己担任坞主，刘琨任命郭默为河内太守。

罗尚在巴郡去世，朝廷诏令以长沙太守下邳人皮素代替他的职务。

七月初九庚午，汉主刘渊卧病不起，初十辛未，以陈留王刘欢乐担任太宰，长乐王刘洋担任太傅，江都王刘延年担任太保，楚王刘聪担任大司马、大单于，都兼任录尚书事。在平阳西侧设置单于台。以齐王刘裕担任大司徒，鲁王刘隆担任尚书令，北海王刘义担任抚军大将军兼司隶校尉，始安王刘曜担任征讨大都督兼单于左辅，廷尉乔智明担任冠军大将军兼单于右辅，光禄大夫刘殷担任左仆射，王育担任右仆射，任颢担任吏部尚书，朱纪担任中书监，护军马景兼任左卫将军。永安王刘安国兼任右卫将军，安昌王刘盛、安邑王刘钦、西阳王刘璿都兼任武卫将军，分别统领禁兵。

当初，刘盛年幼时不喜欢读书，只读《孝经》《论语》，说："读这两本书能够照着去做，就足够了，哪里还用多读而不去行动呢？"李熹见到他，感叹说："远远望他好像可以轻慢他，等到了跟前，严肃如同威严的君王，可以称得上是君子了。"刘渊因为他忠诚执着，所以临终时交给他重要的职务。

七月十六日丁丑，刘渊宣召太宰刘欢乐等人到皇宫里，接受遗诏，辅佐朝政。十八日己卯，刘渊去世。太子刘和继承皇位。

（以上为第四段，写汉赵主刘渊派遣将领攻打西晋，渡过黄河，进犯徐州、豫州、兖州、冀州，攻下许多郡县；刘渊临终，安排后事，大封诸王、群臣，太子刘和继位。）

刘和性格多疑，没有恩德。宗正呼延攸是呼延翼的儿子，刘渊因为他没有才能和德行，终身没有给他升官。侍中刘乘，一直怨恨楚王刘聪。卫尉西昌王刘锐，对没有受到刘渊临终任命也感到羞耻。这几个人于是一起密谋，对刘和说："先帝不考虑轻重的情势，使三王在皇城里统领强兵，大司马刘聪拥兵十万在近郊驻扎，这样的皇上不过是在他人那里寄寓的皇帝罢了。应当尽早考虑对付这种情势。"刘和是呼延攸的外甥，所以对他深信不疑。

七月二十日辛巳夜，刘和宣招安昌王刘盛、安邑王刘钦通告他们。刘盛说："先帝的棺椁还没有安葬，四王也没有变节，一旦自相残杀，天下会怎么说皇上？再说，大业还没有成功，皇上不要听信挑拨离间的小人来疑忌兄弟，兄弟尚且都不能相信，那别人还有谁值得相信呢？"呼延攸、刘锐对他发怒说："今天商议，没有别的道理可讲，领军你这是什么话！"便命令左右随从把刘盛杀了。刘盛死后，刘钦害怕地说："只听从皇上的旨意。"

七月二十一日壬午，刘锐带领马景在单于台攻打楚王刘聪，呼延攸带领永安王刘安国到司徒府攻打齐王刘裕，刘乘带领安邑王刘钦攻打鲁王刘隆，派尚书田密、武卫将军刘璿攻打北海王刘义。田密、刘璿带着刘义冲过关卡归附刘聪，刘聪命令穿上铠甲等待刘锐。刘锐得知刘聪已有防备，迅速回师，与呼延攸、刘乘一起攻打刘隆、刘裕，呼延攸、刘乘怀疑刘安国、刘钦有异心，就杀了他们。当天杀了刘裕，二十二日癸未，杀了刘隆。二十三日甲申，刘聪攻克西明门。刘锐等逃进南宫，前锋跟随着他。二十四日乙酉，刘聪在光极殿西室杀了刘和，抓住刘锐、呼延攸、刘乘，在交通要道上斩首并将首级悬挂起来。

大臣们请刘聪登上皇位，刘聪因为北海王刘义是单太后的儿子，就把皇位让给刘义。刘义流着眼泪坚持请刘聪即位，刘聪好久后才同意了，说："刘义和诸公正是因为祸乱困扰还多，看重我年纪大几岁罢了。这是国家的事业，我怎么敢推辞！等刘义长大，我将把大业交还于他。"于是即位。宣布实行大赦，改年号为光兴。尊奉单氏为皇太后，尊奉刘聪的母亲张氏为帝太后。以刘义为皇太弟，兼大单于、大司徒，立妻子呼延氏为皇后。呼延氏是刘渊皇后的堂妹。封儿子刘粲为河内王，刘易为河间王，刘翼为彭城王，刘悝为高平王。仍以刘粲为抚军大将军、都督中外诸军事。以石勒为并州刺史，封汲郡公。

略阳郡临渭县氐人酋长蒲洪，骁勇而又善于权变谋略，氐人都敬畏而服从他。汉主刘聪派使者任命蒲洪为平远将军，蒲洪不予接受，而自称护氐校尉、秦州刺史、略阳公。

九月十一日辛未，在永光陵安葬汉主刘渊，谥号为光文皇帝，庙号为高祖。

（以上为第五段，写汉赵主刘渊去世，太子刘和继位，忌惮四弟刘聪的实力强大，予以偷袭，发生火并事件，而刘聪早有防备，获得胜利，继位为帝，改元光兴。）

雍州流民大多在南阳谋生，朝廷下诏，要把流民遣返回故乡。流民们因为关中地区荒芜残败，都不愿意回乡。征南将军山简、南中郎将杜蕤分别派兵遣送，催促他们限期出发。京兆人王如于是暗地联系精壮勇士，趁夜袭击山简、杜蕤二军，打败了他们。于是冯翊人严嶷、京兆人侯脱分别聚众攻打城镇，杀死县令等官员来响应王如，没过多久，聚众达四五万人，王如自己号称大将军，兼司雍二州牧，自称藩属于汉国。

冬季，十月，汉国河内王刘粲、始安王刘曜以及王弥率领四万人进犯洛阳，石勒率领二万骑兵在大阳与刘粲会合，在渑池打败监军裴邈，于是，长驱直入进入洛川。刘粲从轘辕出兵，在梁、陈、汝、颍等地攻略。石勒从成皋关出兵，十三日壬寅，在仓垣包围陈留太守王赞，被王赞打败，退到文石津驻扎。

并州刺史刘琨亲自率兵攻打匈奴铁弗部首领刘虎及白部鲜卑，派使者携带丰厚的礼物、用谦卑的言辞劝说鲜卑拓跋猗卢派兵。拓跋猗卢派他弟弟拓跋弗的儿子拓跋郁律率领两万骑兵援助刘琨，于是攻破刘虎、白部鲜卑的营垒，在营垒中大肆屠杀。刘琨与拓跋猗卢结拜为兄弟，上奏拓跋猗卢为大单于，把代郡封给他并封为代公。当时代郡属于幽州，王浚不同意，派兵攻打拓跋猗卢，拓跋猗卢抵御并打败王浚的军队，王浚因此对刘琨产生怨恨。

拓跋猗卢因为封邑代郡距离自己的国家遥远，无法将百姓连接在一起，于是率领部落一万多家从云中进入雁门，向刘琨索求陉岭以北地区。刘琨不能控制他，况且也想依靠他作为自己的后援，就把楼烦、马邑、阴馆、繁畤、崞县等五个县的百姓迁移到陉岭以南，把这些地方给予拓跋猗卢，拓跋猗卢从此更加强盛。

刘琨派遣使者去告诉太傅司马越，请求出兵一起讨伐刘聪、石勒。司马越因为疑忌苟晞以及豫州刺史冯嵩，担心他们会成为后患，没有同意。刘琨就辞谢拓跋猗卢的军队，让他们回国。

刘虎收拾起残余部众，西渡黄河，居住在朔方的肆卢川，汉主刘聪把刘虎当作宗室，封他为楼烦公。

十月二十三日壬子，朝廷任命刘琨为平北大将军、王浚为司空，把鲜卑段务勿尘封为大单于。

（以上为第六段，写汉赵攻打西晋，河内王刘粲等进攻洛阳，长驱直入洛川；并州刺史刘琨劝说鲜卑拓跋猗卢出兵共同攻打匈奴寇兵，获胜，被任为平北大将军。）

京城洛阳饥饿困顿日益严重，太傅司马越派遣使者带着插羽毛的檄文征召全国军队，让他们来救援京城。怀帝对使者说："替我告诉各征、镇，今天还可以援救，迟了就来不及了！"但后来终究没有军队到达。征南将军山简派遣督护王万带兵前去救援，在涅阳驻军，结果被王如打败。王如于是在沔水、汉水地区大肆抢掠，进逼襄阳，山简只能围绕城墙进行防守。荆州刺史王澄亲自带兵，想去救援京城，到达沶口，听到山简的军队失败的消息，部众溃散，也只好回师。朝廷商议，多数人想迁都逃难，王衍认为不行，卖掉自己的车、牛来安定人心。山简被严嶷逼迫，从襄阳迁移到夏口驻扎。

石勒举兵渡过黄河，将要去南阳，王如、侯脱、严嶷等听说后，调遣一万人驻扎襄城来抵御石勒。石勒攻击并全部俘虏了他们，进入宛城之北驻扎。这时脱据守宛城，王如据守穰城，王如与侯脱一直关系不和，派使者用重金贿赂石勒，结为兄弟，让他攻打侯脱。石勒攻克了宛城。严嶷率兵救援宛城，来不及救援便投降了。石勒杀了侯脱，囚禁了严嶷，送到平阳，把他们的部众全部兼并到自己的军队里。于是向南进犯襄阳，攻克拔除长江以西的营垒三十多处。石勒回师，开赴襄城，王如派弟弟王璃袭击石勒。石勒迎头攻击，消灭了王璃的军队，又到长江以西的地区驻扎。

太傅司马越杀了王延等人后，大大地失去了大家的信任。又因为胡人敌寇日益强盛，内心也不安定，于是穿上戎装进宫拜见，请求讨伐石勒，并且屯兵镇守在兖州、豫州。怀帝说："现在胡人强盗侵入，逼临京城郊外，人都没有了坚守的心思，朝廷社稷依赖于你，怎么能远征而使根本孤立呢？"司马越回答说："我出战，如果能侥幸打败贼寇，就可以振奋国威，这比坐以待毙要强。"

十一月十五日甲戌，司马越率领四万士兵向许昌进发，留下妃子裴氏、长子司马毗以及龙骧将军李恽、右卫将军何伦守卫京城，防卫察看宫廷，以潘滔任河南尹，总管留守事务。司马越上奏，让朝廷以行尚书台跟随自己，任用太尉王衍为军司，朝廷中享有声望的贤臣，都用作佐吏，名将勇士，全部纳入自己官署。这样，宫廷中实际上再没有什么守卫，饥饿日益严重，宫中死人交相杂横，盗贼公然抢劫，各府、寺、营、署，都挖掘壕堑自卫。司马越向东驻扎在项县，以冯嵩为左司马，自己兼任豫州牧。

竟陵王司马楙通告怀帝司马炽后派兵袭击何伦，没有成功。怀帝归罪于司马楙，司马楙逃窜，得以逃避惩罚。

扬州都督周馥因为洛阳孤单危险，上书请求迁都寿春。太傅司马越因为周馥不先通过自己而直接上书皇帝，勃然大怒，宣召周馥与淮南太守裴硕。周馥不肯去，让裴硕率兵先去。裴硕假称得到司马越的密令，袭击周馥。结果被周馥打败，裴硕退到东城县防守。

朝廷下诏，让张轨担任镇西将军、都督陇右诸军事。光禄大夫傅祗、太常挚虞给张轨去信，告诉他京城饥饿，食品匮乏。张轨派遣参军杜勋去献了五百匹马、三万匹毯布。

成汉太傅李骧到涪城攻打谯登。罗尚的儿子罗宇及其幕僚一直讨厌谯登，就不给谯登提供军粮。益州刺史皮素发怒，想拿罗宇问罪。

十二月，皮素到巴郡，罗宇派人在夜里杀死皮素，建平都尉暴重杀了罗宇，巴郡大乱。李骧得知谯登粮尽而后援断绝，就更加猛烈地攻击涪城。城中士人百姓都挖老鼠当作食物，饿死了很多人，但没有一人叛变离去。李骧的儿子李寿先前被关在谯登处，谯登把他释放回去。平西将军府、益州刺史府、西戎校尉府的官员上奏，让巴东监军南阳人韩松担任益州刺史，治所设在巴东。

（以上为第七段，写汉赵将领石勒渡过黄河，深入到南阳等西晋腹地，都城洛阳岌岌可危，混乱不堪，而太傅司马越却要抛弃洛阳，逃之夭夭，带着行台东驻项县城，敌大军压境，洛阳成了一座空城。）

当初，怀帝司马炽因为王弥、石勒进犯逼临京城地区，就下诏让苟晞统领州郡的军队去讨伐他们。正遇上汉国将领曹嶷攻陷琅邪，向北攻占齐郡地区，兵势非常强盛，苟纯只能关闭城门防守。苟晞也只好回师救援青州，与曹嶷接连交战，打败曹嶷。

这一年，宁州刺史王逊就任官职，上奏李钊担任朱提太守。当时宁州外受成汉逼迫，内有夷人强盗，城邑都成了荒丘废墟。王逊节衣缩食，召集逃离流散的百姓，安抚而不知疲倦，几年之间，宁州辖境重新安定。又诛杀不遵守法律的十多家豪族大户。因为五苓夷人过去曾是作乱的祸首，就攻打消灭了他们，这样宁州内外都受到震慑而归服。

汉主刘聪因为自己是僭越次序而当的皇帝，便猜忌他的嫡兄刘恭。趁着刘恭睡觉，挖穿房间墙壁，把刘恭刺杀了。

汉国太后单氏去世，汉主刘聪尊奉母亲张氏为皇太后。单氏年轻貌美，刘聪与她私通。单氏的儿子太弟刘义多次对此进行劝说，单氏惭愧、忧愤而死。刘聪对刘义的宠信因此逐渐减弱，但因为单氏的缘故，也没有废黜他。皇后呼延氏对刘聪说："父亲死后由儿子继承，这是古今通常的道理。皇上继承高祖刘渊的事业，太弟算干什么的？皇上百年之后，刘粲兄弟一定不会有后代存世了。"刘聪说："是这样，我将要慢慢考虑这个问题。"呼延氏说："事情放着不处理，就会发生变故。太弟看到刘粲兄弟逐步长大，内心一定会感到不安，万一有小人在其中挑拨离间，祸患说不定就会在今天发生。"刘聪心里认为说得对。

刘义的舅父光禄大夫单冲哭着对刘义说："关系疏远的人不替代关系亲近的人。皇上有让河内王刘粲当太子的心思，殿下为什么不躲避呢？"刘义说："河瑞末年，主上自己考虑到嫡庶的区别，以大位辞让给我，我因为皇上年长，所以推奉他即位。天下是高祖的天下，哥哥死了弟弟来继承，有什么不可以的？等到刘粲兄弟长大，还应该像今天这样，再说父子和兄弟之间，难道还有什么亲疏？皇上难道有这个意思吗？"

（以上为第八段，写宁州刺史王逊励精图治，恶衣菜食，使宁州辖境重新安定；汉主刘聪算计皇太弟刘义，而天真的刘义祸在眉睫却不自省。）

晋怀帝永嘉五年（辛未，公元 311 年）

春季，正月十四日壬申，苟晞被曹嶷打败，丢弃守城逃奔高平。

石勒图谋占据江、汉地区，参军都尉张宾认为不行。正遇上军中饥乏又流行疾疫，有一大半都死掉了，于是渡过沔水，进犯江夏，十五日癸酉，攻克江夏。

正月十七日乙亥，成汉太傅李骧攻克涪城，抓获了谯登。成汉太保李始攻下巴西，杀死文石。于是成汉君主李雄宣布实行大赦，改年号为玉衡。谯登被押送到成都，李雄想要宽恕他，但谯登言辞志气都不屈服，李雄就杀了他。

巴蜀地区的流民在荆州、湘州地区，多次被土著百姓侵扰，蜀人李骧聚众占据乐乡反叛，南平太守应詹与醴陵县令杜弢一起打败了李骧。王澄派成都内史王机讨伐李骧，李骧请求投降，王澄假装同意而突袭李骧，把他杀了，用李骧的妻儿作为奖赏，把八千多人都沉入江中。流民更加怨恨、愤怒。

蜀人杜畴等人再次叛乱，湘州参军冯素与蜀人汝班之间有怨恨，就对刺史荀眺说："巴蜀地区的流民都想叛乱。"荀眺信以为真，想把流民全部杀了。流民非常恐惧，四五万家同时反叛，因为杜弢在当地很有名望，就一致推举杜弢作为首领。杜弢自称梁、益二州牧兼湘州刺史。

（以上为第九段，写成汉主李雄的部将攻打涪城、巴西等地，声威渐壮；晋朝强行实施流民迁移政策，激化了矛盾，巴蜀地区四五万家流民群起反抗，形成一团乱局。）

裴硕向琅邪王司马睿求救，司马睿派扬威将军甘卓到寿春攻打周馥。周馥的军队溃败，逃奔项县，豫州都督、新蔡王司马确抓住周馥，周馥忧愤而死。司马确是司马腾的儿子。

扬州刺史刘陶去世。琅邪王司马睿又以安东军谘祭酒王敦任扬州刺史，不久又加职都督征讨诸军事。

正月二十二日庚辰，平原王司马幹去世。

二月，石勒攻打新蔡，在南顿杀掉新蔡王司马确，又进兵攻克许昌，杀了平东将军王康。

氐人苻成、隗文又叛乱，从宜都赶赴巴东。建平都尉暴重攻打他们，顺势杀死韩松，自己兼任三府的职务。

东海王司马越与苟晞产生怨恨，河南尹潘滔、尚书刘望等人又附和他并挑拨他与苟晞的关系。苟晞大怒，上奏索求潘滔等人的头颅，扬言道:“司马越身为宰相而不公正，造成天下混乱，我难道能够不坚持正义而听任他？”于是苟晞向各州传布檄文，称颂自己的功绩，列举司马越的罪状。怀帝司马炽对司马越专权，多次违抗诏书旨意，也感到厌恶，司马越留下来的部将士兵何伦等人，抢掠公卿大臣，逼迫污辱公主。怀帝秘密赐给苟晞亲笔诏书，让苟晞征讨司马越。苟晞多次与怀帝有文书往来，司马越对此也起疑心，派游骑兵在成皋地区监视，果然查获苟晞的使者以及诏书。于是司马越也下达檄文公布苟晞的罪状，以从事中郎杨瑁担任兖州刺史，让他与徐州刺史裴盾一同征讨苟晞。苟晞派骑兵拘捕潘滔，潘滔连夜逃跑，得以逃脱。苟晞抓住尚书刘曾、侍中程延，把他们都杀了。司马越忧愤成疾，把后事托付给王衍。

三月十九日丙子，司马越在项县去世，但秘不发丧。大家共同推举王衍为元帅，王衍不敢接受，辞让给襄阳王司马范，司马范也不接受。司马范是司马玮的儿子。于是王衍等人一起侍奉司马越的灵柩送往东海郡安葬。何伦、李恽等人听说司马越去世，就侍奉着司马越的裴妃以及长子司马毗从洛阳向东行进。城中士人百姓争相跟随他们。怀帝司马炽追贬司马越为县王，以苟晞担任大将军、大都督及督青、徐、兖、豫、荆、扬六州诸军事。

（以上为第十段，写西晋王室，大敌当前，内部矛盾重重，钩心斗角，人称“屠伯”的苟晞，得到晋怀帝司马炽的怂恿和支持，与司马越公然叫板，司马越忧愤而死。至此，“八王之乱”完全谢幕，西晋离灭亡也就不远了。）

益州的武将和官吏一起杀了暴重，上奏巴郡太守张罗担任三府的职务。张罗与隗文等人交战而死，隗文等人驱赶抢掠官吏和百姓，向西边的成汉投降。三府的文武官员共同上奏平西司马蜀郡人王异担任三府的职务，兼任巴郡太守。

当初，梁州刺史张光在魏兴与所辖各郡的郡守会集，共同谋划进取之道。张燕首先说："汉中地区已荒芜颓败，又靠近大盗贼，收复失地的事，还得等待英雄出现。"张光因为张燕接受了邓定的贿赂，导致失去汉中，现在又败坏大家的士气，就喝令把张燕拉出去杀了。张光整顿军队进取战斗，几年后终于取得汉中。他又安抚百姓开荒，百姓都高兴地服从他。

夏季，四月，石勒率领轻装骑兵追击太傅司马越的灵车，在苦县宁平城追上，把晋军打得大败，又放开骑兵包围并用弓箭射击，十多万晋军官兵互相践踏堆积如山，无一人幸免。抓住太尉王衍、襄阳王司马范、任城王司马济、武陵庄王司马澹、西河王司马喜、梁怀王司马禧、齐王司马超、吏部尚书刘望、廷尉诸葛铨、豫州刺史刘乔、太傅长史庾敳等人，让他们在帐幕中坐下，询问晋朝乱亡的原因。王衍具体陈说了祸患衰败的原因，声称计策不是自己所定，并且自称从小就没有当官从政的愿望，不参与朝廷事务，并由此劝石勒称帝，希望能够解脱自己。石勒说："您年轻力壮时就登上朝廷高职，名扬四海，身居重任，怎么说没有当官从政的欲望呢？把天下的事情搞坏搞糟，不是您那又是谁呢？"命令随从将王衍架扶出去。大家都怕死，大多都陈述自己情况。只有襄阳王司马范表情严峻，环顾大家喝道："今天的事情，为什么还要再说个不停？"石勒对孔苌说："我在天下行走的地方多了，从未见过这类人，应当让他们留在世上吗？"孔苌说："他们都是晋朝的王公大臣，终究不能为我们所用。"石勒说："虽然这样，但也不要用刀杀了他们。"当夜派人推倒墙把这些人压死了。司马济是宣帝司马懿弟弟的儿子景王司马陵的儿子。司马禧，是司马澹的儿子。石勒又剖开司马越的灵柩，焚烧了司马越的尸体，说："搞乱天下的就是这个人，我为天下报仇，所以焚烧他的遗骨来通告天地。"

何伦等人到达洧仓，与石勒遭遇，交战失败。这样东海王司马越的长子以及宗室四十八个亲王又被石勒所俘。何伦逃奔下邳，李恽逃奔广宗。裴妃被人抢走卖掉，过了很久以后，才渡过长江。当初，琅邪王司马睿镇守建业就是裴妃的主意，所以司马睿感念她，优厚地加以关照，并把自己的儿子司马冲过继为司马越的后代。

汉国赵固、王桑攻打裴盾，把他杀了。

杜弢攻打长沙。五月，荀眺放弃守城，逃奔广州，杜弢追赶上把他抓获。于是杜弢向南攻下零陵、桂阳地区，向东攻掠武昌，杀死了很多郡守以及官吏。

（以上为第十一段，写汉赵干将石勒在中原地区横行无忌，追击太傅司马越的灵车，把晋军打得落花流水，开棺焚尸，杀害朝廷大臣和司马氏亲王子孙，恶贯满盈。）

朝廷任命太子太傅傅祗为司徒，尚书令荀藩为司空，任用王浚为大司马、侍中、大都督及督幽州、冀州诸军事，南阳王司马模担任太尉、大都督，张轨担任车骑大将军，琅邪王司马睿担任镇东大将军，兼督扬、江、湘、交、广五州诸军事。

当初，太傅司马越因为南阳王司马模不能平定安抚关中地区，就上奏征召他为司空。将军淳于定劝说司马模不要去接受征召，司马模采纳了，就上奏派长子司马保担任平西中郎将，镇守上邽，秦州刺史裴苞抗拒司马保的到来。司马模就派帐下都尉陈安攻打裴苞，裴苞投奔安定郡，郡太守贾疋接纳了他。

荀晞上奏，请求迁都仓垣，派从事中郎刘会带领几十艘船、五百禁卫兵、一千斛谷子去迎接怀帝。怀帝打算听从这个安排，而公卿大臣们犹豫不决，左右随从贪恋家资财产，于是没有成行。不久，洛阳城中饥饿困乏，甚至出现人吃人的现象，文武百官十有八九都流亡了。怀帝召集公卿大臣商议，打算出行，但禁卫随从却不完备。怀帝抚手慨叹说：“为什么竟没有车子乘舆呢？”于是派傅祗出城到河阴县，整理置办船只，朝廷官员几十人充当前导和随从。怀帝步行出西掖门，到铜驼街，遭到强盗掠扰，不能前进，只好回宫。度支校尉东郡人魏浚率领几百家流民在河阴的峡石防卫，当时曾抢夺了一些谷麦，就献给怀帝，怀帝任用魏浚为扬威将军、平阳太守，仍兼度支校尉。

汉主刘聪派前军大将军呼延晏率领二万七千士兵进攻洛阳，到达河南时，晋军先后十二次失败，死了三万多人。始安王刘曜、王弥、石勒都带兵与呼延晏会合，还没有到，呼延晏就把辎重留在张方遗留下来的旧营垒中。

五月二十七日癸未，呼延晏先行到达洛阳。二十八日甲申，攻打平昌门，三十日丙戌，攻克平昌门，于是焚烧东阳门以及各府寺等房屋建筑。

六月初一丁亥朔，呼延晏因为外面援兵还没有到，俘掠了一些人和财物而离去。怀帝在洛水安排准备了一些船只，准备向东逃难，呼延晏把船只都给焚烧了。初四庚寅，荀藩以及弟弟光禄大夫荀组逃奔镮辕。初五辛卯，王弥到达宣阳门。初六壬辰，始安王刘曜到达西明门。

六月十一日丁酉，王弥、呼延晏攻克宣阳门，进入南宫，登上太极前殿，放纵士兵大肆抢掠，把宫人、珍宝搜罗干净。怀帝出华林园门，想逃奔长安，汉兵追上把他抓住，囚禁在端门。刘曜从西明门进城到武库驻扎。

六月十二日戊戌，刘曜杀死晋太子司马诠、吴孝王司马晏、竟陵王司马楙、右仆射曹馥、尚书闾丘冲、河南尹刘默等人，士人百姓死了三万多人。于是又挖掘各个陵墓，把宫庙、官府都焚烧光了。刘曜纳娶惠帝羊皇后，把怀帝以及皇帝专用的六方玉玺都送往平阳。石勒带兵从镮辕出击，到许昌驻扎。晋光禄大夫刘蕃、尚书卢志逃奔并州。

（以上为第十二段，写汉主刘聪派出数路军队围攻洛阳，洛阳沦陷，怀帝司马炽被俘，众大臣被杀，遭受极大的劫难和耻辱，魏晋基业毁于一旦，境况惨不忍睹。）

六月二十一日丁未，汉主刘聪宣布大赦，改年号为嘉平。安排晋怀帝为特进左光禄大夫，封为平阿公。以晋朝侍中庾珉、王儁为光禄大夫。庾珉是庾敳的哥哥。

当初，始安王刘曜因为王弥不等到自己到达就抢先进入洛阳，对王弥产生了怨恨。王弥对刘曜说："洛阳处于全国中心，山河四面的要塞、城池，宫室都用不着修葺营建，应当上告君主从平阳迁都到这里。"刘曜因为天下还未平定，洛阳四面受敌，不能守御，因此不听王弥的计策而放火焚烧了洛阳。王弥骂道："这个屠夫！哪里有点做帝王的胸怀啊？"于是与刘曜产生怨恨，就带兵向东到项关驻扎。前司隶校尉刘暾对王弥说："现在九州像沸腾的粥锅一样动乱纷扰，各路英豪逐鹿中原，将军您为汉国建立了无与伦比的功劳，却又和始安王刘曜失和，那将把自己放到什么地方？不如在东边占据青州，慢慢观察天下的趋势，上计能够以此统一全国，下计也不失去占据一方与人鼎立抗衡的资本，这是上策。"王弥心里认为这一计策很对。

司徒傅祗在河阴建立代表朝廷的行政机构行台，司空荀藩在阳城，河南尹华荟在成皋，汝阴太守平阳人李矩为傅祗建立房屋，并运送谷物来供给他。华荟是华歆的曾孙。

荀藩与弟弟荀组，同族侄子中护军荀崧，华荟与弟弟中领军华恒在密县又建立了一个行台，向各地传布檄文，推举琅邪王司马睿为盟主。荀藩按照朝廷旨意以荀崧任襄城太守，以李矩任荥阳太守，以前冠军将军河南人褚翜任梁国内史。扬威将军魏浚驻扎在洛水以北的石梁坞，刘琨按照朝廷旨意让魏浚任河南尹。魏浚到荀藩那里去咨询商议军队事务，荀藩邀请李矩参与这次聚会，李矩连夜赶去，李矩的属下官员都说："不可相信魏浚，不应当连夜去。"李矩说："忠臣都有相同的想法，有什么值得怀疑呢？"于是前往，他们在一起畅谈，高兴地离去，魏浚的同族侄子魏该，聚集了一些人占据一泉坞，荀藩让他担任武威将军。

豫章王司马端是太子司马诠的弟弟，向东投奔仓垣，苟晞带领官员们尊奉他为皇太子，也设置了一个行台。司马端按照朝廷旨意让苟晞担任太子太傅、都督中外诸军事、录尚书事。从仓垣迁徙到蒙城驻扎。

抚军将军秦王司马邺是吴孝王的儿子，荀藩的外甥，十二岁，南奔密县，荀藩等人侍奉他，向南奔赴许昌。前豫州刺史天水人阎鼎，在密县聚集了几千西州流民，打算返归故乡。荀藩因为阎鼎有才能，又聚集了一些人，就任用阎鼎为豫州刺史，让中书令李绠、司徒左长史彭城人刘畴、镇军长史周顗、司马李述等人作为阎鼎的参谋。周顗是周浚的儿子。

当时全国一片混乱，只有江东稍微安定，中原的士人百姓大多南渡长江去避乱。镇东司马王导劝说琅邪王司马睿，招收贤能英俊的人才，与他们一同成就事业。司马睿采纳了王导的意见，任用了一百多人作为掾属，当时的人称之为“百六掾”。让前颍川太守勃海人刁协担任军谘祭酒，以前东海太守王承、广陵相卞壶担任从事中郎，以江宁令诸葛恢、历阳参军陈国人陈頵担任行参军，以前太傅掾庾亮担任西曹掾。王承是王浑弟弟的儿子。诸荀恢是诸葛靓的儿子。庾亮是庾衮弟弟的儿子。

江州刺史华轶是华歆的曾孙，认为自己是接受皇帝的旨意，却被琅邪王司马睿所领导，所以经常不接受司马睿的命令。所属郡县长官大多都劝谏他，华轶说：“我只是想看到朝廷的诏书罢了。”司马睿接到荀藩的檄文后，按照朝廷旨意设置官职机构，更改调换长吏等官员，华轶与豫州刺史裴宪都不服从。司马睿就派扬州刺史王敦、历阳内史甘卓与扬烈将军庐江人周访联合兵力攻打华轶。华轶的军队失败，自己逃奔安成，周访追上并杀了他，还杀了他的五个儿子。裴宪逃奔幽州。司马睿任用甘卓为湘州刺史，任用周访为寻阳太守，又任用扬武将军陶侃为武昌太守。

（以上为第十三段，继续写晋怀帝永嘉五年（311）的史事，主要写西晋都城洛阳沦陷后的一片乱象，大臣外逃，设置行台，各自为政；琅邪王司马睿在江东，稍微安定，广泛招收贤能英俊人才，积蓄力量。）

秋季，七月，王浚设置祭坛祭天，立皇太子，向天下通告，声称受朝廷诏令，按照皇帝旨意举行封拜，设置文武百官，安排征、镇官员，任荀藩为太尉，琅邪王司马睿为大将军。王浚自己担任尚书令。任裴宪及其女婿枣嵩为尚书，任田徽为兖州刺史，李恽为青州刺史。

南阳王司马模派牙门赵染戍守蒲坂，赵染求任冯翊太守之职没有得到后大怒，率领部众向汉国投降，汉主刘聪任用赵染为平西将军。

八月，刘聪派遣赵染与安西将军刘雅带领两万骑兵到长安攻打司马模，河内王刘粲、始安王刘曜率领大队人马作为后续援兵。赵染在潼关打败司马模的军队，长驱直入到达下邽。凉州武将北宫纯在长安带领自己的部众向汉军投降。汉国的军队围攻长安，司马模派淳于定出战也被打败。司马模的仓库已消耗一空，士兵们都逃散了，于是向汉军投降。赵染把司马模送到河内王刘粲处。

九月，刘粲把司马模杀了。关西地区饥饿灾荒，白骨遍野，士人百姓存活在世的不到百分之一二。刘聪任始安王刘曜为车骑大将军、雍州牧，改封中山王，镇守长安，任王弥为大将军，封为齐公。

苟晞骄纵奢侈，苛刻暴虐，前辽西太守阎亨是阎缵的儿子，多次劝谏苟晞，结果苟晞把他杀了。从事中郎明预有病，自己乘车进去劝谏。苟晞生气地说：“我杀阎亨，关别人什么事，你病着还乘车来骂我！”明预说：“您以礼对待我，所以我也以礼尽言。现在您对我生气，那么周围远近的人生您的气您又怎么样呢？桀尊贵为天子，尚且因为骄纵暴躁而亡国，何况作臣下的呢？希望您暂且放下这个怒气，考虑考虑我的话！”苟晞听不进去。因此部众人心离散怨恨，又有瘟疫和饥荒。石勒在阳夏攻打并抓获了王赞。于是又袭击蒙城，抓住苟晞和豫章王司马端，锁住苟晞的脖颈，让他做左司马。汉主刘聪任命石勒为幽州牧。

（以上为第十四段，写汉将刘曜率军攻打长安，长安府库空虚，人心惶惶，将领叛变，很快就被攻下；大将军苟晞立皇太子，设行台，而骄奢苛暴，人心离散，也兵败当了俘虏。）

王弥与石勒表面上亲近而内心里互相猜忌，刘暾劝王弥征召曹嶷的军队来谋取石勒。王弥就写信让刘暾去召集曹嶷，并且邀请石勒一起到青州。刘暾到东阿时，被石勒流动巡视的骑兵抓获，石勒秘密杀掉了刘暾，王弥还蒙在鼓里，又正遇到王弥部将徐邈、高梁都带领所属军队离去，王弥的军队逐渐衰弱。王弥听说石勒擒获了苟晞，心里很厌恶，但又写信祝贺石勒，说：“您擒获苟晞并任用了他，多么神奇呀！让苟晞在您左边辅佐，我在您右边辅佐，天下就不难平定了。”石勒对张宾说：“王公位高职重却语言谦卑，一定要图谋我了。”张宾因而劝石勒乘王弥出现暂时衰弱，引诱他来把他抓住。当时石勒正与“乞活”陈午在蓬关交战，王弥也与刘瑞紧张对峙。王弥向石勒请求救援，石勒没有答应。张宾说：“您平常恐怕得不到引诱王公的便利条件，现在上天把王公交给我们了。陈午这小子不值得忧虑；王公却是人中豪杰，应当尽早除掉。”石勒就带兵袭击刘瑞，把他杀了。王弥非常高兴，认为石勒确实和自己亲近，不再怀疑了。

冬季，十月，石勒在己吾县宴请王弥。王弥正打算前往，长史张嵩劝谏，王弥不听而赴宴。喝酒喝得正高兴时，石勒亲手杀了王弥，兼并了他的军队，又上奏汉主刘聪，称说王弥反叛。刘聪勃然大怒，派使者责备石勒“擅自害死朝廷重要辅佐官员，心中没有君主”，但还是给石勒加上了镇东大将军，督并、幽二州诸军事，兼并州刺史等职来安慰石勒。苟晞、王赞密谋叛离石勒，石勒把他们杀了，还杀了苟晞的弟弟苟纯。

石勒带兵攻掠豫州各郡，到江边后回师，驻扎在葛陂。

当初，石勒被人抢走卖掉的时候，和他母亲王氏失去联系。刘琨找到了他的母亲，就派遣使者把他的母亲和侄子石虎送到石勒那里，趁机给石勒一封信，说：“将军用兵如神，所向无敌，之所以在天下周游不定而没有立足之地，百战百胜却没有一点儿功劳，完全是因为报效于正统的主人就是正义之师，而依附于叛逆者就成为贼寇之众的缘故。一个人成败的道理如同呼吸，急促吹的气就感到寒冷，徐缓嘘的气则感到温暖。现在授予你侍中、车骑大将军，兼护匈奴中郎将等职务，封为襄城郡公，希望将军接受！”石勒回信说：“从事建功立业的大事，道路不同，不是迂腐的儒生所能了解的。您应当为自己的朝廷保持发扬气节，我是夷人难以为你效劳。”并送给刘琨名马、珍宝等物，用厚礼招待刘琨的使者，谢绝了刘琨。

当时，石虎十七岁，残忍得没有限度，军中都以他为祸患，石勒告诉母亲说：“这个小子凶暴无赖，假如军队的人把他杀了，有损声名，还不如自己来除掉他。”母亲说：“快捷的牛在牛犊时，大多都会把车弄坏。你稍微忍耐一下！”石虎长大后，擅长射弓骑马，骁勇为当时第一。石勒任他为征虏将军，经常屠杀城邑，很少有遗留下来的人。但是驾驭部下却严厉而不烦琐，没有谁敢违反，指派他去攻战征讨，所向无敌，石勒于是宠信任用他。石勒攻打荥阳太守李矩，李矩出击，打退了石勒。

（以上为第十五段，写汉国猛将石勒火并老将王弥，兼并其队伍，势力壮大，西晋叛将苟晞密谋叛离石勒，也被杀；石勒又有侄子石虎相助，更是如虎添翼，不可一世。）

当初，南阳王司马模任命从事中郎索綝为冯翊太守。索綝，是索靖的儿子。司马模死后，索綝与安夷护军金城人麹允、频阳县令梁肃，一起逃奔到安定。当时安定太守贾疋与氐人、羌人都给汉国送去了人质，索綝等人在阴密县遇到贾疋，簇拥着还归临泾，与贾疋商谋复兴晋朝，贾疋同意了。于是大家一起推举贾疋为平西将军，率领五万军队向长安进发。雍州刺史麹特、新平太守竺恢都不向汉国投降，听说贾疋起兵，就与扶风太守梁综一起率领十万军队与贾疋会合。梁综，是梁肃的哥哥。汉国河内王刘粲在新丰，派他的部将刘雅、赵染进攻新平，没有成功。索綝去救援新平，与汉军大小百余战，刘雅等人败退。中山王刘曜与贾疋在黄丘交战，刘曜的军队惨败。贾疋于是袭击汉国梁州刺史彭荡仲，把他杀了。麹特等人在新丰打败刘粲，刘粲还归平阳。这样，贾疋等人军威气势大振，关西地区的胡人以及晋人都纷纷响应。

阎鼎打算侍奉秦王司马邺到关中，占据长安来向四方发号施令。河阴县令傅畅，是傅祗的儿子，也写信劝勉，阎鼎于是就出发了。荀藩、刘畴、周顗、李述等人都是崤山以东地区的人，不想西行，中途都逃散了，阎鼎派兵追赶他们，没有追上，就杀了李絙等人。阎鼎与司马邺从宛城开赴武关，在上洛县遇到强盗，士兵被打败后逃散了，只好收拾起剩下的人马，前进到蓝田，派人通知贾疋，贾疋派人迎接他们。十二月，进入雍城，派梁综带兵保卫他们。

周顗投奔琅邪王司马睿，司马睿任用周顗为军谘祭酒。前骑都尉谯国人桓彝也避乱渡过长江，见司马睿势力微弱，对周顗说："我因为中州地区多变故，才来到这儿求安，结果这儿如此势单力薄，将靠什么来成就大业？"不久，又见到王导，与王导一起议论天下大事，退出去后，又对周顗说："刚才如同见到了管仲，不再有忧虑了。"

名士们一起登上新亭游玩宴乐，周顗坐在中间感叹地说："风景没有多大差别，只是举目望去，有长江、黄河的区别。"大家听了相对流泪。王导脸色立刻变了，说："应当齐心协力报效朝廷，收复神州沦陷的土地，怎么能像只知悲痛而不思进取的楚囚那样相对流泪呢？"于是，大家都擦泪向王导道歉。

陈頵给王导去信说："中原之所以被颠覆破坏，正是因为选择人才失当，徒有虚名的优先而干实事的却靠后，竞相追逐浮华，互相荐举，言过其实者先显达，说得少一点儿的后录用，于是互相推波助澜，导致国家衰落。加上崇尚庄子、老子学说的风气，扰乱、蛊惑朝廷，无所事事地修养名望的人被看作大雅士，勤勉于政事的人被认为是平庸俗气的人，不顾惜朝廷职务，朝廷的制度被丢弃。因而想要考虑远大的事业，得先从近处开始，现在就应该改弦更张，明确赏罚的标准，切实实行，像光武帝在密县提拔卓茂，像汉宣帝在桐乡使朱邑显达，这样，以后就能够完成大业，中兴也可以期待了。"王导没有同意。

晋将刘琨善于招揽安抚远方的人，却不善于抚慰驾驭近处的人，一天之中，虽然归附的人有几千，但离开的人数也差不多。刘琨一面派儿子刘遵去向代公拓跋猗卢请求军队援助，一面又派同族的高阳内史刘希在中山聚合部众，幽州所统辖的代郡、上谷、广宁等地的百姓大多归附刘希，部众达到三万人。王浚发怒，派遣燕相胡矩带领各军，与辽西公段疾陆眷一同攻打并杀掉刘希，并且驱赶掠夺三个郡的男女后离去。段疾陆眷，是段务勿尘的儿子。拓跋猗卢派他的儿子拓跋六修带兵驻扎到新兴援助刘琨。

刘琨牙门将邢延把一块碧石献给刘琨，刘琨又送给拓跋六修，拓跋六修又去邢延那里索求碧石，没有得到，就抓走邢延的妻子儿女。邢延发怒，带领所辖的军队袭击拓跋六修，拓跋六修撤走，邢延于是献出新兴向汉国投降，并请求军队来攻打并州。

（以上为第十六段，写晋都洛阳沦陷后各个方面的举动，晋将贾疋在关西军威大振；阎鼎侍奉秦王司马邺到长安，借以向四方发号施令；琅邪王司马睿网罗中原人才，占领江东。）

当初，东夷校尉李臻死后，辽东靠近边境的鲜卑人素喜连、木丸津假称为李臻报仇，攻陷了辽东所属各县，杀死掠夺士人百姓，多次打败郡属军队，连年进犯抢劫。东夷校尉封释无力征讨，向素喜连求和。素喜连、木丸津不接受。百姓失去家业，投奔慕容廆的非常多，慕容廆发给他们食物遣返，愿意留下的就安抚他们。

慕容廆的小儿子鹰扬将军慕容翰，对慕容廆说："自古以来，有作为的鲜卑君主，没有谁不尊奉天子顺应百姓的希望，来成就大业。现在素喜连、木丸津表面上是以杀庞本为李臻报仇为名，内心实际上是幸灾乐祸，趁机叛乱。封释长官已经杀掉庞本请求讲和，但他们仍然劫掠作恶不停。现在中原分离变乱，平州的军队没有力量，辽东地区田原荒芜人口离散，没有谁予以救济抚恤，您不如列举素喜连、木丸津的罪状而征讨他们。上则可以复兴辽东，下则可以吞并素喜连、木丸津二人的部众，这样忠义的形象就可以在晋朝彰明，我国也可以得到私利。这是作霸主的基础。"慕容廆笑着说："小孩子竟然能想到这些！"于是，率领军队向东攻打素喜连、木丸津，任命慕容翰为前锋，打败并杀掉了素喜连、木丸津，把二人所属的部众全部并归于自己。得到被素喜连等二人抢掠的百姓三千多家，慕容廆把他们和以前归附来的百姓全部交给原所在郡，这样，辽东依靠慕容廆又得以保存。

封释得了重病，把孙子封奕托付给慕容廆，封释去世后，慕容廆招来封奕交谈，很喜欢他，说："真是非凡的人物。"委任封奕为小都督。封释的儿子冀州主簿封悛、幽州参军封抽前来给父亲奔丧。慕容廆见到他们后，说："这一家都是上天降下来的有千斤力的神牛啊！"因为道路不通，封悛、封抽无法回去，都留下来在慕容廆处任职，慕容廆任命封抽为长史，任命封悛为参军。

王浚任用妻舅崔毖为东夷校尉。崔毖，是崔琰的曾孙。

（以上为第十七段，写鲜卑首领慕容廆听从儿子慕容翰建议，攻打素喜连、木丸津两支队伍，归并其部众，势力迅速壮大；东夷校尉封释将孙子封奕托付给慕容廆，后成为显官。）

【点评】

论西晋八王之乱。八王之乱，几乎贯穿着晋惠帝司马衷、晋怀帝司马炽称帝的始终，长达十六年之久，使得各少数民族在乱中发展壮大，而使晋朝短命而亡。这其中的惨痛教训令人唏嘘，令人深思。

首先，八王之乱的祸根，在晋朝兴起的时候，甚至在司马懿、司马师、司马昭掌控曹魏政权的时候就埋下了。以上三司马，在曹魏时期，可谓是一人之下，万人之上，甚至是无上之上，在当时即使有些不同声音，也是敢怒而不敢言；即使有人扯旗造反，也被作为谋反而无情地镇压下去，可谓是风光无限，荣耀无极，为司马家族的兴起奠定了雄厚的基础。他们正是八王的榜样啊！我们再看一看作乱的八王，似乎每个都得了权力疯狂症，除了司马伦登上禅让的皇位，其他数王，哪个不是要当帝王第二，掌控朝局，翻云覆雨，唯我独尊？可是，他们有的是欲望，有的是野心，但没有以上所说的“三司马”的威望和才能，也没有掌控全局的智慧和韬略。所以，也就没有一个人能够巩固自己的地位，像走马灯一样转来转去，以致数王轮流执政，你方唱罢我登台，我方开腔又下来。

其次，晋武帝司马炎对晋朝的长远谋划不周。他像当年曹丕接受汉献帝禅让一样，心安理得地接受曹奂的禅让，当上了皇帝，改魏为晋。他当了25年的皇帝，也算是功德圆满，但是，他对自己当皇帝考虑得很多，而对子孙后代如何当好皇帝，巩固政权，却考虑不周，也没有多少建树。他让一个才能平庸、近乎呆傻的司马衷当接班人，挑起治理天下的重担，那些略有能耐的司马家族诸人，怎么能服气？如果是一个有品行、有能力的人来接班，其他人还有什么话可说？再说，司马炎有感于曹魏政权抑制宗室而被取代的遭遇，在晋朝建立之初就大封宗室子弟，一下子封了那么多的王，并且允许王国设置自己的军队，取消州郡的常备武装。他还陆续用诸王统帅中央兵马，镇守荆、扬、关中等要害地区，逐渐替换异姓方镇。他以为，这样就可保晋朝江山永固，可哪里想到，在他死后，由于继任的皇帝缺乏统治国家的能力，而这些亲王，他们有王的名头，有财的实惠，有兵的实权，一旦碰上司马衷这个庸帝，不造反才怪呢！政权落入权臣之手，也是理所当然的事情啊！

再次，惠帝司马衷虽然是个高高在上的皇帝，但一点儿能耐也没有，先是杨骏弄权，他没有半点反应，只能听之任之；再是悍妇当家，他一点儿也不吭声，老婆说什么就是什么；然后是司马伦造反，把他的皇位拿去了，他还是无话可说，叫他休息他就休息，还是其他亲王看不下去，帮他把皇位再抢回来，他成了聋子的耳朵——摆设；其他亲王看到这种情况，谁不愿意去当个“二皇帝”呢？齐王司马冏、长沙王司马乂、成都王司马颖、河间王司马颙、东海王司马越，都是如此，这实在是因为惠帝司马衷软弱无能啊！

再说，“八王”诸王，都想学着他们的祖辈司马懿、司马师、司马昭，可是，他们哪一个具备这三人的德行和才能？皇帝人人都想做，但不是所有的人都能做，即使是帮助皇帝打理朝政的，也是如此。孟子曾说：“春秋无义战。”而观八王之乱，也都是无义之举啊！他们的目的很明确，就是要当个权臣，随心所欲，一旦取得成功，就把其他亲王打压下去，挥霍奢侈，甚至无恶不作。在开始的时候，人们还是信任的，还有所期待，但渐渐发展下去，人们大失所望，希望他们早点儿下台，甚至想方设法赶他们下台。所以，他们上来后屁股还没有坐热，就又被赶下去了，因为他们得不到朝野上下的拥护啊！

最后再看看“八王”的结局，一个个都很悲惨，不是被杀死，就是被气死，没有一个是善终的。所谓机关算尽太聪明，反误了卿卿性命。最可怜的要算是东海王司马越。晋怀帝司马炽任用几个可靠的臣子，他却以谋反的罪名把他们杀了。这些人忠于皇上，谋的是哪门子反？真是可笑至极！要说谋反，就是他自己啊！后来，他看着大势已去，忧虑、恐惧而死，躺到棺材里去了。却被从棺材里拖出来焚尸，并且灭其宗族。真是可恨之人，必有可悲之处！

八王之乱，把晋朝葬送了，带来的直接后果就是造成永嘉之乱，用当时人的话来说，是“风景不殊，举目有江河之异”；从长远的角度来说，造成国家灭亡，诸多势力崛起，百姓处于长久的动乱之中，中国由此进入长达近三百年的、最黑暗的大分裂时代，满目疮痍，山河失色，而西晋八王为祸首。

资治通鉴（白话本） 卷第八十八

晋纪十

晋怀帝永嘉六年至晋愍帝建兴元年（公元312—公元313）

【起玄黓涒滩（壬申，公元312年），尽昭阳作噩（癸酉，公元313年），凡二年】

【大事提要】

本卷记事起公元312年，讫公元313年，凡二年，当晋怀帝永嘉六年至晋愍帝建兴元年。本卷所载大事，主要是五个方面：其一，司马炽遇害。晋怀帝司马炽被俘后，于公元312年封为会稽郡公，加仪同三司，并以小刘贵人妻之。汉主刘聪于光极殿宴请群臣，使怀帝着青衣行酒，予以羞辱、折磨，晋臣庾珉、王儁当场悲愤号呼，刘聪大怒，杀掉十多个晋臣，并杀掉怀帝。怀帝时年30岁。其二，司马邺称帝。公元313年，晋朝皇太子司马邺于长安称帝，是为愍帝，改元建兴，下令迎回怀帝灵柩，部署抗击入侵之敌。司马邺以琅邪王司马睿为左丞相、大都督，命其出兵洛阳，司马睿辞以兵力不足，不执行命令，而奋威将军祖逖自告奋勇，渡江而去。其三，石勒坐大。汉国镇东将军石勒，消灭王衍所率的晋军主力，又杀死劲敌王弥，吞并其部众，形成一支十分强大的军事力量。他原打算乘胜打到建业，不料大雨连绵，渡江不成，张宾出谋，撤军北上，攻陷邺城，进驻襄国，广积军粮，作为定都之基，称霸天下。其四，刘聪暴虐。汉主刘聪喜怒无常，曾因鱼蟹供应不足而斩杀左都水使者襄陵王刘摅，以殿宇未成而杀将作大匠靳陵；立贵嫔刘娥为皇后，为其建殿。廷尉陈元达劝说，刘聪大怒，欲执元达及妻子一同枭首，诸大臣磕头流血，皇后以死相劝，刘聪才有所醒悟，嘉奖元达。其五，汉国派兵袭击长安，无功而还。晋愍帝司马邺下令全国调兵，尚书左仆射麴允率军防敌在外，长安城空虚，汉国将军赵染率领五千精骑袭城，进入长安外城，晋将麴鉴率兵救援，被汉国中山王刘曜打败。后来，麴允引兵再击刘曜，汉兵被打败，退还平阳。

孝怀皇帝下

晋怀帝永嘉六年（壬申，公元312年）

春季，正月，汉国呼延皇后去世，谥号为武元。

汉国镇北将军勒冲、平北将军卜珝进犯并州。正月十九日辛未，包围晋阳。

正月二十二日甲戌，汉主刘聪封司空王育和尚书令任顗的女儿为左、右昭仪，中军大将军王彰、中书监范隆、左仆射马景三人的女儿都为夫人，右仆射朱纪的女儿为贵妃，都授予金印章和紫色绶带。刘聪打算纳娶太保刘殷的女儿，太弟刘义苦苦劝谏。刘聪就此事询问太宰刘延年、太傅刘景，他们都说："太保刘殷自称是周朝刘康公的后代，与皇上不是一个族源，娶她有什么妨害？"刘聪很高兴，分别封刘殷的两个女儿刘英、刘娥为左、右贵嫔，地位在昭仪之上。又纳娶刘殷的四个孙女都当作贵人，地位低于贵妃。这样，六刘所受的宠爱占满后宫。刘聪很少再出门到外面去，政事都由宦官中黄门传达。

已故新野王司马歆的牙门将胡亢在竟陵聚众，自称楚公，在荆州的土地上抢掠，任司马歆的南蛮司马新野人杜曾为竟陵太守。杜曾骁勇为三军第一，能身穿铠甲在水中游泳。

二月初一壬子朔，出现日食。

石勒在葛陂修筑营垒，向农民征税修造舟船，打算进攻建业。琅邪王司马睿大规模调集江南的部队到寿春，任镇东长史纪瞻为扬威将军，统领各部队来征讨石勒。

恰巧遇到大雨，三个月不停，石勒的军队饥乏并流行疾病，死的人超过大半，又听说晋朝军队将要开来，就召集武将及参佐商议。右长史刁膺请石勒先向司马睿求和，请求扫平河朔来赎自己的罪，等到司马睿的军队退还江南，再慢慢谋取他。石勒听后忧伤地大声发出长叹。

中坚将军夔安请石勒到地势高的地方避水，石勒说："将军你为什么胆怯呢？"孔苌等三十多个武将请求各自带兵分路夜袭寿春，斩掉吴地武将的头颅，占据他们的城邑，吃他们的粮食，想就在今年攻下丹阳，平定江南。石勒笑着说："这真是勇将的计策啊！"于是各赐他们铠甲一副、马一匹。

石勒对张宾说："依您看怎么办呢？"张宾说："将军您攻陷京城，囚禁了晋朝天子，杀害了亲王公卿大臣，侵占凌辱了晋朝的嫔妃公主，拔下您的头发，也不够数将军您的罪过。怎么能再以臣下的身份尊奉晋朝呢？去年杀了王弥，您就不应该到这里来。现在，几百里内上天不断地降雨，这是告诉将军您不应该在这里逗留了。邺城有三个高台防守坚固，西临汉国都城平阳，隔山阻河四面都有要塞，应当向北迁徙占据那里，经营黄河以北地区。河北地区稳定后，全国就没有处在将军您上面的人。晋朝保卫寿春，只是害怕您去攻打寿春罢了。他们听说我们离去了，对能够保全自己而感到高兴、满足，哪里还有什么功夫追击我军的后部，施行不利于我军的行动呢？您应当派辎重队伍从北面的道路先行出发，您带领大部军队开往寿春。辎重队伍走远后，大部军队再缓慢回撤，还忧虑什么进退无路的呢？"

石勒捋起衣袖，抚动髯须，说："张君的计策好啊！"又责备刁膺说："您既然做我的辅佐，就应当共同成就大功业，怎么能催促劝说我投降呢？出这个计策的应当杀头！但我平素了解您胆怯怕事，特地原谅您罢了。”于是把刁膺贬黜为将军，提拔张宾为右长史，号称“右侯”。

石勒带兵从葛陂出发，派石虎带领两千骑兵开往寿春，遇到晋朝的运输船，石虎的部将士兵争先攻取，结果被纪瞻打败。纪瞻追击了一百多里，追上石勒的军队，石勒排好兵阵等待，而纪瞻不敢攻打，退还到寿春。

（以上为第一段，写汉主刘聪荒淫无道，将大臣之女尽数纳入后宫；汉国干将石勒率军攻打江南，大雨困扰，听从谋主张宾建议，放弃攻打，向北进军占领邺城。）

汉主刘聪封晋怀帝为会稽郡公，开府仪同三司。刘聪和颜悦色地对怀帝说：“你过去当豫章王，我与王武子拜访你，王武子向你称赞我，你说久闻大名，送给我柘木良弓和银砚台，你还记得吗？”怀帝说：“臣下我怎么敢忘掉呢？只遗憾当时没有及早地认识龙颜！”刘聪说：“你家的亲骨肉为什么这样互相残杀？”怀帝说：“大汉将要承接天意，所以自相驱赶杀戮，替您扫清道路，这是天意，不是人所能决定的！再说我家如果能尊奉武皇帝的大业，九族和睦相处，您从哪里得到天下呢？”刘聪听得高兴，把小刘贵人给了怀帝做妻子，说：“这是名公爵的孙女，你好好对待她。”

代公拓跋猗卢派兵救援晋阳，三月十四日乙未，汉国军队败退而逃。卜珝带领部众抢先逃跑，勒冲擅自拘捕了卜珝，把他杀了。汉主刘聪勃然大怒，派使者拿着符节杀了勒冲。

刘聪纳娶他舅舅的儿子辅汉将军张寔的两个女儿张徽光、张丽光为贵人，这是太后张氏的主意。

凉州主簿马鲂对张轨说：“应当让武将出征，以辅助拥戴朝廷。”张轨接受了这个建议，急速将檄文传布到关中地区，号召共同尊奉辅佐秦王司马邺。并且说：“现在派遣前锋督护宋配率领二万步兵和骑兵，直接奔赴长安，西中郎将张寔带领中军三万军队，武威太守张琠率领二万胡人骑兵，陆续出发。”

夏季，四月十六日丙寅，征南将军山简去世。

汉主刘聪封他的儿子刘敷为渤海王，刘骥为济南王，刘鸾为燕王，刘鸿为楚王，刘劢为齐王，刘权为秦王，刘操为魏王，刘持为赵王。

刘聪因为鱼蟹供应不上，就杀死左都水使者襄陵王刘摅。温明、徽光二座宫殿没有建成，杀死将作大匠望都公靳陵。他到汾水观看捕鱼，整夜都不返回。中军大将军王彰劝说道：“近来看到皇上的行动，我实在是痛心疾首。现在愚民归附汉国的心意并不确定，而思念晋朝的心情还非常浓厚，刘琨虎视眈眈近在咫尺，刺客到处都有。帝王轻率地出行，一个人就能把您刺杀。希望皇上改变过去的做法，养成新的习惯，那么百姓感到非常幸运！”刘聪勃然大怒，命令杀掉他，王彰的女儿王夫人在一旁叩头乞求宽恕，于是把王彰囚禁起来。太后张氏因为刘聪的刑罚过于严苛，三天不吃饭。太弟刘义、单于刘粲带着棺材冒死恳切地劝谏。刘聪怒冲冲地说："我难道是暴君桀纣吗？你们却来哭活人！”太宰刘延年、太保刘殷等公卿大臣列侯一百多人，都摘去头冠哭着说："皇上功高德厚，从古到今很少有人能与您相比，古代有唐尧、虞舜，今天则是皇上。但近来因为物资稍微供应不上，就杀王公；直言冒犯您的旨意，就马上囚禁大将，这是我们心里所不能理解的，所以大家都对此感到忧虑，乃至废寝忘食。”刘聪慨叹说："我昨天大醉，这些事不是我的本意，不是你们说起，我就听不到自己的过失了。”每人赐百匹布帛，派侍中拿着符节赦免王彰，说："先帝刘渊依靠您如同左右手一样，您立下的再世之功，我怎敢忘记？这次的过失，希望您不要放在心上。您能够尽心忧国，正是我所希望的。现在提升您为骠骑将军，封定襄郡公。我将来再有做得不尽如人意的地方，还希望您多多指正。”

（以上为第二段，写晋怀帝司马炽被俘，封为会稽公，略加安慰；汉主刘聪暴虐无道，杀死左都水使、将作大将，中军大将军王彰直谏被囚，在诸位大臣劝说下免于刑戮。）

王弥死后，汉国安北将军赵固、平北将军王桑担心自己的军队被石勒吞并，想带兵返回平阳。军中缺少粮食，士兵竟互相宰食。于是从硷硗津西渡黄河，进攻抢掠黄河以北的郡县。刘琨任命哥哥的儿子刘演为魏郡太守，镇守邺城，赵固、王桑害怕刘演阻击，就派长史临深到刘琨处作为人质。刘琨就任命赵固为雍州刺史，王桑为豫州刺史。

贾疋等人包围长安几个月，汉国中山王刘曜接连出战都失败了，强行驱赶八万多成年男女逃奔平阳。秦王司马邺从雍州进入长安。

五月，汉主刘聪把刘曜贬为龙骧大将军，行大司马。刘聪派河内王刘粲在三渚攻打傅祗，派右将军刘参到怀县攻打郭默。正遇上傅祗因病去世，三渚城陷落，刘粲把傅祗的子孙以及士人百姓两万多户都迁往平阳。

六月，汉主刘聪打算立贵嫔刘英为皇后，而张太后要立贵人张徽光，刘聪没有办法，只好同意。刘英不久就去世了。

汉国大昌文献公刘殷去世。刘殷担任丞相，从不冒犯皇帝，违反圣旨，但经常就具体的事情进宫规劝，对刘聪补益很多。汉主刘聪每次与大臣们商议政事，刘殷都不表示什么态度，等大臣们离开，刘殷单独留下，为刘聪对所议铺陈发挥再理出头绪，商讨事宜，刘聪从来没有不采纳他的建议的。刘殷常常告诫子孙说："为君主做事应当务求对君主委婉的劝谏。凡人尚且不能当面斥责他的过错，更何况皇帝呢？委婉劝谏的功效，其实与冒犯君主没有什么区别，只是不明说君主的过失，所以是比较好的方法。”刘殷历任侍中、太保、录尚书等职，并被赐予可以佩剑穿鞋上宫殿、朝见天子不用快步行走、乘车进入宫殿等特权。但是刘殷在公卿大臣中，常常恭顺地带有卑谦礼让的神色，所以处在骄纵横暴的国家，能够保全自己的富贵，不损伤自己的美好声名，以长寿善终。

汉主刘聪任命河间王刘易为车骑将军，任命彭城王刘翼为卫将军，共同统领皇宫禁卫军。任命高平王刘悝为征南将军，镇守离石；任命济南王刘骥为征西将军，建筑西平城居住；任命魏王刘操为征东将军，镇守蒲子。

赵固、王桑从怀县向汉国请求接应，汉主刘聪派镇远将军梁伏疵带兵迎接他们。迎接的军队还没有到达，长史临深、将军牟穆带领一万军队反叛，投归刘演。赵固随梁伏疵向西边进发，王桑却又带领所属军队向东奔赴青州，赵固就派兵追击，在曲梁杀了王桑。王桑的部将张凤带领残余部众投归刘演。刘聪让赵固担任荆州刺史，兼河南太守，镇守洛阳。

（以上为第三段，写汉国干将刘曜攻打长安失败，掳掠八万士民逃归平阳；太保刘殷善于明哲保身，不当面强谏君王，而是私下提出建议，得到重用和善终。）

石勒从葛陂向北行进。所经过的地方百姓都坚壁清野，因而没有抢掠到什么东西，军中非常饥饿，出现人吃人充饥的现象。到达东燕，听说汲郡人向冰聚集了几千人在枋头修筑了营垒，石勒将要渡过黄河，又担心遭到向冰的阻击。张宾说：“听说向冰的船只全都放在水中没有抬上岸，应当派遣轻装士兵抄小道去偷袭夺取这些船只，用来渡大部军队过黄河，大部军队渡河后，一定能擒获向冰。”

秋季，七月，石勒派遣支雄、孔苌从文石津绑扎木筏偷渡黄河，并夺取了向冰的船只。石勒率兵从棘津渡黄河，攻打向冰，把向冰打得惨败，得到了向冰的全部物资储备，军队士气重新振作起来，于是长驱直入到达邺城。晋将刘演防守三台以求自己稳固，临深、牟穆等人又率领自己的部众向石勒投降。

石勒的部将们想攻打三台，张宾对石勒说：“刘演虽然兵力微弱，但还有几千军队，三台险峻坚固，出兵攻打，不容易很快把它拿下来，放弃它而离开，那里将会自己崩溃。现在王浚、刘琨是您的主要敌人，应当先攻打他们，刘演不值得注意。再说，天下饥饿动乱，您虽然拥有强大的军队，但来回行军长期在旅途中，人心不定，这不是控制四方的万全之计。不如选择一个便利的地方占据它，多多聚集储备粮食，尊奉汉主刘聪以谋取幽州、并州，这是霸王的功业。邯郸、襄国都是好地方，请选一个作为都城。”石勒说：“您的计策是对的！”于是，进发占据了襄国。

张宾又对石勒说：“现在我们驻扎在这里，是王浚、刘琨深深忌惮的。我担心城墙堑壕还不坚固，物资储备还不充分时，他们二人就交相率兵来了。应当迅速收取野外的粮食，并且派使者到平阳，一一说明我们镇守此地的意图。”石勒听取了这个建议，分别命令诸将攻打冀州，那里的郡、县、营垒大多投降，就把这些地方的粮食运往襄国。并且上奏汉主刘聪，刘聪让石勒担任都督冀、幽、并、营四州诸军事，冀州牧，进封为上党公。

刘琨向各州郡发布檄文，约定十月在平阳会合，攻打汉国。刘琨平素奢侈豪华，喜欢音乐女色。河南人徐润因为擅长音律而受到刘琨的宠信，刘琨让他担任晋阳令。徐润骄纵放肆，经常干预政事。护军令狐盛多次对此向刘琨发表看法，并且劝刘琨把他杀了。刘琨不听。结果徐润向刘琨说令狐盛的坏话，刘琨就拘捕了令狐盛，把他杀了。刘琨的母亲说："你不能组织驾驭英雄豪杰来完成宏大的谋略，而只知一心清除超过自己的人，这带来的灾祸一定会殃及我。"

令狐盛的儿子令狐泥投奔到汉国，全部陈说刘琨的虚实情况。汉主刘聪大喜过望，派遣河内王刘粲、中山王刘曜率兵进犯并州，让令狐泥担任向导。刘琨听说后，向东在常山及中山聚集军队，派部将郝诜、张乔带兵阻击刘粲，并且派使者向代公拓跋猗卢请求救援。郝诜、张乔都兵败而死。刘粲、刘曜乘虚袭击晋阳，太原太守高乔、并州别驾郝聿献出晋阳向汉国投降。

八月初一庚戌，刘琨返回来救晋阳，没有来得及，只好带领左右随从几十人骑马逃奔常山。初二辛亥，刘粲、刘曜进入晋阳。初三壬子，令狐泥把刘琨的父母都杀了。

刘粲、刘曜把晋朝尚书卢志、侍中许遐、太子右卫率崔玮送到平阳。刘聪又以刘曜担任车骑大将军，以前将军刘丰任并州刺史，镇守晋阳。九月，刘聪任卢志为太弟太师，任崔玮为太傅，许遐为太保，高乔、令狐泥都担任武卫将军。

己卯（疑误），汉国的卫尉梁芬逃奔长安。

（以上为第四段，写谋主张宾劝说石勒占领襄国，建立根据地，石勒采纳，并积极实施，势力不断壮大；刘琨因宠幸徐润，听信谗言杀掉护军令狐盛，铸成大错，祸及父母，差点万劫不复。）

九月初三辛巳，贾疋等尊奉秦王司马邺为皇太子，在长安建立行台，登祭坛祭天。设置宗庙、社稷，实行大赦。任命阎鼎为太子詹事，代理统领文武百官；任命贾疋为征西大将军；任命秦州刺史、南阳王司马保为大司马；让司空荀藩督领远近事务，光禄大夫荀组兼任司隶校尉、豫州刺史，与荀藩共同守卫开封。

秦州刺史裴苞占据险要之地来抵御凉州的军队。张寔、宋配等人打败了他，裴苞逃奔柔凶坞。

冬季，十月，汉主刘聪封自己的儿子刘恒为代王，刘逞为吴主，刘朗为颍川王，刘皋为零陵王，刘旭为丹阳王，刘京为蜀王，刘坦为九江王，刘晃为临川王。任命王育为太保、王彰为太尉，任顗为司徒，马景为司空，朱纪为尚书令，范隆为左仆射，呼延晏为右仆射。

代公拓跋猗卢派他的儿子拓跋六修以及哥哥的儿子拓跋普根、将军卫雄、范班、箕澹带领几万军队作为前锋攻打晋阳，拓跋猗卢自己带领二十万军队跟在后面，刘琨召集了几千逃散的士兵作为拓跋六修的向导。拓跋六修与汉中山王刘曜在汾东交战，打败了刘曜的军队，刘曜负伤七处，掉下马来。讨虏将军傅虎把自己的马交给刘曜，刘曜不接受，说："你应该骑上它突围，我伤得已很重，命该丧此。"傅虎哭着说："我蒙受您的赏识而被提拔到现在的地位，常常想着以自己的生命报效您，现在正是这样的时候了。再说汉国朝廷刚刚建立，天下可以没有傅虎，而不能没有您啊！"于是，把刘曜扶上马，赶着马渡过汾水，自己又回去冲杀，最后战死。刘曜进入晋阳，夜里与大将军刘粲、镇北大将军刘丰抢劫晋阳的百姓，然后翻过蒙山而撤回。

十一月，拓跋猗卢追击他们的军队，在蓝谷交战，又大败汉军，擒获刘丰，杀了邢延等三千多人，横尸几百里。拓跋猗卢因胜利而到寿阳山大规模打猎，将猎物的皮、肉摆放在山上观看，山因此而变为红色。刘琨从军营门走进去拜谢拓跋猗卢，坚持请求拓跋猗卢继续进军。拓跋猗卢说："我没能早来，致使你父母被杀害，心里确实感到惭愧，现在你已收复了并州的辖境。而我远道来此，士兵马匹都已疲惫，暂且等待以后再举事，刘聪不是一下子就能消灭的。"送给刘琨一千多匹马，牛羊各一千多头和一百辆车，然后回师，把部将箕澹、段繁等留下来戍守晋阳。

刘琨迁徙到阳曲居住，召集流散的人员。卢谌是刘粲的参军，逃跑投奔了刘琨。汉国杀了他的父亲卢志以及弟弟卢谧、卢诜。追赠傅虎为幽州刺史。

十二月，汉主刘聪把张氏立为皇后，任命她父亲张寔为左光禄大夫。

彭仲荡的儿子彭天护带领胡人们攻打贾疋，彭天护表面上假装失败退走，贾疋追击，夜里掉到山涧中，彭天护把他抓住杀了。汉国让彭天护担任凉州刺史。晋朝推举始平太守麹允兼任雍州刺史。阎鼎与京兆太守梁综争夺权力，阎鼎于是杀了梁综。麹允与抚夷护军索綝、冯太守梁肃联合兵力攻打阎鼎，阎鼎出奔雍州，被氐人窦首杀死。

广平人游纶、张豺拥有几万人，占据苑乡，王浚让他们在那儿暂时代理原官行使职权。石勒派遣夔安、支雄等七个将领攻打他们，攻破了外围的营垒。王浚派遣都护王昌率领各军以及辽西公段疾陆眷，段疾陆眷的弟弟段匹磾、段文鸯、堂弟段末柸等人的部众五万人到襄国攻打石勒。

段疾陆眷在渚阳驻扎，石勒派多名将领去攻打，都被段疾陆眷打败。段疾陆眷大量制造攻城的器具，打算攻城，石勒的部众都非常惧怕。石勒召集部将参佐等官员商议说："现在城墙堑壕还不坚固，粮食储备也不多，敌众我寡，外面没有救援，因此我想用全力与他决战，怎么样？"武将们都说："还不如坚守使敌人疲惫，等待他们退还时再打击他们。”张宾、孔苌说：“鲜卑部落当中，段氏最为骁勇剽悍，而段末柸更加突出，他们的精锐部队都在段末柸那里。今天听说段疾陆眷几天之内就要攻打北城，他的军队从远方来，又连日战斗，认为我们孤独无援兵力微弱，不敢出去交战，斗志一定松懈懒惰。我们最好暂且不出去，让他们觉得我们胆怯，在北城墙凿出二十几条暗道，等待他们来到时，兵阵还没有排列稳定，出其不意，直冲段末柸的军帐，他们一定震惊惧怕而来不及安排对策，打败他们是必定无疑的。段末柸失败了，其他军队就不攻自溃了。”石勒听从了这个计策，秘密设置暗道暗门。

不久，段疾陆眷攻打北城，石勒登上城墙观望他们的情况，发现他们的武将士卒有的甚至放下兵器躺着，就命令孔苌带领精锐士兵从暗门中突袭，城上擂鼓呐喊助威，孔苌进攻段末柸的军帐，不能攻破便撤退，段末柸追击，进入孔苌的军垒门，被石勒的军队所擒获。段疾陆眷等人的军队都退走。这时孔苌乘胜追击，杀得尸横三十多里，缴获铠甲马匹五千多。段疾陆眷召集剩余部众，退到渚阳驻扎。

石勒以段末柸为人质，派使者去向段疾陆眷求和，段疾陆眷同意了。段文鸯劝说道：“现在因为段末柸一人的缘故，而把面临灭亡的敌人放跑，该不会被王浚所怨恨，而招来后患吧？”段疾陆眷不听，又用铠甲马匹金银去贿赂石勒，并且用段末柸的三弟作人质而请求换回段末柸。各将领都劝石勒杀了段末柸，石勒说：“辽西鲜卑是强国，与我们向来没有仇，这次是受王浚的指使罢了。现在杀一个人而去与一个国家结怨仇，不是办法。放他回去，他们一定会深深地感念我，不再被王浚所用。”于是，用丰厚的金子、布帛回报他，派石虎去与段疾陆眷在渚阳结盟，拜为兄弟。段疾陆眷带兵回归辽西，王昌没有力量单独留下，也率兵还归蓟州。石勒招来段末柸，与他宴饮，并宣誓结为父子，便让他回辽西。段末柸在路上，每天都朝南三拜。从此，段氏一心附从石勒，王浚的势力于是衰败。

游纶、张豺向石勒请求投降。石勒攻打信都，杀掉冀州刺史王象。王浚又让邵举担任冀州刺史，防守信都。

（以上为第五段，写晋朝臣民尊奉秦王司马邺为皇太子，在长安建立行台；晋将刘琨、王浚等组织兵力抗击入侵的汉兵，收效甚微；段氏投靠石勒，势力更盛。）

这一年，全国大肆流行传染病。

王澄年轻时，名声就与哥哥王衍一起名扬海内，刘琨对王澄说：“你外表虽然洒脱清朗，而内心实际易动而侠义，这样来处世，难得好死。”等王澄到了荆州，喜欢成都内史王机，认为他仅次于自己，让他对内成为总理事务的心腹臂膀，对外成为得力帮手。王澄多次被杜弢打败，声望有所减损，但仍然是傲然自得，心里没有一点忧虑惧怯，只是与王机日夜纵情喝酒对弈，因此，上下与他都不是一条心，南平太守应詹多次劝谏，而王澄不听。

王澄自己出兵攻打杜弢，在作塘驻扎。以前在山简处任参军的王冲聚集部众迎接应詹担任刺史，应詹因为王冲不可靠，离开他返回南平，王冲于是自称刺史。王澄惧怯，派自己的部将杜蕤防守江陵，自己把治所迁徙到孱陵，不久又逃奔沓中。别驾郭舒劝谏王澄说："您到荆州虽然没有特殊的政绩，但仍是一州的人心所寄托的，现在您把华容县的军队从西边调回，完全能够擒获这个小丑，怎么能够自己放弃，仓皇地逃走呢？"王澄不接受，想带着郭舒往东走。郭舒说："我担任着处理一州纪纲法度的职务，不能够扶正州务，现在您外出逃亡，实在不忍心渡江。"于是就留守在沌口。琅邪王司马睿听说后，就征召王澄担任军谘祭酒，以军谘祭酒周顗代替他原来的职务，王澄于是应召而来。

周顗刚到荆州时，建平的流民傅密等人叛离，去迎接杜弢，杜弢的别将王真袭击沔阳，周顗于是狼狈地失去所守。征讨都督王敦派武昌太守陶侃、寻阳太守周访、历阳内史甘卓一起攻打杜弢，王敦进军到豫章驻扎，作为各支军队的后援。

王澄前去拜访王敦，自认为名声一直在王敦之上，还想按照以往的想法戏弄王敦。这次王敦大怒，诬陷他与杜弢有信使来往，派壮士把王澄掐死。王机听说王澄死了，害怕受到牵连，因为自己的父亲王毅、哥哥王矩都曾经当过广州刺史，就到王敦那里请求到广州任职，王敦不允许。正遇到广州的武将温卲等人叛离刺史郭讷，迎接王机去当刺史，王机于是就带着家奴、门客一千多人到了广州。郭讷派兵阻击王机，但部将士兵都是王机父亲、哥哥任职时的人马，因而不战却迎上去投降，郭讷于是辞职，把职务交给王机。

王如的军中饥饿困乏，官军征讨他们，王如的属下大多投降。王如没有办法，于是向王敦投降。

镇东军司顾荣、前太子洗马卫玠都去世了。卫玠是卫瓘的孙子，风韵神气很优美，善于清谈。常常认为别人没有做到的，能够在情理上宽恕，即使遭到意外的冒犯，也能够用道理来排遣，所以终身都没有表露出高兴或生气的神色。

江阳太守张启，杀了代理益州刺史王异，取代了王异的职务。张启是张翼的孙子，但不久就病死了。益州三个官府的官员一起表奏涪陵太守向沈担任西夷校尉，到南面守卫涪陵。

南安赤亭的羌人姚弋仲向东迁移到榆眉，戎人、汉人携带妻儿老小跟随他的人有几万，姚弋仲自称护羌护尉、雍州刺史、扶风公。

（以上为第六段，写晋朝名士王澄行为放荡，担任荆州刺史而不理政事，导致流民反叛，弄得荆州大乱，上下离心，琅邪王司马睿召回，途中被大将军王敦所杀。）

孝愍皇帝上

晋愍帝建兴元年（癸酉，公元313年）

春季，正月初一丁丑朔，汉主刘聪在光极殿宴请群臣，派晋怀帝司马炽身穿青衣巡行酌酒劝饮。庾珉、王儁等人不胜悲愤，因此而放声大哭。刘聪讨厌他们。正好有人告发庾珉等人商谋在平阳接应刘琨。二月初一丁未，刘聪杀掉庾珉、王儁等原晋朝的大臣十多人，晋怀帝也遇害。刘聪宣布实行大赦，重新让会稽刘夫人当贵人。

荀崧评论说：怀帝天资清高，年轻时就以英俊志向远大而著名，如果遇到天下太平，完全能够成为保持礼乐制度的很好的君主。但是，继惠帝司马衷时局势纷乱之后，东海王司马越独揽朝政，所以没有周幽王、周厉王的罪孽而却有流亡的灾祸。

正月二十九日乙亥，汉国太后张氏去世，谥号为光献。张皇后非常悲哀，丁丑（疑误）也去世了，谥号为武孝。

己卯（疑误），汉国定襄忠穆公王彰去世。

三月，汉主刘聪把贵嫔刘娥立为皇后，为她建造凰仪殿。廷尉陈元达恳切地劝说，认为："天生百姓而为他们树立君王，是让君王管理他们，并不是用千万百姓的生命满足一个人的穷奢极欲。晋朝廷无道，大汉受命于天，百姓翘首以待，差不多可以稍加养息。所以光文皇帝刘渊身穿粗布，居住的地方也没有双层的坐垫，皇后妃嫔也不穿绫罗绸缎，拉车的马匹不喂粟谷，这是爱惜百姓的缘故。皇上即位以来，已经建造了四十多处宫殿，加上一再兴兵作战，军粮运输不停，饥馑、疾病流行，造成人们死的死、逃的逃，但您还想大兴土木，这难道是做百姓父母的想法吗？现在晋朝的残余还在西边占据着关中地区，南边把持着江东地区；李雄占据着巴蜀地区；王浚、刘琨窥伺着我们的肘腋之处；石勒、曹嶷贡奉与禀告越来越少，皇上不为这一切担忧，却又在宫廷中建造殿堂，这难道是目前所急需的吗？过去汉文帝处于安定的社会，稻谷布帛十分丰盛，仍然珍惜百金的费用，停止修建露台的劳役。皇上接受的是兵荒马乱的时代，所占有的地方不过是汉文帝时的两个郡，需要征战和防御的，也并不仅仅是匈奴、南越，而皇宫的奢侈却到了这个地步，所以我不敢不冒死前来说上这几句话。"

刘聪勃然大怒，说："我身为天子，建造一个殿堂，为什么还要问你这样的鼠辈呢？你竟敢胡说八道扰乱大家的情绪，不杀掉你这个鼠辈，我的殿堂就建不成！"向左右随从发出命令："把陈元达拖出去杀了！连他的妻子和孩子一起在东市悬首示众，让这群老鼠都进到一个墓穴里去！”当时，刘聪在逍遥园的李中堂里，陈元达事先拿锁链锁住腰进去，进去后便用锁链把自己锁在堂下的树下，大声呼喊：“我所说的是为社稷大业考虑，而皇上却要杀掉我。汉朝朱云说：‘我能够与龙逄、比干同游，这就满足了！’”随从们拉不动他。

汉国大司徒任顗，光禄大夫朱纪、范隆，骠骑大将军河间王刘易等人一起叩头叩得出血，说：“陈元达为先帝刘渊所赏识器重，受命立汉之初，就把他安排在门下，他也一直尽忠竭虑，知无不言。我们这些人都是在职位上苟且偷安，每次见到他时没有不感到惭愧的。今天他所说的话虽然有些狂妄直率，但希望皇上能够宽容他。因为直言劝谏而杀掉列卿，这让后世人如何看待您？”刘聪沉默不语。

刘皇后听说后，暗中命令随从们停止对陈元达的刑罚，亲笔写了奏疏给刘聪，说：“现在宫室已经齐备，用不着再营建新的宫室，四海还没有统一，应当珍惜百姓的财力。廷尉陈元达的直言是社稷的福气，皇上应该加以赏赐。现在反而要杀他，天下要怎么来评说皇上呢？直言进谏的忠臣固然不顾自己的性命，而拒绝进谏的君王也是不考虑自身的性命。皇上为了给我营建宫殿而杀掉劝谏的大臣，这样使忠良之臣缄口不言是因为我，远近都产生怨恨愤怒是因为我，公私两方面的困窘弊害也是因为我，使国家社稷面临危险还是因为我，天下的大罪都集中到我的身上，我怎么能承担得起呢？我观察发现，自古以来造成国破家亡的，没有不从妇人开始。我心里常常为之痛心，想不到今天自己也会这样，使得后世的人看我，就像我看古人一样！我实在没有脸面再伺候您，希望您允许我就死在这个殿堂里，来弥补皇上的过错！”刘聪看完后脸色都变了。

任顗等人仍然流着泪不停地叩头。刘聪才慢慢地说道：“我近年以来，因为中风，喜怒超过限度，不能自己控制自己。陈元达是忠臣，我却没有看得出来。各位能够磕破头皮让我了解他，确实是深明辅佐之臣的职责。我的惭愧藏在心中，怎么敢忘掉呢？”说着，让任顗等人整理好冠带鞋履坐下，又叫陈元达上来，把刘皇后的奏疏给他看，说：“在外有像您这样的人辅佐，在内有像皇后这样人辅佐，我还有什么可忧虑的呢？”赏赐给任顗等人不同数量的稻谷与布帛，把逍遥园改称为纳贤园，李中堂改称为愧贤堂。刘聪对陈元达说：“你本该怕我，现在反倒使我怕你了！”

（以上为第七段，写汉主刘聪杀害晋怀帝司马炽，立刘娥为皇后，兴建皇后宫，廷尉陈元达强谏，刘聪怒而欲杀之，大臣磕头流血，皇后以死相逼，刘聪又嘉奖陈元达，喜怒无常。）

西夷校尉向沈去世。大家推举汶山太守兰维为西夷校尉。兰维带领官吏百姓向北进发，想到巴东去。成汉部将李恭、费黑共同攻打，擒获兰维。

夏季，四月初一丙午，晋怀帝被害的凶信传到长安，皇太子举行哀悼，加戴冠冕。二十七日壬申，即皇帝位，宣布实行大赦，改年号为建兴。任卫将军梁芬为司徒，雍州刺史麹允为尚书左仆射、录尚书事，京兆太守索綝为尚书右仆射，兼领吏部、京兆尹。当时长安城中，户不满百家，蒿草荆棘丛生，公室私家的车乘只有四辆，文武百官没有官服、印章绶带，只有用桑木板标上官署名号而已。不久，任命索綝为卫将军兼太尉，军政大事，全部委交给索綝。

汉国中山王刘曜、司隶校尉乔智明进犯长安，平西将军赵染带领军队也赶去参战，晋朝诏令麹允到黄白城去抵御。

石勒派石虎攻打邺城，邺城溃败，刘演逃奔廪丘，三台的流民全部向石勒投降。石勒让桃豹担任魏郡太守进行管理。过了一段时间，又让石虎代替桃豹镇守邺城。

当初，刘琨任用陈留太守焦求为兖州刺史，荀藩又任用李述为兖州刺史。李述想攻打焦求，刘琨就把焦求召了回来。邺城失守后，刘琨又让刘演担任兖州刺史，镇守廪丘。前中书侍郎郗鉴，年轻时就以清高的节操著名，带领高平的一千多户人家到峄山避乱防卫。琅邪王司马睿任用郗鉴为兖州刺史，镇守邹山。这样，李述、刘演、郗鉴三人在一州之内各据一郡，兖州的官吏百姓不知听从谁好。

琅邪王司马睿任用前庐江内史华谭为军谘祭酒。华谭曾经在寿春依附于周馥。司马睿对华谭说："周馥为什么反叛？"华谭说："周馥虽然死了，天下仍还有直言之士。周馥看到强盗窃贼越来越多，想迁都来解除困难，朝廷不高兴，派兵征讨他，结果周馥死了还没有一个时辰，都城洛阳就沦陷了。如果说周馥反叛，难道不是冤枉吗？"司马睿说："周馥身居征镇戍守地方的军事要职，掌握强大的兵力，朝廷召他而他不入朝，朝廷危险的时候而不能扶助，也算是天下的罪人。"华谭说："是这样，朝廷危险而不能扶助，他应该与全国的将领一起受到责难，不仅仅是周馥一个人。"

司马睿的参佐幕僚大多逃避事务求得自己安逸，录事参军陈頵对司马睿说："洛阳太平安定的时候，朝臣们认为小心谨慎属守职责的是平庸，认为傲慢放纵是优雅，这种风气流行感染，以致国家败亡。现在您的幕僚属下也都效法继承了洛阳时的弊病，修养名望自以为高，这是前面的车子已经翻了而后面的车子又将重蹈覆辙。请求从今以后，接受职任却又称病不行使职责的，全部免去他们的官职。"司马睿不听。

齐王司马冏、成都王司马颖、河间王司马颙三王诛杀赵王司马伦时，制定《己亥格》来奖赏功勋，从此沿袭使用。陈頵上书说："过去，赵王司马伦篡权叛逆、惠皇帝失去地位，三王举兵征讨他，因此用丰厚的奖赏来感念响应举义的人心。现在功劳不论大小，都按照《己亥格》来确定奖赏，结果造成本来是丞相等高级官员佩戴的金印紫绶挂到了一般士卒的身上；用来调兵遣将的凭信符节，命官授爵的策书送给了仆从隶卒的家门之中，这不是重视国家礼仪制度、匡正法律纲纪的做法，请求把这一切都停下来！”陈頵出身贫寒低贱，多次进行这样义正词严的议论，王府中大多都厌恶他，于是派陈頵去担任谯郡太守。

吴兴太守周玘，宗族很强盛，琅邪王司马睿对他很猜疑忌惮。而司马睿身边任职的，大多是中州地区丢弃官职逃离职守的士人，他们来管理吴地的人，吴人都很怨愤。周玘因为失去职位，又被刁协所轻蔑，羞耻愤怒更加强烈。于是，周玘就和他的属下密谋杀掉执政大臣，而以南方人士取代他们。事情泄露，周玘忧愤交加而死。临死时，对他儿子周勰说：“杀死我的是那些中州伧子，能够实现我的设想的，就是我的儿子。”

（以上为第八段，写晋怀帝司马炽被汉主刘聪杀害后，司马邺在长安称帝，只是续上晋祚而已；中原衣冠南渡，大都成了琅邪王司马睿的高级僚属，江东士人非常不满，充满怨恨。）

石勒在上白攻打李恽，把他杀了。王浚又任命薄盛为青州刺史。

王浚派枣嵩督领各军在易水驻扎，召段疾陆眷，想与他一起攻打石勒，段疾陆眷不来。王浚发怒，用重金贿赂拓跋猗卢，并向慕容廆等人传发檄文，要共同讨伐段疾陆眷。拓跋猗卢派右贤王拓跋六修带领军队去与王浚会合，结果被段疾陆眷打败。慕容廆派慕容翰去攻打段氏，攻取了徒河、新城，到达阳乐，听说拓跋六修失败，慕容翰因此留在徒河镇守，在青山建立营垒。

当初，躲避战乱的中原士人百姓，大多向北依附王浚，王浚却不能体恤安抚，又加上行政法律都没有建立，所以士人、百姓又都离开了他。而段氏兄弟只知武夫之勇，不能用礼仪对待士大夫。只有慕容廆政事整饬清明，爱惜重视人物，所以士人、百姓都大多投奔他。

慕容廆选拔其中的英俊人才，按照他们的才能安排职任，让河东人裴嶷、北平人阳耽、庐江人黄泓、代郡人鲁昌担任主要谋臣，让广平人游邃、北海人逄羡、北平人西方虔、西河人宋奭以及封抽、裴开作为重要臣僚，让平原人宋该、安定人皇甫岌、皇甫岌的弟弟皇甫真、兰陵人缪恺、昌黎人刘斌以及封奕、封裕等人掌管机要枢密事务。封裕是封抽的儿子。

裴嶷清廉公正，有办事的才能和谋略，曾任晋朝昌黎太守，其兄裴武任玄菟太守。裴武去世，裴嶷与裴武的儿子裴开送丧回故乡，在经过慕容廆那里时，慕容廆恭敬而待之以礼；离开时，送给他们丰厚的资财。走到辽西，道路不通，裴嶷想回去投奔慕容廆。裴开说：“故乡在南方，怎么能向北走呢？再说，同样是流离失所寄人篱下，段氏强大，慕容氏微弱，何必离开这里而到慕容廆那里去呢？”裴嶷说：“中原处于死丧战乱之中，现在去中原，是一起投入虎口。再说，道路遥远，怎么才能到达呢？如果等待中原清明畅通，又不是可以按年月期待的。现在想找一个寄托立足的地方，怎么能不谨慎地选择这样的人？你看看段氏的几个兄弟，难道有远大的谋略吗，能够很好地对待士人吗？慕容公修养德行，有仁义，有实现霸王之业的志向，加上他国富民安，现在去跟随他，向高处可以建立功名，对下可以庇护宗族，你还有什么可怀疑的吗？”裴开于是听从了叔父裴嶷的安排。到了以后，慕容廆非常高兴。

阳耽清廉耿直，沉毅机敏，担任辽西太守，慕容翰在阳乐打败段氏时，抓获阳耽，慕容廆待之以礼而任用他。

游邃、逄羡、宋奭，都曾经担任昌黎太守，与黄泓一起都在蓟地避乱，后来才投奔慕容廆。王浚多次用亲笔信征召游邃的哥哥游畅，游畅想应召前往，游邃说：“王浚不整饬刑法政务，华人、戎人都叛离了他，依我推测，他一定不能长久，哥哥你暂且逗留一段时间等等看。”裴畅说：“王浚残忍而多疑，近来流民往北而来，他命令部下追杀他们。现在亲笔写信态度殷勤，我停留在这儿不去，将要牵累你。再说，乱世当中，宗族应当分开，以期望留下宗族的后代。”裴邃这才同意了，后来裴畅与王浚一起都死了。

宋该与平原人杜群、刘翔，都是先依靠王浚，转而又投靠段氏，认为他们都不值得寄托，而带领各流亡的家族一起归附了慕容廆。

东夷校尉崔毖请皇甫岌担任长史，用谦恭的态度劝说，终究没有能把皇甫岌招来。而慕容廆招呼他们，皇甫岌与弟弟皇甫真当即就一起到了。

辽东张统占据乐浪、带方二郡，与高句丽王乙弗利交战，连年不断。乐浪人王遵劝说张统带领所辖百姓一千多家投奔慕容廆，慕容廆为他设置乐浪郡，让张统担任太守，王遵担任参军。

王如的残余部众涪陵人李运、巴西人王建等人从襄阳带领三千多户人家进入汉中地区，梁州刺史张光派参军晋邈带兵阻止。晋邈接受了李运、王建的贿赂，劝张光接纳他们的投降。张光同意了，让他们居住在成固。不久，晋邈发现李运、王建及其部众有很多珍宝，想全部拿过来，就又对张光说：“李运、王建的部众们，不进行农业生产，而专门制造兵器，他们的意图很难预料，不如乘其不备把他们全部杀了，不然他们一定会作乱。”张光又听从了他。五月，晋邈带兵攻打李运、王建，把他们杀了。王建的女婿杨虎收拾起剩余的部众攻打张光，驻扎在厄水，张光派他儿子张孟苌讨伐他们，但是不能取胜。

（以上为第九段，写鲜卑首领慕容廆政事修明，致力招揽人才，晋朝士民纷纷投奔、归附，占据乐浪、玄菟二郡的张统，也率众投奔，鲜卑部不断壮大，声威渐壮。）

五月十八日壬辰，朝廷以琅邪王司马睿担任左丞相、大都督，都督陕东诸军事；以南阳王司马保担任右丞相、大都督，都督陕西诸军事。诏书说：“现在应当扫除像刘聪那样的大鱼，奉迎怀帝的灵柩。命令幽、并两州带领三十万士兵直接进军平阳，右丞相应当率领秦州、凉州、梁州、雍州的军队三十万人直接到达长安，左丞相率领所属的二十万精锐士兵直接到达洛阳，共同奔赴约定的地方，完成伟大的功业。”

汉国中山王刘曜在蒲坂屯兵。

石勒派孔苌攻打定陵，杀了田徽。薄盛带领所属军队向石勒投降，崤山以东的各个郡县，相继被石勒占取。汉主刘聪任石勒为侍中、征东大将军。乌桓人也叛离了王浚，暗中归附于石勒。

六月，刘琨与代公拓跋猗卢在泾北会合，商议攻打汉国。秋季，七月，刘琨进发占据蓝谷，拓跋猗卢派遣拓跋普根驻扎在北屈。刘琨派遣监军韩据从西河往南，打算攻打西平。汉主刘聪派遣大将军刘粲等人阻击刘琨，骠骑将军刘易等人阻击拓跋普根，荡晋将军兰阳等人协助守卫西平。刘琨等人听说后，带兵回师。刘聪让各支军队仍然驻扎在原地，作为进取的安排。

愍帝司马邺派遣殿中都尉刘蜀诏令左丞相司马睿按时进军，与皇帝的乘舆在中原相会。

八月二十日癸亥，刘蜀到达建康，司马睿推辞说，刚刚平定江东地区，没有余暇北伐。司马睿让镇东长史刁协担任丞相左长史，从事中郎、彭城人刘隗担任司直，邵陵内史广陵人戴邈担任军谘祭酒，参军丹阳人张闿担任从事中郎，尚书郎颍川人锺雅担任记室参军，谯国人桓宣担任舍人，豫章人熊远担任主簿，会稽人孔愉担任掾。刘隗平素熟习文史，善于体察司马睿的心意，所以司马睿特别亲近宠爱他。

熊远上书司马睿，认为：“兴兵以来，处理事务不依照法令，各官署都竞相自作主张，遇事临时建立制度，但朝令夕改，又导致主事的人不敢承担责任，每当决断时都要报告请示，这不是执政的法度。我认为凡是对决策提出异议的，都应该引用法令和经传典籍，不得简单地用情理来论说，没有一定的标准作依据，从而损害原有的典制。如果放任让大家都按照自认为合适的措施行事，都用权宜变通的方法处理事务，这是君主所能够作的，而不是臣下所应当独自使用的。”司马睿因为当时事情很多，没有能够同意。

当初，范阳人祖逖，年轻时就有大志向，曾与刘琨一起担任司州的主簿，与刘琨同寝，夜半时听到鸡鸣，他踢醒刘琨，说：“这不是令人厌恶的声音。”就起床舞剑。渡江以后，左丞相司马睿让他担任军谘祭酒。祖逖住在京口，聚集起骁勇强健的壮士，对司马睿说：“晋朝的变乱，不是因为君主无道而使臣下怨恨叛乱，而是皇亲宗室之间争夺权力，自相残杀，这样就使戎狄之人钻了空子，祸害遍及中原。现在，晋朝的遗民遭到摧残伤害后，大家都想着自强奋发，大王您确实能够派遣将领率兵出师，使像我一样的人统领军队来光复中原，各地的英雄豪杰，一定会有闻风响应的人！”司马睿一直没有北伐的志向，他听了祖逖的话以后，就任命祖逖为奋威将军、豫州刺史，仅仅拨给他千人的口粮，三千匹布，不供给兵器，让祖逖自己想办法募集。祖逖带领自己私家的军队共一百多户人家渡过长江，在江中敲打着船桨，说：“祖逖如果不能使中原清明而光复成功，就像大江一样有去无回！”于是，到淮阴驻扎，建造熔炉，冶炼浇铸兵器，又招募了两千多人，然后继续前进。

（以上为第十段，写晋愍帝司马邺部署反击入侵敌人，调动全国力量攻打汉赵。琅邪王司马睿偏安江东，不服调遣，而奋威将军祖逖自告奋勇，中流立誓，精神可嘉！）

胡亢性格猜忌多疑，因此杀了自己的骁勇部将多人。杜曾感到恐惧，暗中勾结王冲的军队让他们攻打胡亢。胡亢出动全部精锐部队阻击王冲，而城中空虚，杜曾趁机杀了胡亢，接管了他的部众。

周顗屯兵浔水城，被杜弢围困，陶侃派明威将军朱伺前去救援，杜弢就退到泠口防卫。陶侃说：“杜弢一定会移兵武昌。”就从近路回到郡中等待杜弢，杜弢果然来进攻了。陶侃派朱伺迎头痛击，大败杜弢，杜弢自己逃回长沙。周顗离开浔水到豫章投奔王敦，王敦留下了他。陶侃派参军王贡向王敦报捷，王敦说：“如果没有陶侯，就要失去荆州了！”于是，上奏陶侃担任荆州刺史，驻扎在沔江。左丞相司马睿征召周顗，又让他担任军谘祭酒。

当初，氐人的首领杨茂搜的儿子杨难敌，派养子到梁州贩卖交易，私自买了良人的一个孩子，张光用鞭刑把这个养子杀了。杨难敌怨恨地说：“您刚刚来此，经过大荒年以后，军队百姓的性命都需要仰仗氐人才能生存，氐人有小罪过，难道不能宽恕吗？”等到张光与杨虎交战时，双方都向杨茂搜求救，杨茂搜派杨难敌去救张光，杨难敌向张光索求货物，但张光不给。而杨虎却丰厚地贿赂杨难敌，并且说：“流民的珍贵货物，都在张光处，现在攻打我，不如攻打张光。”杨难敌非常高兴。张光与杨虎交战，派张孟苌打前阵，杨难敌作后援。结果杨难敌与杨虎夹攻张孟苌，大败张孟苌，张孟苌与弟弟张援都死了。张光只好环城防守。

九月，张光因愤怒激动而得病，僚属劝张光退到魏兴据守，张光按着剑说：“我接受了国家的重任，不能讨伐贼寇，今天死了如同登仙，为什么说撤退呢？”说完就死了。州里的人们推举他的小儿子张迈代行州刺史的职务，结果又与氐人交战而死。大家又推举始平太守胡子序兼行梁州刺史的职务。

荀藩在开封去世。

汉国中山王刘曜、赵染在黄白城攻打麹允，麹允多次出战都失败了。朝廷诏令任索綝为征东大将军，带兵去援助麹允。

王贡从王敦处回来，到竟陵，假称陶侃的命令，任杜曾为前锋大都督，攻打王冲，把王冲杀了。使王冲的部众全部归降。陶侃征召杜曾，杜曾不来。王贡害怕因为假称陶侃的命令而获罪，就与杜曾反叛攻打陶侃。

冬季，十月，陶侃的军队大败，陶侃仅仅逃脱了性命。王敦上奏陶侃以布衣百姓的身份兼任现在职务，将功赎罪。陶侃又带领周访等人进攻杜弢，杜弢大败。王敦于是上奏恢复陶侃的职务。

汉国赵染对中山王刘曜说："麹允率领大军在外面，长安空虚，可以袭击。"刘曜让赵染率领五千精锐骑兵袭击长安，庚寅（疑误）夜，攻入外城。愍帝奔往射雁楼，赵染焚烧了龙尾以及各营帐，杀死抢掠一千多人。

十月二十日辛卯，早晨，赵染退到逍遥园驻扎。二十一日壬辰，将军麹鉴从阿城率领五千人救长安，二十二日癸巳，赵染带兵回师，麹鉴追击赵染，与刘曜在零武相遇，麹鉴的军队大败。

杨虎、杨难敌紧急攻打梁州，胡子序弃城逃走，杨难敌自称刺史。

汉国中山王刘曜倚仗胜利而不设防备，十一月，麹允带兵袭击刘曜，汉兵大败，麹允杀了汉国冠军将军乔智明。刘曜带兵返回平阳。

（以上为第十一段，写晋朝对变民首领的攻斗，凉州刺史张光攻打叛军首领杨虎，被氐族首领杨难敌与杨虎夹攻，大败，梁州也被攻夺，杨难敌自任为刺史。）

晋朝司空王浚根据他父亲的字处道，自认为应验了"当涂高"的谶言，图谋称帝。前勃海太守赵亮、北海太守王抟、司空掾高柔恳切劝谏，王浚把他们都杀了。燕国人霍原，志气节操清明高洁，多次辞去王浚的任命。王浚又以称帝的事问他，霍原不回答。王浚就诬陷霍原与强盗勾结，杀了霍原并悬首示众。这样，士人、百姓都很震骇怨恨，而王浚骄纵狂妄越来越厉害，不问政事，所任用的人都是苛刻的小人，枣嵩、朱硕贪婪骄横更为突出。北州有民谣说："府中赫赫是朱丘伯；十囊五囊，尽入枣郎。"调遣征发非常频繁，下面不堪忍受，大多叛离，投奔鲜卑。从事韩咸守护柳城，盛赞慕容廆能够接纳士人、百姓，想以此来讽喻王浚，王浚发怒，把他杀了。

王浚开始只是因为倚仗着鲜卑人、乌桓人而强大，但不久鲜卑、乌桓都叛离了他。加上连年蝗灾、旱灾，军队势力更加衰弱。石勒想袭击王浚，但不知他的虚实，打算派使者去侦察，参佐请石勒效法羊祜、陆抗以交邻之礼对待敌方的前例给王浚去信。石勒因此问张宾，张宾说："王浚名义上是晋朝的大臣，实际上是想废掉晋朝自立为帝，只是怕四海的英雄无人相从罢了，他想得到将军您，就像项羽想得到韩信一样。将军您威震天下，现在用谦恭的言辞、丰厚的礼物，降低身份去对待他，还怕他不信？更何况羊祜、陆抗那时是势均力敌呢？图谋其人而使其察觉真情，就难以达到目的。”石勒说：“好！”

十二月，石勒派遣舍人王子春、董肇带上很多珍宝，给王浚呈书，说：“我本来是小小的胡人，遭到饥饿变乱的时局，四处流浪屯守在困厄之地，流窜到冀州，想互相聚集保卫来挽救自己的性命。现在晋朝皇室沦灭，中原无主，您是州乡尊贵的名门望族，四海都尊崇，做帝王的人，不是您还有谁？石勒所以冒死起兵，诛讨凶暴作乱的人，正是为您驱除这些强寇妄贼罢了。希望您能够应天顺从民意，尽快登上皇位。石勒我尊奉拥戴殿下就像尊奉天地父母一样，殿下体察我的心意，也应该把我当作儿子一样看待呀！”又给枣嵩去信，并用厚重的礼物贿赂他。

王浚因为段疾陆眷刚刚叛离，士人百姓又大多离开了自己，听到石勒想来归附自己，大喜过望，对王子春说：“石公是当世豪杰，占据有赵、魏地区，却想做我的藩属，这能是真的吗？”王子春说：“石将军才能力量都很强盛，确实如您所说。只是因为殿下是中州尊贵的名门望族，威势达于夷人、华人地区，自古以来有胡人作为辅佐君王名臣的情况，而没有做帝王的人。石将军不是厌恶帝王的地位而辞让给殿下，只是顾虑因为帝王自有天道气数，不是仅靠才智力量所能取得的，即使强行取得帝位，也一定不被上天与人们所承认的缘故。项羽虽然强大，但天下终究为汉朝所有。石将军与殿下相比，就像月亮之于太阳，所以鉴于历史情况，才投身于您，这是石将军远见卓识所以远远超过他人的地方，殿下有什么可奇怪的呢？”王浚听后非常高兴，把王子春、董肇都封为侯，派使者报告这个聘任，并且重金酬谢他们。

游纶的哥哥游统担任王浚的司马，镇守范阳，派使者暗自依附于石勒，石勒杀了他的使者并送给王浚。王浚虽然没有以罪惩罚游统，但却更加相信石勒的忠诚，于是不再怀疑石勒有诈。

这一年，左丞相司马睿派长子司马绍镇守广陵，让丞相掾蔡谟担任参军。蔡谟，是蔡克的儿子。

汉国中山王刘曜在石梁包围了河南尹魏浚，兖州刺史刘演、河内太守郭默派兵救援魏浚，刘曜分兵在河北迎战，打败了他们。魏浚连夜逃走，刘曜抓获后把他杀了。

代公拓跋猗卢在盛乐县筑城作为北都，把旧平城作为南都，又在灅水的北面建造新平城，派右贤王拓跋六修镇守，总管南部地区事务。

（以上为第十二段，写晋朝重臣王浚镇守北方，因晋怀帝司马炽被杀，生出不臣之心，不听忠良劝告，治下苛刻残暴，而石勒也假意诈降献媚，弄得王浚飘飘然，不设防备，其为祸不远矣。）

【点评】

论晋怀帝司马炽。晋怀帝司马炽，是晋武帝司马炎的第25个儿子，是晋惠帝司马衷的异母弟，当了四年的末代皇帝，最后成了汉主刘渊的阶下囚。

首先，司马炽是司马诸王争权夺利的得利者，也是牺牲品。在诸王争斗得不可开交的时候，司马炽并未加入乱事，他行事低调，也不热衷于交结宾客，不问人间世事，也没有什么野心，只是爱好钻研史籍。司马炽初被封豫章王，后来被立为皇太弟，也就是将来的皇位继承人。这其实是成都王司马颖和河间王司马颙对立斗争之下形成的结果。而后被立为皇帝，也是如此。晋惠帝司马衷被东海王司马越毒死后，羊皇后怀有私心，不同意立司马炽，而打算立清河王司马覃。而司马越力主立司马炽，司马炽最后胜出。

其次，司马炽不甘心任人摆布，而又力不从心。司马炽为权臣司马越所立，希望他像晋惠帝司马衷那样，做个傀儡皇帝。但他上任后，重用了忠于自己的缪播等一些人，惹恼了司马越，司马越到皇宫里将缪播等人以谋反的罪名杀掉。司马炽处于权臣高压之下，能有什么办法呢？只有流泪而已。但从这里看出，司马炽是不甘心任人摆布的。

再次，司马炽缺乏临事的果断决策能力，以至于被敌人活捉。敌人攻进都城，帝都洛阳摇摇欲坠，而朝堂上却乱成一锅粥，对究竟是坚守还是逃亡，双方争论不休，无法统一，到最后洛阳沦陷，也没有做出决定。司马炽表现得非常不称职，最后被敌人活捉，也是情理之中。

最后，司马炽被汉主刘聪封为会稽郡公，当刘聪问他为什么如此骨肉相残。他用天意来搪塞，显然不想把家丑外扬，在敌人面前诉说自己的伤心往事。后来，刘聪大宴群臣，叫司马炽为群臣斟酒，借此予以羞辱，此时的司马炽一定是无限悲愤，可他却表现得非常平静，没有任何怨言。

晋纪十一

晋愍帝建兴二年至四年（公元314—公元316）

【起阏逢阉茂（甲戌，公元314年），尽柔兆困敦（丙子，公元316年），凡三年】

【大事提要】

本卷记事起公元314年，讫公元316年，凡三年，当晋愍帝（司马邺）建兴二年至建兴四年。本卷所载大事，主要是五个方面：其一，石勒除掉王浚。公元314年，汉国猛将石勒袭击晋朝大司马王浚，张宾建议他先和刘琨搞好关系，换取他的支持。石勒率军到达蓟城，王浚拒绝了左右的忠言，执意要放石勒进城。石勒进城活捉了王浚，马上送到襄国杀掉，然后又杀掉王浚的精兵一万多人。其二，刘聪立三皇后。汉主刘聪滥设官职，设置丞相等七公；又置辅汉等十六大将军，以诸子充任；又置左右司隶，各领户二十万；又设单于左右辅，各主六夷十万帐落；以长子刘粲为丞相，协理朝政；刘粲设计陷害皇太弟刘乂，争夺皇位；同时立三皇后，旷古未闻。其三，吴人作乱。琅邪王司马睿建国江东，中原南渡之士多居显位，吴人心生怨愤。吴兴功曹徐馥收合徒众，以声讨王导、刁协为名起事，南方豪杰欣然响应，旧吴主孙皓族人孙弼亦起兵于广德，徐馥杀掉吴兴太守袁琇。后来周莚运用智谋平乱，徐馥被杀，乱事渐平。其四，成汉规模初具。巴氐人杨虎掳掠汉中的官吏、百姓投奔成汉；梁州人张咸等亦起兵推翻杨难敌而归成汉，于是汉嘉、涪陵、汉中之地均为成汉所有。成汉主李雄虚己好贤，随才授任。当时中原大乱，独蜀地相安富庶，以至于"闾门不闭，路不拾遗"。其五，刘曜攻下长安，灭亡西晋。刘汉将领刘曜率领大军攻打长安，开始屡遭失败，后来趁着晋朝关中军队内乱，终于在公元316年打下长安，西晋末帝司马邺乘着羊车、光着膀子、衔着玉璧投降，西晋宣告灭亡。此后，刘曜拜封相国，都督中外诸军事，镇守长安。

孝愍皇帝下

晋愍帝建兴二年（甲戌，公元314年）

春季，正月初一辛未，有个像太阳似的东西殒落到地上，又接连出现三个太阳，从西方朝东行。

正月初七丁丑，晋朝实行大赦。

有流星从牵牛星处出来，进入紫微星座，星光照亮了地面，后坠落在平阳以北，变成肉，长三十步，宽二十七步。汉主刘聪对此感到厌恶，就询问公卿大臣。陈元达认为是“后宫女宠太多，亡国的征兆”。刘聪说：“这天象日月运转的道理，与人事有什么相关？”

刘聪的皇后刘氏很聪慧明达，刘聪做得不符合道理，刘氏每次都规劝让他改正。正月十九日己丑，刘氏去世，谥号为武宣。从此刘聪的宠女爱姬竞相争宠，后宫中失去了秩序。

汉主刘聪设置了丞相等七公；又设置了辅汉等十六大将军，各配备两千士兵，让他们的儿子来担任；又设置了左、右司隶，各辖领二十多万户，每万户设一个内史；又设置了单于左右辅，各统领胡、羯、鲜卑、氐、羌、乌丸等六类共十万帐落，每一万帐落设一个都尉；设置左、右选曹尚书，共同负责选举事务。从司隶以下的六个官职，地位都仅次于仆射。让自己的儿子刘粲担任丞相，兼任大将军、录尚书事，进封为晋王。以江都王刘延年担任录尚书六条事，让汝阴王刘景担任太师，王育担任太傅，任顗担任太保，马景担任大司徒，朱纪担任大司空，中山王刘曜担任大司马。

正月二十二日壬辰，王子春等以及王浚的使者到达襄国，石勒把他强壮的士兵、精锐的兵器都藏起来，用老弱残兵、空虚的府帐给使者看，郑重地向北拜会使者接受王浚的信。王浚送给石勒标志风雅的麈尾，石勒假装不敢拿在手上，而把它悬挂在墙壁上，早晨晚上都恭敬地向它叩拜，说：“我不能见到王公，见到他所赐的物品，就像见到他一样。”又派遣董肇向王浚奉交奏表，约定三月中旬亲自到幽州尊奉王浚为帝。又给枣嵩去信，请求担任并州牧、广平公。

石勒向王子春询问王浚的政事情况，王子春说：“幽州去年发大水，百姓无粮可吃，而王浚囤积了一百多万石粟谷，却不赈济灾民，刑罚政令苛刻残酷，赋税劳役征发频繁，忠臣贤士从他身边离开，夷人、狄人也在外面叛离。人人都知道他将要灭亡，而王浚毫无察觉，若无其事，一点没有惧祸之意，刚刚又重新设置官署，安排文武百官，自以为汉高祖、魏武帝都无法与他相比。”石勒按着几案笑着说：“王浚真正是可以手到擒来了。”王浚派去的使者返回蓟地，都说：“石勒目前兵力阵势孤独衰弱，忠诚而无二心。”王浚非常高兴，更加骄纵懈怠，不再安排防务。

（以上为第一段，写汉主刘聪的治国，滥设官职，大封群臣；石勒假意结交晋朝重臣王浚，隐藏精锐，故作谦恭，打探王浚虚实，为最终消灭王浚，做好前期工作。）

杨虎掳掠汉中的官吏、百姓投奔成汉，梁州人张咸等起兵赶走了杨难敌。杨难敌离开，张咸把这块地盘送给成汉，这样汉嘉、涪陵、汉中等地都被成汉所占有。成汉主李雄任命李凤为梁州刺史，任命任回为宁州刺史，任命李恭为荆州刺史。

李雄谦虚而喜欢贤能，按照各人的才能安排他们的职任，让太傅李骧在内管理教化百姓，李凤在外招抚怀柔，刑法政令宽大简明，监狱中没有长期不定罪的囚犯。兴办学校，设置史官。成汉的赋税，百姓中成年男子每年每人交纳三斛谷，成年女子减半，病人再减半。每户的赋仅仅几丈绢，几两绵。事情少，劳役很少征发，百姓大多很富裕，新归附的人都免除徭役。当时天下大乱，而只有蜀地无事，一年谷物几熟，以至于门户不闭、路不拾遗。汉嘉的夷人首领冲归，朱提的审炤、建宁的爨畺都去投靠成汉。巴郡曾经告急，说出现晋朝军队。李雄说："我常常忧虑晋朝的琅邪王势力微弱，很快会被石勒消灭，对此深感忧虑，没有想到他们还能进行军事行动，这使人感到高兴。"但是，李雄朝廷中没有礼仪和品秩，爵位过于冗滥，官吏也没有俸禄的等级，向百姓索取给养。军队也没有队伍建制，号令不够严肃，这些是成汉所欠缺的。

二月初二壬寅，晋朝任命张轨为太尉、凉州牧，封为平西郡公；任命王浚为大司马，都督幽、冀二州诸军事；任命荀组为司空，领尚书左仆射兼司隶校尉、行留台事；任命刘琨为大将军、都督并州诸军事。朝廷因为张轨年老有病，任命他儿子张寔担任副刺史。

石勒戒严，将要袭击王浚，但犹豫不决，没有发兵。张宾说："袭击敌人，应该出其不意，现在军队戒严一整天了还不出发，莫非是害怕刘琨以及鲜卑人、乌桓人成为我们的后患吗？"石勒说："是的，怎么办呢？"张宾说："他们三方的才智和胆略都没有比得上将军您的，将军即使远征，他们也一定不敢妄动，再说他们未必知道将军能够孤军深入一千里而去夺取幽州。轻装的军队往返，不会超过二十天，假如他们真的有这个想法，等他们商议后出师，我们已经回来了。再说刘琨、王浚，虽然他们名义上同属晋朝的大臣，实际上却是仇敌。如果我们给刘琨去信，送去人质请求停战，刘琨一定为我们的顺服而高兴，对王浚的灭亡而称快，最终不会为救王浚而袭击我们。用兵贵在神速，不要再拖延时间了。"石勒说："我所没有想好的问题，右侯已有决断，我还有什么可迟疑的呢？"

于是，石勒军队举起火把连夜行军，到达柏人县，杀掉主簿游纶，这是因为他的哥哥游统在范阳，害怕他泄露军情的缘故。又派遣使者拿着信笺给刘琨送去人质，自己述列罪恶，请求以讨伐王浚来报效刘琨。刘琨大喜过望，向州郡传布檄文，声称："我与拓跋猗卢正商议讨伐石勒，石勒走投无路，请求用攻克幽都来赎罪。现在应乘便派拓跋六修向南袭击平阳，清除伪逆皇帝刘聪，降服知死的逃亡羯人石勒，顺应天意使百姓安定，辅助尊奉皇室，这是多年一直积累的诚心请神灵庇佑的结果。"

（以上为第二段，写成汉主李雄招用贤能，轻徭薄赋；张宾出谋划策，汉赵干将石勒谋袭王浚，收买刘琨，送去人质，孤立王浚，并火速出兵，王浚面临灭顶之灾。）

三月，石勒的军队到达易水，王浚的督护孙纬急速派人告诉王浚，将要指挥军队阻击石勒，游统制止这个行动。王浚的将领参佐都说："胡人贪婪不讲信用，一定有诡计，请攻打石勒。"王浚发怒说："石公来，正是要尊奉拥戴我，有敢说攻打的人，杀！"大家都不敢再说。王浚安排宴会准备接待石勒。

三月初三壬申，石勒早晨到达蓟城，呵叱守门卫士开门。开门后石勒怀疑有埋伏的军队，就先驱赶几千头牛羊进城，声称是给王浚奉上礼物，实际上想用牛羊堵塞住街巷。王浚这才有些恐惧，坐立不安。石勒进入城里后，纵兵抢掠，王浚身边的官员请示防御石勒，王浚还不允许。石勒登上中庭，王浚于是走出殿堂，石勒的部众抓住了他。石勒招来王浚的妻子，与她并排坐着，押着王浚站在前面。王浚骂道："胡奴调戏你老子，为什么这样凶恶叛逆！"石勒说："您地位高于所有大臣，掌握着强大的军队，却坐视朝廷倾覆，竟不去救援，还想尊自己为天子，难道不是凶恶叛逆吗？又任用奸诈贪婪的小人，残酷虐待百姓，杀死迫害忠良，祸害遍及整个燕土，这是谁的罪过呀！"石勒派他的将领王洛生用五百骑兵把王浚押送到襄国，王浚自己投水，士兵们把他捆绑住拉出来，在襄国的街市上把他杀了。

石勒杀了王浚指挥下的一万精锐士兵。王浚的部将参佐争相到军门请罪，馈赠贿赂交相送来。只有前尚书裴宪、从事中郎荀绰没有到。石勒把他们招来斥责说："王浚残暴凶虐，我讨伐而诛杀他，大家都来庆贺谢罪，你们二君偏偏要与他一同作恶，将怎么逃脱杀戮呢？"他们回答说："我们几代为晋朝做官，承受着晋朝给予的光荣与俸禄，王浚虽然凶暴粗俗，但仍然是晋朝的藩镇大臣，所以我们跟随他，不敢有二心。您如果不讲究德义，专靠威势刑罚，那么我们死也是自己的本分，又为什么要逃脱呢？请让我们赴死。"说完不拜辞昂然出去。石勒又召他们进来表示道歉，用待客之礼对待他们。荀绰是荀勖的孙子。

石勒历数朱硕、枣嵩等人收受贿赂，搞乱政事，是幽州的祸患；斥责游统任职不忠，把他们都杀了。查抄没收王浚的部将参佐、亲戚的巨额家产，唯独裴宪、荀绰仅有百余套书，盐、米各有十几斛而已。石勒说："我并不因为取得幽州而高兴，而是因为得到你们二人而感到高兴。"任裴宪为从事中郎、荀绰为参军。分别遣送流民，让他们各自回到故乡。石勒在蓟城停留了二天，焚烧了王浚的宫殿，以前尚书燕国人刘翰担任幽州刺史，戍守蓟城，安排了郡县长官后回师。孙纬出兵阻击，石勒仅得以逃脱。

石勒回到襄国，派遣使者带着王浚的首级向汉国报捷。汉国任命石勒为大都督，都督陕东诸军事、骠骑大将军、东单于，增封十二个郡，石勒坚持推辞，仅仅接受了两个郡。

刘琨向拓跋猗卢请求军队来攻打汉国，正遇到拓跋猗卢所辖的一万多家成分复杂的胡人密谋接应石勒，拓跋猗卢把他们全部杀了，没有赶赴与刘琨所约的行动。刘琨得知石勒没有投降的意思，非常害怕，上奏说："东北地区八个州，石勒消灭了其中七个，以前晋朝所安排的州牧，只有我留存下来。石勒占据襄国，与我仅隔一座山，早晨出兵晚上就能到达，各个城堡都震骇惊恐，虽然心怀忠诚与仇恨，但是也力不从心呀！"

刘翰不想附从石勒，于是投靠段匹磾，段匹磾于是便占据了蓟城。王浚的从事中郎阳裕是阳耽哥哥的儿子，逃奔到令支县，依附于段疾陆眷。会稽人朱左车、鲁国人孔纂、泰山人胡毋翼等从蓟城逃奔昌黎，依附于慕容廆。当时中原投奔慕容廆的流民有几万家，慕容廆为冀州人设置冀阳郡，为豫州人设置成周郡，为青州人设置营丘郡，为并州人设置唐国郡。

当初，王浚以邵续担任乐陵太守，驻扎在厌次县。王浚失败，邵续依附于石勒，石勒以邵续的儿子邵乂担任督护。王浚所管辖的渤海太守、东莱人刘胤弃职投奔邵续，对邵续说："凡是建立大功，一定要依仗大义。您是晋朝的忠臣，为什么顺从贼寇玷污自己呢？"正好段匹磾来信邀请邵续一同投靠左丞相司马睿，邵续同意了这个邀请。他手下的人都说："现在离弃石勒而投靠段匹磾，那邵乂怎么办？"邵续哭着说："我难道能为顾惜儿子而做叛臣吗？"杀了几个持异议的人。石勒听说后，杀了邵乂。邵续派遣刘胤作为使者到江东，司马睿让刘胤担任参军，任命邵续为平原太守。石勒派兵包围邵续，段匹磾派他弟弟段文鸯救援邵续，石勒带兵离去。

襄国饥荒严重，二升谷子价值一斤银子，一斤肉价值一两银子。

（以上为第三段，写汉国干将石勒消灭王浚之事，王浚怀有不臣之心，企图收服石勒，反被石勒利用，石勒千里跋涉，将其一举歼灭；刘琨被石勒巧言迷惑，隔岸观火。）

流民首领杜弢带领王真到林障袭击陶侃，陶侃逃奔滠中。周访救援陶侃，打败了杜弢的军队。

夏季，五月，西平武穆公张轨病危，下达遗令："文武官员，一定要使百姓安定，一方面报国，一方面宁家。"二十日己丑，张轨去世。长史张玺等人上奏张轨的长子张寔代理他父亲的职务。

汉国中山王刘曜、赵染进犯长安。六月，刘曜在渭汭驻扎，赵染在新丰驻扎。索綝带兵出去阻击。赵染有轻视索綝的表现，长史鲁徽说："晋朝的君主大臣，自己知道力量悬殊不是对手，将与我们拼命，不能够轻视。"赵染说："司马模那么强大，我打败他如同摧枯拉朽。索綝这小子，难道还能弄脏我的马蹄、刀刃吗？”早晨，率领几百轻骑兵迎着索綝的军队而去，说：“抓到索綝以后再吃饭。”索綝与赵染在新丰城西交战，赵染兵败而归，懊悔说：“我不听鲁徽的话以致失败，有什么脸面见他！”先令人杀掉鲁徽，鲁徽说：“将军您愚鲁刚愎所以失败，却又忌恨残害在你前面胜过你的人，诛杀忠良以发泄愤恨，天地报应尚在，您难道能有善终吗？”朝廷诏令任命索綝为骠骑大将军、尚书左仆射、录尚书事，奉制书行事。

刘曜、赵染又与将军殷凯率领几万军队进发长安，麹允在冯翊迎战，结果麹允失败，收兵。夜里，袭击殷凯军营，殷凯失败而死。刘曜于是回师到怀县攻打河内太守郭默，屯列三处包围他。郭默粮食吃完了，就把妻儿送到刘曜那里当人质，请求在刘曜处买粮，买完粮食，郭默又关闭四周城门固守。刘曜发怒，把郭默的妻儿沉到河中而攻打郭默。郭默想到新郑投奔李矩，李矩派自己的外甥郭诵去迎接郭默，结果兵少而不敢向前。这时刘琨派遣参军张肇带领五百多鲜卑骑兵到长安，因道路不通，正往回走，路过李矩的军营，李矩劝说张肇，让他攻打汉军。结果，汉军远远看到鲜卑骑兵，不战而走，这样郭默便率众归了李矩。汉主刘聪召刘曜回到蒲坂驻扎。

秋季，赵染攻打北地，遭到麹允阻击，赵染身中弩箭而死。

石勒开始命令所据各州郡核实户口，每户征收二匹帛、二斛谷。

冬季，十月，朝廷任命张寔为都督凉州诸军事、凉州刺史、西平公。

十一月，汉主刘聪任命晋王刘粲为相国、大单于，总领文武百官。刘粲年轻时有杰出的才能，但自从当了宰相后，骄纵奢侈独断专行，疏远贤能，亲近奸诈机巧之人，严厉苛刻，一意孤行，不听规劝，开始遭到国人的憎恨。

周勰根据他父亲的遗言，利用吴地士人的怨恨，密谋叛乱。他派吴兴功曹徐馥假称叔父丞相从事中郎周札的命令，收揽聚合部众，来讨伐王导、刁协，江南豪杰纷纷前来归附他，孙皓的族人孙弼也在广德起兵响应他。

（以上为第四段，写西晋大臣与汉国入侵者的斗争，索綝、麹允、郭默等将领，表现出令人敬佩的忠勇之气，不畏强暴，舍家报国，其事迹可圈可点，其精神可歌可泣。）

晋愍帝建兴三年（乙亥，公元 315 年）

春季，正月，徐馥杀掉吴兴太守袁琇，拥有几千人，想尊奉周札为首领。周札听说后，非常惊恐，把这事告诉了义兴太守孔侃。周勰知道周札的想法不同，不敢贸然举事。徐馥的部众害怕，就攻打徐馥，把他杀了，孙弼也被杀死。周札的儿子周续也聚集部众响应徐馥，左丞相司马睿商议发兵讨伐他。王导说：“现在派兵少了不足以平定敌寇，派兵多了会使得我们根基空虚。周续的族弟黄门侍郎周莛，忠诚果敢而有谋略，请派周莚独自带兵前往，完全能够诛杀周续。”司马睿采纳了这个建议。周莚日夜兼程，到了郡城，正要进去，在城门口遇到周续，就对周续说：“正要与您一起去拜会府君孔侃，有话要说。”周续不肯进去，周莚拉着逼迫他一起过去。进去坐定后，周莚对孔侃说：“您为什么安排乱贼坐下？”周续的衣服里常常藏着刀，随即拿出刀逼临周莚，周莚喝令郡传教吴曾杀了周续。周莚便想去诛杀周勰，周札不同意，就将罪名加到堂兄周卲身上，把他杀了。周莚不回家看望母亲，就直接离开了，他的母亲跌跌撞撞地追他。司马睿让周札担任吴兴太守，周莚担任太子右卫率。因为周氏是吴地的豪门望族，所以并不深究，并像以前一样抚慰周勰。

朝廷诏令平东将军宋哲驻扎在华阴。

成汉主李雄立任氏为皇后。

二月十二日丙子，朝廷任命琅邪王司马睿为丞相、大都督、都督中外诸军事，任命南阳王司马保为相国，荀组为太尉兼豫州牧，任命刘琨为司空，都督并、幽、冀三州诸军事。刘琨推辞司空的职务，不予接受。

南阳王司马模失败后，都尉陈安前往秦州把司马模的长子司马保送回，司马保命令陈安率领一千多士兵讨伐叛乱的羌人，对陈安的宠信待遇很深重。司马保的部将张春嫉妒陈安，就诬陷陈安，说陈安有异心，请司马保除掉他，司马保不同意，张春就埋伏了刺客刺杀陈安。陈安被刺伤，纵马驰骋回陇城，派使者到司马保那里，并不断地给司马保进贡献礼。

朝廷诏令进封拓跋猗卢的爵位为代王，设置安排属官，以代郡、常山郡作为封邑。拓跋猗卢向刘琨要并州从事雁门人莫含，刘琨派遣莫含前往。莫含不想走，刘琨说：“以并州的势单力薄，我无能而仍能够在胡人、羯人之间生存，完全是靠代王的力量。我之所以一心竭尽财产，并拿长子作为人质对待代王，就是希望也许能够为朝廷洗雪大耻。你想当忠臣，为什么顾惜能够在一起共事的小小忠诚而忘记为国献身的大节呢？去为代王做事，成为他的心腹，这是全州所依赖的呀。”莫含于是走了。拓跋猗卢非常重用莫含，常常让他参与制定大计。

拓跋猗卢用法严峻，国人中有犯法的，有时整个部落都被处死，这个部落就老幼互相搀扶着前往。有人问：“去哪儿？”回答说：“去接受死刑。”没有一个人敢逃跑躲藏。

王敦派遣陶侃、甘卓等人讨伐杜弢，前后几十次战斗，杜弢的官兵大多战死，就向丞相司马睿请求投降。司马睿不同意。杜弢给南平太守应詹去信，自述过去与应詹：“共同讨伐乐乡，本来同喜同愁。后来在湘中，畏死求生，这才聚众。假如能够以过去交往的情分，为我说明真情，使我能尽效忠诚，参加列入举义的人们当中，或者北伐清理中原，或者西征攻取李雄，来赎我以前犯的罪过，即使是死的日子也像是再生之年！”应詹替他呈交了这封信，并且说：“杜弢是益州的秀才，一直享有很好的名望，被乡里人所逼迫才聚众叛乱。现在悔恶从善，应当派使者前去安抚接受他投降，以使江湘地区的百姓安定。”司马睿就派前南海太守王运去接受杜弢投降，赦免了杜弢的叛逆罪行，并任杜弢为巴东监军。杜弢接受任命后，各将领却仍然不停地攻打他。杜弢非常愤怒，于是杀了王运重新反叛，派他的部将杜弘、张彦杀了临川内史谢摛，攻陷了豫章。三月，周访攻打张彦，把他杀了，杜弘逃往临贺。

（以上为第五段，写琅邪王司马睿派周莚智取吴地叛乱分子，朝廷任命司马睿为丞相、大都督，任命拓跋猗卢为代王，王敦派遣陶侃等攻打叛乱分子杜弢，给予重创。）

汉国实行大赦，改年号为建元。

汉国的东宫延明殿降了血雨，太弟刘乂对此很厌恶，询问太傅崔玮、太保许遐。崔玮、许遐对刘乂说：“皇上过去让您担任太弟是想安定人心罢了。他要让晋王刘粲当皇位继承人的想法已经产生很久了。王公以下的官员没有谁不迎合他的旨意附和他。现在又让晋王担任相国，仪仗威严庄重，超过了您的东宫。国务军政大事，没有不由他决定的，另外，亲王们也都安置营兵作为羽翼，您继承皇位的趋势已经没有了。您非但不能够继承皇位，而且早晚还有不测的危险，不如尽快安排对策。现在皇宫的禁卫有五千人以上的精锐士兵，相国刘粲轻佻，正可以烦劳一个刺客解决。大将军刘敷没有一天不出去，他的军营可以袭击夺取。剩下的亲王都年纪幼小容易解决。如果您有心，那么两万精锐士兵举手之劳便可完成，擂鼓走入云龙门，禁卫的士兵，谁能不倒戈来欢迎您！不必忧虑大司马刘曜会有异常举动。”刘乂不同意。东宫舍人荀裕告发崔玮、许遐劝说刘乂谋反，汉主刘聪把崔玮、许遐拘捕关入专设的监狱，并安上其他罪名杀了。派冠威将军卜抽带兵监视守卫东宫，软禁刘乂，不许他参加朝会。刘乂忧愤恐惧，不知所措，上书请求贬为庶人，并把儿子的封爵也全部免去，褒扬赞美晋王刘粲，请求以刘粲为继承人。但卜抽压住没有上报。

汉国青州刺史曹嶷夺取了齐鲁地区的全部郡县，自己镇守临淄，有十多万军队，沿黄河安排戍守。石勒上奏说：“曹嶷有独据东方的想法，请让我去征讨他。”汉主刘聪担心石勒消灭了曹嶷，不能再控制石勒，因此没有同意。

刘聪娶中护军靳准的两个女儿靳月光、靳月华，把靳月光立为上皇后，把刘贵妃立为左皇后，把靳月华立为右皇后。左司隶陈元达极力劝谏，认为“并立三个皇后，不符合礼制”。刘聪很不高兴，让陈元达担任右光禄大夫，表面上表示优待提高陈元达的地位，实际上是剥夺他的权力。这样，太尉范隆等人都请求以自己的职位让给陈元达，刘聪才又以陈元达担任御史大夫，仪同三司。靳月光行为不端，陈元达奏报了这个情况，刘聪不得已废黜了她，靳月光羞惭愤恨而自杀，刘聪对陈元达也怀恨在心。

夏季，四月，晋朝宣布实行大赦。

六月，有盗贼掘开汉霸陵、杜陵以及薄太后陵，得到很多金帛。朝廷正忧用度不足，诏令把剩下的金帛拿回来充实皇宫仓库。

六月十九日辛巳，宣布实行大赦。

汉国大司马刘曜攻打上党，八月初二癸亥，在襄垣打败刘琨的军队。刘曜想进攻阳曲，汉主刘聪派使者对他说："长安还没有平定，应当把攻打长安放在前面。"刘曜就回到蒲坂驻扎。

（以上为第六段，写汉主刘聪胡作非为，立三个皇后，谋划废除皇太弟刘乂，欲改立其子刘粲；汉朝霸陵、杜陵被盗，残余物品充实内府，西晋小朝廷捉襟见肘。）

陶侃与杜弢互相攻打，杜弢派王贡出去挑战，陶侃远远地对王贡说："杜弢是益州的小官吏，盗用州库中的钱，父亲死了也不回去奔丧。你本来是个好人，为什么要跟随他？天下难道有能够老到白头的贼寇吗？"王贡当初把脚横在马上，听了陶侃的话，面容变得严肃，把脚放了下来。陶侃知道可以使他动心，就又派遣使者告谕他，并割下头发作为信物，王贡于是向陶侃投降。杜弢的军队溃散逃走，他自己也死在路上。陶侃与南平太守应詹进军攻克长沙，湘州全部平定。

丞相司马睿按照晋愍帝的旨意宽赦他的部下，提升王敦为镇东大将军，加授都督江、扬、荆、湘、交、广六州诸军事，江州刺史。王敦开始自己选择安排刺史以下的官职，逐渐地更加骄纵蛮横。

当初，王如投降后，王敦的堂弟王稜珍惜王如的骁勇，请王敦把他安排在自己的指挥下，王敦说："这类人奸险蛮悍，难以教养，你的性情急躁，不能宽容地对待他，反而成了祸患的根子。"王稜坚持请求，也就安排给了他。王稜把王如安排在自己身边，特别加以宠信。王如多次与王敦的部将们比试射箭及臂力，而王稜就用棍杖打他，王如深以为耻。等到王敦暗自产生对晋朝的异心，王稜经常劝谏他。王敦对王稜与自己有不一致的想法感到愤怒，就秘密派人去激王如，让他杀掉王稜。王如趁着宴会空闲，请求舞剑助兴，王稜同意了。王如舞剑逐渐靠到王稜面前，王稜发怒而呵斥他，王如径直向前刺杀了王稜。王敦听说后，表面震惊，还是逮捕王如并把他杀了。

当初，朝廷听说张光死了，就命侍中第五猗担任安南将军，监荆、梁、益、宁四州诸军事，并担任荆州刺史，从武关出行。杜曾到襄阳迎接第五猗，并为哥哥的儿子娶了第五猗的女儿，于是聚集了一万人的军队，与第五猗分别占据汉水、沔水地区。

陶侃打败杜弢后，乘胜进军攻打杜曾，有轻视杜曾的想法。司马鲁恬劝说道："凡是战斗，应当先了解双方的将领。现在您的部将，没有比得上杜曾的，不能轻视他，认为可以逼迫他。”陶侃不接受劝谏，进兵把杜曾包围在石城中。杜曾的军队骑兵多，偷偷打开城门用骑兵突破陶侃的兵阵，又从陶侃军队的背后，反攻陶侃，陶侃的军队死了几百人。杜曾将要到顺阳去，于是下马拜陶侃，告辞而离去。

当时，荀崧担任都督荆州江北诸军事，驻守宛城，杜曾带领军队包围了他，荀崧兵少粮尽，想向以前的部下襄城太守石览求救。荀崧的小女儿荀灌，十三岁，带领几十个勇士，夜里越过城墙突围出去，边战边向前，终于到达石览处。又替荀崧写信，向南中郎将周访求救。周访派儿子周抚带领三千士兵，与石览一起救援荀崧，杜曾这才逃走。

杜曾又给荀崧去信，请求讨伐丹水县的贼寇来报效，荀崧同意了他。陶侃给荀崧去信说：“杜曾凶恶狡猾，人们说‘鸱枭是吃自己母亲的动物’，这个人就是这样，他不死，荆州的土地就不会安宁，您应该记住我的话！”荀崧因为宛城军中兵少，想借杜曾的力量作为外援，没有采纳。杜曾又带领流亡的两千多人包围襄阳，连续几天，没有攻下来就回师了。

王敦所宠信的吴兴人钱凤，嫉妒陶侃的功劳，多次诋毁陶侃。陶侃将要回江陵，想到王敦那儿去陈说解释。朱伺和安定人皇甫方回劝谏说：“您进去以后就会出不来了。”陶侃不听。到了以后，王敦果然扣留住陶侃不放，后来王敦让他降职担任广州刺史，而派自己的堂弟丞相军谘祭酒王廙担任荆州刺史。荆州的武将官吏郑攀、马隽等拜访王敦，给王敦上书，挽留陶侃，王敦发怒，不同意。郑攀等人因为陶侃刚刚消灭了大贼寇，却反而被贬黜，大家群情激愤；又因为王廙猜忌暴戾，难以共事，郑攀于是率领部众三千人到涢口驻扎，向西迎接杜曾。王廙遭到郑攀等人的袭击，投奔到江安县。杜曾与郑攀等人又向北迎接第五猗来抵御王廙。王廙督率各支军队攻打杜曾，又被杜曾打败。

王敦猜测郑攀是接受了陶侃暗中劝告的旨意，就身披铠甲，手持长矛，将要杀掉陶侃，把陶侃押出来又带进去，来回四次。陶侃表情严肃地说：“您雄才大略，善于决断，应该能够决断天下的大事，为什么这样犹豫不决呢？”说完就站起来向厕所走去。谘议参军梅陶、长史陈颁对王敦说：“周访与陶侃是姻亲，就像左右手，哪里有截断人的左手而他的右手没有反应的呢？”王敦于是放弃了猜测，就安排丰盛的宴席为陶侃饯行，陶侃便连夜出发，王敦提拔他的儿子陶瞻担任参军。

当初，交州刺史顾秘去世，州里的人们让顾秘的儿子顾寿代理州政事务。帐下督梁硕起兵攻打顾寿，把他杀了，梁硕于是独自控制了交州。王机认为自己是窃据广州，担心王敦讨伐，就向王敦请求改到交州任职。正遇到杜弘到王机这里投降。王敦想用王机的力量来攻打梁硕，就把收降杜弘当作王机的功劳，让他转任交州刺史。王机到了郁林，梁硕迎来前刺史修则的儿子修湛担任交州刺史，以抗拒王机。王机不能进去，就又与杜弘以及广州武将温卲、交州秀才刘沈谋划再回去占据广州。

陶侃到达始兴，州里的人都说应当观察形势，不能轻率前进。陶侃不听，直接到达广州，但广州所辖的各郡县都已经迎奉了王机。杜弘派使者假装投降，陶侃知道了他的阴谋，上前攻打杜弘，把他打败了，在小桂抓获了刘沈，又派遣督护许高讨伐王机，赶跑了王机。王机在路上病死，许高挖出他的尸体砍下首级。部将们都请求乘胜攻打温卲，陶侃笑着说："我已经显示了威名，还用得着派兵吗？只需一纸信函自然就平定了。"就给温卲去信告谕。温卲因恐惧而逃跑，陶侃的军队在始兴追上并抓获了温邵。杜弘也向王敦投降，广州于是平定。

陶侃在广州没有什么事情可做，就每天早晨把一百块砖头搬到屋外，黄昏时又搬回到屋里。有人问他其中的缘故，陶侃回答说："我正致力于收复中原，现在的生活过于悠闲安逸，我担心那时不能够承担工作，所以自己活动活动罢了。"

王敦让杜弘作为部将，十分信任地任用他。

（以上为第七段，写晋朝名将陶侃，平定湘州流民起义首领杜弢，王敦非常嫉妒，予以扣留，几欲杀之，其部将为其鸣不平，遂降侃为广州刺史。侃到任，又打败了企图利用诈降偷袭的杜弘等人，平定了广州。）

九月，汉主刘聪派遣大鸿胪给石勒赏赐弓箭，用策书封石勒为陕东伯，可以独立自行征战讨伐，自行任命刺史、将军、郡守县令，分封列侯，到年底时再集中上报。

汉国大司马刘曜进犯北地郡，晋朝诏令麹允担任大都督、骠骑将军，抵御刘曜。冬季，十月，晋朝以索綝担任尚书左仆射、都督宫城诸军事。刘曜进军攻取了冯翊，太守梁肃逃奔到万年县。刘曜转而进犯上郡。麹允离开黄白城，到灵武驻军，因为兵力微弱，不敢贸然前进。

愍帝多次向丞相司马保征召军队，司马保身边的官员都说："被蝮蛇咬了手，壮士便截断手腕防止蛇毒蔓延。现在胡人贼寇士气正盛，应当暂时截断陇地的道路来观察事态的变化。"从事中郎裴诜说："现在蛇已经咬头，头难道也能截断吗？"司马保这才以镇军将军胡崧为前锋都督，等各军集中后始进发。麹允想护送愍帝到司马保那里，索綝说："司马保得到了天子，一定会放纵他自己的私心。"于是，就没有动。这时，长安以西的地区不再进贡尊奉朝廷，朝廷中的文武百官都饥饿困乏，靠采集野生的谷子来生存。

凉州军士张冰拾得一方印玺，印文是"皇帝行玺"，献给了张寔，僚属们都来祝贺。张寔说："这不是作为臣下所能留存的。"于是派使者送到长安。

（以上为第八段，写汉主刘聪晋封石勒，石勒权势极度膨胀；汉国干将刘曜出兵攻打晋朝，晋朝无力抵抗，挣扎在死亡线上。）

晋愍帝建兴四年（丙子，公元 316 年）

春季，正月，司徒梁芬提议追封吴主司马晏尊号，右仆射索綝等人引用魏明帝的诏书为例，认为不能这样，于是追赠为太保，谥号为孝。

汉国宫中宦官中常侍王沈、宣怀，中宫仆射郭猗等人，都受到汉主刘聪的恩宠信任而掌权。刘聪到后宫游玩宴乐，有时三天不醒，有时一百天都不出后宫。从去年冬天开始不审理朝政，政事全部委交给相国刘粲，只有需要判定大臣的生死或升降时才让王沈等人进宫报告。而王沈等人多数情况都不报告，而是以自己的想法去决断，所以使得有些建立过功勋的旧臣不被任用，而有些奸诈、谄谀的小人却几天之内就提升到两千石俸禄的高官。连年兴兵征战，武将士兵没有一点钱、帛之类的奖赏；而后宫国戚，给仆人侍僮的赏赐，一赏便是几千几万。王沈等人的车乘服饰、府第的规格都超过了亲王，王沈等人的子弟以及表亲担任郡守县令的有三十多人，而且都贪婪残忍，祸害百姓。靳准则以全宗族来阿谀奉承王沈等人。

郭猗与靳准都和皇太弟刘义有仇怨，郭猗对相国刘粲说："您是光文帝刘渊的长孙，皇上的嫡子，四海没有谁不把心寄托在您身上，为什么却想把天下传给皇太弟呢？况且我听说太弟刘义与大将军刘骥密谋趁三月上旬的巳日宴会之机发动叛乱，事情成功，应允以皇上为太上皇，大将军刘骥为皇太子，又应允卫将军刘劢为大单于。二王都处于不被猜疑的地位，并且掌握着重兵，靠这个条件来成就大事，没有不成功的。但是，二王贪图一时的小利，不顾忌父亲、哥哥，他们一旦得逞，皇上怎么有能够保全的道理？您自然更不用说了。这样，东宫、相国、单于这些地位将属于刘武陵兄弟，怎么肯让给别人呢？现在离出现灾祸的时间已经非常紧迫，应当尽快谋划这件事情。我多次对皇上说起这件事，可皇上真诚地爱重亲情，因为我是刑余的宦官，终究不能让他相信，希望您不要泄露今天的谈话，秘密地上奏刘义谋反的情况。您如果不相信我，可以招来大将军从事中郎王皮、卫军司马刘惇，给他们以恩德，允许他们自首，再向他们询问，就一定会了解了。"刘粲同意了。郭猗暗自对王皮、刘惇说："二王谋反的情况，皇上与相国刘粲都知道了，你们参与了吗？"二人惊骇地说："没有。"郭猗说："这件事已决定了处理办法，我只是怜悯你们的亲戚朋友都要被灭族罢了！"说完抽泣着流泪。二人大为恐惧，连忙磕头哀求。郭猗说："我替你们考虑，你们能采用吗？相国如果问你们，你们只说'有此事'，如果相国斥责你们不事先启奏，你们就说：'我们的确身负死罪，但是我们只考虑皇上宽厚仁爱、您也敦厚温和，如果我们说了而不被相信，就会遭到诬陷挑拨的罪名而被处死，所以不敢说了。'"王皮、刘惇答应了。刘粲召他们询问，两人来的时间不同，但所说的话相同，刘粲就认为刘义谋反是真的了。

靳准又对刘粲说："您应当自己到东宫做皇位继承人，兼任相国，使天下早一点有所寄托。现在街谈巷议，都说大将军、卫将军想尊奉皇太弟进行变乱，时间约定为春季三月。如果让皇太弟得到了天下，那么您将没有立足之地了。”刘粲说：“怎么办呢？”靳准说：“有人报告皇太弟要变乱，皇上一定不会相信。应当放开对东宫的监视禁戒，使宾客能够往来出入，皇太弟高雅喜欢接待士人，一定不怀疑解禁有什么问题。轻薄的小人中不可能没有迎合皇太弟的心意而为他谋划的人。这样，以后我替您上奏皇太弟的罪行，您把太弟的宾客和与皇太弟有来往的人拘捕审问，有了案犯的供词以后，那皇上就没有不相信的道理。”刘粲于是命令负责监视禁戒东宫的卜抽带兵离开东宫。

（以上为第九段，写汉主刘聪荒淫废政，助长了宦官王沈等人的邪恶行为；郭猗等人怂恿相国刘粲陷害太弟刘义，以入主东宫，凭空捏造谋反罪状，无所不用其极。）

少府陈休、左卫将军卜崇，为人清高正直，平素就憎恶王沈等人，即使在公事场合，也未曾说过话。王沈等人深深地忌恨他们。侍中卜幹对陈休、卜崇说：“王沈等人的势力完全可以翻天覆地，你们自己料想一下谁有东汉窦武那样与皇帝亲近的关系，谁有东汉陈蕃那样的贤能？”陈休、卜崇说：“我们已年过五十，职任地位已经很高了，只缺一死罢了！为忠义而死，死得其所。怎么能俯首低眉为阉宦做事呢？走吧卜公，不要再说了。”

二月，汉主刘聪从后宫来到上秋阁，命令拘捕陈休、卜崇和特进綦毋达，太中大夫公师彧，尚书王琰、田歆、大司农朱诞，将他们一起杀了，这些人都是宦官所忌恨的。卜幹哭着劝说刘聪道：“皇上正恭敬地召求贤能之士，却一个早晨杀了七个卿大夫，他们都是国家的忠良，怎么可以这样呢？即使陈休等人有罪，皇上不把他们下送到有关部门，让他们的罪状暴露清楚，天下从哪儿了解呢？诏令还在我那里，没有敢宣布让大家知道，希望皇上能够仔细想一想。”说完磕头磕得流了血。王沈呵叱卜幹说：“卜侍中想抗拒诏令吗？”刘聪甩着衣袖走进去，罢免卜幹的官职，贬为庶人。

太宰河间王刘易、大将军渤海王刘敷、御史大夫陈元达、金紫光禄大夫西河人王延等人，都到皇宫上奏，劝说道：“王沈等人假传圣旨，欺天瞒日，在宫内谄媚皇上，在宫外讨好相国，威势之盛、权力之大，可以与君主相比。还培养了很多奸佞党羽，危害遍及海内。他们知道陈休等人是忠臣，始终不渝地为国家尽心尽力，因此害怕陈休等忠臣们揭露他们的奸恶罪行，所以才巧妙地对陈休等人进行诬蔑、陷害。而皇上不仅没有察觉，还仓促地对忠臣处以极刑，天地也要为之痛心，天下人都为之悲痛心惊。现在残留的晋朝还没有消灭，巴蜀也不来朝见，石勒图谋占据赵、魏地区，曹嶷想在齐地称王，皇上的心腹四肢，哪一处没有危险呢？却还宠信王沈等人再来增加麻烦，诛杀神巫巫咸、杀戮神医扁鹊，我们担心这样会病入膏肓，成为不治之症，以后即使想抢救，也来不及了。请求免除王沈等人的官职，交付有关部门治罪。”

汉主刘聪把这份奏表给王沈等人看，并笑道：“这群人被陈元达带着，也都成了痴呆的人了。”王沈等人叩头哭着说：“我们都是小人，承蒙皇上错爱提拔，能够为皇上扫洒闺阁，而王公、朝臣嫉恨我们如同仇敌，又对皇上深感遗憾。愿皇上把我们放到鼎沸的油锅中，那么朝廷自然平和静穆了。”刘聪说：“这样的狂言乱语是很平常的，你们哪里值得痛恨呢？”刘聪向相国刘粲寻问王沈等人怎么样，刘粲盛赞王沈等人忠心清廉。刘聪大喜，把王沈等人封为列侯。

太宰刘易又到皇宫上奏，极力劝谏，刘聪大为愤怒，撕碎了奏书。三月，刘易愤怒而死。刘易一向忠心率直，陈元达依靠他为后援，才得以尽心劝谏。刘易去世后，陈元达哭得非常悲痛，说：“《诗经》云：‘贤人死亡，国家必将窘困。’我既然不能再尽言了，还用得着沉默不语苟且偷生吗？”回去后便自杀了。

（以上为第十段，写汉赵奸佞当政，宦官专权，沆瀣一气，汉主刘聪昏聩，听信谗言，残忍杀害陈休等七位忠良，忠臣刘易气死，陈元达自杀，国将不国矣！）

当初，代王拓跋猗卢偏爱小儿子拓跋比延，想让他作为继承人，便让长子拓跋六修出去居住在新平城，并废黜了他的母亲。拓跋六修有骏马，能日行五百里，拓跋猗卢便把马要过来送给拓跋比延。拓跋六修来朝见，拓跋猗卢让他给拓跋比延行礼，拓跋六修不答应。拓跋猗卢于是让拓跋比延乘坐自己辇乘，派人当先导和随从，出去巡游。拓跋六修远远看见，还以为是拓跋猗卢，便在路左边伏首拜谒，来了一看，原来是拓跋比延，拓跋六修羞惭愤怒地扬长而去。拓跋猗卢宣召他却不来，便勃然大怒，率领军队讨伐拓跋六修，结果被拓跋六修打败。拓跋猗卢穿上百姓的衣服逃到百姓中，有一个贫贱的妇人认出了他，于是被拓跋六修杀了。拓跋普根原先在外面镇守，听说后便来赴难，攻打拓跋六修，把他消灭了。

拓跋普根代立为首领，国中大乱，部落中新人与旧人互相猜忌，不断互相残杀。左将军卫雄、信义将军箕澹，很久以来一直辅佐拓跋猗卢，因此被大家依附，就谋划投奔刘琨，对大家说：“听说旧人忌恨新人强悍善战，想把新人全部杀掉，怎么办好呢？”晋人与乌桓人都震惊惧怕，说：“生死都跟随着二位将军！”于是，就与刘琨派在这儿当作人质的儿子刘遵率领晋人以及乌桓人三万家、十万头马牛羊去归附刘琨。刘琨非常高兴，亲自到平城抚慰、接纳他们，刘琨的军队从此又振作起来。

夏季，四月，拓跋普根去世，他的儿子刚刚出世。拓跋普根的母亲惟氏把拓跋普根的儿子立为首领。

凉州刺史张寔下达命令：所属的官吏、百姓有能指出自己过错的，奖赏给布帛羊米。贼曹佐高昌人隗瑾说：“现在您处理政事，事无巨细，都是自己来决断，有时兴师发布命令，州府的其他官员都不知道，万一有什么失误，无人代其受责。下级官吏们畏惧您的权威，都服从您的成命罢了。像这样即使赏赐千金，终究也还是不敢说。我认为应当稍微减少一点儿您的聪明，凡是各种政事，都拿到下级官员们中去访求意见，使他们把心里所想的都说出来，然后选择采用，有益的建议自然会来，何必赏赐呢？”张寔非常高兴，采纳了这个建议，并给隗瑾提升了三级。

张寔派遣将军王该率领五千步兵、骑兵支援长安，并且送去郡县贡品清单。朝廷下诏任命张寔为都督陕西诸军事，任命张寔的弟弟张茂为秦州刺史。

石勒派石虎到廪丘攻打刘演，幽州刺史段匹磾派他弟弟段文鸯救援刘演。石虎攻克了廪丘，刘演逃奔到段文鸯的军中，石虎抓获了刘演的弟弟刘启后就回去了。

晋朝宁州刺史王逊，严厉凶猛，喜好杀人。五月，平夷太守雷炤、平乐太守董霸，带领三千多家人叛离，向成汉投降。

（以上为第十一段，主要写鲜卑族首领、代王拓跋猗卢的内讧事件，猗卢偏爱少子比延，欲废长子六修，以比延为继承人，由此闹翻，结果两败俱伤，拓跋普根得利，继位为王。）

六月初一丁巳朔，出现日食。

秋季，七月，汉大司马刘曜围攻北地太守麹昌，大都督麹允率领三万步兵骑兵去救援。刘曜环绕着城墙纵火，浓烟滚滚遮蔽天日，派奸细造谣欺骗麹允说：“郡城已经陷落，赶去也来不及了。”部众们听了后惊惧不已，四处溃散。刘曜追击，在石谷打败麹允，麹允逃回灵武，刘曜于是占取了北地。

麹允性情仁慈宽厚，没有威严也不果断，喜欢拿爵位去取悦于人。新平太守竺恢、始平太守杨像、扶风太守竺爽、安定太守焦嵩，都兼任征、镇将军，具有掌握符节的资格，并担任侍中常侍。村堡的首领，小的也都让他们借用银印、青绶，加将军的名号。但是恩惠却不施及下层士兵，所以造成将领们骄横放纵而士兵们离心怨恨。关中危险变乱，麹允向焦嵩告急，焦嵩平常对麹允很轻慢，说：“必须麹允困窘，才去救他。”

刘曜进发泾水以北地区，渭水以北各城全部溃败。刘曜抓获建威将军鲁充、散骑常侍梁纬、少府皇甫阳。刘曜平常听说鲁充贤能，就让他活着，把他带来，见面时，赐给他酒说：“我得到了您，安定天下就不成问题了！”鲁充说：“我身为晋朝将军，国家沦丧失败不敢求生。如果能蒙受您的恩德，就请让我快点死去。”刘曜说：“真是义士。”赐给他剑，让他自杀。梁纬的妻子辛氏，容貌美丽，刘曜召见她，打算娶她为妻，辛氏大哭说：“我的丈夫已死，从道义讲我不能自己活下去，再说一个妇人侍奉两个丈夫，您难道需要这样做吗？”刘曜说：“真是贞女。”也听任她自杀，把鲁充与辛氏都按照礼制安葬了。

汉主刘聪把已故张皇后的侍从婢女樊氏立为上皇后，三个皇后之外，佩戴皇后玺印绶带的还有七个人。朝廷中宠信的小人掌权，刑罚奖赏混乱不堪。大将军刘敷多次哭着恳切劝谏，刘聪说：“你想让父亲我尽快死呀？为什么早晚都哭！”刘敷忧虑激愤，得病去世。

河东平阳遭受严重蝗灾，百姓流亡或饿死的有十之五六。石勒派他的部将石越率领两万骑兵到并州驻扎，招纳流民，投奔他的百姓有二十万户。刘聪派遣使者责备石勒，而石勒不服从，暗自与曹嶷相勾结。

八月，汉国大司马刘曜进逼长安。

九月，汉主刘聪在光极殿宴请群臣，召太弟刘乂来相见。刘乂容貌憔悴，鬓须头发都白了，哭着道谢，刘聪也因此痛哭。于是开怀饮酒极尽欢畅，对待刘乂就像最初时一样。

焦嵩、竺恢、宋哲都带兵救援长安，散骑常侍华辑监督京兆、冯翊、弘农、上洛四个郡的军队，驻扎在霸上，但都畏惧汉兵的强大不敢前进。相国司马保派遣胡崧带兵去援救，在灵台攻打汉国大司马刘曜，打败了他。胡崧担心国威重新振作，使得麹允、索綝的势力变强，就带领城西各郡军队驻扎在渭水以北地区不再前进，随后回师槐里。

刘曜攻陷长安的外城，麹允、索綝退到小城自守。内外断绝了联系，城中非常饥饿，一斗米值二两金子，人吃人，城里人死了一大半，士兵逃亡不能控制禁止，只有凉州义兵几千人，誓死不动。京城粮食仓库有几十个麦饼，麹允把饼弄碎做成粥来供愍帝食用，不久也吃光了。

冬季，十一月，愍帝司马邺哭着对麹允说：“现在这样穷困，外无救援，应该忍受耻辱出去投降，使士人、百姓能够生存下来。”说完又感叹说：“耽误我事业是麹允、索綝二公！”派侍中宗敞给刘曜送交投降书。索綝暗自留住宗敞，又派他的儿子去对刘曜说：“现在城中的粮食还足够维持一年，是不容易攻克的，如果应允封索綝为车骑将军、仪同、万户郡公，那就请求献城投降。”刘曜把索綝的儿子杀了，送回尸首，说：“帝王之师，按照道义行事。我带兵十五年，从来没有靠诡计去打败敌人，一定是竭尽全部兵力打到底，然后占取该地。现在按照索綝所说的这样，天下的恶人都一样，总是互相攻杀。如果军队、粮食确实没有用完，就可以尽力坚守；但如果军粮用尽，兵势微弱，你们也就应该早点明白上天的旨意。”

十一月初十甲午，宗敞来到刘曜的兵营。十一日乙未，愍帝谦恭地乘着羊车，袒露着臂膀，口含玉璧，用车拉着棺材从东门出去投降，群臣放声大哭，登车去拉愍帝的手，愍帝也悲痛万分不能自已。御史中丞、冯翊人吉朗感叹地说：“我的才智不能为国家出谋划策，勇力也不能为国战死，怎么能忍心君臣相随，向贼寇低头称臣呢？”说完就自杀了。刘曜焚烧了愍帝所带的棺材，接受了他口含的玉璧，派宗敞侍奉着愍帝回宫。

十一月十三日丁酉，刘曜把愍帝以及公卿大臣们迁到自己的兵营中。十七日辛丑，刘曜把他们送到平阳，十八日壬寅，汉主刘聪来到光极殿，愍帝向前行稽首礼。麹允趴伏在地上痛哭，扶不起来，刘聪发怒，把他囚禁起来，麹允自杀。刘聪让愍帝担任光禄大夫，封为怀安侯。以大司马刘曜担任假黄钺、大都督、都督陕西诸军事、太宰，封为秦王。宣布大赦，改年号为麟嘉。根据麹允的忠心刚烈，追赠为车骑将军，谥号为节愍侯。又根据索綝的不忠，在都市把他杀了。尚书梁允、侍中梁濬等人以及各郡太守都被刘曜所杀，华辑逃奔南山。

（以上为第十二段，主要写西晋灭亡，晋愍帝司马邺山穷水尽，为免长安百姓遭难，投降汉国，大臣麹允悲愤不已，愤而自杀，索綝为臣不忠，被汉赵所杀，西晋落下帷幕。）

干宝评论说：过去高祖宣皇帝司马懿，靠着他的雄才大略，顺应时势而崛起，性格深沉内向如同城府一样，但能用博大的胸怀宽容他人，使用谋计权术驾驭人才，知人善任。于是，百姓一致相信他的才能，晋朝的法度规模开始构建。世宗司马师承续了司马懿开创的基础，太祖司马昭继承了先辈事业，他们都粉碎了来自内部的阴谋，使前人建立的事业更加辉煌灿烂。到了世祖司马炎，便登上了皇帝的宝座，他仁爱宽厚地对待百姓，节俭而保证用度，雍和而不放任，宽容而能够决断，统治遍及唐尧虞舜当年的疆域，所颁布的新历法延及遥远的边陲地区。当时出现了“天下无穷人”的民谣，即使还没有完全太平，也完全能够表明百姓安居乐业了。

武皇司马炎去世后，陵墓的泥土还没有干，而变乱、灾难连续发生。宗室的子弟没有谁帮助辅佐皇城，职位最高的大臣没有让百姓瞻仰的高贵形象，早晨是商朝的伊尹、周朝的周公，晚上就成了凶暴的桀和盗跖。国家政务屡次落入为乱之人的手中，禁卫军队分散在四面八方，地方上没有坚如磐石的镇守一方的人才，关隘城门还没有茅屋坚固。戎人、羯人称帝，怀帝、愍帝失去尊严，大权旁落，国政交给了没有才能的庸人，礼义廉耻没有确立而苟且维持的政务太多。

基础广大就难以倾倒，根基深厚就难以拔出，政务有条不紊就不会混乱，人心牢固地结连在一起就不可动摇。过去拥有天下的人所以能够长治久安，就是这个道理。周朝从后稷开始爱护百姓，经过十六代后的周武王才成为君主，他们积累的基础、树立的根本是这样的坚固。今天晋朝兴起，开创基业树立根本，已经与古代不同。加上朝廷中缺少纯正有德的人才，乡野也缺乏不重犯同样错误的乡老，风俗靡淫怪僻，什么是羞耻，什么应当崇尚，都失去了标准。学习的人以庄子、老子的学说为宗旨而废除《诗》《书》《礼》《乐》《易》《春秋》六经，谈论的人以虚无放纵为明理而轻蔑礼教和谦逊，修身的人以放纵随意为通达而瞧不起节操信用，求官的人以能够用不正当的手段得到官职为高贵而鄙视遵循正道，当官的以不分是非不问政务为崇高而耻笑勤于政事恪守职责。

所以，刘颂屡次论说治世的道理，傅咸常常上书矫正错误，都被称为庸俗的官吏。但那些倚仗虚无旷废职守，依靠迎合放达恣意妄为的人，却都声名显赫于海内。像那周文王理政从早晨忙到下午都顾不上吃饭，周朝仲山甫做事昼夜不懈怠，都被嘲笑成是灰尘一样！从此在毁誉方面混淆了善恶的事实，感情和邪恶都投入到追逐财物私欲的路上。选官的人不只依靠才能来选择官员，当官的人为自己谋取利益，世家豪族皇亲贵戚的子弟破格超越，不管资历和次序。悠悠人世，全都是追逐名利的士人，朝廷百官，没有举贤让能的行为。刘寔著《崇让论》提倡举贤让能却无人省悟，刘颂制定考核官员的九班之制却不能得到采用。妇女不懂得纺织、刺绣等女工，随心所欲，有的忤逆公婆，有的杀戮姬妾婢女，而其父兄却不以为罪，天下也无人非议。礼制法度刑罚政令，因此受到严重破坏，“国家将要灭亡，根本一定会先颠倒”，说的大概就是这种情况吧？

所以，观察阮籍的行为而能发现礼制名教崩溃松弛的原因，察视庾纯和贾充之间的纷争而能发现担任百官之长的大臣大多行为不端。考察平定东吴时互相争功而知道将帅的不谦让，思考郭钦的计谋而能感到戎人狄人要挑起事端，观览傅玄、刘毅的言论而能了解到百官中的奸邪之事，核查傅咸的奏议以及《钱神论》而能看到宠幸贿赂公然进行的情形。百姓的风气、国家的趋势，既然已是这样，即使是中等平常的才能、只知守成的君王来治理，也还怕导致祸乱，更何况我朝惠帝用放任纵情的行为方式来君临天下呢？怀帝在变乱的时局下登上帝位，受到势力强大的权臣控制。愍帝即位于朝廷奔波流亡之后，徒具虚名。晋朝的天下大势已去，如果没有一代称雄的治世雄才，就不能再取得天下了！

（以上为第十三段，写干宝作“晋纪总论”，论述西晋的盛衰兴亡，探讨得失由来。作者认为，西晋之亡，在晋武帝司马炎时期就埋下祸根，根基不牢，纲纪不张，任用庸人，强臣当政，世风衰微，官场腐败。）

石勒在坫城围攻乐平太守韩据，韩据向刘琨请求救援。刘琨刚刚得到拓跋猗卢的军队，想靠着这支军队的锐气来讨伐石勒。箕澹、卫雄劝谏说：“这些人虽然是晋朝的百姓，但长时间沦落在异族地区，不了解您的恩德信义，恐怕他们难以使用。

不如暂且在内收取鲜卑人的剩余谷物，在外抢夺胡人贼寇的牛羊，关闭关卡守住险要之地，开展农业生产，停止军事行动，等待拓跋猗卢的军队受到信义的教化感召，然后使用他们，那么功业没有不完成的。”刘琨不接受，把这些人全部调遣出去，命令箕澹率领二万步兵、骑兵作为前锋，刘琨驻扎在广牧，为他们声援。

石勒听说箕澹到了，将要阻击箕澹。有人说：“箕澹士兵战马精悍强壮，势不可当，不如暂且带兵避其锋芒，修筑深沟高墙来使他们的锐气受挫，这样一定能够获得全面胜利。”石勒说：“箕澹的军队人数虽然很多，但从远方开来，士兵疲惫，号令还不能统一，有什么精悍强壮？现在敌人来临，怎么能舍弃离开？大军一动，难道容易中途回师？如果箕澹乘我撤退之机而攻逼，溃逃都顾不上，哪儿还能挖深沟垒高墙呢？这是自己消灭自己的方法。”当即斩杀了说话的人。以孔苌任前锋都督，命令三军：“滞后出击者，斩！”石勒占据险要之地，在山上设置诱敌的兵马，前面安排两支军队埋伏，派出轻骑兵与箕谵交战，假装不能取胜而退逃。箕澹放开军队追击，进入埋伏圈之中。石勒前后夹击箕澹的军队，大败箕澹，缴获铠甲、战马数以万计。箕澹、卫雄率领一千多骑兵逃奔代郡，韩据弃城逃跑，并州土地为之震惊恐惧。

十二月初一乙卯朔，发生日食。

司空长史李弘率领并州向石勒投降。这样，刘琨失去据点，进退两难，不知所措，段匹磾派使者邀请他。十二月初五己未，刘琨率领部众从飞狐奔往蓟城。段匹磾见了刘琨，非常亲近敬重，与他联姻，并结拜为兄弟。石勒分别迁徙阳曲、乐平的百姓到襄国，安排了郡守县令等地方长官而回师。

石勒的勇将孔苌到代郡攻打箕澹，杀了他。

孔苌等人又攻打强盗首领马严、冯赌，很久都没有攻下来。司、冀、并、兖四州的数万户流民在辽西，多次互相招引，百姓不能安居乐业。石勒向濮阳侯张宾询问计策，张宾说：“马严、冯睹本来与您没有深仇，流民们都有思恋故乡的想法。现在调动军队回师，选择安排优秀的地方长官让他们招抚安慰他们，那么幽州、冀州的强盗用不了几天就能够肃清，辽西流民将会互相携带着而来了。”石勒于是宣召孔苌等人回来，以武遂县令李回担任易北督护，兼高阳太守。马严的士兵一直佩服李回的威严恩德，大多叛离马严而投奔李回，马严恐惧而出逃，投水而死。冯睹率领他的部众投降。李回迁徙到易京居住，跟随他的流民不绝于道。石勒高兴，封李回为弋阳子，给张宾增加一千户的封邑，并升为前将军。张宾坚持推辞而没有接受。

丞相司马睿听说长安失守，带领军队出去露宿野外，亲自穿上铠甲，向各地发布檄文，限定日期北伐。因为水道运粮耽误了日期，十二月十二日丙寅，杀掉督运令史淳于伯。行刑的人将淳于伯站坑深埋作“人桩”，绑于柱上，用刀砍之，血逆流而上，一喷到二丈多高的柱子末端才流下。观看的人都认为淳于伯冤枉。丞相司直刘隗上言道：“淳于伯罪不至死，请免除从事中郎周莚等人的官职。”于是，右将军王导等人上奏，承认错误，请求免除职务。司马睿说："政令刑罚失当，都是我糊涂昏昧造成的。"他没有把一个人问罪。

刘隗性格刚烈不徇私情，当时的名士多被他弹劾，但司马睿总是加以宽容，因此大家都把怨恨集中到刘隗身上。南中郎将王含是王敦的哥哥，因为家族势强而地位显赫，骄傲放纵，一次请求安排参佐以及郡守县令等官职就达二十人左右，而且大多不称职。刘隗弹劾王含，罗织罪名，事情虽然被压了下来，而王氏家族对他深怀忌恨。

丞相司马睿以邵续担任冀州刺史。邵续的女婿广平人刘遐在河、济地区聚集了一些人马，司马睿就让刘遐担任平原内史。

拓跋普根的儿子又去世了，国人又把他的叔父拓跋郁律立为首领。

（以上为第十四段，主要写西晋灭亡以后的余波。西晋重臣刘琨出重兵讨石勒遭惨败，西晋北方势力殆尽；江南丞相司马睿听说长安失守，外表上义愤填膺，发布檄文，欲出兵征讨，并杀人立威，而醉翁之意不在酒，在于帝位也！）

【点评】

西晋之亡。西晋从晋武帝司马炎建国到晋愍帝司马邺投降，前后经历四任皇帝，中间还有晋惠帝司马衷、晋怀帝司马炽，立国 51 年。从统一的角度来说，建国 14 年后灭亡吴国，而在灭亡 12 年前李特建立成汉国，故西晋真正统一的时间只有 25 年，是中国历史上较为短命的大一统王朝。

西晋灭亡，令人唏嘘，感慨不已。晋武帝司马炎时期，还力图进取，消灭吴国，希望实现统一，发展经济，百业兴旺，而进入惠帝司马衷时代，惠帝无能；八王之乱，权臣都卷入争斗当中，内部乌烟瘴气。结果，外族势力逐渐强大，李雄在巴蜀立国，刘渊在山西称帝，还有不少异族势力也非常强大，所谓"五胡乱华"，先后建立十六国，历时近三百年，整个天下四分五裂，满目疮痍。

掩卷沉思，其中似乎有着一种宿命。曹丕从汉献帝那儿受禅让，传承了五个皇帝，历时 46 年；而西晋司马炎从魏元帝手中得到皇位，即所谓禅让，与魏初如出一辙。西晋开国之初，晋武帝司马炎吸取了魏国灭亡的教训，大封亲王，权力都集中到司马氏手上，引起内乱。可以说一部西晋的历史，就是司马家族的相互争斗史，结果使西晋的元气耗尽，一步步滑向灭亡的深渊。

其实，西晋的灭亡，还有一些更为深层的原因，就是治国之纲没有树立，制度缺失，道德沦丧，使西晋立国的根本缺失，纲纪不张，邪恶嚣张。

而汉朝初起的兴盛，除了汉高祖刘邦的建国，还得益于文帝、景帝的励精图治和汉武帝的雄才大略。西晋从帝王到权臣，却没有真正能够撑起一个国家的杰出人才来统治和驾驭，任凭权臣作为，败乱朝政。